D1720972

Studien zum Internationalen Wirtschaftsrecht/
Studies on International Economic Law

Herausgegeben von
Prof. Dr. Marc Bungenberg, LL.M., Universität Siegen
Prof. Dr. Christoph Herrmann, LL.M., Universität Passau
Prof. Dr. Markus Krajewski, Friedrich-Alexander-Universität
Erlangen-Nürnberg
Prof. Dr. Carsten Nowak, Europa Universität Viadrina,
Frankfurt/Oder
Prof. Dr. Jörg Philipp Terhechte,
Leuphana Universität Lüneburg
Prof. Dr. Wolfgang Weiß, Deutsche Universität
für Verwaltungswissenschaften, Speyer

Band 14

Michael Schulz

Das Alien Tort Statute und transnationale Deliktsklagen

Im Kontext der Menschenrechtsverantwortung
multinationaler Unternehmen

Nomos

Die Deutsche Nationalbibliothek verzeichnet diese Publikation in
der Deutschen Nationalbibliografie; detaillierte bibliografische
Daten sind im Internet über http://dnb.d-nb.de abrufbar.

Zugl.: Frankfurt a.M., Univ., Diss., 2015

ISBN 978-3-8487-2928-9 (Print)
ISBN 978-3-8452-7317-4 (ePDF)

1. Auflage 2016

Inhaltsverzeichnis

Abkürzungsverzeichnis

AcP	Archiv fuer die civilistische Praxis
AfRSP	Archiv für Rechts- und Sozialphilosophie
AG	Die Aktiengesellschaft
Akron L. Rev.	Akron Law Review
Alb. L. Rev	Albany Law Review
Am. J. Comp. L.	American Journal of Comparative Law
Am. J. Comp. L. Supp.	American Journal of Complex Litigation Supplemental
Am J. Int'l L.	American Journal of International Law
Am. J. Sociol	American Journal of Sociology
AnwlBl	Anwaltsblatt
ATS	Alien Tort Statute
ARSP	Archiv für Rechts- und Sozialphilosophie
Ariz. J. Int'l & Comp. L.,	Arizona Journal of International Law Review
Ariz. L. Rev.	Arizona Law Review
ASIL Insights	American Society of International Law Insights
AVR	Archiv des Völkerrechts
BB	BetriebsBerater
B. C. Int'l & Comp. L. Rev	British Columbia International & Comparative Law Review
Berkeley J. Int'l L	Berkeley Journal of International Law
Brit. Y. B. Int'l L	British Yearbook of International Law
Brook. J. Corp. Fin. & Com. L.	Brooklyn Journal of Corporate, Financial and Commercial Law
Brook. J. Int'l L.	Brooklyn Journal of International Law
Brook. L. Rev.	Brooklyn Law Review
B.U. L. Rev.	Boston University Law Review
Cal. L. Rev.	California Law Review
Cal. W. Int'l L.J.	California Western International Law Journal
Can. J. L. & Jurisprudence	Canadian Journal of Legislation & Jurisprudence
Cardozo J. Int'l & Comp. L.,	Cardozo Journal of International & Comparative Law
Cato Sup. Ct. Rev.	Cato Supreme Court Review
Chi. J. Int'l L.	Chicago Journal of International Law
Cir.	Circuit
City U. H.K. L. Rev	City University of Hong Kong Law Review
Colum. Hum. Rts. L. Rev	Columbia Human Rights Law Review
Colum. J.L. & Soc. Probs	Columbia Journal of Law and Social Problems
Colum. J. Transnat'l L.	Columbia Journal of Transnational Law
Conn. L. Rev.	Connecticut Law Review
Cornell L. Rev.	Cornell Law Review

CSR	Corporate Social Responsibility
DAJV-NL	Deutsch-Amerikanische Juristenvereinigung Newsletter
DePaul L. Rev.	De Paul Law Review
De Paul Bus. & Com. L. J.	De Paul Business & Commercial Law Journal
Duke J. Comp. & Int'l. L.	Duke Journal of Comparative & International Law
Duke L. J.	Duke Law Journal
Emopry Int`l L. Rev.	Emory International Law Review
Emory L. J.	Emory Law Journal
EuGVVO	Europäische Gerichtsstands- und Vollstreckungsverordnung
Eur. J. Int`l L.	European Journal of International Law
Eur. Rev. Priv. L.	European Review of Private Law
EUZW	Europäische Zeitschrift für Wirtschaftsrecht
Fla. J. Int'l L.,	Florida Journal of International Law
F.R.C.P	Federal Rules of Civil Procedure
Fordham L. Rev.	Fordham Law Review
Fordham Urb. L. J.	Fordham Urban Law Journal
FS	Festschrift
Geo. J. Int`l L.	Georgetown Journal of International Law
Geo. L.J.	Georgetown Law Journal
Geo. Wash. Int'l L. Rev.	George Washington International Law Review
German L. J.	German Law Journal
German Y. B. Int`l L.	German Yearbook of International Law
Hanse L. Rev.	Hanse Law Review
Harv. C.R.-C.L. L. Rev	Harvard Civil Rights and Civil Liberties Law Review
Harv. Hum. Rights L. Rev.	Harvard Human Rights Law Review
Harv. Int'l. L. J.	Harvard International Law Journal
Harv. J. on Legis.	Harvard Journal on Legislation
Harv. L. Rev.	Harvard Law Review
Hastings Int'l & Comp. L. Rev.	Hastings International & Comparative Law Review
Hastings L. J.	Hastings Law Journal
Ind. J. Global Legal Stud.	Indiana Journal of Global Legal Studies
Int'l L.	International Lawyer
ILM	International Legal Materials
Iowa L. Rev.	Iowa Law Review
IPRax	Praxis des Internationalen Privat- und Verfahrensrechts
IPRspr	Die deutsche Rechtsprechung auf dem Gebiet des internationalen Privatrechts
J. Eur. Tort L.	Journal of European Tort Law
J. Int`l Bus. & L.	Journal of International Business and Law
J. Int`l Eco. L.	Journal of International Economical Law
JR	Juristische Rundschau
JZ	Juristenzeitung
KJ	Kritische Justiz

Ky. L. J.	Kentucky Law Journal
Law & Pol'y Int'l Bus.	Law and Policy in International Business
Law & Soc'y Rev.	Law & Sociology Review
Lewis & Clark L. Rev	Lewis & Clark Law Review
Loy. L. Rev.	Loyola Law Review
Loy. U. Chi. Int'l L. Rev.	Loyola University Chicago International Law Review
Loyola L.A. Int`l &	Loyola Los Angeles International and Comparative
Comp. L. Rev.	Law Review
Ltd.	Limited
Md. J. Int`l L.	Maryland Journal of International Law
Melb. J. Int'l L.	Melbourne Journal of International Law
Mich. J. Int'l L.	Michigan Journal of International Law
Mich. L. Rev.	Michigan law Review
Minn. L. Rev.	Minnesota Law Review
MNU	Multinationale(s) Unternehmen
N.C.J. Int'l L. & Com. Reg.,	North Carolina Journal of International Law & Commercial Regulation
Notre Dame L. Rev.	Notre Dame La Review
Nw. U. J. Int'l Hum. Rts	Northwestern University Journal of International Human Rights
N.W. U. L. Rev.	North Western University Law Review
N.Y.U. J. Int'l L. & Pol.	New York University Journal of International Law & Politics
Pac. McGeorge Global Bus. &	Pacific McGeorge Global Business & Development
Dev. L.J.,	Law Journal
Pace L. Rev	Pace Law Review
Penn State L. Rev.	Penn State Law Review
RabelsZ	Rabels Zeitschrift für internationales und ausländisches Privatrecht
RIW	Recht der Internationalen Wirtschaft
Rs.	Rechtssache
Rutgers L. J.	Rutgers Law Journal
Santa Clara J. Int'l L.	Santa Clara Journal of International Law
S.C. J. Int'l L. & Bus.	South Carolina Journal of International Law and Business
S. C. L. Rev.	South Carolina Law Review
S. Cal. L. Rev.	Southern California Law Review
Santa Clara J. Int'l L.	Santa Clara Journal of International Law
Santa Clara L. Rev.	Santa Clara La Review
Seton Hall L. Rev.	Seton Hall Law Review
St. Thomas L. Rev.	St. Thomas Law Review
Stan. Envtl. L. J.	Stanford Environmentenal Law Journal
Stan. J. Complex Litig.	Stanford Journal of Complex Litigation
Stan. L. Rev.	Stanford Law Review
Suffolk U. L. Rev.	Suffolk University Law Review

Sw. J. Int'l L	Southwestern Journal of International Law
Sw. L. Rev.	Southwestern Law Review
Tex. Int'l L. J	Texas International Law Journal
Transnat'l L. & Contemp. Probs.	Transnational Laaw and Contemporary Problems
Transnat'l Legal Theory	Transnational Legal Theory
Tu. L. Rev.	Tulsa Law Review
Tulsa. J. Comp. & Int'l L	Tulsa Journal of Comparative and International Law
Tu L. Rev.	Tulane Law Review
U.C. Davis L. Rev	U. C. Davis Law Review
UC Irvine L. Rev.	UC Irvine Law Review
U. Chi. Legal F.	University of Chicago Legal Forum
U. Chi. L. Rev.	University of Chicago Law Review
U. Colo. L. Rev.,	University of Colorado Law Review
U. Kan. L. Rev.	University of Kansas Law Review
U. Miami L. Rev.	University of Miami Law Review
U. Pa. J. Int'l Econ. L.	University of Pennsylvania Journal of International Economical Law
U. Pa. J. Int'l L.	University of Pennsylvania Journal of International Law
U. Pa. L. Rev.	University of Pennsylvania Law Review
U.S.C.A.	United State Code Annotated
U.S.F. L. Rev.	University of San Francisco Law Review
Utrecht J. Int'l & Eur. L	Utrecht Journal of International & European Law
Utrecht L. Rev	Utrecht Law Review
Va. J. Int'l L.	Virginia Jouranl of International Law
Va. L. Rev.	Virginia Law Review
Vand. J. Transnat'l L	Vanderbilt Journal of Transnational Law
Vand. L. Rev.	Vanderbilt Law Review
Vand. L. Rev. En Banc	Vadnerbilt Law Review En Banc
Wake Forest L. Rev.	
Wash. U. L. Q.	
Wash. U. L. Rev.	Washington University Law Review
Washburn L.J.	Washburn Law Journal
Willamette J. Int'l L. & Dis. Res.	Williamett Journal of International Law & Dispute Resolution
WM	Wertpapiemitteilungen
Wm. & Mary L. Rev.	William & Mary Law Review
Yale J. Int'l L.	Yale Journal of International Law
Yale L.J.	Yale Law Journal
ZaöRV	Zeitschrift für ausländisches öffentliches Recht und Völkerrecht
ZGR	Zeitschrift für Gesellschaftsrecht
ZHR	Zeitrschrift für das gesamte Handels- und Wirtschaftsrecht
ZVglRWiss	Zeitschrift für vergleichende Rechtswissenschaft

„Meine Herren Richter, der Kläger kämpft gegen einen fast allmächtigen In-dustriekonzern [...] Der Kläger hat nichts als seine gute und gerechte Sache und das Vertrauen in die Rechtsprechung der deutschen Gerichte."
Henry Ormond
(Rechtsanwalt Norbert Wollheims in dessen Zivilprozess gegen die I.G. Far-ben), Plädoyer in 2. Instanz, 1.3.1955. HHStAW, Abt. 460, Nr. 1424 (Woll-heim gegen IG Farben), Anlage-Bd. II, 8 Seiten, S. 4.; vgl hierzu: *Rumpf*, Der Fall Wollheim gegen die I.G. Farbenindustrie AG in Liquidation.

§ 1 Einleitung

I. Problemeinordnung

Der Begriff der Globalisierung mag ob seines inflationären und phasenweise politisierenden und polemisierenden Gebrauchs zu einer scheinbar inhaltslosen Worthülse verkommen sein. Entbindet man den Begriff von seiner emotionalen und normativen Aufladung, so erkennt man, dass er schlichtweg historische Fakten, fortlaufende Prozesse und die Emergenz neuartiger sozialer Phänomene beschreibt,[1] die durch den technologischen und industriellen Wandel stark beschleunigt wurden. Der Begriff Globalisierung beschreibt also primär unterschiedliche „Phänomene eines tiefgreifenden weltpolitischen Wandels"[2], einen vielschichtigen Entgrenzungsprozess,[3] der Wirtschaft, Politik, kulturelles Leben und weitere soziale Bereiche erfasst.[4] In der zweiten Hälfte des 20. Jahrhunderts brachte dieser Wandel, als einen der wichtigsten Motoren grenzüberschreitender Handelsbeziehungen multinationale bzw. transnationale Unternehmen (MNU bzw. TNU) hervor. Ein MNU lässt sich dadurch charakterisieren, dass es entweder als Konzern bestehend aus einem inländischen Mutterun-

---

1 *Delbrück*, Globalization of Law, Politics and Markets – Implications für Domestic Law: A European Perspective, 1 Ind. J. Global Legal Stud. 9, 11 (1993); *Saasen*, The State and Economic Globalization: Any Implications for International Law, 1 Chi. J. Int`l L. 109 (2000).

2 *Dicke*, in: Dicke/Hummer/Girsberger u.a., Völkerrecht und IPR in einem sich globalisierenden int. System (BerDGesVR 39), S. 13, 14.; vgl. auch: *Hanschmann*, in: Buckel/Christensen/Fischer-Lescano, Neue Theorien des Rechts, S. 375, 378; *Bogdany*, Demokratie, Globalisierung, Zukunft des Völkerrechts, 63 ZaöRV (2003), 853, 856 ff; allgemein auch: *de Sosa Santos*, Toward a New Legal Common Sense – Law, Globalisation and Emancipation, S. 85 ff.

3 *Mégrét*, Globalization, in: Wolfrum, Max Planck Encyclopedia of Public International Law; *Giegerich*, in: Paulus/Dethloff/Giegerich u.a. (Hrsg.), Internationales, nationales und privates Recht: Hybridisierung der Rechtsordnung?, S. 101, 103.; *Habermas*, Die postnationale Konstellation, S. 101.

4 Vgl. *Fischer-Lescano/Teubner*, Regime-Kollisionen, S. 26, die von einer „polyzentrischen Globalisierung" (ebd.) sprechen, die von einer „Differenzierung in autonome gesellschaftliche Teilsysteme" (ebd.) dynamisiert wird.

ternehmen sowie ausländischen Tochterunternehmen weltweit agiert[5] oder abstrakter formuliert, als eine transnational-profitorientiert agierende juristische Person des Privatrechts, die über „mehrere Gesellschaften oder andere unselbstständige betriebliche Einheiten mit Sitz in mindestens zwei Staaten"[6] verfügt und über mindestens eine zentrale Entscheidungsebene gesteuert wird. Unternehmen und Konzerne in dieser Größenordnung verfügen oftmals nicht nur über ein höheres Kapital als viele Staaten, sondern auch über eine weitreichende wirtschaftliche und politische Macht.[7] Die Einflusssphäre dieser und anderer nicht-staatlicher Akteure expandierte in einer „transnationalen Konstellation"[8] und erwuchs zu einem komplexen System grenzüberschreitender Aktionen und Interdependenzen; gleichzeitig wurde die Einflusssphäre staatlicher Regulierung durch eine voranschreitende Deterritorialisierung[9] politsicher und sozialer Strukturen stark diminuiert. Die Erweiterung wirtschaftlicher und sozialer Aktionsräume zog unausweichlich auch einen rechtlichen Wandlungsprozess nach sich.[10] Diese Transformation des Rechts tritt aber verzögert ein, da sie abhängig von unterschiedlichen Institutionen vollzogen wird und sich zumeist erst als Reflex auf soziologische Phänomene einstellt.[11] Der Entwicklungspro-

---

5 Vgl. *Beisinghoff*, Corporations and Human Rights, S. 22; siehe auch die Definition in § 1 lit. a) des United Draft Code of Conduct on Transnational Corporations vom 12.06.1990 (UN Doc. E/1990/94); *Emmerich-Fritsche*, Vom Völkerrecht zum Weltrecht, S. 864; *Ipsen*, Völkerrecht, § 9 Rn. 16; *Hobe*, Völkerrecht S. 163 ff.

6 *Nowrot*, Normative Ordnungsstruktur und private Wirkungsmacht, S. 98.

7 *Alston/Goodman*, International Human Rights, S. 1463; *Paust*, Human Rights Responsibilities of Private Corporations, 35 Vand. J. Transnat'l L. 801, 802 (2002); *Täger*, Der Schutz von Menschenrechten im internationalen Investitionsrecht, S. 42, *Enneking*, Foreign Direct Liability, S. 15; *Muchlinski*, S. 3: „[multinational corporations]…are powerful enough to set their own rules and to sidestep national regulation."; vgl. zur Teilnahme multinationaler Unternehmen an Rechtssetzungsprozessen: *Nowrot*, S. 214 ff.

8 *Fischer-Lescano/Möller*, Kampf um globale soziale Rechte, S. 16 ff.

9 *Michaels*, in: Slot/Bultermann, Globalization and Jurisdiction, S. 105 ff.

10 *Michaels*, Welche Globalisierung für das Recht? Welches Recht für die Globalisierung?, RablesZ 69 (2005), 525, 537 ff.

11 *Fischer-Lescano*, Globalverfassung: Los desaparecidos und das Paradox der Menschenrechte, Zeitschrift für Rechtssoziologie 23 (2002), S. 217, 245, Fischer-Lescano formuliert an dieser Stelle treffend, dass sich „das Recht nur sehr langsam auf eine Diversifikation weltgesellschaftlicher Akteure einstellt"; vgl. auch *Halfmeier*, in FS Magnus, S. 433, 433, der die „nur rudimentären Ansätze einer juristischen Globalisierung" hervorhebt; *Fischer-Lescano/Teubner*, Regime-Kollisionen, S. 26.

zess und die damit einhergehende Autonomisierung des Rechts,[12] die sich in einer zunehmenden Emanzipation der Rechtsschöpfung von ihren staatlichen Quellen zeigt, zwingt den Betrachter der Rolle des Rechts in der Weltgesellschaft dazu, das Verhältnis von Recht und Staat zu überdenken und zu dekonstruieren[13], um sich ihm aus einer neuen Perspektive annähern zu können.[14] Im Zuge des Vorstoßens transnationaler Unternehmen in Staaten, die einerseits stark von ausländischen Investoren abhängig sind und anderseits über instabile politische und justizielle Systeme verfügen[15], häuften sich auch die Negativmeldungen über die Folgen dieser Form der Globalisierung.[16] Die systematische Ausbeutung von Arbeitern, die zu Formen von Sklaven- oder Zwangsarbeit führten, Kinderarbeit, die Exekution und Folter von nicht gefügigen Bewohnern/Arbeitern sowie Umweltkatastrophen bei der Ölförderung und dem Abbau von Rohstoffen wurden zunehmend mit der Auslandstätigkeit multinationaler Unternehmen in Verbindung gebracht.[17] Die transnationale Tätigkeit multinationaler Unternehmen brachte neben positiven Effekten somit auch spezifische Rechtsverletzungen hervor, die die klassischen politischen und rechtlichen Strukturen herausforderten.[18] Zeitgleich offenbarte sich, dass die internationalen und nationalen Rechtssysteme nur defizitäre Antworten für derar-

---

12 *Teubner*, Globale Bukowina – Zur Emergenz eines transnationalen Rechtspluralismus, Rechtshistorisches Journal 15 (1996), 255, 256 f.

13 *Zumbansen*, Defining the Space of Transnational Law: Legal Theory, Global Governance, and Legal Pluralism, 21 Transnat'l L. & Contemp. Probs. 305, 311 (2012).

14 Vgl. hierzu: *Sieber*, Rechtliche Ordnung in einer Globalen Welt, Rechtstheorie 41 (2010), 151, 158.

15 Man könnte insoweit auch von systemischen Defiziten der Rechtsstaatlichekeit sprechen, vgl. hierzu und zu den Erscheinungsformen derartiger Defizite innerhalb der EU: *Bogdandy/Ioannidis*, Das systemische Defizit Merkmale, Instrumente und Probleme am Beispiel der Rechtsstaatlichkeit und des neuen Rechtsstaatlichkeitsaufsichtsverfahrens, ZaöRV 2014, 283, 288 ff.

16 *Fischer-Lescano/Möller*, S. 17: „Diese Dezentrierung und Ausdifferenzierung der Weltgesellschaft ist janusköpfig"; pointiert auch schon *Wiethölter*, in: Zumbansen/ Amstutz, Recht in Recht-Fertigungen, S. 373, 417: „Multinationale Unternemen, von der Parteien Gunst und Hass verwirrt"; zu den positiven Effekten: *Stiglitz*, Die Chancen der Globalsierung, S. 25 ff.

17 *Beisinghoff*, S. 32 ff.; vgl. zuletzt zur Umweltzerstörung im Nigerdelta: Spiegel online v. 04.08.2014: http://www.spiegel.de/wissenschaft/mensch/amnesty-wirft-shel l-und-nigeria-untaetigkeit-gegen-oelverseuchung-vor-a-984316.html (letzter Aufruf: 19.1.2015).

18 Vgl. hierzu auch: *Alston/Goodman*, International Human Rights, S. 1464 ff.

tige transnationalen Rechtskonflikt-Situationen zur Verfügung stellten.[19] Die Regulierung transnationaler bzw. globaler Sachverhalte stellte sich in Ermangelung einer effektiven multilateralen Legislative und Judikative als schwieriges Unterfangen dar. Erste Reaktionsmuster ergaben sich auf supranationaler und interanationaler Ebene zwar in Form von *Soft Law*, das aber aufgrund mangelnder Verbindlichkeit Defizite aufweist.[20] Die Vielfältigkeit und Intensität grenzüberschreitender geschäftlicher Aktivitäten und ihr Eindringen in politisch sowie sozial sensible Bereiche erforderten jedoch mehr als nur unverbindliche Regeln.[21] Die klassische, staatszentrierte Regulierung durch parlamentarische Gesetze erwies sich zunehmend als schwierig oder sogar unmöglich, da sich die Rechtsverletzungen im Hoheitsgebiet eines fremden Staates abspielten und die heimischen Unternehmenseinheiten an diesen oftmals nur mittelbar beteiligt waren und es sich bei dem unmittelbaren Akteur vor Ort, um eine nach dem Recht des Gastlandes gegründete Unternehmenstochter (o.ä.) handelte. Die sich aus der wirtschaftlichen Macht ergebende Möglichkeit, die Stellen, an denen die Konflikte eigentlich zu entscheiden wären, zu isolieren, führte dazu, dass sich Veränderungen „des normierten Systems funktionaler Differenzierung zu Lasten Dritter"[22] ergaben. Das soziale Phänomen der Globalisierung offenbarte somit ein breites Spektrum an Real- und Rechtsparadoxien,[23] von denen eines exemplarisch erwähnt sei: Während sich multi-

---

19 *Muchlinski*, Multinational Enterprises and the Law, p. 81 ff; *Kinley/Tadaki*, From Talk to Walk: The Emergence of Human Rights Responsibilities for Corporations at International Law, 44 Va. J. Int´l L. 931 (2004).

20 Diese Vorversionen der nun gültigen Richtlinien bzw. Leitprinzipien stellen erste, vage Ansätze einer multilaterale Lösung dar: OECD Guidelines for Multinational Enterprises (revidierte Fassung 2000), abrufbar unter: www.oecd.org/daf/investment/guidelines (letzter Aufruf: 19.1.2015); Norms on the respnsibilities of transnational corporations and other business enterprises with regard to Human Rights, U.N. Doc. E/CN.4/Sub.2/2003/12/Rev:2 (2003); Entschließung des EU-Parlaments zur sozialen Verantwortung von Unternehmen v. 13.03.2007, 2006/2133 (INI), P6_TA-(2007) 0062 abrufbar unter: http://www.europarl.europa. eu/sides/getDoc.do?pubRef=-//EP//TEXT+TA+P6-TA-2007-0062+0+DOC+XML +V0//DE (letzter Aufruf: 19.1.2015); *Murphy*, Taking Multinational Corporate Codes on the Next Level, 43 Colum. J. Transnat´l L. 389 (2005).

21 *Enneking*, The Common Denominator of the Trafigura Case, Foreign Direct Liability Cases and the Rome II Regulation, 2 Europ. Rev. Private L. 283, 288 (2008).

22 *Mestmäcker*, Macht-Recht-Wirtschaftsverfassung, ZHR 173 (1973), 97, 105; *Renner*, Zwingendes Transnationales Recht, S. 21.

23 Vgl. allgemein hierzu: *Blecher*, Recht in Bewegung – Paradoxontologie, Recht und Sozial Bewegungen, AfRSP 92 (2006), 449, 450 (zu einem weiteren Paradox in

nationale Unternehmen hinsichtlich der Wahl ihrer Produktionsstandorte und zentralen Geschäftssitze national und territorial entbinden können und diese an Orte verlagern, an denen sie mit den geringsten regulativen oder auch fiskalischen Belastungen zu rechnen haben, berufen sie sich umgekehrt, wenn sie mit Gerichtsverfahren konfrontiert werden, die mit dieser transnationalen Geschäftstätigkeit in Zusammenhang stehen, auf ein strikt territoriales Verständnis der Jurisdiktionsregeln und empören sich über ein Forum-Shopping der Kläger, das den Gerichtsstand nach Effektivität und ökonomischen Erfolgsaussichten auswählt.[24] Damit lässt sich feststellen, dass der enormen faktischen Wirkungsmacht multinationaler Unternehmen im transnationalen Wirtschafts- und Sozialsystem eine defizitäre normative Einbindung in die Rechtsordnungen gegenüberstand.[25] Erschwerend kommt hinzu, dass die Staaten, in denen die Vielzahl derartiger Rechtsverletzungen zu lokalisieren ist, davon geprägt sind, dass oftmals große Teile der betroffenen Bevölkerungsgruppen aus unterschiedlichen Gründen[26] von einem effektiven Rechtsschutz ausgeschlossen sind.[27]

In diesem Kontext prosperierte in den Vereinigten Staaten die *Transnational Human Rights Litigation*. Hinter diesem Begriff verbergen sich grenzüberschreitende Zivilprozesse, mittels denen extraterritoriale Völker- bzw. Menschenrechtsverletzungen durch einen Schadensersatzprozess in

---

diesem Bereich); *Fischer-Lescano*, in: Amstutz/Fischer-Lescano, Kritische Systemtheorie, S. 13 ff.

24 Paradigmatisch hierfür: In re Union Carbide Corp. Gas Plant Disaster at Bhopal, 634 F.Supp. 842 (S.D.N.Y.) oder die Absurditäten des jahrelangen Rechtsstreits zwischen ecuadorianischen Bewohnern des Amazonas-Gebiets und dem US-Ölkonzern Chevron Corp. Vgl. ausführlich hierzu: *Koch*, KJ 2014, 432, 433 f.

25 Vgl. *Nowrot*, in: Tietje, Beiträge zum Europa- und Völkerrecht 7 (2012), 5, 6 f., der sich mit einer weiteren Paradoxie auseinandersetzt, die darin besteht, dass MNUs zunehmend völkerrechtliche Rechte in Anspruch nehmen, aber von den Pflichten entbunden sind; *ders.*, Normative Ordnungsstruktur und private Wirkungsmacht; vgl. allgemein hierzu auch: *Koh*, 7 Journ. Int'l Econ. L. 263 (2005); *Emmerich-Fritsche*, AVR 45 (2007), 541, 563; *Krajewski*, in: Giegerich: Internationales Wirtschaft- und Finanzrecht, S. 35 ff.

26 Neben extremer Armut und der mit dieser häufig verbundenen Exklusion von gesellschaftlicher bzw. „rechtlicher" Teilhabe existieren nach wie vor Konstellationen, in denen Menschen per se vom Zugang zum Recht ausgeschlossen sind (z. B. aufgrund ihrer Zugehörigkeit zu einer bestimmte Kaste, Rasse oder aufgrund sonstiger politischer Repression).

27 Das eine Paradox trifft somit auf ein anderes, welches sich allgemein als „Inklusionsparadox der funktionalen Differenzierung" (*Teubner*, Verfassungsfragmente, S. 207) beschreiben lässt.

den Vereinigten Staaten geahndet werden können.[28] Nachdem ein, im Hinblick auf die konzeptionelle und funktionale Ausrichtung, vergleichbares Modell in der Vergangenheit bereits auf nationaler Ebene genutzt wurde, um in US-Binnensachverhalten individuelle Grund- und Freiheitsrechte durchzusetzen,[29] wurde diese Strategie nun auf globaler Ebene fortgesetzt. Befördert wurden derartige Unterfangen nicht nur durch insgesamt klägerfreundliche Strukturen des US-Zivilprozessrechts,[30] sondern

---

28 Vgl. hierzu grundlegend: *Koh*, Transnational Public Law Litigation, 100 Yale L. J. 2347 ff. (1991); *Zumbansen*, Deciphering the Message of Transnational Human Rights Litigation, 5 German L. J. 1 ff. (2004); *Unger*, Menschenrechte als transntionales Privatrecht, S. 17; trotz der begrifflichen Diversität verbirgt sich hinter den Begriffen: Transnational Public Law Litigation, Transnational Human Rights Litigation, Transnational Civil Litigation ein einheitlicher Gedanke, der Formen von Zivilklagen zusammenfasst, mit denen eine Schadensersatzforderung für eine Rechtsverletzung geltend gemacht wird, die in einem Bereich liegt, der sich mit den Garantien verschiedener sozialer, politischer oder ökologischer Menschenrechte (bzw. anderer Gemeinwohlgüter) überschneidet und mit denen es nicht nur darum geht, diese Rechte im Verhältnis zwischen den Prozessparteien sondern im Allgemeinen in Geltung zu setzen. Die Begriffe werden synonym gebraucht und können im Deutschen als transnationale Zivilverfahren bzw. Deliktsklagen, Menschenrechtsklagen oder allgemein als strategische Zivilprozesse bezeichnet werden. Zu transnationalen strategischen Zivilprozessen vgl. auch: *Koch*, KJ 2014, 432 ff.; *Seibert-Fohr*, Deliktshaftung von Unternehmen für Völkerrechtsverstöße, ZaöRV 63 (2003), 195, 196 f.Unova

29 Vgl. z.B. den berühmten Fall Brown v. Board of Education, 347 U.S. 483 (1954); Bonito Boats, Inc. v. Thunder Craft Boats, Inc. 489 U.S. 141 (1989) (Recht auf Privatsphäre im unternehmerischen Kontext); Newman v. Fed. Express Corp., 266 F.3 d 401 (6th Cir. 2001) (Rassendiskriminierung). Dieser konzeptionelle Vergleich wurde im Anschluß an das „erste" moderne ATS-Urteil im Verfahren wegen Folter gegen einen ehemaligen paraguayanischen Polizeioffizier gezogen, vgl. hierzu: *Koh*, Transnational Legal Process, 100 Yale L. J. 2347, 2366 (1991); *Aceves*, The Anatomy of Torture, Foreword, S. XVII; *van Schaack*, With All Deliberate Speed: Civil Human Rights Litigation as a Tool for Social Change, 57 Vand. L. J. 2305, 2305 (2004).

30 Insofern sind insbesondere die für Kollektivverfahren förderlichen Class Actions (vgl. § 23 F.R.C.P.) zu erwähnen, aber auch das US-amerikanische Kostenrecht; der Supreme Court hat in Piper Aircraft v. Reyno, 454 US 235, 252 n. 18 (1981) eine Liste von Gründen augestellt, die die USA zu einemattraktiven Forum machen, hierzu zählt er: (1) häufiges Eingreifen einer Gefährdungshaftung, (2) die poetentielle Wahl des Deliktsrechts aus 50 Staaten, (3) Jury-Verfahren, (4) Kostenregelung und die (5) Discovery.

insbesondere auch durch das Alien Tort Statute (ATS).[31] Diese aus dem 18. Jahrhundert stammende Norm entwickelte sich zum Motor für die Zivilklagen ausländischer Kläger gegen multinationale Unternehmen. Derartige Verfahren beschränkten sich dabei nicht nur auf US-amerikanische Unternehmen, sondern involvierten verstärkt auch ausländische.[32] Die Streitgegenstände als solche waren zumeist politisch brisant und die Sachverhalte, die versucht wurden mithilfe derartiger Verfahren aufzuarbeiten, sind vielfältig. Insgesamt lassen sich die mithilfe des ATS gegen Unternehmen erhobenen Zivilklagen in verschiedene Unterkategorien einteilen: Die erste Gruppe von Klagen stützte sich auf schwerwiegende Menschenrechtsverletzungen, wie die Beihilfe oder Unterstützung des Holocaust bzw. anderer Verbrechen in Zusammenhang mit der Naziherrschaft (Völkermord; Zwangsarbeit)[33], die Unterstützung des Apartheid-Regimes[34], das Involviert-Sein bzw. die Anstiftung zu militärischen Aktionen gegen die Zivilbevölkerung/Arbeitnehmer zum Erhalt oder zur Verfolgung unternehmerischer Interessen.[35] Die zweite Gruppe von ATS-Verfahren stellen

---

31 § 1350, 28 U.S.C.A; in den Kontext dieser Transnational Litigation lassen sich dabei nicht nur ATS Verfahren einordnen, sondern auch herkömmliche transnationale Deliktsklagen, diese sollen aber in Bezug auf das US-Recht nicht weiter erörtert werden.

32 Laut einer Studie des unternehmensnahen Institute of Legal Reform aus dem Jahr 2010 kam es seit Mitte der 1970er Jahre zu insgesamt 150 Verfahren gegen Unternehmen, wobei 120 Klagen erst in den letzten 15 Jahren eingereicht wurden, vgl. *Drimmer*, Think Globally, Sue Locally: Trends and Out-of-Court Tactics in Transnational Action, U.S. Chamber Institute of Legal Reform, 06/2010, abrufbar unter: http://www.instituteforlegalreform.com/uploads/sites/1/thinkgloballysuelocally.pd f (letzter Aufruf: 19.01.2015); *Drimmer/Lamoree*, Think Globally, Sue Locally: Trends and Out-of-Court Tactics in Transnational Action, 29 Berkeley J. Int'l L. 456 (2011); *Vega*, Balancing Judicial Cognizance and Caution: Wheter Transnational Corporations Are Liable for Foreign Bribery under the Alien Tort Statute, 31 Mich. J. Int'l L. 385, 388 (2010).

33 Z. B.: Iwanowa v. Ford. Motor Co., 67 F.Supp. 2 d 424 (D.N.J. 1999); Ungaro-Benages v. Dresdner Bank AG, 379 F.3 d 1227 (11th Cir. 2004); vgl. insoweit auch die folgenden Fälle, die zwar keine ATS-Fälle darstellen aber in einem engem Kontext stehen: Burger-Fischer v. Degussa AG 65 F.Supp. 2 d 248 (D.N.J. 1999); In re Austrian & German Bank Holocaust Litigation, 80 F. Supp. 2 d 164 (S.D.N.Y. 2000);); In re Nazi Era Cases against German Defendants, 198 F.R.D. 429 (D.N.J.2001).

34 Z. B.: Balintulo v. Daimler AG, 727 F.3 d 174 (2nd Cir. 2013); In re South African Apartheid 617 F.Supp. 2 d 228 (S.D.N.Y 2009).

35 Z. B.: Bauman v. Daimler AG, 134 S.Ct 746 (2014); Doe v. Unocal, 395 F.3 d 798 (9th Cir. 2003); Doe v. ExxonMobile 570 F.Supp. 2 d 49 (D.C. Cir. 2008); Sarei v.

solche Klagen dar, die die Arbeitsbedingungen in Tochter- oder Zuliefer-unternehmen rügen[36] oder durch die unternehmerische Tätigkeit hervorge-rufene Umweltzerstörungen beanstanden.[37] Eine weitere Gruppe von Kla-gen wirft den Beklagten die Unterstützung des Terrorismus[38] oder die un-mittelbare Ausübung von Kriegsverbrechen bzw. Menschenrechten vor.[39] Dem objektiven Betrachter erschließt sich auf den ersten Blick, dass jeder dieser Fälle aufgrund seiner sensiblen Thematik eine lückenlose Aufklä-rung verdient hat, gleichzeitig ist natürlich kritisch zu hinterfragen, ob ein US-amerikanischer Zivilprozess das geeignete Mittel zu einer solchen Aufklärung ist. Die inhaltliche Brisanz der ATS-Verfahren, die Einbin-dung oftmals nur ausländischer Streitparteien (sog. *foreign cubed cases*) und die Komplexität entsprechender Prozesse stellten die US-Justiz nicht nur vor rechtliche Probleme. Neben diesen innerprozessualen Problemen generierten die Verfahren vor allem auch externe (Justiz-) Konflikte. Denn immer dann, wenn sich ein Sachverhalt auf dem Territorium eines frem-den Staates zuträgt und der hieraus resultierende Rechtsstreit zwischen Parteien unterschiedlicher Nationalitäten ausgetragen wird, ergeben sich versteckte Kompetenzkonflikte zwischen Gerichten und Rechtsordnungen verschiedener Staaten. Gerade in Deutschland wurde die tendenzielle Of-fenheit amerikanischer Zivilgerichte mit Argwohn beäugt. So mündete die Kritik an der streitbaren Zuständigkeit US-amerikanischer Gerichte nicht selten in dem plakativen Vorwurf eines rechtshegemonialen Strebens der

---

Rio Tinto, 671 F.3 d 736 (9th Cir. 2011); Presbyterian Church of Sudan v. Talsi-man Energy Inc., 374 F.Supp. 2 d 331 (S.D.N.Y. 2005); Wiwa v. Royal Dutch Petroleum, 226 F.3 d 88 (2nd Cir. 2000); Doe v. Chiquita Brands Int'l, 2014 WL 3638854.

36 Z. B.: Roe v. Bridgestone, 492 F.Supp. 2 d 988 (S.D.Ind. 2007) (Kinder- und Zwangsarbeit); Bao Ge v. LiPeng, 201 F. Supp. 2 d 14 (D.D.C. 2000) (Zwangsar-beit); Doe v. Nestlé, 738 F.3 d 1048 (9th Cir. 2013) (Kinderarbeit).

37 Bano v. Union Carbide Corp., 273 F.3 d 120 (2nd Cir. 2001); Beenal v. Freeport-Mc Moran, Inc., 197 F.3 d 161 (5th Cir. 1999); Viera v. Eli Lilly and Co., 2010 WL 3893791 (S.D. Ill. 2010).

38 Z. B.: Licci v. Lebanese Canadian Bank, SAL., 739 F.3 d 45 (2nd Cir. 2012); Tamam v. Fransabank, SAL., 677 F.Supp. 2 d 720 (S.D.N.Y 2010); Linde v. Arab Bank PLC, 706 F.3 d 92 (2nd Cir. 2013).

39 Z. B.: Al Shimari v. Caci Intern. Co., 951 F.Supp. 2 d 857 (E.D.Va., 2013); Aziz v. Alcolac Inc., 658 F.3 d 388 (4th Cir. 2011); Genocide Victims of Krajina v. L-3 Services, Inc. 804 F.Supp. 2 d 814 (N.D. Ill. 2011); Aldana v. Del Monte Fresh Produce, N.A., Inc., 416 F.3 d 1242 (11th Cir. 2005).

US-Justiz.[40] Die wesentliche, von den Kritikern oftmals nur oberflächlich wahrgenommene Ursache dieser beinahe schon panischen Angst besteht jedoch vor allem in der Disparität und Fremdheit des US-amerikanischen Zuständigkeitsrechts sowie in dem unterschiedlichen funktionalen Verständnis des Zivilprozesses an sich.[41]

Die bereits exemplarisch erwähnten Gerichtsverfahren belegen, dass die USA lange Zeit eine Vorreiterrolle bei der Abhandlung grenzüberschreitender Zivilprozesse eingenommen haben.[42] Ihren Höhepunkt dürfte diese Sogwirkung US-amerikanischer Verfahrensstrukturen in den letzten 10 Jahren erreicht haben. Bereits an dieser Stelle kann festgestellt werden, dass sich diesbezüglich ein gegenläufiger Trend abzeichnet und sich die Frage stellt,[43] wie viel überhaupt noch übrig bleibt vom Mythos der USA als Weltgerichtshof. Kritische Stimmen im In- und Ausland dürfen jedenfalls nicht darüber hinwegtäuschen, dass die Inflation grenzüberschreitender Verfahren im Allgemeinen (*transnational civil litigation*), das Phänomen der ATS-Prozesse im Besonderen sowie ihre Rezeption in anderen Verfahrensordnungen[44], eine Antwort auf sich transformierende gesellschaftliche und wirtschaftliche Verhältnisse ist. Das US-Recht erwies sich insoweit als eine *„flexible Institution, die sensibel reagiert auf soziale Be-*

---

40 *Schütze*, Die Allzuständigkeit amerikanischer Gerichte, S. 8 ff; *ders.*, Die Verweigerung der Klagezustellung bei völkerrechtswidriger Usurpierung internationaler Zuständigkeit, RIW 2009, 497, 499 f.; das ATS wurde zum Schreckgespenst der deutschen Industrie, vgl. *Budras*, Wirtschaft warnt vor Prozessen in Amerika, Frankfurter Allgemeine Zeitung, 29.07.2013, Nr. 173, S. 20.

41 Instruktiv und dezidiert zum Begriff der Rechtshegemonie: *Maultzsch*, in: 100 Jahre Rechtswissenschaft in Frankfurt, S. 501 ff; zu dem unterschiedlichen Jurisidktionsverständnis: *Michaels*, Two Paradigms of Jurisdiction, 27 Mich. J. Intl. L. 1003 ff. (2006).

42 Eine Entwicklung, die sich im Übrigen nicht auf die hier erwähnten (Menschen-)Rechtsverstöße beschränkt, sondern auch auf andere Rechtsgebiete erstreckte: vgl. z.B: Kartellrecht: Hoffman-La Roche Ltd v. Empagran S.A. 124 S.Ct. 2359 (2004).

43 An dieser Stelle sei schon auf die folgenden drei US Supreme Court Entscheidungen hingewiesen: Morrison v. Nat´l Bank of Australia 130 S.Ct. 2869 (2010); Kiobel v. Royal Dutch Petroleum, 133 S.Ct. 1659 (2013); Daimler AG v. Bauman, 134 S.Ct. 746 (2014).

44 Vgl. ILA, Sofia Guidelines on Best Practice for International Civil Litigation for Human Rights Violations, 2012, abrufbar unter: http://business-humanrights.org/en/report-on-intl-civil-litigation-for-human-rights-violations#c68637 (letzter Aufruf: 19.01.2015), die von einem zunehmenden Trend zu solchern Verfahren sprechen.

dürfnisse[45]. Diese avantgardistische Funktion kollidierte jedoch mit gewissen Ressentiments in Politik und Wirtschaft und es wurde vermehrt die Frage gestellt[46], ob diese Art grenzüberschreitender Gerichtsverfahren tatsächlich geeignet ist, um globale Rechtsfragen zu lösen.

II. Zielsetzung

Ein „der Globalisierung adäquates Konzept funktional differenzierter internationaler Zuständigkeit"[47] existiert bis heute nicht. Die Regulierungsdefizite auf der einen Seite und die drohende Justizkonflikte auf der anderen Seite erfordern dennoch juristische Lösungen. Die Entwicklung eines solchen adäquaten Konzepts internationaler Zuständigkeit kann von einer Dissertation sicherlich nicht geleistet werden. Allerdings soll im Rahmen dieser Arbeit untersucht werden, wie die unterschiedliche Rechtssysteme mit den Herausforderungen dieses Teilaspekts der Globalisierung umgehen. So wird die vorliegende Arbeit untersuchen, inwieweit grenzüberschreitende Zivilprozesse ein geeignetes Mittel zur Bewältigung der eingangs erwähnten Regelungsdefizite darstellen, wie diese Regelungsdefizite punktuell behoben werden könnten und ob und wie sich solche Zivilverfahren überhaupt in das territorial-segmentierte, nationalstaatlich geprägte Rechts- und Gerichtssystem einfügen lassen. Schwerpunktmäßig gilt es hierbei die vor den US-Gerichten anhängig gemachten ATS-Verfahren zu untersuchen, da diese paradigmatisch sind für die sich in diesem Zusammenhang ergebenden Interessens- und Rechtskollisionen. Insoweit wird ein Hauptaugenmerk darauf zu richten sein, ob es sich bei der entsprechenden Zuständigkeitsbegründung seitens US-amerikanischer Gerichte tatsächlich um eine negative Form der Rechtshegemonie handelt. Es wird also zu fragen sein, ob die Begründung der Zuständigkeit in ATS-Fällen tatsächlich so exorbitant ist, wie hierzulande teilweise behauptet wird.[48]

---

45 *Teubner*, Reflexives Recht, Archiv für Rechts- und Sozialphilosophie 68 (1982), 13 f.

46 *Michaels*, US-Gerichte als Weltgerichte – Die Avantgarde der Globalisierung, DAJV-NL 2006, 46, 47.

47 Ebd., S. 46.

48 *Schütze*, in: Ders., Prozessführung und –risiken im deutsch-amerikanischen Rechtsverkehr, S. 206, 217: der von einer „Allzuständigkeit amerikanischer Gerichte, jegliches Unrecht in der Welt zu sühnen" spricht.

Maßen es sich die USA hier tatsächlich an, „Richter der Welt zu sein"[49]? Und handelt es sich wirklich um eine „Unverschämtheit"[50] oder um eine „antideutsche Gesetzgebung und Praxis"[51], wenn US-amerikanische Gerichte z. B. über die Schadensersatzklagen von Holocaustopfern und ehemaligen Zwangsarbeitern entscheiden oder übernehmen die US-Gerichte in diesem Kontext eine avantgardistische Funktion[52], da sie sich als ein alternativloses, funktional-neutrales Forum für Geschädigte und „Weltereignisse"[53] erweisen? In diesem Sachzusammenhang taucht zwangsläufig die Frage auf, unter welchen Umständen ein Staat die Begründung seiner internationalen Zuständigkeit für derartige extraterritoriale Rechtsverletzungen rechtfertigen kann und sollte? Im Fokus steht somit also auch die Frage, nach einer adäquaten Form der Begründung der internationalen Zuständigkeit für derartige transnationale Zivilverfahren. Auch hier bietet es sich aufgrund der aktuellen Entwicklungen an, die US-Rechtsprechung genauer zu analysieren, da sich mittlerweile aus einer ex-post Perspektive begutachten lässt, ob sich im Verständnis des US-amerikanischen Zuständigkeitsrecht ein Paradigmenwechsel vollzogen hat und, inwieweit überhaupt noch die zuständigkeitsrechtlichen Grundlagen bestehen, die die USA zum Magneten für grenzüberschreitenden Verfahren werden ließen.

Aus Sicht der deutschen Rechtswissenschaft ist es erstrebenswert zu eruieren, ob das Risiko einer gerichtlichen Inanspruchnahme in den USA

---

49 *Wernicke*, Von Sammelklagen und Kapernbriefen – Zum Kiobel-Urteil des US Supreme Court, EuZW 2013, Editorial, 401 f.

50 *Schütze*, in: Ders., Prozessführung und –risiken im deutsch-amerikanischen Rechtsverkehr, S. 206, 218.

51 *Schütze*, in: Ders., Prozessführung und –risiken im deutsch-amerikanischen Rechtsverkehr, S. 82, 91.

52 *Michaels*, DAJV-NL 2005, 46.

53 *Michaels*, DAJV-NL 2005, 46, 50: Michaels weist darauf hin, dass Menschenrechtsverletzungen und Weltkartelle sich nicht in ein nationales Paradigma einordnen lassen, sondern es sich hierbei um entstaatlichte Sachverhalte handelt. In diese Kategorie der Weltereignisse lassen sich die hier relevanten (Menschen-)Rechtsverletzungen multinationaler Unternehmen erst recht einordnen. Der Begriff „Paradigma" repräsentiert an dieser Stelle den erkenntnistheoretischen Hintergrund einer Analyse rechtlicher Strukturen und repräsentiert eine breite analytische Sichtweise, die nicht einzelne Rechtsfragen beantwortet, sondern vielmehr eruiert mit welchen Mitteln und auf welche Art konkrete Rechtsfragen beantwortet oder gestellt werden, vgl. *Michaels*, Two Paradigms of Jurisdiction, 27 Mich. J. Int'l L. 1003, 1022 f. („epistemic framework"); vgl. zum Begriff des Paradigmas auch: *Wiethölter*, in: Zumbansen/Amstutz, Recht in Recht-Fertigungen, 373, 380.

tatsächlich so hoch einzustufen ist, wie hierzulande teilweise behauptet wird. Hierzu ist neben einer Untersuchung der ATS-spezifischen Fragestellung auch eine Begutachtung allgemeiner zuständigkeitsrechtlicher Probleme und prozessualer Hürden erforderlich. Denn nur so kann die zivilprozessuale und kollisionsrechtliche Funktionsweise des ATS abschließend geklärt werden. Gleichzeitig soll anhand der Begutachtung der ATS-Prozesse erörtert werden, dass auch grenzüberschreitende Zivilverfahren mit überwiegendem oder reinem Auslandsbezug von nationalen Gerichten gesteuert werden können. Die Beobachtungen zu den US-amerikanischen Verfahren sind somit in mehrerlei Hinsicht ertragreich: Sie werden zeigen, dass sich die grundsätzliche Attraktivität der USA als Forum für transnationale Rechtsstreitigkeiten im Allgemeinen und für ATS-Verfahren im Besonderen aufgrund verschiedener Entscheidungen des Supreme Court verringert hat, dass sich die europäischen und US-amerikanischen Paradigmen der internationalen Zuständigkeit[54] der Zivilgerichte annähern und dass abseits dieser dogmatischen Fragen, immer eine Legitimität der transnationalen ATS-Verfahren bestand und sich diese nicht in das Bild eines unilateralen Justizimperialismus[55] oder einen negativen US-Rechtshegemonie einfügen lassen[56].

Gleichzeitig wird die Frage zu klären sein, wie das europäische/deutsche Zuständigkeitsrecht auf vergleichbare Sachverhaltskonstellationen reagiert. Ein Bedürfnis zur Klärung entsprechender grenzüberschreitender Rechtsfragen besteht auch hierzulande und entsprechende Formen transnationaler „strategischer Zivilprozesse "[57] erscheinen auch verstärkt in Europa.[58] Insgesamt gilt es zu klären, ob ein mit den ATS-Verfahren vergleich-

---

54 Vgl zu den unterschiedlichen Paradigmen: *Michaels*, Two Paradigms of Jurisdiction, 27 Mich. J. Int'l L. 1003 ff. (2006); *ders.*, DAJV-NL 2006, 47 f.

55 Dahingehend aber: *Unger*, Menschenrechte als transnationale Privatrecht, S. 245 f., der den Vorwurf im Kern für gerechtfertigt hält, gleichzeitig aber auch anerkennt, dass es aufgrund der Umstände keine Alternativen gibt

56 Mit eine solchen Tendenz aber: *Wernicke*, Von Sammelklagen und Kapernbriefen – Zum Kiobel-Urteil des US Supreme Court, EuZW 2013, Editorial, 401 f.; *Schütze*, in: Ders., Prozessführung und –risiken im deutsch-amerikanischen Rechtsverkehr, S. 206, 218.

57 *Koch*, Grenzüberschreitende Strategische Zivilprozesse, KJ 2014, 432.

58 Vgl. *Enneking*, Foreign Direct Liability, S. 12 ff.; *Kirshner*, Why is the U.S. Abdicating the Policing of Multinational Corporations to Europe: Extraterritoriality, Sovereignty, and the Alien Tort Statute, 30 Berkley J. Int'l L. 259 ff. (2006); ILA, Sofia Guidelines on Best Practice for International Civil Litigation for Human Rights Violations, 2012, abrufbar unter: http://business-humanrights.org/en/report-

bares Verfahrensmodell erstrebenswert ist, ob hierzu die Etablierung eines zivilrechtlichen Universalitätsprinzips notwendig und zulässig ist und ob zivilprozessuale Streitentscheidungen tatsächlich als eine „gesellschaftlich-relevante Institution"[59] in einem transnationalen Kontext taugen. Darüber hinaus wird auf andere Maßnahmen einzugehen sein, mit denen versucht wird, die Auswirkungen einer zunehmenden Transnationalisierung sozialer und rechtlicher Realitäten zu steuern. Die Arbeit hat somit eine Erscheinungsform eines transnationalen Rechtsprozesses („*transnational legal process*") als primären Beobachtungsgegenstand gewählt, wobei hinter dem Begriff zugleich eine Form der theoretischen Methodik steht, die der Frage nachgeht wie in einem transnationalen globalen Aktionsfeld Rechtsnormen generiert und implementiert werden.[60] Somit geht es einerseits darum, die sich im Spannungsfeld „Multinationale Unternehmen-Menschenrechte-Zivilrecht" ergebenden Rechtsfragen und Rechts-Entwicklungen zu erfassen, zu beschreiben und zu erklären und anderseits auf Grundlage dieser deskriptiven Beobachtung die neuen Erscheinungsformen globaler Rechtsprozesse kontextual zu erläutern. Als Untersuchungsgegenstand wird sich auf die Zivilverfahren gegen multinationale Unternehmen wegen extraterritorialer, menschenrechtsbeeinträchtigender Handlungen konzentriert. Derartige Verfahrenskonstellation zeigen exemplarisch auf, inwieweit nationale, internationale, supranationale und völkerrechtliche Rechtsordnungen durch die zunehmende Entstaatlichung bzw. Deterritorialisierung der wirtschaftlichen Handlungssubjekte und ihrer Aktivitäten an ihre Grenzen geraten und wie hierbei gleichzeitig neue Re-

---

on-intl-civil-litigation-for-human-rights-violations#c68637 (letzter Aufruf: 19.1.2015), die von einem zunehmenden Trend zu solchem Verfahren sprechen. Die rechtspolitische Aktualität der Fragestellung zeigt auch ein entsprechender Antrag der Fraktion von Bündnis 90/Die Grünen im deutschen Bundestag, BT-Drs. 17/13916, vom 12.06.2013.

59 Zum Begriff der *social institution of litigation*: *Siegel*, The Court Against the Courts: Hostility to Litigation as an Organizing Theme in the Rehnquist Court`s Jurisprudence, 84 Tex. L. Rev. 1097, 1114 (2006).

60 *Koh*, Transanational Legal Process, 75 Nebraska L. Rev. 181 ff (1996); *Hanschmann*, in: Buckel/Christensen/Fischer-Lescano, Neue Theorien des Rechts, S. 375, 381 f.; *Waters*, Normativity in the New Schools: Assessing the Legacy of International Norms created by Domestic Courts, 32 Yale J. Int'l L. 455 ff. (2007); vgl. allgemein zum Transnationalen Recht: *Zumbansen*, 21 Transnat'l L. & Contemp. Probs. 305, 307: „Transnational law emerges as a methodological lens through which we can study the particular transformation of legal institutions in the context of an evolving complex society."

gulierungsmechanismen generiert werden.[61] Aufbauend auf die Theorie des transnationalen Rechtsprozesses, die sich darauf stützt, dass durch dynamische Interaktionsprozesse transnationaler Normbildung unter Einbeziehung klassischer sowie neuer Akteure und Aktionsformen adäquate Formen des transnationalen Rechts implementiert werden können[62], wird zu zeigen sein, dass durch die Emergenz einer Vielzahl von Regelungs- und Steuerungsinstrumenten die „dysfunktionalen Folgen der Globalisierung"[63] besser kompensiert werden können,[64] dass es zu einer vollkommenen Verinnerlichung und Akzeptanz derartiger Normen aber weiterhin externer Zwänge, z. B. in Form transnationaler Zivilklagen, bedarf. Insofern gilt es auch zu zeigen, dass die phänomenale Entwicklung des ATS nicht nur von den rechtlichen Infrastruktur der USA bedingt war, sondern auch entscheidend von den gesellschaftlichen Bedürfnissen nach einer sozialadäquaten, menschenrechtskonformen Verrechtlichung der transnationalen Konstellationen[65] beeinflusst wurde.

III. Vorgehensweise/Gang der Untersuchung

Die Entwicklung auf dem Gebiet der grenzüberschreitenden ATS-Zivilprozesse steht im Fokus dieser Arbeit. ATS-Verfahren gegen multi- bzw. transnationale Unternehmen sind paradigmatisch für die Entwicklungsprozesse und Probleme einer globalen Weltwirtschaft. Der erste Teil dieser

---

61 Vgl. hierzu: *Berman*, Dialectical Regulation, Territoriality and Pluralism, 38 Conn. L. Rev. 929, 932 (2006).
62 *Koh*, 75 Nebraska L. Rev. 181, 203 f. (1996); *Hanschmann*, in: Buckel/Christensen/Fischer-Lescano, Neue Theorien des Rechts, S. 375, 385 f.
63 *Günther*, in: Wingert/Günther, Die Öffentlichkeit der Vernunft und die Vernunft der Öffentlichkeit, S. 539, 542.
64 *Koh*, 75 Nebraska L. Rev. 181, 183 f. (1996); *Hanschmann*, in: Buckel/Christensen/*Fischer-Lescano*, 375, 385 ff.; *Berman*, From International Law to Law and Globalization, 43 Colum. J. Transnat'l L. 485, 487 ff. (2005).
65 Vgl. zum Begriff der transnationalen Konstellation: *Fischer-Lescano/Möller*, S. 16 f., 29; die transnationale Konstellation auf die ich mich hier beziehe, besteht in dem Ausbau der grenzüberschreitende Einflusssphäre multinationler Unternehmen bei gleichzeitig schwindender staatlicher Einflusssphäre und die damit verbundenen Risiken für soziale oder auch ökologische Rechtspositionen. Wenn in diesem Zusammenhang von einer sozialadäquaten Verrechtlichung gesprochen wird, so bedeutet das, dass einer einseitigen Instrumentalisierung des Rechts in dieser transnationalen Konstellation vorgebeugt werden muss.

Arbeit (§§ 2-7) setzt sich daher intensiv mit dem ATS und seiner Anwendung auseinander. Die Auslegung dieser Norm seitens der US-Gerichte sowie ihr zivilprozessuales Umfeld erwiesen sich in der Vergangenheit als ideales Biotop für grenzüberschreitende Zivilverfahren. Die *Transnational Human Rights Litigation* erwuchs zu einem prosperierenden Geschäftsmodell für Klägeranwälte, zu einem großen Ärgernis für beklagte Unternehmen und Generator internationaler Rechtsdiskurse. Hierbei wird vor allem zu untersuchen sein, wie sich die Rechtsprechung mit dieser sensiblen Thematik auseinandergesetzt hat. Eine entscheidende Rolle spielen hierbei die zuständigkeitsrechtlichen Fragestellungen. Das ATS erweist sich als ein rechtliches Phänomen, da es mithilfe der vormals beinahe in Vergessenheit geratenen Norm zu ca. 150 Zivilprozesse gegen multinationale Unternehmen kam und der Supreme Court in den vergangenen 10 Jahren dreimal über ein ATS-Verfahren zu entscheiden hatte.

In einem weiteren Schritt wird zu untersuchen sein, ob und inwieweit sich aus den hier begutachteten US-Verfahren induktive Rückschlüsse darauf ziehen lassen, ob eine dezentrale und zivilprozessuale Ahndung extraterritorialer (Menschen-) Rechtsverletzungen zu einem universalen Prinzip taugt. Hierzu werden zunächst die normativen Grundlagen des europäischen IPR/IZVR dargestellt und dahin gehend untersucht, inwieweit sie eine Verhandlung transnationaler Deliktsklagen gegen multinationale Unternehmen ermöglichen. In diesem Rahmen wird auch auf vergleichbare Zivilverfahren eingegangen, die sich mit derartigen transnationalen, deliktischen Rechtsverletzungen zu befassen hatten (§ 8). Die Untersuchung zielt also auch darauf ab, zu erörtern, ob die ATS-Verfahren bzw. transnationalen Deliktsklagen als Regulierungsmechanismen transnationaler Sachverhalte fungieren können. In diesem Zusammenhang soll zusätzlich auf alternative Regulierungsregime[66] und Steuerungsinstrumente eingegangen werden, und es soll untersucht werden, inwiefern sich hier ein hybrides, rechtspluralistisches System etabliert, das dazu beitragen kann, dass grundsätzliche ökologische, soziale oder ökonomische Rechte eine globale Geltung erlangen (§ 9). Hierbei soll auch ein europäischer Ansatz entwickelt werden, der es ermöglicht, einen leichteren Zugang zu den hiesigen Gerichten zu schaffen. Zusätzlich wird auf einzelne internationale Ansätze (UN-Leitprinzipien, OECD-Guidelines, CAO), auf Formen privater Regulierung (Verhaltenskodizes von Unternehmen) sowie auf neue

---

66 Vgl. zum Regime-Begriff: *Fischer-Lescano/Teubner*, Regime-Kollisionen, S. 18.

Formen staatlicher Rechtssetzung einzugehen sein. In diesem Kapitel wird insbesondere untersucht werden, wie aus einem Zusammenwirken staatlicher und nicht-staatlicher, rechtlicher und quasi-rechtlicher Regulierung eine stabile normative Ordnung zur effektiven Verhaltensteuerung transnationaler Unternehmen emergiert, die über ein labiles Sammelsurium an *Soft-Law*-Instrumenten hinausgeht. Das Phänomen der ATS- bzw. transnationalen Deliktsklagen wird also zunächst rechtsvergleichend mit einem Fokus auf die zuständigkeits- und kollisionsrechtlichen Aspekte untersucht. Anschließend erfolgt eine Einordnung dieses Phänomens in einen umfassenderen global-gesellschaftlichen Kontext.

Insgesamt bewegen sich die aufgeworfenen Fragestellungen in einem Spannungsfeld zwischen internationalem Zuständigkeitsrecht, US-amerikanischen, europäischen und deutschem Zivilprozessrecht und IPR sowie partiell dem Völkerrecht. Als Untersuchungsgegenstand wird sich auf transnationale Deliktsklagen gegen multinationale Unternehmen konzentriert. Insoweit ist im Vorfeld klarzustellen, dass hier in Zusammenhang mit ATS-Zivilprozessen bzw. der *Human Rights Litigation,* von einem weitläufigeren und nicht abschließenden Begriff der Menschenrechte ausgegangen werden soll.[67] Eine abschließende Analyse aller menschenrechtssensiblen Tätigkeiten multinationaler Unternehmen ist schlichtweg nicht möglich. Eine abstrakte Orientierung, um welche Arten von Rechtsverletzungen es primär gehen soll, erschließt sich aus der bereits vorgenommen exemplarische Kategorisierung der ATS-Verfahren.[68] Primär von Bedeutung sind alle Delikte, die aufgrund des verletzten Rechtsguts sowie der Umstände der Rechtsgutverletzung und unabhängig von einer genauen

---

67 Eine abschließende Typisierung oder Kategorisierung der in Frage kommenden Menschenrechte ist weder notwendig noch geboten. Zum einen soll hier keine Inhaltsbestimmung der Menschenrechte vorgenommen werden, zum anderen führt jegliche Kategorisierung zu einer potentiellen Exklusion relevanter Rechte. Menschenrechte emergieren in einem bestimmten sozialen Umfeld und werden in diesem verletzt, oftmals werden sie erst durch ihre Verletzung offenbart und in Geltung gesetzt (vgl. hierzu: *Luhmann,* Das Recht der Gesellschaft, S. 581). Eine inhaltliche Orientierung bieten: Allgemeine Erklärung der Menschenrechte, UN GA, A/RES/217 A (III), 10.12.1948; Europäische Sozialcharta, 18.10.1964, BGBl. 1964 II S. 1262; Internationaler Pakt über wirtschaftliche, soziale und kulturelle Rechte, 19. Dezember 1966, BGBl. 1973 II S. 1569, UN-Doc A/RES/2200 A (XXI). Darüber hinaus lassen sich die hier relevanten Menschenrechte auch unter dem Oberbegriff 'globale soziale Rechte' zusammenfassen, vgl. hierzu: *Fischer-Lescano/Möller,* S. 51 ff.
68 Siehe oben.

Kategorisierung als Menschenrecht, eine grenzüberschreitende Bedeutung haben und in einem Zusammenhang mit der Auslands- und Investitionstätigkeit multinationaler Unternehmen stehen. Begrifflich lassen sich derartige Fälle am ehesten als grenzüberschreitende Delikte in menschenrechtssensiblen Bereichen qualifizieren. Diskutiert werden soll insofern auch nicht die Frage, ob multinationale Unternehmen partielle Völkerrechtssubjekte sind und ob sie insoweit unmittelbar an menschenrechtliche Übereinkommen gebunden sind.[69] Primär geht es um die Frage, ob sich über eine zivilprozessuale Inanspruchnahme der MNUs sowie aufgrund weiterer Erscheinungsformen des hier relevanten transnationalen Rechtsprozesses eine (mittelbare) Bindung an Grund- und Menschenrechte erzeugen lässt, damit diese auch gegenüber transnationalen privaten Akteuren Geltung erlangen. Darüber hinaus soll demonstriert werden, dass aufgrund der Emergenz eines transnationalen Rechtssystems, die Frage nach der Völkerrechtssubjektivität multinationaler Unternehmen eigentlich hinfällig geworden ist. Im Fokus der Untersuchung stehen also nicht die klassischen völkerrechtlichen oder menschenrechtlichen Probleme derartiger Verfahren. Sondern die Untersuchung befasst sich damit, wie solche Verfahren aus der Sicht des Rechts der internationalen Zuständigkeit zu bewerten sind und inwiefern sie zu einer Genese eines transnationalen (Verhaltens-) Rechts multinationaler Unternehmen beitragen. Der Begriff transnationales Recht soll dabei zunächst im Sinne Philip Jessups verstanden werden, freilich ohne ihn auf rein staatliches oder politisches Recht zu beschränken und ohne von einem Primat des Völkerrechts auszugehen.[70] Dass das

---

69 Hierzu: *Herdegen*, Völkerrecht, § 13; *Hailbronner/Kau*, in: Vitzthum, Völkerrecht, S. 166; *Zerk*, Multinationals and Corporate Social Responsibility. Limitations and Opportunities in International Law, S. 60 ff.; *Schmalenbach*, Multinationale Unternehmen und Menschenrechte, AVR 39 (2001), S. 57 ff.; *Geldermann*, Völkerrechtliche Pflichten Multinationaler Unternehmen, S. 28 ff.; Köster, Die Völkerrechtliche Verantwortlichkeit privater (multinationaler) Unternehmen, 32 ff; *Paust*, Human Rights Responsibilities of Private Corporations, 35 Vand. J. Transnat`l L. 81 (2002); *ders.*, Nonstate Actor Participation in International Law and the Pretense of Exclusion, 51 Va. Journ. Int`l L. 977 (2011).

70 *Jessup*, Transnational Law, S. 2, 21: "All law which regulates actions or events that transcend national frontiers and including both public and private international law…(plus) other rules which do not wholly fit into such standard categories"; *Fischer-Lescano/Teubner*, Regime-Kollisionen, S. 71; vgl. zum erweiterten Begriff des Transnationalen Rechts: *Callies/Maurer*, in: Callies, Transnationales Recht, S. 1, 5 ff; *Tietj*e, in: Callies, Transnationalisierung des Wirtschaftsrechts, 239 ff.

Spannungsfeld von multinationalen Unternehmen und Menschenrechten ein exemplarisches Entwicklungsfeld des transnationalen Rechts ist, wird sich im Laufe der Arbeit zeigen (vgl. insbesondere § 10).

Zunächst sollen nun aber das US-Recht und die Entwicklungen auf dem Gebiet der *ATS-Litigation* näher untersucht werden. Diese Analyse erfolgt vor dem Hintergrund, dass das Vorstellungsbild, wie das Verhältnis von multinationalen Unternehmen und Menschenrechten zu gestalten ist, einem Wandlungs- und Anpassungsprozess unterliegt. Die im Jahre 2011 vom UN-Menschenrechtsrat verabschiedeten „Leitprinzipien für Unternehmen und Menschenrechte"[71], die sich sowohl an Staaten als auch an Unternehmen richten, bilden mittlerweile einen wichtigen Referenzrahmen in diesem Bereich. Die Leitprinzipien sind Beleg einer Entwicklung, aus der immer klarer hervorgeht, dass die Fragen der Verantwortung für Menschenrechte nicht nur Staaten sondern auch multinationale Unternehmen betreffen. Die Leitprinzipien selbst basieren auf einem Referenzrahmen, der sich grundlegend auf drei Säulen („*Protect, Respect and Remedy*") stützt. Die dritte Säule (*remedy*) postuliert eindeutig, dass den Opfern von Menschenrechtsverletzungen auch eine gerichtliche oder außergerichtliche Form der Wiedergutmachung zur Verfügung gestellt werden soll und die Nationalstaaten geeignete Schritte einleiten sollen, um einen effektiven Zugang zu den Rechtssystemen zu gewährleisten.[72] Bei der Implementierung[73] dieser dritten Säule stellt sich somit zwangsläufig die Frage, ob Direktklagen gegen multinationale Unternehmen bzw. deren ausländische Tochterunternehmen ein probates Mittel darstellen.[74] Die Frage-

---

71 UN Guiding Prinicples on Business and Human Rights, HR/Pub/11/04 v. 16.06.2011, abrufbar unter: http://business-humanrights.org/en/un-guiding-prin-ciples-on-business-and-human-rights-1 (letzter Aufruf: 19.1.2015).

72 Vgl. Final Report to the Human Rights Council v. 21.03.2014, A/HRC/17/31, B. 26 ff., S. 23.

73 Die EU hat die UN Guiding Prinicples angenommen und in ihre Corporate Social Responsibility Strategie aufgenommen, vgl. EU Strategie für die soziale Verantwortung von Unternehmen v. 25.10.2011, COM (2011) 681 final, abrufbar unter: http://eur-lex.europa.eu/LexUriServ/LexUriServ.do?uri=COM:2011:0681:FIN:EN :PDF (letzter Aufruf: 19.1.2015).

74 Vgl. insoweit die Aktionspläne einzelner Staaten, die diese Fragen aufgreifen: Nationaler Aktionsplan Niederlande, S. 10 ff. abrufbar unter: http://business-humanri ghts.org/sites/default/files/media/documents/dutch-national-action-plan-dec-2013. pdf (letzter Aufruf: 19.1.2015); Nationaler Aktionsplan des Vereinigten Königreichs, S. 17, abrufbar unter: https://www.gov.uk/government/uploads/system/uplo ads/attachment_data/file/236901/BHR_Action_Plan_-_final_online_version_1_.p

stellung hat somit nicht an Aktualität verloren und die US-Verfahren erweisen sich als idealer Aufhänger, um zu untersuchen, inwieweit nationale Zivilprozesse tatsächlich einen Beitrag zur Regulierung des Verhaltens multinationaler Unternehmen im Hinblick auf ihre globale soziale (Menschenrechts-)Verantwortung leisten können.

---

df (letzter Aufruf: 19.1.2015); im Nachgang der Verabschiedung der UN-Leitlinien befasst sich der High Commisioner for Human Rights nun mit einer Studie zu den Fragen, wie effektiv die staatlichen Rechtssysteme auf Menschenrechtsverletzungen reagieren und wie sich Kompensationssysteme effektiv gestalten lassen, vgl. OHCHR Programme of Work, 20.11.2014, Business and Human Rights: Enhancing Accountability and Access to Remedy, http://www.ohchr.org/EN/Issues/Business/Pages/OHCHRstudyondomesticlawremedies.aspx. (letzter Aufruf: 19.1.2015).

1. Teil: Die US-amerikanische ATS-Litigation

Die US-amerikanischen ATS-Verfahren verkörpern einen speziellen Fall transnationaler Deliktsklagen.[75] Sie stellen den Versuch dar, Völker- und Menschenrechtsverletzungen nicht-staatlicher Akteure in einem grenzüberschreitenden Zivilprozess vor einem US-Bundesgericht zu ahnden. In dem ersten Teil der vorliegenden Arbeit soll die Dogmatik und Methodik der US-Gerichte bzw. Rechtswissenschaft im Umgang mit diesen Verfahren genauer untersucht werden. Hierzu erfolgt nicht nur eine Darstellung der normativen Grundlage und historischen Entwicklung der ATS-Verfahren, sondern eine umfassende Begutachtung zivilprozessualer und kollisionsrechtlicher Aspekte, die für den Bedeutungszuwachs, den die US-Justiz in diesem Zusammenhang erfahren hat, eine Rolle spielen. Hierzu ist eine intensive Auseinandersetzung mit der relevanten Rechtsprechung notwendig. Nur so lässt sich ein umfassendes Verständnis für das ATS, seine Entwicklung und Funktion erzeugen. Nur wenn man die ATS-Rechtsprechung und die in ihrem Bereich relevanten zivilprozessualen und kollisionsrechtlichen Rechtsfragen genauer untersucht, also zunächst eine Binnenperspektive wählt, lassen sich in einem nächsten Schritt Erkenntnisse ziehen, die eine funktionale Einordnung in einen globalen, rechtlichen Kontext ermöglichen.

---

75 Bereits der Wortlaut des § 1350, 28 U.S.C.A. setzt ein tort ‚Delikt' in violation of the Law of Nations voraus.

§ 2 Das Alien Tort Statute als Rechtsnorm

Bei bloßer Betrachtung des Wortlauts des ATS verwundert es, dass die Norm einmal weltweiten Ruhm erlangen sollte. Die normative Grundlage des ATS besteht in einem einzigen Satz, der mittlerweile in 28 U.S.C.A § 1350 geregelt ist. Der Wortlaut des ATS ist dabei zunächst wenig spektakulär und besagt lediglich:

> „*The district courts shall have original jurisdiction of any civil action by an alien for a tort only, committed in violation of the law of nations or a treaty of the United States.*"[76]

Wie es dazu kommen konnte, dass diese so unscheinbare und phasenweise schlichtweg nicht beachtete Norm zu globalen Rechtsdiskussionen führte und das Interesse einer breiten Öffentlichkeit auf sich zog, wird im Verlaufe der nun folgenden Abschnitte noch genauer erläutert werden. Hierbei wird es in den §§ 2-7 vor allem darum gehen, zu erläutern, wie die Norm im US-amerikanischen Rechtskosmos angewandt wurde und welche konkreten Rechtsfragen sich im Rahmen ihrer Anwendung ergaben. Bevor sich die Arbeit den einzelnen Rechtsfragen zuwendet, soll zunächst auf den Tatbestand der Norm (I.), ihre historischen Hintergründe sowie ihre moderne Wiederauferstehung (II.) eingegangen werden. Nachdem die Grundlagen für das Verständnis des Rechtsphänomens ‚ATS' geschaffen wurden, wird sich in einem nächsten Schritt mit der Sosa-Urteil des US-Supreme Court befasst (III.).

I. Der Tatbestand des ATS

Der Tatbestand des ATS ist recht simpel formuliert und erfordert, dass ein Ausländer '*alien*' eine Verletzung einer Völkerrechtsnorm (*international law*) oder eines völkerrechtlichen Vertrags (*treaty of the United States*) durch eine unerlaubte Handlung (*in tort only*) geltend macht. Im Folgenden werden die einzelnen Tatbestandselemente dargestellt und die jeweils strittigen Rechtsfragen erörtert.

---

76 28 USC § 1350.

1. Potentielle Kläger

Der Wortlaut des ATS gibt vor, dass der Kläger selbst ein Ausländer sein muss. US-Staatsbürger können sich somit nicht auf das ATS berufen, denn nach dem US Immigration and Nationality Act wird der Begriff „*alien*" definiert als „*any person not a citizen or national of the United States.*"[77] Eine Einschränkung auf natürliche Personen beinhaltet das ATS dagegen nicht. Es ist vielmehr ebenso denkbar, dass auch juristische Personen als Kläger in ATS-Verfahren auftreten. Insoweit kam es in der Vergangenheit zu Gerichtsverfahren, in denen als Vereine organisierte Organisationen oder Gewerkschaften Klagen für die Verletzungen ihrer Mitglieder einreichten.[78] Organisationen und Vereine sind also nicht per se davon ausgeschlossen, sich auf das ATS zu berufen.[79] Jedoch zeigen bislang anhängig gemachte Verfahren, dass es diesen unter Umständen nicht gelingt, ein *standing* für die entsprechenden Klagen geltend zu machen. Der Begriff des *standing* bedeutet in der deutschen Rechtsterminologie Rechtschutzinteresse oder Rechtsschutzbedürfnis.[80] In einem US-Zivilverfahren gehört die Erfüllung der Erfordernisse des *standing* zu den Sachurteilsvoraussetzungen. Die Anforderungen ergeben sich unmittelbar aus Artikel III der US-Verfassung.[81] Durch das Erfordernis des *standing* soll gewährleistet werden, dass nur solche Fälle vor die Gerichte gelangen, bei denen tatsächlich auch ein rechtliches Interesse an ihrer Klärung besteht. Durch den Supreme Court wurde das *standing* wie folgt definiert: „*As an aspect of justiciability, the standing question is whether the plaintiff has alleged such a personal stake in the outcome of the controversy as to warrant his invocation of federal-court jurisdiction and to justify exercise of the court's remedial powers on his behalf.*"[82] Für eine Organisation oder einen Verein besteht das *standing* nach gefestigter Rechtsprechung des

---

77 Vgl. 8 U.S.C. § 1101 (a) (3).

78 Stephens/Chomsky/Green/Hoffman/Ratner, S. 246.

79 Doe vs. Islamic Salvation Front, 993 F. Supp 3, 10 (D.D.C.1998); Estate of Rodriguez vs. Drummond Co., Inc., 256 F.Supp. 2 d 1250, 1259 (N.D.Ala.2003);

80 *Friedenthal/Miller/Kane*, Ch. 6. 3, p. 339 ff.; *Dietl/Lorenz*, Wörterbuch für Recht, Wirtschaft und Politik, S. 789. Der Begriff des ‚standing' umfasst Fragen der Parteifähigkeit, der Aktivlegitimation und des Rechtschutzbedürfnisses, vgl. hierzu rechtsvergleichend: *Koch*, KJ 2014, 432, 445.

81 *Henner*, Human Rights and the Alien Tort Statute, Law, History, and Analysis, S. 321.

82 Warth vs. Seldin, 95 S.Ct. 2197, 2205 (1975).

Supreme Courts unter den folgenden Voraussetzungen:[83] *„ Thus we have recognized that an association has standing to bring suit on behalf of its members when: (a) its members would otherwise have standing to sue in their own right; (b) the interests it seeks to protect are germane to the organization's purpose; and (c) neither the claim asserted nor the relief requested requires the participation of individual members in the lawsuit. "*[84] Aus Verfahren der Vergangenheit lässt sich ermitteln, dass insbesondere die dritte Voraussetzung Probleme bereitet. Es ist anerkannt, dass das *standing* einer Organisation bzw. eines Vereins ausgeschlossen ist, *„ when an organization seeks damages on behalf of its members. "*[85] Ein ATS Verfahren zielt jedoch gerade auf den Zuspruch von Schadensersatz ab. Dieser Schadensersatz wird in der Vielzahl der Fälle eine Kompensation für die Verletzung eines Individuum und nicht der Organisation/NGO an sich darstellen, insoweit ist dann aber auch erforderlich, dass der Schaden eines jeden einzelnen Mitglieds nachgewiesen wird, womit eine Teilnahme des jeweiligen Geschädigten an dem Gerichtsverfahren nicht entbehrlich ist. Sowohl in National Coalition Government of Union of Burma vs. Unocal[86] als auch in Doe vs. Islamic Salvation Front[87] scheiterten die Klagen der jeweiligen Organisationen aus den zuvor dargelegten Gründen. Vereine, Organisationen und NGOs sind folglich nicht a priori von ATS-Verfahren ausgeschlossen, jedoch erscheinen deren Klagen nur dann erfolgversprechend, wenn sie nicht einen Schaden ihrer Mitglieder, sondern einen eigenen Schaden geltend machen. Im Übrigen lässt sich eine Kollektivierung und Bündelung der Interessen auf Seiten der Kläger aber im Wege einer *class action* ‚Sammelklage' erzielen. Die wesentlichen Voraussetzungen für eine solche Sammelklage ergeben sich aus § 23 F.R.C.P. Gerade auch die Möglichkeit zur Erhebung einer solchen Sammelklage in Kombination mit dem ATS machte die USA zu einem attraktiven Forum für Kläger, da die kollektive Rechtswahrnehmung den Druck auf die Be-

---

83 *Henner*, S. 324.
84 Hunt v. Wash. State Apple Advertising Com`n, 97 S.Ct. 2434, 2441 (1977).
85 United Food and Commercial Workers Union Local 751 vs. Brown Group, Inc., 116 S.Ct. 1529, 1535 (1996).
86 National Coalition Government of Union of Burma vs. Unocal, 176 F.R.D. 329, 344 (C.D.Cal.1997).
87 Doe vs. Islamic Salvation Front, 257 F.Supp. 2 d 115, 119 f. (D.D.C. 2003).

klagten erhöht und zudem ökonomische Anreize für die Kläger und ihre Anwälte schafft.[88]

Zudem ist es auch grundsätzlich denkbar, dass juristische Personen des Privatrechts als Kläger in ATS-Verfahren auftreten. Die Bestimmung der Nationalität einer juristischen Person des Privatrechts kann jedoch unter Umständen Schwierigkeiten bereiten. Dies liegt zum einen daran, dass die Nationalität eines Unternehmens, je nachdem in welchem Rechtsgebiet sie eine Rolle spielt, unterschiedliche Determinationen hat.[89] Zum anderen existiert durch die Entwicklung der Weltwirtschaft und die grenzüberschreitende Expansion vieler Unternehmen ein de facto postnationaler Zustand, welcher die Zuweisung der Nationalität zu einem Unternehmen auch in praktischer Hinsicht erschwert. Der klassische Ansatz zur Bestimmung der Nationalität eines Unternehmens ist die *place of incorporation rule*.[90] Nach dieser besitzt ein Unternehmen die Nationalität des Staates, nach dessen Recht es gegründet wurde.[91] Ein Unternehmen wäre nach diesem Ansatz also dann als ausländisch zu qualifizieren, wenn es nach dem Recht eines ausländischen Staates gegründet worden ist und unabhängig davon, wo es beispielsweise einen administrativen Sitz hat.[92] Insbesondere bedingt durch die beiden Weltkriege, entwickelte sich darüber hinaus zur Bestimmung der Nationalität von Unternehmen der sog. *control-test*.[93] Nach diesem Ansatz bestimmt sich die Nationalität eines Unternehmens nach der Nationalität desjenigen, der die Kontrolle über das Unternehmen ausübt. Neben diesen beiden klassischen Ansatzpunkten existieren zudem aktuellere Theorien, welche insbesondere die Auswirkungen der Globalisierung und die zunehmende Internationalisierung von Unternehmen be-

---

88 Vgl. ausführlich hierzu: *Koch*, KJ 2014, 432, 439; zur Sammelklage: *ders.*, Prozessführung im öffentlichen Interesse; *Eichholtz*, Die US-amerikanische Class Action und ihre deutschen Funktionsäquivalente, S. 10 ff., 29 ff.; *Hoppe*, Die Einbeziehung ausländischer Beteiligter in US-amerikanische Class Actions, S. 35 ff., 153 ff.

89 Vgl. hierzu: *Mabry*, Multinational Corporations and U.S. Technology Policy: Rethinking the Concept of Corporate Nationality, 87 Geo. L. J. 563, 582 (1999).

90 *Mabry*, 87 Geo. L. J: 563, 582 (1999); *Hailer*, Human Rights Litigation, S. 58.

91 *Mabry*, 87 Geo. L. J. 563, 584 (1999).

92 Compagnie Financier De Suez et de L`Union Parisienne v. U.S., 492 F.2 d 798, 808 f. (Ct. Cl.1974); State ex rel. Cartwright v. Hillcrest Investment, Ltd., 630 P. 2 d 1253 (Okla. S.Ct.1981).

93 *Mabry*, 87 Geo. L. J. 563, 585 ff. (1999).

rücksichtigen.[94] Diese Theorien und die Kritik an der *place of incorporation rule* mögen bezogen auf manche Rechtsgebiete ihre Berechtigung haben. Setzt man jedoch die Frage nach der Nationalität eines Unternehmens in den teleologischen Kontext einer Norm, so zeigt sich, dass für die Zwecke des ATS, das Abstellen auf die *place of incorporation rule* der richtige Ansatzpunkt ist. Das ATS ist eine prozessuale Norm. Die Tatbestandvoraussetzung, dass es sich bei dem Kläger um einen Ausländer handeln muss, soll gerade solchen Klägern den Zugang zu den Bundesgerichten eröffnen, die an und für sich nicht der Souveränität der USA unterliegen. Sicherlich mag es zutreffen, dass sich Unternehmen durch ihre globalen Aktivitäten in gewisser Weise internationalisieren und durch ihre verschiedenen ökonomischen Aktivitäten auch unterschiedlichen Rechtsordnungen unterwerfen, jedoch bleiben sie primär Rechtssubjekt des Landes nach dessen Recht sie sich gegründet haben, da sich die Primärpflichten[95] immer noch nach dem Recht des jeweiligen Gründungslandes ergeben. Somit lässt sich die Frage, ob ein Unternehmen ausländisch im Sinne des ATS ist, am besten mittels der *place of incorporation rule* ermitteln.[96]

2. Tort only

Der Wortlaut des ATS beschränkt die Anwendbarkeit der Norm auf Streitgegenstände, die ein 'tort' verkörpern. Der Begriff *tort* ist in der US-Rechtsterminologie definiert als: „*A civil wrong, other than breach of contract, for which a remedy may be obtained (..).*"[97] In die deutsche Rechtsprache übersetzt bedeutet der Begriff *tort* unerlaubte Handlung

---

94 *Mabry* schlägt insoweit einen Ansatz vor, den sie als New Economic Commitment Test bezeichnet, vgl. *Mabry*, 87 Geo. L. J. 563, 593 ff. (1999); *Lao* möchte die Nationalität anhand des domestic participation test bestimmen, vgl.: *Lao*, Corporate and Product Identity in the Postnational Economy: Rethinking U.S. Trade Laws, 90 Cal. L. Rev. 401, 453 ff. (2002).

95 Beispielsweise unterliegt die Daimler Chrysler AG, als Paradebeispiel für einen internationalen Konzern, hinsichtlich der Anforderungen an Hauptversammlung etc. trotz einer bestehenden Transnationalität immer noch dem deutschen Aktiengesetz.

96 Im Ergebnis so auch: *Hailer*, Human Rights Litigation, S. 59 (ohne genaue Begründung); *Heidbrink*, ATCA, S. 25 f.

97 *Garner*, Black`s Law Dictionary, S. 1626.

bzw. zivilrechtliches Delikt.[98] Teilweise wird aus der Hinzufügung des Worts „only" eine einschränkende Interpretation des ATS begründet und geschlussfolgert, dass nur bestimmte im Wesentlichen dem Seekriegsrecht (law of prize) zuzuordnende Delikte vom ATS erfasst werden sollten.[99] Diese Ansicht ist jedoch abzulehnen. Die Verwendung des Wortes „only" hat eine klarstellende Funktion und grenzt die deliktischen Ansprüche von anderen Ansprüchen ab; keinesfalls sollte durch die Verbindung zwischen den Wörtern „tort" und „only" eine weitere Subkategorisierung und Beschränkung auf spezifische deliktische Ansprüche erfolgen.[100] Das US-amerikanische Deliktsrecht bezieht sich dabei auf unterschiedliche Deliktstypen und umfasst neben Vorsatztaten auch fahrlässiges Verhalten.[101] Insgesamt ist der Begriff *'tort'* also auch im Rahmen des ATS im herkömmlichen Sinne zu verstehen.[102]

3. Violation of the Law of Nations

Der Wortlaut des ATS setzt zudem voraus, dass die deliktische Handlung eine Verletzung des Völkerrechts darstellt. Diese Tatbestandsvoraussetzungen warf in der Vergangenheit eine Vielzahl von Rechtsfragen auf. Insoweit ist zunächst die begriffliche Tragweite der Bezeichnung *law of nations* zu erläutern. Der Begriff *law of nations* kann aus heutiger Sicht mit dem Begriff *international law*, also Völkerrecht, gleichgesetzt werden.[103]

---

98 Dietl/Lorenz, S. 844.

99 *Sweeney*, A Tort only in Violation of the Law of Nations, 18 Hastings Int'l & Comp. L. Rev. 445, 447 ff. (1995); allgemein hierzu auch: *Hailer*, Human Rights Litigation, S. 59.

100 *Hailer*, Human Rights Litigation, S. 60 f.; *Randall*, Federal Jurisdiction over International Law Claims: Inquiries into the Alien Tort Statute, 18 N.Y.U. J. Int'l L. & Pol. 1, 28 ff (1985); *Lee*, The Safe-Conduct Theory of the Alien Tort Statute, 106 Colum. L. Rev. 830, 837 (2006): „A tort, as the word was understood in 1789, was simply a noncontract injury to person or property."

101 *Hay*, Einführung in das U.S.-Recht, Rn. 352 ff.

102 Lopes v. Reederei Richard Schröder, 225 F.Supp. 292 (D.Pa. 1963); Filartigá v-Pena-Irala 630 F.3 d 876 (2nd. Cir. 1980).

103 *Henner*, Human Rights, S. 19; The Political Economy of the Production of Customary International Law: The Role of Non-Governmental Organizations in U.S. Courts, 22 Berkeley J. Int'l L. 240, 247(2004); *Trnavaci*, The Meaning and Scope of the Law of Nations in the Context of the Alien Tort Claims Act and International Law, 26 U. Pa. J. Int'l Econ. L. 193, 214 ff. (2005); zum Zeitpunkt

Das Völkerrecht selbst setzt sich aus mehreren Rechtsquellen zusammen und ist ein sehr komplexer Rechtskörper. *§ 102 des Restatement (Third) of the Foreign Relations Law of the United States* benennt dabei explizit folgende Rechtsquellen: Das Völkergewohnheitsrecht, Völkervertragsrecht sowie die von den Kulturvölkern anerkannten Rechtsgrundsätze. Diese Auflistung stellt eine beinahe exakte Wiedergabe der in Art. 38 IGH-Statut dargestellten Rechtsquellen dar. Der Tatbestand des ATS selbst ist wiederum in zwei Alternativen untergliedert und unterscheidet zwischen einer Verletzung des Völkerrechts und der eines völkerrechtlichen Vertrages der Vereinigten Staaten. Da die erste Tatbestandsalternative die wesentlich wichtigere und bedeutendere ist, soll sich auf sie fokussiert werden.

Der Begriff des Völkerrechts bezieht sich dabei in erster Linie auf das Völkergewohnheitsrecht. In der Rechtsprechung und im Schrifttum werden die beiden Begriffe synonym verwendet.[104] Völkergewohnheitsrecht entsteht, gem. § 102 (2) *Restatement (Third) of the Foreign Relations Law of the United States, „from a general and consistent practice of states followed by them from a sense of legal obligation“*. Dieses Völkergewohnheitsrecht ist aus der Perspektive des US-Rechts dem *federal common law* zuzuordnen.[105] In Zusammenhang mit der völkergewohnheitsrechtlichen Alternative des ATS sind insbesondere zwei grundsätzliche Fragen von Bedeutung: Zum einen ist fraglich, ob es in temporärer Hinsicht eine Begrenzung der unter das ATS fallenden völkergewohnheitsrechtlichen Normen gibt. Zum anderen ist fraglich, ob jegliche völkergewohnheitsrechtliche Norm unter dem ATS justiziabel ist oder ob es einer zusätzlichen einschränkenden Auslegung bedarf. Im Hinblick auf die Frage einer temporären Begrenzung der justiziablen völkergewohnheitsrechtlichen Normen wurde teilweise die Ansicht vertreten, dass nur solche Normen in den Anwendungsbereich fallen, die bereits zum Zeitpunkt des Inkrafttretens des

---

des Erlasses des ATS, sah man Law of Nations überwiegend als Teil des general law an, was einer Art Naturrecht gleichkommt, vgl. hierzu: *Collins*, The Diversity of the Alien Tort Statute, 42 Va. J. Int'l L. 649, 664 (2001).

104 Flores v. Sothern Peru Copper Corp., 414 F.3 d 233, 237 (2nd Cir. 2003); Kiobel v. Royal Dutch Petroleum Co., 621 F.3 d 111, 116 (2nd Cir. 2010).

105 *Blackmun*, The Supreme Court and the Law of Nations, 104 Yale L. J. 39, 40 (1994); *Koh*, Transnational Public Litigation, 100 Yale L.J. 2347, 2385 f. (1991); *Stephens*, 66 Fordh. L. Rev 393 ff. (1997); The Paquete Habana 175 U.S. 677, 700 (1900); a. A. *Bradley/Goldsmith*, Customary International Law As Federal Common Law: A Critique of the Modern Position, 110 Harv. L. Rev. 815, 816 (1998).

ATS als Völkergewohnheitsrecht akzeptiert wurden.[106] Die zum Zeitpunkt des Erlasses einklagbaren Rechtsverletzungen bezogen sich auf die Piraterie, die Rechte von Diplomaten sowie der Verletzung des sicheren Geleits.[107] Eine derartige Limitierung des ATS auf diese historischen völkerrechtlichen Standards überzeugt jedoch nicht. Diese Ansicht verkennt, dass sowohl das Völkerrecht im 18 Jahrhundert als auch das Völkerrecht der heutigen Zeit einen dynamischen Charakter aufweist.[108] Auch die Rechtsprechung geht, wie zuletzt durch den US-Supreme Court bestätigt, von einem dynamischen Verständnis des Völkerrechts aus.[109] Bereits aufgrund seiner Entstehung hat das Völkergewohnheitsrecht einen dynamischen Charakter, da es sich aus einer bestehenden Staatenpraxis und einer allgemeinen Rechtsüberzeugung entwickelt. Bedingt durch diesen Entwicklungsprozess ist es unter Umständen nicht klar prognostizierbar, ob eine entsprechende Norm tatsächlich dem Völkergewohnheitsrecht zuzuordnen ist. An dieser Stelle muss zunächst klargestellt werden, dass sich die vorliegende Arbeit insbesondere auf die menschenrechtlichen Normen, die dem Völkergewohnheitsrecht zu zuordnen sind, bezieht. Die Inkorporation individueller Rechte und insbesondere fundamentaler Menschenrechte in das Völkergewohnheitsrecht ist das Resultat der jüngeren Geschichte und ein Entwicklungsprozess, der von den katastrophalen und inhumanen Folgen des Naziterrors und des Zweiten Weltkrieges in Gang gesetzt wurde.[110]

Die grundsätzliche Annahme, dass individuelle Menschenrechte als Völkergewohnheitsrecht klassifiziert werden können, steht nicht in Frage.[111] Daher soll im Folgenden auch keine abschließende Liste von aner-

---

106 Tel-Oren v. Libyan Arab Republic, 726 F.2 d 774, 816 (J. Bork concurring) (D.C.Cir. 1985); *Sweeney*, A Tort only in Violation oft he Law of Nations, 18 Hastings Int`l & Comp. L. Rev. 445 (1995).

107 *Lee*, The Safe-Conduct Theory of the Alien Tort Statute; 106 Colum. L. Rev. 830, 835.

108 *Dodge*, The Historical Origins of the Alien Tort Statute: A Response to the „Originalists", 19 Hastings Int`l & Comp. L. Rev. 221, 241 (1996).

109 Sosa, 124 S.Ct. 2739, 2761 (2004); Filartiga vs. Pena-Irala, 630 F.2 d 876, 881 (2 d. Cir. 1980).

110 Instruktiv zu dieser Entwicklung: *Blum/Steinhardt*, Federal Jurisdiction over International Human Rights Claims: The Alien Tort Claims Act after Filartiga v. Pena-Irala, 22 Harv. Int`l. L. J., 53, 64ff. (1981).

111 Vgl. hierzu: § 702 Restatement (Third) of the Foreign Relations Law of the United States, der eine nicht abschließende Aufzählung von Menschrechtsverstößen enthält die als Völkergewohnheitsrecht akzeptiert sind.

kannten Rechten erstellt werden, denen eine völkergewohnheitsrechtliche Akzeptanz zukommt. Sondern es muss anhand der einschlägigen Rechtsprechung geklärt werden, welches Verständnis des Völkergewohnheitsrechts dem ATS zugrunde zu legen ist. In der Vergangenheit unternahmen Gerichte den Versuch, die Anwendbarkeit des ATS auf *ius cogens*-Normen zu beschränken.[112] Ein Ansatz zur Bestimmung, welche Rechte dem *ius cogens* zuzuordnen sind, lässt sich dem Art. 53 S. 2 WVRK entnehmen. Dieser besagt: „*Im Sinne dieses Übereinkommens ist eine zwingende Norm des allgemeinen Völkerrechts eine Norm, die von der internationalen Staatengemeinschaft in ihrer Gesamtheit angenommen und anerkannt wird als eine Norm, von der nicht abgewichen werden darf und die nur durch eine spätere Norm des allgemeinen Völkerrechts derselben Rechtsnatur geändert werden kann.*"[113] Im Gegensatz zu herkömmlichen völkergewohnheitsrechtlichen Normen sind *ius cogens* Normen nicht derogierbar und lassen keine Vorbehalte einzelner Staaten zu.[114] Eine derartige Beschränkung auf reine ius cogens-Normen erscheint jedoch nicht angemessen. Bereits der Wortlaut des ATS enthält keinerlei Anhaltspunkte für eine derartige Reduktion der Zuständigkeit der Bundesgerichte. Klar ist jedoch auch, dass die Zuständigkeit unter dem ATS auch keine ausufernde ist und nicht jegliche Verletzung des Völkerrechts zu einer Zuständigkeit der Bundesgerichte führen kann. Gleichzeitig erscheint jedoch auch eine weitreichende Restriktion des ATS auf ius cogens-Normen nicht geboten. Zu Recht stellte Judge Edwards in seiner concurring opinion in der Rechtssache Doe v. Unocal fest: „*In fact whether or not forced labor is a*

---

112 Xuncax v. Gramajo, 886 F. Supp. 162 (D. Mass. 1995); *Doe v. Unocal*, Inc. 963 F. Supp. 880 (C.D. Cal. 1997); National Coalition Government of the Union of Burma v. Unocal, Inc. 176 F.R.D. 329 (C.D. Cal. 1997); Doe v. Unocal, Inc., 110 F. Supp. 2 d 1294 (C.D. Cal. 2000).

113 Als insoweit zwingend erweist sich insbesondere das Verbot des Völkermords, der Sklaverei, Sklavenhandel, Zwangsarbeit, teilweise Normen des humanitären Völkerrechts, vgl. hierzu: *Ipsen*, Völkerrecht, § 16, Rn. 37 ff.; *Kadelbach*, Zwingendes Völkerrecht; *Parker*, Ius Cogens: Commpelling the Law of Human Rights, 12 Hastings Int'l & Comp. L. Rev. 411 ff (1989); *Caplan*, State Immunity, Human Rights and Ius Cogens: A Critique of the Normative Hierarchy Theory, 97 Am. J. Int'l L. 741 ff. (2003); *Mann*, Further Studies in International Law, S. 84 ff.

114 *Ratner*, Back to the Future: Why a Return to the Approach of the Filartiga Court is essential to preserve the Legitimacy and Potential of the Alien Tort Claims Act, 35 Colum. J.L & Soc. Probs. 83, 86 (2002); Restatement § 102, Note 6; Siderman de Blake vs. Republic of Argentina, 965 F.2 d 699, 715.

modern variant of slavery is of no legal consequence in this case, because there is no requirement that plaintiffs state a jus cogens violation in order to obtain jurisdiction under the ATCA."[115] Eine Beschränkung auf das ius cogens ist weder aus rechtlichen noch aus praktischen Erwägungen gerechtfertigt. Ein *ius cogens*-Standard bietet kein erhöhtes Maß an Rechtssicherheit, da die Klassifizierung einer Norm als ius cogens im Gegensatz zum Anerkenntnis einer Norm als völkergewohnheitsrechtlich nicht nach vorwiegend objektiven Kriterien erfolgt und auch in der internationalen Gemeinschaft höchst umstritten ist.[116] Ebenso wenig besteht überhaupt ein Anlass dazu, den Anwendungsbereich des ATS auf ius cogens Normen zu beschränken. Vielmehr hat sich aus der Rechtsprechung ein gefestigtes Verständnis dafür ergeben, welche völkergewohnheitsrechtlichen Vorschriften unter dem ATS justiziabel sind.[117] Im Anschluss an die Filartiga-Rechtsprechung des 2nd Circuit[118], entwickelte sich ein dreistufiger Standard zur Bestimmung der unter das ATS fallenden völkergewohnheitsrechtlichen Normen.[119] Nach diesem Standard muss die Norm „universal, obligatory and definable" sein.[120] An diesem Standard hat auch die Rechtsprechung des Supreme Courts in der Rechtssache Sosa nichts Grundsätzliches geändert.[121] Wie nachfolgend noch ausführlich dargestellt wird, hat die Sosa-Entscheidung diese Rechtsprechung im Wesentlichen bestätigt.[122]

---

115 Doe I v. Unocal, 395 F.3 d 932, 964 (J. Edwards concurring); die concurring opinion bezieht sich aber keinesfalls auf die Frage, ob nur ius cogens-Normen zu einer Zuständigkeit führen, sondern lediglich darauf, ob das Verbot der Zwangsarbeit den Status einer ius cogens-Norm inne hat. Auch die Mehrheitsmeinung vertrat insofern nicht den Standpunkt, dass nur eine potentielle Verletzung einer ius cogens-Norm zur Zuständigkeit nach dem ATS führt; vgl. hierzu auch: *Seibert-Fohr,* Deliktshaftung von Unternehmen für Völkerrechtsverstöße, ZaöRV 63 (2003), 195, 198.
116 *Ratner*, 35 Colum. J.L. & Soc. Probs. 83, 106 ff. (2002).
117 So auch *Hailer*, S. 63.
118 Filartiga, 630 F.2 d 876, 880 ff. (2nd Cir. 1980).
119 *Stephens/Chomsky*, Human Rights Litigation, S. 48.
120 Dieser Ansatz ist zurückzuführen auf: Forti vs. Suarez Mason, 672 F. Supp. 1531, 1539 f (N.D Cal. 1987); Tel-Oren vs. Libyan Arab Republic, 726 F.2 d 774, 781 (J. Edwards concurring; C.A.D.C. 1984); *Blum/Steinhardt*, 22 Harv. Int'l. L. J. 53, 87 ff.
121 *Hailer*, S. 63.
122 Sosa, 127 S.Ct. 2739, 2761 (2004); vgl. hierzu in diesem Kapitel III.

4. Zwischenergebnis

Die Ausführungen zu den Tatbestandsmerkmalen des ATS haben gezeigt, dass es sich auf den ersten Blick um eine recht ungewöhnliche Norm handelt,[123] die, wenn man es allgemein formuliert, nationales Zivil- und Zivilprozessrecht mit Problemstellungen des Völkerrechts verbindet. Die weitere Dogmatik und die Anwendungsprobleme, die sich aufgrund dieser Ausgangsituation ergeben, lassen sich am besten anhand der Historie der Norm und ihrer konkreten Anwendung in verschiedenen Rechtsfällen darstellen.

II. Grundlagen des Alien Tort Statute - Historischer Hintergrund und moderne Geschichte des ATS

Das Alien Tort Statute war für lange Zeit eine weitgehend unbeachtete und selten angewandte Norm. Erst seit den 1980er Jahren ist die Norm sowohl in der Rechtswissenschaft als auch in der Öffentlichkeit immer häufiger wahrgenommen worden.[124] In den vergangenen 30 Jahren kam es dann zu einer Entwicklung, die das ATS immer mehr in den Fokus der Öffentlichkeit und der Gerichte rückten. Das ATS entwickelte sich insoweit zu einem Phänomen des US-amerikanischen Rechts. Nachdem es sich für beinahe 200 Jahre im Stand-By-Modus befand, wurde es seit den 1980er Jahren von unterschiedlichen Seiten reaktiviert. Die stetige Zunahme an Verfahren, die das ATS zum Gegenstand hatten, offenbarten immer weitere Problemkreise. Trotz seines, eben dargestellten, recht knappen Wortlauts, war seine Anwendung nicht unumstritten und der Bundesberufungsrichter des *9th Circuit* McKeown stellte vollkommen zutreffend fest: *„The Alien Torts Statute („ATS“), albeit short on words, is a perplexing statute.*

---

123 *Weinberg*, What we talk about when we talk about Extraterritoriality: Kiobel and the Conflict of Laws, 99 Cornell L. Rev. 1471, 1472 (2014): "an ancient and mysterious jurisdictional grant."

124 Allgemein zur Historie der Norm: *Elsea*, The Alien Tort Statute: Legislative History and Executive Branch Views, a Congressional Research Service Report; abrufbar unter: http://assets.opencrs.com/rpts/RL32118_20031002.pdf (letzter Aufruf: 19.1.2015). *Paust*, History, Nature, and Reach of the Alien Tort Claims Act, 16 Fla. J. Int'l L. 249 ff. (2004).

Giving the ink spilled in many judicial opinions, concurrences, and dissents as well as scholarly articles, this brevity has not netted clarity."[125]

Das ATS wurde im Jahr 1789 im 9. Abschnitt des „*Judicary Act*" erlassen.[126] Der damalige Wortlaut besagte, dass „*the district courts (..) shall also have cognizance, concurrent with the courts of the several states, or the circuit courts, as the case may be, of all causes where an alien sues for tort only in violation of the law of nations or a treaty of the United States.*" Das ATS erhielt seinen aktuellen Wortlaut im Jahre 1948, wobei die Norm in ihrem wesentlichen Aussagegehalt unverändert blieb.[127] Das ATS ist somit eine Norm, die beinahe so alt ist wie die Vereinigten Staaten selbst. Ohne zu tief in die Gründungsgeschichte der USA eintauchen zu können, kann nicht verleugnet werden, dass die historischen Umstände die zum Erlass des Judicary Act und des ATS führten, auch aus heutiger Sicht relevant sind. Die genauen Motive, die zum Erlass des ATS selbst führten, sind teilweise umstritten und werden auch in den aktuell anhängigen Verfahren teilweise kontrovers diskutiert.[128] Dieser Umstand beruht auf der Tatsache, dass keine Dokumente existieren aus denen sich die Intention des historischen Gesetzgebers bezüglich des ATS ableiten ließe.[129] Der Richter Henry Friendly bezeichnete das ATS im Jahre 1970 metaphorisch als „*legal Lohengrin*"[130], da „*no one seems to know whence it came*"[131]. Bei Erlass des *Judicary Act* war die Norm, die das heutige ATS repräsentiert, offensichtlich nicht wirklich umstritten[132], was auch damit zu tun haben mag, dass die Mitglieder des *First Congress* weitaus größere Konflikte zu lösen hatten und das Gesamtwerk des Judicary Act von Strei-

---

125 Sarei v. Rio Tinto PLC, 671 F.3 d 736, 780 (McKeown, J., concurring, 9th Cir. 2011).

126 *Burley*, The Alien Tort Statute and the Judicary Act of 1789: A Badge of Honour, 83 American Journal of Int'l Law, 461, 461 (1989); *Stephens*, The Curious History of the Alien Tort Statute, 89 Notre Dame L. Rev. 1467, 1470 ff. (2014).

127 *Henner*, Human Rights and the Alien Tort Statute, S. 31.

128 *Dodge*, The Historical Origins of the Alien Tort Statute: A Response to the „Originalists", 19 Hastings Int'l & Comp. L. Rev. 221, 222 (1995); *Fuks*, Sosa v. Alvarez-Machain and the Future of ATCA Litigation: Examining Bonded Labor Claims and Corporate Liability, 106 Colum. L. Rev. 112, 115 (2006).

129 *Kirshner*, Why is the U.S. Abdicating the Policing of Multinational Corporations to Europe? Extraterritoriality, Sovereignty, and the Alien Tort Statute, 30 Berkley J. Int'l L. 259, 269 f. (2012); *Burley*, 83 Am. Journ. Int'l L., 461, 463 (1989).

130 IIT v. Vencap, Ltd. 519 F.2 d 1001, 1015 (2nd. Cir. 1975).

131 IIT v. Vencap, Ltd. 519 F.2 d 1001, 1015 (2nd. Cir. 1975).

132 *Henner*, S. 32.

tigkeiten zwischen Anhängern und Gegnern des Föderalismus überlagert war.[133] Relativ gesichert dürfte die Erkenntnis sein, dass das ATS, so wie es im Jahre 1789 erlassen wurde, vor allem ausländischen Kaufleuten und Diplomaten den Zugang zu US-amerikanischen Gerichten erleichtern sollte.[134] Die USA waren im Jahre 1789 eine junge Nation, die sich sowohl die Akzeptanz als auch das Vertrauen anderer Staaten zunächst noch erarbeiten musste; insoweit kam dem ATS in diesen Zeiten auch sicherlich eine gewisse Signalwirkung zu, mit der gezeigt werden sollte, dass es sich bei diesem neuen Staat auf der zuvor von europäischen Großmächten dominierten politischen Landkarte nicht nur um einen verlässlichen Partner, sondern auch um einen Staat handelt, in dem das Recht eine umfassende Geltung beanspruchen kann.[135] Trotzdem kam es in der Zeit zwischen 1789 und 1980 lediglich zu 21 Verfahren, in denen das ATS angewandt wurde.[136] Erst im Jahre 1980 rückte die Norm wieder verstärkt in den Fokus der Öffentlichkeit. Grund für die gesteigerte Wahrnehmung war die Entscheidung des 2nd Circuit in der Rechtsache Filartiga vs. Pena-Irala.[137] Mit dieser Entscheidung stellte das Gericht explizit fest, dass die US-Bundesgerichte für Klagen von ausländischen Staatsbürger *subject matter ju-*

---

133 *Warren*, New Light on the History of the Federal Judicary Act of 1789, 37 Harv. L. Rev., 49, 53 (1923).

134 *Kirshner*, 30 Berkley J. Int'l L. 259, 270 (2012); *Randall*, Federal Jurisdiction over International Law Claims: Inquiries into the Alien Tort Statute, 18 N.Y.U. J. Int'l L. & Pol. 1, 15 ff. (1985); *Hufbauer/Mitrokastas*, International Implications of the Alien Tort Statute, 16 St. Thomas L. Rev. 607, 609 (2004); a. A. *Bradley*, The Alien Tort Statute and Article III, 42 Va. J. Int'l L. 587, 637 (2002). Insoweit wird häufig auf die Verfahren Marbois und Van Berckel verwiesen, in denen es zu Angriffen auf ausländische Staaten kam und in denen die neu gegründete föderalen Organe –im Gegensatz zu den Einzelstaaten- aber nicht über eine Kompetenz verfügten, sich des Falles anzunehmen, vgl. hierzu: *Dodge*, 19 Hastings Int'l & Comp. L. Rev. 221, 229 (1996).

135 *Hufbauer/Mitroskastas*, 16 St. Thomas L. Rev. 607, 609 (2004).

136 *Hailer*, Menschenrechte vor Zivilgerichten – die Human Rights Litigation in den USA, S. 35; *Pinilla*, Corporate Liability for Human Rights Violations on Foreign Soil: A Historical and Prospective Analysis of the Alien Tort Claims Controversy, 16 St. Thomas L. Rev., 687, 688(2003); *Poullas*, The Nature of the Beast: Using the Alien Tort Claims Act to Combat International Human Rights Violations, 80 Wash. U. L. Q., 327, 333 (2002); *Hufbauer/Mitroskastas*, 16 St. Thomas L. Rev. 607, 609 (2004).

137 Filártiga v. Pena-Irala, 630 F.2 d 876ff. (2 d Cir. 1980); *Stephens*, Translating Filártiga: A Comparative and International L. Analysis of Domestic Remedies for International Human Rights Violations, 27 Yale J. Int'l L. 1 (2002).

risdiction besitzen, wenn die Kläger sich auf die Verletzung von internationalem Recht berufen, auch wenn diese Verletzung –wie im Fall Filartiga- von einem Offiziellen eines anderen Staates begangen wurde und der Klagegrund keinen eigentlichen Bezug zu den USA hatte.[138] Zudem stellte der 2nd Circuit fest, dass der Anwendungsbereich des ATS nicht auf die ursprünglichen, im 18. Jahrhundert bestehenden völkerrechtlichen Normen beschränkt sei, sondern, dass *„courts must interpret international law not as it was in 1789 but as it has evolved and exists among the nations of the world today"*[139]. Die Filartiga-Entscheidung war bahnbrechend. Sie führte dazu, dass Menschenrechtsaktivisten und Rechtsanwaltskanzleien innovative Konzepte entwickelten, um eine transnationale *Human Rights Litigation* vor US-Gerichten zu etablieren[140], mittels der nicht nur individuellen Schadensersatzforderungen der Kläger durchgesetzt werden sollten sondern auch globale rechtspolitische Ziele verfolgt wurden.[141] Mit nicht wenig Pathos prophezeite *Judge* Kaufman diese Entwicklung der nächsten dreißig Jahre und hob die Tragweite dieser Entscheidung visionär hervor: *„Our holding today, giving effect to a jurisdictional provision enacted by our First Congress, is a small but important step in the fulfillment of the ageless dream to free all the people."*[142] Ein solcher Pioniergeist und die Idee, US-amerikanische Gerichte könnten die Ideale des *First Congress* und die Freiheitsrechte der Menschen in die ganze Welt transportieren, überzeugte zum damaligen Zeitpunkt viele Funktionsträger des Washingtoner Establishments.[143] In den nachfolgenden Dekaden wur-

---

138 Filártiga, 630 F.2 d 876, 878 (2 d Cir. 1980); *Dodge*, The Constitutionality of the Alien Tort Statute, 42 Va. J. Int'l L., S. 687-712 (2002).

139 Filartiga, 630 F.2 d 876, 881 (2nd Cir. 1980).

140 *Koh*, Transnational Human Rights Litigation, 100 Yale L. J. 2347, 2366 (1991); *Goodmann/Jinks*, Filartiga`s Firm Footing: International Human Rights and Federal Common Law, 66 Fordham L. Rev. 463, 466 (1997); *Lilich*, Invoking International Human Rights Law in Domestic Courts 54 U. Cin. L. Rev. 367, 394 (1995).

141 *Weinberg*, 99 Cornell L. Rev. 1471, 1472 (2014): *„prideful feature of American justice"*; zu den allgemeinen politischen Umständen, die dieses Revival begünstigten: *Nzelibe*, Contesting Adjudication: The Partisan Divide over Alien Tort Statute Litigation 33 Nw. J. Int`l L. & Bus. 475, 495 ff. (2013).

142 Filartiga, 630 F.2 d 876, 890 (2nd Cir. 1980).

143 *Goodmann/Jinks*, Filartiga`s Firm Footing: International Human Rights and Federal Common Law, 66 Fordham L. Rev. 463, 466, Fn. 13 f. m.w.N. (1997); *Burley*, The ATS and the Judicary Act of 1789: A Badge of Honor, 83 Am. J. Int`l L. 461, 464 (1989).

de die Rechtsprechung der Bundesgerichte erheblich ausgeweitet und in den Fokus der Kläger bzw. Klägergruppen rückten zunehmend ausländische und US-amerikanische Unternehmen, denen eine mittelbare oder unmittelbare Verletzung internationalen Rechts vorgeworfen wurde.[144] Aufgrund dieser Umstände rückte das ATS vermehrt in das Blickfeld einer breiteren Öffentlichkeit und wurde insbesondere von unternehmerischen Lobbygruppen aber auch von Teilen der nun herrschenden Bush-Administration kritisiert und vermehrt politisiert.[145] Auch aus Teilen der Lehre wurde das ATS und seine Anwendung vermehrt kritisiert und in leicht polemischer Weise als konkrete und ernsthafte Bedrohung für die Interessen der US-Außenwirtschaft gesehen.[146]

Ein weiteres wichtiges Urteil, ist das Urteil des 2nd Circuit in der Rechtssache Kadic gegen Karadzic.[147] In diesem Verfahren versuchte eine Opfergruppe aus Bosnien-Herzegowina, Schadensersatzzahlungen für die im jugoslawischen Bürgerkrieg erlittene Menschenrechtsverletzungen geltend zu machen. Beklagter des damaligen Verfahrens war der Anführer der bosnischen Serben und selbsternannte Präsident der offiziell nicht existierenden Republik Bosnien-Serbien („*Srpska*").[148] Dieses Verfahren ist insoweit relevant, als es die Frage beantwortete, ob es sich bei einem potentiellen Beklagten um einen offiziellen staatlichen Akteur handeln muss oder ob auch eine Privatperson verklagt werden kann. Auch in den USA wurde grundsätzlich davon ausgegangen, dass das Völkerrecht primär Staaten berechtigt und verpflichtet. Im Ausgangsverfahren ging der *District Court* davon aus, dass eine Verletzung des Völkerrechts bereits nicht möglich sei, da es sich bei dem Beklagten nicht um einen staatlichen

---

144 *Kirshner*, 30 Berkley J.Int'l L. 259 (2012) bezeichnet die USA als „global leader" im Bereich der Inanspruchnahme von Unternehmen für Menschenrechtsverletzungen; *Hufbauer/Mitroskastas*, 16 St. Thomas L. Rev. 607, 609 (2004).

145 *Steinhardt*, The Alien Tort Claims Act: Theoretical and Historical Foundations of the Alien Tort Claims Act and its Discontens: A Reality Check, 16 St. Thomas L. Rev. (2004), 585, 586 f.

146 *Hufbauer/Mitroskastas*, 16 St. Thomas L. Rev. 607, 609 (2004); a. A. *Stieglitz*, Brief of Joseph E. Stiglitz as Amicus Curiae in Support of Petitioners in Kiobel v. Royal Dutch Petroleum Co., 133 S.Ct. 1659, 2011 WL 6813580, Stieglitz differenziert und kommt zu der Auffassung: „corporate liability is bad for bad business".

147 Kadic v. Karadzic, 70 F.3 d 232 (2nd Cir. 1995).

148 Kadic v. Karadzic, 70 F.3 d 232, 236 (2nd Cir. 1995).

Akteur handle.[149] Gerade auch unter diesem Gesichtspunkt hob der *2nd Circuit* in zweiter Instanz die Entscheidung des *District Court* auf. Die Richter des *2nd Circuit* stellten ausdrücklich fest, dass nach ihrer Auffassung eine Verletzung des Völkerrechts nicht zwangsläufig von einem Staat bzw. staatlichen Akteur begangen werden muss, sondern, dass es durchaus völkerrechtliche Normen gebe, die auch von Individuen verletzt werden können.[150] Die Richter machten auch deutlich, dass das ATS losgelöst von seiner historischen Grundlage interpretiert werden muss und, dass sich die möglichen Tatbestände der Völkerrechtsverletzungen nicht auf diejenigen beschränken, die zur Zeit des Erlasses des ATS anerkannt waren, sondern, dass sich die Auslegung der Norm insoweit an aktuellen Maßstäben orientieren müsse. Gerade durch die Feststellung, dass ein staatliches Handeln nicht zwangsläufig notwendig ist, um über das ATS verklagt werden zu können, wurde der Weg dafür bereitet, auch Unternehmen über das ATS in Anspruch nehmen zu können.[151] Nachdem somit zunächst ehemalige offizielle Bedienstete eines fremden Staates (Filartigá) und serbische Milizenführer (Karadzic) erfolgreich vor US-Gerichten in Anspruch genommen wurden, kam es in einem nächsten Schritt zu Gerichtsverfahren gegen multinationale Unternehmen.

Den Auftakt einer Reihe von Gerichtsverfahren gegen US-amerikanische und internationale Unternehmen, stellt das Verfahren Doe v. Unocal[152] aus dem Jahre 1996 dar. Dieser Rechtsstreit wurde von einer Klägergruppe aus Burma anhängig gemacht. Beklagte war der US-Ölkonzern Unocal, dem vorgeworfen wurde, dass er im Zuge des Baus einer Ölpipeline an Menschenrechtsverletzungen[153], die durch das burmesische Militär begangen wurden, beteiligt war. Das Gericht erster Instanz stellte zunächst fest, dass die *subject matter jurisdiction* für die Klagen gegen Unocal be-

---

149 Kadic, 866 F. Supp. 734, 739 (S.D.N.Y 1994).
150 Kadic, 70 F.3 d 232, 239 (2nd. Cir. 1995); mittlerweile gefestigte Rechtsprechung, vgl. u.a.: Sinaltrinail v. Coca-Cola, 578 F.3 d 1252, 1263 (11th Cir. 2009); Romero v. Drummond Co., Inc., 552 F.3 d 1303 (11th Cir. 2008).
151 *Pinilla*, Corporate Liability for Human Rights Violation in Foreign Soil: A Historical and Perspective Analysis of the Alien Tort Claims Controversy, 16 St. Thomas L. Rev. 687, 695 (2004).
152 Doe I v. Unocal Corp., 963 F. Supp 880, 883ff (C.D. Cal. 1997); vgl. hierzu: *Seibert-Fohr,* Deliktshaftung von Unternehmen für Völkerrechtsverstöße, ZaöRV 63 (2003), 195 ff.
153 Hierbei ging es insbesondere um den Vorwurf der Zwangsarbeit, Folter und Exekution.

stehen würde.[154] Im weiteren Verlauf wurde die Klage dann jedoch mittels eines *summary judgments* als unbegründet abgewiesen da es das Gericht als nicht erwiesen ansah, dass Unocal an den Aktionen des burmesischen Militärs beteiligt war.[155] In der Berufungsinstanz wurde das *summary judgment* aufgehoben und die Rechtssache an den *District Court* zurück-verwiesen.[156] Das Berufungsgericht vertrat in seiner Entscheidung den Ansatz, dass die hier vorgeworfenen Taten durchaus eine individuelle völ-kerrechtliche Verantwortung nach sich ziehen könnten, dass eine staatli-che Handlung somit nicht erforderlich sei und dass die Haftung eines Un-ternehmens als *aider* oder *abettor* ‚Gehilfe bzw. Mittäter' durchaus in Fra-ge kommt.[157] Im Nachgang dieser Entscheidung ordnete der *9th Circuit* zwar ein „*rehearing en banc*" an, zu welchem es allerdings nicht mehr kam, da die Parteien den Rechtsstreit durch einen Vergleich beendeten.[158] Trotz dieses raschen Endes des Rechtsstreits wurde *Doe vs. Unocal* zum „*leading case*"[159] in diesem Bereich der ATS-Litigation. Auf eine Viel-zahl an noch folgenden Verfahren gegen multinationale Unternehmen wird hier noch einzugehen sein.

Nicht nur die Brisanz der Fälle, sondern auch die Fülle an aufgeworfe-nen Rechtsfragen ließen schon in diesem Stadium vermuten, dass ein Ver-fahren vor dem Supreme Court nicht lange auf sich warten lassen werde. Den wesentlichen Mittelpunkt der Kontroverse stellte dabei die Frage dar, unter welchen Umständen sich nun tatsächlich eine Zuständigkeit der US-amerikanischen Gerichte unter dem ATS begründen lasse und ob es sich beim ATS um eine reine Jurisdiktionsregel oder auch um eine Anspruchs-grundlage handelt. Die grundsätzlichen Rechtsfragen sollen nun nachfol-gend umfassend anhand der Entscheidung des Supreme Court dargestellt werden.

---

154 Unocal, 963 F. Supp. 880, 891 (C.D. Cal. 1997).
155 Unocal, 110 F.Supp 2 d 1294 (C.D. Cal. 2000).
156 Unocal, 395 F.3 d 932 (9th Cir. 2002).
157 Unocal, 395 F.3 d 932, 945 ff.; *Seibert-Fohr*, Deliktshaftung von Unternehmen für Völkerrechtsverstöße, ZaöRV 63 (2003), 195, 198 f.
158 Der Inhalt des Vergleichs selbst wurde nicht veröffentlicht; allerdings ist es wohl sicher, dass den Klägern durch diesen Vergleich eine Zahlung von 30 Mio. USD zugeflossen ist, vgl. hierzu: *Scarborough*, Rules of Decision for Issues arising under the Alien Tort Statute, 107 Columb. L. Rev. 457, 461, Fn. 26 (2007); *Hen-ner*, S. 76; *Koebele*, Corporate Responsibilty under the Alien Tort Statute, S. 7.
159 *Ramsey*, International Law Limits on Investor Liability in Human Rights Litiga-tion, 50 Harv. Int'l. L. J., S. 271, 278 (2009).

III. Die Entscheidung Sosa-Alvarez vor dem US Supreme Court

Der US Supreme Court hatte sich erstmals im Jahre 2004 mit der unmittelbaren Auslegung des ATS in der Entscheidung *Sosa vs. Alvarez-Marchain* zu befassen.[160] Dieser Entscheidung lag ein für ATS-Fälle relativ untypischer Sachverhalt zu Grunde:[161] Der mexikanische Staatsbürger und Arzt Alvarez-Marchain wurde in den USA per Haftbefehl gesucht, da ihm Folter und Mord an einem US-amerikanischen DEA-Agenten vorgeworfen wurde. Da eine Auslieferung in die USA nicht vollzogen werden konnte, beauftragte die DEA den mexikanischen Staatsbürger Sosa sowie weitere mexikanische Staatsbürger damit, Dr. Alvarez-Marchain in die USA zu verbringen, um ihn dort vor Gericht zu stellen. Bevor Alvarez-Marchain in die USA verbracht wurde, wurde er zunächst für 24 Stunden in Mexico gefangen gehalten. Nachdem Alvarez-Marchain in den USA nicht strafrechtlich verurteilt wurde, verklagte er den an der Entführung Beteiligten Mexikaner Sosa und stütze seine Klage dabei auf das ATS, zudem verklagte er die USA wegen der Entführung („*false arrest*") nach dem Federal Torts Claims Act (FTCA)[162]. Das in der ersten Instanz zuständige Gericht wies die Klage gegen die USA ab, verurteilte jedoch Sosa aufgrund der ATS-Klage und sprach Alvarez-Marchain einen Schadensersatz in Höhe von 25.000 USD zu. In zweiter Instanz bestätigte der *9th Circuit* in einer en banc-Entscheidung das Urteil bezüglich der ATS-Klage und hob darüber hinaus das klageabweisende Urteil bezüglich der FTCA-Klage auf.[163]

1. Die Rechtsnatur des ATS

Neben der konkreten Verfahrensfrage, ob Alvarez-Marchain tatsächlich Opfer einer Völkerrechtsverletzung (Streitgegenstand waren dabei der *arbitrary arrest* in Mexico und die Verschleppung in die USA) wurde, musste sich der Supreme Court mit einer allgemeinen Interpretations- und Auslegungsfrage des ATS befassen. So war umstritten, ob es sich beim

---

160 Sosa vs. Alvarez-Marchain, 124 S.Ct. 2739 (2004).
161 Im Hinblick auf die genauen Fakten des Falles: Sosa, 124 S.Ct. 2739, 2746 f.
162 28 U.S.C. § 1346 (b) (1).
163 Alvarez-Marchain v. US 266 F.3 d 1045, 1064 (9th Cir. 2001); Alvarez-Marchain v. United States, 331 F.3 d 604, 610 (9th Cir. 2003) (en banc).

ATS um eine reine Zuständigkeitsnorm oder aber auch um eine „*cause of action*" handelt. Der Begriff der *cause of action* lässt sich ins Deutsche am ehesten mit dem Begriff Anspruchsgrundlage übersetzen. Dies geht bereits aus der einschlägigen englischsprachigen Definition hervor: „*A group of operative facts giving rise to one or more bases for suing; a factual situation that entitels one person to obtain a remedy in court from another person.*"[164] Bedeutsam ist diese Frage vor allem aufgrund folgender Überlegung: Sollte das ATS tatsächlich eine reine Zuständigkeitsnorm sein, so stellt sich die Folgefrage, woraus sich dann eine mögliche *cause of action* ergeben könnte und, ob man eine solche entweder nur mit einer entsprechenden gesetzgeberischen Ermächtigung erhalten könnte, welche Anspruchsgrundlagen für ATS-Fälle unmittelbar generiert[165] oder, ob eine *cause of action* aus dem *federal common law* abgeleitet werden kann.[166] Diese Kontroverse spielte in der jüngeren Vergangenheit des ATS eine große Rolle. Um die Hintergründe dieser Streitfrage besser verstehen zu können, soll hier zunächst auf diesen Meinungsstreit kurz eingegangen werden. Im Wesentlichen bestanden im Vorfeld der Entscheidung zwei konträre Positionen, die sich nicht nur aufgrund ihrer juristischen Argumentation unterscheiden, sondern die oftmals auch erkennen lassen, ob ihre jeweiligen Anhänger grundsätzliche Gegner oder Befürworter einer Human Rights Litigation unter dem ATS sind. Vertreter der Auffassung, das ATS sei eine rein prozessuale Vorschrift, benutzen diese teilweise auch, um über diesem Wege an der Verfassungsmäßigkeit und Wirksamkeit des ATS Zweifel aufkommen zu lassen. Dass ein derartiger Streit über die Rechtsnatur eines Anspruchs eine solche Tragweite entwickeln kann, mag auf den ersten Blick seltsam anmuten, er wird jedoch klarer, wenn man sich einige Besonderheiten des US-Rechts vor Augen hält, welche im Zusammenhang mit der nun folgenden Darstellung herausgearbeitet werden sollen. Im Anschluss an die Filartiga-Entscheidung, die zwar selbst nicht zu einer abschließenden Bewertung der Rechtsnatur des ATS

---

164 *Garner*, Black`s Law Dictionary, S. 251.
165 *Thompson*, Putting the Card back behind the Horse, 9 DePaul Bus. & Com. L.J., 293, 295 (2011).
166 *Roth*, Scope oft he Alien Tort Statute, Arbitrary Arrest and Detention as Violation of Custom, 98 Am. J. Int`l L. 798, 800 (2004).

kam, sondern sich lediglich auf Fragen der Zuständigkeit beschränkte[167], kristallisierte sich dieser Meinungsstreit in der Folge immer stärker heraus und vereinzelte Gerichte vertraten die Meinung, das ATS verkörpere sowohl eine Zuständigkeitsregelung als auch eine unmittelbare *cause of action*.[168]

a) Das ATS als rein prozessuale Vorschrift?

Prinzipiell bieten sich zwei Lesarten des ATS an: Entweder man sieht in ihm eine reine Zuständigkeitsvorschrift oder man interpretiert das ATS als eine Norm, die neben der Jurisdiktion zugleich die Regelung einer bundesrechtlichen Anspruchsgrundlage enthält.[169] Sollte man die Ansicht vertreten, dass das ATS keine eigene Anspruchsgrundlage enthält, stellt sich die Frage, woraus sich sonst eine solche ableiten ließe. Grundsätzlich kommen als Rechtsquellen das Bundesrecht, das Recht der Einzelstaaten, das Völkerrecht und das ungeschriebene Recht (common law) in Betracht.[170] Da jedoch weder das Bundesrecht noch das Recht der Einzelstaaten der USA eine geschrieben Rechtsquelle für die in *§ 1350 28. U.S.C.A.* vorgesehenen Tatbestandsalternativen enthält, kommen als Rechtsquellen nur noch das Völkerrecht sowie das *federal common law* in Betracht.[171] Insofern wird das ATS zwar als eine reine Jurisdiktionsnorm ausgelegt, die aber zugleich eine implizite Ermächtigung zur Schaffung einer eigenen bundesrechtlichen Anspruchsgrundlage enthält, mittels der das Völker-

---

167 *Hailer*, S. 47 f., Fn. 122; unklar dagegen bei *Abel*, Der Alien Tort Statute nach der Entscheidung des US-Supreme Court in der Sache Sosa v. Alvarez-Machain, S. 24 f.

168 Tel-Oren v. Libyan Arab Republic, 726 F.2 d 774, 777 (D.C. Cir. 1984) (Edwards, J. concurring); In re Estate of Marcos Human Rights Litigation (Hilao v. Marcos), 25 F.3 d 1467, 1475 (9th Cir. 1994); Abebe-Jira v. Negewo 72 F.3 d 844, 847 (11th Cir. 1996); Xuncax v. Gramajo 886 F.Supp. 162, 179 (D. Mass. 1995); ATS als reine Zuständigkeitsvorschrift: Tel-Oren v. Libyan Arab Republic, 726 F.2 d 774, 799 (D.C. Cir. 1984) (Bork, J. concurring);

169 *Bradley/Goldsmith*, The Current Illegitimacy of International Human Rights Litigation, 66 Fordham L. Rev. 319, 357 f.

170 *Schaub*, Verantwortlichkeit von Unternehmen unter dem Alien Tort Statute, AVR 49 (2011), 124, 130.

171 *Schaub*, AVR 49 (2011), 124, 130.

recht/Völkergewohnheitsrecht umgesetzt wird.[172] Bis zur Entscheidung des US- Supreme Courts wurde diese Ansicht auch von einem Bundesgericht vertreten.[173] Der 11th Circuit folgerte aus der Entscheidung des US-Supreme Courts in der Rechtssache Lincoln Mills[174], dass die Bundesgerichte die Ermächtigung zur Schaffung eines derartigen *federal common law* besitzen. In dem Urteil Lincoln Mills stellte der Supreme Court fest, dass eine Zuständigkeitsvorschrift ein Gericht implizit zur Schaffung einer Anspruchsgrundlage berechtigen kann, wenn dies dem gesetzgeberischen Willen entspricht.[175] Gegner der *ATS-Litigation* benutzten diesen systematischen Ansatz dazu zu schlussfolgern, dass eine gerichtliche Kompetenz zur Anerkennung weiterer (moderner) Anspruchsgrundlagen nicht mehr bestehe könne, da es sich beim Völkergewohnheitsrecht ohnehin nicht um *federal common law* handeln könne.[176] Andere Gerichte umgingen diesen Aspekt des dogmatischen Streits, indem sie im ATS sowohl eine Zuständigkeitsvorschrift als auch eine cause of action sahen.[177] Diese Gerichte bezogen sich im Wesentlichen darauf, dass der Wortlaut des ATS die Passage „violation of the law of nations" enthält.[178] So stellte der *9th Circuit* in einer Entscheidung folgendes fest: *„We thus join the 2nd Circuit in concluding that the Alien Tort Act, 28 U.S.C. § 1350, creates a cause of*

---

172 *Bradley/Goldsmith*, 66 Fordham L. Rev., 319, 358 (1997), die aber das Völkergewohnheitsrecht nicht als fedral common law anerkennen möchtn; kritisch hierzu: *Koh*, Is International Law Really State Law?, 111 Harv. L. Rev. 1824, 1827 (1998); *Hailer,* S. 49.

173 Abebe-Jira v. Negewo, 72 F.3 d 844, 848 (11th Cir. 1996).

174 Textile Workers Union v. Lincoln Mills, 353 U.S. 448 (1957).

175 *Hailer,* S. 49; *Bradley/Goldsmith*, 66 Fordham L. Rev., 319, 358 (1997).

176 Hierzu vor allem: *Bradley/Goldsmith*, 66 Fordham L. Rev. 319, 360 (1997); *dies.,* 110 Harv. L. Rev. 815 ff. (1997); *Casto*, 18 Conn. L. Rev. 467, 475 (1988); Tel Oren, 726 F.2 d 774, 811 (Bork, J., concurring, D.C. Cir. 1984); die anschließende Debatte setzte sich insbesondere mit der Frage auseinander, ob es sich beim Völkergewohnheitsrecht um federal common law handle. Ein konträre Position zu Bradley/Goldsmith vertreten: *Koh*, Is International Law Really State Law?, 111 Harv. L. Rev. 1824 ff. (1998); *Neumann*, Sense and Nonsense: About Customary International Law: A Response to Professors Bradley/Goldsmith, 66 Fordham L. Rev. 371 ff. (1997).

177 In re Estate of Marcos Human Rights Litigation (Hilao v. Marcos), 25 F.3 d 1467, 1475 (9th Cir. 1994); Abebe-Jira v. Negewo 72 F.3 d 844, 847 (11th Cir. 1996); Xuncax v. Gramajo 886 F.Supp. 162, 179 (D. Mass. 1995); Tel-Oren v. Libyan Arab Republic, 726 F.2 d 774, 777 (Edwards, J. concurring, D.C.Cir. 1984).

178 Stephens/Chomsky/Green/Hoffmann/Ratner, S. 32.

action for violations of specific, universal and obligatory Human Rights standards (...)." [179]

Aus einer historischen, systematischen und grammatikalischen Auslegung der Vorschrift wurden in der Vergangenheit für alle der geschilderten Positionen Argumente gefunden.[180] Der Wortlaut des ATS spricht dafür, dass es sich um eine reine Zuständigkeitsvorschrift handelt, da dieser lediglich besagt, dass die Bundesgerichte für Entscheidungen zuständig sein sollen, in denen ein Ausländer sich auf eine Verletzung des Völkerrechts oder eines völkerrechtlichen Vertrages beruft.[181] Auch eine historisch-systematische Auslegung spricht eher dafür, dass es sich um eine reine Zuständigkeitsvorschrift handelt. Das ATS war ursprünglich im 9. Abschnitt des First Judicary Act geregelt. Dieser Abschnitt trug die Überschrift *'An Act to establish the Judicial Courts of the United States'* und regelte ausschließlich Fragen der Zuständigkeit und keine Anspruchsgrundlagen.[182] Gegner der *Cause-Of-Action*-Doktrin argumentieren zudem mit einem weiteren, eher teleologischen Argument. Nach diesem hätte für den Gesetzgeber zum Zeitpunkt des 1. Kongresses überhaupt kein Anlass bestanden eine positivrechtliche Regelung einer Anspruchsgrundlage für eine Völkerrechtsverletzung zu schaffen, da das Völkerrecht ein Bestandteil des *federal common law* sei und somit auch schon ohne gesetzliche Reglung von den Gerichten angewandt werden konnte.[183] Historisch gesehen, bestand nämlich zum Zeitpunkt des Erlasses des ATS noch gar nicht die Notwendigkeit eine explizite Anspruchsgrundlage zu schaffen, da der Begriff und die Notwendigkeit einer *cause of action* erst im Jahre 1848 eingeführt wurde.[184] Der Gesetzgeber hätte also aufgrund seines damaligen Verständnisses davon ausgehen können, dass sich eine Anspruchs-

---

179 In re Estate of Ferdinand Marcos Human Rights Litigation, 25 F.3 d 1467, 1475 (9th Cir. 1994).
180 Überblick bei: *Bradley/Goldsmith*, 66 Fordham L. Rev., 319, 358 (1997); zu den unterschiedlichen Formen der Interpretation des Willens des historischen Gesetzgebers: *Burley*, 83 Am. J. Int'l L. 461, 463 ff. (1989).
181 *Bradley/Goldsmith*, 66 Fordham L. Rev. 319, 359 (1997).
182 *Bradley*, The Alien Tort Statute and Article III, 42 Va. J. Int'l L., 587, 593.
183 *Stephens*, Corporate Liability before and after Sosa v. Alvarez-Marchain, 56 Rutgers L. Rev., 995, 999 (2004); *Bradley*, 42 Va. J Int'l L. 587, 595.
184 *Dodge*, The Historical Origins of The Alien Tort Statute: A Response tot he „Originalists", 19 Hastings Int'l & Comp. L. Rev. 221, 239; *ders.*, The Constitutionality oft he Alien Tort Statute: Some Observations on Text and Context, 42 Va. J. Int'l L. S. 687, 690.

grundlage aus dem *federal common law* ergeben würde und es somit ausreichen sollte, eine Zuständigkeitsregelung zu formulieren ohne diese mit
einer Anspruchsgrundlage zu verknüpfen. Hierzu sollte man an dieser
Stelle zudem anmerken, dass es sicherlich nicht das Anliegen des historischen Gesetzgebers gewesen sein kann, eine Zuständigkeitsregelung für
materiell nicht durchsetzbare Ansprüche zu schaffen. Dem Supreme Court
stellte sich somit die Frage, ob das ATS selbst eine Anspruchsgrundlage
darstelle und im Falle des Verneinens dieser ersten Frage, inwieweit die
Bundesgerichte noch in heutiger Zeit Anspruchsgrundlagen für moderne
Völkerrechtsverletzungen als eine Form des *federal common law* anerkennen können.[185]

b) Die Auffassung des US Supreme Court

Hinsichtlich der Frage nach der Rechtsnatur des ATS fällte der Supreme
Court ein einstimmiges Votum und stellte fest, dass es sich beim ATS um
eine reine Zuständigkeitsvorschrift handle.[186] In seiner Begründung bezog
sich das Gericht vor allem auf historische und systematische Argumente.
Der Supreme Court erachtete eine Deutung, nach der das ATS gleichzeitig
auch eine Anspruchsgrundlage darstellen sollte, als nicht plausibel.[187] Der
Supreme Court argumentierte insofern, dass sowohl der ursprüngliche
Wortlaut, welcher das Wort „*cognizance*" verwendete, als auch die systematische Stellung als *§ 9 des Judicary Act* dafür sprechen, dass das ATS
eine reine Zuständigkeitsvorschrift ist.[188] Nach der Auffassung des Gerichts bestand das Primärziel des historischen Gesetzgebers darin, den
Bundesgerichten für eine bestimmte Gruppe von Fällen die Entscheidungskompetenz zuzuweisen.[189] Eine eigenständige Anspruchsgrundlage

---

185 *Stephens*, 56 Rutgers U. L. Rev., 995, 999 (2004): „*How, then, should today's
court implement the intent of the members of the first congress?*", *Ramsey*, International Law Limits on Investor Liability in Human Rights Litigation, 50 Harv.
Int'l L. J. 271, 277 f. (2009).
186 Sosa v. Alvarez, 124 S. Ct. 2739, 2754 (2004).
187 Sosa v. Alvarez, 124 S. Ct. 2739, 2755 (2004).
188 Sosa v. Alvarez, 124 S. Ct. 2739, 2755 (2004); das Wort „cognizance" kann aus
heutiger Sicht als Synonym für das Wort „jurisdiction" gesehen werden.
189 Sosa v. Alvarez, 124 S. Ct. 2739, 2755 (2004); *Hailer*, Die US-amerikanische
Human Rights Litigation nach der Entscheidung des Supreme Courts in der Sache Sosa v. Alvarez-Marchain, AVR 44 (2006), S. 76, 83.

sollte mit dem ATS jedoch nicht geschaffen werden.[190] Die Interpretation und Festlegung des Supreme Courts, dass es sich beim ATS um eine reine Jurisdiktionsvorschrift handelt, ist insgesamt überzeugend. Gerade der Wortlaut sowie die Systematik des Gesetzes sprechen hier eine eindeutige Sprache.

Diese Begründung wirft nun gleichzeitig die Folgefrage auf, woraus sich dann eine *cause of action* ableiten lasse? Grundsätzlich kommen insoweit zwei Rechtsquellen in Betracht: Die *cause of action* könnte sich entweder aus dem Völkerrecht selbst ergeben oder aber aus dem Federal Common Law als bundesrichterrechtliche Anspruchsgrundlage geschaffen werden.[191] Auch diese Frage wurde während des Verfahrens kontrovers diskutiert. Nach Auffassung des Revisionsführers sollte mit dem ATS zunächst lediglich eine Kompetenznorm zu Gunsten der Bundesgerichte geschaffen werden, bevor der Gesetzgeber in einem weiteren Schritt eine explizite Anspruchsgrundlage schaffen wollte. Da er das in der Folgezeit unterlassen hatte, sei das ATS eine nutzlose Hülle bzw. in den Worten des Klägers Sosa eine „Totgeburt"[192]. Die Vertreter dieser Meinung vertraten zudem, dass weder aus dem Völkerrecht noch aus dem *federal common law* eine Anspruchsgrundlage abgeleitet werden könne und das ATS somit keinerlei praktische Bedeutung mehr habe.[193] Dieser Ansicht folgte der Supreme Court jedoch nicht. Vielmehr vertrat er die Auffassung, dass es einer weiteren positivrechtlichen Anspruchsgrundlage nicht bedurfte, da zur Zeit des Erlasses des ATS die Delikte, die eine Völkerrechtsverletzung darstellten, Teil des *common law* waren.[194] Sowohl der Supreme Court als auch die entsprechenden Meinungen in der Literatur vertreten aufgrund

---

190 Sosa v. Alvarez, 124 S.Ct. 2739, 2743.
191 *Roth*, Scope of Alien Tort Statute-Arbitrary Arrest and Detention as Violations of Custom, 98 Am. J. Int'l L. 798, 801 (2004); *Wuerth*, The Alien Tort Statute and Federal Common Law, 85 Notre Dame L. Rev. 1931, 1932 (2011). *Schaub*, Verantwortlichkeit von Unternehmen unter dem Alien Tort Statute, AVR 49 (2011), S. 124 ff.
192 Appellate Brief of Petitioner, 2004 WL 162761 (U.S.), *1, 20 ff.; 124 S.Ct. 2739, 2755: „Sosa would have it that the ATS was stillborn because there could be no claim for relief without a further statute expressly authorizing adoption of causes of action."
193 Appellate Brief of Petitioner, 2004 WL 162761 (U.S.), *1, 24 ff.
194 Sosa v. Alvarez-Marchain 124, S.Ct. 2739, 2755; Brief of Professors of Federal Jurisdiction and Legal History As Amici Curiae in Support of Respondents, 28 Hastings Int'l & Comp. Law Rev., 99, 108; *Bradley*, 42 Va. J. Int'l L 587, 595 (2002); *Stephens*, 66 Fordh. L. Rev. 393, 410 ff (1997).

einer historischen und systematischen Analyse den Standpunkt, dass das Völkerrecht zum Zeitpunkt des Erlasses des ATS ein Teil des Common Law gewesen ist und dass es aufgrund dieser Tatsache keines weiteren, ausdrücklichen legislativen Aktes des Kongresses bedurfte.[195] Eine vollständige Berücksichtigung des Verhältnisses zwischen *federal common law* und dem Völkerrecht zur Zeit des Erlasses des ATS würde den Rahmen dieser Arbeit sprengen. Entscheidend ist vor allem, dass der Supreme Court dem historischen Gesetzgeber bezüglich des Erlasses des ATS eine Zielsetzung unterstellt, nach der es keiner weiteren Gesetzgebung bedarf, mittels der eine Anspruchsgrundlage expressis verbis festgeschrieben werden müsste. Nach der Auffassung des Supreme Court hatte der First Congress folgendes Verständnis vom ATS: Mit dem ATS sollte die Möglichkeit geschaffen werden, dass die Bundesgerichte Klagen für bestimmte deliktische Handlungen '*torts*', die eine Verletzung des Völkerrechts darstellen, zulassen können. Zum damaligen Zeitpunkt hatte der historische Gesetzgeber vor allem drei Delikte im Sinn, nämlich eine *violation of safe conduct* ,Verletzung des Rechts auf sicheres Geleits', das *infringement of the right of ambassadors* ,Verletzung diplomatischer Rechte' sowie *piracy* ,Piraterie'.[196] Für die Mehrheitsmeinung des Supreme Courts erscheint es abwegig, dass das ATS erlassen wurde, ohne dass sich hieraus praktische Konsequenzen ergeben sollten. Vielmehr muss das ATS als eine Zuständigkeitsvorschrift gesehen werden, die unter der Prämisse erlassen wurde, dass sich aus dem damaligen *federal common law* unmittelbar Anspruchsgrundlagen für bestimmte Völkerrechtsverletzungen ergeben, die auch grundsätzlich zu einer persönlichen Haftung führen können.[197] Die Mehrheitsmeinung ging insgesamt also davon aus, dass sich die Möglichkeit zur Ableitung einer richterrechtlichen Anspruchsgrundlage zwar weder unmittelbar noch implizit aus der Zuständigkeitsvorschrift selbst ergebe, sondern, dass sie aus der „Idee einer ermächtigungsunabhängigen Schaf-

---

195 Brief of Professors, 28 Hastings Int'l & Comp. L. Rev. 99, 109 (2004) m. w. N.
196 Sosa v. Alvarez-Marchain 124, S.Ct. 2739, 2761 (2004).
197 Ebd.: „In sum, although the ATS is a jurisdictional statute creating no new causes of action, the reasonable inference from the historical materials is that the statute was intended to have practical effect the moment it became law. The jurisdictional grant is best read as having enacted on the understanding that the common law would provide a cause of action for the modest number of international law violations with a potential for personal liability at the time."

fung materiellen Rechts"[198] folgt.[199] Der Supreme Court erkannte somit grundsätzlich die Möglichkeit zur richterlichen Rechtsfortbildung im Bereich des ATS an, schränkte diese aber gleichzeitig ein und forderte die Instanzgerichte zur Zurückhaltung bei der Ausübung dieser Tätigkeit auf.[200] Das Erfordernis der richterlichen Zurückhaltung begründete der Supreme Court damit, dass eine autorisationslose Ermächtigung zur Schaffung von Richterrecht lediglich eine Ausnahme darstellen sollte[201] und dass sich das Verständnis des common law mittlerweile grundlegend geändert habe.[202] Das Sosa-Urteil war somit für beide Seiten Gewinn und Verlust zugleich, da der Supreme Court einerseits anerkannte, dass das ATS auch im Falle zeitgenössischer Völkerrechtsverletzung zu Anwendung gelangen kann, er aber gleichzeitig die Gruppe der anerkennungsfähigen Delikte stark limitierte.[203]

Die Entscheidung des Supreme Courts ist jedoch hinsichtlich ihrer dogmatischen Begründung offen für Kritik. Insbesondere erscheint es fraglich, worin die Mehrheitsmeinung den eklatanten Unterschied zwischen einer impliziten Ermächtigung zur Schaffung einer Anspruchsgrundlage und der Möglichkeit, eine solche ermächtigungsunabhängig zu schaffen, sieht. Schlüssig ist insoweit zwar die Argumentation, dass der *First Congress* sicherlich nicht rein vorsorglich eine Zuständigkeitsvorschrift schaffen wollte, um dann irgendwann in Zukunft eine Anspruchsgrundlage zu schaffen, vielmehr sollte das ATS nach der Vorstellung des Gesetzgebers von Anfang an auch praktische Folgen nach sich ziehen.[204] Nach einem

---

198 *Hailer*, AVR 44 (2006), 76, 84.
199 Sosa, 124 S.Ct. 2739, 2761 ; *Stephens*, 56 Rutgers L. Rev. 995, 1000 (2004); *Fuks*, 106 Colum. L. Rev. 116, 121 f. (2006).
200 Sosa, 124 S.Ct. 2739, 2762: „A series of reasons argue for judicial caution when considering the kinds of individual claims (...)".
201 Sosa, 124 S.Ct. 2739, 2763 (2004).
202 Sosa, 124 S.Ct. 2739, 2762 (2004).
203 *Ramsey*, 50 Harv. Int'l L. J. 271, 278 (2009); *Pariza*, Genocide Inc.: Corporate Immunity to Violations of International Law after Kiobel v. Royal Dutch Petroleum, 8 Loy. U. Chi. Int'l L. Rev. 229, 236 (2011); *Bradley/Goldsmith/ Moore*, Sosa, Customary International Law and the Continuing Relevance of Erie, 120 Harv. L. Rev. 869, 895 (2006); *Casto*, The New Federal Common Law for Violations of International Law, 37 Rutgers L. J. 635, 637 (2005); *Berkowitz*, Sosa v. Alvarez-Machain: United States Courts as Forums for Human Rights Cases and the New Incorporation Debate, 40 Harv. C.R-C.L. L. Rev. 289, 290 (2005).
204 Sosa, 124 S.Ct. 2739, 2758.

Ansatz erschließt sich die Differenzierung zwischen autorisationsloser und impliziter Ermächtigung vor allem vor dem Hintergrund, dass sich das Verständnis des Richterrechts, insbesondere des federal common law, grundlegend gewandelt hat.[205] Diesem Erklärungsansatz ist zwar grundlegend zuzustimmen, da in der Tat das Richterrecht aus der heutigen Perspektive nicht mehr als metaphysischer Rechtskörper gesehen wird und ein quasi-naturrechtliches „*general common law*", wie es zur Zeit des Erlasses des ATS existierte, nicht mehr besteht.[206] Jedoch erscheint gerade vor diesem Hintergrund, der Begründungsansatz der Mehrheitsmeinung angreifbar und dogmatisch schwer nachvollziehbar; denn es mag zutreffend sein, dass eine autorisationslose Schaffung von Richterrecht zum Zeitpunkt des Erlasses des ATS möglich war, aus heutiger Sicht ist ein solcher Ansatz jedoch zumindest fragwürdig, da sich das Verständnis des federal common law gewandelt hat.[207] Die Kritiker der Entscheidung bezogen sich dann auch vor allem auf das Konstrukt, mit dem eine *cause of action* aus dem *federal common law* abgeleitet wurde. Diese Kritik soll im Folgenden anhand der *concurring opinion* des *Justice* Scalia dargestellt werden. Die Gegenauffassung soll detailliert dargestellt werden, da sie für das Gesamtverständnis aufschlussreich ist.

c) Die Concurring Opinion von Justice Scalia

Justice Scalia weicht in seiner Urteilsbegründung von der Mehrheitsmeinung ab und vertritt die Auffassung, dass innerhalb der Bundesgerichtsbarkeit keine Kompetenz zur Schaffung neuer richterrechtlicher Anspruchsgrundlagen besteht, die der Durchsetzung völkerrechtlicher Normen dienen sollen.[208] Er vertritt die Auffassung, dass man nicht mehr von der Möglichkeit zur Schaffung einer richterrechtlichen Anspruchsgrundlage im Rahmen des ATS ausgehen könne, da sich aufgrund der Erie-Entscheidung das Verständnis des *federal common law* bzw. *general common*

---

205 *Hailer*, AVR Bd. 44 (2006), S. 76, 84.

206 Aufgrund der Erie-Entscheidung bedurfte es zur Schaffung und Anerkennung von federal common law nunmehr einer Basis im positiven Recht, vgl. *Wuerth*, 85 Notre Dame L. Rev. 1931, 1935; vgl. allgemein hierzu: *Stephens*, 66 Fordham L. Rev. 393, 433, 447 (1997).

207 Hierzu ausführlich unter c).

208 Sosa v. Alvarez, 124 S.Ct. 2739, 2769 ff., dieser Auffassung schlossen sich Chief Justice Rehnquist und Justice Thomas an.

law grundsätzlich gewandelt habe.[209] Um die Argumentation Scalias besser nachvollziehen zu können, muss an dieser Stelle zunächst erläutert werden, was unter dem *general common law* zu verstehen ist und inwieweit sich das Verständnis dieser Rechtsquelle in der Vergangenheit gewandelt hat. Der Begriff des *general common law* ist ein mittlerweile überholter Begriff. Zum Zeitpunkt des Erlasses des ATS beschreibt er das von Bundesrichtern geschaffene Richterrecht, das immer dann angewandt bzw. geschaffen werden konnte, wenn die Bundesgerichte aufgrund der *diversity-of-citizenship* zuständig waren.[210] In derartigen Fällen war nämlich nicht ausdrücklich geregelt, ob in der Sache Bundesrecht oder das Recht eines Einzelstaats Anwendung finden sollte.[211] Das *general common law* selbst stellte eine gewissermaßen im Naturrecht wurzelnde Rechtsquelle dar, die durchaus auch normative Vorgaben anderer souveräner Staaten importieren konnte und wies insoweit einen universellen Charakter auf.[212] In der Entscheidung Swift v. Tyson stellte der Supreme Court im Jahr 1842 fest, dass die Bundesgerichte nicht an das Recht des Bundestaates gebunden seien, in dem sie ihren Sitze haben, sondern, dass sie stets auch *general common law* anwenden können.[213] Bundesgerichte konnten auf diesem Weg ungeschriebene Rechtssätze formen und anwenden, die das Recht der Einzelstaaten überlagern konnten. Zugleich war das *general common law* weder Bundesrecht noch bundesstaatliches Recht.[214] Das *general common law* stellte somit eine Art Sonderkollisionsrecht dar, das die Bundesgerichte unabhängig von einzelstaatlichem Recht anwenden konnten, was in vielen Fällen zu einer Überlagerung des Rechts der Bundesstaaten führen konnte. In den 1930er Jahren vollzog sich nicht nur ein begrifflicher Wandel weg vom *general common law* hin zum *federal common law*. Vielmehr wurde durch die Entscheidung des Supreme Courts in der Sache Erie v. Thompson das Verständnis des common law revolutioniert.[215] Repräsentiert durch das berühmte Zitat, *„There is no ge-*

---

209 Sosa v. Alvarez, 124 S.Ct. 2739, 2770 f. (Scalia, J., concurring, 2004).
210 Black`s Law Dictionary, S. 313.
211 *Fletcher*, General Common Law and Section 34 of the Judicary Act of 1789: The Example of Marine Insurance, 97 Harv. L. Rev., 1513, 1516 (1984).
212 *Fletcher*, 97 Harv. L. Rev., 1513, 1517 f. (1984).
213 Swift v. Thyson 41 U.S. (16 Pet.) I (1842); Fletcher, 97 Harv. L. Rev., 1513 (1984).
214 Notes: An Objection to Sosa - And to the new Federal Common Law 119 Harv. L. Rev.(2005), 2077-2098, 2079.
215 Erie R. Co. v. Tompkins, 304 U.S. 64 (1938).

neral federal common law",[216] stellte der Supreme Court fest, dass das *common law* grundsätzlich aus dem Recht der Einzelstaaten hervorgeht und, dass ein *federal common law* nur in speziellen Ausnahmefällen existent und anwendbar ist.[217] Die Erie-Rechtsprechung setzte der Schaffung von *federal common law* durch die Bundesgerichte enge Grenzen und forderte hierfür entweder eine verfassungsrechtliche Rechtfertigung oder eine Autorisierung seitens des Bundesgesetzgebers.[218] Diese Rechtsprechung wurde durch den Supreme Court auch in der Folgezeit fortgeführt. In der Entscheidung *Texas Industries Inc. v. Radcliff Materials Inc.*[219] konkretisierte das Gericht die Ausnahmefälle, in denen *federal common law* geschaffen werden kann.[220]

Aufgrund dieser Entwicklung ist *Justice* Scalia der Auffassung, dass die Bundesgerichte auch im Bereich des ATS keine neuen Anspruchsgrundlagen für Völkerrechtsverletzungen anerkennen könnten, da sie ansonsten *federal common law* schaffen würden, obwohl sie hierzu im Anschluss an die Erie-Rechtsprechung nicht mehr berechtigt seien.[221] Nach Scalias Ansicht komme die Anwendung und Schaffung von *federal common law* nur dann in Betracht, wenn eine bundesrechtliche Regelung aufgrund spezieller Bundesinteressen erforderlich ist oder wenn der Kongress die Gerichte zur Schaffung materiellen Bundesrechts ermächtigt hat.[222] Scalia stellt insoweit folgendes fest: *„Because post- Erie federal common law is made, not discovered, federal courts must possess some federal-common-law-*

---

216 Erie, 304 U.S. 64, 78 (1938).

217 *Dodge*, Bridging Erie: Customary International Law in the U.S. Legal System after Sosa v. Alvarez-Machain, 12 Tulsa J. Comp. & Int'l L. 87, 90 (2004); Erie v. Tompkins, 304 U.S. 64, 78 (1938); Mullenix/Redish/Vairo, Understanding Federal Courts and Jurisdiction, § 15. 22, S. 561.

218 *Wuerth*, Notre Dame L. Rev. 1931, 1935; *Dodge*, 12 Tulsa J. Comp. & Int'l L. 87, 90 (2004).

219 Texas Industries v. Radcliff Materials, 101 S.Ct. 2061 (1981).

220 Texas Industries v. Radcliff Materials, 101 S.Ct. 2061, 2081 (1981): „The vesting of jurisdiction in the federal courts does not in and itself give rise to authority to formulate federal common law (...). Rather, absent some congressional authorization to formulate substantive rules of decision, federal common law exists only in such narrow areas as those concerned with the rights and obligations of the United States, interstate and international disputes implicating the conflicting rights of States or our relations with foreign nations, and admiralty cases."

221 Sosa v. Alvarez-Machain 124 S.Ct. 2739, 2771 (Scalia, J., concurring, 2004).

222 Sosa v. Alvarez-Machain 124 S.Ct. 2739, 2771 (Scalia, J., concurring, 2004).

making authority before undertaking to craft it. "[223] Des Weiteren führt Scalia aus, dass sich eine Kompetenz zur Schaffung einer Anspruchsgrundlage auch nicht daraus ergeben kann, dass die Bundesgerichte mit einer speziellen prozessrechtlichen Kompetenz ausgestattet worden sind.[224] Abschließend erläutert Scalia, dass eine Zuständigkeitsvorschrift nur in wenigen Ausnahmefällen immanent eine Ermächtigungsgrundlage zur Schaffung materiell-rechtlicher Vorschriften beinhalten kann, dass jedoch keiner der bislang von der Rechtsprechung oder vom Gesetz akzeptierten Ausnahmefälle auf das ATS anzuwenden sei.[225] Scalia bezieht sich hierbei vor allem auf die Entscheidung des Supreme Courts in der Sache *Bivens v. Six Unknown Fed. Narcotic Agents.*[226] Im Fall Bivens stützte der Kläger Bivens einen Schadensersatzanspruch darauf, dass er aufgrund einer rechtswidrigen Hausdurchsuchung in seiner Privatsphäre (right to privacy) verletzt wurde; er war der Auffassung, dass hierdurch gegen das Fourth Amendment[227] der Verfassung verstoßen worden sei. Der in der ersten Instanz angerufene District Court wies den Anspruch zurück, da nach seiner Auffassung keine *federal cause of action* bestand.[228] Der Supreme Court hob diese Entscheidung jedoch auf und verwarf die Ansicht des erstinstanzlichen Gerichts, dass sich in einer derartigen Fallkonstellation eine Anspruchsgrundlage aus dem einzelstaatlichen Deliktsrecht ergeben müsse. Vielmehr stellte der Supreme Court fest, dass auch ohne eine ausdrückliche Ermächtigung des Kongresses eine bundesrechtliche Anspruchsgrundlage bestehen kann, wenn eine Verletzung des Fourth Amendments vorliegt.[229] Im Falle Bivens ergab sich die Zuständigkeit der Bundesgerichte aus 28 U.S.C.A § 1331. Dieser besagt: „*The district*

---

223 Sosa v. Alvarez-Machain 124 S.Ct. 2739, 2771 (Scalia, J., concurring, 2004).
224 Sosa v. Alvarez-Machain, 124 S.Ct. 2739, 2771 (Scalia, J., concurring, 2004) :
   "The general rule as formulated in Texas Industries, (101 S.Ct. 2061), is that
   "[t]he vesting of jurisdiction in the federal courts does not in and of itself give
   rise to authority to formulate federal common law." This rule applies not only to
   applications of federal common law that would displace a state rule, but also to
   applications that simply create a private cause of action under a federal statute."
225 Sosa v. Alvarez-Machain, 124 S.Ct. 2739, 2772 (Scalia, J., concurring, 2004).
226 Bivens v. Six Unknown Fed. Narcotic Agents, 91 S.Ct. 1999 (1971).
227 Das Fourth Amendment lautet: „The right of the people to be secure in their persons, houses, papers, and effects, against unreasonable searches and seizures,
   shall not be violated (…)."
228 Bivens v. Six Unknown Fed. Narcotic Agents, 91 S.Ct. 1999, 2000 (1971).
229 Bivens v. Six Unknown Fed. Narcotic Agents, 91 S.Ct. 1999, 2001 (1971).

courts shall have original jurisdiction of all civil actions arising under the Constitution, laws or treaties of the United States." Der Supreme Court stellte insoweit fest, dass aufgrund der generellen Zuständigkeit der Bundesgerichte in Fälle des § 1331 28 U.S.C.A. auch eine implizite Ermächtigung zur Anerkennung eines subjektiven Klagerechts besteht.[230] Scalia zieht aus dieser Entscheidung die Erkenntnis, dass eine Ermächtigung der Bundesgerichte zur Schaffung materiell-rechtlicher Anspruchsgrundlagen nur in wenigen Ausnahmefällen zulässig ist. Er erkennt zwar an, dass zwischen der Konstellation im Falle Bivens und der in ATS-Verfahren gewisse Parallelen bestehen, dennoch kommt er nicht zu der Auffassung, dass sich hieraus auch in Fällen des ATS eine *cause of action* dogmatisch begründen lasse.[231] Er begründet dies zum einen damit, dass der Supreme Court es nach der Bivens-Entscheidung strikt abgelehnt hatte, eine Haftung auch auf vergleichbare Sachverhalte auszudehnen.[232] Zum anderen gibt es nach der Auffassung Scalias in ATS-Fällen einen entscheidenden Unterschied, da die Gerichte dort zunächst aus einer völkergewohnheitsrechtlichen Norm *federal common law* schaffen müssten, um anschließend hieraus ein subjektives Klagerecht ableiten zu können, mittels dem sich das so beschaffene *federal common law* dann durchsetzen lasse. Eine derartige Vorgehensweise lehnt Scalia mit strikten Worten ab: *„In Benthamite terms, creating a federal command (federal common law) out of international norms, and then constructing a cause of action to enforce that command through the purely jurisdictional grant of the ATS, is nonsense upon stilts."*[233]

Justice Scalia hob somit insgesamt hervor, dass aus einer reinen Zuständigkeitsvorschrift nur in engen Ausnahmefällen auch eine *cause of action* abgeleitet werden kann. Auch aufgrund dieser Prämissen ist Scalia

---

230 Correctional Service Corp. v. Malesko 122 S.Ct. 515, 519 (2001).

231 Sosa v. Alvarez-Machain 124 S.Ct. 2739, 2772 (Scalia, J., concurring, 2004).

232 Sosa v. Alvarez-Machain 124 S.Ct. 2739, 2772 (Scalia, J., concurring, 2004); in der Sache ist Scalias Aussage so nicht ganz korrekt, da der Supreme Court in den Entscheidungen Davis v. Passman 99 S.Ct. 2264(1971) und Carlson v. Green 100 S.Ct. 1468 (1980) sehr wohl die implizite Annahme einer Anspruchsgrundlage für die Verletzung des Fifth bzw. Eighth Amendment akzeptierte. Dennoch ist die Rechtsprechung hier nicht eindeutig, da der Supreme Court in Bush v. Lucas, 103 S.Ct. 2404 (1983) sowie Schweiker v. Chilicky, 108 S.Ct. 2960 (1988) solche Anspruchsgrundlagen versagte.

233 Sosa, 124 S.Ct. 2739, 2772 (Scalia, J., concurring, 2004), [Hervorhebung durch den Autor].

der Meinung, dass es keine „restrained conception"[234] gibt, nach der ein Ermessen der Bundesgerichte zur Schaffung neuer subjektiver Klagerechte existiert. Nach Ansicht Scalias vernachlässigt das Gericht bei seiner Argumentation die Folgen, die sich aus der Erie-Rechtsprechung ergeben. Aus dem Rückschluss des Supreme Courts, dass es seit des Erlasses des ATS und der Filartiga-Entscheidung keinen parlamentarischen Akt gegeben hat, der die Bundesgerichte davon ausgeschlossen hat, einen völkerrechtlichen Anspruch als *federal common law* anzuerkennen, vermag Scalia nicht eine gleichzeitige Berechtigung zur Schaffung von *federal common law* ableiten.[235] Laut Scalia würde der Supreme Court mittels dieser Argumentation den bisherigen Standpunkt des Gerichts bezüglich der Schaffung von *federal common law* vollkommen umkehren. Nach seiner Auffassung kommt es nämlich nicht darauf an, dass die Bundesgerichte durch eine negative Entscheidung prinzipiell von der Auslegung des Völkerrechts als *federal common law* ausgeschlossen werden würden, sondern alleine darauf, ob eine positive Autorisierung zu Gunsten der Bundesgerichte existiert.[236] Nach der Auffassung Scalias und Teilen der Literatur kommt die richterechtliche Anerkennung einer Anspruchsgrundlage in ATS-Fällen nicht in Betracht, da diese aufgrund der entgegenstehenden Erie-Rechtsprechung gegen Grundsätze der Gewaltenteilung und des Bundesstaatsprinzips verstoßen würde.[237]

2. Bewertung

Insgesamt ist die Begründung der Mehrheitsmeinung überzeugender, da insbesondere die Kritikpunkte Scalias deutlich entkräftet werden können. Es ist schlüssig und nachvollziehbar, wenn die Mehrheitsmeinung davon ausgeht, dass es nicht im Sinne des Gesetzgebers sein kann, dass die Gerichte eine ausdrückliche und kraft Gesetzes verliehene Entscheidungskompetenz nur deswegen verlieren sollten, weil das common law nicht

---

234 Sosa, 124 S.Ct. 2739, 2761 (2004).
235 Sosa, 124 S.Ct. 2739, 2772; die Mehrheitsmeinung legt diese Argumentation auf S. 2761 dar.
236 Sosa, 124 S.Ct. 2739, 2772 f.
237 *Bradley/Goldsmith*, 66 Fordham L. Rev., 319, 327 ff.; *Bradley/Goldsmith*, Customary International Law as Federal Common Law: A Critique of the Modern Position, 110 Harv. L. Rev. 815 (1997); *Young,* Sorting out the Debate over Customary International Law, 42 Va. J. Int'l L. 365, 392 (2002).

mehr als metaphysischer Rechtskörper angesehen wird.[238] Die Forderung Scalias nach einer positivrechtlichen Autorisierung der Bundesgerichte durch den Kongress zur Anerkennung von Anspruchsgrundlagen im Bereich des ATS ist somit obsolet, denn es kann in der Tat nicht davon ausgegangen werden, dass die insoweit akzeptierte und bestehende Autorität der Gerichte verloren gehen sollte, nur weil sich das Verständnis des *common law* gewandelt hat. Auch ist es überzeugender, dass trotz der Erie-Rechtsprechung im Bereich des ATS weiterhin eine Kompetenz der Bundesgerichte zur Schaffung von *Federal-Common-Law*-Anspruchsgrundlagen existiert, da sich dieser auf einen speziellen, völkerrechtlich geprägten Anwendungsbereich beschränkt.[239] Dieser Ansatz steht auch im Einklang mit dem Standpunkt, dass sich die Einschränkung der Erie-Rechtsprechung nicht auf Rechtsfragen des *international law* beziehen könne, da es bei dessen Anwendung zwangsläufig auch immer um die auswärtigen Beziehungen der USA gehe und insoweit eine Bundeskompetenz unumgänglich sei.[240]

Außerdem lässt sich argumentieren, dass davon ausgegangen werden kann, dass das ATS und seine Anwendung auf zeitgenössische Sachverhalte auch noch heute auf die Akzeptanz des Gesetzgebers stößt. Diese Argumentation lässt sich insbesondere dann nachvollziehen, wenn man die Entstehungsgeschichte des im Jahre 1991 erlassen *Torture Victim Pro-*

---

238 Sosa, 124 S.Ct. 2739, 2765 (2004): „We think it would be unreasonable to assume that the First Congress would have expected federal courts to lose all capacity to recognize enforceable international norms simply because the common law might lose some metaphysical cachet on the road to modern realism."

239 Sosa, 124 S.Ct. 2739, 2764 (2004): "Erie did not in terms bar any judicial recognition of new substantive rules, no matter what the circumstances, and post-Erie understanding has identified limited enclaves in which federal courts may derive some substantive law in a common law way. For two centuries we have affirmed that the domestic law of the United States recognizes the law of nations. It would take some explaining to say now that federal courts must avert their gaze entirely from any international norm intended to protect indivduals.", bezüglich der Tatsache, dass das Völkerrecht ein Teil des US domestic law ist verweist der Supreme Court auf: Banco National de Cuba vs. Sabbatino, 84 S.Ct. 923.

240 *Jessup*, The Doctrine of Erie Railroad applied to International Law, 33 Am. J. Int'l L. 740, 743 (1939); *Brav*, Opening the Courtroom Doors to Non-Citizens: Cautiously Affirming Filartiga for the Alien Tort Statute, 46 Harv. Int'l L. J. 265, 272 (2005).

tection Act (TVPA)[241] berücksichtigt.[242] In diesem Kontext lässt sich die These vertreten, dass der Kongress durch den Erlass des TVPA die Anwendung des ATS auf aktuelle Fälle von Völkerrechtsverletzungen bestätigt hat.[243] Der TVPA gewährt Opfern von Folter oder einer außergesetzlichen Tötung die Möglichkeit, einen Schadensersatzprozess in den USA zu führen. Potentielle Kläger solcher TVPA-Prozesse können nicht nur Ausländer, sondern auch US-Staatsbürgern sein. In den Gesetzgebungsmaterialien zum TVPA lassen sich an mehreren Stellen Belege dafür finden, dass der Gesetzgeber mit der Rolle des ATS, die sich nach der Filartiga-Entscheidung ergab, zufrieden war.[244] Aus der Gesetzesbegründung zum TVPA lassen sich gleich mehrere Rückschlüsse ziehen. Der Gesetzgeber stellt damit klar, dass das TVPA keinesfalls das ATS ersetzen sollte. Vielmehr erschließt sich hieraus, dass mit dem TVPA für zwei bestimmte Klagegründe (*Torture, Extrajudicial Killing*) ein lex specialis geschaffen werden sollte, mit dem auch US-Staatsbürger zivilrechtliche Ansprüche geltend machen können. Gleichzeitig kann aufgrund dieser Erwägungen die Position gestützt werden, dass das ATS auch für aktuelle Völkerrechtsverletzungen eine Existenzberechtigung besitzt und sich sein Anwendungsbereich keinesfalls auf die historischen Klagegründe beschränkt. Der Senat erwähnt das ATS in seiner Begründung zum Erlass des TVPA ebenfalls. Diese Ausführungen lassen den Rückschluss zu, dass der Senat davon ausgeht, dass das ATS einen eigenständigen praktischen Anwendungsbereich besitzt und dass durch den Erlass des TVPA lediglich eine Lücke zugunsten U.S-amerikanischer Kläger geschlossen werden soll, wenn diese im

---

241 Torture Victim Protection Act, Publ. L. No. 102-256.

242 So auch: *Goodman/Jinks*, Filartiga´s Firm Footing: International Human Rights and Federal Common Law, 66 Fordham L. Rev. S. 463-530, 513 ff. (1997); *Fuks*, 106 Colum. L. Rev. 112, 135 (2006); *Sloss*, Kiobel: A Rule without a Rationale, 28 Md. Journ. Int'l L. 241, 248 (2013) Abebe-Jira vs. Negewo 72 F.3 d 844, 848 (11th Cir. 1996).

243 *Goodman/Jinks*, 66 Fordham Law Review 463, 514ff (1997).

244 Vgl. Gesetzgebungsbegründung zum TVPA, H.R. Rep. 102-367(I), U.S.C.C.A.N. 84, 86; an einer Stelle zeigt sich das wortwörtlich: *The TVPA would establish an unambiguous and modern basis for a cause of action that has been successfully maintained under an existing law, section 1350 of the Judiciary Act of 1789 (the Alien Tort Claims Act), which permits Federal district courts to hear claims by alien for torts committed in violation of the law of nations (28 U.S.C. sec. 1350). Section 1350 has other important uses and should not be replaced. There should also, however, be a clear and specific remedy, not limited to aliens, for torture and extrajudicial killing."*

Ausland Opfer von Folter geworden sind.[245] Diese beiden Gesetzesbegründungen sind Indizien dafür, dass es aus der Sicht der Legislative keine Bedenken gab, dass sich im Anwendungsbereich des ATS Anspruchsgrundlagen aus dem *federal common law* auch für moderne Völkerrechtsverletzungen ergeben können.[246]

Auch wenn die Gesetzgebungsmaterialen zum TVPA keine ausdrückliche gesetzliche Anerkennung einer ATS-Anspruchsgrundlage darstellen, so geht aus ihnen dennoch hervor, dass weder der Kongress noch der Senat die bisherige Vorgehensweise der Gerichte im Bereich der ATS-Rechtsprechung missbilligten. Vielmehr wird das ATS eindeutig positiv erwähnt und es wird klargestellt, dass sowohl der Senat als auch der Kongress die Entwicklung der Rechtsprechung akzeptieren.[247] Auch manche Instanzgerichte sahen im Erlass des TVPA einen Beweis dafür, dass der Kongress das ATS weder missbilligte noch abändern wollte, da er ansonsten entweder selbst eine gesetzliche Einschränkung vorgenommen hätte oder eine ablehnende Haltung zum Ausdruck gebracht hätte.[248] Mit der Sosa-Rechtsprechung wurde die Filartiga-Rechtsprechung somit teilweise bestätigt und teilweise eingeschränkt. Nach alldem bleibt festzuhalten, dass das ATS eine reine Zuständigkeitsvorschrift darstellt. Eine potentielle *cause of action* lässt sich jedoch aus dem *federal common law* ableiten. In welchen Fällen sich eine *cause of action* statuieren lässt, bleibt dabei im Wesentlichen der Rechtsprechung überlassen. Die Rechtsprechung des Supreme Court mahnt insoweit jedoch zur Zurückhaltung und betont immer wieder den Ausnahmecharakter des ATS und dessen sensibles Rege-

---

245 Vgl. hierzu Gesetzgebungsbegründung des Senats, S. Rep. 102-249, S. 4 ff.: „while the Alien Tort Claims Act provides a remedy to aliens only, the TVPA would extend a remedy also to U.S. citizens." in Auszügen abgedruckt in: *Steiner/Alston/Goodman*, Human Rights in Context, S. 1201.

246 Vgl. hierzu das folgende Zitat aus der Gesetzebegründung: "At the same time claims based on torture or summary executions do not exhaust the list of actions that may appropriately be covered by section 1350. That statute should remain intact to permit suits based on other norms that already exist or may ripen in the future into norms of customary international law", H.R. Rep. 102-367(I), S. 4; in leicht abgewandeltem Wortlaut so auch in: S. Rep. 102-249, S. 5; vgl. hierzu: Sloss/Ramsey/Dodge, International Law in US Courts, S. 371 f.

247 *Henner*, S. 216; so wohl auch *Hailer*, AVR 44 (2006), 76, 87, Fn. 51.

248 Wiwa v. Royal Dutch Petroleum Co., 226 F.3 d 88, 105 (2nd Cir. 2000); Abebe-Jira v. Negewo, 72 F.3 d 844, 848 (11th Cir 1996); *Steinhardt*, Laying One Bankrupt Critique to Rest: Sosa v. Alvarez-Machain and the Future of Human Rights Litigation in U.S. Courts, 57 Vand. L. Rev., 2241, 2290 (2004).

lungsumfeld an. Letztendlich fällte das Gericht eine moderate Entscheidung, die zwar ein Grundproblem des ATS gelöst hat gleichzeitig aber Fragen offenließ bzw. neu generierte, welche durch die Rechtsprechung zu lösen sind.[249]

IV. Ergebnis

Das ATS ist eine streitbare und umstrittene Norm. Auch für die US-Gerichte handelte es sich um eine nicht alltägliche Aufgabe, über Fälle extraterritorialer Völkerrechtsverletzungen zu verhandeln. Bislang konnte ermittelt werden, dass es sich beim ATS um eine Jurisdiktionsregel handelt und dass die Bundesgerichte ihre Zuständigkeit dann begründen können, wenn ein ausländischer Kläger geltend macht, er sei der Geschädigte einer unerlaubten Handlung, die sich als Verletzung einer universell anerkannten und spezifischen Norm des Völkerrechts darstellt. Hinsichtlich der in Frage kommenden Anspruchsgrundlage besitzen die Gerichte eine rechtsfortbildende Anerkennungskompetenz, die allerdings zurückhaltend auszuüben ist. Klar ist insoweit, dass ein *Federal-Common-Law*-Anspruch nur dann in Frage kommt, wenn eine klar definierte, spezielle und universal anerkannte Norm des Völkerrechts verletzt wird, die von der „zivilisierten Welt" genauso anerkannt ist, wie die drei paradigmatischen Völkerrechtsverletzungen („*violations of safe conduct, infringement of the rights of ambassadors, and piracy*"), die der Gesetzgeber beim Erlass des ATS im Sinn hatte.[250]

Für potentielle Kläger und Beklagte stellt sich nunmehr die Frage, unter welchen konkreten Umständen die Bundesgerichte ihre Zuständigkeit bejahen. Insoweit wird im nächsten Abschnitt zu zeigen sein, dass, trotz des relativ offenen Tatbestand des ATS, bereits auf der Ebene der Zuständigkeitsbegründung erhebliche Hürden für die Annahme entsprechender Klagen existieren und einer exorbitanten Zuständigkeitsbegründung der Bun-

---

249 *Steinhardt*, 57 Vand. L. Rev., 2241, 2244 (2004); *Scarborough*, Rules of Decision for Issues Arising under the Alien Tort Statute, 107 Colum. L. Rev. 457, 458 (2007); *Marmoleia*, Future of Corporate Aiding and Abetting Liability under the Alien Tort Statute, 51 Santa Clara L. Rev. 79, 80 (2011); *Berkowitz*, Sosa v. Alvarez-Machain: United States Courts as Forums for Human Rights Cases and the New Incorporation Debate, 40 Harv. C.R-C.L. L. Rev. 289, 290 (2005); *Ramsey*, 50 Harv. Int'l L. J. 271, 277 f. (2009).
250 Sosa, 124 S.Ct. 2739, 2761 f. (2004).

desgerichte schon auf dieser Ebene und auch im Hinblick auf die Voraussetzungen, die der diesbezügliche klägerische Vortrag zu erfüllen hat, erhebliche Grenzen gesetzt sind.

§ 3 Die Voraussetzungen für das Bestehen der Subject-Matter-Jurisdiction und der Pleading-Standard in ATS-Verfahren

Die Sosa-Entscheidung stufte das ATS als eine rein zuständigkeitsrechtliche Vorschrift ein. Sie klärte zudem, dass sich der Anwendungsbereich des ATS auch auf die Verletzung moderner, gegenwärtiger und zukünftiger Normen des Völkerrechts erstrecken kann, solange diese den Sosa-Test erfüllen. Somit sind auch Verletzungen des aktuell bestehenden Völkerrechts grundsätzlich unter dem ATS justiziabel und nicht nur die historischen Paradigmen.[251] Allerdings ließ die Entscheidung auch eine Vielzahl von Fragen offen, mit denen sich die Instanzenrechtsprechung nun auseinandersetzen musste.[252] So war insbesondere unklar, unter welchen Voraussetzungen die *subject-matter-jurisdiction* nunmehr besteht und wann ein Bundesgericht von seiner Zuständigkeit nach *§ 1350* ausgehen kann. Die praktischen Fragen, die sich den Gerichten stellten, bezogen sich vor allem darauf, was ein Kläger anfänglich vortragen muss, um nicht schon in einem frühen Verfahrensstadium aufgrund eines mangelhaften Klagevortrags oder der fehlenden *subject matter jurisdiction* mit seiner Klage zurückgewiesen zu werden. Ordnet man diese Fragestellungen prozessrechtlich ein, so befinden sie sich an einer Schnittstelle zwischen den Voraussetzungen für die Zuständigkeit der Bundesgerichte und denen für einen erfolgreichen Klägervortrag (*pleading-requirements*).

Warum sind diese Darstellungen in diesem Kontext erforderlich? Zunächst lassen sich mit den Ausführungen Bedenken aus dem Weg räumen, die eine leichtfertige Annahme von ATS-Verfahren seitens der US-Ge-

---

251 Guter Überblick bei: *Henner*, S. 133 ff., der folgende Verletzungen dazu zählt: Genozid, Verbrechen gegen die Menschlichkeit, Kriegsverbrechen, Sklaverei, Zwangsarbeit, Kinderarbeit; bei weiteren Delikten soll nach seiner Ansicht erforderlich sein, dass ein staatliches Organ zumindest an der Tat beteiligt war: Mord, das Verschwindenlassen von Personen, Folter, Entführung, Rassendiskriminierung, unfreiwillige medizinische Experimente; *Alston/Goodmann*, Internationale Human Rights, S. 1165 ff.

252 Vgl. In re South African Apartheid Litigation, 346 F. Supp. 2 d 538, 547 (S.D.N.Y. 2004): Sosa „relegated to the lower courts the task of grappling with and determining what offensens against international law fit within that narrow class of offensens."

richte befürchten. Zudem zeigen sie aus einer rechtspraktischen Perspektive, welche Probleme sich für die Rechtsprechung ergeben, wenn es nur um die Frage geht, ob ein Bundesgericht sachlich zuständig ist. Außerdem zeigt sich anhand der Darstellungen der aktuellen rechtlichen Entwicklungen, dass es auch in diesem Bereich des US-Zivilprozessrechts zu Restriktionen des *„American exceptionalism"*[253] kommt. Der zivilprozessuale Exzeptionalismus der Vereinigten Staaten wurde auch daran festgemacht, dass nach dem US-amerikanischen Ansatz Formen der gerichtlichen Wahrheitsfindung im Wege der Tatsachenausforschung (discovery) selbst dann für den Kläger erreichbar waren, wenn der klägerische Sachvortrag weder substantiiert noch schlüssig war.[254] Anhand der nachfolgenden Ausführung wird somit auch erläutert werden, dass die Differenzen in diesem Bereich nicht mehr so tiefgreifend sind, sondern die Anforderungen an den klägerischen Vortrag sehr wohl ein hohes Maß an Konkretisierung verlangen. Zunächst erfolgt eine allgemeine Erläuterung zum Verständnis des Begriffs subject matter jurisdiction (I.) sowie eine dogmatische Problemeinordnung (II.). Anschließend wird erörtert, wie die Gerichte in ATS-Verfahren die spezifischen Fragen und Problemstellungen aufgelöst haben (III.). Im Anschluss hieran werden die Konsequenzen, die sich aus diesen Entwicklungen ergeben, erläutert (IV).

I. Begriff und Regelungsgegenstand der Subject Matter Jurisdiction

Die *subject matter jurisdiction* bezieht sich in der hier relevanten Fallgruppe auf die Frage, ob der Rechtsweg zu den Bundesgerichten eröffnet ist. Die Zuständigkeit der Bundesgerichte stellt im US-amerikanischen Zivilprozessrecht die Ausnahme dar. Sie besteht im Regelfall nur dann, wenn die Verfassung der Vereinigten Staaten oder ein gültiges Bundesge-

---

253 Vgl hierzu: *Chase*, American Exceptionalism and Comparative Procedure, 50 Am. J. Comp. L. 277, 288 ff. (2002); *Marcus*, Putting American Procedural Exceptionalism into a Globalized Context, 53 Am. J. Comp. L. 709, 712 ff. (2005); dieser amerikanische Exzeptionalismus wird u.a. auch an klägerfreundlicheren pleading-Vorgaben festgemacht, hinzu kommen die Möglichkeit einer weitreichenden discovery-Anordnung, der jury-trial sowie die Kostenregelungen.

254 Vgl. *Stürner*, in: Habscheid: Der Justizkonflikt mit den Vereinigten Staaten von Amerika, S. 3, 10.

setz den Bundesgerichten die Kompetenz zuweist.[255] Der Artikel III § 2 der Verfassung stellt insoweit zum einen eine eigene Regelung der *subject matter jurisdiction* dar und bestimmt zugleich den rechtlichen Rahmen für die gesetzgeberische Normierung weiterer Zuständigkeiten der Bundesgerichte.[256] Artikel III ermächtigt den Kongress in dem von ihm bestimmten Rahmen besondere Zuständigkeiten der Bundesgerichte zu schaffen, wobei die Vorgaben des Art III abschließend sind.[257] Innerhalb dieser verfassungsrechtlichen Grenzen kann der Kongress bestehende Zuständigkeiten abschaffen oder neue schaffen.[258] Nur wenn sowohl die verfassungsrechtlichen als auch die spezialgesetzlichen Voraussetzungen erfüllt sind, besteht die Zuständigkeit eines Bundesgerichts.[259] In der überwiegenden Zahl der Fälle besteht eine Zuständigkeit der Bundesgerichte aufgrund der *federal-question jurisdiction* oder aufgrund der *diversity of citizenship jurisdiction*.[260] Zudem existieren weitere spezialgesetzliche Regelungen für bestimmte Rechtsgebiete, wie z.B. im Patent- oder Kartellrecht.

Das ATS regelt eine konkurrierende und keine ausschließliche Zuständigkeit der Bundesgerichte, folglich könnte prinzipiell auch bei den Gerichten der Einzelstaaten vergleichbare Verfahren anhängig gemacht werden, was in der Praxis bis dato jedoch selten geschieht.[261] Deswegen soll hier auch ausschließlich auf Prozesse vor Bundesgerichten eingegangen werden. Die *subject matter jurisdiction* legitimiert das Gericht über eine Klage zu entscheiden. Erst wenn ein Gericht seine Kompetenz bejahen kann, ist es auch zu einer Sachentscheidung befugt.[262] Die Feststellung der Zuständigkeit eines Gerichts hat somit eine autorisierende und legitimie-

---

255 *Zekoll/Collins/Rutherglen*, Transnational Civil Litigation, S. 141 ff.; *Born/Rutledge*, S. 7.

256 Diese sind vornehmlich in 28 U.S.C. §§ 1330ff. geregelt; vgl. *Born/Rutledge*, S. 8 f.

257 *Friedenthal/Kane/Miller*, Civil Procedure, S. 12.

258 Ebd.; Palmore v U.S., 93 S.Ct. 1670 (1973).

259 *Bloom*, Jurisdiction Noble Lie, 61 Stan. L.Rev. 971, 985 (2008).

260 *Friedenthal/Kane/Miller*, S. 14; Die Federal-question jurisdiction ist in 28 U.S.C.A § 1331 geregelt, diversity-of-citizenship in 28 U.S.C. § 1332.

261 *Hailer*, S. 107; *Born/Rutledge*, S. 33. Derartige Verfahren müssten sich dann auf „einfaches" Deliktsrechtsrecht stützen. Teilweise werden in ATS-Verfahren auch zusätzlich deliktische Ansprüche geltend gemacht über die die Bundesgerichte dann, wenn eine Zuständigkeit nach dem ATS besteht mitverhandeln.

262 *Wasserman*, Jurisdiction, Merits, and Substantiality, 42 Tulsa L. Rev., 579 (2006).

rende Funktion.[263] Ein Bundegericht überprüft seine *subject matter jurisdiction* sua sponte, also ohne dass die Beklagtenseite eine entsprechende Einrede erheben muss.[264] Die subject-matter jurisdiction ist nicht disponibel.[265] Bevor die Gerichte überhaupt eine Sachentscheidung treffen können, müssen sie also bestimmen, ob sie zuständig sind.[266] Die Frage nach der *subject matter jurisdiction* kann zudem in jedem Verfahrensstadium untersucht werden und auch die Berufungsgerichte sind nicht an die Feststellungen der Untergerichte gebunden.[267]

II. Problemabgrenzung

Sowohl aus der Perspektive der Parteien als auch aus der Perspektive der Bundesgerichte kommt es somit entscheidend darauf an, welche faktischen und rechtlichen Voraussetzungen dargelegt bzw. erfüllt sein müssen, um die Zuständigkeit zu begründen. Der Wortlaut des ATS statuiert per se nur drei Voraussetzungen für das Bestehen der *subject matter jurisdiction*: Zunächst muss die Klage eines Ausländers (*alien*) vorliegen; dieser Kläger muss vorbringen, dass sich die Klage aufgrund einer deliktischen Handlung (*tort*) ergibt, die auf einer Völkerrechtsverletzung oder der Verletzung eines völkerrechtlichen Vertrags beruht (*tort committed in violation of the Law of Nations or a treaty of the United States*). Sollten die Voraussetzungen nicht erfüllt sein, wäre das angerufene Berufsgericht nicht zuständig und die Klage müsste gemäß § 12 (b) (1) F.R.C.P. abgewiesen werden. Die konkrete Beurteilung der Zuständigkeitsfrage erweist sich aber aufgrund der folgenden Faktoren als schwierig.

---

263 *Dodson*, In search of removal jurisdiction, 102 Nw. U. L Rev. (2008), 55, 56; *Wasserman*, Jurisdiction, Merits and Procedure: Thoughts on a Trichotomy, 102 Nw. U. L. Rev., 1547 (2008).

264 Vgl. hierzu § 12 (h) (3) F.R.C.P.: „Whenever it appears by suggestion of the parties or otherwise that the court lacks jurisdiction of the subject matter, the court shall dismiss the case."

265 Hertz Corp. vs. Friend, 130 S.Ct. 1181, 1193(2010): „Courts have an idependent obligation determine wheter subject- matter jurisdiction exists, even when no party challenges it."

266 Lance vs. Coffman, 127 S.Ct. 1194, 1196 (2007).

267 United States v. Cotton, 535 U.S. 625, 630 (2002); Mansfield, C. & L. M. Ry Co. v. Swan, 111 U.S. 379 (1884).

1. Klageabweisung aufgrund des § 12 (b) (1)/§ 12 (b) (6) F.R.C.P.

Zunächst ergibt sich in diesem Zusammenhang eine Abgrenzungsfrage zu einer anderen Möglichkeit der prozessualen Klageabweisung, nämlich einer Klageabweisung nach § 12 (b) (6) F.R.C.P. Diese kommt immer dann in Betracht, wenn es dem Kläger nicht gelingt seinen Anspruch schlüssig darzulegen (*failure to state a claim*). Diese Problematik ist letztendlich eine Konsequenz aus der Sosa-Rechtsprechung. Denn obwohl aus dieser eindeutig hervorgeht, dass das ATS eine rein prozessuale Vorschrift ist, überschneiden sich die Voraussetzungen für das Bestehen einer anerkennungsfähigen *Federal-Common-Law*-Anspruchsgrundlage mit den Voraussetzungen, die für das Tatbestandsmerkmal der „Völkerrechtsverletzung" innerhalb der Jurisdiktionsregel vorliegend müssen.[268] Die Frage, ob eine deliktische Handlung, die eine völkerrechtliche Norm verletzt, vorliegt, könnte insoweit als doppelrelevante Tatsache bezeichnet werden. So taucht in diesem Kontext die Frage auf, wie ein Gericht vorgehen soll, wenn es zu der Auffassung gelangt, der Klägervortrag lasse die Schlussfolgerung nicht zu, dass sich aus den vorgetragenen Tatsachen eine spezifische und universal anerkannte Völkerrechtsverletzung ergeben könne. Soll es in einer solchen Situation die Klage dann aufgrund fehlender Zuständigkeit gem. § 12 (b) (1) F.R.C.P. abweisen? Oder kommt es zu einer Abweisung nach § 12 (b) (6) F.R.C.P., weil ein Anspruch des Klägers offensichtlich nicht besteht und es ihm nicht gelungen ist diesen schlüssig darzulegen. Aus der Rechtsprechung ergibt sich hierzu ein sehr heterogenes Bild, denn die Gerichte haben nicht nur die beiden Klageabweisungsgründe oftmals nicht präzise unterschieden, sondern teilweise eine Prüfung vorgenommen, die die Frage zwischen der Zuständigkeit für eine Klage und ihrer Begründetheit vermengt.[269] Deswegen soll versucht werden, die Grenzen zwischen diesen beiden Klageabweisungsgründen stringenter zu ziehen, um eine klarere systematische Unterscheidung vornehmen zu können.[270]

---

268 *Reinhard*, Der US-amerikanische Alien Tort Claims Act als Grundlage für eine Sammelklage, RIW 2008, 676, 678.

269 *Sheperd*, When Sosa meets Iqbal: Plausibility Pleading in Human Rights Litigation, 95 Minn. L. Rev. 2318, 2328.

270 *Stephens*/Chomsky/Green/u.a., S. 31; *Sheperd*, 92 Minn. L. Rev. 2318, 2327; *Wright/Miller*, Fed Pract. & Proc. § 1350, Fn. 106; Bell vs. Hood, 327 U.S. 678, 682 (1946).

2. Pleading-Standard

Das zweite Problem besteht darin, dass nicht abschließend geklärt ist, wie spezifisch der Klägervortrag im Hinblick auf die behauptete Völkerrechtsverletzung in diesem Verfahrensstadium überhaupt sein muss: Reicht die Behauptung einer Völkerrechtsverletzung und deren schlüssige Darlegung bereits aus? Oder muss ein Kläger bereits in diesem frühen Stadium spezifische Stellungnahmen zu der von ihm behaupteten Völkerrechtsverletzung abgeben? Kann das Gericht nur dann seine *subject matter jurisdiction* bejahen, wenn es tatsächlich von einer vorliegenden Völkerrechtsverletzung ausgeht oder reicht es aus, dass die vorgetragenen Fakten eine ATS-spezifische Völkerrechtsverletzung möglich bzw. plausibel erscheinen lassen? Je nachdem wie man diese Fragen beantwortet, hat dies zur Folge, dass bereits in einem sehr frühen Stadium des Prozesses, komplexe Rechtsfragen zu behandeln wären, die gleichzeitig auch materiell-rechtliche Aspekte des Prozesses betreffen. Auch im US-amerikanischen Zivilprozess beginnt das Verfahren mit der Einreichung einer Klageschrift. Die Anforderungen, die an eine Klageschrift gestellt werden, lassen sich für Verfahren vor den Bundesgerichten aus den *Federal Rules of Civil Procedure* entnehmen. § 8 Fed. R. Civ. P. besagt dabei zunächst: *„A pleading which sets forth a claim for relief (...)shall contain (1) a short and plain statement of the grounds upon which the court's jurisdiction depends, unless the court already has jurisdiction and the claim needs no new grounds of jurisdiction to support it, (2) a short and plain statement of the claim showing that the pleader is entitled to relief, and (3) a demand for judgment for the relief the pleader seeks.“*[271] Aufgrund des Wortlauts des *§ 8 (1) (a) Fed. R. Civ. P.* kann man zunächst davon ausgehen, dass die Anforderungen an die Darstellungen des Klägers, nicht sonderlich hoch sind. Auch hinsichtlich der Darlegung des Klagegrunds, erfordert *§ 8 (2) Fed. R. Civ. P.* nur ein *„short and plain statement“*. Insgesamt kann im US-amerikanischen Zivilprozessrecht davon ausgegangen werden, dass eine kurze Darlegung ausreicht und der Vortrag bezüglich der Zuständigkeit nicht sehr substantiiert sein muss.[272] Für den Kläger stellt das in Bezug auf die darzulegenden Tatsachen eine große Erleichterung dar, weil er einzelne Fakten, die er möglicherweise erst nach einer erfolgten *discovery*

---

271 Hervorhebung durch den Verfasser.
272 *Dodson/Kleeba*, B.C. Int'l & Comp. L. Rev., 1, 3 (2011); Conley v. Gibson, 355 U.S. 41, 46 f. (1957); *Reinhard*, RIW 2008, 676, 678.

darlegen kann, in diesem Stadium noch nicht vollständig substantiiert vortragen muss.[273] Diese ursprünglich sehr klägerfreundliche Handhabung der *Pleading*-Voraussetzungen hat ihren Ursprung in einer liberalen Interpretation der *discovery* sowie der Überzeugung, dass es dem Kläger erst mit deren Hilfe gelingen kann, die Tatsachen des Falles ausreichend zu erläutern. Darüber hinaus sollen auf diese Art bereits in Verfahrensstadium Vergleichsverhandlungen bzw. -abschlüsse gefördert werden.[274]

Diese Form des klägerfreundlichen *notice pleading* wurde jedoch durch zwei aktuelle Entscheidungen des Supreme Courts, die Entscheidungen *Bell Atlantic v. Twombly*[275] sowie die Entscheidung *Ashcroft v. Iqbal*[276], modifiziert: Mit der Entscheidung *Bell v. Twombly* aus dem Jahr 2007 hatte der Supreme Court die Anforderungen an den *Pleading*-Standard in gewisser Weise erhöht und klargestellt, dass eine Klage Tatsachen enthalten muss, die einen Anspruch rechtlich plausibel erscheinen lassen müssen, wenn man sie als wahr unterstellt.[277] In Bezug auf die Twobly-Entscheidung, die einen kartellrechtlichen Streitgegenstand hatte, war zunächst umstritten, ob der von ihr gesetzte *Plausibilty*-Standard auch außerhalb des Kartellrechts Anwendung finden sollte.[278] Dieser Streit wurde jedoch durch die Iqbal-Entscheidung gelöst,[279] da der Supreme Court klarstellte, dass sich die Vorgaben der Twombly-Entscheidung nicht auf kartellrechtliche Verfahren beschränken, sondern für alle zivilrechtlichen Streitigkeiten gelten, da sie sich aus einer Auslegung des § 8 F.R.C.P. ergeben.[280] Darüber hinaus stellte der Supreme Court in der Iqbal Entscheidung fest, dass die erforderliche Plausibilität der Klage besteht, wenn sich aus der Klageschrift ein angemessener Rückschluss ziehen lässt, dass der Beklagte für das vorgeworfene Verhalten haftbar gemacht werden kann.[281] Derarti-

---

273 *Sheperd*, When Sosa Meets Iqbal: Plausibiltity Pleading in Human Rights Litigation, 95 Minn. L. Rev., 2318, 2320 (2010).
274 *Wright/Miller*, Federal Prac. & Proced., § 1215; *Childress*, Escaping Federal Law, 93 N. C. L. Rev. 999 1032 f. (2015).
275 Bell Atlantic v. Twombly, 127 S.Ct. 1955, 1964 (2007).
276 Ashcroft v. Iqbal, 129 S.Ct. 1937 (2009).
277 Bell Atlantic v. Twombly, 127 S.Ct. 1955, 1964 (2007); *Sweeney*, 56 Loy. L. Rev. 1037, 1040.
278 *Sheperd*, 95 Minn. L. Rev. 2318, 2333; *Bone*, Twombly Pleading Rules and the Regulation of Court Access, 94 Iowa L. Rev. 873, 883 ff.
279 Iqbal, 129 S.Ct. 1937 (2009).
280 Iqbal, 129 S.Ct. 1937, 1953 (2009).
281 Iqbal, 129 S.Ct. 1937, 1949 (2009).

ge Rückschlüsse sollen entweder aufgrund richterlicher Erfahrung oder aufgrund des normalen Menschenverstands gezogen werden können.[282] Insgesamt sind die Anforderungen an den klägerischen Tatsachenvortrag somit strikter geworden, da der Tatsachenvortrag der Kläger nun so gestaltet sein muss, dass der geltend gemachte Anspruch aus Sicht des Gerichts nicht nur grundsätzlich denkbar, sondern auch glaubwürdig ist.[283]

3. Konkrete Problemevidenz

Im Bereich der ATS-*Litigation* kommt es oftmals zu einer Fusion der eben dargelegten Probleme, so dass eine Abgrenzung zwischen prozessualen und materiell-rechtlichen Fragen teilweise schwierig erscheint. Auch in Verfahren vor US-amerikanischen Gerichten muss aber grundsätzlich zwischen prozessualen und materiell-rechtlichen Regelungen bzw. Voraussetzungen unterschieden werden. Teilweise wird insoweit auch von einer „Trichotomie zwischen Zuständigkeits-, prozessualen- und materiellrechtlichen Vorschriften"[284] gesprochen. Klassischerweise ist die Frage über die Zuständigkeit eines Gerichts allen weiteren Fragen, insbesondere den materiell-rechtlichen Aspekten eines Falles, vorgeschaltet. Zuständigkeitsspezifische und materiell-rechtliche Fragestellungen spielen somit eigentlich in verschiedenen Verfahrensstadien eine unterschiedliche Rolle, lassen sich jedoch im Zusammenhang mit dem ATS nicht immer präzise trennen. Die Fragen, ob ein ausreichendes *pleading* vorliegt, ob eine Klageabweisung aufgrund fehlender *subject-matter jurisdiction* oder aufgrund der nicht ausreichenden Darstellung eines Klagegrundes erfolgt, stehen in einem engen Kontext. Sie erfordern aber auch, dass klar zu definieren ist, was an welcher Stelle und wie ausführlich darzulegen und zu beweisen ist. Denn sowohl die *motion to dismiss* nach § 12(b) (1) F.R.C.P. als auch die nach § 12(b) (6) F.R.C.P. stellen für Beklagte in ATS-Verfahren häufige und gängige Verteidigungsmittel dar. Die Beklagten möchten auf diese Weise verhindern, dass sich der Prozess in die Länge zieht und zudem

---

282 Iqbal, 129 S.Ct. 1937, 1950 (2009).
283 Iqbal, 129 S.Ct. 1937, 1951 (2009); Twombly, 127 S.Ct. 1955, 1974: plaintiffs have to "nudg[e their] claims…across the line from conceivable to plausible"; *Childress*, Escaping Federal Law, 93 N. C. L. Rev. 999 (2015).
284 *Wasserman*, 102 Nw. U. L. Rev. (2008), S. 1547.

einer drohenden *discovery* entgehen.[285] Die Entscheidung des Gerichts, ob es *subject-matter jurisdiction* besitzt oder ob es einer *motion to dismiss* nach § 12(b)(6) stattgeben muss, erweist sich somit aus Sicht beider Parteien als enorm wichtig.

Erschwerend kommt hinzu, dass möglicherweise bereits auf dieser Ebene die Restriktionen der Sosa-Rechtsprechung berücksichtigt werden müssen. Insoweit ist es nämlich unklar, ob in einem ATS-Verfahren tatsächlich bereits zu diesem Zeitpunkt des Prozesses eine tiefergehende Erörterung sachlicher Rechtsfragen erfolgen muss und ob insoweit auch erhöhte Anforderungen an das klägerische Vorbringen in der Klageschrift zu stellen sind. Müssen die Kläger also die Faktenlage so darlegen, dass sich aus der Darlegung eine glaubhafte Verletzung einer spezifischen und universellen Norm des Völkerrechts ergibt? Oder reicht es aus, dass das Gericht aufgrund der Faktenlage, eine solche zumindest nicht für ausgeschlossen halten kann? Diese Problematik lässt sich auch an einem konkreten Fallbeispiel verdeutlichen: Die Kläger in einem ATS-Fall behaupten, dass ein Unternehmen im Rahmen des Betriebes einer ausländischen Fabrik durch eine ausländisches Tochterunternehmen eine Beihilfe zu einer Völkerrechtsverletzung begangen hat, da in dieser Fabrik Zwangsarbeiter beschäftigt wurden und die Beklagte insoweit mit paramilitärischen Einheiten konspiriert habe. Kann ein Gericht nun den Standpunkt vertreten, dass ein solcher Vortrag nicht ausreicht, um eine spezifische Völkerrechtverletzung glaubhaft erscheinen zu lassen? Oder reicht es aus, dass eine Verbindung zwischen der Beklagten und den ausländischen Delikten zumindest möglich erscheint? Die Beurteilung dieser Vorfragen ist für den weiteren Verfahrensverlauf essentiell, da es dem Kläger unter Umständen in diesem Verfahrensstadium noch gar nicht möglich ist, die Faktenlage detailliert zu erörtern. Zudem besteht die Gefahr, dass hier die Frage nach der grundsätzlichen Möglichkeit des Vorliegens einer Völkerrechtsverletzung mit Fragen der Kausalität und des tatsächlichen Vorliegens einer Beihilfehandlung vermengt werden. Im ATS-spezifischen Kontext hat sich in der Vergangenheit teilweise gezeigt, dass Zulässigkeitsfragen mit Fragen der Begründetheit vermengt wurden.[286] Im Folgenden soll nun untersucht

---

285 *Childress*; The Alien Tort Statute, Federalism, and the Next Wave of Transnational Litigation, 100 Geo. L. J. 709, 732 (2011).

286 Vgl. allgemein zu diesem Problem der „drive-by-jurisdictional rulings": Reed Elsevier, Inc. v. Muchnick, 130 S.Ct. 1237 (2010); *Wasserman*, The Demise of „Drive by Jurisidtcional Rulings", 105 Nw. U. L. Rev. 947 (2011).

werden, wie die Klageabweisungen nach § 12 (b) (1) F.R.C.P. bzw. 12 (b) (6) F.R.C.P. voneinander unterschieden werden können und inwiefern Fragen der *subject matter jurisdiction* von denen der Begründetheit getrennt werden können.[287] Die Missachtung der Trennung zwischen diesen beiden Komplexen hat einen negativen Einfluss auf das prozessuale Gleichgewicht, daher sollte auf eine strikte Grenzziehung geachtet werden.[288] Die Erörterung dieser Problematik soll anhand konkreter Beispiele aus der Rechtsprechung erfolgen.

III. Fallstudie

Die Frage und das Kernproblem der nachfolgenden Darstellungen wurde vom District Court des Southern District of Florida präzise wiedergegeben: „There is a split of authority over whether, in invoking subject matter jurisdiction under the ATS, one must plead a merely colorable violation of the law of nations, or whether there is a higher jurisdictional standard for ATS claims that blurs the line between subject matter jurisdiction and the sufficiency of a claim on the merits."[289] Der District Court selbst lies diesen Meinungsstreit offen. Diese Form der Neutralität kann sich die vorliegende Arbeit nicht leisten. Daher soll anhand der einschlägigen Rechtsprechung nun im Folgenden dargestellt und diskutiert werden,[290] ob in ATS-Fällen von normalen Anforderungen an den klägerischen Vortrag auszugehen ist[291] oder ob bereits in diesem Stadium eine

---

287 Vgl. hierzu auch: Brief of Civil Procedure Professors as Amici Curiae in Support of Petioners, Kiobel v. Royal Dutch Petroleum Co., 133 S.Ct. 1659 (2011), 2011 WL 6813564.

288 Brief of Civil Procedure Professors as Amici Curiae in Support of Petioners, Kiobel v. Royal Dutch Petroleum Co., 133 S.Ct. 1659 (2011), 2011 WL 6813564, *1, 6;

289 Licea v. Curacao Drydock Co., 584 F.Supp. 2 d 1355, 1358 (S.D.Fla. 2008).

290 Vgl. hierzu auch: *Kemper*, Construction and Application of the Alien Tort Statute, 64 A.L.R. Fed. 2 d 417, § 15; *Reinhard*, RIW 2008, 676, 678; *Nichols*, Alien Tort Statute Accomplice Liability Cases: Should Courts apply the Plausibility Pleading Standard of Bell Atlantic v. Twombly?, 76 Fordham L. Rev., 2177 (2008).

291 So z. B. Wiwa v. Royal Dutch Petroleum, 2002 WL 319887, *1, 14 (S.D.N.Y. 2002); Doe v. Unocal, 963 F.Supp. 880, 895 (C.D.Cal. 1997).

tiefergehende Erörterung materieller Rechtsfragen stattzufinden hat.[292] Hierzu werden nachfolgend (1.-4.) verschiedene Verfahren vorgestellt, die sich mit der Problematik befassten. In einem nächsten Schritt, soll zudem dargelegt werden, wie sich die Änderung der Rechtsprechung zu den Voraussetzungen eines adäquaten Klägervortrags[293] auf ATS-Verfahren auswirkt (5).

1. Standpunkt des 2nd Circuit in Filartiga, Kadic und Velez

Die Frage, unter welcher Voraussetzung ein Gericht von seiner *subject matter jurisdiction* ausgehen kann, wurde bereits in den Verfahren Filartiga und Kadic erörtert. Beide Gerichte vertraten den Standpunkt, dass in ATS-Fällen auf der Ebene der Zuständigkeitsprüfung eine *more searching preliminary review* der Klageschrift stattzufinden habe.[294] In Kadic führte das Gericht insoweit aus: *„Because the Alien Tort Act requires that plaintiffs plead a "violation of the law of nations" at the jurisdictional threshold, this statute requires a more searching review of the merits to establish jurisdiction than is required under the more flexible "arising under" formula of section 1331.(..).Thus, it is not a sufficient basis to plead merely a colorable violation of the law of nations. There is no federal subject-matter jurisdiction unless the complaint adequately pleads a violation of the law of nations (or treaty of the United States)."*[295] Der 2nd Circuit geht also zunächst davon aus, dass die Begründung der Zuständigkeit in ATS-Fällen einen anderen Standard erfordert, als die in Fällen des 28 U.S.C.A. § 1331. Nach seiner Auffassung verlangt bereits die Begründung der Zuständigkeit eine genauere Auseinandersetzung mit der „Begründetheit" der Klage. Problematisch an der Auffassung ist, dass es der 2nd Circuit unterlässt, präzise zu begründen, warum eine genauere materiellrechtliche Untersuchung notwendig ist und wie diese auszusehen hat. Auch aus den nachfolgenden Entscheidungen des 2nd Circuit lässt sich insoweit keine einheitliche Linie erkennen. In der Entscheidung *Khumulani*

---

292 So z. B. Aldana v. Del Monte Fresh Produce, 416 F.3 d 1242, 1247 ff. (11th Cir. 2005); In Re Sinaltrainal Lit., 474 F. Supp. 2 d 1273, 1281 ff. (S.D.Fla. 2006).
293 Siehe oben bereits § 3 I, II.
294 *Stephens/Chomsky*, Human Rights Litigation in U.S. Courts, S. 29.
295 Kadic v. Karadzic, 70 F.3 d 232, 238 (2nd Cir. 1995).

vs. Barclay Ltd.[296] nimmt der 2nd Circuit keinerlei Stellung dazu, ob er bei der Prüfung der *subject-matter jurisdiction* eine „*more searching review*" vornimmt. Wohingegen er in der Entscheidung *Velez vs. Sanchez*[297] von einem erhöhten Überprüfungsmaßstab ausgeht. In dieser Entscheidung lässt der 2nd Circuit auch ansatzweise erkennen, wie die Überprüfung der *subject-matter jurisdiction* unter diesen Umständen auszusehen habe. Die Klägerin versuchte in diesem Verfahren ihre ATS-Klage damit zu begründen, dass die Beklagten aufgrund von Menschenhandel und Zwangsarbeit das Völkerrecht verletzt hatten.[298] Der 2nd Circuit kam zu dem Schluss, dass „bestimmte Formen der Zwangsarbeit und des Menschenhandels völkerrechtlich verboten sind"[299] und, dass diese beiden Verletzungen auch grundsätzlich solche Völkerrechtsverletzungen darstellen, die auch von der Sosa-Rechtsprechung erfasst werden. Jedoch müsste man das in der Klageschrift vorgetragene Verhalten zunächst genauer untersuchen und überprüfen, ob sich hieraus tatsächlich eine Verletzung des Völkerrechts ergebe.[300] In der Sache selbst hielt es der 2nd Circuit nicht für ausreichend, dass die Kläger lediglich eine strittige und angebliche Völkerrechtsverletzung vortragen. Bei der Prüfung der *subject-matter jurisdiction* legt das Gericht zunächst abstrakt dar, dass die Verbote der Sklaverei und der Zwangsarbeit zwar generell in die Kategorie der Normen fallen, die unter dem ATS justiziabel sind,[301] dass das den Beklagten vorgeworfene Verhalten jedoch nicht ausreicht, um unter den Tatbestand der Zwangsarbeit subsumiert zu werden.[302] Der 2nd Circuit ließ es also nicht genügen, dass der Sachverhalt grundsätzlich eine unter Sosa justiziable Völkerrechtsverletzung begründen könnte, sondern überprüfte den Tatsachenvortrag detailliert und in qualitativer Hinsicht.[303]

---

296 Khumulani v. Barclay Ltd., 504 F.3 d 254, 258ff (2nd Cir. 2007).

297 Velez v. Sanchez, 693 F.3 d 308 (2nd. Cir. 2012).

298 Die Klägerin behauptete, sie sei durch Menschenhandel in die USA gelangt und dort zu Arbeit gezwungen worden.

299 Velez v. Sanchez, 693 F.3 d 308, 318 (2nd Cir. 2012).

300 Velez v. Sanchez, 693 F.3 d 308, 319 (2nd Cir. 2012).

301 Velez v. Sanchez, 693 F.3 d 308, 320 (2nd Cir. 2012).

302 Velez v. Sanchez, 693 F.3 d 308, 321 (2nd Cir. 2012).

303 Velez v. Sanchez, 693 F.3 d 308, 322 ff: So erörterte das Gericht die konkreten Arbeitsbedingung, die Umstände des Transfers in die USA etc. Dass ein Anspruch wegen Zwangsarbeit abgelehnt werden konnte, stützte das Gericht unter anderem darauf, dass die Klägerin keinen Beweis für einen physischen Missbrauch darlegte.

2. Roe v. Bridgestone Corp.

In der Entscheidung *Roe vs. Bridgestone Corp.* entwickelte der *District Court* des *Southern District of Indiana* eine eigenständige Position zu diesem Punkt und ging darüber hinaus auch sehr systematisch vor.[304] In dieser Entscheidung verklagten liberische Staatsangehörige den multi-nationalen Bridgestone-Konzern. In ihren Klagen behaupteten die Kläger, dass die Beklagten in Liberia eine Kautschukplantage unter Einsatz von Zwangsarbeit und erzwungener Kinderarbeit betreiben würden. Die Kläger stellten eine Gruppe dieser ehemaligen Zwangs- und Kinderarbeiter dar. Zu den Beklagten zählten neben dem in Japan niedergelassenen Bridgestone Mutterkonzern auch die Bridgestone Americas Holding sowie deren nordamerikanisches Tochterunternehmen Bridgestone Firestone North America Tire LLC. Die Beklagten erhoben sowohl eine *motion to dismiss* aufgrund fehlender *subject-matter jurisdiction* gem. § (12 (b) (1) F.R.C.P. als auch gem. § 12 (b) (6) F.R.C.P. Die Beklagten trugen insoweit vor, dass die Kläger in ihrer Klageschrift nicht darlegen konnten, dass es sich bei den zentralen Vorwürfen um spezifische, universelle und verpflichtende Verletzungen des Völkerrechts handle.[305] Das Gericht widersprach den Ausführungen der Beklagten und bejahte seine *subject-matter jurisdiction*. Hinsichtlich der Fragen, wie weitreichend der Vortrag und der Prüfungsmaßstab bezüglich der spezifischen Völkerrechtsverletzung sein muss, stellte das Gericht auf den zu 28 U.S.C.A. § 1331 entwickelten Standard ab. Der district court führte hierzu aus: „*As noted above with respect to plaintiffs' federal claims, a complaint must set forth only a colorable or arguable claim arising under federal law to establish federal question jurisdiction. (...) The doubtful validity or even invalidity of such a claim does not undermine the court's subject matter jurisdiction. Although there is conflicting authority on the question, the court finds that the same standard applies to international law claims asserted under the Alien Tort Statute. Because plaintiffs have alleged claims arising under international law that are at least colorable and arguable, the court has*

---

304 Roe I v. Bridgestone Corp., 492 F. Supp. 2 d 988 (S.D. Ind.2007); der Parteiname Roe wird neben anderen Namen (z.B. Doe) dann verwendet, wenn das Gericht den Klägern gestattet unter einem Pseudonym zu klagen; der Southern District of Indiana gehört zum 7th Circuit, vgl. insoweit Kartographische Darstellung bei *Hay*, US-Amerikanisches Recht, S. 340.
305 Roe v. Bridgestone, 492 F. Supp. 2 d 988, 1004 (S.D. Ind. 2007).

subject matter jurisdiction"[306] Das Gericht lehnt insoweit die Anwendung eines erweiterten Standards im Hinblick auf die Zuständigkeitsprüfung innerhalb eines ATS-Verfahrens ab, da ansonsten die Grenzen zwischen den reinen Zuständigkeitsfragen und Fragen der Begründetheit der Klage verschwimmen würden. Das Gericht erläuterte, dass der vom 2nd Circuit in der Rechtsache Kadic proklamierte und von den Beklagten in diesem Verfahren vorgebrachte *„higher jurisdictional standard"*[307] nicht anzuwenden ist. Dies begründete das Gericht auch unter Bezugnahme zur Rechtsprechung in Sosa und führte insoweit aus, dass der Supreme Court in Sosa zwar feststellte, dass dem Kläger kein einklagbarer Anspruch zustehe, dass dies aber offenkundig keine Auswirkung auf die *subject-matter jurisdiction* haben kann und, dass auch nach der Zurückverweisung an das Ausgangsgericht keine Klageabweisung aufgrund fehlender *subject-matter jurisdiction*, sondern in der Sache selbst erfolgte.[308] Der *district court* folgerte hieraus, dass es zur Begründung der *subject-matter jurisdiction* vollkommen ausreichend sei, dass die Kläger streitige und angebliche Verletzungen des Völkerrechts vortragen, da das tatsächliche Bestehen eines Klageanspruchs keine Auswirkung auf die Zuständigkeit des Bundesgerichts habe.[309]

Eine Klageabweisung, die darauf abstellt, dass bestimmte Tatsachen bezüglich des Anspruchs nicht hinreichend vorgetragen wurden, kommt nach Auffassung des *District Court* dagegen nur im Rahmen der Prüfung des *§ 12 (b) (6) F.R.C.P.* in Frage.[310] Im weiteren Verlauf der Entscheidung setzte sich das Gericht nun mit der von den Beklagten erhobenen Einrede nach *§ 12 (b) (6) F.R.C.P.* auseinander und wies diese in Bezug auf die behauptete Verletzung des Völkerrechts durch die erzwungene Kinderarbeit zurück, während es der Einrede in Bezug auf die anderen behaupteten Rechtsverletzungen stattgab. Auch in diesem Punkt ist das Urteil des *District Court* äußerst instruktiv. Das Gericht führt zunächst aus,

---

306 Roe v. Bridgestone, 492 F. Supp. 2 d 988, 1004 (S.D. Ind. 2007).

307 Roe v. Bridgestone, 492 F. Supp. 2 d 988, 1005 f. (S.D.Ind. 2007).

308 Roe vs. Bridgestone, 492 F. Supp. 2 d 988, 1006: In seiner Entscheidung verweist der district court auf Sosa, 124. S.Ct. 2739 sowie auf die nach der Zurückverweisung ergangene Entschediung des district courts: 2004 U.S Dist. Lexis 28528 (C.D. Cal. Oct. 26, 2004).

309 Roe v. Bridgestone, 492 F. Supp. 2 d 988, 1006; a.A. Velez v. Sanchez 693 F.3 d 308, 319 (Fn. 7) (2nd Cir. 2009).

310 Roe v. Bridgestone, 492 F. Supp. 2 d 988, 1006; a.A. Velez v. Sanchez 693 F.3 d 308, 319 (Fn. 7) (2nd Cir. 2009).

dass eine *motion to dismiss* nach *§ 12 (b) (6) F.R.C.P.* nach einem anderen Standard entschieden wird, als eine *motion to dismiss* nach *§ 12 (b) (1) F.R.C.P.* und erläutert, wie eine entsprechende Vorgehensweise auszusehen hat. Insoweit wird auch schon die bereits erwähnte Twombly Rechtsprechung des Supreme Court berücksichtigt.[311] So erläuterte der *District Court* zunächst, dass er in Bezug auf die *motion to dismiss* nach *§ 12(b) (6) F.R.C.P.* den in der Twombly-Entscheidung entwickelten *plausibilty*-Standard anwenden möchte.[312] Bei der konkreten Behandlung der *motions to dismiss* nach § 12 (b) (6) F.R.C.P. setzte sich das Gericht dann mit den einzelnen, von den Klägern behaupteten Rechtsverletzungen auseinander und prüfte, ob für die jeweilige Rechtsverletzung eine Klageabweisung nach *§ 12 (b) (6) F.R.C.P.* in Frage kommt. Dabei beschränkte sich das Gericht nicht nur darauf zu prüfen, ob der *plausibility*-Standard eingehalten wurde, sondern unterzog die einzelnen Rechtsverletzungen auch dem Sosa-Test.[313]

Der *District Court* prüfte folglich im Rahmen der Überprüfung der prozessualen Einrede nach § 12 (b)(6) F.R.C.P., ob sich aus den behaupteten Tatsachen ein nach der Sosa-Entscheidung anerkennungsfähiger Anspruch plausibel ergeben könnte. Die Kläger stützten ihre ATS-Klagen auf verschiedene Rechtsverletzungen; besonders hervorzuheben ist insoweit, dass sie einerseits geltend machten, auf der Kautschukplantage sei es zu Zwangsarbeit und erzwungener Kinderarbeit gekommen. Wie bereits oben erwähnt, wurde die Klage nur bezüglich des Vorwurfs der erzwungenen Kinderarbeit nicht abgewiesen. Die Abweisung der Klage nach § 12 (b)(6) F.R.C.P. in Bezug auf die Zwangsarbeit begründete der District Court mit folgenden Erwägungen: Zunächst stellte der District Court klar, dass er an die rechtlichen Schlüsse, die die Kläger aus den behaupteten Tatsachen zogen, nicht gebunden sei; zudem stellte das Gericht fest, dass die Kläger nicht darlegen konnten, dass es sich bei der behaupteten Rechtsverletzung um die Verletzung einer *„specific, universal and obligatory norm of inter-*

---

311 Vgl. oben, § 2 I 2.
312 Roe vs. Bridgestone, 492 Fed. Supp 2 d, 988, 996.
313 Ausführlich hierzu, siehe oben § 2 III; der Sosa-Test besagt, dass sich bundesrechtliche Anspruchsgrundlagen aus dem Völkergewohnheitsrecht immer nur dann ableiten lassen, wenn die Normen, die durch das vorgeworfene Verhalten verletzt werden, heute auf eine solche universale Akzeptanz stoßen, wie die Normen, die der Gesetzgeber bei Erlass des ATS im Auge hatte, vgl. insoweit: Sosa, 124 S.Ct. 2739, 2764 (2004).

national law" handle.[314] Das Gericht wies daraufhin, dass es zwar Fälle gegeben habe ("*Nazi Germany*") und weiterhin geben könnte, in denen der Vorwurf der Zwangsarbeit durchaus auch als eine einklagbare Verletzung des Völkerrechts anerkannt werden könnte, dass die von den Klägern vorgetragenen Fakten aber nicht ausreichend waren, um solch einen Anspruch aufgrund erzwungener Arbeit plausibel erscheinen zu lassen.[315] Für den *District Court* war entscheidend, dass die von den Klägern geschilderten Arbeitsbedingungen – in Bezug auf die Arbeit der erwachsenen Kläger – nicht dazu geeignet erschienen, diese als Zwangsarbeit zu charakterisieren; deswegen gab er der *motion to dismiss* der Beklagten nach § 12 (b) (6) insoweit statt.[316]

Hinsichtlich der Vorgehensweise des Gerichts lässt sich folgendes festhalten: Das Gericht wendet den *Plausibilty*-Standard nur im Hinblick auf die *motion to dismiss* nach § 12 (b) (6) F.R.C.P. an und geht dann schrittweise vor. Zunächst wird der behauptete Tatsachenvortrag als wahr unterstellt, dann prüft das Gericht, ob diese Tatsachen genügen, um einen Anspruch plausibel erscheinen zu lassen. Dieser zweite Punkt kann in Bezug auf ATS-Fälle nur dann bejaht werden, wenn eine unter dem ATS justiziable Anspruchsgrundlage in Frage kommt. Da dies – im Nachgang der Sosa Rechtsprechung – nur dann der Fall ist, wenn es sich bei der behaupteten Rechtsverletzung um die Verletzung einer spezifischen, universalen und verpflichtenden Norm des Völkerrechts handelt, die mit den historischen Tatbeständen des ATS vergleichbar ist, muss in diesem Zusammenhang geprüft werden, ob die behaupteten Rechtsverletzungen diesen Standard erfüllen. Bei der Plausibilitätskontrolle geht das Gericht strikt vor und analysiert den klägerischen Vortrag relativ konkret. An dieser Stelle ist die Entscheidung sicherlich kritisierbar, da man ebenso den Standpunkt vertreten könnte, dass die Anforderungen des Gerichts zu hoch sind, denn aus dem Tatsachenvortrag der Kläger ergeben sich sowohl Fakten, die für eine

---

314 Roe v. Bridgeston, 492 Fed. Supp. 2 d, 988, 1012 (S.D.Ind. 2007).
315 Roe v. Bridgeston, 492 Fed. Supp. 2 d, 988, 1015: Für das Gericht erweckt der Vortrag der Kläger nur den Anschein, dass es sich hier um den Fall der ausbeuterischen aber frei gewählten Arbeit handelte. An dieser Stelle erscheint die Vorgehensweise teilweise schon wie eine Beweiswürdigung.
316 Roe v. Bridgeston, 492 Fed. Supp. 2 d, 988, 1019; die Entscheidung ist an dieser Stelle sicherlich fragwürdig, da man das Verbot von Zwangsarbeit grundsätzliche als unter Sosa justiziabel einordnen kann; das Gericht verneint die Plausibilität dann aber aufgrund der Tatsache, dass die erwachsenen Arbeiter für ihre Arbeit bezahlt wurden.

Einordnung als Zwangsarbeit sprechen als auch solche, die gegen sie sprechen. Der Klägervortrag war insoweit vordergründig nicht implausibel, sondern es lag eine Situation vor, in der es einer genaueren Beweiswürdigung und Begutachtung bedurft hätte, welche eigentlich zu den Fragen der Begründetheit gehören. Die Auffassung des *District Court* findet sich auch in anderen Gerichtsentscheidungen wieder. In den Entscheidungen *Presbytarian Church of Sudan vs. Talisman Energy Inc.*[317] und in *Adhikari vs. Daoud & Partners*[318] lehnten es die jeweiligen zuständigen Gerichte in Bezug auf das ATS ab, bei der Behandlung einer *motion to dismiss* nach § 12(b) (1) bzw. § 12(b) (6) generell einen speziellen *heightened pleading standard* anzuwenden.

3. Sarei v. Rio Tinto

In der Rechtssache *Sarei v. Rio Tinto PLC* sprach sich der 9th Circuit gegen die Anwendung eines erhöhten Prüfungsmaßstabs im Rahmen der Feststellung der *subject matter jurisdiction* aus.[319] In diesem Verfahren versuchte eine Klägergruppe aus Papua Neuguinea Ansprüche gegen den internationalen, in London sitzenden Rio-Tinto-Konzern geltend zu machen. Rio Tinto betrieb in Papua-Neuguinea seit 1972 Minen zur Förderung von Kupfer und Gold. Die Abbaurechte erhielt der Konzern aufgrund einer Kooperation mit der papuaneuguineischen Regierung, welcher im Gegenzug eine ca. 20-prozentige Rendite zugesichert wurde. In Folge des Betriebs einer sich auf der Insel Bouagainville befindenden Mine kam es in der Umgebung zu Wasser- und Luftverschmutzungen, welche bei den Bewohnern zu Gesundheitsschäden führten. Aufgrund dieser Umstände kam es zu einer Sabotage der Mine durch die Inselbewohner und einer anschließenden Schließung der Mine. Auf Drängen des *Rio Tinto*-Konzerns intervenierte das papuaneuguineische Militär im Jahre 1990. Bei dem Angriff des Militärs kam es zu vielen zivilen Opfern unter den Bewohner. Im Nachgang der militärischen Intervention erklärten die Bewohner Bouganvilles die Sezession von Papua Neuguinea und es folgte ein 10 Jahre an-

---

317 Presbytarian Church of Sudan v. Talisman Energy Inc., 244 F.Supp 2 d 289 (S.D.N.Y. 2003).
318 Adhikari v. Daoud & Partners, 697 F.Supp. 2 d 674 (S.D. Tex. 2009).
319 Sarei v. Rio Tinto, PLC, 487 F.3 d 1193 (9th Cir. 2007).

dauernder Bürgerkrieg.[320] Die Kläger warfen der Rio Tinto PLC nun vor, an Kriegsverbrechen, die im Rahmen der militärischen Operationen begangen wurden, beteiligt gewesen zu sein.

An dieser Stelle soll sich lediglich darauf beschränkt werden, zu ermitteln welchen Prüfungsmaßstab der 9th Circuit in Bezug auf die *subject matter jurisdiction* angewandt hatte, ohne weitere Details des Prozesses zu berücksichtigen. Bereits der District Court hatte in der ersten Instanz seine Zuständigkeit unter dem ATS für die Klagen, die die Verletzungen des Kriegsrechts betrafen bejaht. Hinsichtlich des Prüfungsmaßstabs bezog sich der District Court auf die Aussagen in der Kadic-Entscheidung.[321] Der 9th Circuit gelangte in seiner Entscheidung ebenso wie der District Court zu der Überzeugung, dass subject matter jurisdiction der Bundesgerichte besteht. Jedoch stellte das Berufungsgericht klar, dass er hinsichtlich des Prüfungsmaßstabes eine andere Ansicht vertritt.[322] Der 9th Circuit beantwortet die Frage, was dargelegt (showing) werden muss, um die subject-matter jurisdiction zu bejahen wie folgt: *„In order to satisfy ourselves of jurisdiction, we thus need not engage in a full blown review of plaintiffs' claims on the merits but rather must determine only whether the claims do not "appear [...] to be immaterial and made solely for the purpose of obtaining jurisdiction" and are not "wholly insubstantial and frivolous."*[323] Auch der 9th Circuit sieht sich nicht dazu verlasst, bereits auf der Ebene der Zuständigkeitsprüfung eine weitreichendere Sachprüfung der eigentlichen Ansprüche vorzunehmen, sondern lässt es genügen, dass die Kläger durch ihre Klageschrift tatsächliche und rechtliche Fragen aufwerfen, die nicht unseriös (*nonfrivolous*) erscheinen.[324] In dem konkreten Sachverhalt ließ es das Gericht genügen, dass die Kläger vortrugen, die Beklagten seien indirekt (*vicarious liable*) für schwerwiegende Völkerrechtsverletzungen (Kriegsverbrechen, Verbrechen gegen die Menschlichkeit sowie Rassendiskriminierung) verantwortlich gewesen.[325] Das Gericht war davon überzeugt, dass es sich bei diesen potentiellen Völkerrechtsverletzungen um solche handle, die unter dem ATS grundsätzlich

---

320 Sarei v.Rio Tinto, 487 F.3 d 1193, 1198 (2007).
321 Sarei v. Rio Tinto, 221 F. Supp. 2 d 1116, 1131 (C.D.Cal. 2002).
322 Sarei v. Rio Tinto, 487 F.3 d 1193, 1200 (9th Cir. 2007).
323 Sarei v. Rio Tinto, 487 F.3 d 1193, 1200 f (9th Cir. 2007); **a.A.** Velez v. Sanchez 693 F.3 d 308, 319, Fn. 7 (2nd Cir. 2009).
324 Sarei v. Rio Tinto, 487 F.3 d 1193, 1203 (9th Cir. 2007).
325 Sarei v. Rio Tinto, 487 F.3 d 1193, 1202 (9th Cir. 2007).

justiziabel seien und, dass der klägerische Vortrag daher auch nicht *frivolous* sein könne. Im Hinblick auf die Frage, ob auch Formen der indirekten Haftung unter dem ATS justiziabel seien, stellte das Gericht klar, dass sowohl im *federal common law* als auch im Völkerrecht eine indirekte Haftung grundsätzlich anerkannt und möglich sei. Somit könne, wenn eine mittelbare Beteiligung an justiziablen Völkerrechtsverletzungen schlüssig vorgetragen wird, grundsätzlich von einer Zuständigkeit unter dem ATS ausgegangen werden.[326]

4. Khulumani v. Barclay National Bank Ltd.

Für weitere analytische Präzision sorgt auch die Entscheidung des 2nd Circuit in der Sache Khulumani.[327] Bei diesem Verfahren handelte es sich um eine Sammelklage, mit der drei verschiedene südafrikanische Klägergruppe Schadensersatzansprüche gegen mehrere Unternehmen geltend machten. Die Klägergruppen warfen den Beklagten vor während der Zeit der Apartheid mit der damaligen südafrikanischen Regierung kollaboriert und sich hierdurch an schwerwiegenden Menschenrechtsverletzungen beteiligt zu haben.[328] Der District Court des Southern District New York wies die Klage mit der Begründung fehlender *subject matter jurisdiction* ab.[329] Der 2nd Circuit hob die Entscheidung unter diesem Gesichtspunkt auf und ging selbst von einer bestehenden *subject matter jurisdiction* nach dem ATS aus. Die Entscheidung ist insbesondere aufgrund ihrer analytischen Vorgehensweise und Präzision in diesem Zusammenhang erwähnenswert. Der Sachverhalt des Verfahrens warf einige komplexe Rechtsfragen auf. Insbesondere wurde von den Parteien intensiv darüber gestrit-

---

326 Sarei v. Rio Tinto, 487 F.3 d 1193, 1202 (9th Cir. 2007), mit Verweisen auf: Moriartry v. Gleuckert Funeral Home, Ltd 155 F.3 d 859, 866 Fn. 15 (7th Cir.1998) und Restaement 2nd of Torts, §§ 876-77 als Nachweis für eine indirekte Haftung im federal common law sowie auf Talbot v. Jansen, 3 U.S. (3 Dall.) 133, 156-158 (1795) als Nachweis dafür, dass schon unter einer historischen ATS-Klage ein Beklagter für seine indirekte Beteiligung an der Kaperung eines holländischen Schiffs.

327 Khumulani v. Barclay National Bank Ltd., 504 F.3 d 254 (2nd. Cir. 2007).

328 Khumulani v. Barclay National Bank Ltd., 504 F.3 d 254, 258; die Kläger machten folgende Verletzungen geltend: Die Apartheid selbst als ein Verbrechen gegen die Menschlichkeit, zudem Genozid, Sklaverei und Zwangsarbeit.

329 In Re South African Apartheid Litigation, 346 F.Supp. 2 d 538 (S.D.N.Y 2004).

ten, ob Unternehmen für Rechtsverletzungen, die möglicherweise im Wege der Beihilfe (*aiding and abetting*) begangen wurden, verklagt werden
können. An dieser Stelle soll nicht auf die Sachfrage an sich eingegangen
werden, vielmehr soll anhand der Vorgehensweise des Gerichts dargestellt
werden, in welchem systematischen Kontext diese Fragen zu erörtern sind.

Die Mehrheit der Richter war sich darüber einig, dass der District Court
das Bestehen der *subject matter jurisdiction* fälschlicherweise abgelehnt
hatte.[330] Richter Katzmann wies gleich zu Beginn seiner Begründung darauf hin[331], dass der *district court* bei seiner Analyse der ATS-Klagen
zwei wesentliche analytische Fehler begangen habe: *„I respectfully believe that the district court erred in its analysis of plaintiff's ATCA claims in
two fundamental respects. First, it conflated the jurisdictional and cause
of action analyses required by ATCA. As a result, the district court mista-
kenly incorporated a discretionary analysis into the determination of whether it has jurisdiction under the ATCA. Second it held aiding and abetting
liability does not exist under international law."*[332] Der 2nd Circuit rügte
insoweit also nicht nur die Vorgehensweise des Gerichts, sondern auch
dessen rechtliche Analyse. Im weiteren Verlauf seiner Begründung, hebt
Richter Katzmann besonders hervor, dass eine ATS-Klage zwei streng zu
unterscheidende Prüfungsschritte erfordert: Zum einen die Frage, ob sich
eine Zuständigkeit nach dem ATS begründen lässt und zum anderen die
Frage, ob eine Federal-Common-Law-Anspruchsgrundlage besteht.[333] Für
die Frage, ob die *subject matter jurisdiction* besteht, kommt es laut Katzmann vornehmlich darauf an, dass sich der ausländische Kläger auf die
Verletzung einer völkerrechtlichen Norm beruft, die universell anerkannt
ist. Bei der Überprüfung, ob diese Voraussetzung erfüllt ist, müssen die
Gerichte die von Art. 38 IGH-Statut benannten Rechtsquellen unter-

---

330 In einer 2:1 Mehrheitsentscheidung des Gerichts wurde das Urteil des District
     Courts insoweit aufgehoben, wobei die beiden Richter Katzmann und Hall ihre
     Entscheidung auf unterschiedliche Weise begründeten.
331 Auch wenn die Richter Hall und Katzmann zwei verschiedene Urteilsbegründun-
     gen darlegten, stimmten sie in den hier maßgeblichen Punkten überein. Die Di-
     vergenz ihrer Begründungen bezog sich lediglich auf die Frage, welche Rechts-
     quelle für die Frage nach einer Haftung nach „aiding and abetting"-Grundsätzen
     maßgeblich sei; vgl.: Khulumani, 504 F.3 d 254, 284-292 (Hall concurring).
332 Khulumani, 504 F.3 d 254, 264 (Katzmann, J., concurring).
333 Khulumani, 504 F.3 d 254, 266 (Katzmann, J., concurring).

suchen.[334] Sollte sich aus einer dieser Rechtsquellen eine entsprechende universell anerkannte Norm ergeben, so besteht *subject matter jurisdiction*.[335] Richter Katzmann hebt in seiner Begründung hervor, dass sich an dieser Vorgehensweise auch durch die Sosa Entscheidung des Supreme Court nichts geändert hat.[336] Die Vorgaben, die sich aus Sosa ergeben, ordnet Katzmann vielmehr dem zweiten Prüfungspunkt zu und erachtet sie erst an dieser Stelle als relevant. Im Rahmen der Prüfung der Zuständigkeit unternimmt Richter Katzmann dann eine Analyse, die sich auf die abstrakte Rechtsfrage konzentriert, ob eine universell anerkannte völkerrechtliche Norm besteht, die eine *aiding and abetting liability* generell anerkennt.[337] Nach seiner Auffassung ist es nicht notwendig, eine *norm-by-norm analysis* vorzunehmen, die überprüft, ob für die jeweilig einschlägige völkerrechtliche Norm eine *aiding and abetting liability* besteht, sondern die generell-abstrakte Anerkennung einer mittelbare Tatbeteiligung soll genügen.[338] Gerade aus dem letzten Punkt wird deutlich, dass sich die Bestimmung der *subject matter jurisdiction* auf eine rechtliche Analyse des Falls zu beschränken hat und hierbei leidglich in Frage steht, ob die vermeintlich verletzte Norm, unter abstrakt zu ermittelnden Grundsätzen, eine universell akzeptierte und spezifische Rechtsnorm darstellt. Diese analytische und dogmatisch präzise Vorgehensweise der Richter Katzmann und Hall überzeugt. Dagegen kann die Vorgehensweise des Richters

---

334 Art. 38 des Statuts des Internationalen Gerichtshofs von 1945 (Sartorius II Nr. 2): (1) Der Gerichtshof, dessen Aufgabe es ist, die ihm unterbreiteten Streitigkeiten nach dem Völkerrecht zu entscheiden, wendet an:a) internationale Übereinkünfte allgemeiner oder besonderer Natur, in denen von den streitenden Staaten ausdrücklich anerkannte Regeln festgelegt sind; b) das internationale Gewohnheitsrecht als Ausdruck einer allgemeinen, als Recht anerkannten Übung; c) die von den Kulturvölkern anerkannten allgemeinen Rechtsgrundsätze; d) vorbehaltlich des Artikels 59 richterliche Entscheidungen und die Lehrmeinung der fähigsten Völkerrechtler der verschiedenen Nationen als Hilfsmittel zur Feststellungvon Rechtsnormen. Es ist allgemein anerkannt, dass es sich hierbei um die Rechtsquellen des Völkerrechts handelt, vgl. *Graf Vitzthum*, in: Ders., Völkerrecht, S. 50 ff.; *Herdegen*, Völkerrecht, § 14 Rn. 1 ff.
335 Khulumani, 504 F.3 d 254, 267 (Katzmann concurring).
336 Khulumani, 504 F.3 d 254, 267 (Katzmann concurring): „(…), the Supreme Court did not discuss the requirements for invoking this jurisdictional grant in a particular case."
337 Khulumani, 504 F.3 d 254, 268 ff. (Katzmann concurring):
338 Khulumani, 504 F.3 d 254, 279 (Katzmann concurring):; **a.A.** Khulumani, 504 F. 3 d 254, 331 (Korman dissenting).

Korman nicht überzeugen. Dieser wirft der Mehrheitsmeinung insbesondere vor, sie habe nicht überprüft, ob die in der Klageschrift vorgetragenen Behauptungen den jeweils angewandten *aiding and abetting standard* erfüllen.[339] Eine derartige Überprüfung ist jedoch im Rahmen der Zuständigkeitsfrage noch nicht vorzunehmen, da hierdurch die Unterscheidung zwischen der Zuständigkeit und der Begründetheit des Anspruchs verschwimmen würden. Die Entscheidung des *2nd Circuit* beweist, dass im Rahmen der zuständigkeitsrechtlichen Analyse alleine die Spezifität und Universalität der in Frage kommenden völkerrechtlichen Norm gerichtlich überprüft werden muss. Zudem geht aus dem Urteil hervor, dass die Überprüfung der Frage, ob eine *aiding and abetting–liability* unter dem ATS besteht, zwar auch einen zuständigkeitsrechtlichen Aspekt hat, dieser aber keine normspezifische[340] Analyse erfordert, sondern sich lediglich darauf beschränkt, ob aufgrund des Völkerrechts[341] oder des *federal common law*[342] generell von einer *aiding and abetting-liability* ausgegangen werden kann. Die Entscheidung überzeugt auch bezüglich der klaren Trennung zwischen zuständigkeitsrechtlichen Fragen und der Fragen, die die Anerkennung einer *cause of action* nach der Sosa Rechtsprechung betreffen.

5. Zwischenergebnis

Die Studie der bis dato dargestellten Fälle hat ergeben, dass in ATS-Fällen nicht per se von einer höheren Ausforschungspflicht in Bezug auf die *subject matter jurisdiction* ausgegangen werden muss. Vielmehr müssen die Gerichte untersuchen, ob sich aus dem Vortrag des Klägers eine Verletzung einer universell anerkannten Völkerrechtsnorm ergeben könnte. Solange der Tatsachenvortrag des Klägers nicht vollkommen abwegig erscheint und sich aus dem behaupteten deliktische Verhalten möglicherweise eine Verletzung einer universell anerkannten Völkerrechtsnorm ergeben

---

339 Khumulani, 504 F.3 d 254, 293 (Korman dissenting).
340 Khumulani, 504 F.3 d 254, 279 (Katzmann concurring): Dieser lehnt die von Justice Korman vorgeschlagen norm-by-norm analysis ab.
341 Richter Katzmann möchte das Völkerrecht als Rechtsquelle angewandt wissen: Khulumani, 504 F.3 d 254, 270 (Katzmann concurring).
342 Richter Hall stellt dagegen auf das federal common law ab, Khulumani, 504 F.3 d 254, 284 (Hall, concurring); vgl. zu dieser speziellen kollisionsrechtlichen Fragestellung: unten § 5.

könnte, besteht die *subject matter jurisdiction* grundsätzlich. So können die Bundesgerichte beispielsweise ohne Zweifel über Fälle verhandeln, in denen den Beklagten eine direkte oder indirekte Beteiligung an Kriegsverbrechen, Folter, Zwangsarbeit, Sklaverei oder ähnlichen Tatbeständen vorgeworfen wird. Auf der Ebene der Zuständigkeitsprüfung muss somit noch nicht der faktische Nachweis einer konkreten Völkerrechtsverletzung geführt werden und eine Klage sollte eine *motion to dismiss* nach § 12 (b) (1) F.R.C.P immer dann überstehen, wenn die vorgetragenen Tatsachen nicht unseriös erscheinen und sich aus ihnen die Verletzung einer universal anerkannten Norm des Völkerrechts ergeben könnte.[343] Klagen, die in ihrem Vorbringen vollkommen substanzlos und unseriös erscheinen, können ohnehin zurückgewiesen werden[344] und das Stellen erhöhter Anforderungen an die Begründung der Zuständigkeit im Rahmen des ATS würde nur die Grenzen zwischen Fragen nach der Zuständigkeit für die Klage und denen nach ihrer Begründetheit verschwimmen lassen.[345] Ob die Urteile des Supreme Court zu den Anforderungen an den klägerischen Vortrag in Iqbal und Twombly etwas geändert haben[346], soll nachfolgend anhand eines ATS-Falls, der auf diese Entscheidungen Bezug nimmt, besprochen werden.

6. Sinaltrainal v. Coca Cola Company

In der Rechtssache *Sinaltrainal v. Coca Cola Company*[347] griff der 11th Circuit die Rechtsprechung des Supreme Court zu den erhöhten *pleading*-Voraussetzungen auf. Grundsätzlich besteht in ATS-Fällen die Schwierig-

---

343 Vgl. insoweit auch die Rechtsprechung zu 28 U.S.C.A. § 1331, der eine Zuständigkeit der Bundesgerichte begründet, wenn ein Klagegrund aus dem Bundesrecht abgeleitet wird, vgl. hierzu: Bell v. Hood, 66 S.Ct. 773, 776 (1946); *Friedenthal/Miller/Kane*, S. 290.

344 Brief of Civil Procedure Professors as Amici Curiae in Support of Petioners, Kiobel v. Royal Dutch Petroleum Co., 133 S.Ct. 1659 (2011), 2011 WL 6813564, *1, 15 ff.; Hagans v. Livine, 94 S.Ct 1372, 1379 (1974).

345 *Sheperd*, 95 Minn. L. Rev. (2011), 2318, 2350; Roe vs. Bridgestone, 492 Fed. Supp 2 d, 988, 996; siehe auch: Kiobel v. Royal Dutch Petroleum Co., 621 F.3 d 111, 191ff (2nd. Cir. 2011); Abdullahi vs. Pfizer, 562 F.3 d 163 (2nd Cir. 2009).

346 Ashcroft v. Iqbal, 129 S.Ct. 1937 (2009); Bell Atlantic v. Twombly, 127 S.Ct. 1955 (2007), vgl. hierzu schon oben § 3 II 2.

347 Sinaltrainal, 578 F.3 d 1252, 1258 (11th Cir. 2009).

keit, dass der klägerische Vortrag soweit reichen muss, dass sich aus diesem eine anerkennungsfähige Federal-Common-Law-Anspruchsgrundlage ableiten lassen kann. Da aber nur solche Delikte, die eine spezifische und universal anerkannte Völkerrechtsnorm verletzten, zu einem denkbaren Anspruch führen, ist die Zahl der potentiell in Frage kommenden Delikte ohnehin von vorneherein begrenzt. Das ATS schützt also per se nur vor einer limitierten Anzahl an Völkerrechtsverletzungen und die Kläger müssen adäquat darlegen, warum gerade die geltend gemachte Völkerrechtsverletzungen zu diesem Bereich gehört.[348] Besonders wenn es um die vermeintlichen Verstrickung und Verbindungen ausländischer Unternehmen zu Delikten, die durch Streitkräfte, Paramilitärs oder ähnlichen Kräfte ausgeführt wurden, geht, kann es schwierig sein, diese Verbindungen schon vor einer möglichen *discovery* schlüssig darlegen zu können. Erschwerend kommt insofern hinzu, dass nach *Iqbal* und *Twobly* der Tatsachenvortrag plausibel erscheinen muss und nicht auf reinen Rückschlüssen und strittigen Behauptungen basieren darf.[349]

Aus der Rechtssache *Sinaltrainal* lassen sich nun erste Rückschlüsse und Indizien ziehen, wie sich die Verschärfung der Anforderungen an den Klägervortrag auf eine Zurückweisung einer ATS-Klage in einem frühen Verfahrensstadium auswirken.[350] Die Klagen richteten sich gegen die Coca-Cola Company, ihre kolumbianische Tochter und zwei kolumbianische Abfüllfirmen. Den Beklagten wurde vorgeworfen, sie haben mit der örtlichen Polizei und Paramilitärs zum Zwecke der Folter und Ermordung von kolumbianischen Gewerkschaftsführern kollaboriert.[351] Der 11th Circuit hielt den Vortrag der Kläger im Hinblick auf eine vermeintliche Beteiligung an den Taten der Paramilitärs für unzureichend und zu wage. Außerdem basiere der Vorwurf einer Beteiligung der Coca-Cola Company insgesamt auf äußert vagen Vermutungen, da diese überhaupt nur aufgrund eines Abfüllvertrages Verbindungen zu den kolumbianischen Fabriken habe und insoweit nur über eine geringe Kontrolle über die Situation in den

---

348 *Childress*, Escaping Federal Law, 93 N. C. L. Rev. 999, 1033 f. (2015).

349 *Childress*, Escaping Federal Law, 93 N. C. L. Rev. 999, 1034 (2015); siehe zu den Entscheidungen oben § 3 II 2.

350 Vgl. insoweit auch: Civil Procedure –Pleading Requirements- Eleventh Circuit Dismiss Alien Tort Statute Claims Against Coca Cola Under Iqbal`s Plausibility Standard, 123 Harv. L. Rev. 580 ff. (2009); Sinaltrainal v. Coca-Cola Company, 578 F.3 d 1252 (2009).

351 Sinaltrainal, 578 F.3 d 1252, 1258 (11th Cir. 2009).

dortigen Fabriken verfüge.[352] Das Gericht bewertete den Klägervortrag als zu dürftig, um die von Twombly gesetzte Schwelle zu überschreiten.[353] Auch in anderen Verfahren ergaben sich aufgrund der Kombination der speziellen Anforderungen an einen ATS-Anspruch und den durch Iqbal und Twombly verschärften *pleading*-Standard erhebliche Schwierigkeiten für die Kläger, ihre Klage mit ausreichender Spezifizität zu begründen.[354]

IV. Ergebnis

Die vorangegangenen Ausführungen haben gezeigt, dass die Erhebung einer ATS-Klage bereits in einem frühen Stadium an den Voraussetzungen der *subject matter jurisdiction* oder einer schlüssigen Anspruchsbegründung zu scheitern droht. Eine tendenzielle und übermäßige Klägerfreundlichkeit kann den US-Verfahren in dieser Hinsicht also nicht mehr attestiert werden. Vielmehr ergeben sich aus der Rechtsprechung und ihrer restriktiven Handhabung einer grundsätzlichen Anerkennung von Ansprüchen unter dem ATS sowie aus den erhöhten *pleading*-Standards erhebliche Hürden für potentielle Klagen. Dies hat zu Folge, dass Klagen in einem ATS-Verfahren bereits im Stadium ihrer Vorbereitung einen erheblichen Aufwand erfordern, und hierdurch eine Wirkung erzeugt wird, die sich limitierend auf potentielle Klagen auswirkt. Auch wird insbesondere durch die erhöhten Anforderungen an den Klägervortrag die Wahrscheinlichkeit der Anordnung einer *discovery* vermindert,[355] was sich insbesondere in Situation, in denen die Beklagten über einen deutlichen Informationsvorsprung verfügen, negativ für die Kläger auswirkt.[356] Die Gefahr, dass vollkommen unzureichende Klagen anhängig gemacht werden könn-

---

352 Sinaltrainal, 578 F.3 d 1252, 1263 (11th Cir. 2009).
353 Sinaltrainal, 578 F.3 d 1252, 1266 (11th Cir. 2009).
354 Vgl. z.B. In re South African Apartheid Litig. 617 F.Supp. 2 d 228. 251 (S.D..N.Y. 2009).
355 *Childress* , Escaping Federal Law, 93 N. C. L. Rev. 999, 1034 (2015); Iqbal, 129 S.Ct. 1937, 1950: „[Rule 8] does not unlock the doors of discovery for a plaintiff armed with nothing more than conclusions."; Comment, Civil Procedure – Pleading Requirement, 123 Harv. L. Rev. 580, 584 (2009); *Dodson*, New Pleading, New Discovery, 109 Mich. L. Rev. 53, 74 ff (2010) (zur Informationsassymetrie aufgrund der neuen pleading-Anforderungen).
356 Vgl. hierzu *Bone*, Twombly, Pleading Rules and the Regulation of Court Access, 94 Iowa L. Rev. 873, 908 (2009).

ten, die nur ein Erpressungspotential ausschöpfen möchten, wird somit bereits durch diese prozessualen Strukturen erheblich gemindert.[357]

Aus rechtsvergleichender Sicht sind die eben gemachten Beobachtungen insofern interessant, als sie zeigen, dass sich das US-Zivilprozessrecht von seinen teilweise sehr liberalen Vorstellungen des reinen *„notice-pleading"* gelöst hat und sich insoweit anderen Prozessordnungen zumindest mittelbar annähert.[358] Im Gegensatz zu früheren Urteilen würde eine generelle Beschreibung des Streitgegenstands nicht mehr genügen[359] und die Klagen könnten schon in einem frühen Verfahrensstadium abgewiesen werden. Durch die von den Gerichten vorzunehmende Plausibilitätsprüfung wird ein erheblicher Druck von den Beklagten genommen, da die Wahrscheinlichkeit der Anordnung einer *discovery* sowie ein langwieriges Verfahren verringert wird.[360]Die Anforderungen an die Darlegungs- und Substantiierungslast können somit durchaus mit den Anforderungen verglichen werden, die das deutsche Recht an den Vortrag entsprechender Tatbestandmerkmale stellt.[361] Auch das deutsche Recht erfordert allgemein im Stadium der Klageerhebung und für die Begründung ihrer Zulässigkeit zunächst nur, dass man die erhobene Klage aufgrund des Tatsachenvortrags von dem Streitgegenstand anderer Klagen unterscheiden

---

357 *Clermont/Yeazell*, Inventing Test, Destabilizing Systems, 95 Iowa L. Rev. 821 ff. (2010); 123 Harv. L. Rev. 580, 584 (2009).

358 Vgl. hierzu: *Dodson/Kleeba*, 34 B.C. Int`l Comp. L. Rev. 1, 7 f. (2011); *Dodson*, 158 U. Pa. L. Rev. 443, 463 (2010); *Maxeiner*, Pleadings and Access to Civil Procedure: Historical and Comparative Reflections on Iqbal, a Day in Court and a Decision According to Law, 114 Penn. State L. Rev. 1257 ff. (2010) (zu den Vorzügen des deutschen Systems).

359 So noch: Bodner v. Banque Paribas, 114 F.Supp. 2 d 117, 125 (E.D.N.Y. 2000), in diesem Verfahren ging es um die Beihilfe einer französischen Bank an der Enteignung französischer Juden während der Besatzung durch die Nazis.

360 Vgl. auch: *Heß*, in: von Heinegg/Kadelbach/Heß u.a. (Hrsg.), Entschädigung nach bewaffneten Konflikten, S. 107, 182, wobei dessen Schlussfolgerung, dass die Rechtsprechung, die nur eine allgemeine Umschreibung des Streitgegenstand verlange und somit eine Entscheidung über Einrede eines unsubstantiierten Vorbringens vertage, dazu führen würd, dass sich die Beklagte nicht auf einen überschnelle Vergleich einlasse, nicht überzeugt. In dem Verfahren, auf das sich Heß bezieht wurde die discovery und Vergelichsverhandlungen angeordnet, gerade das möchte die Beklagte doch eigentlich verhindert wissen, da durch die discovery und die längere Verfahrensdauer auch der prozessualle und öffentliche Druck auf die Beklagte erhöht wird.

361 Heß, in: von Heinegg/Kadelbach/Heß u.a. (Hrsg.), Entschädigung nach bewaffneten Konflikten, S. 107, 182.

kann.[362] Eine erschöpfende Darstellung des kompletten Lebenssachverhalts ist für die Zulässigkeit der Klage nicht zwangsläufig notwendig.[363] Die Angaben der klagebegründende Umstände und somit die Substantiierung der Tatsachen selbst sind erst notwendig, um die Klage schlüssig erscheinen zu lassen und somit grundsätzlich eine Frage der Begründetheit.[364] Die Klage selbst ist nur dann schlüssig, wenn aus dem Vortrag des Klägers der Klageantrag bzw. Anspruch gerechtfertigt erscheint.[365] Hierfür kann aber unter Umständen schon genügen, dass aus dem Tatsachenvortrag eine mögliche Beteiligung an dem deliktischen Tatbestand hervorgeht: So ließ es das Kammergericht Berlin in einem Fall, in dem eine Klägerin Schadensersatz für die durch Zwangsarbeit erlittene Persönlichkeitsverletzung forderte, für die Darlegung der Voraussetzungen einer Beteiligung der Beklagten im Rahmen des § 830 BGB genügen, dass die Klägerin in dem Betrieb der Rechtsvorgängerin der Beklagten Zwangsarbeit leisten musste.[366] Dennoch dürfte auch hierzulande die Substantiierung entsprechender Ansprüche insgesamt als schwierig einzustufen sein, da sie je nach Komplexität der Beteiligungs- und Kausalitätsfragen auch sehr konkrete Darlegungen verlangen können.[367] Diese Einschätzung gilt aber in demselben Maße für die ATS-Verfahren, da eine plausible Darlegung der Klageansprüche, schon alleine im Hinblick auf den Vortrag der mit Rücksicht auf die Sosa-Rechtsprechung gemacht werden muss, sehr umfassend und sowohl faktisch als auch juristisch schwierig ist. In diesem Kontext kann also nicht von einer übermäßigen Bevorteilung der Kläger ausgegangen werden, vielmehr liegen bereits die prozessualen Hürden für die schriftsätzliche Darlegung der Begründung der *subject matter jurisdiction* bzw. eines plausiblen Klagegrundes sehr hoch.

---

362 *Thomas/Putzo*, § 253 Rn. 10; BGH NJW 2000, 3942, 3943.

363 MüKo-ZPO/*Becker-Eberhard*, § 253 Rn. 80.

364 *Thomas/Putzo*, § 253 Vorbem Rn. 38; MüKo-ZPO/*Becker-Eberhard*, § 253 Rn. 75 ff.

365 *Thomas/Putzo*, § 253 Vorbem Rn. 38; MüKo-ZPO/*Becker-Eberhard*, § 253 Rn. 75 ff.

366 KG Berlin, Beschluss v. 06.06.2000, 9 W 2104/00, Rz. 8 ff. (zitiert nach juris); der Anspruch war aber aufgrund des Eintritts der Verjährung nicht durchsetzbar.

367 *Heß*, in: von Heinegg/Kadelbach/Heß u.a. (Hrsg.), Entschädigung nach bewaffneten Konflikten, S. 107, 183; BGH, Urt. v. 15.12.1998, VI ZR 386/97 Rn. 19 ff. (zitiert nach juris).

§ 4 Das Alien Tort Statute und seine extraterritoriale Anwendung

Die hier relevanten ATS-Verfahren sind regelmäßig von zwei Eigenschaften geprägt: Die Klagen richten sich auch bzw. lediglich gegen eine ausländische Beklagte und der den Klagen zugrundeliegende Sachverhalt ereignet sich überwiegend auf ausländischem Territorium (sog. *foreign cubed cases*[368]). Aus dogmatischer Sicht ist es zunächst ein wenig verwunderlich, warum die Frage der extraterritorialen Anwendung des ATS überhaupt erörtert wird, da es sich beim ATS -wie auch die Rechtsprechung des Supreme Court belegt- um eine reine Zuständigkeitsvorschrift handelt[369] und sich die Frage nach der extraterritorialen Anwendung einer Norm auch in den USA grundsätzlich im Zusammenhang mit kollisionsrechtlichen oder materiell-rechtlichen Fragen stellt.[370] Wie kommt es nun, dass die Frage nach der extraterritorialen Reichweite in Zusammenhang mit 28 U.S.C.A § 1350, dem *merely jurisdictional statute*, auftaucht? Der Supreme Court ist sich dieser dogmatischen Unterscheidung durchaus bewusst und hebt den zuständigkeitsrechtlichen Charakter des ATS zu Beginn der Kiobel-Entscheidung, die über diese Rechtsfrage zu entscheiden hatte, erneut hervor.[371] Systematisch erklärt er das Auftauchen der Frage damit, dass eine Zuständigkeitsbegründung unter dem ATS dazu führt, dass die Bundesgerichte mittelbar die Möglichkeit haben, eine bundesrechtliche Anspruchsgrundlage für bestimmte Völkerrechtsverletzungen anzuerkennen und somit richterliches Bundesrecht schaffen.[372] Die Mehr-

---

368 Diese aus der US-Terminologie stammende Bezeichnung als foreign cubed cases oder auch f3-cases wird abgeleitet aus dem foreign plaintiff, foreign defendant und den foreign facts.

369 Vgl. Sosa, 124 S.Ct 2739; Kiobel v. Royal Dutch Petroleum 133 S.Ct. 1659, 1664 (2013): „The ATS is strictly jurisdictional".

370 Morrison v. National Australia Bank, 130 S.Ct. 2869, 2876 f. (2010): *„question of extraterritorial application is a merits question.*"; vgl hierzu auch: *Richter*, Die extraterritoriale Anwendung der „Anti Fraud"-Vorschriften im US-amerikanischen Kapitalmarktrecht, S. 48 ff.; Mankowski, Extraterritoriale Reichweite des US-Wertpapierrechts?, NZG 2010, 961, 966.

371 Kiobel, 133 S.Ct. 1659, 1664 (2013).

372 Kiobel, 133 S.Ct. 1659, 1665 (2013).

heitsmeinung des Supreme Court geht davon aus, dass bei dem so geschaffenen Richterrecht die Frage nach der extraterritorialen Wirkung genauso gestellt werden muss, wie bei der Anwendung eines von der Legislative erlassenen Bundesgesetzes.[373] Da bei der Anwendung des ATS eine stete Interdependenz zwischen der Frage nach dem Bestehen der *subject-matter-jurisdiction* und der richterlichen Befugnis zur Anerkennung einer Anspruchsgrundlage existiert, kann man in Grundzügen von einem Gleichlauf zwischen der *subject-matter jurisdiction* und dem anwendbaren Recht sprechen, so dass es zu einer kollisionsrechtlichen Begutachtung im engeren Sinne, die eine Wahl zwischen mehreren potentiell anwendbaren Sachrechten treffen müsste, gar nicht kommt. Aus deutscher und europäischer Sicht mag diese Konstellation etwas verwundern, da sich aus ihr bei einem deliktischen Anspruch die Frage nach der Extraterritorialität nicht unmittelbar in Bezug auf eine einzelne Normen oder Anspruchsgrundlagen stellt, sondern lediglich mittelbar, wenn mit Hilfe des Kollisionsrechts bestimmt wird, ob insgesamt inländisches oder ausländisches Sachrecht zur Anwendung kommt. Die Frage nach der extraterritorialen Anwendung erweist sich dagegen als eine eingliedrige, kollisionsrechtliche Fragestellung, die von der herkömmlichen binären kollisionsrechtlichen Fragestellung abweicht und stattdessen untersucht, ob ein spezieller bundesrechtlicher Rechtssatz auch auf extraterritoriale Sachverhalte angewendet werden kann. Die Frage lautet also im ATS-Kontext nicht, ob entweder das Bundesrecht der USA oder ausländisches Sachrecht angewendet wird, sondern ob die potentielle *Federal-Common-Law*-Anspruchsgrundlage eine extraterritoriale Reichweite besitzt. Denn nur wenn das der Fall ist, kommt ein Anspruch unter dem ATS überhaupt in Betracht.[374]

---

373 Kiobel, 133 S.Ct. 1659, 1665 (2013); die Mehrheitsmeinung weist an dieser Stelle auf mögliche Friktionen hin, die sich ergeben könnten, wenn die Anwendung einer Anspruchsgrundlage mit Interessen anderer Staaten kollidiert; kritisch zu einer Übertragung der presumption against extraterritoriality auf das common law, *Meyer*, Extraterritorial Common Law: Does the Common Law Apply Abroad, 102 Geo. L. J. 301 ff. (2013).

374 Natürlich stellen sich die herkömmlichen dualistischen Fragstellungen des Kollisionsrechts (choice of law) auch im US-Recht, aber eben nicht dann wenn es um das Eingreifen einer speziellen bundesrechtlichen Norm geht, vgl. hierzu: *Meyer*, 102, Geo. L. J. 301, 318 f. (2013); Orion Tire Corp. v. Goodyear Tire & Rubber Co., 268 F.3 d 1133, 1138 (9th Cir. 2001) („Where a federal statute is involved... a choice of law analysis does not apply in the first instance."); das liegt insbesondere daran, dass es kein einheitliches bundesrechtliches Kollisionsrecht gibt, son-

Nachfolgend soll ermittelt werden, wann eine extraterritoriale Anwendung des US-Bundesrechts im Allgemeinen und im Zusammenhang mit dem ATS im Besonderen überhaupt in Frage kommt. Hierzu erfolgen zunächst allgemeine Ausführungen zur extraterritorialen Anwendung des US-amerikanischen Bundesrecht (I.), anschließend erfolgt eine genauere Untersuchung der Kiobel-Entscheidung, in der die Frage der Extraterritorialität im Kontext des ATS erörtert wurde (II.). Nachfolgend wird untersucht, welche Konsequenzen diese Rechtsprechung für die ATS-Litigation hat (III.) Abschließend soll sich mit der Entscheidung kritisch auseinandergesetzt werden (IV.).

I. Extraterritoriale Reichweite US-amerikanischen Rechts

Wie bereits erwähnt bezieht sich der Einwand der fehlenden extraterritorialen Anwendbarkeit eigentlich auf eine materiell-rechtliche bzw. kollisionsrechtliche Fragestellung. Hinter diesem Einwand verbirgt sich der grundsätzliche Gedanke, dass sich der mit einer staatlichen Norm verbundene Gebots-, Sanktions-, oder Regelungscharakter nur auf den Hoheitsbereich des jeweiligen Gesetzgebers (Souveräns) erstrecken kann. Präzise ausgedrückt stellt sich somit die Frage, ob die unter dem ATS justiziablen *federal common law claims*, als US-amerikanisches Bundesrecht, ein Delikt, das einen überwiegenden oder reinen Auslandsbezug hat, sanktionieren bzw. regulieren können. Im US-Wirtschaftsrecht stellte sich die Frage nach der extraterritorialen Anwendbarkeit bzw. Wirksamkeit einer Norm in der Vergangenheit insbesondere in den Bereichen des Kartell- und Kapitalmarktrechts.[375] In Bezug auf ATS-Verfahren ist die Berücksichtigung dieses Einwandes und eine akademische sowie forensische Auseinandersetzung mit diesem, insbesondere aufgrund der Rechtsprechung des Supreme Courts in *Kiobel v. Royal Dutch Petroleum* von besonderer Aktuali-

---

dern beim Auftauchen einer kollisionsrechtlichen Fragestellung das Kollisionsrecht des Bundesstaates, in dem sich das Gericht befindet, zur Anwendung kommt, vgl. hierzu: *Zekoll/Collins/Rutherglen*, Transnational Civil Litigation, S. 511.

375 Vgl. hierzu: *Brilmayer/Norchi*, Federal Extraterritoriality and Fifth Amendment Due Process, 105 Harv. L.Rev. 1217, 1223 (1992); *Born*, A Reappraisal of the Extraterrioral Reach of U.S.Law, 24 Law & Pol`y Int`l Bus. 1 ff (1992); *Haight*, International Law and the Extraterritorial Application of Antitrust Laws, 63 Yale L. J. 639 ff (1954); *Zekoll/Collins/Rutherglen*, S. 563 ff.

tät (vgl. hierzu unten II.). In dem nun folgenden Abschnitt erfolgt zunächst eine allgemeine Annäherung an das Problem (1.) sowie eine Darstellung des bisherigen Umgangs des Supreme Court mit dieser Frage (2.).

1. Der Begriff der Extraterritorialität im US-Recht

Die grundsätzliche Unterscheidung zwischen territorialer und extraterritorialer Wirkung eines Rechtssatzes wurzelt in der historisch gewachsenen Vorstellung, dass Gesetze als Mittel der Ausübung staatlicher Hoheitsgewalt an den jeweiligen Souverän und somit an dessen Territorium gebunden sind.[376] Die räumliche Zuordnung der personalen oder sachlichen Beziehungen eines Sachverhalts zu der jeweiligen Rechtsordnung stellt insoweit den legitimierenden Grund für die Anwendbarkeit einer Norm dar.[377] Die strikte Einhaltung einer physischen Bindung an das Territorium erweist sich in modernen Zeiten als weder einhaltbar noch geboten und teilweise auch nicht als erwünscht. So war die extraterritoriale Anwendung US-amerikanischen Rechts in der Vergangenheit auch ein gängiges Mittel zur Umsetzung amerikanischer, außen- und wirtschaftspolitischer Interessen.[378] Doch was genau bedeutet hier nun „Extraterritorialität"?[379] Der Begriff der Extraterritorialität bedarf einer genaueren Differenzierung. Ein Verständnis, das sich lediglich auf die Wirkung eines Gesetzes außerhalb des Territoriums des gesetzgebenden Staates beschränkt, ist zu eng.[380]

---

376 *Mann*, Further Studies in International Law, S. 4; Developments in the Law: Extraterritoriality, 124 Harv. L. Rev. 1226 ff. (2011); *Parrish*, Evading Legislative Jurisdiction, 87 Notre Dame L. Rev. 1673, 1688 ff. (2011).

377 *Buxbaum*, 57 Am. J. Comp. L. 631, 636 (2009).

378 *Buxbaum*, 57 Am. J. Comp. L. 631, 636 (2009); *Parrish*, Kiobel, Unilaterism, and the Retreat from Extraterritoriality, 28 Md. J. Int'l L. 208, 219 (2013); *Turley*, When in Rome: Multinational Misconduct and the Presumption against Extraterritoriality, 84 Nw. U. L. Rev. 598 (1990); *Krisch*, More Equal than the Rest? Hierarchy, Equality, and U.S. Predominance in International Law, in: *Byers/Nolte* (Hrsg.), United States Hegemony and the Foundation of International Law, S. 135, 156.

379 Vgl. allgemein hierzu: *Scott*, Extraterritoriality and Territorial Extension in EU Law, 62 Am. J. Comp. L. 87 ff. (2014).

380 *Rehbinder,* Extraterritoriale Wirkung des deutschen Kartellrechts, S. 27; *Akehurst*, Jurisdiction in International Law, 46 Brit. Yearb. In'l L. 145 (1972); *Meng*, Regeln über die Jurisdiktion der Staaten im amerikanischen Restatement (Third) of Foreign Relations Law, 27 AVR (1989), S. 156, 162.

Vielmehr taucht die Frage nach der Extraterritorialität in verschiedenen Konstellationen auf und impliziert Verschiedenes, je nachdem in welchem Sachzusammenhang sie steht: Zunächst kann sich die Frage im Kontext der Begründung der internationalen Zuständigkeit ergeben, wenn ein Gericht Jurisdiktionsgewalt ausübt, obwohl sowohl die Parteien als auch der Streitgegenstand keinen oder nur einen geringfügen Bezug zum Forumstaat aufweisen.[381] Der Begriff kann zudem eine kollisionsrechtliche sowie eine materiell-rechtliche Bedeutung haben. Dies ist dann der Fall, wenn sich die Frage stellt, ob und wann inländisches Sachrecht trotz einer überwiegenden Extraterritorialität des Sachverhalts angewendet werden kann bzw. ob und wann eine nationale Rechtsnorm hoheitsgebietsfremde Sachverhalte regulieren bzw. sanktionieren kann. In dem hier zu erörternden Kontext stellt sich die eigentliche Frage nach der extraterritorialen Anwendung des ATS somit als Frage kollisionsrechtlicher Prägung, die alternativlos ermittelt, ob US-Bundesrecht auf extraterritoriale Sachverhalte angewandt werden kann oder nicht. In den USA hat die Frage nach der extraterritorialen Anwendung aufgrund der weitreichenden legislativen Kompetenzen der Einzelstaaten zudem eine noch größere Bedeutung und kann zusätzlich in eine interbundesstaatliche und internationale Dimension unterteilt werden.[382] Für die folgenden Ausführungen soll nur die letztere Kategorie eine Rolle spielen. Aus der US-amerikanischen Rechtswissenschaft geht zudem eine praktikable begriffliche Differenzierung hervor.[383] Nach dieser unterteilt sich die Ausübung staatlicher Souveränität in drei Bereiche und zwar, (1) in die *jurisdiction to enforce*, als Frage in welchem Gebiet ein Staat Hoheitsakte vornehmen und vollstrecken darf, (2) in die *jurisdiction to prescribe/legislative jurisdiction*, die sich mit der Frage nach den Grenzen der Regelungsbefugnis eines Staates befasst und (3) in die *jurisdiction to adjudicate*, die die Grenzen der nationalen Rechtsprechung bestimmt.[384] Für die nachfolgenden Ausführungen geht es primär

---

381 Vgl. *Meng*, Souveränität und Verfahrensrecht, S. 65; *Hailer*, S. 198; vgl. hierzu unten § 6.

382 *Brilmayer/Norchi*, 105 Harv. L. Rev. 1217, 1223 (1992); *Born*, 24 Law & Pol´y Int´l Bus. 1 ff. (1992).

383 § 401 Restatement of the Law Third, The Foreign Relations Law of the U.S. (1987).

384 § 401 Restatement of the Law Third, The Foreign Relations Law of the U.S. (1987); *Geimer*, Internationales Zivilprozessrecht, Rn. 373 ff.; *Bertele*, Souveränität und Verfahrensrecht, S. 98 ff.; vgl. auch: *Mann*, Further Studies in International Law, S. 3 ff, der zwischen Legislative und Enforcement Jurisdiction un-

um die *jurisdiction to prescribe/ prescriptive jurisdiction*. Die Frage nach der Extraterritorialität bezieht sich in diesem Kapitel also darauf, in welchem Umfang US-Bundesrecht auf ausländische Sachverhalte Anwendung findet (*jurisdiction to prescribe*). Die Orientierung an den durch das *Restatement* geschaffenen Kategorien ist nicht nur praktikabel, sondern auch wissenschaftlich gerechtfertigt, da die *Restatements* trotz ihrer Unverbindlichkeit repräsentative Prinzipien der US-amerikanischen Rechtswissenschaft und Rechtsprechung darstellen.[385]

In ihren Ursprüngen ist die Frage nach der Extraterritorialität eine Frage nach den Grenzen staatlicher Souveränität und somit eine teilweise völkerrechtlich determinierte Frage.[386] Die Beschränkung des Anwendungs- und Geltungsbereichs einer Norm auf das Hoheitsgebiet des jeweiligen Gesetzgebers ist das Produkt eines sehr traditionellen Verständnisses von Territorium und Herrschaft,[387] für das es unterschiedliche historische Belege gibt (z. B.:*„Un roi, une loi, une foi"; „cuius regio, eius religio"*).[388] Diese strikte Anknüpfung der Rechtsanwendung an das Territorium eines Staates musste aufgrund der Entwicklungen der gesellschaftlichen und wirtschaftlichen Realitäten zunehmend in Frage gestellt werden.[389] Es muss somit grundsätzlich die Möglichkeit bestehen, dass ein Staat auch solche Sachverhalte regulieren kann, die sich außerhalb seines Hoheitsgebiets ereignen oder die sich nicht eindeutig lokalisieren lassen. Insoweit

---

terscheidet; *Akehurst*, 46 Brit. Yearb. Int'l L. 145 ff., der zwischen Executive, Judicial und Legislative unterscheidet.

385 *Ziegenhain*, S. 11; *Geimer*, IZPR, Rn. 373 ff., der die Terrminologie gleichermaßen verwendet.

386 *Brilmayer/Norchi*, 105 Harv. L. Rev. 1217, 1244 (1992); *Brilmayer*, Extraterritorial Application of American Law: A Methodological and Constitutional Appraisal, 50 (3) Contemp. & Legal Probs. 11, 15; *Maier*, Extraterritorial Jurisdiction at a Crossroads: An Intersection between Public and Private International Law, 76 Am. J. Int'l L. 280 ff (1982); *Ziegenhain*, Extraterritoriale Rechtsanwendung und die Bedeutung des Genuine Link Erfordernisses, S. 2 ff.

387 *Zekoll/Collins/Rutherglen*, Transnational Civil Litigation, S. 563; *Buxbaum*, Territory, Territoriality, and the Resolution of Jurisdictional Conflict, 51 Am. Journ. Comp. L. 631, 636 (2009).

388 Einen guten Historischen Überblick findet man bei: *Ziegenhain*, S. 28 ff.; *Parrish*, The Effects Test: Extraterritoriality's Fifth Business, 61 Vand. L. Rev. 1455, 463 ff. (2008); *Ryngaert*, Jurisdiction in International Law, S. 43 ff.

389 *Bertele*, S. 74 f.; *Born*, A Reapraisal of the Extraterritorial Reach of U.S. Law, 24 Law & Pol'y Int'l Bus. 1 (1992); Developments in the Law. Extraterritoriality, 124 Harv. L. Rev. 1226, 1228 (2011).

bestehen unterschiedliche Ansätze, mittels denen die Regulierung extraterritorialer Sachverhalte gerechtfertigt wird. Der ursprüngliche Gedanke einer Begrenzung der räumlichen Wirkungsweise nationaler Gesetze wurzelt im Völkerrecht und zwar in verschiedenen völkergewohnheitsrechtlichen Prinzipien (z.B.: der souveränen Gleichheit der Staaten; Interventionsverbot).[390] Allerdings sind diese zu allgemein gefasst, um aus Ihnen unmittelbare und strikte normative Vorgaben ableiten zu können.[391] Im Allgemeinen kann man lediglich davon ausgehen, dass sich eine völkergewohnheitsrechtliche Beschränkung ergibt, die nicht mehr fordert als eine sinnvolle Verbindung zwischen dem Urheberstaat der Norm und dem normierten Sachverhalt (*genuine link*).[392] Aufgrund welcher Tatsachen von einer sinnvollen Verknüpfung zwischen dem Regelungsgegenstand und dem anzuwendenden Rechtssatz auszugehen ist, kann nicht abschließend geklärt werden, da unterschiedliche Rechtfertigungsansätze existieren und der Ermessensspielraum des jeweiligen nationalen Gesetzgebers recht groß ist.[393] Zudem variieren die einschlägigen Theorien je nach dem auf welches Rechtsgebiet sie sich erstrecken.[394] So lässt sich im Kartellrecht beispielsweise eine sinnvolle Anknüpfung zwischen inländischem Kartellrecht und einem ausländischen Sachverhalt dann herstellen, wenn sich aus dem extraterritorialen Sachverhalt Auswirkungen auf die inländische Wettbewerbsordnung ergeben.[395] Im europäischen Vertragskollisionsrecht

---

390 *Geimer*, IZPR, Rn. 119; *Bertele*, S. 112 ff; *Ziegenhain*, S. 21 ff.; *Verdross/Simma*, Völkerrecht, § 1183; *Dahm/Belbrück/Wolfrum*, Völkerrecht, Bd. I/3, § 166.

391 *Stigal*, International Law and Limitations on the Exercise of Extraterritorial Jurisdiction in U.S. Domestic Law, 35 Hastings Int'l & Comp. L. Rev. 323, 335 ff. (2012); *Hailer*, S. 204 f.

392 *Geimer*, Int. ZPR, Rn. 374; *Bertele*, S. 183 ff.; *Ziegenhain*, S. 41; *Akehurst*, 46 Brit. Yearb. Int'l L. 145, 179 ff.; vgl. insoweit auch BVerfG v. 22.3.1983, BVerfGE 63, 343, 369 (zur Besteuerung ausländischer Staatsbürger); *Verdross/ Simma*, Völkerrecht, § 1183; *Dahm/Belbrück/Wolfrum*, Völkerrecht, Bd. I/3, § 166.

393 *Geimer*, Int. ZPR, Rn. 375; *Meng*, S. 112; *Colangelo*, Constitutional Limits on Extraterritorial Jurisdiction: Terrorism and the Intersection of National and International Law, 48 Harv. Int'l L. J. 121, 126 ff. (2006).

394 Vgl. z. B.: *von Bar/Mankowski*, § 7 Rn. 12 ff.; *Zigenhain*, S. 117 (für das IPR).

395 Vgl. hierzu: *Rehbinder*, S. 120 ff.; *Geimer*, Int. ZPR, Rn. 375; vgl. zum US-Recht: *Zekoll/Collins/Rutherglen*, S. 564 ff.; *Born/Rutledge*, S. 595 ff.; *Alford*, The Extraterritorial Application of Antitrust Laws: The United States and European Community Approaches, 33 Va. J. Int'l L. 1 ff. (1992); Rechtsvergleich Deutschland-USA: *Buxbaum*, 57 Am. J. Comp. L. 631 ff (2009).

folgt die Herstellung einer Anknüpfung im Bereich der Rom I-VO grundsätzlich dem Gebot der engsten Verbindung und es muss anhand der jeweiligen Kriterien ermittelt werden, zu welchem Recht das Schuldverhältnis die engste Verbindung aufweist.[396] Die Beantwortung der Frage, wann die extraterritoriale Anwendung eines Gesetzes legitimiert ist, wird also nur in ihren Grundzügen durch das Völkerrecht determiniert. Insgesamt kann vielmehr von einem weiten Ermessenspielraum der nationalen Gesetzgeber ausgegangen werden. Die „grundsätzliche Freiheit der Staaten zu extraterritorialem Handeln [wird nur] im Sinne einer äußersten Schranke"[397] begrenzt.[398] Die Grenzen zwischen einer zulässigen und unzulässigen extraterritorialen Rechtsanwendung können somit nicht eindeutig gezogen werden. Die genaue Beantwortung dieser Fragen basiert auf einem gemeinsamen Fundament, sie kann jedoch, je nachdem welches Rechtsgebiet betroffen ist, unterschiedlich ausfallen. Sicherlich ergeben sich aus unterschiedlichen Quellen Orientierungshilfen, wie z.B. aus der Rechtsprechung des IGH[399] oder aber aus dem *Restatement (Third) of Foreign Relations Law*[400]. Die genaue Ausgestaltung obliegt aber letztendlich dem nationalen Gesetzgeber, da die akzeptierten völkerrechtlichen Grundsätze nur Minimalvorgaben darstellen. So dürfte es zwar *common sense* sein, dass die unter die jeweilige Regelungsmaterie fallenden Sachverhalte einen Minimalbezug (oder *genuine link*) zum Hoheitsgebiet des jeweiligen Staates haben müssen, wie dieser jedoch konkret aussehen kann, ist nicht klar bestimmt und die Konkretisierung dieses abstrakt generellen Kriteriums steht in enger Dependenz zu der konkreten Regelungsmaterie und einer interessensgerechten Anwendung im Einzelfall.[401]

---

396 *Rauscher/Von Hein*, EuZPR/EuIPR, Einl Rom I-VO Rn. 3; Staudinger/*Magnus*, Einl Rom I-VO Rn. 70; *Ziegenhain*, S. 117 (spricht vom Grundsatz der sachgerechten Anknüpfung).

397 *Zigenhain*, S. 41.

398 *Geimer*, IZPR, Rn. 375; *Meng*, S. 112; *Colangelo*, Constitutional Limits on Extraterritorial Jurisdiction: Terrorism and the Intersection of National and International Law, 48 Harv. Int'l L. J. 121, 126 ff. (2006); *Ziegenhain*, S. 41.

399 1927 P.C.I.J. (Ser. A) No. 10 (France v. Turkey), als Ursprung eines genuine-link Erfordernisses.

400 Restatement (Third) of Foreign Relations Law, § 402 ff. (1987); siehe auch: *Geimer*, IZPR., Rn. 376 a.

401 Vgl. hierzu: *Ziegenhain*, S. 45 f., 52; *Rehbinder*, S. 90 f. (für das Kartellrecht); *Meng*, 27 (1989) AVR S. 156, 165; Restatemnet (Third) of Foregin Relations Law § 402 ff.

Aufgrund dieser Ausgangslage überrascht es nicht, dass die extraterritoriale Anwendung des US-Rechts in der Vergangenheit auch als außenpolitisches und außenwirtschaftliches Instrument zur Durchsetzung nationaler Interessen genutzt wurde.[402] Die Antwort darauf, wann US-Recht extraterritorial anwendbar ist, variiert je nach Rechtsgebiet und ist im Zweifelsfall, wenn sie nicht ausdrücklich bestimmt ist, vom einzelnen Richter zu entscheiden.[403] Trotz dieser Heterogenität und der grundsätzlichen Abhängigkeit zur Regelungsmaterie, hat Lea Brilmayer zu Recht festgestellt, dass es bei der Suche nach einer Antwort auf die Frage nach der extraterritorialen Anwendbarkeit fünf grundsätzliche Erwägungskriterien gibt: Den gesetzgeberischen Willen (*Legal Intent*), die vermutete Reichweite eines Gesetzes (*Presumptions*), die Vermutung zugunsten der Respektierung des Völkerrecht (*International Law*), verschiedene richterliche Ermessenslehren (*judicial discretionary doctrines*)[404] und die Verfassung der Vereinigten Staaten,[405] wobei letztere im internationalen Kontext eine untergeordnete Rolle spielt.[406] Fragen nach der extraterritorialen Wirkung eines Rechtsakts entstehen also auch in den USA keinesfalls nur vor einem verfassungsrechtlichen Hintergrund, sondern sind sehr wohl auch völkerrechtlich determiniert. Der maßgebliche Unterschied zwischen der deutschen Auffassung und der amerikanischen besteht wohl eher darin, dass der amerikanische Gesetzgeber durch die Bekundung eines klaren Willens die völkerrechtlichen Grenzen seiner extraterritorialen Regelungskompe-

---

402 *Grundman*, The New Imperialism: The Extraterritorial Application of United States Law, 14 Int'l Law 257 (1980); *Bertele*, Souveränität, S. 154; präziser Überblick zu aktuellen Rechtsgebieten, in denen eine extraterritoriale Regulierung relevant ist bei: *Mestral*, The Extraterritorial Extension of Laws: How Much Has Changed, 31 Ariz. J. Int'l & Comp. L. 43 ff (2014).

403 *Brilmayer*, The Extraterritorial Application of American Law: A Methodological and Constitutional Appraisal, 50 Law & Contemp. Probs 11, 14 (1987).

404 In Bezug auf diese muss zwischen solchen differnziert werden, die sich auf die jurisdiction to adjudicate beziehen, hierzu zählt beispielsweise die Forum Non Conveniens Doktrin und solchen die sich auf die jurisdiction to legislate (z.B. International Comity) beziehen.

405 *Brilmayer*, 50 Law & Contemp. Probs 11, 14 f. (1987).

406 *Brilmayer*, 50 Law & Contemp. Probs 11, 24 (1987); so auch: *Bradley*, Territorial Intellectual Property Rights in the Age of Globalism, 37 Va. J. Int'l L. 505, 513 ff (1997).

tenzen grundsätzlich überwinden kann.[407] Nachfolgend soll daher erörtert werden, welche Lösungsansätze sich hierzu in den USA entwickelt haben.

2. Die Presumption against Extraterritoriality

Die Antworten auf die Frage nach dem territorialen Anwendungsbereich des US- Bundesrechts ergeben sich in erster Linie aus der Rechtsprechung.[408] Diese war in der Vergangenheit nicht immer einheitlich und variierte teilweise je nach Rechtsgebiet und den jeweils herrschenden gesellschaftspolitischen Vorstellungen.[409] Die Gerichte erörterten die Frage nach der extraterritorialen Rechtsanwendung unter verschiedenen Gesichtspunkten, so z.b. als eine Frage des *international prescriptive comity*[410], der *Charming-Betsy*-Doktrin[411] oder der *presumption against extraterritoriality*.[412] Die *presumption against extraterritoriality* hat sich mittlerweile als grundsätzlicher Auslegungskanon zur Bestimmung der territorialen Reichweite von Bundesgesetzen durchgesetzt, weswegen auf diese im Folgenden genauer einzugehen ist.[413]

---

407 *Ramsey*, International Law Limits on Investor Liability in Human Rights Litigation, 50 Harvard Int'l L. Journ. 271, 273 (2009); nach der Rechtsprechung geht dann das nationale Recht dem Völkerrecht vor, vgl. hierzu: U.S. v. Martinez-Hidalgo, 993 F.2 d 1052, 1056 (3rd Cir. 1993); U.S. v. Yunis, 924 F.2 d 1086, 1091 (D.C. Cir. 1991)

408 *Buxbaum*, 57 Am. J. Comp. L. 631, 637 (2009); *Meyer*, 102 Geo. L. J. 301, 308 ff. (2014).

409 Einen guten Überblick hierzu liefern: *Zekoll/Collins/Rutherglen*, S. 589 ff.; *Born/ Rutledge*, S. 645 ff; *Knox*, A Presumption against Extrajurisdictionality, 104 Am. J. Int'l L. 351 (2010).

410 Vgl. hierzu: Timberlane Lumber Co. v. Bank of America N.T. & S.A., 549 F.2 d 597; F. Hoffman-La Roche Ltd. v. Empagran S.A., 124 S.Ct. 2359, 2366 f. (2004); Hartford Fire Ins., Co. v. California, 113 S.Ct. 2891, 2920 (1993) (Scalia, J. dissenting); *Zekoll/Collins/Rutherglen*, S. 575.

411 Murray v. Schooner Charming Betsy, 6 U.S. 64 (1804); Hartford Fire Ins., Co. v. California, 113 S.Ct. 2891, 2917 f. (1993) (Scalia, J. dissenting).

412 EEOC v. Arabian American Oil Co., 111 S.Ct. 1227 (1991);

413 EEOC, 111 S.Ct. 1227 (1991); Morrison v. National Australia Bank, 130 S.Ct. 2869 (2010); Microsoft Corp. v. AT & T Corp. 550 U.S. 437, 455 f. (2007); *Meyer*, 102 Geo L. J. 301, 310 (2014); *Richter*, S. 63.

a) Begriff

Hinter dem Begriff der *presumption against extraterritoriality* steht eine methodische Schlussfolgerung, die darauf abstellt, dass ohne einen erkennbaren Willen des Gesetzgebers vermutet wird, dass das US-Recht nicht auf extraterritoriale Sachverhalte anwendbar ist.[414] Die *presumption against extraterritoriality* ist eine richterrechtliche Methode der Gesetzesauslegung, die eine Vermutung in Bezug auf den gesetzgeberischen Willen (*„presumption about a statute's meaning"*) indiziert.[415] Sie statuiert somit ein klares Regel-Ausnahme-Prinzip, das besagt, dass US-Recht nicht extraterritorial anzuwenden ist, außer wenn sich eine derartige Zielrichtung unmittelbar aus dem Gesetz selbst ergibt.[416] Das normative Primärziel dieser Form der Gesetzesauslegung ist die Vermeidung unmittelbarer Konflikte mit den Gesetzen anderer Staaten, da sich diese negativ auf die auswärtigen Beziehungen der Vereinigten Staaten an sich auswirken könnten.[417] Ihre historischen Grundlagen reichen weit zurück ins beginnende 19. Jahrhundert und basieren zum einen auf den Rechtsgedanken der *Charming Betsy*-Entscheidung, aus der hervorgeht, dass mehrdeutige Gesetze so auszulegen sind, dass Völkerrechtsverletzungen vermieden werden,[418] und zum anderen aus einem strikt territorialen Verständnis legislativer Hoheitsakte.[419] Der hinter der *presumption* stehende Rechtsgedanke wurde in der Vergangenheit nicht zwangsläufig einheitlich angewandt. Während sich der Supreme Court in der *American Banana*-Ent-

---

414 Morrsion, 130 S.Ct. 2869, 2877; *Bradley*, International Law in the U.S. Legal System, S. 177; *Knox*, A Presumption against Extrajurisdictionality, 104 Am. J. Int'l. L. 351 (2010); *Meyer*, 102 Geo. L. J. 301, 310 f. (2014).

415 Morrison, 130 S.Ct. 2869, 2877 (2010) mit Verweis auf: EEOC v. Arabian American Oil Co., 111 S.Ct. 1227 (1991); Foley Bros Inc. v. Filardo 69 S.Ct. 575 (1949).

416 Morrison, 130 S.Ct. 2869, 2878 (2010). Zusätzlich werden mit der Doktrin Aspekte der Gewaltenteilung berücksichtigt, vgl. *Richter*, S. 65.

417 EEOC v. Arabian American Oil Co., 111 S.Ct. 1227, 1230 (1991); Young, Universal Jurisdiction, the Alien Tort Statute, and Transnational Public Law Litigation after Kiobel (March 14, 2014), 1, 46, abrufbar auf SSRN: http://ssrn.com/abstract=2409838 (zuletzt besucht: 27.01.2015); *Dodge*, Morrisons Effect's Test, 40 Sw. L. Rev. 687, 687 (2011).

418 *Bradley*, International Law in the U.S. Legal System, S. 177; Murray v. Schooner Charming Betsy, 2. L.Ed. 208 (1804).

419 *Dodge*, 40 Sw. L. Rev. 687, 687 (2011); Scalia/Garner, Reading Law: The Interpretation of Legal Texts, S. 268 f.

scheidung[420] im Jahre 1909 noch für die Anwendung eines strikten Territorialitätsgrundsatzes im Bereich des Kartellrechts aussprach,[421] kam es in der Vergangenheit zu gegenteiligen Entscheidungen.[422] Man kann somit nur von einer bedingt kohärenten Vorgehensweise der Gerichte ausgehen,[423] die zudem stark nach der zu regelnden Materie divergiert. Der Supreme Court befasste sich zuletzt im Jahre 2010 mit der *presumption*. In der Entscheidung *Morrison v. National Australia Bank* kam er zu dem Ergebnis, dass die Vorschrift des § 10 (b) des *Securities Exchange Act* (1934) nicht extraterritorial anzuwenden sei.[424] Trotz der existierenden höchstrichterlichen Rechtsprechung ist die Anwendung der *presumption* nicht unumstritten.[425] Hinzu kommt, dass auch die aktuellen Leitentschei-

---

420 American Banana Co. v. United Fruit Co., 213 U.S. 347 (1909).

421 American Banana Co. v. United Fruit Co., 213 U.S. 347, 357 (1909): „All legislation is prima facie territorial.", diese Entscheidung verkörpert eine Form der Vermutung zugunsten der Territorialität des US-Kartellrecht, vgl. *Born/Rutledge*, S. 673; *Zekoll/Collins/Rutherglen*, S. 564 ff.

422 Vgl. insoweit: Die American Banana Entscheidung wurde schon durch Unite States v. Sisal Sales Corp., 274 U.S. 268 (1927) modifiziert und später dann zugunsten eines sehr breiten „effects-test" weiter in Frage gestellt, vgl. hierzu: United States v. Aluminium Company of America („Alcoa"), 148 F.2 d 416 (1945); in EEOC v. Arabian American Oil Co., 111 S.Ct. 1227, 1230 (1991) wird dann wiederum darauf hingewiesen, es sei ein lange bewährtes Prinzip der US-Rechtsprechung, Gesetze nur bei erkennbarem Willen des Gesetzgebers extraterritorial anzuwenden; in der Rechtssache Hartofrd Fire Ins. v. California, 509 U.S. 764 (1993) ging dann allerding eine knappe Mehrheit von der Extraterritorialität aus.

423 Vgl. auch: *Bradley*, International Law, S. 178 f; *Knox*, The Unpredictable Presumption against Extraterritoriality, 40 Sw. L. Rev. 635, 637 f. (2011); *Meyer*, Extraterritorial Common Law: Does the Common Law Apply Abroad?, 102 Geo. L. J. 301, 311 (2014); *Reimann*, in FS Stürner, S. 1779, 1783; Scalia/Garner, Reading Law, S. 271; Gesamtüberblick zur Rechtsprechung bei: *Zekoll/Collins/ Rutherglen*, S. 563 ff.

424 Morrison v. National Australia Bank, 130 S.Ct. 2869 (2010); siehe hierzu aus dem deutschen Schrifttum: *Aulepp*, Ein Ende der extraterritorialen Anwendung des US-amerikanischen Kapitalmarkthaftungsrecht auf Auslandstransaktionen, IPRax 2012, 95 ff.

425 *Bradley*, International Law, 182; *Colangelo*, A Unified Approach to Extraterritoriality, 97 Va. L. Rev. 1019 ff.; *Dodge*, Understandnig the Presumption against Extraterritorialty, 16 Berkeley J. Int`l L. 85 ff. (1998); *Knox*, 104 Am. J. Int`l L. 351 ff (2010); *Parrish*; Evading Legislative Jurisdiction, 87 Notre Dame L. Rev. 1673, 1689 (2012); *Born*, 24 Law & Pol`y Int`l Bus. 1 ff. (1992).

dungen des Supreme Courts in diesem Bereich von einer internen Lagerteilung des Gerichts gekennzeichnet waren.[426]

b) Inhalt

Um genauer verstehen zu können, was die *presumption* bedeutet, muss man sich zunächst bewusst machen, wann diese überhaupt eingreift. Es ist also zunächst zu fragen, wann ein Sachverhalt überhaupt als extraterritorial eingestuft wird. Die Behandlung dieser Frage erfolgte in der Rechtsprechung nicht immer einheitlich.[427] Insgesamt ergibt sich jedoch, dass der Begriff „extraterritorial" strikt zu verstehen ist. Es kann also davon ausgegangen werden, dass die *presumption against extraterritoriality* bereits dann eingreift, wenn der Sachverhalt einen partiellen Auslandsbezug vorweist. Ein solches striktes Verständnis gründet darin, dass der Supreme Court selbst in Fällen, in denen es zu feststellbaren Auswirkungen auf die USA kam, auf die *presumption* abstellte.[428] Die *presumption* kommt darüber hinaus auch dann zur Anwendung, wenn ein extraterritoriales Verhalten eines US-Bürgers/Unternehmens vorliegt.[429] Die *presumption* greift somit keinesfalls nur dann, wenn der Streitgegenstand keinerlei Bezug zu den USA aufweist. In Morrison stellte Richter Scalia hierzu fest, dass nicht irgendeine inländische Tätigkeit bzw. Auswirkung ausreichen könne, um die Anwendung der *presumption* auszuschließen, da sie ansonsten zu leicht umgangen werden könne;[430] bei der Bestimmung, ob ein extraterritorialer oder inländischer Sachverhalt vorliegt, müsse man stets auch das

---

426 In EEOC v. Arabian American Oil Co. kam es zu einer (5-3) Mehrheit (Rehnquist), in Hartford Fire Ins. V. California zu einer (5-4) Mehrheit zugunsten einer extraterritorialen Anwendung des Shermann Act, in Morrison stellten sich Richter Breyer und Richterin Ginsburg zumindest gegen die Argumentation der Mehrheit (Scalia).

427 *Knox*, 40 Sw. L. Rev. 635, 643 (2010); *Dodge*, 16 Berkely Journ. Int`l L.85, 108 ff. (1998).

428 *Knox*, 40 Sw. L. Rev. 635, 643 (2010); ders., 104 Am. J. Int`l L. 351 (2011); *Dodge*, 16 Berkeley Journ. Int`l L. 85, 87 ff., m.w.N (1998).

429 EEOC v. Arabian American Oil Co., 111 S.Ct. 1227, 1227; *Bradley*, 37 Va. J. Int`l L. 505, 511 (1997).

430 Morrison, 130 S.Ct. 2869, 2884 (2010): „But the presumption against extraterritorial application would be a craven watchdog indeed if it retreated to its kennel whenever *some* domestic activity is involved in the case. " a.A. 130 S.Ct. 2869, 2892 (2010) (Stevens, J., concurring.).

einschlägige materielle Recht analysieren und danach fragen, worauf sich dessen Regelungsbereich fokussiert.[431] So kam es bei der Feststellung, ob die Rechtsanwendung der in Morrison relevanten Regelung, die ihren Fokus auf Wertpapiertransaktionen an sich hatte, territorial oder extraterritorial einzuordnen war, darauf an, wo diese Transaktionen zu lokalisieren waren.[432] Ob es daneben zu betrügerischem Fehlverhalten oder Auswirkungen eines solchen Verhaltens in den Vereinigten Staaten gekommen war, blieb dagegen irrelevant. Selbst bei beträchtlichen Auswirkungen oder Anknüpfungspunkten in den USA muss somit unter Umständen von einem extraterritorialen Verhalten ausgegangen werden. Die *presumption* selbst hat also einen sehr breiten Anwendungsbereich und die räumliche Reichweite der Bundesgesetze ist, außer bei einem entgegenstehenden gesetzgeberischen Willen, strikt territorial zu verstehen.[433]

c) Widerlegung der Presumption

Um die Vermutung der *presumption* widerlegen zu können, muss die Partei des Rechtsstreits, die sich auf die Anwendung des US-Rechts beruft, beweisen, dass ein klarer und eindeutiger Wille des Gesetzgebers zu einer extraterritorialen Anwendung besteht.[434] Die Widerlegung stellt relativ hohe Anforderungen an die beweisbelastete Partei. Sollte der Gesetzeswortlaut nicht eindeutig auf eine extraterritoriale Anwendung eingehen, erscheint es fraglich, welche Methoden noch zur Ermittlung des gesetzgeberischen Willens zur Verfügung stehen.[435] Eine bloße Beschränkung auf die grammatikalische Auslegung wäre zu restriktiv. Der gesetzgeberische Wille kann sich nämlich gleichermaßen auch aus der Systematik oder Historie eines Gesetzes ergeben. Das Telos der Norm darf zudem keine unter-

---

431 Morrison, 130 S.Ct. 2869, 2884 (2010); *Brilmayer*, The New Extraterritoriality: Morrison v. National Australia Bank, Legislative Supremacy, and the Presumption Against Extraterritorial Application of American Law, 40 Sw. L. Rev. 655, 661 (2011)

432 Morrison, 130 S.Ct. 2869, 2884 (2010); *Brilmayer*, 40 Sw. L. Rev. 655, 662 (2011).

433 *Bradley*, S. 183.

434 Morrison, 130 S.Ct. 2869, 2883 (2010); EEOC v. Arabian American Oil Co., 111 S.Ct. 1227 (1991).

435 *Richter*, Die extraterritoriale Anwendung der antifraud-Vorschriften im US-amerikanischen Kapitalmarktrecht, S. 72.

geordnete Rolle spielen. Richter Stevens weist in seiner Begründung zur Morrison Entscheidung zu Recht darauf hin, dass es sich bei der *presumption* um einen flexiblen Standard handelt und nicht um eine *clear statement rule*, so dass die Gerichte bei der Frage nach ihrer Widerlegung alle Indizien untersuchen müssen, die einen entsprechenden gesetzgeberischen Willen erkennen lassen.[436] Das Erfordernis einer expliziten Stellungnahme würde bei einer ohnehin schon strikten Vermutung gegen eine extraterritoriale Anwendung, einen unzulässigen Eingriff in die Kompetenzen des Gesetzgebers darstellen.

d) Kritische Würdigung

Die Anwendung der *presumption against extraterritoriality* ist in der Vergangenheit in der Lehre mehrheitlich kritisiert worden.[437] Die äußerst strikte *presumption against extraterritoriality* lässt sich durchaus als anachronistisch bezeichnen.[438] Zudem stellt ihr Verlangen nach einem klaren Bekenntnis in gewisser Weise ein Überstrapazieren des Gesetzgebers dar. Ihre Normativität wird auch deswegen in Frage gestellt, da die Ziele, die zu ihrer Rechtfertigung vorgetragen werden, auch ohne sie erreicht werden könnten.[439] Zudem ist ihre Anwendung in Teilen inkohärent und nur schwer vorhersehbar.[440] Geeigneter erscheint es dagegen, wenn auch hinsichtlich der Frage nach der räumlichen Reichweite einer Norm grundsätzlich auf die *Charming-Betsy*-Doktrin abgestellt werden würde und wenn zur Rechtfertigung der extraterritorialen Anwendung die in § 403 des *Rest.*

---

436 Morrison, 130 S.Ct. 2869, 2888 f. (2010) (Stevens, J., concurring), der insoweit von einem „*most faithful reading possible*" spricht.

437 *Clopton*, Replacing the Presumption Against Extraterritoriality, 94 B. U. L. Rev. 1, 21 f. (2014); *Dodge*, 16 Berkley J. Int'l L. 85, 87 (1998); *Born*, A Reappraisal of the Extraterritorial Reach of U.S. Law, 24 Law & Pol'y Intl Bus. 1 (1992); Jonathan *Turley*, "When in Rome": Multinational Misconduct and the Presumption Against Extraterritoriality, 84 Nw. U. L. Rev. 598 (1990); a. A. *Bradley*, Territorial Intellectual Property Rights in an Age of Globalism, 37 Va. J. Int'l L. 505 (1997); *Richter*, S. 67.

438 *Colangelo*, A Unified Approach to Extraterritoriality, 97 Va. L. Rev. 1019, 1024 (2011).

439 *Clopton*, 94 B. U. L. Rev. 1, 20 (2014).

440 *Knox*, 104 Am. J. Int'l L. 351, 396 (2010); ders. 40 Sw. L. Rev. 635 (2011); *Brilmayer*, 40 Sw. L. Rev. 655 (2011).

(Third) The Foreign Relations Law aufgezählten Gründe herangezogen werden würden.[441]

II. Das Kiobel-Urteil und die Extraterritorialität des ATS

Nach der *Morrsion*-Entscheidung war es zunächst umstritten, wie weit das in ihr zum Ausdruck kommende Verständnis der Vermutung gegen eine extraterritoriale Anwendung reicht? Sollte sie sich nur auf das US-Kapitalmarktrecht erstrecken? Oder stellt sie einen allgemein für das US-Recht gültigen Grundsatz dar, der auch das *common law* erfasst?[442] Wenn letzteres zutrifft, würden sich auch im Hinblick auf ATS-Verfahren Auswirkungen aus der Morrison Rechtsprechung ergeben und es würde sich, sobald ein nach Sosa anerkennungsfähiger *Federal-Common-Law*-Anspruch in Frage kommen sollte, die Frage stellen, ob die *Federal-Common-Law*-Anspruchsgrundlage überhaupt extraterritorial anzuwenden ist.[443] Auch wenn diese Frage im Verlauf des Kiobel Verfahrens relativ spät diskutiert wur-

---

441 *Clopton*, 94 B. U. L. Rev. 1, 28 f. (2014), im Hinblick auf Zivilrechtliche Normen.

442 Vgl. *Born/Rutledge*, S. 718; aus der Rechtsprechung ging bislang keine klare Linie hervor: Love v. Associated Newspaper, Ltd. 611 F.3 d 601 (9th Cir. 2010), keine Anwendung auf Lanham Act; Norex Petroleum Ltd. v. Access Indus, Inc. 631 F.3 d 29 (2nd Cir. 2010), Anwendung der presumption auf RICO-Act; European Community v. RJR Nabisco, Inc. 764 F.3 d 129, 136 (2nd Cir. 2014), jede Norm des RICO-Act muss hinsichtlich einer potentiellen extraterritorialen Anwendung einzeln untersucht werden; kritisch zu einem Transfer auf das Common Law: *Meyer*, 102 Geo L. J. 301, 318 (2014).

443 Vor Kiobel wurde diese Frage vom 9th Circuit und dem Bundesberufungsgericht des D.C. Cirucit abgelehnt: Sarei v. Rio Tinto, PLC 625 F.3 d 561, 574 f. (9th Cir. 2010); Doe v. Exxon Moil, Corp., 654 F.3 d 11 (C.A.D.C. 2011); insgesamt ist es aber wenig überraschend, dass der Supreme Court genau diese Frage erörterte, da die Fragen der territorialen Beschränkung des US-Rechts in der Vergangenheit von größerer Bedeutung war, vgl. hierzu: *Reiman*, Das Ende der Menschenrechtsklagen vor den amerikanischen Gerichten?, IPRax 2013, S. 455, 457; *ders.*, in: FS Stürner, S. 1779 ff.

de,[444] liegt ihre Erörterung eigentlich auf der Hand.[445] Das Kiobel Urteil ist zwar in Bezug auf das Ergebnis des Einzelfalles einstimmig, die Urteilsbegründungen divergieren jedoch. Während die Mehrheitsmeinung des Gerichts die *presumption against extraterritoriality* auf das ATS anwendet und diese Vermutung auch nicht widerlegt sehen möchte, existiert ein Sondervotum von immerhin vier Richtern, das eine vollkommen unterschiedliche Herangehensweise wählt. Trotz der einstimmigen Entscheidung im konkreten Einzelfall, ist es somit angezeigt, sich mit dem divergierenden Sondervotum ebenso auseinanderzusetzen. Nach der Darstellung des Sachverhalts und der Prozessgeschichte (1.) wird zunächst auf die Begründung der Mehrheitsmeinung eingegangen (2.), zusätzlich erfolgt eine kurze Darstellung der mit der Mehrheitsbegründung übereinstimmenden Zusatzvoten (3.), anschließend erfolgt die Darstellung des Sondervotums der von Richter Breyer repräsentierten Mindermeinung (4), dem sich auch die Richterinnen Ginsburg, Sotomayor und Kagan anschlossen.

---

444 Nachdem in der ersten mündlichen Verhandlung am 28.02.2012 über die Fragen der „corporate liability" diskutiert wurden, ordnete der Supreme Court ein „reargument" der Sache an, um die Frage unter dem Gesichtspunkt der Extraterritorialität zu erörtern. Eine solches reargument kann insbesondere dann stattfinden, wenn ein Fall mehrere erörterungswürdige Punkte beinhaltet. In Kiobel kam hinzu, dass zwischenzeitlich in der Sache Rio v. Sarei Tinto ebenfalls Revision eingelegt wurde, um die Frage der Extraterritorialität zu klären. Vgl. hierzu: *Denniston*, Kiobel to be expanded and reargued, SCOTUSblog (Mar. 5, 2012, 2:01 PM), http://www.scotusblog.com/2012/03/kiobel-to-be-reargued (zuletzt aufgerufen: 27.01.2015); allgemein zum Reargument: *Hoekstra/Johnson*, Delaying Justice: The Supreme Court's Decision to Hear Rearguments, 56 Political Research Quarterly 351 ff. (2003).

445 Die Frage der Extraterritorialität wurde auch schon vor Sosa diskutiert: Vgl. z.B.: Brief of Amicus Curiae the European Commission in Support of Neither Party, 4 ff., Sosa v. Alvarez-Machain, 542 U.S. 692, 2004 WL 177036; Sarei v. Rio Tinto, PLC 625 F.3 d 561, 564 (9th Cir. 2010); Doe v. Exxon Moil, Corp., 654 F.3 d 11 (C.A.D.C. 2011); *Ramsey*, International Law Limits on Investor Liability in Human Rights Litigation, 50 Harvard Int'l L. Journ. 271, 272 (2009); *Bradley/ Goldsmith*, 66 Fordham L. Rev. 319, 361 f. (1997); *Born/Rutledge*, S. 718.

1. Sachverhalt und Prozessgeschichte

Zwischen dem Ogoniland im Nigerdelta und der Metropole New York liegen mehrere tausend Kilometer, dennoch versuchte eine Gruppe von Klägern aus diesem Gebiet seit dem Jahre 2002 vor den Bundesgerichten New Yorks zivilrechtlichen Schadensersatz für verschiedene Rechtsverletzungen von einem internationalen Ölkonzern (Royal Dutch Shell PLC mit Sitz in den Niederlanden) sowie einigen seiner Tochterfirmen zu erlangen. Die Ereignisse, die den Hintergrund für diese und andere Sammelklagen bildeten, spielten sich allesamt in den 1990er Jahren ab. Zu dieser Zeit wurde im Ogoniland Rohöl von mehreren internationalen Ölkonzernen gefördert. Im Zuge dieser Ölförderungen kam es zu verstärkten Protesten der einheimischen Bevölkerung, die sich gegen schwerwiegende, durch die Ölförderung verursachte Umweltzerstörungen richteten. Die nigerianische Regierung schlug diese Proteste überwiegend gewaltsam nieder. Es kam zu Entführungen, Ermordungen und Todesurteilen.[446] Während eines dieser Verfahren – das Verfahren *Wiwa v. Shell* – eines der wenigen ATS-Verfahren ist, das mit einem Vergleich beendet wurde,[447] gelangte die Rechtssache Kiobel im Jahre 2011[448] bis vor den Supreme Court und wurde im Jahre 2013 entschieden.[449] Die Kiobel Klage richtete sich gegen mehrere zum Shell-Konzern gehörende Gesellschaften;[450] ihnen allen wurde eine Beteiligung an den schwerwiegenden Menschenrechtsverletzungen vorgeworfen. Die erstinstanzliche Entscheidung lehnte die Klage teilweise ab, da die vorgebrachten Anspruchsgrundlagen nicht dem Sosa-Standard genügten,[451] teilweise sprach das Gericht den einzelnen Ansprü-

---

446 *Wuerth*, Kiobel v. Royal Dutch Petroleum Co.: The Supreme Court and The Alien Tort Statute, 107 Am. Journ. Intl'l. L., 601, 603 (2013); vgl. insoweit auch aus dem deutschen Schrifttum: *Reimann*, IPRax 2013, S. 455 ff.; *Reynolds/Zimmer*, Die Einschränkung der extraterritorialen Zuständigkeit amerikanischer Gerichte durch den Supreme Court, RIW 2013, 509 ff.; *M. Stürner*, Die territorialen Grenzen der Human Rights Litigation in den USA, JZ 2014, 13 ff.

447 Settlement Aggrement, abrufbar unter: http://ccrjustice.org/files/Wiwa_v_Shell_ SETTLEMENT_AGREEMENT.Signed-1.pdf (zuletzt abgerufen, am: 19.01.2015).

448 Certiorari grant`ed 17.10.2011, Kiobel v. Royal Dutch Petroleum, 132. S.Ct. 427 (2011).

449 Kiobel v. Royal Dutch Petroleum Co., 133 S.Ct. 1659 (2013).

450 Shell UK, Shell Netherlands; Shell Nigeria.

451 Kiobel v. Royal Dutch Petroleum Co., 456 F.Supp. 2 d 457, 464 (S.D.N.Y. 2006), aff`d in part, rev`d in part, 621 F.3 d 111 (2nd Cir. 2010), aff`d 133 S.Ct. 1659

chen jedoch theoretische Erfolgschancen zu.[452] Insbesondere gelangte das Gericht zu der Auffassung, dass nicht nur eine unmittelbare Verletzung der nach der Sosa-Rechtsprechung anerkennungsfähigen Rechte geltend gemacht werden kann, sondern sich eine ATS-Klage auch auf den Vorwurf einer mittelbaren Rechtsverletzung stützen lässt (Aiding and Abetting/Secondary Liability).[453] Die nun nachfolgenden Verfahren fokussierten sich dann insbesondere auf die Frage, in wieweit ein Unternehmen unter dem ATS überhaupt zur Verantwortung gezogen werden kann. In zweiter Instanz hob eine mit drei Richtern besetzte Kammer des Bundesberufungsgerichts des 2nd Circuit die Entscheidung auf und wies die Klagen insgesamt ab.[454] Der 2nd Circuit begründete dies damit, dass das ATS bei Klagen gegen Unternehmen generell nicht anwendbar sei, da eine Unternehmenshaftung nicht Bestandteil des Völkerrechts sei.[455] Diese Entscheidung stand im Widerspruch zu Entscheidungen der Bundesgerichte anderer *Circuits,*[456] und wurde daher im Jahre 2011 zur Revision zugelassen. Es folgte ein recht langwieriges Revisionsverfahren, in dem es zu einer zweimaligen mündlichen Verhandlung sowie zahlreichen Stellungnahmen in Form von *Amicus-Curiae*-Schriftsätzen kam. Der Supreme Court entschied den Fall nur respektive der Frage, ob Anspruchsgrundlagen unter dem ATS extraterritorial anzuwenden seien und ließ die Frage, ob Unternehmen unter dem ATS überhaupt in Anspruch genommen werden können, offen.

(2013); abgwiesen, da nicht unter dem ATS justiziabel, wurden die Klagen, die sich auf eine rechtswidrige Enteignung von Eigentum, auf ein erzwungenes Exil sowie auf außerrechtmäßige Tötung beriefen.

452 In diesem Verfahrensstadium zumindest für zulässig erklärt wurden die Klagen, die sich auf die Vorwürfe der Beihilfe/Beteiligung (Aiding and Abetting) an der Folter, Entführung sowie Verbrechen gegen die Menschlichkeit stützten; insoweit sah das Gericht den Klägervortrag als ausreichend an und lehnte ein dismissal nach § 12 (b) F.R.C.P ab, 456 F.Supp. 2 d 457, 464 ff. (S.D.N.Y. 2006).

453 Kiobel, 456 F.Supp. 2 d 457, 463 f. (S.D.N.Y. 2006).

454 Kiobel, 621 F.3 d 111 (2nd Cir. 2010).

455 Kiobel, 621 F.3 d 111, 131 ff. (2nd Cir. 2010); Richter Leval wich von dieser Begründung ab, vgl. 621 F.3 d 111, 149 ff. (2nd Cir. 2010; Leval dissenting opinion).

456 Sarei v. Rio Tinto, PLC, 671 F.3 d 736 (9th Cir. 2011); Flomo v. Firestone Natural Rubber Co., 643 F.3 d 1013 (7th Cir. 2011); Doe v. Exxon Mobil Corp., 654 F.3 d 11, 39 (D.C. Cir. 2011).

2. Die Entscheidung des Supreme Court

Unter den neun Richtern bestand Einigkeit darüber, dass die Rechtssache Kiobel abzuweisen war.[457] *Chief Justice* Roberts legte die Meinung des Gerichts dar; ihm folgten die Richter Scalia, Alito, Thomas und Kennedy, wobei die Richter Alito/Thomas und der Richter Kennedy jeweils eine knappe *concurring opinion* darlegten, die sich jedoch nicht auf die Begründung an sich, sondern auf deren Folgen bezogen. Die zentrale Aussage der Entscheidung ist zunächst die Feststellung, dass die Prinzipien, die hinter der Vermutung gegen eine extraterritoriale Anwendung US-amerikanischer Gesetze stehen, auch auf ATS-*federal common law claims* anzuwenden sind, und dass sich aus dem ATS keinerlei Anhaltspunkte ergeben, die diese Vermutung widerlegen könnten.[458] Das Gericht wendet die *presumption* nicht direkt, sondern analog an:[459] *Chief Justice* Roberts stellt zunächst klar, dass die Vermutung gegen die Extraterritorialität normalerweise immer dann angewendet wird, wenn es um die Bestimmung der Reichweite eines formellen Gesetzes des Kongresses geht.[460] Aufgrund eines Erst-Recht-Schlusses leitete er anschließend her, dass die gleiche „Vermutung" selbstverständlich auch dann gelten muss, wenn es um die Anerkennung von Anspruchsgründen im Wege der richterlichen Rechtsfortbildung geht. Eine derartige Limitierung der legislativen und judikativen Autoritäten wird damit begründet, dass es ansonsten zu negativen und nicht gerechtfertigten Eingriffen in die Außenpolitik kommen könnte.[461] Ist man dogmatisch genau und das ist auch Roberts, so wendet man die *presumption against extraterritoriality* nicht unmittelbar auf das ATS als rein prozessuale Norm an, sondern auf die mittelbar im Rahmen des ATS bestehende Kognitionsbefugnis amerikanischer Gerichte.[462] Der Analogieschluss der Mehrheitsmeinung soll gerechtfertigt sein, da die Gefahr widerrechtlicher Eingriffe in die US-Außenpolitik im ATS-Kontext noch

---

457 Kiobel, 133 S.Ct. 1659 (2013).
458 Kiobel, 133 S.Ct. 1659, 1660 (2013).
459 *Cleveland*, Kiobel, The Kiobel Presumption and Extraterritoriality, 52 Columb. J. Transnat'l L. 8, 11 (2013); Kiobel, 133 S.Ct. 1659: „principles underlying the presumption against extraterritoriality".
460 Kiobel, 133 S.Ct. 1659, 1661 (2013).
461 Ebd.
462 Kiobel, 133 S.Ct. 1659, 1664 (2013): „ (…) we think the principles underlying the canon of interpretation similarly constrain courts considering causes of action that may be brought under the ATS."

größer ist als bei der extraterritorialen Anwendung sonstiger amerikanischer Gesetze. Zudem gehe schon aus der Sosa-Entscheidung hervor, dass im Hinblick auf die außenpolitischen Bedürfnisse der Vereinigten Staaten richterliche Zurückhaltung geboten ist und dass die zugunsten der Exekutive bestehenden Vorbehalte zu berücksichtigen sind.[463] Nach der Auffassung von *Chief Justice* Roberts lassen sich aus der historischen, grammatikalischen oder systematisch-teleologischen Auslegung keine Belege finden, die gegen eine Übertragung der *presumption* auf das ATS sprechen. Im Rahmen der Wortlaut-Analyse geht die Mehrheitsmeinung darauf ein, dass aus der Verwendung der Begriffe „*alien*", „*international law*" und „*any civil action*" nicht geschlussfolgert werden kann, dass sich das ATS auf Delikte bezieht, die im Ausland begangen wurden.[464] Während die Kläger in der Verwendung des Begriffes „*tort in violation of the law of nations*" ein Beleg dafür sehen möchten, dass der erste Kongress die Zuständigkeit der Bundesgerichte auch auf deliktische Ansprüche erstrecken wollte, die sich aus einem Verhalten ergeben, das sich auf fremdem Hoheitsgebiet abspielte, lehnte die Mehrheitsmeinung eine derartige Schlussfolgerung ab.[465] Im Rahmen seiner historischen Auslegung geht das Gericht zunächst auf die von dem historischen Kommentator Blackstone[466] anerkannten Delikte ein („*violation of safe conduct*", *infringement of the rights of ambassadors, and piracy*").[467] In diesen historisch anerkannten Delikten findet der Supreme Court keine Anhaltspunkte für eine extraterritoriale Anwendung. Vielmehr beziehen sich nach seiner Auffassung die ersten beiden Tatbestände nur auf Delikte die auf US-Territorium stattfinden.[468] Die dritte historische Kategorie, die Piraterie, sei dagegen ein Delikt, das sich in der Regel auf hoher See fernab vom Territorium der USA oder eines anderen Nationalstaates ereigne.[469] Während nun aber die Kläger aus der Anerkennung der Piraterie als historisches ATS-Delikt schlussfolgerten, dass der historische Gesetzgeber vorsah, dass sich Klagen unter dem ATS auch aufgrund eines extraterritorialen Verhaltens er-

---

463 Kiobel, 133 S.Ct. 1659, 1664 f (2013), mit Verweis auf: Sosa, 124 S.Ct. 2739 (2004).
464 Kiobel, 133 S.Ct. 1659, 1665 (2013).
465 Ebd.
466 4 W. Blackstone, Commentaries on the Law of England, S. 68 (1769); Kiobel, 133 S.Ct. 1659, 1666 (2013).
467 Ebd.
468 Kiobel, 133 S.Ct. 1659, 1667 (2013).
469 Kiobel, 133 S.Ct. 1659, 1667 (2013).

geben könnten, wollte sich der Supreme Court einer derartigen Argumentation nicht anschließen. Für ihn stellen Ansprüche gegen Piraten eine eigenständige Kategorie dar, aus deren Anerkennung nicht abgeleitet werden kann, dass sich unter dem ATS anerkennungsfähige Anspruchsgrundlagen generell auf extraterritoriale Verletzungshandlungen, die der Souveränität anderer Staaten unterliegen könnten, stützen ließen.[470] Wenn insoweit überhaupt von einer extraterritorialen Wirkung ausgegangen werden könne, dann sei diese auf die Piraterie zu beschränken. Der Supreme Court verkennt insoweit, dass die Piraterie auch schon zum Zeitpunkt der Entstehung des ATS als ein universal verfolgbares Delikt wahrgenommen wurde.[471] Eine Differenzierung zwischen Delikten, die der Kategorie der Piraterie zuzuordnen sind, und den übrigen potentiellen ATS-Anspruchsgrundlagen sieht der Supreme Court dadurch gerechtfertigt, dass sich im Zusammenhang mit Verfahren gegen Piraten keine oder nur wenige Konflikte mit anderen souveränen Staaten ergeben könnten, da Piraten in der Regel auf der „Hohen See" agieren und keiner Jurisdiktion unterliegen.[472]

Diese Argumentation ist fragwürdig, da sie zum einen sowohl dem historischen als auch dem zeitgenössischen Verständnis von Piraterie widerspricht und zum anderen verkennt, dass sich die historischen ATS-Delikte sehr wohl auch auf ein Verhalten außerhalb des Territoriums der Vereinten Staaten erstrecken konnten. Zunächst ist es falsch, dass es bei der Anwendung des ATS in Bezug auf Piraten nicht zu Konflikten mit der Souveränität anderer Staaten kommen könnte. Diese Vorstellung widerspricht bereits der völkerrechtlichen Definition der Piraterie. So wird in Artikel 101 (c) *UNCLOS* definiert,[473] dass unter den Begriff der Piraterie auch jegliche Anstiftungs- und Unterstützungshandlung subsumiert werden können. Für derartige Anstiftungs- und Unterstützungshandlungen gibt es aber keine geographische Beschränkung und gerade sie können auch vom Territorium eines fremden Staates ausgeübt werden und würden dennoch der Kategorie der Piraterie zuzuordnen sein.[474] Hinzu kommt, dass die Pi-

---

470 Kiobel, 133 S.Ct. 1659, 1666 f. (2013); a.A. 133 S.Ct. 1659, 1671 (Breyer, J., concurring).
471 *Cleveland*, 52 Colum. Transnat'l L. J. 8, 17 f. (2013); 4 William Blackstone, Commemtaries, 71.
472 Kiobel, 133 S.Ct. 1659, 1667 (2013): „[Pirates are] fair game wherever found, by any nation, because they did not operate within any jurisdiction."
473 Art. 101 des Seerechtsübereinkommens der Vereinten Nationen v. 10.12.1982, I 21 (1982), S. 1261; BGBl. II S. 1798.
474 United States vs. Ali, 718 F.3 d 929 (D.C. Cir.2013).

ratendelikte, die auf der „Hohen See" ausgeübt werden, auf die Kaperung eines Schiffes abzielen, welches grundsätzlich seinem Flaggenstaat untersteht.[475] Konflikte mit den Souveränitätsansprüchen anderer Staaten sind also auch insoweit nicht gänzlich ausgeschlossen. Das Verständnis, das die Piraterie somit einem rechts- und staatsfreien Raum zuordnet und hierdurch die grundsätzliche Berücksichtigungsfähigkeit extraterritorialer Sachverhalte in Frage stellt, greift zu kurz. Diese Interpretation resultiert auch nicht daraus, dass der Supreme Court seine Meinung auf ein rein historisches Verständnis der Piraterie begrenzt, da er gerade an anderer Stelle das moderne Verständnis der Piraterie in seine Meinung mit einbezieht.[476]

Mit einer etwas kryptischen Formulierung geht das Gericht abschließend noch darauf ein, unter welchen Umständen die Anwendung der Vermutung gegen eine extraterritoriale Anwendung ausgeschlossen werden könne. Insoweit weist der Supreme Court zunächst darauf hin, dass in Kiobel jegliches Verhalten im Ausland stattgefunden habe und führt dann aus: *„And even where the claims touch and concern the territory of the United States, they must do so with sufficient force to displace the presumption against extraterritorial application."*[477] Diese Formulierung belegt zumindest, dass grundsätzlich die Möglichkeit besteht, eine unter dem ATS anerkennungsfähige Anspruchsgrundlage auch in Fällen zu schaffen, die sich nicht vollständig auf dem Territorium der USA zugetragen haben, wenn die Anspruchsgründe das Hoheitsgebiet der Vereinigten Staaten mit ausreichender Stärke berühren und betreffen. Offen bleibt, was das in der letzten Konsequenz bedeutet und wann davon ausgegangen werden kann, dass die USA „berührt und betroffen" sind? Muss insoweit eine rein verhaltensbasierte Betrachtung vorgenommen werden? Reicht es schon aus wenn ein Teil des Tatbestands innerhalb des Territoriums der USA erfüllt wurde? Kommt es nur auf das streitgegenständliche Verhalten an oder können auch andere Faktoren berücksichtigt werden? Die Verwendung der Worte „*touch and concern*" deutet zunächst darauf hin, dass ein physi-

---

475 Kiobel, 133 S.Ct. 1659, 1672 f. (Breyer, J. concurring 2013), als Beispiele zur Verankerung des „Flaggenprinzips": Mc Culloch v. Sociedad Nacional de Marineros de Honduras, 83 S.Ct 671 (1963); United States v. Palmer 3 Wheat. 610 (1818); *Cleveland*, Colum. J. Transnat'l L. 8, 19 (2013).

476 Note, International Law – Universal Jurisdiction – D.C. Circuit Uphold Charges For Facilitator of Piracy Under Universal Jurisdiction – United States v. Ali 718 F.3 d 929, 127 Harv. L. Rev. 1244, 1250, Fn. 59 (2013/14).

477 133 S.Ct. 1659, 1669 (2013).

scher Berührungspunkt mit dem Hoheitsgebiet vorliegen muss. Demnach könnten selbst Verletzungshandlungen von US-Bürgern/Unternehmen auf fremdem Territorium nicht unter dem ATS justiziabel seien. Auch die Verwendung des Wortpaares *„sufficient force"* spricht eher für ein restriktives Verständnis, nach dem eine irgendwie begründete Beziehung zum US-Staatsgebiet nicht ausreicht. Wie die sich ergebenden Fragen zu beantworten sind, lässt sich aus der Kiobel Entscheidung nur bedingt schlussfolgern, da der Sachverhalt hier sehr eindeutig war und das Gericht lediglich feststellen musste, dass in diesem Verfahren jegliches Verhalten außerhalb der USA stattgefunden habe und somit die Vermutung gegen eine extraterritoriale Anwendung nicht widerlegt werden könne.

Insgesamt ergibt sich aus der Kiobel-Rechtsprechung des Supreme Court somit ein stark territoriales Verständnis des ATS. Dennoch ist nicht grundsätzlich ausgeschlossen, dass die Gerichte, selbst wenn sich das Verhalten zum Teil im Ausland zugetragen hat, anhand einer Einzelfallbetrachtung ATS-Anspruchsgrundlagen anerkennen können. Die „analoge" Anwendung der *presumption* auf das ATS und ihre Auswirkung auf zukünftige Fälle wirft somit weitere Fragestellungen auf, die noch im weiteren Verlauf dieses Kapitels erörtert werden sollen (vgl. hierzu unten IV.).

3. Die Concurring Opinion des Richters Kennedy sowie der Richter Alito und Thomas

Die Richter Alito, Thomas und Kennedy stimmen mit der Begründung des *Chief Justice* überein, fügten dessen Mehrheitsvotum jedoch noch zwei erläuternden Sondervoten (Kennedy und Alito/Thomas) bei. Beide Voten sind knapp gefasst und beziehen sich jeweils nur auf die Frage, wann die *presumption against extraterritoriality* widerlegt sein könnte. Die alternative Stellungnahme Richter Kennedys stellt nicht mehr als eine relativierende Aussage dar, dass sich in Zukunft geeignete Fälle ergeben werden, anhand derer sich eine passende Anwendung der *presumption* und ihrer Widerlegung in ATS-Fällen elaborieren lasse.[478] Richter Kennedy bringt zum Ausdruck, dass es im Falle schwerwiegender Völkerrechtsverletzungen durchaus die Möglichkeit geben könne, die presumption zu widerlegen. Er sieht also einen deutlichen Interpretationsspielraum und stellt fest,

---

478 Kiobel, 133 S.Ct. 1659, 1669 (2013).

dass die aus Kiobel zu ziehenden Schlussfolgerungen stark vom konkreten Einzelfall geprägt sind.[479]

Richterin Alito, der sich Richter Thomas anschließt, bringt durch ihr Sondervotum eine noch striktere territoriale Auslegung zum Ausdruck. Sie gesteht ein, dass die „*touch and concern*"-Formulierung zwar Anwendungsfragen offen lässt. Sie möchte diese jedoch restriktiv beantwortet wissen.[480] Im Ergebnis besteht Richterin Alito nämlich darauf, dass sich die *presumption* nur dann widerlegen lässt, wenn eine in Übereinstimmung mit Sosa anerkennungsfähige Norm des Völkerrechts durch inländisches Verhalten verletzt wird („*a putative ATS cause of action will fall within the scope of the presumption against extraterritoriality -and will therefore be bared- unless the domestic conduct is sufficient to violate an international law norm*"[481]). Richterin Alito hält nur eine inländische Verletzungshandlung für unter dem ATS justiziabel. Nach ihrem Verständnis wären selbst Fälle auszuschließen, in denen eine US Beklagte im Ausland gehandelt hat, in denen die Verletzungshandlung und der Verletzungserfolg räumlich auseinanderfallen oder in denen nur eine Beihilfe oder Mittäterschaft in Frage kommt. Eine überzeugende Begründung für ein strikt territoriales Verständnis des ATS bleibt Richterin Alito schuldig.

4. Concurring Opinion Justice Breyer

Das von Richter Breyer geschriebene Sondervotum weist hinsichtlich der grundsätzlichen rechtlichen Einschätzung erhebliche Differenzen auf (hierzu unter a).[482] Trotzdem kommt er in der konkreten Anwendung seiner Rechtsauffassung auf den Einzelfall zu demselben Ergebnis wie die Mehrheitsmeinung (hierzu b). Auch wenn es sich somit um eine *concurring opinion* handelt, grenzt sich diese Mindermeinung insbesondere in der dogmatischen Begründung deutlich von der Mehrheitsmeinung ab.

---

479 Auf die Rolle Richter Kennedys als „swing vote" hinweisend: I. *Wuerth*, Kiobel v. Royal Dutch Petroleum Co.: The Supreme Court and the Alien Tort Statute, 107 Am. Journ. Int'l L. 601, 609 (2013); Reiman, IPRax 2013, 455, 458.

480 Kiobel, 133 S.Ct 1659, 1669 f. (2013).

481 Kiobel, 133 S.Ct 1659, 1670 (Alito, J., concurring, 2013).

482 Kiobel, 133 S.Ct 1659, 1670 ff. (Breyer J., concurring, 2013), dieser abweichenden Rechtsauffassung schlossen sich Richter Kagan sowie die Richterinnen Ginsburg und Sotomayor an.

Während der Ansatz der Mehrheit die inhaltliche Präzision teilweise vermissen lässt, ist die Argumentation Breyers stringenter.[483]

a) Rechtsauffassung

Die Mindermeinung wendet die Vermutung gegen die Extraterritorialität nicht auf das ATS an. Stattdessen soll nach ihrer Auffassung die *subject-matter jurisdiction* bestehen, wenn, „(1) sich das Delikt auf amerikanischen Boden ereignet, (2) wenn der Beklagte die Nationalität der USA inne hat oder wenn (3) das Verhalten des Beklagten ein nationales Interesse der Vereinigten Staaten nachhaltig und nachteilig berührt"[484]. Hinsichtlich der dritten Kategorie führt Richter Breyer zudem aus, dass ein nationales Interesse auch dahin gehend besteht, dass die USA kein sicherer Rückzugsort für Folterknechte und andere Feinde der Menschheit werden dürfe.[485] Die Mindermeinung weist ebenso wie die Mehrheitsmeinung auf das sensible Umfeld hin, in dem sich ATS-Fälle oftmals abspielen. So stellt auch Richter Breyer klar, dass in ATS-Verfahren Bedenken der Exekutive hinsichtlich möglicher außenpolitischer Konsequenzen einer gerichtlichen Entscheidung oftmals eine Rolle spielen könnten. Zudem weist er darauf hin, dass sich potentielle ATS-Urteile auch im Rahmen der völkerrechtlichen *comitas* (*comity*) bewegen müssten und dass man möglicherweise das Erfordernis der lokalen Rechtswegerschöpfung (*exhaustion of local remedies*) einem US-amerikanischen Urteil voranstellen müsste.[486] Trotz dieser Umstände stellt die Anwendung der *presumption* für Richter Breyer weder ein geeignetes noch ein gebotenes Mittel der Rechtsauslegung dar. Für die Mindermeinung ist es vielmehr offenkundig, dass das ATS in Bezug auf auswärtige Beziehungen und auf Verletzungen außerhalb der USA erlassen wurde. Belege hierfür findet sie in der Verwendung der Wörter „*aliens*", „*treaties*" und „*the law of nations*". Zudem ist für die Mindermeinung das historische Delikt der Piraterie ein eindeutiges Indiz dafür, dass das ATS auch auf Delikte im Ausland Anwendung finden soll. In die-

---

483 So auch: *Anderson*, Kiobel v. Royal Dutch Petroleum: The Alien Tort Statute´s Jurisdictional Universalism in Retreat, 2012-2013 Cato Sup. Ct. Rev. 149, 181 f.
484 Kiobel, 133 S.Ct. 1659, 1671 (Breyer J., concurring, 2013).
485 Kiobel, 133 S.Ct. 1659, 1671, mit Verweis auf: Sosa v. Alvarez-Machain, 124 S.Ct. 2739.
486 Kiobel, 133 S.Ct. 1659, 1672 (Breyer J., concurring, 2013).

sem Zusammenhang weist die Mindermeinung darauf hin, dass sich der Akt der Piraterie in den meisten Fällen auf Schiffen abspiele und dass diese Schiffe aufgrund des Flaggenprinzips einem bestimmten Staat zuzuordnen sind und dann auch der Jurisdiktion des Flaggenstaates unterliegen.[487] Das Argument der Mehrheitsmeinung, Piraterie sei grundsätzlich auf hoher See zu lokalisieren, so dass sich aus ihrer Verfolgung keine Souveränitätskonflikte mit anderen Staaten ergeben könnten, wird somit weitgehend entkräftet. Da der historische Gesetzgeber mit der Piraterie ein Delikt, das klassischerweise extraterritorial stattfindet, in den Anwendungsbereich eingeschlossen hatte, lässt sich eine Vermutung gegen eine extraterritoriale Anwendung eigentlich nicht begründen.[488]

Nachdem Justice Breyer feststellte, dass die *presumption against extraterritoriality* nicht auf das ATS anwendbar ist, wendet er sich der Frage zu, unter welchen Umständen das ATS auf Vorfälle, die sich auf dem Hoheitsgebiet anderer Staaten ereigneten, Anwendung finden kann. Bei der Beantwortung dieser Frage geht Breyer systematisch vor und geht zunächst auf das *Restatement (Third) of Foreign Relations Law* ein. Die vom American Law Institute herausgegeben *Restatements of the Law* stellen eine, zwar unverbindliche, jedoch weit beachtete sekundäre Rechtsquelle dar und fassen wesentliche Grundprinzipien zu verschiedenen Teilgebieten des *common law* zusammen. Das hier herangezogene *Restatement* befasst sich in den einschlägigen §§ 402, 403 mit den Grundlagen und Grenzen der „*prescriptive jurisdiction*".[489] Aus § 402 geht hervor, dass sich die Regelungshoheit eines Staates prinzipiell auf dessen Territorium (§ 402 Abs. 1, lit. a-c) oder auf das Verhalten seiner Staatsbürger (§ 402 Abs. 2) erstreckt. Unabhängig von der Nationalität und dem Territorium soll die präskriptive Regelungshoheit eines Staates aber auch dann bestehen, wenn ein Verhalten eines Ausländers vorliegt, durch das die nationale Sicherheit

---

487 Kiobel, 133 S.Ct. 1659, 1672 (Breyer J., concurring, 2013), mit Verweis auf: McCulloch v. Sociedad Nacionale de Marineros de Honduras, 372 U.S. 10, 20 f. (1963); das Flaggenprinzip findet sich zudem in 2nd Restatement § 502, Comment d) wieder; vgl. auch United States v. Palmer, 3 Wheat. 610, 632 (1818).

488 Kiobel, 133 S.Ct. 1659, 1672 (Breyer concurring, 2013).

489 *Hixson*, Extraterritorial Jurisdiction under the Third Restatement of Foreign Relations Law of the United States, 12 Ford. Int'l L. J. 127, 128 (1988); der Begriff „*prescriptive jurisdiction*" bezieht sich insoweit auf die Regelungshoheit der Legislative, der Begriff „*adjudicative jurisdiction*" auf die Regelungshoheit der Gerichte zur Anwendung der Normen und „*enforcement jurisdiction*" auf den Vollzug der Normen; vgl. insoweit auch: *Geimer*, IZPR, Rn. 374 a.

oder bestimmte andere Staatsinteressen berührt werden (§ 402 Abs. 2). In § 403 stellt das *Restatement* fest, dass die Ausübung der Regelungshoheit, selbst dann, wenn einer der in § 402 genannten Anknüpfungspunkte eigentlich besteht, gesetzeswidrig sein kann, wenn sie unverhältnismäßig wäre *(Reasonableness)*. Ob eine Unverhältnismäßigkeit vorliegt, wird anhand der Abwägung unterschiedlicher Faktoren bewertet. Zudem ist es laut dem *Restatement* anerkannt, dass für bestimmte Rechtsverletzungen universale Regelungskompetenz besteht (vgl. § 404). Die insoweit aus dem Restatement hervorgehenden Prinzipien überträgt Richter Breyer nun auf das ATS und die Frage, wann sich die *subject-matter jurisdiction* bzw. eine inländische *common law*-Anspruchsgrundlage ergeben könne. Hierbei rekapituliert er sowohl den Zweck des ATS, den er darin begründet sieht, dass für Opfer der „modernen Piraterie" eine Kompensationsmöglichkeit geschaffen wird, als auch den Zweck der Sosa-Rechtsprechung und kommt schließlich zu folgendem Ergebnis:[490] *„I believe that the statute provides jurisdiction where (1) the alleged tort occurs on American soil, (2) the defendant is an American national, or (3) the defendant's conduct substantially and adversely affects an important American national interest, and that includes a distinct interest in preventing the United States from becoming a safe harbor (free of civil as well as criminal liability) for a torturer or a common enemy of mankind."*[491]

Während die ersten beiden Kategorien Ausfluss des klassischen Territorialitätsprinzips bzw. passiven Personalitätsprinzips sind, ist vor allem die letzte Subkategorie interessant, da sie einen Interpretationsspielraum hinterlässt. Richter Breyer begründet seine Auslegung des ATS vornehmlich damit, dass genauso wie zu Zeiten des Erlasses des Gesetzes die Pflicht eines Staates bestand, nicht zum Rückzugsort *(safe harbour)* für Piraten zu werden, heutzutage eine entsprechende Staatenpflicht im Hinblick auf die Täter äquivalenter Delikte besteht.[492] Breyer zieht hier einen Analogieschluss zwischen den Piraten des 19. Jahrhunderts und denjenigen, die Verbrechen gegen die Menschlichkeit, Folter, etc. begehen. Breyer ist der Auffassung, dass seine Herangehensweise sowohl konsistenter im Hinblick auf die Rechtsprechung der Instanzgerichte als auch kongruent mit den Vorgaben des Völkerrechts und der Praxis anderer Staaten ist.[493] Er

---

490 Kiobel, 133 S.Ct. 1659, 1673 (Breyer, J., concurring, 2013).
491 Kiobel, 133 S.Ct. 1659, 1673 f. (Breyer, J., concurring, 2013).
492 Kiobel, 133 S.Ct. 1659, 1674 (Breyer, J., concurring, 2013).
493 Kiobel, 133 S.Ct. 1659, 1675 ff. (Breyer, J., concurring, 2013).

weist insoweit darauf hin, dass sich der Supreme Court in der Sosa-Entscheidung sowohl auf Filartiga[494] als auch auf Marcos[495] bezog, und dass es sich hierbei um zwei Entscheidungen der Berufungsgerichte handele, in denen es um offensichtlich extraterritoriale Rechtsverletzungen ging. Für Breyer ist es deswegen auch nicht überraschend, dass bislang kein weiteres Gericht eine ATS-Klage am Einwand einer fehlenden extraterritorialen Anwendbarkeit scheitern ließ.[496] Als weiterer Beleg für seine Ansicht führt Richter Breyer zudem auf, dass der Kongress in der jüngeren Vergangenheit verschiedene völkervertragliche Verpflichtungen zur Verfolgung und Durchsetzung schwerwiegender (Völker-) Rechtsverletzungen eingegangen ist.[497] Außerdem weist er in seiner Urteilsbegründung darauf hin, dass der Kongress in vergleichbaren Fällen zivilrechtliche Schadensersatzansprüche akzeptiert habe. Breyer verweist diesbezüglich auf den *Torture Victim Protection Act* (TVPA) und entsprechende Materialien aus dem Gesetzgebungsprozess, die belegen sollen, dass die Legislative sich der Wirkung und Reichweite des ATS durchaus bewusst war.[498] Denn trotz des Bewusstseins, dass zivilrechtliche Schadensersatzansprüche in Fällen wie *Filartiga* oder *Marcos* existent sind, unternahm der Kongress nichts Gegenteiliges, um den Anwendungsbereich einzuschränken, sondern erließ darüber hinaus andere Gesetzesvorschriften durch die eine zivilrechtliche oder strafrechtliche Geltendmachung extraterritorialer Rechtsverletzung ermöglicht wurde.[499] Breyer hält somit insgesamt eine limitierte extraterritoriale Anwendung des ATS für gerechtfertigt. Friktio-

---

494 Filartiga, 630 F.2 d 876 (2nd 1980).

495 In re Estate of Marcos Human Rights Litigation, 25 F.3 d. 1467 (9th Cir. 1994).

496 Kiobel, 133 S.Ct. 1659, 1675 (Breyer J., concurring, 2013), in der Tat lehnte sowohl der D.C. Circuit als auch der 9th Circuit zuvor den Einwand der rein territorialen Anwendung des ATS ab, vgl. hierzu: Doe v. Exxon Moil, Corp., 654 F. 3 d 11 (C.A.D.C. 2011); Sarei v. Rio Tinto, PLC 625 F.3 d 561, 574 f. (9th Cir. 2010).

497 Kiobel, 133 S.Ct. 1659, 1676 (Breyer J., concurring, 2013), als Belege führt Justice Breyer auf: Convention on the Prevention and Punishment of Crimes Against Internationally Protected Persons (28 U.S.T. 1975); Convention for the Suppression of Unlawful Act Against the Safety of Civil Aviation (24 U.S.T. 565); Convention Against Torture and Other Cruel, inhuman or Degrading Treatment of Punishment (1465 U.N.T.S. 85).

498 Siehe hierzu bereits oben, § 2 III 2.

499 Kiobel, 133 S.Ct. 1659, 1677 (Breyer concurring, 2013), Breyer verweist insoweit auf: 18 U.S.C. § 2340 A (b) (2), § 1091 (e) (2) (D), 28 U.S.C. § 1350, § 2(a); S. Rep. No. 102-249.

nen mit anderen Staaten sowie eine übermäßige negative Beeinflussung der durch die Exekutive repräsentierten außenpolitischen Interessen der Vereinigten Staaten sollen nach der Auffassung Breyers dadurch vermieden werden, dass die Anwendung des ATS das Bestehen eines besonderen US-Interesses voraussetzt und indem zusätzlich Prinzipien, wie z.B. die *Forum-Non-Conveniens*-Doktrin, berücksichtigt werden.[500]

b) Anwendung auf den Kiobel-Sachverhalt

Trotz dieser wesentlich progressiveren Auffassung gelangt Breyer zu dem Schluss, dass in *Kiobel* keine Zuständigkeit eines Bundesgerichts nach dem ATS existiert. Begründet wird das damit, dass es sich weder bei den Beklagten noch bei den Klägern um US-Staatsangehörige handele, dass das vorgeworfene deliktische Verhalten ausschließlich im Ausland stattfand und dass die Kläger den Beklagten nur eine indirekte Beteiligung an den behaupteten Vergehen vorwarfen. Somit kam Breyer zu dem Schluss, dass sich in diesem gerichtlichen Verfahren kein eindeutiges rechtliches Interesse der USA zur Verhandlung des Falles begründen lasse (wie das Interesse, die USA nicht zu einem Rückzugsort für die „Feinde der Menschheit" zu machen).[501] Abschließend erklärt Breyer, dass es zu weitreichend sei, das Vorliegen eines eindeutigen US-Interesses mit der reinen Präsenz eines Unternehmens in den USA*(„mere corporate presence")* zu begründen.[502] Während die Darlegung der rechtlichen Rahmenbedingungen und deren inhaltliche Ausgestaltung überzeugend sind, ist die Einzelfallanwendung kritikwürdig.[503] Denn anstatt den Sachverhalt unter die zuvor dargestellten Voraussetzungen zu subsumieren, weist die Vorgehensweise der Mindermeinung an dieser Stelle mehrere Ungenauigkeiten auf: So wäre es zumindest an dieser Stelle erwähnenswert gewesen, dass sich die Kläger mittlerweile aufgrund eines bestehenden Asylrechts dauerhaft in den USA aufhalten.[504] Zwar macht ein Asylrecht diese nicht zu US-Staatsbürgern, dennoch werden sie durch ihr Aufenthalts- und Bleiberecht in einen anderen Status versetzt, als wenn sie ihren Wohnsitz in einem an-

---

500 Kiobel, 133 S.Ct. 1659, 1673 f. (Breyer, J., concurring).
501 Kiobel, 133 S.Ct. 1659, 1678 (Breyer, J., concurring, 2013).
502 Kiobel, 133 S.Ct. 1659, 1678 (Breyer, J., concurring, 2013).
503 So auch *Weinberg*, 99 Cornell L. Rev. 1471, 1475 (2014).
504 Kiobel, 133 S.Ct. 1659, 1660 (2013).

deren Staat hätten.[505] Zumal auch zu bedenken ist, dass für den Inhaber des Asylrechts nur eine beschränkte Reisefreiheit besteht und die Prozessführungsmöglichkeiten in anderen Staaten somit erheblich eingeschränkt sind.[506] Ein derartiges vorübergehendes Bleiberecht könnte zumindest als Faktor berücksichtigt werden, wenn es darum geht festzustellen, ob ein wichtiges nationales Interesse der USA berührt wird. Die Feststellung Breyers, dass die Kläger Staatsbürger anderer Staaten sind, ist in diesem Zusammenhang nicht von Bedeutung und kann nicht als Beleg für ein fehlendes US-Interesse gesehen werden, da der Tatbestand des ATS ja gerade eine ausländische Staatsangehörigkeit voraussetzt. Unklar ist auch, warum *Justice* Breyer bei der Anwendung auf den Einzelfall plötzlich zwischen einer unmittelbaren und mittelbaren Beteiligung an dem deliktischen Verhalten differenziert. Warum sollte hier per se zwischen der Beteiligungsform unterschieden werden und das zudem in einem Stadium des Verfahrens, in dem der Grad und das Ausmaß einer Beteiligung noch nicht vollständig feststellbar sind.[507] In seinen abstrakten Rechtsausführungen hatte Breyer nichts zu einer solchen Differenzierung ausgeführt. Breyer stuft aufgrund der nur geringen Präsenz der beiden Unternehmen die Gefahr, dass die USA für diese zum „*safe harbour*" werden, als gering ein. Insoweit offenbart sich ein grundsätzliches Dilemma, welches sich aus dem Unterschied zwischen juristischen und natürlichen Personen ergibt. Während Breyer seine Sympathie für Fälle wie Filartiga und Marcos zum Ausdruck gebracht hat und eine zivilrechtliche Verfolgung in den USA in derartigen Fällen durchaus für gerechtfertigt hält, weil die beiden Beklagten die USA als ihren vermeintlichen „*safe harbour*" wählten, soll die „*mere corporate presence*" eines Unternehmens dagegen nicht ausreichen, um ein nationales Interesse zu begründen. Insoweit kann man durchaus kritisch fragen, ob darin nicht eine ungerechtfertigte Ungleichbehandlung zwischen natürlichen und juristischen Personen begründet ist. Denn es erscheint zweifelhaft, ob auf dieser Ebene tatsächlich ein Unterschied zwischen der physischen Präsenz einer natürlichen Person und der geschäftlichen Präsenz eines multinationalen Unternehmens besteht. Denn würde man einem Unternehmen, das in derartige Machenschaften verwickelt ist, nicht auch einen *safe harbour* bieten, wenn man es dennoch sanktionslos in den USA unternehmerisch tätig sein lässt? Und spricht nicht gerade das

---

505 *Weinberg*, 99 Cornell L. Rev. 1471, 1516 ff. (2014).
506 The Immigration and Nationality Act (INA), § 208 (c) (1).
507 Kiobel, 133 S.Ct. 1659, 1677 f. (Breyer, J., concurring, 2013).

safe harbour-Argument dafür, auch ideelle nationale Interessen stärker zu berücksichtigen, die das „moralische Standing" Amerikas erhöhen.[508] Zudem begibt sich Justice Breyer mit seinen Erwägungen (lediglich *NYSE-Listing*, nur mittelbarer Betrieb eines Investor Relation Büros) in einen dogmatischen Bereich, der eigentlich bei der Begründung der *personal jurisdiction* von Bedeutung ist. Selbst wenn man also diese Art der Präsenz eines Unternehmens zur Begründung der *personal jurisdiction* nicht ausreichen lassen möchte,[509] so ist damit noch lange nicht gesagt, dass sie bei der Begründung eines amerikanischen Interesses im Hinblick auf das „*safe harbour*"-Argument überhaupt keine Rolle spielen kann. [510]

Die Subsumtion Breyers ist lückenhaft. Anstatt sich bei der Verneinung eines amerikanischen Interesses an nicht sachgerechten Faktoren zu orientieren, hätte sich Richter Breyer besser auf die Kriterien beziehen müssen, die er insoweit in seinen abstrakten Rechtsausführungen dargelegt hatte.[511] Nach diesen wäre danach zu fragen gewesen, ob sich bei Verhandlung des Falles Friktionen mit der Auffassung der Exekutive ergeben könnten oder, ob die Verhandlung negative außenpolitische Konsequenzen nach sich ziehen könnte.[512]

III. Grundsätzliche Kritik an der Kiobel-Entscheidung

Auf einzelne Kritikpunkte in der Begründung der Kiobel-Entscheidung wurde schon hingewiesen. Im Folgenden wird die kritische Auseinandersetzung fortgeführt. Hierzu soll insbesondere auf die Inkohärenz mit den Vorgängerentscheidungen (1) sowie systematische Schwächen (2) eingegangen werden. Außerdem soll erläutert werden, warum sich gerade die extraterritoriale Anwendung der unter dem ATS anerkennungsfähigen *Federal-Common-Law*-Anspruchsgrundlagen rechtfertigen lässt (3).[513]

---

508 *Weinberg*, 99 Cornell L. Rev. 1471, 1504 (2014).
509 Hierzu, vgl. unten § 6.
510 In diese Richtung gehend auch: *Weinberg*, 99 Cornell L. Rev. 1471, 1519 ff. (2014)
511 *Weinberg*, 99 Cornell L. Rev. 1471, 1515 ff. (2014).
512 Kiobel, 133 S.Ct. 1659, 1677 f. (2013).
513 Vgl. auch die grundsätzliche und scharfe Kritik durch *Weinberg*, 99 Cornell L. Rev. 1471, 1531 (2014): „it [Kiobel] fully deserves the condemnation of scholars."

1. Inkohärenz mit Vorgängerentscheidungen

Zunächst steht *Kiobel* weder im Einklang mit der Sosa-Entscheidung noch mit der anderen Judikaten der Instanzgerichte.[514] Kiobel akzeptiert und rezipiert Sosa als geltendes Recht. In Sosa wird die Extraterritorialität nicht problematisiert, obwohl der Sachverhalt eindeutig extraterritorial ist und die *presumption* von der damaligen Bush-Administration in einem *amicus-curiae*-Schreiben auch in den Prozess eingebracht wurde.[515] In den Gerichtsverfahren, die sich schon vor Kiobel mit der Frage nach der extraterritorialen Anwendung zu beschäftigen hatten, werden nachvollziehbare Argumente geliefert, welche die Vermutung gegen eine extraterritoriale Anwendung zumindest widerlegen lassen. So erkennt das Bundesberufungsgerichts des *D.C. Circuit* in *Doe v. Exxon*, dass die historischen Quellen in Bezug auf diese Frage zwar widersprüchlich sind, dass sich aber anhand aktueller gesetzgeberischer Aktivitäten (Erlass des TVPA für extraterritoriales Verhalten als Ergänzung zum ATS) ein zeitgenössischer Wille des Gesetzgebers zu einer extraterritorialen Anwendung des ATS belegen lasse.[516] Zu einem vergleichbaren Ergebnis kam der 9th Circuit in seiner Entscheidung *Sarei v. Rio Tinto*.[517] Auch in diesem Verfahren wurde um die extraterritoriale Anwendung disputiert. Das Gericht kam zu der Auffassung, dass „es dem ATS ins Gesicht geschrieben steht"[518], dass seine Anwendung weder durch die Staatsbürgerschaft der Parteien noch durch den Ort der Verletzung beschränkt ist.[519] Außerdem sei die Morrison-Rechtsprechung nicht auf das ATS übertragbar, da die *presumption* zum Zeitpunkt des Erlasses des ATS noch kein gängiger Auslegungsstandard war und die ausdrückliche Anordnung einer extraterritorialen An-

---

514 Vgl. hierzu: *Dodge*, Alien Tort Litigation: The road not taken, 89 Notre Dame L. Rev. 1577, 1602 (2014).

515 Brief for the United States as Respondents Supporting Petioner, S 46-50, Sosa, 542 U.S. 692 (2004), 2004 WL 182581; interessanterweise wurde in sechs vorherigen amicus briefs in anderen ATS, die eine US-Regierung eingereicht hatte, das Problem der Extraterritorialität nicht aufgeworfen, vgl. hierzu: Kontorovich, 89 Notre Dame L. Rev. 1671, 1677 (2014).

516 Doe v. Exxon, 654 F.3 d 11, 23 ff (D.C. Cir. 2011) (rev´d in part and remanded to the Distrct Court for further consideration in Light of Kiobel).

517 Sarei v. Rio Tinto, 671 F.3 d 736 (9th Cir. 2011).

518 Sarei v. Rio Tinto, 671 F.3 d 736, 745 (9th Cir. 2011).

519 Sarei v. Rio Tinto, 671 F.3 d 736, 745 (9th Cir. 2011), mit Verweis auf: In re Estate of Ferdinand Marcos, Human Rights Litigation (Marcos I), 671 F.3 d 736 (9th Cir. 1992).

wendung somit nicht gefordert werden könne.[520] Der *9th Circuit* stellte in diesem Verfahren zudem fest, dass sich aus dem Text und Kontext des ATS zweifellos eine extraterritoriale Anwendung ergeben könne, da die Norm Ausländern ein Klagerecht für Völkerrechtsverletzungen einräume und die Piraterie ein Delikt sei, das sich klassischerweise im Ausland bzw. auf hoher See '*overseas*' ereigne. Auch der Richter McKeown findet in seiner *concurring opinion* zu der *En-Banc*-Entscheidung des 9th Circuit anhand einer historischen Auslegung überzeugende Argumente dafür, dass das ATS extraterritorial angewandt werden könne: So sieht er in der Auslegung der Norm durch *Attorney General* Bradford aus dem Jahr 1795 ein eindeutiges Bekenntnis zugunsten der Extraterritorialität, da dieser eine zivilrechtliche Inanspruchnahme für deliktisches Verhalten im Ausland uneingeschränkt bejahte.[521] Zudem ergibt sich aus dem internationalen Fokus der Norm ein eindeutiges Bekenntnis zugunsten ihrer Extraterritorialität.[522]

2. Systematische Schwächen

Die Anwendung der Prinzipien der *presumption* auf ATS-Verfahren weist zudem systematische Schwächen auf. Zwar ist die grundsätzliche Anwendung der *presumption against extraterritoriality* noch nicht deswegen angreifbar, weil das ATS eigentlich eine Regelung der *subject matter jurisdiction* darstellt.[523] Denn in dogmatischer Hinsicht ist die Vorgehensweise insoweit nachvollziehbar, als der Supreme Court die *presumption* nicht di-

---

520 Sarei v. Rio Tinto, 671 F.3 d 736, 745 (9th Cir. 2011).

521 Sarei v. Rio Tinto, 671 F.3 d 736, 781 f. (McKeown, J. concurring, 9th Cir. 2011) mit Verweis auf: Breach of Neutrality, 1 Op. Att`y Gen. 57 (1795); auch der Supreme Court verweist in Sosa auf diese Feststellung Bradfords, vgl. Sosa, 124 S.Ct 2739, 2759 (2004).

522 Sarei v. Rio Tinto, 671 F.3 d 736, 782 (McKeown, J. concurring, 9th Cir. 2011), mit Verweis auf United States v. Belfast, 611 F.3 d 783 als Beleg dafür, dass auch andere Gerichte bei der Widerlegung der presumption auf den internationalen Kontext des Regelungsgegenstandes abstellen.

523 So aber: *M. Stürner*, Die territorialen Grenzen der Human Rights Litigation in den USA, JZ 2014, 14, 18, dessen zusätzliche Annahme das ATS regele die „internationale Zuständigkeit" ist nicht zutreffend, da das ATS die *subject-matter* und nicht die *pesonal jurisdiction* reguliert. Hinzu kommt dass auch der Supreme Court die presumption unmittelbar auf die federal common law Anspruchsgrundlage anwendet und diese sich somit dogmatisch gesehen als eine Frage der „legis-

rekt auf das ATS als Zuständigkeitsvorschrift anwendet, sondern deren Grundsätze in einem Analogieschluss auf die richterliche Anerkennung einer materiell-rechtlichen *Federal-Common-Law*-Anspruchsgrundlage überträgt.[524] Die Schlussfolgerung des Supreme Court, dass sobald die extraterritoriale Anwendung des *federal common law* nicht statthaft ist auch keine Zuständigkeit der Bundesgerichte besteht, ist nachvollziehbar, da die Auslegung der Zuständigkeitsvorschrift auch von der materiell-rechtlichen Anspruchsgrundlage determiniert wird und die Kognitionsbefugnis der US-Gerichte insoweit beschränkt ist.[525] Konsequenterweise ist dann auch die Zuständigkeit der Bundesgerichte bereits a priori ausgeschlossen, wenn eine extraterritoriale Anwendung überhaupt nicht in Frage kommt. Nachfolgend soll dargelegt werden, warum die Anwendung der *presumption* dennoch abzulehnen ist. Bei der konkreten Auslegung der Norm und bei der Beantwortung der Frage, ob die Prinzipien der Vermutung gegen eine extraterritoriale Anwendung auch in Bezug auf das ATS einschlägig sind, ist der Supreme Court in einer historischen Auslegung gefangen, die das damalige Verständnis des ATS teilweise missinterpretiert. So konzentriert sich die Mehrheit vornehmlich darauf, dass eine Widerlegung der Vermutung gegen die Extraterritorialität in Bezug auf die historisch anerkannten ATS-Delikte nicht zu begründen sei, da diese allesamt nicht extraterritorial zu verstehen sind. Dies ist im Hinblick auf die Piraterie bereits in der Sache zweifelhaft,[526] da diese klassischerweise nicht auf amerikanischen Boden stattfindet.[527] Hinzu kommt, dass der *Attorney General* William Bradford im Jahre 1795 für eine Klage, die auf einem Sachverhalt

---

lative jurisdiction" geriert. Noch vor Kiobel dahingehend argumentierend: *Dodge*, 51 Harv. Int'l L. J. Online, 35, 37 ff. (2010).

524 *Ramsey*, Returning the Alien Tort Statute to Obscurity, 52 Colum. J. Transnat'l L. 67, 70 f (2013).

525 Kiobel, 133 S.Ct. 1659, 1665 (2013): „[t]he prinicples underlying the presumption against extraterritoriality thus constrain courts exercising their power under the ATS"; Ramsey, 52 Colum. J. Transnat'l L. 67, 71, der feststellt: „As a result in Kiobel the question of jurisdiction and the question of cause of action ran together." In der Folge würde sich dann aber in diesem Stadium eine Klageabweisung aus § 12 (b) (6) F.R.C.P ergeben, da der Kläger auch insoweit einen entsprechenden Vortrag hinsichtlich der Extraterritorialität machen müsste.

526 So auch: Kiobel, 133 S.Ct. 1659, 1672 (Breyer, J., concurring); *Cleveland*, Columb. J. Transnat'l L. 8, 19 (2013); *M. Stürner*, JZ 2014, 13, 19.

527 A. A.: *Young*, Universal Jurisdiction, the Alien Tort Statute, and Transnational Public Law Litigation after Kiobel (March 14, 2014), 1, 45, abrufbar auf SSRN: http://ssrn.com/abstract=2409838 (zuletzt besucht: 27.01.2015).

basierte, der ausschließlich in Sierra Leone stattfand, festgestellt hatte, dass eine strafrechtliche Verfolgung zwar nicht in Frage kommt, dass die Opfer dieses historischen ATS-Delikts aber jederzeit zivilrechtliche Ansprüche vor US-Gerichten geltend machen könnten.[528] Außerdem hatte der Supreme Court durch die Sosa-Entscheidung das ATS von einer rein traditionellen Betrachtungsweise gelöst und anerkannt, dass das ATS auch auf vergleichbare, aktuelle Verletzungen des Völkerrechts angewandt werden kann.[529] Von dieser Annahme ausgehend müsste man bei der Analyse einer extraterritorialen Wirkung im Rahmen einer dynamischen Auslegung des ATS auch die anerkennungsfähigen, „modernen" völkerrechtlichen Delikte mit einbeziehen. Auch die konservative Mehrheit dürfte grundsätzlich davon überzeugt sein, dass die nach Sosa anerkennungsfähigen Delikte klassischerweise nicht auf US-amerikanischem Boden stattfinden. Die bloße Fokussierung auf die historischen ATS-Delikte greift somit viel zu kurz,[530] da es widersprüchlich ist, einerseits aktuelle Völkerrechtsverletzungen unter dem ATS anzuerkennen andererseits diese dann nicht bei der Frage nach der extraterritorialen Anwendung zu berücksichtigen. Insoweit erscheint es angemessener, jedes in Frage kommende Delikt dahingehend zu prüfen, ob ihm ein extraterritoriales Element innewohnt.[531]

Der im „Territorialismus"[532] gefangene Supreme Court rechtfertigt die Ablehnung der Extraterritorialität des ATS zudem hauptsächlich damit, dass außenpolitische Verwerfungen vermieden werden sollen.[533] Derartige Bedenken könnten sicherlich dann eine Rolle spielen, wenn sich ATS-Verfahren gegen andere Staaten oder deren aktuelle/ehemalige Repräsentanten richten, weil sich in solchen Fällen im Hinblick auf deren mögliche

---

528 Breach of Neutrality, 1 Op. Att`y Gen. 57, 59 (1795); Supplemental Brief of Amici Curiae Professors of Legal History in Support of Petioners, S. 18 ff., Kiobel 133 S.Ct. 1669 (No.10-1491); *Stephens*, Extraterritoralty and Human Rights after Kiobel, 28 Md. J. Int`l L. 256, 268 (2013).

529 Sosa, 124 S.Ct. 2739, 2761 ff. (2004); *Stephens*, Curious History of the Alien Tort Statute, 89 Notre Dame L. Rev. 1467, 1508 (2014).

530 *Reimann*, Das Ende der Menschenrechtsklagen vor den amerikanischen Gerichten?, IPRax 2013, S. 455, 459.

531 Eine derartige Vorgehensweise wählt der 2nd Circuit beispielsweise auch in der Anwednung der presumption im Hinblick auf den RICO-Act, siehe hierzu: European Community v. RJR Nabisco, Inc. 764 F.3 d 129, 136 (2nd Cir. 2014).

532 *Weinberg*, 99 Cornell L. Rev. 1471, 1486 f. (2014): „the Roberts Court`s new territorialsm in a major transnational case seems remarkably retrograde when considered in light of modern reality that we live in a globalized world".

533 Kiobel, 133 S.Ct. 1659, 1664 (2013).

Immunität weitere Probleme ergeben.[534] Solche Fragen sind dann aber ein spezielles Problem der völkerrechtlichen Immunität und lassen sich über spezielle Rechtsdoktrinen lösen.[535] Handelt es sich bei den Beklagten dagegen um nicht-staatliche Akteure einer anderen Nationalität und stellt der Streitgegenstand eine schwerwiegende Völkerrechtsverletzung dar, erscheint es zumindest fraglich, ob sich aus derartigen Prozessen tatsächlich negative außenpolitische Konsequenzen ergeben könnten, da unmittelbar keine außenpolitischen Entscheidungsträger beteiligt sind und die Ahndung schwerwiegender Menschenrechtsverletzungen zudem im Sinne aller demokratischen Staaten seien dürfte.[536] Das Argument, der Ausschluss einer extraterritorialen Anwendung des ATS solle Souveränitätskonflikte mit anderen Staaten vermeiden, ist auch im Hinblick auf die unter dem ATS-anerkennungsfähigen Klagen nur bedingt brauchbar. So können Konflikte mit den Souveränitätsansprüchen der Staaten, in denen die Rechtsverletzung stattgefunden hat, wohl in den meisten Fällen ausgeschlossen werden, weil der dortige staatliche Souverän entweder schon kein Interesse an der Regulierung und Verfolgung eines derartigen Verhaltens hat, oder weil die Existenz eines staatlichen Souveräns generell in Frage steht, da es sich um einen *failed state* handelt oder zumindest um einen Staat, in dem eine rechtsstaatliche und demokratische Ordnung de facto nicht besteht, oder weil der jeweilige Staat zumindest mittelbar in die Rechtsverletzung involviert war.[537] Außerdem könnten derartige Bedenken ausreichend berücksichtigt werden, indem man andere Rechtsinsti-

---

534 Insofern bestehen aber auch im US-Recht eigenständige Instrumente zur Vermeidung derartiger Konflikte.

535 Vgl. Supplemental Brief Yale Law School, S. 13 , 133 S.Ct. 1659 (2013); die sogenannte act of state doctrine gewährleistet Immunität für bestimmte Handlungen Offizieller anderer Staaten, vgl. hierzu: Banco Nacional de Cuba v. Sabbatino 376 U.S. 398 (1964); Sarei v. Rio Tinto, 487 F.3 d 1193 (9th Cir.)

536 *Weinberg*, 99 Cornell L. Rev. 1471, 1496 ff. (2014), die zu Recht darauf hinweist, dass es in den 34 Jahren seit der Filartiga-Entscheidung zu keinen negative Einflüssen auf die Außwärtigen Beziehungen der USA kam; so auch: *Hafetz*, Human Rights Litigation and the National Interest, 28 Md. J. Int'l L. 107, 108 (2013), der das Problem als „*overstated*" bezeichnet.

537 *Weinberg*, 99 Cornell L. Rev. 1471, 1500 (2014). In einer Vielzahl von ATS-Fällen geht es um den Vorwurf, dass die beklagten juristischen oder natürlichen Personen mit einem diktatorischen Regime kollaboriert hatten und sich die schwerwiegenden Menschenrechtsverletzungen der staatlichen oder quasi-staatlichen Exekutivorgane zu Eigen gemacht haben, zu solchen angestiftet haben oder unmittelbar an ihnen beteiligt waren.

tute, wie z.B. die *Forum Non Conveniens*-Doktrin[538] oder aber das Erfordernis der Erschöpfung des lokalen Rechtswegs, anwendet.[539] Eine pauschale Vermutung gegen eine extraterritoriale Anwendung des ATS erscheint somit auch aus diesen Gründen nicht gerechtfertigt.

Die Anwendung der *presumption* ist auch nicht aus Gründen der Rücksichtnahme auf die Souveränitätsansprüche anderer Staaten geboten. Es ist zwar selbstverständlich, dass die *prescriptive jurisdiction* eines jeden Staates gewissen Grenzen unterliegt, jedoch sollte man sich in diesem Zusammenhangt vielmehr isoliert auf die Frage konzentrieren, ob sich überhaupt völkerrechtliche Schranken ergeben, wenn eine Norm die Anwendung nationalen Rechts nur für Fälle schwerwiegender Völkerrechtsverletzungen legitimiert. Der Supreme Court verweist an dieser Stelle lediglich pauschal auf mögliche Verwerfungen mit anderen Staaten und auf die Anforderungen des Völkerrechts.[540] Es gelingt ihm aber nicht, zwingende Begründungsansätze darzulegen, die beweisen könnten, dass aus dem Völkerrecht tatsächlich eine solche Beschränkung hervorgeht. Insoweit verkennt das Gericht, dass die völkerrechtlichen Schranken nicht so restriktiv sind, wie es behauptet.[541] Außerdem geht aus der Rechtsprechung des Supreme Courts selbst hervor, dass die Normen, die das Verhalten eigentlich sanktionieren aus dem Völkerrecht stammen und nur die Anspruchsgrundlage (*cause of action*) sowie die weiteren Anspruchsvoraussetzungen dem US-Richterrecht zu entnehmen sind.[542] Eine Anwendung der *presumption*

---

538 So auch: Kiobel, 133 S.Ct. 1659, 1673 f. (Breyer, J., concurring); Vgl. hierzu: Sinochem Int'l Co. v. Malaysia Int'l Shipping Corp., 127 S.Ct. 1184 (2007); Aguinda v. Texaco, Inc. 303 F.3 d 470 (2nd. Cir. 2002); allgemein hierzu: *Bell*, Forum Shopping and Venue in Transnational Litigation, S. 23-49; *Zekoll/Collins/Rutherglen*, Transnational Civil Litigation, S. 371 ff.

539 Vgl. auch Kiobel, 133 S.Ct. 1659, 1674 (Breyer, J., concurring, 2013); *Casto*, 89 Notre Dame L. Rev. 1545, 1551; *Sloss*, Kiobel and Extraterritoriality: A Rule Without a Rationale, 28 Md. J. Int'l L. 241, 245 ff. (2013); *Stephens*, 28 Md. J. Int'l L. 256, 270 (2013); Supplemental Brief Yale Law School, S. 16, 133 S.Ct. 1659 (2013); zur Anwendung einer „local remedies rule" vgl. auch: Sarei v. Rio Tinto 671 F.3 d 736, 754 (9th Cir. 2011).

540 Kiobel, 133 S.Ct. 1659, 1669 (2013).

541 *Cleveland*, 52 Columb. J. Transnat'l L. 8, 15 f. (2013); *M. Stürner*, JZ 2014, 13, 19; Supplemental Brief of Yale Law School Centre for Global Legal Challenges as Amicus Curiae in Support of Petitioners, 133 S.Ct. 1659 (2013); *Weinberg*, 99 Cornell L. Rev. 1471, 1499 f.

542 Ausführlich hierzu unten § 5; vgl. auch: *Casto*, The ATS Cause of Action is sui generis, 89 Notre Dame L. Rev. 1545, 1549 f. (2014), der zwischen Legal Norm/

auf das ATS passt somit nicht, weil die Normen, die das deliktische Verhalten regulieren, ohnehin international und universal akzeptiert sein müssen und solche Regeln gerade unabhängig von nationalstaatlichen Territorien Gültigkeit beanspruchen.[543] Mit der Anerkennung einer Anspruchsgrundlage entsprechend der Sosa-Kriterien werden die völkerrechtlichen Gebots- bzw. Verbotsnormen nur noch in eine nationale Anspruchsgrundlage implementiert. Das jeweilige Bundesgericht würde dann in einem solchen Fall zwar *federal common law* anwenden, allerdings basiert der Verbotssatz, der auf diesem Wege durchgesetzt werden soll, auf universal akzeptierten völkerrechtlichen Verhaltensregeln. Auch wenn durch die Akzeptanz einer *Federal-Common-Law*-Anspruchsgrundlage somit zusätzlich eine kollisionsrechtliche Entscheidung zu Gunsten der Anwendung des US-Rechts in toto fällt,[544] droht kein grundsätzlicher Konflikt zwischen verschiedenen Rechtsordnungen und ihren unterschiedlichen Gebots- und Verbotsnormen,[545] denn während beispielsweise kartellrechtliche oder kapitalmarktrechtliche Normen primär die nationale Wirtschaft

---

Rule of Conduct und Remedy differenziert; ders., The New Federal Common Law for Tort Remedies for Violations of International Law, 37 Rutgers L. J. 635, 635 (2006); *Dodge*, 89 Notre Dame L. Rev. 1577, 1598 (2014); *Schaub*, 49 AVR (2004), 125, 131

543 *Colangelo*, Kiobel: Muddling the Distiction between Prescriptive and Adjudicative Jurisdiction, 28 Md. J. Int'l L. 65, 71ff. (2013); Ders., The Alien Tort Statute and the Law of nations in Kiobel and Beyond, 44 Geo. J. Int'l L. 1329, 1332 (2013); ders., 30 Mich. J. Int'l L. 881, 883 (2009); *Weinberg*, 99 Cornell L. Rev. 1471, 1490; *Wuerth*, 107 Am. Journ. Intl'l. L., 601, 619 (2013); *Steinhardt*, The Multiple Futures of Corporate Liability for Human Rights Litigation, 28 Md. J. Int'l L. 1, 23 (2013); *Casto*, 89 Notre Dame. L. Rev. 1545, 1546 (2014); insoweit ist von einem einheitlichen rechtspolitischen Ziel der völkerrechtlich determinierten Verhaltensnorm auszugehen und somit von einem "false conflict", vgl. hierzu: *Ziegenhain*, S. 250.

544 *Wuerth*, The Alien Tort Statute and Federal Common Law: A New Approach, 85 Notre Dame L. Rev. 1931, 1936 ff (2010); Dies., Online Kiobel Symposium: Alien Tort Statute and International Law, abrufbar unter: http://www.scotusblog.com/2012/07/online-kiobel-symposium-international-law-and-alien-tort-statute-litigation/#more-148978 (zuletzt aufgerufen: 27.01.2015); *Dodge*, 89 Notre Dame L. Rev. 1577, 1598 (2014).

545 *Weinberg*, 99 Cornell L. Rev. 1471, 1511 ff, 1515 ff. (2014), die auch nach allgemeinen kollisionsrechtlichen Erwägungen keinen Anlass dazu sieht, hier auf ein rein territoriales Konzept abzustellen: "(...) noticing the outdateness of the Kiobel Court's exclusively territorial approach."; *Colangelo*, 44 Geo. J. Int'l L. 1329, 1340 (2013).

bzw. den nationalen Kapitalmarkt regulieren sollen, zielt das ATS auf die Regulierung universeller und allgemein anerkannter schwerwiegender Völkerrechtsverletzungen ab und transportiert somit universelle Werte.[546] Bezüglich des zu regulierenden Verhaltens drohen somit auch keine tatsächlichen Friktionen mit anderen Rechtsordnungen. Denn während es grundsätzlich möglich ist, dass eine US-amerikanische, kapitalmarktrechtliche Vorschrift ein bestimmtes Verhalten sanktioniert wohingegen eine englische Norm das gleiche Verhalten sanktionslos lässt, und sich somit im Falle einer Anwendung der US-Norm auf einen englischen Sachverhalt und einen englischen Beklagten tatsächlich ein Konflikt in Form von widersprüchlichen rechtlichen Bewertungen droht,[547] drohen ähnliche Konflikte nicht, wenn es um die zivilrechtliche „Vollstreckung" universeller Verbotsnormen geht.[548] Die inhärente Ausübung der *prescriptive jurisdiction* seitens der Bundesgerichte steht, da diese richterliche Normbildung ohnehin auf universelle Völkerrechtsverstöße beschränkt ist, im Einklang mit internationalem Recht.[549] Die Anwendung des US-Rechts vollstreckt somit lediglich die völkerrechtlichen Gebotsnormen. Die Diskussionen um die extraterritoriale Anwendung sind somit verfehlt. Streitig sollte vielmehr die Frage sein, ob ein solcher Verstoß vor US-Gerichten durchzusetzen ist.[550] Jedoch betrifft letztere Frage nicht die *subject-matter jurisdiction* bzw. die *jurisdiction to prescribe*, sondern sie ist eine Frage der *adju-*

---

546 *Weinberg*, 99 Cornell L. Rev. 1417, 1490 (20149, *Colangelo*, A Unified Approach to Extraterritoriality, 97 Va. L. Rev. 1019, 1025 (2011); *ders.*, 30 Mich. J. Int'l L. 881, 883 (2009); *Casto*, 89 Notre Dame L. Rev. 1545, 1555 (2014).

547 Vgl. insoweit: Morrsion, 130 S.Ct. 2876, 2883 ff. (2010).

548 *Colangelo*, 44 Geo. J. Int'l L. 1329, 1340 (2013).

549 Vgl. hierzu den Rechtsgedanken des Restatment (Third) § 401 (a), § 404, der von einer völkerrechtlich akzeptierten „*Universal Jurisdiction*" zur Verfolgung bestimmter universaler Delikte ausgeht ohne diese auf das Strafrecht zu begrenzen, vgl. § 404 Comment b.: „Universal jurisdiction not limited to criminal law"; *Dodge*, 51 Harv. Int'l L. J. Online 31, 38 (2010); *Weinberg*, 99 Cornell L. Rev. 1471, 1500 (2014); ablehnend: *Ramsey*, 50 Harv. Int'l L. J. 271, 295 ff (2009), auch *Ramsey* sieht hierin eine Ausübung der prescriptive jurisidction, er verkennt jedoch, dass diese aufgrund der Spezifizität gerechtfertigt ist.

550 So auch: *Colangelo*, 97 Va. L. Rev. 1019, 1025 (2011); der zu Recht darauf hinweist, dass es zu Friktionen kommen kann, wenn es um das choice of forum geht; Brief of Civil Procedure Professors as Amici Curiae on Reargument in Support of Petitioners, S. 1, (Kiobel, 133 S.Ct. 1659).

dicative jurisdiction und somit dem Bereich der *personal jurisdiction* 'internationalen Zuständigkeit' zuzuordnen.[551]

Das einzige Argument des Supreme Courts das sich zumindest nicht vollständig widerlegen lässt, bezieht sich auf die drohende spiegelbildliche Inanspruchnahme von US-Bürgern durch ausländische Gerichte im Falle schwerwiegender Völkerrechtsverletzungen. Dieses rein politische Argument ist aus rechtlicher Sicht nicht sonderlich überzeugend, sondern vielmehr ein Beleg für die insoweit bestehende, überwiegend neokonservative Prägung des Supreme Court.[552] Außerdem lässt es sich empirisch entkräften, da trotz der steten Zunahme an ATS-Verfahren in den vergangenen 30 Jahren, eine –wie von Chief Justice Roberts befürchtete[553]– Klagewelle gegen US-Bürger vor ausländischen Gerichten ausblieb.[554] Insgesamt muss man somit feststellen, dass eine Anwendung der *presumption* auf die unter dem ATS anerkennungsfähigen Anspruchsgrundlagen nicht angezeigt ist.

3. Zwischenergebnis

Es verbleibt die Frage, warum es gerechtfertigt sein soll, dass eine Verletzung des Völkerrechts durch einen zivilrechtlichen US-amerikanischen Anspruch und insgesamt durch das *federal common law* geahndet werden kann? An dieser Stelle ist zunächst festzustellen, dass sich auch noch aus der Anwendung einer US-amerikanischen Schadensersatzanspruchsgrundlage, die sich auf eine universelle Völkerrechtsverletzung stützt, Kollisionen mit den Rechtsvorstellungen anderer Staaten ergeben können. Insbesondere können die Fragen nach einer angemessenen Schadensform bzw. –höhe zu unterschiedlichen Ergebnissen führen. Allerdings muss man sich vor Augen führen, dass es insofern nicht um das grundsätzliche Ob einer Sanktion geht, sondern um das Wie. Das Konfliktpotential ist somit a

---

551 *Casto*, 89 Notre Dame L. Rev. 1545, 1552 (2014); *Clopton*, 94 B. U. L. Rev. 1, 50 f. (2014); Supplemental Brief of Yale Law School Centre for Global Legal Challenges in Support of Petitioners 6 ff.

552 *Reimann*, in: FS *Stürner*, S. 1779, 1800.

553 Kiobel, 133 S.Ct. 1659, 1669 (2013).

554 Ebd., 1676 (Breyer, J., concurring), der auf weitere Schranken zur Vermeidung einer als exorbitant einzustufenden Jurisdiktionsausübung hinweist; *Casto*, 89 Notre Dame L. Rev. 1545, 1559 (2014); *Weinberg*, 99 Cornell L. Rev. 1471, 1501; Leval, 38 Yale J. Int'l L. 231, 231 (2013).

priori wesentlich geringer.[555] Die grundsätzliche Rechtswidrigkeit des Verhaltens bestimmt sich in ATS-Fällen nach dem Völkerrecht.[556] Die unter der Sosa-Formel anerkennungsfähigen Ansprüche verkörpern Paradigmen eines privatrechtlichen Universalitätsprinzips,[557] da das Bestehen der *subject-matter jurisdiction* zu einer partiellen Anwendung der materiellen *lex fori* führt. Die Zuständigkeit der Bundesgerichte führt also zur Anwendung des Bundesrechts.[558] Ein derartiger Gleichlauf stößt in den nach Sosa anerkannten Fällen auch nicht auf völkerrechtliche Bedenken.[559] Denn warum sollte eine universelle Zuständigkeit, die im Strafrecht bei gewissen Delikten anerkannt ist, nicht auch im Zivilrecht existieren,[560] zumal aus US-amerikanischer Sicht dieser Gleichlauf zusätzlich gerechtfertigt erscheint, da die privatrechtliche Schadensregulierung in den USA immer auch einem öffentlich-rechtlichen Interesse dient (*private law enforcement*) und durchaus strafrechtliche Elemente verkörpert. Die grundsätzliche Anwendung der *presumption* ist im Hinblick auf das ATS weder aus völkerrechtlichen noch außenpolitischen Gründen gerechtfertigt. Möchte man die *presumption* aus deskriptiven Erwägungen anwenden, da man in ihr einen „*faithful agent*"[561] des tatsächlichen gesetzgeberischen Willens erkennen möchte, so wird ihre Vermutung im Kontext des ATS widerlegt. Ein klareres Statement zugunsten einer extraterritorialen Anwendung, als

---

555 Zudem lassen sich derartige Kollisionen und extreme Widersprüche im Falle eines zivilrechtlichen Urteils oder Vergleichs auf der Ebene der Urteilsanerkennung bzw. -vollstreckung ausgleichen

556 *Casto*, 89 Notre Dame L. Rev. 1545, 1556 (2014); *Colangelo*, 44 Geo. J. Int'l L. 1329, 1340 (2013); ders., 28 Md. J. Int'l L. 65 (2013).

557 Vgl. hierzu unten ausführlich § 8.

558 Die Reichweite des Bundesrechts ist strittig, vgl. dazu unten § 5.

559 Vgl. hierzu auch: *Sloss*, 28 Md. J. Int'l L. 241, 245 ff.; § 404 Rest. of the Law (Third); ausführlich zum Universalitätsgrundsatz unten § 8.

560 *Grosswald Curran*, Extraterritoriality, Universal Jurisdiction, and the Challenge of Kiobel v. Royal Dutch Petroleum Co., 28 Md. J. Int'l L. 76,86 (2013); *Sloss*, 28 Md. J. Int'l L. 241, 244 f. (2013); vgl. Insoweit auch: Sosa, 124 S.Ct. 2739, 2783 (Breyer, J. concurring in part and in the judgment); *Donovan/Roberts*, The Emerging Recognition of Universal Civil Jurisdiction, 100 Am. J. Int'l L. 142 (2006).a.A. *Young*, Universal Jurisdiction, the Alien Tort Statute, and Transnational Public Law Litigation after Kiobel (March 14, 2014), 1, 47, abrufbar auf SSRN: http://ssrn.com/abstract=2409838 (zuletzt besucht: 27.01.2015).

561 *Young*, Universal Jurisdiction and ATS, *Young*, Universal Jurisdiction, the Alien Tort Statute, and Transnational Public Law Litigation after Kiobel (March 14, 2014), 1, 45, abrufbar auf SSRN: http://ssrn.com/abstract=2409838 (zuletzt besucht: 27.01.2015).

die Verwendung der Begriffe „*law of nations*" und „*any*", konnte der historische Gesetzgeber gar nicht abgeben, da zum Zeitpunkt des Erlasses dieser richterrechtliche Auslegungskanon noch gar nicht existent war.[562] Sicherlich ist die richterrechtliche Rechtsfortbildung und Rechtsfindung nicht unbegrenzt, sie wird jedoch durch die Sosa-Rechtsprechung ausreichend restringiert. Weitere völkerrechtliche Bedenken können im Wege der *Charming-Betsy-Rule* aus dem Wege geräumt werden,[563] die eine völkerrechtsfreundliche Auslegung des US-Rechts gebietet. Sie eignet sich idealweiser dazu, auf Grundlage einer *case-by-case*-Analyse Verstöße gegen das Völkerrecht, die sich durch die Anwendung des US-Rechts ergeben könnten, zu vermeiden.

Das ATS sollte als eine sehr spezifische Form der „*universal prescriptive jurisdiction*" gesehen werden, die die universale Anwendung des US-amerikanischen Sachrechts begründet, um spezielle Völkerrechtsverletzung zivilrechtlich zu ahnden.[564] Möchte man die Anwendung eines solchen Prinzips in territorialer Hinsicht restringieren, und darum geht es dem Supreme Court letztendlich, so erscheint die Vorgehensweise, die die Mindermeinung wählt, geeigneter. Die Anwendung der *presumption* ist also auch aus normativer Sicht nicht geboten. Ein solches Verständnis lässt sich schon aus einer historischen Perspektive begründen, da ein Primärziel des ATS darin bestand, zivilrechtliche Ansprüche für die Opfer der Piraterie zu gewährleisten. Die Piraten galten zu dieser Zeit als *hosti humani generis*, als Feinde der Menschheit.[565] Systematische und schwerwiegende Menschenrechtsverletzungen stellen moderne Äquivalente der Piraterie dar.[566] Ein Universalitätsgedanke war somit bereits in den historischen

---

562 *Colangelo*, 44 Geo. Journ. Int'l L. 1329, 1333 (2013); *Paust*, 53 Va. J. Int'l L. DIGEST 18, 29 (2012).

563 Murray v. Schooner Charming Betsy, 6 U.S. 64 (1802); *Bradley*, International Law, S. 15 ff.; *Colangelo*, 97 Va. L. Rev. 1019, 1090 (2011).

564 *Colangelo*, 44 Geo. Jour. Int'l L. 1329, 1332 (2013); *Grosswald Curran*, Extraterritoriality, Universal Jurisdiction, and the Challenge of Kiobel v. Royal Dutch Petroleum Co., 28 Md. J. Int'l L. 76, 86 (2013). Ausführlich hierzu unten § 8.

565 *Bradley*, International Law, S. 221; *Kontrorovich*, The Piracy Analogy: Modern Universal Jurisdiction's Hollow Foundation, 45 Harv. Int'l L. J. 183, 190 (2004).

566 So der Supreme Court selbst in: Sosa, 124 S.Ct. 2739, 2766 (2004) mit Zitat aus der Filartigà-Rechtsprechung („For purposes of Civil Liability the torturer has become –like the pirate or slave trader before him- hosti humani generis an enemy of all mankind"); *Swanson*, Terrorism, Piracy, and the Alien Tort Statute, 40 Rutgers L.J. 159, 203 (2008).

Tatbestand des ATS verankert, da es sich bei der Piraterie regelmäßig um ein Delikt mit überwiegendem Auslandsbezug handelte, für das schon frühzeitig eine Ausnahme zum damals noch strengeren Territorialitätsprinzip akzeptiert wurde. Insofern sollte man sich fragen, warum die Anerkennung des Universalitätsprinzips für moderne Delikte im Jahr 2013 nicht möglich sein sollte, wenn es im Hinblick auf die Piraterie bereits 1789 akzeptiert war.[567]

Die Kiobel Entscheidung generiert also insbesondere im Hinblick auf die Begründung der Mehrheit erhebliche Zweifel.[568] Die Entscheidungsbegründung der Minderheit, die zwar im konkreten Einzelfall zu demselben Ergebnis geführt hat, stellt einen vorzugswürdigeren und progressiveren Ansatz dar. Die Quintessenz der Entscheidung besteht darin, dass die Möglichkeit der richterlichen Anerkennung einer ATS-*federal common law cause of action* nicht nur hinsichtlich der Qualität der verletzten Völkerrechtsnorm beschränkt ist, sondern nunmehr auch in territorialer Hinsicht einer sehr weitreichenden Schranke unterliegt. Die Anerkennung einer Anspruchsgrundlage in *Foreign-Cubed-Cases* erscheint somit weitgehend ausgeschlossen. Darüber hinaus verbleibt auch nach Kiobel die grundsätzliche Möglichkeit, ein ATS-Verfahren vor einem US-Bundesgericht anhängig zu machen. In welchen Fällen das zukünftig noch der Fall sein kann, überlässt der Supreme Court zu weiten Teilen der Instanzrechtsprechung.

IV. Die Folgen der Kiobel Entscheidung

Trotz aller Kritik an der dogmatischen Begründung der Entscheidung des Supreme Court, können die rechtlichen und tatsächlichen Folgen von Kiobel natürlich nicht unterschlagen werden. Im Folgenden sollen zunächst die rechtlichen und dogmatischen Vorgaben, die sich für zukünftige Verfahren aus der Kiobel-Entscheidung ableiten lassen, dargelegt werden (1.). Im Anschluss hieran soll auf konkrete Einzelfallentscheidungen (2.), die sich im Nachgang zu Kiobel mit den offenen gebliebenen Fragen auseinandersetzen, eingegangen werden.

---

567 *Cleveland*, Columb. Journ. Transnat'l L. 8, 19 (2013).
568 Vgl. *Casto*, 89 Notre Dame L. Rev. 1545, 1558 ff (2014); *Sloss*, 28 Md. J. Int'l L. 241, 244 f. (2013); *Weinberg*, 99 Cornell L. Rev. 1471, 1478 ff. (2014).

1. Rechtliche Rahmenbedingungen nach dem Kiobel-Urteil

Mit sehr großer Gewissheit kann man prognostizieren, dass es aufgrund der restriktiven Rechtsprechung des Supreme Court in Zukunft zu einer Aufspaltung und teilweisen Erschöpfung der ATS-Litigation kommen wird. Verfahren mit reinem Auslandsbezug (sog. *f-cubed* oder *f3-cases*) werden *de lege lata* vor den Bundesgerichten kaum noch die Chance haben, eine *motion to dismiss* nach § 12 (b) (1) F.R.C.P. zu überstehen. Einzelfallkonstellationen, in denen das von der Mehrheit statuierte *Touch-and-Concern-* Erfordernis durch eine ausländische Beklagte und einen ausländischen Sachverhalt erfüllt sein wird, sind kaum vorstellbar. Zu denken wäre lediglich an Konstellationen, in denen die Verletzungshandlung unmittelbar auf dem US-Territorium zu lokalisieren ist[569] oder sie sich zumindest teilweise auf amerikanisches Hoheitsgebiet auswirkt. Die Schranken liegen aber insoweit sehr hoch, da selbst die Erfüllung des von der Mindermeinung geforderten Erfordernisses der Berührung nationaler, US-amerikanischer Interessen offensichtlich einen sehr weitreichenden Bezug zu den Vereinigten Staaten verlangt und rein ideelle Verbindungen hierfür offenbar nicht genügen. Teilweise wird vorgebracht, dass vergleichbare Sachverhaltskonstellation in Form von transnationalen Deliktsklagen vor den Gerichten der Einzelstaaten verhandelt werden könnten.[570] Warum die Erfolgschancen einer derartigen Vorgehensweise zumindest gegenüber ausländischen Beklagten aufgrund der neuesten Entwicklungen im Bereich der *personal jurisdiction* als gering einzuschätzen sind, wird in einem späteren Kapitel noch erörtert werden.[571] Relativ ungeklärt ist aber die Frage, ob sich eine Zuständigkeit nach dem ATS und eine Anwendung bundesrechtlichen Richterrechts begründen lässt, wenn

---

569 Vgl. hierzu mittlerweile: Mastafa v. Chevron Corp. 770 F.3 d 170, 170 ff. (2nd Cir. 2014), hierzu unten § 4 IV 2 d).

570 *Reimann*, IPRax 2013, S. 455, 461; *Alford*, Human Rights after Kiobel, 63 Emory L. J. 1089 ff. (2014); *ders.*, The Future of Human Rights Litigation after Kiobel, 89 Notre Dame L. Rev. 1749 ff. (2013); *Hoffmann/Stephens*, International Human Rights Cases under State Law and in State Courts, 3 U.C. Irvine L. Rev. 9, 10 (2013); *Chander*, Unshackling Foreign Corporation: Kiobel's Unexpected Legacy, 107 Am. Journ. Int'l L. 829, 832 (2013); *Childress*, The Alien Tort Statute, Federalism, and the Next Wave of Transnational Litigation, 100 Georgetown L. Journ. 709, 737 ff. (2012).

571 Siehe hierzu unten § 6.; vgl hierzu auch Mujica v. AirScan Inc., 771 F.3 d 580, 609 (9th Cir. 2014).

die behauptete Rechtsverletzung zwar im Ausland stattgefunden hat, sich die Klage aber gegen eine US-Beklagte richtet. Bei der Beurteilung dieser Frage ergibt sich ein heterogenes Meinungsbild, da selbst die Mehrheitsmeinung des Supreme Court insofern nicht einheitlich ist: *Chief Justice Roberts* hält eine Anwendung dann für möglich, wenn die Klagen das Territorium der USA mit nachhaltiger Bedeutung „berühren und betreffen".[572] An der Frage, wann das der Fall sein könnte, scheiden sich die Geister: So könnte man hierin sowohl eine kategorischen Ausschluss jeglichen extraterritorialen Verhaltens sehen als auch einen lediglich bedingten, der bei entsprechenden Inlandsbezug die *presumption* widerlegt. Richterin Alito bringt mit ihrer Zusatzbegründung zum Ausdruck, dass sie das ATS rein territorial angewandt haben möchte. Nach ihrer Auffassung wären somit nur solche Fälle unter dem ATS regulierbar, bei denen der Handlungs- oder Erfolgsort des Delikts auf US-amerikanischen Hoheitsgebiet liegen. Aus Richter Kennedys *concurring opinion* geht hervor, dass sich erst in Zukunft und anhand der Einzelfallrechtsprechung erschließen wird, wie sich die *presumption* deplatzieren lässt.[573]

Unter welchen Umständen das *Touch-and-Concern*-Erfordernis erfüllt ist, bleibt somit vage.[574] Aus der Kiobel-Rechtsprechung kann man nur schlussfolgern, dass weder die *mere corporate presence* der Beklagten noch das Bleiberecht und der Wohnsitz der Kläger in den USA ausreichende Bezüge zu den USA herstellen.[575] Gute Gründe sprechen allerdings dafür, dass das Erfordernis erfüllt ist, wenn es sich um eine US-amerikanische Beklagte handelt.[576] Denn dann würde, trotz einer Verletzungshandlung bzw. eines Verletzungserfolges im Ausland, ein nachhaltiger Bezugspunkt zum Staatsgebiet vorliegen. Außerdem sind die Bedenken, die bei einer extraterritorialen Rechtsanwendung gegenüber fremden

---

572 Kiobel, 133 S.Ct. 1659, 1669 (2013).
573 Ebd.
574 *Cleveland*, The Kiobel Presumption and Extraterritoriality, 52 Colum. J. Transnat'l L. 8, 20 (2013); *Slawotsky*, ATS Liability for Rogue Banking in a Post-Kiobel World, 37 Hastings Int'l & Comp. L. Rev. 121, 132 f. (2014).
575 Kiobel, 133 S.Ct. 1659, 1669 (2013); *Cleveland*, 52 Columb. J. Transnat'l L. 8, 11 (2013).
576 *Chander*, 107 Am. Journ. Int'l L. 829, 830 (2013); Hoffman, 52 Columb. J. Transnat'l L. 28, 44 f. (2013); *Bradley*, Attorney General Bradford's Opinion and the Alien Tort Statute, 106 Am. J. Int'l L. 509, 520 (2012); *Stephens*, 28 Md. J. Int'l L. 256, 273 (2013); *Cleveland*, 52 Colum. J. Transnat'l L. 8, 9, 21 (2013); *Casto* 89 Notre Dame. L. Rev. 1545, 1560 (2014).

Staatsangehörigen zum Tragen kommen, nicht einschlägig, wenn es um die Rechtsanwendung gegenüber eigenen Staatsangehörigen geht.[577] Ein derartiges Verständnis wird auch vom Telos des ATS gestützt. Denn gerade das Ausbleiben der Ahndung einer solchen Rechtsverletzung könnte zu den internationalen Spannungen führen, die bereits das historische ATS vermeiden wollte, da sich die Vereinigten Staaten dem Vorwurf ausgesetzt sehen könnten, sie gewährleisten Tätern schwerwiegender Völkerrechtsverletzungen unberechtigterweise Immunität.[578] Gerade die Verhinderung solcher negativen Konsequenzen war vom historischen Gesetzgeber beabsichtigt worden.[579] Hinzu kommt, dass die USA durch die Eröffnung des inländischen Rechtsweges ihre Staatsbürger bzw. nationale Unternehmen davor schützen könnten, in ausländischen Verfahren belangt zu werden. Insofern sprechen gewichtige Gründe dafür, dass, sobald sich ein unter dem ATS anerkennungsfähiger Anspruch gegen eine US-Beklagte richtet, das *touch-and-concern*-Erfordernis erfüllt ist.[580] Gegen einen vollkommen Ausschluss von Verletzungshandlungen und -erfolgen, die auf dem Hoheitsgebiet eines anderen Staates zu lokalisieren sind, spricht auch die Beifügung des Satzes „*and even where the claims touch and concern the ter-*

---

577 *Parrish*, Kiobel, Unilateralism, and the Retreat from Extraterritoriality, 28 Md. J. Int'l L. 208. 212 (2013); *Childress* III, Alien Tort Statute, Federalism and the Next Wave of Transnational Litigation, 100 Geo. L. J. 709, 734 (2012); *Ramsey*, 50 Harv. Int`l. L. J. 271, 292 f. (2009); Supplemental Brief fort he United States as Amicus Curiae in Partial Support of Affirmance (U.S. Amicus Brief II), S. 20, Kiobel 133 S.Ct. 1659 (2013); Kiobel 133 S.Ct. 1659, 1676 (Breyer, J., concurring); *Casto*, 89 Notre Dame L. Rev. 1545, 1563 ff. (2014); *Cassel*, Suing Americans for Human Rights Torts Overseas: The Supreme Court Leaves the Door Open, 89 Notre Dame L. Rev. 1773, 1778 f. (2014); *Steinhardt*, 89 Notre Dame L. Rev. 1695, 1707 ff. (2014).

578 *Bellia/Clark*, The Alien Tort Statute and the Law of Nations, 78 U.Chi. L. Rev. 445, 542 f.(2011): Bellia und Clark sehen den historischen Zweck des ATS darin, Ausländer bei jeglichem deliktischen Verhalten eines US-Staatsbürgers die Möglichkeit einzuräumen, vor einem Bundesgericht zu klagen: „Rather the ATS was designed to redress ordinary torts committed by US citizens against aliens." Im späteren Verlauf führen sie allerdings aus, dass dieser historische Zweck aus heutiger Sicht nicht mehr so umfassend besteht, da „undressed private harms to aliens no longer gives aliens` nations just cause to wage war"(Ebd., 550).

579 *Lee*, The Safe Conduct Theory of the Alien Tort Statute, 106 Colum. L. Rev. 830 (2006); *Bellia/Clark*, The Alien Tort Statute and the Law of Nations, 78 U. Chi. L. Rev. 445, 448 (2011); *Cleveland*, 52 Colum. J. Transnat`l L. 8, 17 (2013).

580 Vgl. hierzu auch: Doe v. Exxon, 654 F.3 d 11, 28 (D.C. Cir. 2011).

ritory (...)"[581]. Dieser Satz und die Verwendung der unbestimmten Rechtsbegriffe wären überflüssig gewesen, wenn *Chief Justice* Roberts von einer strikt territorialen Anwendung ausgegangen wäre. Somit sprechen weder historische Argumente noch politische Erwägungen grundsätzlich dafür, extraterritoriales deliktisches Handeln bzw. extraterritoriale Verletzungserfolge, die eigenen Staatsbürgern zugerechnet werden sollen, grundsätzlich vom Anwendungsbereich des ATS auszuschließen. In der Hinzufügung des *Sufficient-Force*-Kriteriums bringt Chief Justice Roberts jedoch gleichermaßen zum Ausdruck, dass der Inlandsbezug ein qualitatives Maß zu erfüllen hat. Insoweit könnte man durchaus daran denken, dass mittelbare Verletzungshandlungen (Beihilfe, Anstiftung, Unterlassen, fehlende Überwachung) nicht ausreichen, um die *presumption* zu widerlegen, da bei derartigen Handlungen die extraterritoriale Auswirkung der Rechtsanwendung überwiegt. Die „*touch and concern*"-Formel bringt also gewisse Unsicherheiten mit sich, da sie einen unbestimmten Rechtsbegriff einführt, der stets eine genaue Einzelfallanalyse erforderlich macht.[582] Im Ergebnis bleibt festzuhalten, dass ATS-Verfahren gegen US-amerikanische Unternehmen auch dann weiterhin möglich erscheinen, wenn die vermeintlichen Rechtsverletzungen im Ausland stattgefunden haben. An dieser Stelle verbleiben somit auch nach Kiobel noch offene Rechtsfragen, die in Zukunft durch die Rechtsprechung gelöst werden müssen.

2. Die Rechtsprechung nach der Kiobel-Entscheidung

Eine ATS-Prozessführung gegen Unternehmen ist also nach Kiobel nicht generell unmöglich geworden.[583] Nachdem die theoretischen Grundlagen dargestellt wurden, soll nun unter Zugrundelegung einzelner Entscheidun-

---

581 Kiobel, 133 S.Ct. 1659, 1669 (2013).
582 *Hoffmann*, Kiobel v. Royal Dutch Petroleum Co.: First Impressions, 52 Columb. J. Transnat'l L. 28, 39 ff.
583 Casto, 89 Notre Dame L. Rev. 1545, 1563 ff. (2014); Cassel, Suing Americans for Human Rights Torts Overseas: The Supreme Court Leaves the Door Open, 89 Notre Dame L. Rev. 1773, 1778 f. (2014); Steinhardt, 89 Notre Dame L. Rev. 1695, 1707 ff. (2014); *Hoffmann*, Kiobel v. Royal Dutch Petroleum Co.: First Impressions, 52 Columb. J. Transnat'l L. 28, 39 ff.; a.A. *Alford*, 89 Notre Dame L. Rev. 1749 ff. (2014).

gen erörtert werden, wie die Gerichte mit den durch Kiobel offengelasse-
nen Rechtsfragen umgegangen sind.[584]

a) Mwani v. Bin Laden

Auch wenn sich das Verfahren Mwani v. Laden[585] nicht gegen ein Unternehmen richtet, sondern gegen die terroristischen Organisation Usama Bin
Ladens, soll es hier Erwähnung finden. Das zuständige Gericht bejahte in
diesem Fall seine *subject-matter jurisdiction*, obwohl die Klage einen reinen Auslandsbezug vorwies: Die ausländischen Kläger machten gegenüber den ausländischen Beklagten einen Schadensersatzanspruch geltend,
der sich auf Delikte stütze, welche sich aus dem Terroranschlag auf die
US-amerikanische Botschaft in Nairobi im Jahre 1999 ergaben.[586] Trotz
des rein extraterritorialen Sachverhalts, legt das Gericht die Kiobel-Entscheidung dahingehend aus, dass sich dennoch eine Möglichkeit zur Widerlegung der *presumption* ergeben könne und wendet den
Touch-and-Concern-Test an. Dieser ist nach Auffassung des Gerichts auf
den ersten Blick erfüllt, da sich der Anschlag gegen die US-Botschaft
richtete und somit nationale Interessen berührt seien. Somit lässt sich ein
Nexus zu den USA auch dann herstellen, wenn sich das primäre deliktische Handeln gegen die USA und seine Einrichtungen richtet. Unumstöß-
lich ist diese Meinung sicher nicht, da man genauso gut die Meinung vertreten könnte, dass das deliktische Handeln in Bezug auf die klagenden
kenianischen Staatsbürger die USA nicht berühren und betreffen.

b) Balintulo v. Daimler

Die Entscheidung *Balintulo v. Daimler* ist dagegen ein Beleg für ein strikt
territoriales Verständnis und einer Nichtanwendbarkeit des ATS selbst gegenüber US-Beklagten in Fällen mit überwiegendem Auslandsbezug.[587]
Dieses Verfahren hat Klagen, die mit den Folgen der Apartheid im Zu-

---

584   Die Rechtsprechung wurde bis zum Zeitpunkt der Einreichung der Arbeit im Ja-
      nuar 2015 verfolgt und ausgewertet.
585   Mwani v. Laden, 947 F.Supp. 2 d 1 (D.D.C. 2013).
586   Mwani v. Laden, 947 F.Supp. 2 d 1 (D.D.C. 2013).
587   Balintulo v. Daimler, 727 F.3 d 174 (2nd Cir. 2013).

sammenhang stehen, zum Gegenstand. Neben der im Rubrum aufgeführten Daimler AG wurden hier auch die US-Konzerne Ford und IBM verklagt.[588] In seiner Entscheidung aus dem Jahre 2013 vertritt der *2nd Circuit* die Meinung, die Kiobel Entscheidung schließe *Common-Law*-Ansprüche immer dann aus, wenn sie sich leidglich aus einem Verhalten, das sich im Ausland zugetragen hat, ergeben könnten.[589] Die zuständigen Richter legten ihrer Entscheidung somit ein strikt territoriales Verständnis des ATS zugrunde, nach dem die Widerlegung der *presumption* nur dann in Frage kommt, wenn sich ein wesentlicher Teil des Geschehens auf amerikanischem Boden abspielen sollte. Nach dieser Auffassung wäre die *presumption* auch gegenüber den US-Beklagten einschlägig und ihr Eingreifen wäre unter diesen Voraussetzungen nur schwer auszuschließen. Das Gericht begründete seine Auffassung zunächst damit, dass die Mehrheitsmeinung in Kiobel darauf abstellt, dass das ATS keine Zuständigkeit begründe, sobald sich das streitgegenständliche Verhalten auf dem Territorium eines fremden Souveräns abspielen sollte.[590] Nach Auffassung des Gerichts wird durch die redundante Fokussierung auf den Ort der Verletzung bzw. des Verhaltens klargestellt, dass die Extraterritorialität strikt nach dem Ort des Geschehens zu beurteilen sei; da die Kläger in *Balintulo* aber überhaupt nicht auf inländisches Verhalten abstellen, sei die *presumption* offensichtlich einschlägig und nicht widerlegbar, da ohnehin nur ein inländisches Verhalten von gewisser Substanz zu ihrer Widerlegung führen könnte.[591] Die strikte Vorgehensweise des 2nd Circuit ist im Hinblick auf die US-Beklagten keineswegs zwingend, denn die Kiobel-Entscheidung ist insoweit nicht eindeutig genug. Die Argumentation des *2nd Circuit* ist nicht überzeugend. Ein rein verhaltensbasiertes Verständnis ist weder von der Auslegung (insbesondere auch nicht der historischen) des ATS noch vom Sinn und Zweck der *presumption* gedeckt. In Balintulo verkennt der *2nd Circuit,* dass alle Argumente (*foreign policy*, reziproke Inanspruchnahme US-amerikanischer Beklagter vor ausländischen Gerichten), die in Kiobel gegen eine Anwendung des ATS gesprochen haben,

---

588 Balintulo v. Daimler, 727 F.3 d 174, 179 (2nd Cir. 2013). Die unten erwähnten Verfahren gegen IBM und Ford stellen Verfahren einer anderen Klägergruppe (Nteszba) dar und sind von der Balintulo-Sammelklage zu unterscheiden.
589 Balintulo v. Daimler, 727 F.3 d 174, 182 (2nd Cir. 2013).
590 Balintulo v. Daimler, 727 F.3 d 174, 190 (2nd Cir. 2013).
591 Balintulo v. Daimler, 727 F.3 d 174, 190 f. (2nd Cir. 2013).

nicht mehr oder nur mit erheblich reduzierter Durchschlagskraft zum Tragen kommen, wenn es sich um eine US-Beklagte handelt.

c) In Re South African Apartheid Litigation

Vor den New Yorker Bundesgerichten waren noch weitere Verfahren, die sich auf die „unternehmerische Beihilfe und Unterstützung" des südafrikanischen Apartheitregimes stützten, anhängig.[592] In diesem Verfahren verklagte eine andere Klägergruppe die beiden US-Firmen, Ford und IBM.[593] In einem Beschluss vom 17.04 2014 gab die Bundesrichterin Scheindlin zunächst zu erkennen, dass nach ihrer Auffassung Unternehmen grundsätzlich unter dem ATS haftbar gemacht werden können und sie somit grundsätzlich von einer bestehenden Zuständigkeit des Bundesgerichts ausgeht. Hinsichtlich der Frage der Extraterritorialität wurde den Klägern aufgegeben, plausibel darzulegen warum ihre Klagen die USA mit nachhaltiger Stärke berühren und betreffen. Sie hielt also eine Widerlegung der presumption nicht für generell ausgeschlossen. Mit Urteil vom 28.08.2014 wurde die Klage jedoch mittlerweile abgewiesen.[594] Die Kläger warfen den US-Unternehmen vor, dass sie durch ihre südafrikanischen Tochterunternehmen und die Proliferation ihrer technisch und strategisch wichtigen Produkte maßgeblich zur Etablierung und Aufrechterhaltung des Apartheid-Regimes beigetragen hätten. Bezugspunkte zu den USA sahen die Kläger vorliegen, weil die Vorstände beider Unternehmen trotz entgegenstehender Verhaltenskodizes bzw. Handelsembargos entsprechende geschäftliche Aktivitäten nicht unterbunden hätten. Zu Beginn ihrer Entscheidung stellt *Judge* Scheindlin klar, dass die durch die Kiobel-Entscheidung gesetzten und von der Balintulo-Entscheidung nochmals erhöhten (sic!) Standards so hoch seien, dass sie auch in diesem Verfahren nicht

---

592 Die Antiapartheidklagen teilten sich ursprünglich in mehr als ein Dutzend Verfahren auf. Einen guten Überblick über den Sachverhalt und die Prozessgeschichte liefert: In Re South African Apartheid Litigation, 617 F. Supp. 2 d 228, 241 ff. (S.D.N.Y. 2009).

593 Die Klagen richteten sich ursprünglich auch gegen deutsche Unternehmen, wie die Rheinmetall AG und die Daimler AG. Diesen gegenüber wurde die Klage am 26.12.2013 zurückgewiesen, vgl. In Re South African Apartheid Litigation, 2013 WL 6813877, *2 (S.D.N.Y. 2013).

594 In Re South African Apartheid Litigation, 2014 WL 4290444, *1 (S.D.N.Y. 2014).

überwunden werden können. *Judge* Scheindlin stellt klar, dass sie einerseits die Bindung an die Vorgaben der *Balintulo*-Entscheidung andererseits aber auch die Faktenlage des Falles dazu zwingen würden, eine Widerlegung der *presumption against extraterritoriality* abzulehnen.[595] Sie sah insoweit auch deutliche Unterschiede zu einer Entscheidung des *4th Circuit*, in der das Berufungsgericht von einer Widerlegung der *presumption* ausging.[596] Die Klagen wurden insbesondere auch deswegen zurückgewiesen, da die behauptete Kontrolle der US Beklagten über ihre US-Töchter nicht ausreichen sollte, um einen hinreichenden Inlandsbezug zu schaffen. Insoweit geht aus dieser Entscheidung hervor, dass das ausländische Verhalten einer ausländischen Tochter nicht ausreichen soll, um dem „*touch and concern*"-Erfordernis zu genügen und zwar auch dann nicht, wenn es dem Mutterunternehmen möglichweise im Rahmen einer Stellvertreterhaftung zugerechnet werden könnte.[597]

d) Mastafa v. Chevron Corp.[598]

In einem weiteren Fall der von einem Bundesberufungsgericht des 2nd Circuit erlassen wurde, zeigt sich anschaulich, wie und unter welchen Umständen sich die *presumption* auch gegenüber einer ausländischen Beklagten widerlegen lässt. In dem Verfahren warfen die Kläger der US-amerikanischen Firma Chevron sowie der französischen Bank BNP Paribas vor, sich mittelbar an schwerwiegenden Völkerrechtsverletzungen (u.a. Völkermord) im Irak beteiligt zu haben. Den Vorwurf der Beteiligung stützen die Kläger vornehmlich darauf, dass sowohl der US-Ölkonzern Chevron als auch die Bank BNP Paribas das Regime Saddam Husseins durch die Finanzierung bzw. Abwicklung verschiedener Ölgeschäfte unterstützt habe, obwohl zum Zeitpunkt der Vornahme dieser unternehmerischen Handlungen UN-Sanktionen solche Geschäfte verboten bzw. eingeschränkt hatten.[599] Bei der Frage, ob es den Klägern gelungen war, die *presumption* zu

---

595 In Re South African Apartheid Litigation, 2014 WL 4290444, *1, 5 (S.D.N.Y. 2014).

596 Vgl. hierzu gleich unter f), Al Shimari v. CACI, 758 F.3 d 516 (4th Cir. 2014).

597 Fragwürdig im Hinblick auf die Entscheidung in Mastafa v. Chevron Corp. 770 F.3 d 170 (2nd Cir. 2014), vgl. unten d).

598 Mastafa v. Chevron Corp. 770 F.3 d 170 (2nd Cir. 2014).

599 Mastafa v. Chevron Corp. 770 F.3 d 170, 174 ff. (2nd Cir. 2014).

widerlegen, ging das Bundesberufungsgericht davon aus, dass eine verhaltensbezogene Analyse vorzunehmen sei und man im Rahmen dieser klären müsse, wo der Schwerpunkt des tatbestandsmäßigen Verhaltens zu lokalisieren sei.[600] Interessanterweise gelangte das Gericht dann zu der Auffassung, dass die, den Beklagten vorgeworfen Beihilfehandlungen geeignet erschienen, um die *presumption* zu widerlegen und möglicherweise einen Anspruch unter dem ATS begründen können.[601] Zu dieser Schlussfolgerung gelangte das Gericht, da sich die Tatvorwürfe vornehmlich auf die unternehmerischen Tätigkeiten beider Beklagten in den USA konzentrierten und beispielsweise die Finanzierung und Verschleierung der irakischen Ölgeschäfte durch die BNP Paribas tatsächlich vornehmlich mittels eines New Yorker Bankaccounts vorgenommen wurden.[602] Auch wenn die Klage letztendlich aus anderen Gründen abgewiesen wurde[603], zeigt das Urteil, dass sich die *presumption* auch durch einen restriktiven, rein verhaltensbezogen Ansatz widerlegen lässt und das selbst dann, wenn die Klage gegen einen ausländischen Beklagten richtet, ein Verfahren vor einem US-Gericht möglich ist.

---

600 Mastafa v. Chevron Corp. 770 F.3 d 170, 185 f. (2nd Cir. 2014).

601 Mastafa v. Chevron Corp. 770 F.3 d 170, 189 ff. (2nd Cir. 2014). Das ist in zweifacher Weise bemerkenswert: Zum einen geht aus diesen Feststellungen hervor, dass selbst die Beihilfetaten ausreichen können, um die presumption zu widerlegen und sich eine territoriale Anknüpfung auch durch sie herstelllen lässt und nicht nur durch die Haupttat. Zum anderen muss erwähnt werden, dass das Urteil vom Bundesberufungsgericht in New York unter dem Vorsitz desselben Richters erlassen wurde, der ursprünglich in der Berufungsentscheidung zu Kiobel geurteilt hatte, dass eine corporate liability unter dem ATS nicht in Frage kommt.

602 Mastafa v. Chevron Corp. 770 F.3 d 170, 190 f. (2nd Cir. 2014); ebd., 195: "Here, plaintiffs have alleged specific, domestic conduct in the complaint—namely, Chevron's oil purchases, financing of oil purchases, and delivery of oil to another U.S. company, all within the United States; and BNP's use of a New York escrow account and New York-based "financing arrangements" to systematically enable illicit payments to the Saddam Hussein regime that allegedly facilitated that regime's violations of the law of nations, namely war crimes, genocide, and other crimes against humanity. This U.S.-based conduct "touches and concerns" the United States to satisfy the first prong of our extraterritoriality analysis."

603 Die Klagen scheiterte daran, dass der klägerische Vortrag nicht schlüssig darlegen konnte, dass die Beklagten vorsätzlich in Bezug auf die Beihilfehandlung gehandelt hatten, vgl. Mastafa v. Chevron Corp. 770 F.3 d 170, 189 ff. (2nd Cir. 2014).

e) Cardona v. Chiquita Brands International, Inc.[604]

In diesem Verfahren hatte der 11th Circuit über eine Sammelklage mehrerer tausender Kolumbianer zu entscheiden. Die Kläger warfen den beiden Beklagten (*Chiquita International* und *Chiquita North America*) vor, an paramilitärischen Aktionen, die zur Folter, Körperverletzungen und dem Tod verschiedener Arbeitnehmer geführt hatten, beteiligt gewesen zu sein. Insbesondere wurde dem Unternehmen die finanzielle Unterstützung der paramilitärischen AUC vorgeworfen. In einem Strafverfahren aus dem Jahre 2007 musste Chiquita bereits eine Zahlung in Höhe von 25 Millionen USD leisten, da es entsprechende Zahlungen tatsächlich gegeben hatte.[605] Der 11th Circuit gelangte nunmehr in einer 2:1-Entscheidung zu dem Ergebnis, dass sich die Zuständigkeit aus dem ATS nicht ergebe. In einer sehr mechanischen Anwendung des Kiobel-Urteils stellte das Gericht fest, dass sich die *presumption* nicht widerlegen lasse, da das gesamte relevante Verhalten außerhalb der USA zu lokalisieren sei und sich auch aus der Tatsache, dass es sich bei den Beklagten um US-Unternehmen handelt, kein Unterschied zur Kiobel-Rechtsprechung ergeben könne. Die Mehrheitsmeinung stellte schlichtweg auf das Verhalten ab, das unmittelbar zu der Rechtsgutsverletzung führt (Folter, Kriegsverbrechen etc.) und schließt daraus, dass dieses primäre Verhalten insgesamt in Kolumbien zu lokalisieren sei, so dass sich kein hinreichender Inlandsbezug zu den USA herstellen lässt. Differenzierender ist die *dissenting opinion* von *Judge* Martin. Sie stellt zunächst fest, dass sich aus der *Kiobel*-Entscheidung nur wenige Rückschlüsse ergeben, welche Inlandsbezüge tatsächlich bestehen müssen, damit die *presumption* widerlegt werden kann. Nach ihrer Auffassung lässt sie sich aber gerade in diesem Fall widerlegen, da die Beklagte Chiquita International ihren Sitz in den USA hat und das Verhalten, welches einen Anspruch gegen die Beklagte begründet nicht nur auf ausländischem Gebiet stattgefunden habe. Weiterhin führt sie aus,

---

604 Cardona v. Chiquita Brands International, Inc., 760 F.3 d 1185 (11th Cir. 2014).
605 Plaintiffs-Appellees Cross-Appelants' Response Brief and Cross-Appeal Opening Brief, In Re Chiquita Brands Int. Inc., Alien Tort Statute Litigation, Case No. 12-14898, http://dg5vd3ocj3r4 t.cloudfront.net/sites/default/files/documents/In-re-Chiquita-Plaintiffs-Appellants-Response-Brief-7.31.13.pdf; http://www.reuters.com/article/2014/07/24/chiquita-colombia-decision-idUS-L2N0PZ28P20140724 (letzter AUfruf: 30.01.2015); United States v. Chiquita Brands Int'l, Inc., CR No. 07-055 (D.D.C. Jan. 15, 2007), Doc. 111, Exhibit 2.

dass die Präsenz der Beklagten in den USA nicht mit der „*mere corporate presence*" der Beklagten in Kiobel vergleichbar sei, da die Beklagte (*Chiquita Inc.*) in New Jersey gegründet wurde und ihren Verwaltungssitz in Ohio habe. Insofern schlussfolgert Richterin Martin, dass bereits aufgrund des passiven Personalitätsprinzip eine Entscheidungsmacht amerikanischer Gerichte bestehe und zwar unabhängig davon, ob das Verhalten im In- oder Ausland stattgefunden habe.[606] Zudem sieht sie den historischen Sinn und Zweck des ATS gerade darin begründet, eine Anspruchsgrundlage für Fälle zur Verfügung zu stellen, in denen US-Staatsangehörige das Völkerrecht verletzen.[607] Zusätzlich bezieht sich Richterin Martin darauf, dass die vorgeworfenen Tathandlungen (wiederkehrende Zahlungen und Waffenlieferungen an Paramilitärs im Wissen ihres Einsatzes und Missbrauchs) nicht auf ausländischem Boden sondern primär in den USA stattgefunden haben.[608] Es gehe somit auch nicht um ein mit dem Balintulo-Sachverhalt vergleichbares Verhalten, da in diesem Verfahren für die Klageabweisung ausschlaggebend war, dass es nur um eine unterlassene Überwachung der ausländischen Tochterunternehmen ging und nicht um eine direkte unmittelbare Aktivität im Zusammenhang mit der Völkerrechtsverletzung. Nach all dem ist Richterin Martin der Auffassung, dass diese Klagen das „*touch and concern*"-Erfordernis erfüllen und eine Anwendung des ATS unumgänglich ist.[609]

f) Al-Shimari v. Caci Intern. Co.

In einem Verfahren gegen ein Unternehmen (*Caci Intern.*), das im Zuge des Irakkrieges verschiedene Dienstleistungen für das US-Militär übernahm, legte ein Bundesgericht des *Eastern Districts of Virginia* seiner Entscheidung zunächst ein rein verhaltensbezogenes Verständnis des

---

606 Cardona v. Chiquita Brands International, Inc., 760 F.3 d 1185, 1192 f. (Martin, J., dissenting, 11th Cir. 2014).

607 Cardona v. Chiquita Brands International, Inc., 760 F.3 d 1185, 1194 (Martin, J., dissenting, 11th Cir. 2014), mit Verweis auf Attorney General William Bradford, 1 Op. Att`y Gen. 57 (1795).

608 Cardona v. Chiquita Brands International, Inc., 760 F.3 d 1185, 1194 f. (Martin, J., dissenting, 11th Cir. 2014).

609 Cardona v. Chiquita Brands International, Inc., 760 F.3 d 1185, 1195 (Martin, J., dissenting, 11th Cir. 2014).

„*touch and concern*"-Erfordernisses zu Grunde.[610] Die Kläger nahmen die Unternehmen für behauptete Menschenrechtsverletzungen (u.a. Folter) in Anspruch, die die Kläger im irakischen Gefängnis Abu Gharaib erlitten haben sollen und an denen die Beklagten als Dienstleister für das US-Militär beteiligt gewesen sein sollen. Das Bundesgericht vertrat in seiner Entscheidung die Auffassung, dass sich die *subject-matter jurisdiction* nach dem ATS nicht begründen lasse, da sich das streitgegenständliche Verhalten vollkommen auf ausländischem Boden ereignete.[611] Das Gericht folgte auch nicht der Ansicht der Kläger, dass sich die *presumption* aufgrund eindeutiger Beziehungen zu den USA widerlegen lasse. Nach Auffassung des Gerichts folgt aus der Kiobel-Entscheidung ein strikt territorialer Ansatz, der nur durch einen entsprechenden legislativen Akt widerlegt werden könne, nicht aber durch eine gerichtliche Entscheidung.[612] Das Gericht musste aber zugestehen, dass die „*touch-and-concern*"-Formulierung des Supreme Court durchaus auch eine Interpretation zulässt, nach der es kategorische Ausnahmen zu einer rein territorialen Auslegung geben kann.[613] In dem vorliegenden Fall eine solche Ausnahme zu erkennen, lehnt das Gericht mit dem pauschalen Hinweis darauf ab, dass ein strikter Territorialitätsgrundsatz das „Herz der Entscheidung" sei.[614] Im weiteren Verlauf offenbart das Gericht allerdings auch seine Unsicherheit, indem es zugesteht, dass es sich darüber im Unklaren befindet, wie der „*touch-and-concern*"-Test anzuwenden sei;[615] aus einer Zusammenschau der Entscheidungsgründe in Kiobel und Morrison schlussfolgert das Gericht dann aber, dass ein Test, der die Frage nach der Extraterritorialität anhand des Schwerpunktes des deliktischen Verhaltens beantworten möchte, nicht geboten sei, da sich sonst immer eine Ausnahme zur Vermutung gegen die Extraterritorialität finden lasse.[616] Diese Entscheidung offenbart die Unsicherheiten, die die Kiobel-Entscheidung hinterlassen.

---

610 Al-Shimari v. Caci Intern. Co., 951 F.Supp. 2 d 857 (E.D.Va., 2013).
611 Al-Shimari v. Caci Intern. Co., 951 F.Supp. 2 d 857, 865 (E.D.Va., 2013).
612 Al-Shimari v. Caci Intern. Co., 951 F.Supp. 2 d 857, 866 (E.D.Va., 2013).
613 Al-Shimari v. Caci Intern. Co., 951 F.Supp. 2 d 857, 867 (E.D.Va., 2013): "Admittedly, Plaintiffs' reading of Kiobel is a fair one. Its "touch and concern" language is textually curious and may be interpreted by some as leaving the proverbial door ajar for courts to eventually measure its width."
614 Al-Shimari v. Caci Intern. Co., 951 F.Supp. 2 d 857, 867 (E.D.Va., 2013).
615 Al-Shimari v. Caci Intern. Co., 951 F.Supp. 2 d 857, 867 f. (E.D. Va., 2013).
616 Al-Shimari v. Caci Intern. Co., 951 F.Supp. 2 d 857, 868, Fn. 5 (E.D. Va., 2013).

Dass diese Art der Entscheidungsbegründung keinesfalls apodiktisch ist, beweist das Urteil des Berufungsgerichts,[617] das die Entscheidung des *District Court* aufhebt. Der 4th Circuit stellte klar, dass im vorliegenden Verfahren extreme und relevante Verbindungen zu den USA bestehen.[618] Hierbei bezog sich das Gericht insbesondere darauf, dass es sich um Foltervorwürfe gegen amerikanische Staatsbürger handele, die Angestellte der Beklagten waren. Auch reiche ein bloßer Verweis darauf, dass Handlungs- und Erfolgsort des Deliktes auf ausländischem Territorium liegen, nicht aus, um einen Inlandsbezug zu den USA zu verneinen. Weiterhin verwies das Gericht darauf, dass die Mitarbeiter des Unternehmens, die an den behaupteten Folterungen beteiligt gewesen sein sollen, von der Beklagten in den USA ausgewählt wurden, um einen in den USA mit dem Innenministerium geschlossen Vertrag zu erfüllen. Außerdem beinhalten die klägerischen Vorwürfe auch Hinweise darauf, dass das Management über das Fehlverhalten seiner Mitarbeiter informiert wurde und versucht haben soll diese Vergehen zu vertuschen. [619] Insgesamt seien somit die Verbindungen zu den USA wesentlich größer und substantieller als im Sachverhalt des Falles *Balintulo v. Daimler*.[620] Der *4th Circuit* begutachtete die Gesamtumstände des Falles und schließt eine Klagemöglichkeit nicht pauschal aus, wenn sich das unmittelbare deliktische Verhalten und der Eintritt der Rechtsgutsverletzung der Haupttat vollständig auf fremdem Territorium zugetragen haben.

g) Sexual Minorities Uganda v. Lively

Einen vergleichbaren Umgang mit der Kiobel-Rechtsprechung offenbart auch die Entscheidung eines Bundesgerichts aus Massachusetts.[621] In diesem Verfahren machen die Angehörigen sexueller Minderheiten aus Uganda Ansprüche unter dem ATS gegen den amerikanischen Staatsbürger Scott Lively geltend. Sie werfen diesem vor, wesentlich dazu beigetragen zu haben, dass sexuelle Minderheiten in Uganda durch den Staat, die Medien und anderen Beteiligte systematisch verfolgt, teilweise getötet und

---

617 Al-Shimari v. Caci Intern. Co., 758 F.3 d 516 (4th Cir. 2014).
618 Al-Shimari v. Caci Intern. Co., 758 F.3 d 516, 527 ff. (4th Cir. 2014).
619 Al-Shimari v. Caci Intern. Co., 758 F.3 d 516, 528 f. (4th Cir. 2014).
620 Al-Shimari v. Caci Intern. Co., 758 F.3 d 516, 529 (4th Cir. 2014).
621 Sexual Minorities Uganda v. Lively, 960 F. Supp. 2 d 304 (D.Mass. 2013).

diskriminiert werden.[622] Der District Court sah die *subject-matter jurisdiction* nach dem ATS begründet, da die vorgebrachten Tatsachen möglicherweise Verbrechen gegen die Menschlichkeit darstellen könnten und somit ein unter Sosa anzuerkennender Anspruch bestehen könnte.[623] Der District Court sah sich selbstverständlich auch mit der Frage der Extraterritorialität konfrontiert, da die primären Delikte, die überhaupt einen Klagegrund nach dem ATS statuieren könnten (systematische, diskriminierende Verfolgung sexueller Minderheiten) in Uganda stattfanden und lediglich ein Teil der potentieller Beihilfehandlungen (*aiding and abetting*) in den USA zu verorten waren.[624] Bei seiner Analyse stellte das Gericht zunächst fest, dass sich der vorliegende Sachverhalt insoweit von Kiobel unterscheide, als dass der Beklagte ein US-Staatsbürger mit Wohnsitz in Springfield sei und sich ein wesentlicher Teil des tatbestandsmäßigen Verhaltens seiner Beihilfehandlungen in den USA zugetragen hatte.[625] Anschließend erläutert das Gericht, dass die *presumption* widerlegbar sei und selbst nach dem restriktivsten Verständnis von Richterin Alito eine *federal common law*-Anspruchsgrundlage in Frage komme, wenn das inländische Verhalten die Verletzung einer, von Sosa anerkannten Rechtsnorm begründet.[626] Das Gericht weist darauf hin, dass die *presumption* davor schützen möchte, dass es zu außenpolitischen Problemen kommt, wenn das US-Recht gegenüber Ausländern in Zusammenhang mit einem ausländischen Sachverhalt zur angewendet wird, dass derartige Probleme aber nicht immanent sind, wenn es sich um ein US-Beklagte handelt. Vielmehr könnten sich in einer solchen Situation gerade aus der Nichtanwendung des US-Rechts außenpolitische Verwerfungen ergeben.[627] Auch aufgrund der Tatsache, dass

---

622 Sexual Minorities Uganda v. Lively, 960 F. Supp. 2 d 304, 314 f. (D.Mass. 2013); vgl. zu den Hintergünden auch: Alex Seitz-Wald, The National Journal (23.01.2014), abrufbar unter: http://www.nationaljournal.com/gay-washington/ev angelicals-are-winning-the-gay-marriage-fight-in-africa-and-russia-20140123 (letzter Aufruf: 27.01.2015).

623 Die insoweit vorbildliche und lesenswerte Analyse des Gerichts kann an dieser Stelle keine ausführliche Beachtung finden, vgl. Sexual Minorities Uganda v. Lively, 960 F. Supp. 2 d 304, 315 ff. (D.Mass. 2013).

624 Der Beklagte verbreitete seine Ideologie nämlich auch während Aufenthalten in Uganda.

625 Sexual Minorities Uganda v. Lively, 960 F. Supp. 2 d 304, 322 (D.Mass. 2013).

626 Ebd., insoweit geht das Gericht aber nicht darauf ein, dass Richterin Alito bei der Lokalisierung wohl auf das Primärvergehen abstellen möchte.

627 Sexual Minorities Uganda v. Lively, 960 F. Supp. 2 d 304, 322 f. (D.Mass. 2013).

sich der Erfolgsort der Tat („*impact*") im Ausland befinde, könne ein möglicher Anspruch nicht zwangsläufig ausgeschlossen werden.[628] Die Argumentation des Gerichts ist nachvollziehbar. Es bleibt anzumerken, dass sie sich problemlos auch auf Sachverhalte übertragen lässt, in denen einem US-Unternehmen die Beihilfe zu extraterritorialen Völkerrechtsverletzungen vorgeworfen wird. Sie widerlegt eine Sichtweise die alleine auf den Ort des primären Verletzungsverhaltens abstellt und bezieht potentielle Beihilfeakte mit ein. Auch wenn -wie hier- der Eintritt der Rechtsgutsverletzung extraterritorial war,[629] könnten *federal common law claims* unter dem ATS entstehen, da der Klagegrund eine ausreichende Beziehung zu den USA als Gerichtsstaat aufweist, wenn eine US-Beklagte am Prozess beteiligt ist und mögliche Beihilfehandlungen auch teilweise im Inland vollbracht wurden.[630]

h) Doe v. Nestlé

Auch für den *9th Circuit* sind die neuen Schranken des Kiobel-Urteils nicht unumgänglich, wenn das Verhalten und der Schadenseintritt der Haupttat im Ausland zu lokalisieren sind. In seiner Entscheidung vom 19.12.2013 stellt das Gericht zunächst klarstellend fest, dass eine Haftung von Unternehmen unter dem ATS grundsätzlich möglich sei.[631] Nach seiner Auffassung stellt die Kiobel-Entscheidung des Supreme Court hierzu ein Bekenntnis dar.[632] Das Gericht räumt den Klägern die Möglichkeit ein ihren Klagevortrag im Lichte der Kiobel-Entscheidung zu ergänzen und deutet somit darauf hin, dass es nicht beabsichtigt einem strikten territoria-

---

628 Sexual Minorities Uganda v. Lively, 960 F. Supp. 2 d 304, 322 (D.Mass. 2013); vgl. auch: Krishanti v. Rajaratnam, 2014 WL 1669873 *1, 10 (D.N.J., 2014), in diesem Verfahren verklagen sri-lankesische Kläger einen ehemaligen sri-lankesischen Hedge-Fond Manager sowie eine sri-lankesische NGO, denen sie die Unterstützung der separatistischen Terrororganisation LTTE (Liberation Tigers of Tamil Elan) vorwerfen.

629 In Sexual Minorities erfolgten die möglichen Verbrechen gegen die Menschheit (systematische Diskriminierung) vollständig in Uganda.

630 Ob diese notwendigerweise im Inland erbracht werden mussten, geht nicht aus der Entscheidung hervor.

631 Doe v. Nestle, 738 F.3 d 1048 (9th Cir. 2013).

632 Doe v. Nestle, 738 F.3 d 1048, 1049 ("Kiobel suggesting in dicta that corporations may be held liable"); Doe v. Neste, 766 F.3 d 1013, 1021 (9th Cir. 2014).

len Ansatz zu folgen, da es ansonsten Klagen zumindest gegenüber den ausländischen Nestlé–Konzerngesellschaften hätten abweisen können. In einem weiteren Beschluss vom 04.09.2014 widerruft der 9th Circuit zwar seinen vorangegangenen Beschluss, ordnet aber in der Konsequenz die gleiche Rechtsfolge an und gewährt den Kläger das Recht die Klageschrift im Hinblick auf die Frage nach der Extraterritorialität zu ändern.[633] Insbesondere bleibt es auch bei der Aufhebung und Zurückverweisung des erstinstanzlichen Urteils, welches die Klage noch aufgrund des § 12 (b) (6) F.R.C.P. zurückgewiesen hatte. Das Gericht nimmt neben der Frage, ob eine Klage wegen Beihilfe zu einer spezifischen und schwerwiegenden Völkerrechtsverletzung unter dem ATS justiziabel ist, auch zu der Frage der Extraterritorialität kurz Stellung, ohne diese abschließend zu klären. Das Gericht bezeichnet die *Touch-and-Concern*-Formel zunächst als gestaltlos und unklar.[634] Zudem weist das Gericht die Argumentation der Beklagten, die *Touch-and-Concern*-Formel sei mit Hilfe des durch die *Morrison*-Rechtsprechung entwickelten *Focus-Test* zu interpretieren, zurück.[635] Der 9th Circuit begründet dies damit, dass die Kiobel Entscheidung den *Focus-Test* in keiner Weise aufgreift, sondern vielmehr eine eigenständige Touch-And-Concern-Formel entwickelt hat.[636] Aus der Vorgehensweise des 9th Circuit[637] kann geschlussfolgert werden, dass er es

---

633 Doe v. Nestle, 766 F.3 d 1013 (9th Cir. 2014).

634 Doe v. Nestle, 766 F.3 d 1013, 1028 ("amorphous").

635 Doe v. Nestle, 766 F.3 d 1013, 1028, mit Verweis auf: Morrison, 130 S.Ct. 2884, 2888 (2010), nach dem „focus-test" ist es möglich eine territoriale beschränkte Norm auch auf ein Verhalten anzuwenden, das sowohl im Ausland als auch im Inland wirkt, wenn das Hauptgeschehen dem inländischen Anwendungsbereich der Norm unterliegt; vgl. aber a. A.: Eine andere Kammer des 9th Circuit kommt zu einer gegenteiligen Auffassung, vgl. Mujica v. AirScan Inc., 771 F.3 d 580, 594 (9th Cir. 2014) und wendet eine rein verhaltensbezogene Analyse an. Von dieser Auffassung weicht allerdings auch ein Richter der Kammer, Judge Zilly, ab: Mujica v. AirScan Inc., 771 F.3 d 580, 594 (Zilly, J. concurring in part and dissenting in part 9th Cir. 2014). Judge Zilly stellt klar (ebd., 618), dass der Touch-And-Concern-Test lediglich erfordert, dass die „claims" das US-Territorium betreffen müssen, nicht aber das „alleged tortiuos conduct".

636 Doe v. Nestle, 766 F.3 d 1013, 1028; a.A.: Der, teilweise von der Enstcheidung abweichende, Richter Rawlinson vertritt dagegen die Auffassung, der Focus-Test müsse angewandt werden, vgl. Doe v. Nestle, 766 F.3 d 1013, 1038 (Rawlinson, J. concurring in part and dissenting in part).

637 Das Einräumen der Möglichkeit zur Erörterung der Fragen der Extraterritorialität wäre nicht erforderlich gewesen, wenn das Gericht eine Widerlegung der presumption für aussichtslos gehalten hätte, vgl.: Doe v. Nestle, 766 F.3 d 1013,

selbst dann für möglich hält die *presumption* zu widerlegen, wenn sich die Haupttat (hier: Verstoß gegen das Verbot der Sklaverei) vollständig in einem fremden Staat (Elfenbeinküste) ereignet hat und dem Beklagten (hier: Nestlé USA, Inc.) nur Beihilfe und Förderung dieser Tat vorgeworfen wird.

i) Doe v. Exxon Mobil Corp.

In Doe v. Exxon Mobil Corp. geht es um die Beteiligung des US-amerikanischen Ölkonzerns Exxon Mobil sowie weiterer Konzernunternehmen an schwerwiegenden Menschen- und Völkerrechtsverletzungen, die unmittelbar durch das indonesische Militär begangen wurden. Nachdem das Bundesberufungsgericht des *District of Columbia* noch vor Erlass der Kiobel-Entscheidung von einer extraterritorialen Anwendbarkeit des ATS ausgegangen war[638], musste es die Sache im Lichte der zwischenzeitlich ergangenen Supreme Court Rechtsprechung dann an den *District Court* zurückverweisen. [639] Nachdem dieser die Rechtsauffassungen anderer Gerichte evaluierte und darstellte, kam er zu folgenden Rückschlüssen: Zunächst stellte das Gericht fest, dass sich die *presumption* nicht alleine dann widerlegen lasse, wenn die Beklagte über die US-Staatsbürgerschaft verfüge. Vielmehr müsse zusätzlich vorgetragen werden, dass zumindest ein Teil des tatbestandsmäßigen Verhaltens einen territorialen Bezug zu den USA aufweist.[640] Hinsichtlich der Qualität, die dieses Verhalten aufweisen muss, deutet das Gericht an, dass es sich hier nicht zwangsläufig um eine physische unmittelbare Tathandlung handeln muss, sondern dass auch Handlungen, die sich als bloße wissentliche oder unterstützende Tätigkeit darstellen, genügen können, um einen Inlandsbezug herzustellen.[641] Aufgrund der bisher von den Klägern vorgetragenen Fakten erscheint es für das Gericht zumindest möglich, dass die Klagen das US-Territorium be-

---

1028, mit Verweis auf: Moss v. U.S. Secret Serv., 572 F.3 d 962, 972 (9th Cir. 2009).

638 Doe v. Exxon, 654 F.3 d 11 (D.C.Cir. 2011).

639 Doe v. Exxon, 527 Fed. Appx. 7 (D.C.Cir. 2013).

640 Doe v. Exxon, 527 Fed. Appx. 7 (D.C.Cir. 2013).

641 Doe v. Exxon, XXX F.3 d.XXX, 2014 WL 4746256 *1, 12 (D.D.C. 2014), mit Verweis auf: Al Shimari v. Caci, 758 F.3 d 516, 528 f. (4th Cir.).

rühren und betreffen könnten und es gewährte den Klägern daher die Möglichkeit, ihren Klägervortrag dahin gehend zu konkretisieren.[642]

3. Zusammenfassung

Die bisherige Rechtsprechung zur Auslegung des *Touch-And-Concern*-Erfordernisses ergibt ein heterogenes Bild. Teilweise gehen die Gerichte von einem strikt territorialen Verständnis aus.[643] Nach diesem soll offensichtlich nur dann von einem hinreichenden Bezug zu den USA auszugehen sein, wenn wesentliche Teile des deliktischen Verhaltens in den USA auch physisch zu lokalisieren sind. Andere Gerichte wählen eine Herangehensweise, die die Fakten des gesamten Sachverhalts umfassender begutachtet.[644] Folgt man dieser Ansicht, so können zukünftig auch solche Delikte, bei denen der Ort des Schadenseintritts bzw. die primäre Verletzungshandlungen im Ausland liegen, zu einer ATS-*federal-common-law* Anspruchsgrundlage führen, wenn sich nur Teile des deliktischen Verhaltens, wie z. B. das Außerachtlassen einer Überwachungs- oder Sorgfaltspflicht, in den USA lokalisieren lassen. Hierfür soll auch das Abstellen auf eine rein unterstützende Tätigkeit bereits ausreichend sein. Die Meinungen über die richtige Auslegung der Kiobel-Entscheidung divergieren somit innerhalb und zwischen den verschiedenen Bundesgerichtsbezirken. Der progressiveren Haltung des 9th und des D.C. Circuit steht ein bislang eher restriktives Verständnis von Teilen des 2nd Circuit und des 11th Circuit gegenüber. Allerdings muss auch darauf hingewiesen werden, dass die einschlägigen Fälle stark von den konkreten Fakten des Einzelfalls bestimmt sind und sich insbesondere die Anti-Apartheitsklagen im 2nd Circuit auf recht vage Kausalitätsketten zwischen den konkreten Rechtsver-

---

642 Doe v. Exxon, XXX F.3 d.XXX, 2014 WL 4746256 *1, 13. (D.D.C 2014).

643 So in etwa: Balintulo v. Daimler, 727 F.3 d 174 (2nd Cir. 2013); Cardona v. Chiquita 760 F.3 d 1185 (11th Cir. 2014); Baloco v. Drummond, 767 F.3 d 1229 (11th Cir. 2014); Mujica v. AirScan 771 F.3 d 580, 594 (9th Cir. 2014).

644 Doe v. Nestle 766 F.3 d 1013 (9th Cir. 2014); Doe v. Exxon, XXX F.3 d.XXX, 2014 WL 4746256 *1, 12 (D.D.C. 2014); Al Shimari v. Caci, 758 F.3 d 516, 528 f. (4th Cir.); Mastuf v. Chevron Corp. 770 F. 3 d 170 (2nd Cir. 2014); Mujica v. AirScan Inc., 771 F.3 d 580, 594 (Zilly, J. concurring in part and dissenting in part 9th Cir. 2014); Sexual Minorities Uganda v. Lively, 960 F. Supp. 2 d 304, 322 (D.Mass. 2013); Krishanti v. Rajaratnam, 2014 WL 1669873 *1, 10 (D.N.J., 2014).

letzungen und den Vorwürfen der unternehmerischen Beteiligung stütz-ten.[645]

Insgesamt sprechen gute Gründe dafür, dass sich das ATS auch weiter-hin auf Sachverhalte anwenden lässt, in denen einer US-Beklagten eine Beihilfehandlung zu einer extraterritorialen Rechtsverletzung vorgeworfen wird. Diese Ansicht wird auch durch eine Vergleich der *Touch-And-Con-cern*-Formel mit dem von Morrison postulierten *Focus*-Test gestützt: So spricht der Supreme Court in Kiobel davon, dass die Klagen '*claims*' die USA berühren und betreffen müssen,[646] während in Morrison im Zusam-menhang mit der Anwendung des *Focus*-Test, der ebenfalls der Widerle-gung der *presumption* dient, durchgehend die Wörter *activity* und *conduct* gebraucht werden.[647] Durch die Verwendung des Wortes '*claim*' kommt in Kiobel zum Ausdruck, dass nicht nur eine Lokalisierung der Verlet-zungshandlung oder des Verletzungserfolges stattzufinden hat, sondern dass sämtliche Umstände des anspruchsbegründenden Klagebegehrens be-rücksichtigt werden müssen, wenn es darum geht, die Anwendung der *presumption* auszuschließen.[648]

4. Rechtsvergleichende Perspektive

Auf den ersten Blick mag es seltsam anmuten, das Kiobel-Urteil des Su-preme Court aus einer rechtsvergleichenden Perspektive zu diskutieren.[649] Abstrahiert man jedoch den Aussagegehalt des Urteils und betrachtet man die einschränkende Auslegung des Supreme Court aus einer kontextualen Makroperspektive, so erschließt sich diese Vorgehensweise. Hierzu muss man zunächst generalisiert darlegen, was die Entscheidung aussagt. Nach-dem dieser abstrahierte Aussagegehalt festgestellt worden ist, kann man

---

645 Dennoch erscheint es dann vorzugswürdiger die Klagen auch genau daran schei-tern zu lassen und nicht an einem viel zu restriktiven Verständnis des ATS. Eine solche differnzierende Herangehesweise wählt das Berufungsgericht in Mastuf v. Chevron Corp. 770 F.3 d 170 (2nd Cir. 2014).
646 Kiobel, 133 S.Ct. 1659, 1669 (2013).
647 Morrison, 130 S.Ct. 2869, 2884 ff (2010).
648 Vgl. insoweit auch: *Cleveland*, Columb. Journ. Transnat'l L. 8, 21 (2013); Al Shimari v. Caci, 758 F.3 d 516, 527 (4th Cir.); Mujica v. AirScan Inc., 771 F.3 d 580, 618 (Zilly, J. concurring in part and dissenting in part 9th Cir. 2014).
649 Da es keine vergleichbare Konzeption eines ATS gibt, mag man zunächst fragen, woran ein Rechtsvergleich denn dann überhaupt ansetzen möchte.

diesen funktional einordnen und eruieren, welches generelle rechtliche Problem hier gelöst werden soll. Nachdem diese funktionale Essenz ermittelt wurde, lässt sie sich zu einer vergleichbaren, abstrakten Anwendungssituation einer anderer Rechtsordnung in Bezug setzen und die unterschiedlichen rechtlichen Lösungsansätze können funktional miteinander verglichen werden. Wenn man die verschiedenen Lösungsmodelle aus den Eigenheiten ihrer jeweiligen Rechtsordnung extrahiert hat, lassen sich möglicherweise inhärente Ansätze zur Problemlösung entwickeln.[650]

Welche generell-abstrakten Schlüsse lassen sich also aus Kiobel ziehen? Zunächst geht aus Kiobel hervor, dass die *presumption against extraterritoriality* nicht unmittelbar auf das ATS, sondern auf die unter dem *federal common law* möglicherweise existierenden Anspruchsgrundlagen anzuwenden ist. Neben der sachlichen Beschränkung, die diese Anspruchsgrundlagen bereits durch die Sosa-Rechtsprechung erfahren haben, setzt das Kiobel-Urteil der Anwendung des US-*federal common law* somit eine territoriale Schranke. Das Kiobel-Urteil stellt die Formel auf, dass eine Anspruchsgrundlage nach dem *federal common law* nur dann in Frage kommt, wenn die Ansprüche 'claims' US-amerikanisches Territorium „mit nachhaltiger Stärke berühren oder betreffen."[651] In dieser Anwendungssituation wird also letztendlich eine kollisionsrechtliche Fragestellung formuliert und konkretisiert, da die Losung ausgegeben wird, dass die Herleitung und Anwendung einer bundesrechtlichen *common law cause of action* nur unter einer zusätzlichen Bedingung möglich ist. Die Rechtsprechung macht somit das Eingreifen des Bundesrechts nunmehr davon abhängig, ob ein territorialer Anknüpfungspunkt besteht. Dieser kollisionsrechtliche Charakter geht auch nicht dadurch verloren, dass es sich insoweit um eine monolithische Fragestellung handelt (entweder US-Bundesrecht oder keine Anspruchsgrundlage) und nicht um eine klassische duale Fragestellung (US-Recht oder ausländisches Recht). Kiobel setzt die Anwendbarkeit des US-*federal common law* somit unter die Bedingung eines, um bereits hier die Terminologie des europäischen IPR zu gebrauchen, hinreichenden Inlandsbezuges. Denn nichts anderes bedeutet die *Touch-and-concern*-Formulierung des Supreme Court, wenn man sie pointiert und abstrahiert wiedergeben möchte. Die Bedingung des hinreichenden Inlandsbezuges ist nun aber auch dem deutschen bzw. europä-

---

650 Vgl. allgemein zur Methode der funktionellen Rechtsvergleichung: *Michaels*, in: Reiman/Zimmermann, Oxford Handbook of Comparative Law, 339, 356 ff.
651 Kiobel, 133 S.Ct. 1659, 1669 (2013).

ischen IPR nicht vollkommen fremd. Beispielsweise ist der hinreichende Inlandsbezug eine allgemein anerkannte Voraussetzung für das Eingreifen des *ordre public*-Vorbehalts.[652] Und auch die normierten kollisionsrechtlichen Tatbestände des europäischen IPR stellen letztendlich darauf ab, zu welcher Rechtsordnung der streitgegenständliche Sachverhalt die engste Beziehung aufweist.[653] Da insbesondere im Zusammenhang mit dem Eingreifen des kollisionsrechtlichen *ordre-public* die Frage nach einem hinreichenden Inlandsbezug thematisiert wird, soll im Folgenden kurz erläutert werden, wann nach dem deutschen Rechtsverständnis von einem solchen ausgegangen werden kann. Der kollisionsrechtliche *ordre-public* regelt, unter welchen Voraussetzungen von einer Anwendung des, eigentlich nach dem IPR ermittelten, ausländischen Sachrechts abzusehen ist. Dies kann der Fall sein, wenn das Ergebnis der Rechtsanwendung zu grundlegenden Wertungen der Rechtsordnung des Forums in Widerspruch steht.[654] Die Tatsache, dass selbst im Falle einer grundsätzlichen Unvereinbarkeit der Ergebnisse der Anwendung des ausländischen Rechts mit wesentlichen Grundsätzen der lex fori zusätzlich noch ein hinreichender Inlandsbezug zum Sachverhalt gefordert wird, zeigt, wie stark der Territorialitätsgedanke im europäischen IPR verwurzelt ist.[655] Gleichzeitig erkennt man auch die Vergleichbarkeit mit den Rechtsanwendungssituationen in ATS-Verfahren, denn auch in diesen liegt ja stets eine Rechtsverletzung vor, die mindestens mit den wesentlichen Grundsätzen der US-amerikanischen Rechtsordnung in Widerspruch steht.[656]

Nachdem somit ermittelt wurde, dass die Problemkonstellation durchaus vergleichbar ist, soll es nun darum gehen, inwiefern aus dem im

---

652 *Von Bar/Mankowski*, IPR, § 7 Rn. 263; MüKO-BGB/*Sonnenberger*, Art. 6 EGBGB Rn. 79; Bamberger/Roth/*Spickhoff*, Art. 26 Rom II-VO Rn. 1; Bamberger/Roth/*S. Lorenz*, Art. EGBGB Rn. 16; Palandt/*Thorn*, Art. 6 EGBGB Rn. 6; Staudinger/*Hausmann*, Art. 21 Rom I-VO Rn. 19; BGHZ, 68, 79.

653 Vgl insoweit: Die Anknüpfungsregeln der Rom I-VO beruhen auf dem Grundsatz der engsten Verbindung, siehe: *Rauscher/Von Hein*, EuZPR/EuIPR, Rom I-VO Einl Rn. 3; vgl. insoweit auch Art. 4 Abs. 3 Rom II-VO, der bei einer offensichtlich engeren Verbindung mit einem anderen Staat, die Abweichung von der Grundanknüpfung zulässt.

654 Ordre Public Vorbehalte sind an verschiedene Stellen des IPR geregelt: vgl. Art. 6 EGBGB, Art 21 Rom I- VO; Art. 26 Rom II VO.

655 *Von Bar/Mankowski*, IPR, § 7 Rn. 263.

656 Denn nichts anderes fordert die Sosa-Rechtsprechung, wenn sie einer Anspruchsgrundlage einen spezifchen, bestimmten und universal anerkannten Völkerrechtsverstoß voraussetzt.

europäischen/deutschen IPR vorherrschenden Verständnis, wann ein solcher Inlandsbezug besteht, Rückschlüsse auf die zukünftige Interpretation der Touch-and-Concern-Klausel des Kiobel-Urteils gezogen werden können. Grundsätzlich erfordert die Frage, wann eine hinreichende Inlandsbeziehung besteht, eine Analyse des jeweiligen Einzelfalls.[657] Als relevante Merkmale zur Begründung eines hinreichenden Inlandsbezuges kommen insbesondere die Staatsangehörigkeit der Beteiligten, der Unternehmenssitz, der gewöhnliche Aufenthalt oder der Handlungsort in Betracht.[658] Fraglich ist, ob bereits die Begründung der internationalen Zuständigkeit ausreicht um einen hinreichenden Inlandsbezug zu begründen.[659] Gute Gründe sprechen dafür. Vor allem die Tatsache, dass die Zuständigkeitsregelungen ohnehin derart ausgestaltet sind, dass sie selbst einen hinreichenden Inlandsbezug erfordern,[660] und somit eine „close connection"[661] des Sachverhalts zum Forumsstaat ohnehin bestehen wird. Eine pauschale Antwort auf diese Frage scheint es dennoch nicht zu geben. Außerdem ist grundsätzlich anerkannt, dass die Voraussetzung der hinreichenden Inlandsbeziehung in einem relativen Verhältnis zur Schwere des *ordre public*-Verstoßes steht.[662] Sollte sich der *ordre public*-Verstoß beispielsweise als eine schwerwiegende universal anerkannte Völkerrechtsverletzung (ius cogens) darstellen, so könnte man das Erfordernis einer Nähebeziehung auch ganz ausschließen.[663] Dies muss insbesondere dann der Fall sein, wenn sich die Bundesrepublik Deutschland bei Außerachtlassung des Völkerrechtsverstoßes und Anwendung des ausländischen Rechts, selbst dem Vorwurf eines Völkerrechtsverstoßes ausgesetzt sehen würde.[664] Umstritten ist allerdings, ob der Wegfall des Erfordernisses des Inlandsbezugs

---

657 MüKO-BGB/*Sonnenberger*, Art. 6 EGBGB Rn. 80; Bamberger/Roth/*S. Lorenz*, Art. EGBGB Rn. 16; Palandt/*Thorn*, Art. 6 EGBGB, Rn. 6; *von Bar/Mankowski*, IPR, § 7 Rn. 263 f.

658 MüKO-BGB/*Sonnenberger*, Art. 6 EGBGB Rn. 81; Bamberger/Roth/*S. Lorenz*, Art. 6 EGBGB Rn. 16; Palandt/*Thorn*, Art. 6 EGBGB, Rn. 6.

659 MüKO-BGB/*Sonnenberger*, Art. 6 EGBGB Rn. 82.

660 Ausführlich hierzu unten § 6.

661 *Von Bar/Mankowski*, IPR, § 7 Rn. 263.

662 Palandt/*Thorn*, Art. 6 Rn. 6 f.; Bamberger/Roth/*S. Lorenz*, Art 6 EGBGB Rn. 16; Staudinger/*Hausmann*, Art. 21 Rom I-VO Rn. 20; Callies/*von Hein*, Art. 26 Rome II, Rn. 19.

663 Callies/*von Hein*, Art. 26 Rome II, Rn. 19.

664 MüKO-BGB/*Sonnenberger*, Art. 6 EGBGB Rn. 82; *Spickhoff*, in Leible/Ruffert, Völkerrecht und IPR, S. 294 f.

auf Verletzungen von *ius cogens* zu beschränken ist oder auch in Fällen von Verletzungen universeller Menschenrechte gilt.[665] Diese Streitfrage muss an dieser Stelle nicht geklärt werden. Geht es doch hier primär darum zu vermitteln, dass die Anforderungen, die an das Vorliegen eines Inlandsbezug im deutschen IPR zu stellen sind, durchaus auch für die Auslegung des *Touch-and-Concern*-Erfordernisses von Bedeutung sind. Insoweit könnte man natürlich einwenden, dass sich die beiden Grundkonstellationen wesentlich unterscheiden, da es in dem einen Fall (*ordre-public*) um eine irreguläre Nichtanwendung des an sich zur Anwendung berufenen ausländischen Rechts geht und im anderen Fall, um die prinzipielle Anwendung einer inländischen Anspruchsgrundlage (hier: *Federal-Common-Law*-Anspruchsgrundlage). Jedoch ergeben sich trotz dieser scheinbar konträreren Ansätze offensichtliche Parallelen: So kommt eine Durchbrechung der kollisionsrechtlichen Anknüpfung immer dann in Frage, wenn beispielsweise ein schwerwiegender Verstoß gegen das Völkerrecht vorliegt. Ebenso kommt eine ATS-*federal common law*-Anspruchsgrundlage nur dann in Betracht, wenn ein Verstoß gegen eine universell anerkannte und hinreichend bestimmte Norm des Völkerrechts vorliegt. Auch wenn es bei einem Eingreifen des ordre-public zwar nicht zwangsläufig (aber doch meistens) zu einer Anwendung der *lex fori* kommt,[666] so kommen über den *ordre-public* Vorbehalt wesentliche Wertungen der Rechtsordnung der *lex fori* zum Tragen. Dass es im Kern um ein vergleichbares Problem geht, das mit einer unterschiedlichen Methodik beantwortet wird, zeigt sich wenn man die Konstellation anhand der folgenden Formel verdichtet darstellt: Wäre eine Rechtsverletzung, die eine *federal common law*-Anspruchsgrundlage nach der Sosa Rechtsprechung überhaupt begründen kann (z.B. Zwangsarbeit), Gegenstand eines europäischen Deliktsverfahrens und würde es in diesem Verfahren dazu kommen, dass das anzuwendende ausländische Sachrecht diese Rechtsver-

---

665 *Voltz*, Menschenrechte und ordre public im Internationalen Privatrecht, S. 294 ff.; Staudinger/Blumenwitz/*Voltz*, Art. 6 EGBGB Rn. 78 f. (der für einen ordre-public unabhängigen Vorrang des allgemeinen Völkerrechts aufgrund des Art 25 GG votiert); *Kokott*, Berichte der deutschen Gesellschaft für Völkerrecht 38 (1998), 71, 107 (die sich für eine totale Aufgabe des Erfordernisses einer Inlandsbeziehung ausspricht); *Kronke*, BerDGesVR 38 (1998), 33, 52; a.A. MüKO-BGB/*Sonnenberger*, Art. 6 EGBGB Rn. 82; *Spickhoff*, in Leible/Ruffert, Völkerrecht und IPR, S. 294.

666 Vgl. zu den Rechtsfolgen eines ordre public Verstoßes: *Von Bar/Mankowski*, § 7 Rn. 284 ff.

letzung sanktionslos lässt (z. B. durch eine Legitimierung der Zwangsarbeit), so würde das einen *Ordre*-Public-Verstoß begründen. Dieser *ordre public*-Verstoß würde, unterstellt das Verbot der Zwangsarbeit fällt nicht unter das ius cogens, erst dann zu einer Anwendung des inländischen Rechts führen, wenn zusätzlich ein hinreichender Inlandsbezug besteht. Insofern lässt sich die These vertreten, dass mit dem *ordre public*-Vorbehalt und der Gewährleistung einer *federal common law* Anspruchsgrundlage unter den Bedingungen von Sosa und Kiobel vergleichbare funktionale Ziele mit anderen Mitteln erreicht werden sollen.[667] Während das US-Recht a priori davon ausgeht, dass die Wertungen der US-Rechtsordnung beim Vorliegen einer bestimmten Rechtsverletzung schon bei der Anspruchsgründung zum Tragen kommen sollen, nimmt das europäische IPR nur eine Wertungskorrektur vor, wenn das eigentlich einschlägige ausländische Sachrecht versagt. Auch wenn die beiden Rechtsordnungen somit unterschiedliche Lösungen bzw. Paradigmen wählen, ist ein Grad der Vergleichbarkeit erreicht, der es erlaubt, das umstrittene und auslegungsbedürftige Postulat einer zusätzlichen Inlandsbeziehung durch eine rechtsvergleichende Betrachtung zu interpretieren. Der Zweck der Forderung nach einem hinreichenden Inlandsbezug bzw. der der *Touch-and-Concern*-Formel ist identisch und besteht darin, unterschiedliche „*Jurisdiktionssphären*"[668] voneinander abzugrenzen, um einen „*diplomatic strife*"[669] zu vermeiden.

Die Frage, wann das Touch-And-Concern-Erfordernis erfüllt ist, lässt sich also auch aus einer rechtsvergleichenden Perspektive behandeln. Anhand des Vergleiches hat sich zudem gezeigt, dass die Methode, in Fällen schwerwiegender Völkerrechtsverletzungen unilateral inländisches Bundesrecht anzuwenden, nicht ganz so abwegig und verwerflich ist, wie sie dargestellt wurde. Denn warum sollte man auf eine spezifische, universal anerkannte Völkerrechtsverletzung, die, falls der kollisionsrechtliche Umweg über die Anwendung ausländischen Rechts versagt, zweifellos Gegenstand eines Ordre-Public-Verstoß ist, nicht a priori inländisches Recht anwenden? Letztendlich ist diese unterschiedliche Herangehensweise nur ein weiterer Beleg der zwischen Europa und den USA divergierenden „Ju-

---

667 Das Sosa-Urteil hätte somit konkretisiert wann überhaupt ein „ordre-public"-Verstoß besteht, Kiobel stellt das Erfodernis eines hinreichenden Inlandsbezugs dar.
668 *Von Bar/Mankowski*, IPR, § 7 Rn. 263.
669 Kiobel, 133 S.Ct. 1659, 1669 (2013).

risdiktionsparadigmen",[670] die sich auf einer Makroebene rechtsvergleichend feststellen lassen.[671] Denn während das US-Paradigma als unilateral, vertikal, national und politisch beschrieben werden kann, zeigt sich das europäische Paradigma in der Regel multilateral, horizontal und apolitisch.[672] Die unilaterale Anwendung des US-amerikanischen Rechts im Falle einer unter dem ATS justiziablen Rechtsverletzung ist Ausdruck dieses Paradigmas. Diese Vorgehensweise steht somit zwar in einem Gegensatz zu der europäischen Methodik, sie erscheint aber gerade durch den rechtsvergleichenden Blick besser nachvollziehbar, da sich gewisse funktionale Parallelitäten zwischen der kollisionsrechtlichen Seite der ATS-Anspruchsgrundlage und dem ordre-public ergeben.[673]

5. Zwischenergebnis

Die Rechtsprechung der Instanzgerichte zum Umgang mit der Kiobel-Entscheidung ist nicht einheitlich. Teilweise ist eine Tendenz zu einer engen Auslegung der Kiobel-Rechtsprechung zu erkennen. Die Restriktionen durch den Urteilsspruch in Kiobel werden eine Zuständigkeits- und Anspruchsbegründung unter dem ATS zusätzlich erschweren. Eindeutige Rechtsklarheit und Rechtssicherheit hat aber auch die Kiobel-Rechtspre-

---

670 Vgl. hierzu die äußerst instruktive Darstellung von *Michaels*, 27 Mich. J. Int'l L. 1003, 1011 ff. (2006), die auf die hier relevante Frage der *„jurisdiction to prescribe"* problemlos übertragen werden kann. Der Begriff „Paradigma" repräsentiert an dieser Stelle den erkenntnistheoretischen Hintergrund einer Analyse rechtlicher Strukturen und repräsentiert eine breite analytische Sichtweise, die nicht einzelne Rechtsfragen beantwortet, sondern vielmehr eruiert mit welchen Mitteln und auf welche Art konkrete Rechtsfragen beantwortet oder gestellt werden, vgl. Ebd., 1022 f. („epistemic framework"); vgl. zum Begriff des Paradigmas auch: *Wiethölter*, in: Zumbansen/Amstutz, Recht in Recht-Fertigungen, 373, 380.

671 *Michaels*, 27 Mich. J. Int'l L. 1003, 1011 ff. (2006).

672 *Michaels*, 27 Mich. J. Int'l L. 1003, 1011 (2006): Michaels belegt diesen Unterschied prägnant daran, dass sich in den USA die Frage nach der jurisdiction als ein Frage des „in or out" darstellt, dahingegen in Europa als eine Frage des „us or them".

673 Eine unter dem ATS zu einer Anspruchsgrundlage führende Rechtsverletzung würde im Regelfall auch unter den "ordre-public" fallen, beide dienen somit der Durchsetzung grundsätzlicher inländischer Rechtsvorstellungen, nur dass die deutsche/europäische Rechtsordnung den Umweg über die Anwendung des ausländischen Rechts nimmt und erst dann korrigiert, wenn dieses bei der Regulierung der Rechtsverletzung versagt.

chung nicht gebracht. Zukünftige oder noch anhängige ATS-Verfahren mit Bezügen zu den USA bedürfen somit stets einer genauen Erörterung und Prüfung des Sachverhalts. Die besseren Argumente sprechen dafür, dass die Kiobel-Rechtsprechung auf ihren recht engen Sachverhalt zu begrenzen ist. Auch die Ausführungen der Supeme-Court-Richter Alito und Kennedy deuten unmittelbar an, dass die *Touch-and-Concern*-Formulierung einige Fragen unbeantwortet lässt und dass eine adäquate Antwort hierauf in zukünftigen Verfahren zu finden sein wird.[674] Bei der Beantwortung der Frage, wann die Voraussetzungen des *Touch-and-Concern*-Erfordernisses erfüllt sind, kann auch auf Erkenntnisse aus dem deutschen/europäischen IPR zurückgegriffen werden. Somit sprechen nach den hier gemachten Beobachtungen sehr gute Gründe dafür, dass z.B. das Bestehen der *personal jurisdiction*[675] und das Vorliegen eines schwerwiegenden Völkerrechtsverstoßes dazu führen, dass ein hinreichender Inlandsbezug existiert und somit auch das *Touch-And-Concern*-Erfordernis erfüllt ist und einer Anwendung des US-Sachrechts eigentlich nichts mehr im Wege steht.[676]

V. Ergebnis

Die Möglichkeiten der ATS-Prozessführung wurden durch die *Kiobel*-Rechtsprechung erheblich eingeschränkt; vollkommen ausgeschlossen wurde sie jedoch nicht.[677] Die Kiobel-Rechtsprechung stellt für ausländi-

---

674 Kiobel, 133 S.Ct. 1659, 1669 (2013): Alito: „The court´s formulation leaves unanswered …", Kennedy: "The opinion for the court leave open a number of significant questions regarding the reach and interpretation of the ATS"; *Steinhardt*, Determining Which Human Rights Claims Touch and Concern the United States: Justice Kennedy's Filartiga, 89 Notre Dame L. Rev. 1695, 1704 (2014).
675 Vgl. hierzu unten § 6.
676 Vgl. insoweit auch aus US-Sicht: *Weinberg*, 99 Cornell L. Rev. 1471, 1516 f., 1529 f. (2014), die einen Inlandsbezug nicht nur durch territoriale Kriterien herstellen möchte, sondern insofern auf eine eher idealistsich geprägte Begründung eines „national interest" abstellt; von einem national interest sei insbesondere bei der Ahndung schwerwiegender Völkerrechtsverletzungen auszugehen. Diese Ansicht ist vergleichbar mit der deutschen Dogmatik in diesem Bereich.
677 *Anderson*, 2012-2013 Cato Sup. Ct. Rev. 149, 183; *Chander*, 107 Am. J. Int`l L. 829 (2013); *Winkler*, What remains of the Alien Tort Statute after Kiobel?, 39 N.C.J. Int`l L. & Com. Reg. 171, 186 ff. (2013); *Clevland*, 52 Colum J. Transnat`l L. 8, 27 (2013); *Cassel*, Suing Americans for Human Rights Torts

sche Unternehmen einen erheblichen Vorteil dar, da sie Verfahren gegen diese erheblich einschränkt bzw. beinahe vollkommen ausschließt. Ausländische Unternehmen werden nunmehr nicht nur gegenüber potentiellen Klägern, sondern auch gegenüber US-Unternehmen bevorteilt.[678] In der Literatur wird stellenweise darauf verwiesen, dass vergleichbare Fälle in Zukunft in Form transnationaler Deliktsklagen, auch ohne die Anwendung des ATS vor den Bundesgerichten oder vor allem vor den Gerichten der Einzelstaaten verhandelt werden könnten.[679] Ob dies tatsächlich ein fruchtbarer Weg ist, darf zumindest dann bezweifelt werden, wenn sich die Verfahren gegen ausländische Beklagte richten, da auch insoweit die Schranken der *personal jurisdiction*[680] oder der *comity* zu beachten sind.[681] Dagegen wird es auch in Zukunft ATS-Verfahren gegen US-amerikanische Unternehmen geben können.[682] Eine gegenteilige Auffassung

---

Overseas: The Supreme Court Leaves the Door Open, 89 Notre Dame. L. Rev. 1773 ff. (2014); *Young*, Universal Jurisdiction, the Alien Tort Statute, and Transnational Public Law Litigation after Kiobel (March 14, 2014), 1, 45, abrufbar auf SSRN: http://ssrn.com/abstract=2409838 (zuletzt besucht: 27.01.2015); Casto, 89 Notre Dame L. Rev. 1545, 1563 ff. (2014); *Cassel*, Suing Americans for Human Rights Torts Overseas: The Supreme Court Leaves the Door Open, 89 Notre Dame L. Rev. 1773, 1778 f. (2014); *Steinhardt,* 89 Notre Dame L. Rev. 1695, 1707 ff. (2014); *Hoffmann*, Kiobel v. Royal Dutch Petroleum Co.: First Impressions, 52 Columb. J. Transnat'l L. 28, 39 ff.; skeptischer: *Alford*, 89 Notre Dame L. Rev. 1749 ff. (2014); *ders.*, 63 Emory L. Rev. 1089, 1099 (2014).

678 *Chander*, 107 Am. Journ. Int'l L. 829, 829 (2013).

679 Vgl. hierzu: *Alford*, 63 Emory L. J. 1089, 1090 ff (2014); bereits vor Kiobel: *Childress*, 100 Geo. L. J. 709, 757 (2012); *Borchers*, Conflict-of-Laws Considerations in State Court Human Rights Actions, 3 UC Irvine L. Rev. 45 (2013); *Colangelo/Kiik*, Spatial Legality, Due Process, and Choice of Law in Human Rights Litigation Under U.S. State Law, 3 UC Irvine L. Rev. 63 ff. (2013); *Hoffmann/Stephens*, International Human Rights Cases under State Law and in State Courts, 3 U.C. Irvine L. Rev. 9 ff. (2013); *Keitner*, State Courts and Transitory Torts in Transnational Human Rights Cases, 3 UC Irvine L. Rev. 81 ff. (2013); *Parrish*, State Court International Human Rights Litigation: A Concerning Trend?, 3 UC IRVINE L. REV. 25 (2013); *Whytock/Childress/Ramsey*, After Kiobel - International Human Rights Litigation in State Courts and Under State Law, 3 U.C. Irvine L. Rev. 1 ff. (2013).

680 Vgl. hierzu unten § 6.

681 Vgl. hierzu: Mujica v. Air Scan Inc., 771 F.3 d 580, 609 ff. (9th Cir. 2014).

682 *Cassel*, Suing Americans for Human Rights Torts Overseas: The Supreme Court Leaves the Door Open, 89 Notre Dame L. Rev. 1773, 1778 ff. (2014); *Casto*, 89 Notre Dame L. Rev. 1545, 1563 ff. (2014);); *Steinhardt*, 89 Notre Dame L. Rev. 1695, 1707 ff. (2014); *Hoffmann*, Kiobel v. Royal Dutch Petroleum Co.:

widerspricht der Rechtsprechung des Supreme Court. Denn trotz seiner einschränkenden Wirkung stellt das Kiobel-Urteil keine endgültige Abkehr vom ATS dar. Die *Kiobel*-Entscheidung restringiert die Sosa-Rechtsprechung in geographischer Hinsicht, ohne dabei einen strikt territorialen Ansatz zu verkörpern, der bedeuten würde, dass sich ein Bezug zu den USA als Forum nur dann herstellen lässt, wenn der komplette Sachverhalt innerhalb der Vereinigten Staaten zu lokalisieren ist. Der *Touch-and-Concern*-Zusatz wäre obsolet gewesen, wenn die Mehrheitsmeinung eine strikt territoriale Anwendung des ATS vorausgesetzt hätte. Hinzu kommt, dass Klagen gegen US-Beklagte vollumfänglich dem Telos des ATS entsprechen: Denn sollte eine US-Beklagte aufgrund einer im Ausland begangenen Völkerrechtsverletzungen in ihrem Heimatland nicht in Anspruch genommen werden können, könnte dies zu internationalen und außenpolitischen Konflikten führen, da die USA ihrer Verpflichtung zur Verfolgung eines völkerrechtlich geächteten Verhaltens nicht nachkommen würde. Derartige negative außenpolitische Konsequenzen wollen das ATS und die *presumption* aber gerade vermeiden. Ein entsprechender Normzweck liegt dem historischen ATS zugrunde, da es eine Schutzpflicht für Vergehen gegen Diplomaten und für die Geschädigten der Piraterie statuierte. Die Sosa-Rechtsprechung führte dazu, dass die Anerkennung einer *federal common law* Anspruchsgrundlage auch für analoge, zeitgenössische und universale Vergehen gegen das Völkerrecht höchstrichterlich akzeptiert wurde.[683] Dies hat zur Folge hat, dass es der Normzweck des ATS nunmehr auch gebietet, dass sich auch diejenigen, die möglicherweise an schwerwiegenden Völkerrechtsverletzungen mitgewirkt haben, einer zivilrechtlichen Verantwortung in den USA nicht entziehen können. Insgesamt könnten sich aus einer Nichtverfolgung derartiger Vergehen nämlich viel eher außenpolitische Verwerfungen ergeben als aus einer beschränkt extraterritorialen Anwendung des US-Rechts gegenüber US-Staatsangehörigen. Zudem würde durch ein strikt territoriales Verständnis des ATS die Gefahr, dass US-Staatsbürger vor ausländische Gerichte gezerrt werden,

---

First Impressions, 52 Columb. J. Transnat'l L. 28, 39 ff.; skeptisch, aber nicht generell ausschließend: *Alford*, 89 Notre Dame L. Rev. 1749 ff. (2014); a.A.: *Lee*, The three Lives of the Alien Tort Statute: The Evolving Rule of the Judiciary in U.S. Foreign Relations, 89 Notre Dame L. Rev. 1645, 1669 (2014).

683 Sosa, 124 S.Ct. 2739, 2765 f. (2004), mit Verweis auf Filartiga, 630 F.2 d 876, 890 (2nd Cir. 1980) und In re Estate of Marcos Human Rights Litigation, 25 F. 3 d 1467, 1475 (9th Cir. 1994); vgl. Auch Kiobel, 133 S.Ct. 1659, 1663 (2013).

viel eher steigen. Gerade das will die Kiobel-Rechtsprechung jedoch vermeiden.[684] Von der ursprünglichen Konfliktsituation, die der Supreme Court im Hinblick auf die Anwendung des US-Rechts auf einen ausländischen Sachverhalt gegenüber einer ausländischen Beklagten beschworen hat, bleibt somit in Verfahren gegen US-Beklagte beinahe nichts mehr übrig.[685] Die besseren Gründe sprechen somit für einen engen Anwendungsbereich der *Kiobel-presumption* auf *foreign-cubed cases.*

Für diese Auffassung spricht auch, dass es der Supreme Court in Kiobel unterließ, generell sämtliche extraterritorialen Sachverhalte von ATS-Verfahren auszuschließen, obwohl er die Möglichkeit dazu besaß. Stattdessen wurde ein flexibler Ansatz gewählt, der zumindest eine Hintertür zu den US-Gerichten geöffnet lässt. Das zeigt sich an mehreren Stellen der Urteilsbegründung: In dem Satz der auf die *Touch-and-Concern*-Formulierung folgt, stellt das Gericht fest, dass die *„mere corporate presence"* eines Unternehmens nicht ausreicht, um die *presumption* zu widerlegen.[686] Inzident kommt hierdurch aber auch zum Ausdruck, dass die Frage nach der unternehmerischen Präsenz dennoch einen –wenn auch nicht ausreichenden- Faktor im Rahmen einer *Touch-and-Concern*-Analyse darstellen kann und die Widerlegung der *presumption* somit keine rein verhaltensbasierte Betrachtung erfordert.[687] Insoweit muss darauf hingewiesen werden, dass ein US-Unternehmen im Gegensatz zu den ausländischen Beklagten in Kiobel, regelmäßig nicht nur über eine *mere corporate presence* verfügt, sondern durch seine Gründung und seinen Sitz in den USA die *corporate citizenship* innehat.[688] Es sprechen gute Gründe dafür, dass das Bestehen einer US-amerikanischen *corporate citizenship* eine erhebliche Relevanz für die Erfüllung der *Touch-and-Concern*-Voraussetzung hat.[689]

---

684 Kiobel, 134 S.Ct. 1659, 1669 (2013).

685 Sexual Minorities Uganda v. Lively, 960 F. Supp. 2 d 304, 322 f. (D.Mass. 2013); Recent Cases, 127 Harv. L. Rev. 1493, 1498.

686 Kiobel, 133 S.Ct. 1659, 1669 (2013).

687 Recent Cases, 127 Harv. L. Rev. 1493, 1497 f. (2014).

688 Ein Unternehmen ist „Staatsbürger" seines Gründungsstaates bzw. des Ortes seine *prinicpal place of business*, vgl. hierzu z.B.: JP Morgan Chase Bank v. Traffic Stream (BVI) Infrastructure Ltd., 536 U.S. 88, 91 (2002), für 28 U.S.C. § 1332 (c) (1);

689 Recent Cases, 127 Harv. L. Rev. 1493, 1497 f. (2014); vgl. Insoweit auch: Cardona v. Chiquita Brands Inc., 760 F.3 d 1185, 1193 (Martin, J., dissenting, 11th Cir. 2014): US-Nationalität genügt um die presumption auszuschließen; Doe v. Exxon Mobil Corp., 2014 WL 474 62 56 (D.D.C. 2014), hier wird die *corporate*

Die US-Gerichte können sich hier auch an anerkannten Grundsätzen des Völkerrechts orientieren. Aus diesen kann man auch ableiten, dass den staatlichen Souverän auch eine Verantwortung für das Verhalten seiner Staatsbürger trifft. Dass somit das nationale Recht gegenüber den eigenen Staatsangehörigen auch auf Handlungen im Ausland Anwendung findet, stößt in keiner Weise auf völkerrechtliche Bedenken, da die Grenzen des Völkerrechts an dieser Stelle sehr weit gefasst sind.[690] Insgesamt kann also auch das Kiobel-Urteil die Diskussionen um das ATS nicht endgültig beenden. Kiobel setzt somit in gewisser Weise die von Richter Scalia in Sosa als „*Never Say Never Jurisprudence*" geschmähte Rechtsprechung fort.[691] Die Auslegung des ATS, insbesondere sein Einsatz gegenüber US-amerikanischen Unternehmen[692] sowie gegen individuelle Menschenrechtsverbrecher, wird die Bundesgerichte also auch in Zukunft noch weiter beschäftigen können.[693] Lediglich ausländische Unternehmen dürften vor einer Inanspruchnahme vorerst geschützt sein. Gleichzeitig führt die Rechtsprechung dazu, dass die Prozessführung unter dem ATS für die Kläger generell verkompliziert wird, da sie zur Widerlegung der *presumption* zahlreiche zusätzliche Fakten und Argumente vortragen müssen[694]

---

  citizenship zwar nicht als ausreichend, aber immerhin als relevant erachtet; *Stephens*, 28 Md. J. Int´l L. 256, 273 (2013).

690 *Steinhardt*, Kiobel and Multiple Future of Corporate Liability for Human Rights Violations, 28 Md. J. Int`l L. 1, 23 (2013); Cardona v. Chiquita Brands Inc., 760 F.3 d. 1185, 1193 (Martin, J., dissenting, 11th Cir. 2014); vgl. auch § 402 (2) Restatement (Third) of the Foreign Relations Law of the United States: ("[A] state has jurisdiction to prescribe law with respect to ... the activities, interests, status, or relations of its nationals outside as well as within its territory."); vgl. aus dem deutschen Schrifttum: *Bertele*, IZPR, Rn. 169; *Von Bar/Mankowski*, § 3 Rn. 8, § 7 Rn. 18 f.; *Kropholler*, IPR, § 8 I 1, S. 51 f.; *Verdross/Simma*, Völkerrecht, § 1183; *Ziegenhain*, Extraterritoriale Rechtsanwendung, S. 219.

691 Sosa, 542 U.S. 692, 750 (Scalia, J., concurring, 2004): „In today`s latest victory for its Never Say Never Jurisprudence, the Court ignores its own conclusion that the ATS provides only jurisdiction, wag a finger at the lower courts for going to far, and then- repeating the same formula the ambitious lower courts have used- invites them to try again."

692 Siehe hierzu das nachfolgende Kapitel.

693 Vgl. *Steinhardt*, 107 Am. J. Int`l L. 841 (2013): „(...) what is law in Kiobel isn`t clear and what is clear in Kiobel isn`t law"; *Parrish*, Kiobel`s Broader Significance: Implications For International Legal Theory, Am. J. Int`l L. UNBOUND (online), e-19 ff. (2014).

694 Recht anschaulich wird das belegt in dem Urteil Mastafa v. Chevron Corp. 770 F. 3 d 170 (2nd Cir. 2014).

und sich zudem mit der Rechtsunsicherheit des *Touch-and-concern*-Erfordernisses konfrontiert sehen.

§ 5 Die Corporate Liability und das ATS

Die Frage, ob Unternehmen unter dem ATS in Anspruch genommen werden können, wurde durch den Supreme Court in Kiobel nicht abschließend behandelt, obwohl die Revision ursprünglich in Bezug auf diese Frage zugelassen wurde. Das aus der Rechtsprechungslinie der anderen Circuits[695] ausbrechende Kiobel-Urteil des 2nd Circuit[696] bleibt somit weiter existent. Der Supreme Court lehnte das grundsätzliche Bestehen einer Immunität für Unternehmen nach meiner Auffassung in Kiobel inzident ab, da er ausführte, dass eine *„mere corporate presence"* zur Widerlegung der *presumption against extraterritoriality* nicht genüge und somit eine Formulierung verwendete, die überflüssig wäre, wenn eine Inanspruchnahme von Unternehmen unter dem ATS prinzipiell ausgeschlossen ist.[697] Gegen eine grundsätzliche Immunität von Unternehmen unter dem ATS spricht zudem, dass die überwiegende Mehrheit der *Circuits* davon ausgeht, dass Unternehmen unter dem ATS in Anspruch genommen werden können.[698] In Ermangelung eines klaren Statements des Gerichts ist es weiterhin ge-

---

695 Die Unternehmenshaftung bejahend: Doe I v. Nestle USA, Inc., 766 F.3 d 1013 (9th Cir. 2014); Romero v. Drummond Co. 522 F.3 d 1303, 1315 (11th Cir. 2008); Doe v. Exxon Mobil Corp., 654 F.3 d 11 (D.C.Circ 2011) (aus anderen Gründen aufgehoben); Flomo v. Firestone Natural Rubber Co., 643 F.3 d 1013 (7th Cir. 2011); Sarei v. Rio Tinto, PLC, 671 F.3 d 736 (9th Cir. 2011) (aus anderen Gründen aufgehoben durch 133 S.Ct. 1995).

696 Kiobel, 621 F.3 d 111, 145 (2nd Cir. 2010). Diese Rechtsprechung wird wohl in Zukunft nicht haltbar sein, was offensichtlich auch der Richter Cabranes, der das damlige Kiobel-Urteil verfasst hat, mittlerweile erkannt hat. In der Entscheidung Mastafa v. Chevron 770 F.3 d 170, 177 hebt er seine eigene Rechtsprechung zwar nicht unmittelbar auf, umgeht eine Diskussion der Frage aber wohl bewusst.

697 Doe v. Nestle, 738 F.3 d 1048, 1049 (9th Cir. 2013): „[Kiobel] Suggesting in dicta that corporation may held be liable if the presumption against extraterritorial application is overcome."; auch Gerichte innerhalb des 2nd Circuits argumentieren teilweise auf diese Weise und lehnen eine Bindung an die Ablehnung der corporate liability ab: In Re South African Apartheid, XXX F.Supp. 2 d 2014 WL 1569423; Sikhs for Justice v. Indian National Congress Party, 2014 WL1683798.

698 Doe I v. Nestle USA, Inc., 766 F.3 d 1013 (9th Cir. 2014); Doe v. Exxon Mobil Corp., 654 F.3 d 11, 40 ff (D.C. Cir. 2011); Flomo v. Firestone Natural Rubber Co. 643 F.3 d 1013, 1017 (7th Cir. 2011); Sarei v. Rio Tinto, PLC, 671 F.3 d 736 (9th Cir. 2011) (aus anderen Gründen aufgehoben); Romero v. Drummond Co.,

boten, das Grundproblem dieser Fragestellung zu erörtern. Hierzu erfolgt eine kurze Auseinandersetzung mit der insoweit divergierenden Rechtsprechung sowie der Rezeption der Frage in der Literatur (I. und II.). Die Frage nach der grundsätzlichen Anwendung des ATS auf Unternehmen (*corporate liability*) muss zudem von dem Problem unterschieden werden, ob und wie Unternehmen mittelbar als Gehilfen/Anstifter (*aiding and abetting/vicarious liability*) haftbar gemacht werden können (hierzu unter IV.).

I. Problemdarstellung

Im Zentrum der nun folgenden Ausführungen steht die Frage, ob sich ein materiell-rechtlicher *Federal-Common-Law*-Anspruch, der unter dem ATS justiziabel ist, auch gegen Unternehmen richten kann. Die Frage nach der Unternehmenshaftung ist nicht nur eine materiell-rechtliche, sondern auch eine spezielle kollisionsrechtliche Frage. Letztendlich wird ihre positive und negative Bewertung auch davon abhängen, ob man sie generell nach dem Völkerrecht oder nach dem *federal common law*[699] beantwortet wissen will.[700] Der Meinungsstand zu dieser Streitfrage ist recht umfassend[701] und der Disput selbst verläuft auf unterschiedlichen Ebenen.

---

552 F.3d 1303, 1315 (11th Cir. 2008); a.A. Kiobel v. Royal Dutch Petroleum, 621 F.3d 111 (2nd Cir. 2010).

699 Allgemein hierzu: *Weinberg*, 83 N.W. U. L. Rev. 805 ff (1989).

700 Vgl. hierzu aus deutscher Sicht: *Reynolds/Zimmer*, RIW 2012, S. 139, 145; *Hailer*, S. 54 ff.; *Wilhemi*, S. 314; die Berücksichtigung des ausländisches Sachrecht spielt dagegen insoweit keine Rolle, da es um die Existenz einer Federal-Common-Law-Anspruchsgrundlage geht; vgl. hierzu bereits § 4.

701 Vgl. hierzu: *Theophila*, 79 Fordham Law Rev. 2859, 2901 ff (2011); *Wuerth*, The Alien Torts Statute and Federal Common Law, 85 Notre Dame L. Rev. 1931, 1935 (2010) (die einen monolithischen Ansatz vertritt und alles nach dem federal common law beurteilt haben möchte, was einer hybriden Rechtsanwendung gleichkommt); *Hoffman/Zaheer*, The Rules of the Road: Federal Common Law and Aiding and Abetting under Alien Tort Claims Act, 26 Loyola L.A. Int'l & Comp. L. Rev. 47, 49 (2003); allgemein zu diesem Problem: *Keitner*, Conceptualizing Complicity in Alien Tort Cases, 60 Hastings L. J. 61 (2009); *Casto*, The New Federal Common Law of Tort Remedies for Violations of International Law, 37 Rutgers L. Rev. 635 ff. (2006); *Schaub*, Verantwortlichkeit von Unternehmen unter dem Alien Tort Statute, AdVR, Bd. 49 (2011), S. 124-172 (der aber die Frage nach der Unternehmenshaftung und der mittelbaren Haftung zu ungenau voneinander trennt). *Dodge*, 89 Notre Dame L. Rev. 1577 ff. (2014); *Casto*, 89 Notre

Auf der Primärebene divergieren die Standpunkte bereits je nachdem an welcher Stelle man zu dieser Frage ansetzt. So könnte man bei der Beantwortung der Frage nach einer Unternehmensverantwortung zunächst generell auf das Völkergewohnheitsrecht abstellen und abstrakt danach fragen, ob sich aus dem Völkerrecht eine rechtliche Verantwortlichkeit von Unternehmen ergibt bzw. ob multinationale Unternehmen als Völkerrechtssubjekte einzuordnen sind. Oder man wählt einen Ansatz, der nur auf die jeweils in Frage kommende, streitentscheidende völkerrechtliche Verhaltensnorm rekurriert und fragt, ob diese Norm auch von Privatpersonen bzw. Unternehmen verletzt werden kann. Auf der zweiten Ebene wird dann darüber gestritten, welche Einzelheiten der Haftungsfrage, anhand welcher Rechtsquelle zu beurteilen sind. So streitet man beispielsweise darüber, ob sich die Fragen nach den Voraussetzungen einer mittelbaren Haftung bzw. der Beihilfe zu einer Tat aus dem Völkerrecht ableiten oder ob sie dem inländischen Recht zu entnehmen sind.[702] Derselbe Streit wird darüber geführt, aus welcher Rechtsquelle sich die Voraussetzungen einer vorsätzlichen Tatbeteiligung ableiten.[703] Hier soll grundsätzlich von der These ausgegangen werden, dass die Frage nach der Verantwortlichkeit multinationaler Unternehmen unter dem ATS nur anhand der jeweils einschlägigen völkerrechtlichen Verhaltensnorm analysiert werden muss und die Frage nach der grundsätzlichen Völkerrechtssubjektivität hierfür unbeachtlich ist. Das Völkerrecht entscheidet also nur über das grundsätzliche Ob der konkreten Normverletzung, während sich alle weiteren Haftungs- und Rechtsfragen aus dem *federal common law* ergeben.[704] Nachfolgend wird erläutert, warum diese Herangehensweise überzeugender ist.

Dame L. Rev. 1545 ff. (2014); *Herz*, The Liberalizing Effects of Tort: How Corporate complicity Liability Under the Alien Tort Statute Advances Constructive Engagement, 21 Harv. Hum. Rts. J. 207 ff. (2008).

702 Der genaue binäre Code, der zwischen dem Völkerrecht als Rechtsquelle der verhaltensregulierenden Normen und dem federal common law als Grundlage für die jeweilige 'remedy' unterscheidet ist hinsichtlich mancher Zuordnungsfrage umstritten, vgl. hierzu: *Dodge*, 89 Notre Dame L. Rev. 1577, 1599 (2014).

703 Diese Fragen sind insbesondere im Hinblick auf die Verfahren gegen multinationale Unternehmen relevant, da diesen oftmals nur eine indirekte Tatbeteiligung vorgeworfen wird.

704 Wie hier: *Theophila*, 79 Fordham Law Rev. 2859, 2901 (2011); *Herz*, The Liberalizing Effect of Tort: How Corporate Complicity Liability under the Alien Tort Statute advance Constructive Engagement, 21 Harv. Hum. Rts. J. 207, 214 f. (2008); *Keitner*, 60 Hastings L. J. 61 (2009).

II. Anwendbares Recht

Die Frage, ob eine Unternehmenshaftung nach dem Bundesrecht oder nach dem Völkerrecht zu behandeln ist, wurde nach dem Urteil in Sosa lange Zeit uneinheitlich behandelt.[705] Dass diese Frage nach US-Bundesrecht beurteilt werden muss, geht aber eigentlich deutlich aus der Sosa-Entscheidung hervor. Da durch Sosa festgestellt wurde, dass sich für bestimmte Völkerrechtsverletzungen eine *federal-common law*-Anspruchsgrundlage ergeben kann, wurde implizit auch darüber entschieden, dass das Bestehen und die Durchsetzbarkeit eines solchen Anspruchs nach dem Bundesrecht beurteilt werden muss. Die Gerichte haben oftmals verkannt, dass lediglich das anspruchsbegründende deliktische Verhalten am Völkerrecht bemessen wird.[706] Das Bundesberufungsgericht in *Doe v. Exxon Mobil Corp.* stellte dagegen fest, dass die Frage nach der Unternehmenshaftung nicht nach dem Völkergewohnheitsrecht zu beurteilen ist.[707] Das Missverständnis, dass die Frage nach der Unternehmenshaftung anhand des Völkergewohnheitsrechts zu beurteilen ist, ergibt sich daraus, dass die Befürworter dieser Auffassung nicht richtig differenzieren. Sie vermischen die Frage, ob sich die verhaltensregulierenden Völkerrechtsnormen auch an natürliche/juristische Personen oder nur an Staaten richtet, mit der

---

705 *Theophila*, 79 Fordham L. Rev. 2859, 2880 (2011); *Wuerth*, 85 Notre Dame L. Rev. 1931, 1933 (2010); *Nixdorf*, Substance over Form – Corporate Liability under the Alien Tort Statute, 78 Brook. L. Rev. 1553 (2013); Romero v. Drummond, 552 F.3 d 1303 (11th Cir. 2008) Doe v. Exxon Mobile Corp., 654 F.3 d 11, 41 (D.C.Cir. 2011); Sarei v. Rio Tinto, 671F.3 d 736 (9th Cir. 2011); Kiobel, 621 F.3 d 111, 175 (Leval, J. concurring, 2nd Cir. 2010); a.A. Kiobel, 621 F.3 d 111, 125 (2nd Cir. 2010).

706 Zur Unterscheidung: *Casto*, The ATS Cause of Action is sui generis, 89 Notre Dame L. Rev. 1545, 1549 f. (2014) , der zwischen Legal Norm/Rule of Conduct und Remedy differenziert; ders., The New Federal Common Law for Tort Remedies for Violations of International Law, 37 Rutgers L. J. 635, 635 (2006); *Dodge*, 89 Notre Dame L. Rev. 1577, 1598 (2014); *Schaub*, 49 AVR (2004), 125, 131.

707 Doe v. Exxon Mobile Corp., 654 F.3 d 11, 41 (D.C.Cir. 2011); Kiobel, 621 F.3 d 111, 175 (Leval, J. concurring, 2nd Cir. 2010); a.A. Kiobel, 621 F.3 d 111, 125 (2nd. Cir. 2010). Eine „tort in violation of the Law of Nations" verkörpert beispielsweise das Folterverbot („torture"), der Tatbestand der „torture" stellt dann die cause of action dar. Nach der hier vertretenen Auffassung wäre also danach zu fragen, ob das Folterverbot nur Staaten adressiert oder auch Private. Wenn sich das völkerrechtliche Folterverbot auch an Private richtet, würden sich die weiteren Haftungsfragen, nach dem Bundesrecht richten.

Frage, ob eine Unternehmenshaftung generell völkergewohnheitsrechtlich akzeptiert ist bzw. ob Unternehmen generell Subjekte des Völkerrechts sind.[708] Sie verkennen dabei, dass die letzte Frage an dieser Stelle keine Bedeutung hat, da der historische Gesetzgeber die Entscheidung getroffen hatte, dass das ATS eine zivilrechtliche Kompensationsmöglichkeit für bestimmte Völkerrechtsverletzungen schafft, die durch das Bundesrecht reguliert wird und die offensichtlich weder zwischen natürlichen und juristischen Personen differenziert noch rein etatistisch verstanden werden muss.[709] Sobald ein Verhalten vorliegt, das eine dem Sosa-Standard entsprechende Völkerrechtsverletzung verkörpert, führt dies unabhängig von der Rechtspersönlichkeit des Beklagten dazu, dass alle weiteren Fragen einer möglichen Haftung nach dem *federal common law* der USA zu beurteilen sind.[710] Für eine solche Vorgehensweise sprechen auch die Historie und der Wortlaut des ATS[711], denn mit ihm sollte eine nationale und eben keine unmittelbar völkerrechtliche Kompensationsmöglichkeit für bestimmte Völkerrechtsverletzungen installiert werden. Auch unterscheidet das ATS nicht kategorisch nach der Rechtsnatur eines potentiellen Beklagten.[712] Die Gegenauffassung[713] leitet ihre Überzeugung aus dem Verständnis einer Passage der Sosa-Entscheidung ab. Der Originaltext dieser Aussage lautet: *„A related consideration is whether international law extends the scope of liability for a violation of a given norm to the perpetrator being sued, if the defendant is a private actor such as a corporation or in-*

---

708 Doe v. Exxon Mobile Corp., 654 F.3 d 11, 41 (D.C.Cir. 2011); Kiobel, 621 F.3 d 111, 166 (Leval, J. concurring, 2nd Cir. 2010); Doe v. Nestle, 766 F.3 d 1013, 1021 (9th Cir. 2014); diese Differenzierung verkennend: Kiobel, 621 F.3 d 111, 147 f. (2nd Cir. 2010).

709 Doe v. Exxon Mobile Corp., 654 F.3 d 11, 50 ff. (D.C.Cir. 2011); *Theophila*, 79 Fordham L. Rev. 2859, 2904 (2011). Insoweit lässt sich exemplarisch anhand der Piraterie beleuchten, dass es doch wohl auch dem historischen Gesetzgeber primär darum ging, die Piraterie einzudämmen und eine Kompensationsmöglichkeit zu schaffen. Ob die Piraterie dann von Person X oder von Piracy Inc. begangen wurde ist irrelevant.

710 *Theophila*, 79 Fordham L. Rev. 2859, 2907 (2011); *Casto*, 89 Notre Dame L. Rev. 1545, 1549 f. (2014); *ders.*, 37 Rutgers L. J. 635 ff. (2009); *Wuerth*, 85 Notre Dame L. Rev. 1931, 1936 (2010); Doe v. Exxon Mobile Corp., 654 F.3 d 11, 50 (D.C.Cir. 2011).

711 Doe v. Exxon, 654 F.3 d 11, 42 ff. (D.C.Cir. 2010).

712 So auch schon: Argentine Republic v. Armada Hess Shipping Corp. 109 S.Ct. 683, 691 (1989); Doe v. Exxon Mobile Corp., 654 F.3 d 11, 50 (D.C.Cir. 2011).

713 Kiobel, 621 F.3 d 111, 128 f. (2nd Cir. 2010).

dividual. Compare Tel–Oren v. Libyan Arab Republic, 726 F.2 d 774, 791–795 (C.A.D.C.1984) (Edwards, J., concurring) (insufficient consensus in 1984 that torture by private actors violates international law), with Kadic v. Karădzic, 70 F.3 d 232, 239–241 (C.A.2 1995) (sufficient consensus in 1995 that genocide by private actors violates international law). "[714] Das Bundesberufungsgericht des *2nd Circuit* schlussfolgert hieraus, dass eine Unternehmenshaftung nur dann bestehen kann, wenn die *corporate liability* selbst einen allgemein anerkannten völkerrechtlichen Grundsatz darstellt. Nicht das Zitat an sich, sondern die aus ihm gezogene Schlussfolgerung ist verwunderlich. Denn mit dieser Aussage statuierte der Supreme Court keinesfalls ein Verständnis, nach dem sich ein allgemeines Prinzip der Unternehmenshaftung/Individualhaftung (*corporate liability*) aus dem Völkerrecht ergeben müsste.[715] Ebenso wenig sollte durch diese Feststellung eine Differenzierung zwischen juristischen und natürlichen Personen eingeführt werden. Diese Aussage ist vielmehr dahin gehend zu verstehen, dass geprüft werden muss, ob sich die jeweilige völkerrechtliche Verhaltensnorm auch an natürliche bzw. juristische Personen richten kann oder nur an Staaten.

Exkursorisch ist darauf hinzuweisen, dass -unterstellt, man folgt der Auffassung des 2nd Circuit- die Argumentation, es lasse sich aus dem Völkergewohnheitsrecht keine generelle Unternehmenshaftung ableiten,[716] auch in der Sache nicht überzeugt: Seine Auffassung stützt das Gericht unter anderem darauf, dass bislang vor Internationalen Gerichtshöfen keine Unternehmen verklagt wurden. Als Beleg hierfür wird das Kriegsverbrechertribunal von Nürnberg sowie die Verfahren vor dem ICTY (International Crime Tribunal for the Former Republic of Yugoslavia) und dem ICTR (Ruanda) aufgeführt. Insoweit verkennt das Gericht zunächst, dass es sich hierbei um ad-hoc Tribunale zu einer rein strafrechtlichen Aufarbeitung von Völkerrechtsverbrechen handelte. Allein die Tatsache, dass vor diesen Gerichten keine Unternehmen passiv beteiligt waren, belegt nicht, dass eine *corporate liability* grundsätzlich vom Völkerrecht nicht akzeptiert wird. Auch die Argumentation in Bezug auf die Urteile

---

714 Sosa, 124 S.Ct. 2739, 2766, Fn. 20 (2004).
715 So aber: Kiobel, 621 F.3 d 111, 131 f. (2nd Cir. 2010); *Wuerth*, 85 Notre Dame L. Rev. 1931, 1963: „The Kiobel opinion thus asks the wrong question: whether customary international law imposes directly duties on corporations".
716 Kiobel, 621 F.3 d 111, 131 f. (2nd Cir. 2010) („Corporate Liability is not a norm of customary international law")

des Nürnberger Kriegsverbrechertribunals hinsichtlich der Verbrechen der I.G. Farben ist nicht nachvollziehbar. Denn es ist zwar richtig, dass nicht die I.G. Farben an sich strafrechtlich belangt wurde, sondern deren Stellvertreter. Das liegt aber vor allem auch daran, dass der Vollzug eines strafrechtlichen Urteils gegenüber dem Unternehmen nicht zielführend gewesen wäre. Ziel der Prozesse war es vielmehr, die Hintermänner dieser Verbrechen zu bestrafen und ihnen nicht zuzugestehen, sich hinter dem Schutzmantel eines Unternehmens/Staates zu verbergen. Indem man die Straftat des Unternehmens den menschlichen Entscheidungsträgern zurechnet, schließt man aber gerade nicht aus, dass auch die juristische Person an sich als Haftungsobjekt in Frage kommt.[717] Das Bundesberufungsgericht verkennt insoweit auch, dass es schon frühzeitig nach Beendigung des 2. Weltkrieges zu einer Zerschlagung der I.G. Farben und einer Beschlagnahme ihres Vermögens kam.[718] Die Zerschlagung wurde bereits im November 1945 mittels eines Beschlusses der Siegermächte entschieden.[719] Die Liquidation der I.G. Farben stellte die Höchststrafe für ein Unternehmen dar und kann insgesamt als ein Akt verstanden werden, der manifestiert, dass die Inanspruchnahme eines Unternehmens für die Beteiligung an völkerrechtlichen Verbrechen grundsätzlich akzeptiert ist.[720] Angesichts der Tatsache, dass es in der Nachkriegszeit zu weiteren Beschlagnahmen von Unternehmensvermögen kam, die für Reparationszahlungen verwendet werden sollten, ist es eine Unterschlagung geschichtlicher Tatsachen, wenn man eine völkerrechtliche Verantwortung von Unternehmen

---

717 So auch *Schaub*, AVR 49 (2011), 125, 150.

718 Doe v. Exxon, 654 F.3 d 11, 52 (D.C. Cir. 2011).

719 Brief of Amici Curiae Nuremberg Scholars, Kiobel v. Royal Dutch Petroleum, 2011 WL 2743196, *1, 13; Control Council Law No. 9, Providing for the Seizure of Property Owned By I.G. Farbenindustrie and the Control Thereof (Nov. 30, 1945), 1 Enactments and Approved Papers of the Control Council and Coordinating Committee 225, *abrufbar unter:* http:// www.loc.gov/rr/frd/Military_Law/ Enactments/law-index.pdf.

720 Doe v. Exxon, 654 F.3 d 11, 52 (D.C. Cir. 2011); Brief of Amici Curiae Nuremberg Scholars, Kiobel v. Royal Dutch Petroleum, 2011 WL 2743196, *1, 13 ff; vgl. hierzu: *Bush*, The Prehistory of Corporations and Conspiracy in International Criminal Law: What Nuremberg Really Said, 109 Colum. L. Rev. 1094, 1149 ff. (2009); Skinner, Nuremberg's Legacy Continues: The Nuremberg Trials' Influencing on Human Rights Litigation in U.S. *Courts* under the Alien Tort Statute, 71 Alb. L. Rev. 321, 326 ff. (2008).

für ihre Völkerrechtsverbrechen in der Nazizeit ausschließt.[721] Im Übrigen ergeben sich aus zahlreichen völkerrechtlichen Verträgen Belege dafür, dass Unternehmen sehr wohl partiell in Anspruch genommen werden können.[722] Auch wenn der *2nd Circuit* in Kiobel teilweise auf derartige Verträge eingeht, lehnt er es ab, in diesen ein Indiz zu sehen, dass Unternehmen unter dem ATS in Anspruch genommen werden können, da er durch diese Verträge lediglich spezielle Bereiche reguliert sieht, nicht aber den Menschenrechtsschutz an sich.[723] Das Gericht übersieht insoweit, dass mehrere spezielle völkervertragliche Regelungen, wenn man sie kumulativ betrachtet, sehr wohl erkennen lassen, dass auch Unternehmen Adressaten völkerrechtlicher Normen sein können.[724] Die grundsätzliche Ausklammerung einer juristischen Person aus diesem Bereich erscheint nicht gerechtfertigt, da in Ermangelung einer Regel, die besagt, dass Unternehmen grundsätzlich nicht völkerrechtlich verantwortlich sind, nicht von einem Prinzip der Unternehmensimmunität ausgegangen werden sollte. Vielmehr dürfte es ein allgemeiner Rechtsgrundsatz und somit völkerrechtlich anerkannt sein,[725] dass Unternehmen selbstverständlich für ihr deliktisches Verhalten in Anspruch genommen werden können. Das sollte insbesondere dann der Fall sein, wenn durch das Delikt eine Norm des Völkerrechts verletzt wird, die sich auch an Privatpersonen richtet. Eine Blankoimmuni-

---

721 Brief of Amici Curiae Nuremberg Scholars, Kiobel v. Royal Dutch Petroleum, 2011 WL 2743196, *1, 15.

722 *Koh*, Separating Myth from Reality About Coporate Responsibility Litigation, 7 J. Int`l Econ. L. 263, 264 ff (2004); vgl. zudem.: Art. 2 Übereinkommen über die Bekämpfung der Bestechung ausländischer Amtsträger im internationalen Geschäftsverkehr, der eine Verantwortlichkeit juristischer Personen für Bestechung garantiert; Art. 22, Konvention des Europarats zur Bekämpfung des Menschenhandels v. 16.05.2005 (für die BRD in Kraft seit 2013), auch dieser Artikel erklärt das die Konventionsstaaten ihrerseits Maßnahmen ergreifen müssen, damit juristische Personen in deren Namen entsprechende Straftraten begangen wurden, zur Verantwortung gezogen werden können; vgl. zudem die Nachweise bei: *Schaub*, AdVR, Bd.49 (2011), S. 125, 153 f.

723 Kiobel, 621 F.3 d 138 (2nd Cir. 2010).

724 *Schaub*, AdVR, Bd.49 (2011), S. 125, 154 f.; der einen Transfer aber in Bezug auf das Völkerstrafrecht verneint.

725 Art 38 I lit. c IGH-Statut; *Schaub*, AdVR, Bd. 49 (2011), S. 125, 156 ff, der aber einen allgemeinen Rechtsgrundsatz der Unternehmensverantwortlichkeit in letzter Konsequenz nicht anerkennen möchte.

tät zugunsten multinationaler Unternehmen ist somit abzulehnen.[726] Vielmehr müssen die Gerichte eine *Norm-by-Norm*-Analyse vornehmen, anhand der sie zunächst überprüfen, ob die in Frage stehende Verhaltensnorm (z.B. das Verbot der Folter oder der Sklaverei) grundsätzlich nur Staaten adressiert oder eben auch natürliche und juristische Personen. Wenn sich eine solche Norm als universal herausstellt und grundsätzlich nicht nur auf Staaten anwendbar ist, so bildet eine derartige Norm eine statthafte Basis für einen Anspruch unter dem ATS.[727] Die Beantwortung der Frage nach der Unternehmensverantwortung hängt also grundsätzlich nur davon ab. Sie erfordert weder, dass multinationale Unternehmen grundsätzlich als Völkerrechtssubjekte anerkannt sind, noch dass es einen von einem internationalen Gerichtshof bestätigten Präzedenzfall der Unternehmenshaftung gibt, [728] da eine Bindung an völker- bzw. menschenrechtliche Standards nicht von der Stellung als „Völkerrechtssubjekt" abhängt, sondern aus „der Verpflichtung, die mit der in allen Kulturen anerkannten Verknüpfung von Rechten mit Pflichten verbunden ist"[729], erwächst.[730]

---

726 Doe v. Nestle, 766 F.3 d 1013, 1021 (9th Cir. 2014); Doe v. Exxon 654 F.3 d 11, 48 (D.C.Cir 2011); Talisman, 244 F. Supp. 2 d 289, 319 (S.D.N.Y. 2003); *Paust*, 51 Va. J. Int'l L. 977, 990 f. (2012).

727 Doe v. Nestle, 766 F.3 d 1013, 1022 (9th Cir. 2014); Sarei v. Rio Tinto 671 F.3 d 736, 747 f., 760 f. (9th Cir. 2011).

728 Doe v. Nestle, 766 F.3 d 1013, 1022 (9th Cir. 2014); Sarei v. Rio Tinto, 671 F.3 d 736, 760 f. (9th Cir. 2011), Doe v. Exxon, 654 F.3 d 11, 51 (C.A.D.C 2011) [Die beiden Rechtssachen Rio Tinto und Exxon wurden nur aus Gründen der Anwendung der presumption against extraterritoriality aufgehoben und werden unter diesem Gesichtspunkt teilweise neu verhandelt].

729 *Emmerich-Fritsche*, Vom Völkerrecht zum Weltrecht, S. 871.

730 *Emmerich-Fritsche*, Vom Völkerrecht zum Weltrecht, S. 871; so auch: *Kinley/ Tadaki*, From Talk to Walk: The Emergence of Human Rights Responsibilities for Corporations at International Law, 44 Va. J. Int'l L. 931, 946 (2004); vgl. insoweit auch *Paust*, Kiobel, Extraterritoriality and the Reach of the ATS, 53 Va. J. Int'l L. Digest, 18, 25 ff., die insgesamt argumentiert, dass der Supreme Court in mehreren Entscheidungen anerkannt habe, dass Unternehmen auch aus dem Völkerrecht Pflichten und Rechte ableiten können bzw. müssen.

III. Zwischenergebnis

Auf die Qualifikation eines MNU als Völkerrechtssubjekt kommt es somit in diesem Zusammenhang nicht an. Die wesentlichen Fragen der *corporate liability,* also die Prinzipen der Haftung sowie Fragen der Zurechnung, sind nach dem *federal common law* zu beurteilen. Die Frage, ob eine Privatperson bzw. ein Unternehmen von dem Anwendungsbereich der konkreten Verhaltensnorm erfasst ist, bestimmt sich nach der jeweils in Frage kommenden völkerrechtlichen Norm.[731] Eine Beschränkung erfährt die Inanspruchnahme von Unternehmen für Vergehen gegen das Völkerrecht nur dann, wenn das streitgegenständliche Verhalten eine Norm verletzt, die nicht unter den Sosa-Standard fällt oder wenn diese Norm staatliches Verhalten voraussetzt.[732] Auch bei der zweiten Alternative kommt unter Umständen dennoch eine mittelbare Inanspruchnahme in Frage, worauf nachfolgend noch einzugehen ist.[733] Sobald eine Norm des Völkerrechts auch natürliche Personen inkludiert, besteht kein Grund diese nicht auch auf juristische Personen des Privatrechts anzuwenden, es sei denn, es bestehen eindeutige Differenzen.[734] Insoweit ist auch nochmals darauf hinzuweisen, dass die überwiegende Mehrheit der Gerichte diese Frage genauso beurteilt sehen möchte[735] und die Kiobel-Entscheidung des *2nd Circuit* als Einzelfall aus dieser Linie ausbricht.

---

731 *Wuerth*, 85 Notre Dame L. Rev. 1931, 1965 (2010); *Dodge*, Corporate Liability und Customary International Law, 43 Geo. J. Int'l L. 1045, 1049 ff. (2012); *Theophila*, 79 Fordham L. Rev. 2859, 2907 f. (2011) *Emmerich-Fritsche*, Vom Völkerrecht zum Weltrecht, S. 871; *Kinley/Tadaki*, From Talk to Walk: The Emergence of Human Rights Responsibilities for Corporations at International Law, 44 Va. J. Int'l L. 931, 946 (2004).

732 So im Ergebnis auch: *Wuerth*, 85 Notre Dame L. Rev. 1931, 1965 f. (2010); *Dodge*, Corporate Liability und Customary International Law, 43 Geo. J. Int'l L. 1045, 1049 ff. (2012); vgl hierzu auch: Transscript of Oral Argument, S. 27, Kiobel v. Royal Dutch Petroleum, No. 10-1491; abrufbar unter: http://www.supreme court.gov/oral_arguments/argument_transcripts/10-1491.pdf (letzter Aufruf: 03.12.2014).

733 Vgl. unten IV; *Wuerth*, 85 Notre Dame L. Rev. 1931, 1965 f. (2010).

734 *Dodge*, 43 Geo. J. Int'l L. 1045, 1051 (2012).

735 Doe v. Nestle, 766 F.3 d 1013, 1022 (9th Cir. 2014); Sarei v. Rio Tinto, 671 F.3 d 736, 760 f. (9th Cir. 2011), Doe v. Exxon, 654 F.3 d 11, 51 (C.A.D.C 2011); Romero v. Drummond, 552 F.3 d 1303 (11th Cir. 2008); Sinaltrainal v. Coca Cola Co., 578F.3 d 1252, 1263 (11th Cir. 2009); Talisman I, 244 F.Supp. 2 d 289, 308 (S.D.N.Y. 2005); In Re Agent Orange, 373 F.Supp. 2 d 7, 58 (E.D.N.Y., 2005); Kiobel, 621 F.3 d 111, 149 (Leval, J., concurring).

Diese hybride Gestaltung führt dazu, dass sowohl den Vorgaben des Völkerrechts als auch denen des Bundesrechts genüge getan wird. Sie stellt zudem eine klare Regel dahingehend auf, dass ATS-Fälle im Hinblick auf die primäre Verbotsnorm völkerrechtlich determiniert sind. Das heißt, die Norm anhand der ermittelt wird, ob das bestimmte Verhalten eine Rechtsverletzung darstellt, ist dem Völkerrecht zu entnehmen. Wird einer Beklagten beispielsweise Zwangsarbeit und Sklaverei vorgeworfen, müsste das zuständige Gericht zunächst ermitteln, ob es eine völkerrechtlich anerkannte Norm des Verbots der Sklaverei gibt, was dieses beinhaltet und ob sich eine derartige Verbotsnorm nur an Staaten oder auch an Private richtet. Werden diese Fragen positiv beschieden und liegt somit ein potentieller, universal anerkannter Völkerrechtsverstoß vor, so lassen sich alle weiteren Fragen der zivilrechtlichen Haftung nach dem *federal common law* bestimmen. Ein Ausschluss der Unternehmenshaftung ließe sich demnach nur dann bejahen, wenn die völkerrechtliche Verbotsnorm ausschließlich Staaten adressiert, wobei es selbst in derartigen Fällen denkbar ist, dass Private/Unternehmen aufgrund ihrer mittelbaren Beteiligung in Anspruch genommen werden könnten. Formelmäßig ließe sich folglich festhalten, dass das Völkerrecht bestimmt, ob das streitgegenständliche Verhalten eine Norm verletzt, und dass über die Kompensation und das Wie der Verletzung letztendlich das US-Bundesrecht entscheidet.[736]

IV. Konzeptionelle und rechtsvergleichende Einordnung

Die eben dargestellte hybride Konstruktion einer *Federal-Common-Law*-Anspruchsgrundlage für die Verletzung einer universalen Norm des Völkerrechts erscheint vielleicht ein wenig ungewöhnlich, ist aber letztendlich konsequent, da sie den Telos des ATS genau erfasst und zudem auf einer Linie mit der Sosa-Rechtsprechung steht. Die hier befürwortete, klare Aufteilung zwischen dem, was das Völkerrecht reguliert und dem, was das *federal common law* reguliert, gewährleistet zudem ein höheres Maß an Rechtssicherheit und Bestimmbarkeit. Somit lässt sich klarer definieren, wann eine Haftung unter dem ATS grundsätzlich in Fra-

---

736 *Wuerth*, 85 Notre Dame L. Rev. 1931, 1941 (2010); *Theophila*, 79 Fordham L. Rev. 2859, 2907 f. (2011); *Casto*, 89 Notre Dame L. Rev. 1545, 1550 f. (2014).

ge kommt. Dass dabei die Frage, ob das streitgegenständliche Verhalten von einer völkerrechtlichen Norm erfasst und sanktioniert wird, und die Frage, ob hieraus ein Schadensersatzanspruch erwächst, anhand zweier verschiedener Rechtsquellen beurteilt wird, ist überdies nicht vollkommen ungewöhnlich.[737] Aus deutscher Perspektive kann ein solcher Ansatz in Grundzügen mit der Konzeption des § 823 Abs. 2 BGB verglichen werden. Genauso wie dieser einen der „Transmissionsriemen für die in anderen Rechtsgebieten getroffen Wertungen in das Deliktsrecht"[738] darstellt, transportiert das ATS Wertungen des universellen Völkerrechts in das US-Bundesrecht und nützt letzteres zu einer Sanktionierung. Die *federal common law claim* würde insofern das Pendant zu § 823 Abs. 2 BGB darstellen, während sich im Hinblick auf die zu fordernde Schutzgesetzverletzung die zusätzliche Voraussetzung ergibt, dass es sich bei dem Schutzgesetz um eine Norm des Völkerrechts handeln müsste. Insoweit kann man durchaus feststellen, dass es grundsätzlich nicht ungewöhnlich ist, wenn eine Norm die Normierung einer Verhaltenspflicht an eine andere Norm delegiert.[739] Genauso wie eine Schutzgesetzverletzung nur dann vorliegen kann, wenn ein Schutzgesetz vorliegt, wenn das Schutzgesetz den vermeintlichen Schädiger adressiert und den Anspruchssteller individuell schützt, kann ein Anspruch unter dem ATS nur dann bestehen, wenn die völkerrechtliche Verhaltensnorm eine universal anerkannte, klar bestimmte Norm darstellt und der Schädiger von dieser erfasst wird. Nach alldem erweist sich die Konstruktion der Haftung unter dem ATS als nicht besonders außergewöhnlich, vielmehr können derartige „Formen der heteronomen Unrechtsbegründung"[740] durchaus als rechtshistorisch fundiert erachtet werden.[741] Zudem zeichnet sich insgesamt eine Entwicklung ab, innerhalb der es eher zu einer Zunahme der „Einbruchstellen für das Völkerrechts"[742] in die nationalen Privatrechtsordnungen kommt.[743] Insgesamt

---

737 Vgl hierzu: *Wuerth*, 85 Notre Dame L. Rev. 1931, 1933 (2010), die auf den besonderen Charakter des federal common law in Zusammenhang mit dem ATS verweist und dieses als ein federal common law sui generis beurteilt; Casto, 89 Notre Dame L. Rev. 1545 ff. (2014).

738 MüKO-BGB/*Wagner*, § 823 Rn. 384, mit Verweis auf: BGHZ 122, 1, 8.

739 So für § 823: Staudinger/*Hager*, § 823 Rn. G 5.

740 *Katzenmeier*, in: Dauner-Lieb/Langen, BGB-Schuldrecht, § 823 Rn. 522, Fn. 1.

741 *Katzenmeier*, Zur neueren dogmengeschichtlichen Entwicklung der Deliktstatbestände, AcP 203 (2003), S. 79, 87 ff.

742 *Jayme*, in: Leible/Ruffert (Hrsg.), Völkerrecht und IPR, S. 23, 39.

743 Vgl. hierzu ausführlicher unten §§ 8, 9.

bleibt somit festzuhalten, dass selbst wenn multinationale Unternehmen keine primären Völkerrechtssubjekte darstellen sollten, man nicht in Abrede stellen kann, dass sie auch Adressaten spezieller Völkerrechtssätze seien können.[744] Die Beteiligung am Völkermord, die Ausbeutung von Zwangsarbeitern bzw. Sklaven oder andere vergleichbare Delikte sind nicht nur Staaten verboten, sondern schlichtweg jedem Rechtssubjekt, unabhängig von seiner Qualifikation als spezielle Rechtsperson. Derartige Normen ließen sich also problemlos als universelle völkerrechtliche Schutzgesetze einordnen, da sie einen umfassenden Rechtsschutz gegenüber jedweder Beeinträchtigung ermöglichen sollen.

V. Die Beteiligung Dritter (Aiding and Abetting/Vicarious Liability)

Ein weiteres Problem, das sich in diesem Kontext ergibt, besteht in der Frage, nach welchem Recht die mittelbare Beteiligung oder Haftung eines Dritten zu beurteilen ist. Viele ATS-Prozesse gegen Unternehmen haben eine derartige Haftungsfrage zum Gegenstand, da den beklagten Unternehmen mehrheitlich nur eine mittelbare Beteiligung an den Völkerrechtsverletzungen vorgeworfen werden kann. Wiederum kommen als Rechtskörper sowohl das Völkerrecht als auch das *federal common law* in Frage. Die Behandlung dieses Problems erfolgte in der Rechtsprechung und Lehre nicht einheitlich.[745] Uneinigkeit besteht darüber, aus welcher Rechtsquelle sich die Voraussetzung für eine solche Haftung ergeben. Teilweise votierten die Gerichte dafür, dass in Bezug auf die *aiding and abetting liability* Völkerrecht angewendet werden soll,[746] da sie das deliktische Pri-

---

744 Vgl. hierzu: *Emmerich-Fritsche*, S. Vom Völkerrecht zum Weltrecht, S. 871; *Kinley/Tadaki*, From Talk to Walk: The Emergence of Human Rights Responsibilities for Corporations at International Law, 44 Va. J. Int'l L. 931, 946 (2004); *Nowrot*, S. 534 ff., mit umfassenden Literaturnachweisen zu der völkerrechtlichen Diskussion um die völkerrechtlichen Pflichten von MNUs.

745 Guter Überblick hierzu bei: *Dodge*, 89 Notre Dame. L. Rev. 1577, 1594 ff. (2014); *Wuerth*, 85 Notre Dame L. Rev. 1931, 1944 (2010); *Bradley/Goldsmith/Moore*, 120 Harv. L. Rev. 869, 929 (2007); *Cassel*, Corporate Aiding and Abetting of Human Rights Violations: Confusion in the Courts, 8 Nw. U. J. Int'l Hum. Rt's 304, 320 (2008).

746 Presbyterian Church of Sudan v. Talisman Energy Inc. 582 F.3d 244, 259 (2nd Cir. 2009); Khulumani 504 F.3d, 254 277 (Katzmann, J., concurring, 2nd Cir. 2007); Doe I v. Unocal Corp, 395 F.3d 932, 951 (9th Cir. 2002) a. A. (Anwendung von US-Recht): Khulumani, 504 F.3d 254, 284 (Hall, J., concurring, 2nd

märverhalten betrifft und einen eigenen neuen Tatbestand schafft.[747] Gegen diese Annahme spricht zunächst, dass es sich bei der *aiding und abetting liability* eigentlich nicht um ein eigenständiges Vergehen/Delikt handelt, sondern um eine spezielle Form der Haftungszurechnung.[748] Andererseits ließe sich auch vertreten, dass die Regelungen, die die *aiding and abetting-liability* regulieren, solche Normen darstellen, die primär auf das Verhalten abzielen und es sich somit um *conduct regulating norms* handelt,[749] womit man sie der Primärebene zuordnen müsste und damit das Völkerrecht als Rechtsquelle einschlägig wäre. Die Auseinandersetzung mit dieser Frage ist nicht nur dogmatisch interessant, sondern wurde in der jüngeren Vergangenheit auch in der US-Rechtsprechung und Lehre stark rezipiert. Deswegen soll auf sie im Folgenden dezidiert eingegangen werden. Die Frage fokussiert sich letztendlich darauf, ob man fordern möchte, dass der Beklagte als Anstifter/Gehilfe/etc. selbstständig Völkerrecht verletzen muss und die Voraussetzungen für die mittelbare Rechtsverletzung somit dem Völkerrecht zu entnehmen sind oder, ob man eine Völkerrechtsverletzung des unmittelbaren Delinquenten genügen lassen möchte und man die Frage über die Inanspruchnahme eines mittelbar Beteiligten als eine Frage der Haftungszurechnung einordnet, die somit nach *federal common law* zu beurteilen ist.

1. Völkerrechtliche Determination der indirekten Haftung

Die Vertreter, die die Standards zur Bestimmung einer indirekten Haftung aus dem Völkerrecht ableiten wollen, sehen in der mittelbaren Handlung (Anstiftung/Beihilfe) ein eigenständiges deliktisches Verhalten.[750] Nach dieser Auffassung handelt es sich bei der Norm, die die mittelbare Haf-

---

Cir. 2007): „*To derive a standard of accessorial liability, however, a court should consult the federal common law.*"; Doe I v. Unocal, 395 F.3 d 932, 964 f. (*Reinhard*t, J., concurring); Sarei v. Rio Tinto, 671 F.3 d 736, 770 (Reinhardt, J. concurring, 9th Cir. 2011).

747   Presbyterian Church of Sudan v. Talisman Energy Inc. 582 F.3 d 244, 259 (2nd Cir. 2009); *Schaub*, AdVR, Bd. 49 (2011), S. 125, 133 f.

748   So für die strafrechtliche Haftung: U.S. v. Ali, 718 F.3 d 929, 936 (D.C. Cir. 2013).

749   So z.B. *Casto*, 37 Rutgers L. J. 635, 650 (2006).

750   Presbyterian Church of Sudan v. Talisman Energy Inc. 582 F.3 d 244, 259 (2nd Cir. 2009); Khulumani v. Barclay Nat'l Bank Ltd., 504 F.3 d 254, 268 (Katz-

tung reguliert, um eine „*conduct-regulating-norm*",[751] so dass die rechtlichen Voraussetzungen aus dem Völkerrecht abgeleitet werden müssen.[752] Eine Beihilfe/Mitwisserschaft/Anstiftung zu dem jeweiligen Delikt müsste also per se im Völkerrecht universal anerkannt sein, damit sich überhaupt eine *federal-common law* Anspruchsgrundlage ergeben könnte. Zudem wären auch die übrigen Tatbestandsvoraussetzungen völkerrechtlich determiniert. Dieser Ansatz wurde deswegen teilweise als „*conduct-regulating-approach*"[753] bezeichnet. Auch die Gerichte beurteilten die Frage nach der indirekten Haftung teilweise nach dem Völkerrecht.[754] Begründet wurde das überwiegend damit, dass die Haftung für eine Anstiftung/Beihilfe/etc. ein vollkommen eigenes Delikt darstellen soll.[755] Ein Vorteil der Anwendung des Völkerrechts auf die Fragen einer indirekten Haftung besteht darin, dass sich die US-Gerichte insoweit nicht der Kritik ausgesetzt sähen, sie wenden das US-Recht zu umfassend unilateral und extraterritorial

---

mann, J., concurring, 2nd Cir. 2007); Doe v. Nestle, 766 F.3 d 1013, 1023 (9th Cir. 2014); a.A. Khulumani, 504 F.3 d 254, 284 (Hall, J., concurring).

751 *Casto*, Regulating the New Privateers of the Twenty-First Century, 37 Rutgers L. J. 671, 695 (2005); *Ders.*, 37 Rutgers L. Journ. 635, 639 ff. (2005). *Casto* stellt in 37 Rutgers L. Jorun. 635, 650 (2005) fest, dass die „accomplice liability is a conduct-regulating norm" und: „In other words, there is no liability unless the aiding-and-abetting norm proscribes assisting direct violators of another norm."

752 *Ainscough*, Choice of Law and Accomplice Liability under the Alien Tort Statute, 28 Berkley Journ. Int'l L. 588, 590 (2010); *Wuerth*, 85 Notre Dame L. Rev. 1931, 1945 f. (2010).

753 *Keitner*, 60 Hastings L. J. 61, 73 f. (2008); *Ainscough*, 28 Berkley Journ. Int'l L. 588, 590 (2010); *Schaub*, AdVR, Bd. 49 (2011), S. 125, 132.

754 Doe v. Nestle, 766 F.3 d 1013, 1023 (9th Cir. 2014); Sarei v. Rio Tinto, 671 F.3 d. 736, 748 (9th. Cir. 2011); Doe v. Exxon Mobile Corp., 654 F.3 d 11, 28 f. (D.C. Cir. 2011) [beide Entscheidungen wurden aus anderen Gründen aufgehoben]; Khulumani, 504 F.3 d 227 (Katzmann, J. concurring, 2nd. Cir.); Presbyterian Church of Sudan v. Talisman Energy Inc. 582 F.3 d 244, 259 (2nd Cir. 2009);Aldana v. Del Monte Fresh Produce 416 F.3 d 1242, 1248 (11th Cir.); Doe v. Unocal, 395 F.3 d 932, 951 (9th Cir. 2002) **a.A.** Khulumani, 504 F.3 d 227, 284 ff. (Hall, J., concurring); Doe v. Unocal, 395 F.3 d 932, 964 (Reinhardt, J., concurring); Sarei v. Rio Tinto, 671 F.3 d 736, 770 (Reinhardt, J. concurring, 9th Cir. 2011); *Seibert-Fohr*, Deliktshaftung von Unternehmen für Völkerrechtsverstöße, ZaöRV 63 (2003), 195, 202 f., die den Ansatz der Gegenmeinung, die bei Fragen der mittelbaren Haftung nicht auf das Völkerrecht rekurriert, für kritikabel hält.

755 Presbyterian Church of Sudan v. Talisman Energy Inc. 582 F.3 d 244, 259 (2nd Cir. 2009).

an.[756] Folgt man dieser Auffassung, so hat das in erster Linie zwei praktische Konsequenzen. Erstens: Die Gerichte müssen überprüfen, ob eine „*aiding-and-abetting liability*" oder „*vicarious liability*" an sich universal im Völkerrecht anerkannt sind. Zweitens: Die übrigen Tatbestandsvoraussetzungen, also z.B. welchen Grad des Vorsatzes der Beklagte erfüllen muss, um als Mittäter/Gehilfe zu gelten, werden durch das Völkerrecht reguliert. Die erste Frage wurde beinahe einheitlich und insgesamt zustimmend behandelt, da eine *aiding und abetting liability* im internationalen Völkerstrafrecht hinreichend akzeptiert ist und sich gegen einen Transfer auf den zivilrechtlichen Bereich des Alien Tort Statute keine vernünftigen Argumente finden lassen,[757] da es insoweit ohnehin zu erheblichen Überschneidungen zwischen dem Strafrecht und dem Deliktsrecht kommt.[758] Die Beantwortung der zweiten Frage gestaltet sich dagegen schwieriger und die Meinungen der Gerichte divergierten, da die einschlägigen Quellen des Völkerrechts nicht immer einheitlich sind.[759] So griffen die US-Bundesgerichte zur Bestimmung der inhaltlichen Voraussetzungen und Anforderungen an den *Mens-Rea*-Standard, also um zu ermitteln welcher Grad des Vorsatzes vorliegen muss, vornehmlich auf Entscheidungen internationaler Kriegsverbrechertribunale zurück.[760] Die Entscheidung *Doe v. Exxon* ist in diesem Bereich äußerst instruktiv und deshalb besonders

---

756 *Keitner*, 60 Hastings L. J. 73, 74 (2008); *Dodge*, 89 Notre Dame L. Rev. 1577, 1601 f. (2014).

757 *Wuerth*, Notre Dame L. Rev. 1931, 1946 f. (2010); Khulumani, 504 F.3 d 227 (Katzmann, J. concurring, 2nd. Cir.); Presbyterian Church of Sudan v. Talisman Energy Inc. 582 F.3 d 244, 259 (2nd Cir. 2009); Doe v. Unocal, 395 F.3 d 932, 951 (9th Cir. 2002); Doe v. Exxon Mobile Corp. 654 F.3 d 11, 28 f (D.C.Cir. 2011).

758 Doe v. Exxon, 654 F.3 d 11, 31 f., mit Verweis auf: United States v. Bach, 172 F. 3 d 520, 523 (7th Cir. 2007): „Crimes and Torts frequently overlap."

759 *Wuerth*, Notre Dame L. Rev. 1931, 1950 ff. (2010); *Cassel*, Corporate Aiding and Abetting of Human Rights Violations: Confusion in the Courts, 6 N.W. U. J. Int`l Hum. Rts. 304, 317 ff. (2008).

760 Knowledge als Voraussetzung: Doe v. Exxon, 654 F.3 d 11, 39 (D.C.Cir.2011); Doe v. Unocal, 395 F.3 d 932, 951 (9th Cir. 2002); *Keitner*, Keitner, 60 Hastings L. J. 73, 83 ff. (2008); *Dodge*, 89 Notre Dame L. Rev. 1577, 1601 (2014); für "Purpose" als Tatbestandsvoraussetzung: Khulumani, 504 F.3 d 227 (Katzmann, J. concurring, 2nd. Cir.); Presbyterian Church of Sudan v. Talisman Energy Inc. 582 F.3 d 244, 259 (2nd Cir. 2009); vgl. zum ganzen: *Wuerth*, Notre Dame L. Rev. 1931, 1950 ff (2010); *Ramsey*, Harv. Int`l L. Rev. 271, 281 ff. (2009); offengelassen durch: Sarei v. Rio Tinto, 671 F.3 d 736, 765 f. (9th Cir. 2011).

erwähnenswert:[761] Für das Berufungsgericht in *Doe v. Exxon* ist, anders als für die Gerichte des *2nd Circuit*,[762] zur Bejahung des Vorsatzes (*intent*) eines potentiellen Mittäters/Gehilfen nur dessen Wissen von der Tat (*knowledge*), nicht aber das bewusste Bezwecken („*purpose*") der Tat notwendig.[763] Für beide Ansichten lassen sich Belege in den einschlägigen Völkerrechtsquellen finden,[764] wobei unter Verweis auf die historische Entwicklung der Rechtsprechung Internationaler Strafgerichtshöfe die Tendenz auszumachen ist, dass der „knowledge"-Standard etablierter ist.[765] Ein Berufungsgericht des *9th Circuit* hob zuletzt eine Entscheidung eines *District Court* auf und verwies die Rechtssache zur Neuverhandlung an diesen zurück.[766] Diese Zurückverweisung rechtfertigte es primär auch damit, dass der District Court -gerade auch im Hinblick auf die Kiobel Entscheidung des Supreme Courts- die *corporate liability* unter dem ATS zu Unrecht abgelehnt hatte. Außerdem kam das Gericht zusätzlich zu der Auffassung, dass der District Court fälschlicherweise davon ausgegangen ist, dass die Kläger in Bezug auf den *Mens-Rea*-Standard einen „*specific intent*" nachweisen müssten.[767] Insoweit wies das Berufungsgericht auf

---

761 Zudem handelt es sich bei diesem Fall um einen noch anhängigen Fall, in dem die presumption widerlegt sein könnte, da sich die Klage gegen ein US-amerikanisches Unternehmen richtet. Das Bundesberufungsgericht hatte in Doe v. Exxon, 654 F.3 d 11 die Extraterritorialität des ATS noch bejaht; aufgrund der inzwischen ergangenen Kiobel Entscheidung wurde diese Entscheidung durch den D.C.Circuit in 527 Fed. Appx. 7 aufgehoben und an den District Court zurückgewiesen, um die Auswirkungen der Kiobel-Entscheidung zu erörtern; dieser hat den Klägern mittlerweile gestattet ihren Vortrag insoweit zu konkretisieren, vgl. Doe v. Exxon, 2014 WL 4746256 (D.D.C. 2014).

762 Khulumani, 504 F.3 d 227 (Katzmann, J. concurring, 2nd. Cir.); Presbyterian Church of Sudan v. Talisman Energy Inc. 582 F.3 d 244, 259 (2nd Cir. 2009); ebenso: Aziz v. Alcolac, Inc. 658 F.3 d 388, 399 f. (4th Cir.2011); Mastafa v. Chevron 770 F.3 d 170, 191 ff. (2nd Cir. 2014).

763 Doe v. Exxon, 654 F.3 d 11, 39 (D.C.Cir.2011).

764 *Wuerth*, Notre Dame L. Rev. 1931, 1952 (2010).

765 Vgl. insoweit Zyklon B Case, 1 Law Reports of Trials of War Criminals 93 (1946); U.S. v. Flick, 6 Trials of War Criminals 1216, 1217 (1952); siehe auch mit weiteren Nachweisen: *Dodge*, 89 Notre Dame L. Rev. 1577, 1601, Fn. 211 (2014); *Keitner*, 60 Hastings L. J. 73, 83 ff. (2008).

766 Doe v. Nestle USA, Inc., 739 F.3 d 1048 (9th Cir. 2013).

767 Doe v. Nestle USA, Inc., 739 F.3 d 1048, 1049 (9th Cir. 2013); a.A. Doe v. Nestle, 739 F.3 d 1048, 1050 f. (Rawlinson, J., concurring, 9th Cir. 2013).

zwei neuere Entscheidungen internationaler Strafgerichtshöfe hin,[768] welche Fragen bezüglich des M*ens-Rea*-Standards bei Beihilfe zu Völkerrechtsverbrechen zum Gegenstand hatten und aus denen hervorgeht, dass man nicht davon ausgehen kann, dass eine Strafbarkeit wegen *aiding and abetting* einen Dolus Directus 1. Grades erfordert. In einem zwischenzeitlich ergangenen ausführlicheren Beschluss hat der *9th Circuit* diese Streitfrage für das Verfahren letztendlich offengelassen, da er sowohl den „*knowledge*"-Standard als auch den „*purpose*"-Standard aufgrund der Faktenlage als potentiell erfüllt ansah.[769]

2. Bundesrechtliche Determination der Frage der indirekten Haftung

Für die Meinung, dass die Fragen nach der indirekten Haftung nach dem *federal common law* zu bestimmen sind, lassen sich auch Argumente finden. Als Ausgangspunkt kann auch hier auf die Sosa-Rechtsprechung abgestellt werden: So lässt sich aus ihr schlussfolgern, dass sobald die Primärhandlung bzw. das Hauptdelikt möglicherweise eine universale und allgemein gültige Völkerrechtsnorm verletzt (z.B. Genozid, Kriegsverbrechen oder Sklaverei), sich die Grundlage für eine *federal common law claim* ergibt und somit alle weiteren Rechtsfragen, inklusive der Frage nach einer mittelbaren Beteiligung oder Teilnahme an der Tat, nach dem *federal common law* zu bestimmen sind.[770] Insoweit ließe sich die Intuition des historischen Gesetzgebers dahingehend interpretieren, dass er eine

---

768 Prosecutor v. Charles Taylor, Special Court for Sierra Leone, Urteil der II Trial Chamber v. 26.09.2013, Case No. SCSL–03–01–A; Prosecutor v. Perisic, International Criminal Tribunal for the Former Yugoslavia, Urteil v. 280.2.2013, Case No. IT–04–81–A.

769 Doe v. Nestle, 766 F.3 d 1013, 1024 (9th Cir. 2014); a.A. Doe v. Nestle, 766 F.3 d 1013, 1029 (Rawlinson, J., concurring), der sich definitive dafür ausspricht, dass ein purpose-Standard anzuwenden sei.

770 *Ainscough*, Choice of Law and Accomplice Liability under the Alien Tort Statute, 28 Berkley Journ. Int'l L. 588, 590 (2010); Vora, Federal Common Law and Alien Tort Statute Litigation: Why Federal Common Law Can (and) Should Provide Aiding and Abetting Liability, 50 Harv. Int'l L. J. 195, 1999 (2009); *Herz*, The Liberalizing Effects of Tort: How Corporate Complicity Liability under the Alien Tort Statute Advances Constructive Engagement, 21 Harv. Human Rights L. J. 207, 214 (2008); *Hoffman/Zaheer*, The Rules of the Road: Federal Common Law and Aiding and Abetting Under the Alien Tort Claims Act, 26 Loy. L.A. Int'l & Comp. L. Rev. 47, 53 (2003); *Steinhardt*, 57 Van. L.

Ahndungsmöglichkeit für spezielle Völkerrechtsverletzungen schaffen wollte, die unabhängig vom Grad der Beteiligung besteht. Für den Verletzten sollte in Ermangelung internationaler Durchsetzungsmöglichkeiten eine nationale Vollstreckungsinstanz geschaffen werden, die ihm zur Anerkennung und Durchsetzung seiner Rechte mit allen der US-Rechtsordnung zur Verfügung stehenden Mitteln verhilft. Eine *Aiding-and-Abetting*-Haftung wäre demnach in jedem Fall von einer Haftung unter dem ATS erfasst, da sie auch schon zum Zeitpunkt des Normerlasses einen allgemein anerkannten Rechtsgrundsatz darstellte.[771] Aus der Sosa-Entscheidung geht zudem nicht zwangsläufig hervor, dass auch die Frage des *aiding-and abetting* dem Sosa-Standard selbst genügen muss.[772] Hierfür spricht auch nicht die Tatsache, dass der Supreme Court, die Instanzgerichte dazu angewiesen hatte, bei der Anerkennung neuer *federal common law*-Anspruchsgrundlagen zurückhaltend zu sein. Denn um dem Erfordernis der richterlichen Zurückhaltung zu genügen, reicht es bereits aus, den Sosa-Standard auf das Grunddelikt anzuwenden. Die Frage, ob auch eine indirekte Begehung zu einem Anspruch führt, könnte dagegen auch primär als eine Kausalitäts- und Zurechnungsfrage gesehen werden. Auch ein Richter des Bundesberufungsgerichts *des 9th Circuit*, Richter Reinhardt, ist ein Verfechter der These, dass sich die Vorgaben für den *Aiding-and-Abetting*-Standard letztendlich aus dem US-Recht ergeben müssen.[773] In den abweichenden Mindermeinungen zu den jeweiligen Verfahren erklären sowohl Reinhardt als auch ein Richter des *2nd Circuit*, Richter Hall, dass sich aus der Sosa-Entscheidung hierzu keine klaren Vorgaben ergeben würden.[774] Außerdem erscheine die Frage nach der indirekten Haftung als eine additive Frage, die nicht unmittelbar mit der substanziel-

---

Rev. 2241, 2274 (2004); *Stephens*, 70 Brook. L. Rev. 553, 560 (2005); *Stephens/* u.a., International Human Rights Litigation, 36 f.

771 *Herz*, 21 Harv. Human Rights L. J. 207, 215 (2008).

772 *Herz*, 21 Harv. Human Rights L. J. 207, 214 (2008); *Wuerth*, 85 Notre Dame L. Rev. 1931, 1946 (2010).

773 Doe v. Unocal, 395 F.3 d 932, 964 (Reinhardt, J., concurring, 9th Cir. 2002), Sarei v. Rio Tinto, 671 F.3 d 736, 770 (Reinhardt, J. concurring, 9th Cir. 2011); ebenso: Khulumani, 504 F.3 d 227, 284 ff. (Hall, J., concurring); *Cassel*, Corporate Aiding and Abetting of Human Rights Violations: Confusion in the Courts, 8 Nw. U. J. Int'l Hum. Rt's 304, 320 ff. (2008).

774 Sarei v. Rio Tinto, 671 F.3 d 736, 770 (Reinhardt, J. concurring, 9th Cir. 2011); ebenso: Khulumani, 504 F.3 d 227, 284 ff. (Hall, J., concurring): „Sosa at best lends Delphian Guidance".

len deliktischen Handlung zusammenhängt.[775] Reinhardt ist zudem der Auffassung, dass sich eine einheitliche Rechtsanwendung durch die Anwendung des *federal common law* auf diese Fragen besser garantieren lasse.[776] Sowohl Reinhardt als auch Hall sind sich einig, dass nur die primäre Rechtsverletzung am Völkerrecht zu bemessen ist, die Frage nach einer indirekten Haftung für eine solche Völkerrechtsverletzung allerdings die „Vollstreckung und Durchsetzung" dieser Primärverletzung betrifft und damit nach nationalem Recht zu entscheiden ist.[777] In letzter Konsequenz bestimmen beide die Frage der indirekten Haftung nach dem *federal common law* und beziehen sich hinsichtlich der Voraussetzungen dann auf den in *Halberstam v. Welch*[778] entwickelten Standard, der sich wiederum auf das *Restatement (Second) of Torts* § 876[779] beruft.[780]

3. Zwischenergebnis

Nach beiden Ansichten besteht die grundsätzliche Möglichkeit einer indirekten Haftung unter dem ATS.[781] Für beide Positionen lassen sich letzt-

---

775 Doe v. Unocal, 395 F.3 d 932, 963 (Reinhardt, J., concurring).

776 Doe v. Unocal, 395 F.3 d 932, 963 (Reinhardt, J., concurring).

777 Khulumani, 504 F.3 d 227, 286 f. (Hall, J., concurring); Doe v. Unocal, 395 F.3 d 932, 967 (Reinhardt, concurring).

778 Halberstam v. Welch, 705 F.2 d 472 (D.C. Cir. 1983*).*

779 Restatement (Second) of Torts § 876 (1979): „For harm resulting to a third person from the tortious conduct of another, one is subject to liability if he (a) does a tortious act in concert with the other or pursuant to a common design with him, or (b) knows that the other's conduct constitutes a breach of duty and gives substantial assistance or encouragement to the other so to conduct himself, or (c) gives substantial assistance to the other in accomplishing a tortious result and his own conduct, separately considered, constitutes a breach of duty to the third person."

780 Sarei v. Rio Tinto, 671 F.3 d 736, 771 (Reinhardt, J. concurring, 9th Cir. 2011); Khulumani, 504 F.3 d 227, 288 (Hall, J., concurring).

781 Der 2nd Circuit lehnte in Kiobel v. Royal Dutch die Corporate Laibility per se ab. In Bezug auf die "aiding and abetting liability" besteht aber offensichtlich eine dahingehende Einigkeit, dass sie auch im Völkerrecht universal reguliert wird. Differenzen ergeben sich nur im Hinblick auf die Tatbestandsvoraussetzungen: vgl. nur Khumulani, 504 F.3 d 227, 276 f. (Katzmann, J. concurring), ansonsten wäre auch eine Diskussion darüber, welcher Standard zum Tragen kommt entbehrlich gewesen. vgl. auch: *Herz*, 21 Harv. Human Right L.J. 207, 215 (2008): *„Aiding and Abetting is also a universally recognized norm of custo-*

endlich Argumente finden und keiner der gegensätzlichen Ansätze kann vollständig überzeugen. Auch die Unterschiede zwischen den jeweiligen einschlägigen Tatbestandsvoraussetzungen sind relativ gering.[782] Die Frage könnte somit prinzipiell offengelassen werden. Teilweise wird ein vermittelnder Ansatz vertreten, der darauf abstellt, dass das Völkerrecht, das in den speziellen ATS-Fällen angewandt wird, ohnehin *federal common law* verkörpert[783] und die Gerichte somit immer *federal common law* anwenden, wenn sie bestimmte materiell-rechtliche Fragen der indirekten Haftung zu beurteilen haben. Da dieses *federal common law* allerdings durch bestimmte Völkerrechtsquellen determiniert sei, geht diese Ansicht von einem hybriden Ansatz aus, der anhand einer wertenden Gesamtbetrachtung die jeweiligen Tatbestandsvoraussetzungen sowohl aus Quellen des Völkerrechts als auch dem nationalen Recht ermittelt.[784] Zu denken wäre alternativ auch an einen Lösungsansatz, der wiederum zwischen dem Ob der indirekten Haftung und dem Wie unterscheidet. Nach diesem Lösungsansatz wäre zunächst zu fragen, ob die Völkerrechtsordnung eine indirekte Deliktshaftung des Mitwissers/Anstifters/Gehilfen für die konkrete Norm grundsätzlich anerkennt. Diese Frage wäre dann unter Hinzuziehung der einschlägigen Quellen des Völkerrechts zu beantworten.[785] Dagegen wären die Fragen, welche Voraussetzungen konkret für das Bestehen eines Anspruchs erfüllt sein müssen, wie z.B. die Frage nach dem subjektiven Tatbestand, nach dem nationalen Recht zu beurteilen. Eine derartige Vorgehensweise steht im Einklang mit den Entscheidungen des Supreme Courts in Sosa und Kiobel. Sie respektiert den limitierenden Charakter der Sosa-Entscheidung, indem sie verlangt, dass auch die indirekte

---

mary international law." Unterschiede ergeben sich somit dann erst auf Tatbestandsebene, da die eine Ansicht dann auch auf die Tatbestandsvoraussetzungen Völkerrecht anwendet und sich dabei vornehmlich an der Rechtsprechung internationaler Strafgerichttribunale orientiert.

782 Doe v. Unocal, 395 F.3d 932, 951 (9th Cir. 2002); *Mamolea*, The Future of Corporate Aiding And Abetting Liability Under the Alien Tort Statute, 51 Santa Clara L. Rev. 79, 120 f. (2011).

783 *Wuerth*, 85 Notre Dame L. Rev. 1931, 1955 (2010).

784 *Wuerth*, 85 Notre Dame L. Rev. 1931, 1952 ff. (2010).

785 Insoweit vom Ansatz her vergleichbar: *Theophila*, 79 Fordham L. Rev. 2859, 2905 (2011); wenn auch nicht klar ist, wie weitreichend die Überprüfung des Verhaltens und des Völkerrechts gehen muss; siehe auch: Ebd., 2901, „(...) *to argue that international law solely controls the inquiry of what constitutes a violation of the law of nations.*"; *Casto*, 37 Rutgers L. J. 671, 695 (2006), wobei nicht klar ist wie weitreichend das Verständnis einer „*conduct regulating*" Norm ist.

Begehung eines Delikts grundsätzlich völkerrechtlich akzeptiert ist. Diese Einschätzung erweist sich auch deshalb als zutreffend, da sich ansonsten die Fragen bzgl. extraterritorialen *prescriptive jurisdiction* in Kiobel so nicht gestellt hätten.[786] Außerdem ist eine derartige Vorgehensweise praktikabler: Sie schafft einen einheitlicheren Rechtsstandard und die Bestimmung der Tatbestandsvoraussetzungen für eine indirekte Haftung obliegen den einheimischen Gerichte, was gerade im Hinblick darauf, dass es sich systematisch um eine *federal-common law claim* handelt, gerechtfertigt erscheint. Das *federal common law*, das dann auf diese Fragen angewandt wird, sollte im Idealfall aus Regeln bestehen, die sich gleichermaßen an den entsprechenden Grundsätzen des Bundesrechts und des Völkerrechts orientieren.[787]

VI. Ergebnis

Die Ausführungen dieses Kapitels haben vor allem gezeigt, dass die US-Gerichte im Hinblick auf die konkreten Fragen nach einer Haftung von Unternehmen bzw. nach der indirekten Beteiligung an anerkannten ATS-Delikten eine sehr umsichtige Vorgehensweise wählten. Keinesfalls ergibt sich aus der Auswertung der Rechtsprechung ein Bild, das auf eine US-zentrierte, rechtshegemoniale Herangehensweise hindeutet. Die überwiegende Anzahl der Gerichte versuchte dagegen, bei der Entscheidung der konkreten Rechtsfragen eine Verknüpfung zum Völkerrecht herzustellen und somit eine multilaterale und universal fundierte Lösung zu finden. So beziehen sich nahezu alle Gerichte bei der Beurteilung der konkreten Rechtsfragen auf Vorgaben, die sie aus internationalen Übereinkommen oder internationalen Gerichtsverfahren ableiten.[788] Eine Rechtshegemonie, die sich dann feststellen lassen könnte, wenn die US-Gerichte von einer

---

786 *Mamolea*, The Future of Corporate Aiding And Abetting Liability Under the Alien Tort Statute, 51 Santa Clara L. Rev. 79, 111 (2011); *Dodge*, Alien Tort Statute Litigation and the Prescriptive Jurisdiction Fallacy, Harv. Int'l L. J. Online 35, 43 f. (2010).

787 So ist auch der Ansatz Wuerths zu verstehen, vgl. *Wuerth*, 85 Nortre Dame L. Rev. 1931, 1952 ff. (2010); außerdem: *Mamolea*, 51 Santa Clara L. Rev. 79, 126 (2011); *Hoffmann/Zaheer*, Loy. L.A. Int'l & Comp. L. Rev. 47, 66 (2003).

788 Vgl. zuletzt: Doe v. Nestle, 766 F.3 d 1013, 1023 (9th Cir. 2014), breite Erörterung der Verfahren vor Internationalen Strafgerichtshöfen; Talisman, 582 F.3 d 244, 259 (2nd Cir. 2009) (das Statut von Rom erörternd); Khulumani, 504 F.3 d

prinzipiellen Vorrangstellung des US-Rechts ausgegangen wären, zeichnet sich in dieser Hinsicht nicht ab, da die Normen, die bestimmen sollen, ob überhaupt von einer Rechtsverletzung auszugehen ist, überwiegend völkerrechtlich determiniert sind. Wenn es um die Frage geht, ob überhaupt eine justiziable Rechtsverletzung vorliegt, interpretieren die Gerichte überwiegend Völkerrecht.[789] Eine partiell unilaterale Anwendung des US-Rechts findet dagegen nur dann statt, wenn überhaupt eine universal anerkannte Völkerrechtsverletzung in Frage kommt.[790] Die somit sehr gemäßigte Ausübung der richterlichen *jurisdiction to prescribe* ließe sich schon deshalb rechtfertigen, weil sie ohnehin nur in Frage kommt, wenn gegen universal anerkannte Norm verstoßen wurde.[791] In der gesamten Vorgehensweise der US-Gerichte lässt sich somit eher der Versuch einer Kommunikation mit anderen Institutionen und Instituten der Weltgemeinschaft bzw. des Völkerrechts erblicken, als eine hierarchisch-unilaterales Expansionsstreben der US-amerikanischen Justiz durch die extraterritoriale Anwendung des eigenen Rechts.

Somit bleibt vielmehr die Frage offen[792], ob und warum es in derartigen Situationen gerechtfertigt ist, dass die US-Gerichte überhaupt von ihrer internationalen Zuständigkeit ausgehen können, also ihre *jurisdiction to adjudicate* ausüben können und somit verbindlich über die Rechtssache entscheiden dürfen. Diese Frage soll daher im nächsten Abschnitt untersucht werden.

---

227 (Katzmann, J. concurring, 2nd. Cir.); Doe v. Exxon, 654 F.3 d 11, 39 (D.C.Cir.2011), Doe v. Unocal 395 F.3 d 932, 948 (9th Cir. 2002).

789 *Dodge*, 51 Harv. Int'l L. J. Online 35, 45 (2010); *Colangelo*, 28 Md. J. Int'l L. 65, 67 ff. (2013).

790 Da die Sosa Rechtsprechung die richterrechtliche Bildung einer Anspruchsgrundlage, ja gerade unter die Bedingung stellt, dass eine universal anerkannte, spezifische Völkerrechtsverletzung vorliegt, siehe: Sosa, 542 U.S. 692, 732 (2004).

791 Vgl. § 404 Restatement of the Law (Third) The Foreign Relations Law of the United States. Ausführlicher zu der Frage nach der Legitimität eines Universalitätsprinzips siehe untern § 8 f.

792 Vgl. *Dodge*, 51 Harv. Int'l L. J. Online 35, 43 (2010); *ders.*, 89 Notre Dame L. Rev. 1577, 1603 (2014); *Colangelo*, 28 Md. J. Int'l 65 (2013). Auch *Dodge* und *Colangelo* weisen darauf hin, das seine zusätzliche Beschränkung der jurisdiction to prescribe im Zusammenhang mit dem ATS eigentlich nicht angezeigt ist, sondern sich vielmehr die Frage stellt wie die jurisdiction to adjudicate zu limitieren sei.

§ 6 Personal Jurisdiction – Die internationale Zuständigkeit der US-Gerichte

Ein US Gericht verfügt nur dann über die *jurisdiction to adjudicate*[793], wenn es für den in Frage kommenden Rechtsstreit *personal jurisdiction* (internationale Zuständigkeit) besitzt. In Verfahren mit ausländischen Beklagten ist die Begründung der internationalen Zuständigkeit US-amerikanischer Gerichte unabhängig davon, ob es sich um ein ATS-Verfahren oder ein herkömmliches Zivilverfahren handelt, Ausgangspunkt für intensive rechtliche Auseinandersetzungen zwischen den Parteien. Nachfolgend soll untersucht werden, unter welchen Voraussetzungen die US-Gerichte von ihrer internationalen Zuständigkeit ausgehen und inwiefern sich aufgrund dieser Praxis tatsächlich Rückschlüsse auf ein behauptetes Vormachtstreben der US-Justiz[794] ziehen lassen. Üben die US-Gerichte tatsächlich eine „Allzuständigkeit"[795] aus und zieht das US-Zuständigkeitssystem tatsächlich Verfahren an, so wie das Licht die Motten?[796] Nachfolgend soll die Topographie der *personal jurisdiction* untersucht werden, um ermitteln zu können, ob die Anziehungskraft des zivilprozessualen Zuständigkeitssystems der USA tatsächlich so groß ist und ob sich aus der Art und Weise der Ausübung der internationalen Zuständigkeit amerikanischer Gerichte tatsächlich eine allumfassende, nicht zu akzeptierende Ausdehnung US-amerikanischer Hoheitsgewalt ergibt; diese allgemeinen zi-

---

793 Vgl. hierzu: § 401 Restatement of the Law Third, The Foreign Relations Law of the United States, der diese Form der Jurisdiktion als "jurisdiction to subject person or things to the process of its courts"; hierzu auch und zur Verwendung der Terminologie im IZPR: *Geimer*, IZPR, Rn. 377.

794 So: *Posch*, Ambulance Chasing im Dienste amerikanischer Rechtshegemonie, ZfRV 2001, 14 ff.; kritisch zur Einordnung als Rechtshegemonie in diesem Zusammenhang: *Michaels*, DAJV-NL 2006, 31 ff.; ders., 27 Mich. J. Int'l L. 1003, 1006 (2006).

795 *Müller*, Amerikanisches Recht, Frankfurter Allgemeine Zeitung v. 25.02.2003; *Schütze*, Prozessführung und –risiken im deutsch-amerikanischen Rechtsverkehr, S. 206.

796 Vgl. das insoweit häufig rezitierte Zitat von Lord Denning, Smith Kline v. Block [1983] 2 All E.R. 72, 74 (C.A.1982): *„As a moth is drawn to the light, the litigant is drawn to the U.S."*

vilprozessualen Fragen werden dabei, soweit es möglich ist, in einen ATS-spezifischen Kontext gesetzt. Hierzu werden zunächst die allgemeinen Prämissen und rechtlichen Vorgaben dargestellt (I, II.). Zudem muss darauf eingegangen werden, welche rechtlichen Probleme sich ergeben, wenn versucht wird die *personal jurisdiction* über die bloße Konzernzugehörigkeit zu begründen (III). Im Anschluss wird anhand der einschlägigen Rechtsprechung erörtert, welche spezifischen Probleme sich im Zusammenhang mit ausgewählten ATS-Sachverhalten ergeben haben (IV). Anschließend wird anhand der aktuellsten Rechtsprechung des Supreme Court erörtert, welche Änderungen sich für die US-Dogmatik des Rechts der internationalen Zuständigkeit ergeben haben (V.).

I. Der Begriff der personal jurisdiction

Die *personal jurisdiction* stellt unter dem hier zugrunde gelegten Verständnis das funktionelle Äquivalent zum dem Begriff der internationalen Zuständigkeit dar. Auch in ATS-Fällen muss die *personal jurisdiction* gegenüber dem jeweiligen Beklagten gegeben sein. Ob dies der Fall ist, bestimmt sich nach den allgemein gültigen Regeln.[797] Diese ergeben sich sowohl aus dem positiven Recht als auch aus dem Richterrecht. Hinter dem Begriff der *personal jurisdiction*, „verbirgt sich die einfache Frage, ob ein bestimmtes Gericht über einen bestimmten Fall gegenüber einem bestimmten Beklagten ein verbindliches Urteil erlassen kann."[798] Dass diese Frage oftmals nicht einfach zu beurteilen ist, ist allgemein anerkannt. Die US-amerikanische Professorin Suzanna *Sherry* notierte hierzu: „*the law of personal jurisdiction is a morass*"[799].

---

797 *Stephens*/Chompsky/*Green* u. A., S. 247; *Buxbaum*/Caron, The Alien Tort Statute: An Overview of the Current Issues, 28 Berkeley J. Int'l Law S. 511, 513.
798 *Bloom*, Jurisdiction Noble Lie, 61 Stan. L. Rev. 971, 979 (2009); *Kogan*, A Neo-Federalist Tale of Personal Jurisdiction, 63 S. Cal. L. Rev. 257, 257 f (1990); Disher v. Information Ressources, Inc. 873 F.2 d 136 (7th Cir. 1989); *Born*/ *Rutledge*, S. 81 ff.
799 *Sherry*, Res Ipsa Loquitur, 66 Vand. L. Rev. En Banc 197, 200 (2013).

1. Grundlagen

Ein Bundesgericht kann seine *personal jurisdiction* nur ausüben, wenn eine gesetzliche Ermächtigung vorliegt und darüber hinaus die einschlägigen verfassungsrechtlichen Vorgaben eingehalten werden.[800] Historisch gesehen war die *personal jurisdiction* an die Präsenz eines Beklagten in dem Territorium des jeweiligen Gerichtsstaates geknüpft.[801] Die Ausübung judikativer Gewalt wurde von *Justice* Holmes als „*physical power*"[802] bezeichnet, die aufgrund der föderalen Staatlichkeit der USA an die entsprechende geographischen Grenzen der Einzelstaaten gebunden war. Anders als im deutschen Recht ergeben sich bei derartigen zuständigkeitsrechtlichen Fragestellungen Probleme, die sich in einem Spannungsfeld zwischen Verfassungsrecht und Zivilprozessrecht bewegen.[803] Die verfassungsrechtliche Dimension ergibt sich einerseits aus der föderalen Gerichts- und Rechtsstruktur und andererseits aus dem Verständnis, dass die Ausübung der rechtsprechenden Gewalt als Ausübung staatlichen Zwanges gegenüber dem Individuum verstanden wird.[804] Jedwede Ausübung der rechtsprechenden Gewalt bedeutet somit nicht nur einen Eingriff in die Freiheitsrechte des Einzelnen, sondern auch einen Eingriff in das System der horizontalen Gewaltenteilung zwischen den einzelnen

---

800 Born/Rutledge, S. 203.
801 *Schack*, US-amerikanisches Recht, S. 25; *Wright/Miller*, FPP § 1063; *Childress*, Rethinking Legal Globalization: The Case of Personal Jurisdiction in Transnational Cases, 54 Wm. & Mary L. Rev. 1489, 1512 (2013); Pennoyer v. Neff, 95 U.S. 714, 722 (1877); McDonald v. Mabee, 37 S.Ct. 343 (1917).
802 McDonald vs. Mabee, 37 S.Ct. 343 (1917).
803 *Michaels*, 27 Mich. J. Int'l L. 1003, 1009 (2006); *Juenger*, The American Law of General Jurisdiction, 2001 U. Chi. Legal Forum 141, 141; ein verfassungsrechtliche Beeinflussung des Zivilprozessrechts wird in Deutschland überwiegend kritisch gesehen, vgl.: Pfeiffer, Internationale Zuständigkeit und Prozessuale Gerechtigkeit, S. 288 ff.; allerdings kann eine gewisse verfassungsrechtliche Determination und Radizierung des deutschen Zivilprozessrechts nicht negiert werden, isnoweit sei an die Prozessmaximen zu denken, die letzendlich die Konkretisierung spezielle Freiheitsrechte darstellen sowie an das Gebot eines effektiven Rechtsschutzes; vgl. hierzu auch, *Bertele*, in: Kälin/Riedel/Karl u.a. (Hrsg.), Aktuelle Probleme des Menschenrechtsschutzes, (BerDGVR, Bd.33), 213 ff.
804 *Brilmayer*/Smith, The (Theoretical) Future of Personal Jurisdiction: Issue Left Open by Goodyear Dunlop Tires v. Browm and J.McIntyre Machinery v. Nicastro, 63 S.C.L. Rev. 617, 618 (2012); *Pfeiffer*, Prozessuale Gerechtigkeit, S. 556, der insoweit von der Wahrung eines verfassungsrechtlichen „status negativus" spricht.

Bundesstaaten.[805] Das klassische Modell der *personal jurisdiction*, das sich vornehmlich auf die physische Präsenz des Beklagten stützte, ist mittlerweile überholt. Auch spielen die föderalen Erwägungen nur noch eine untergeordnete Rolle[806]und sind insbesondere im Zusammenhang mit der internationalen Zuständigkeit der Bundesgerichte zu vernachlässigen.[807]

Im Zusammenhang mit der Bundesgerichtsbarkeit ergeben sich die einfachgesetzlichen Vorgaben aus § 4 F.R.C.P und aus den Entscheidungen des Supreme Courts, die sich mit der Frage beschäftigten, in welchen Fällen die verfassungsrechtlichen Kriterien des *due process* Standards erfüllt sind.[808] § 4 F.R.C.P regelt in erster Linie die Voraussetzungen für eine ordnungsgemäße Zustellung der verfahrenseinleitenden Schriftsätze. In § 4(k) F.R.C.P werden bestimmte Aspekte der *personal jurisdiction* aufgegriffen, ohne dass hieraus unmittelbar hervorgeht unter welchen Umständen die *personal jurisdiction* eines Bundesgerichtes besteht.[809] § 4(k) F.R.C.P. bestimmt, dass die personal jurisdiction durch die Zustellung der Klageschrift begründet werden kann. Gleichzeitig lässt § 4(k) F.R.C.P. es jedoch nicht genügen, dass die Klage zugestellt wird, sondern stellt noch weitere Anforderungen auf: § 4(k) (1) (A) F.R.C.P. erklärt, dass die *personal jurisdiction* durch die Zustellung nur dann begründet werden kann, wenn der Beklagte „*subject to the jurisdiction of a court of general jurisdiction in the state where the district court is located*" ist. § 4 (k) (1) (A) F.R.C.P. stellt eine bundesrechtliche Verweisungsnorm auf das Recht des Einzelstaates, in dem das Bundesgericht seinen Sitz hat, dar.[810] Folglich gelangt das Recht des Staates, in dem sich das Gericht befindet, bei der

805 *Weinstein*, The Federal Common Law Origins of Judicial Jurisdiction: Implications for Modern Doctrine, 90 Va. L. Rev. 169, 181 ff. (2004).
806 *Childress*, 54 Wm. & Mary L. Rev. 1489, 1516 (2013); zu einer grundlegenden Kritik der föderalen Aufladung der personal jurisdiction: *Stein*, Styles of Argument and Interstate Federalism in the Law of Personal Jurisdiction, 65 Tex. L. Rev. 689 (1987); Redish, Due Process, Federalism, and Personal Jurisdiction: A Theoretical Evaluation, 75 Nw. U. L. Rev. 1112 (1981).
807 Ins. Corp. of Ireland v. Compagnie des Bauxites de Guinee, 102 S.Ct. 2099, 2104 (1982); vgl. auch: J. McIntyre, 131 S.Ct 2780, 2798 (Ginsburg, J., dissenting).
808 *Wright/Miller*, 4 FPP § 1064.
809 *Born/Rutledge*, S. 204.
810 Zudem relevant sind: § 4 (k) (1) (d), der auf bundesrechtliche Spezialvorschriften verweist und § 4 (k) (2), der das "federal long arm statute" darstellt und in Fällen, die aus dem Bundesrecht hervorgehen (Arising under) eine Ausübung der personal jurisdiction innerhalb der verfassungsmäßigen Grenzen erlaubt; vgl. *Born/Rutledge*, S. 203 ff.; *Zekoll/Collins/Rutherglen*, S. 65.

Bestimmung der *personal jurisdiction* zur Anwendung.[811] Auch vor den Bundesgerichten kommt somit, es sei denn es besteht eine bundesrechtliche Spezialregelung[812], das Recht der 50 Einzelstaaten zur Anwendung.[813] Ohne sich im Detail mit verschiedenen einzelstaatlichen Regelungen oder dem einzelstaatlichen *common law* auseinandersetzen zu können, kann man generell davon ausgehen, dass zwei Typen von einzelstaatlichen Gesetzen bestehen, nämlich entweder Vorschriften die präzise und detailliert, wenn auch nicht abschließend die *personal jurisdiction* regeln oder Vorschriften, die in Generalklauseln die Ausübung der *personal jurisdiction* innerhalb der verfassungsrechtlichen Grenzen für zulässig erklären.[814] Die meisten dieser einzelstaatlichen *long-arm statutes* stellen derartige Pauschalverweisungen dar, so dass lediglich die verfassungsrechtlichen Vor-

---

811 Touchcom, Inc.v. Bereskin&Parr, 574 F.3 d 1403 (C.A.Fed., Va.2009); *Koebele*, Corporate Responsibility under the Alien Tort Statute, S. 307.

812 Z.B.: 15 U.S.C § 22 (Kartellrecht); 15 U.S.C. § 77 v (Kapitalmarkthaftungsrecht).

813 *Zekoll/Collins/Rutherglen*, Transnational Civil Litigation, S. 65.

814 *Schack*, S. 25 f.; *Koebele*, S. 308; diese sogenannten State Long-Arm Statutes regeln die Zuständigkeit für US-Bürger die in einem anderen Bundesstaat leben oder für Ausländer gleichermaßen, vgl.:*Born/Rutledge*, S. 82; *Borchers*, The Problem with General Jurisdiction, 2001 U. Chi. Legal F., 119, 122; Utah Code Ann. § 78 B-3-201(2010): *(1) This part is known as the "Nonresident Jurisdiction Act."(2) It is declared, as a matter of legislative policy, that the public interest demands the state provide its citizens with an effective means of redress against nonresident persons, who, through certain significant minimal contacts with this state, incur obligations to citizens entitled to the state's protection. This legislative action is necessary because of technological progress which has substantially increased the flow of commerce between the several states resulting in increased interaction between persons of this state and persons of other states.(3) The provisions of this part, to ensure maximum protection to citizens of this state, should be applied so as to assert jurisdiction over nonresident defendants to the fullest extent permitted by the due process clause of the Fourteenth Amendment to the United States Constitution."* ; als Beispiel für eine Generalklausel: Cal. Civ. Proc. Code § 410.10: „*A court of this state may exercise jurisdiction on any basis not inconsistent with the Constitution of this state or of the United States.*" Regelungen, die in einer Generalklausel auf die verfassungrechtlichen Vorgaben verweisen finden sich auch in: Arkansas, Alabama, Colorado, Georgia, Illinois, Iowa, Kansas, Louisiana, Maryland, Texas, Utah u.a., vgl. *Wright/Miller*, Federal Practice and Procedure, § 1068, n.12.

gaben prüfungsrelevant sind.[815] Diese Vorgaben ergeben sich dann aus der *Due Process Clause* des 5. bzw. 14. Zusatzartikels der US-Verfassung.[816]

2. Die Auslegung der Due-Process-Klausel

Die Bundesgerichte wenden somit zunächst die jeweiligen einzelstaatlichen *long-arm statutes* an und prüfen anschließend, ob die von der *Due Process Clause* vorgegebenen Grenzen eingehalten werden. Die Auslegung der *Due Process Clause* erfolgt durch die Gerichte und insbesondere durch den Supreme Court. Aufgrund zunehmender sozialer Mobilität, steigender Flexibilität der Bürger und Märkte sowie der raschen Industrialisierung der amerikanischen Bundesstaaten, wurde das strikt an die territoriale Souveränität und die physische Präsenz anknüpfende Konzept der *personal jurisdiction* hinfällig.[817] Die Entscheidung des Supreme Courts in der Rechtsache *International Shoe Co. v. Washington* ist eine Replik auf die Änderung der wirtschaftlichen und sozialen Gegebenheiten dar.[818] Mit dieser Entscheidung stellte der Supreme Court klar, dass der *due-process* Standard selbst dann erfüllt ist, wenn der Beklagte nicht in dem Bundesstaat physisch präsent ist, sondern dass es ausreicht, wenn er bestimmte „*minimum contacts*" zu dem Forumsstaat unterhält und ein Verfahren nicht „*gegen traditionelle Formen des fair plays oder substantieller Gerechtigkeit verstößt.*"[819] Die begriffliche Offenheit des auf *Int'l Shoe* zurückgehenden Verständnisses der *personal jurisdiction* generierte die Folgefrage, wann die *minimum contacts* in speziellen Konstellationen überhaupt gegeben sind und führte zu einer Reihe von höchstrichterlichen Ent-

---

815 Fletcher, Cyclopedia of the law of Corporations, 18 Flectcher Cy. Cor. § 8651; Base Metal Trading, Ltd. v. OJSC 283 F.3 d. 208, 212 f. (4th Cir. 2002).

816 Pennoyer v. Neff, 95 U.S. 714, 733 (1877); *Born/Rutledge*, 83 f.; *Kurland*, The Supreme Court, the Due Process Clause and the In Personam Jurisdiction of State Courts-From Pennoyer to Denckla: A Review, 25 U. Chi. L. Rev. 569, 573 (1958).

817 Das Konzept der physischen Präsenz ist auf die Entscheidung Pennoyer v. Neff, 95 (5 Otto) 714 (1877) zurückzuführen; vgl. *Friedenthal/Kane/Miller*, § 3.3, S. 100.; *Born/Rutledge*, S. 86; Pfeiffer, Internationale Zuständigkeit und prozessuale gerechtigkeit, S. 556.

818 International Shoe Co. v. Washington, 326 U.S. 310 (1945).

819 Int'l Shoe, 326 U.S. 310, 316. (1945).

scheidungen.[820] Gerade im Zusammenhang mit der Tätigkeit von Unternehmen und insbesondere, wenn es sich um ausländische Beklagte handelte, sind die Auslegung und Reichweite der *due-process clause* nicht unumstritten. Die Vorgaben aus International Shoe bedurften noch genauerer Konturen, die es durch die Gerichte zu erarbeiten galt, was in einen „evolutionary process"[821] des Zuständigkeitsrechts mündete.

Bei der Analyse, ob *minimum contacts* zum Forum vorliegen, hat sich eine Unterscheidung zwischen der *general* und *specific jurisdiction* durchgesetzt[822]. Die *specific jurisdiction* besteht, wenn sich die Anspruchsgrundlage (*cause of action*) aus den Kontakten zum Forum ergibt bzw. wenn der Streitgegenstand selbst die Verbindung zum Forum herstellt. Die *general jurisdiction* folgt unabhängig vom Streitgegenstand aus verschiedenen Anknüpfungspunkten, die sich aus dem Beklagten selbst ergeben. Sie ist somit streitgegenstandsunabhängig und umfassender.[823] Bei natürlichen Personen besteht die *general jurisdiction* primär am Wohnsitz, sie kann aber auch durch die bloße Präsenz während der Zustellung begründet werden.[824] Bei juristischen Personen folgen die sogenannten *general contacts* beispielsweise aus dem Geschäftssitz oder der Gründung in dem jeweiligen Staat.[825] Allerdings bleibt es nicht bei einem Abstellen alleine

---

820 *Born/Rutledge*, S. 87; *Zekoll/Rutherglen/Collins*, S. 3 ff.; z.B.: Perkins v. Benguet Consol. Mining Co, 342 U.S. 437 (1952); Hanson v. Denckla 357 U.S. 235 (1958); World-Wide Volkswagen Corp. v. Woodson, 444 U.S. 286 (1980); Keeton v. Hustler Magazine, 465 U.S. 770 (1984); Helicopteros Nacionales de Colombia, SA v. Hall, 466 U.S. 408 (1984); Burger King Corp. v. Rudzewicz, 471 U.S. 462 (1985); Asahi Metal v. Superior Court, 480 U.S. 102 (1987); J.McIntyre Machinery, Ltd. v. Nicastro 131 S.Ct. 2780 (2011).

821 *Macchiaroli/Tarin*, Refining the Due-Process contours of general jurisdiction over foreign corporations, 11 J. Int'l Bus. & L. (2012), S. 49, 50.

822 *Schack*, S. 28; *Born/Rutledge* S. 90; *Zekoll/Rutherglen/Collins*, S. 3, 43; *Wright/Miller*/Kane, 4 Fed. Prac. & Proc. § 1067.5; diese Kategorisierung geht zurück auf: *von Mehren/Trautman*, Jurisdiction to Adjudicate: A Suggested Analysis, 79 Harv. L. Rev. 1121, 1144 ff.; Helicopteros Nacionales de Colombia, SA v. Hall, 104 S.Ct. 1868 (1984).

823 Sie wird deswegen auch als „dispute-blind" oder „all-purpose jurisdiction" bezeichnet, vgl. hierzu: *Twitchell*, The Myth of General Jurisdiction, 101 Harv. L. Rev. S. 610, 612 (1988): „*General Jurisdiction is dispute-blind.*"

824 Vgl. hierzu: *Born/Rutledge*, S. 129 ff.; *Zekoll/Collins/Rutherglen*, S. 58 ff.; Burnham v. Superior Court, 495 U.S. 604 (1990); C.S.B. Commodities, Inc. v. Urban Trends (HK) Ltd. 626 F. Supp. 2 d 837 (N.D.Ill., 2009).

825 *Schack* S. 28; *Born/Rutledge*, S. 90; *Wright/Miller*/Kane, 4 Fed. Prac. & Proc. § 1067.5 (3.Aufl.).

auf diese Orte, sondern die *general jurisdiction* wurde dann bejaht, wenn „several relatively close and enduring relationships"[826]des Beklagten mit dem Gerichtsstaat bestehen. Eine solche nahe und andauernde Beziehung zum Forumsstaat kann sich beispielsweise auch daraus ergeben, dass die Beklagte in diesem Staat geschäftliche Beziehungen unterhält. In derartigen Fällen spricht man verallgemeinernd vom *Doing-Business*-Standard, welcher insbesondere auch dann zur Anwendung kommt, wenn es sich bei der Beklagten um ein ausländisches Unternehmen handelt.[827] Ob die entsprechenden geschäftlichen Beziehungen die Anforderungen der *due process clause* erfüllen, lässt sich abstrakt nur schwer beantworten, da die Beantwortung dieser Frage stark einzelfallbezogen und von verschiedenen Faktoren abhängig ist. Hierin besteht auch ein wesentliches Problem der *general jurisdiction*, da die sie bestimmenden Faktoren für potentielle Beklagte, insbesondere auch für ausländische, nur vage kalkulierbar sind.[828] Der Standard für die Begründung der *general jurisdiction* kann zwar insgesamt als recht hoch erachtet werden,[829] im weiteren Verlauf der Arbeit wird sich jedoch ebenso zeigen, wie fließend die Grenzen sind und wie leicht die scheinbar hohen Anforderungen umgangen werden können. Die *due process*-Analyse hat sich mit der Begründung ausreichender *minimum contacts* jedoch noch nicht erschöpft. Die Gerichte müssen zusätzlich noch eine *reasonableness*-Analyse vornehmen.[830] Es ist allerdings um-

---

826 Born/Rutledge, S. 90.

827 *Born/Rutledge*, S. 116; *Otto*, Der prozessuale Durchgriff, S. 43 ff.; *Twitchell*, The Myth of General Jurisdiction, 101 Harv. L. Rev. 610 ff. (1988); *Twitchell*, Why We Keep Doing Business with Doing Business Jurisdiction, 2001 U.Chi. Legal F. 171 ff.; *Silberman*, The Impact of Jurisdictional Rules And Recognition Practice On International Business Transactions: The U.S. Regime, 26 Hous. J. Int'l L. 327 (2003);

828 Vgl. hierzu: *Borchers*, 2001 U. Chi. Legal F. 119, 125 ff.

829 Vgl. z.B.: Johnston v. Mulidata Systems Intern. Corp., 523 F.3 d 602, 610(5th. Cir. 2008); Vgl. Cossaboon v. Main Medical Centre, 600 F.3 d 25, 31 ff (1st Cir. 2010); Schwarzenegger v. Fred Martin Motor Co., 374 F.3 d 797 (9th Cir. 2004); Bancroft & Masters Inc. v. Augusta Nat. Inc., 223 F.3 d 1082 (9th Cir. 2000).

830 Die zweiteilige Prüfung der Personal Jurisdiction geht zurück auf: Asahi Metal Industry Co. v. Sup. Ct. Of Cal., 107 S.Ct. 1026 (1987). Eine zeitliche Abfolge, ob erst die minimum contacts und dann die reasonableness-Analyse vorgenommen werden muss, besteht dagegen nicht.

stritten[831] und vom Supreme Court noch nicht eindeutig geklärt,[832] ob ein *reasonableness*-Test nicht nur im Zusammenhang mit der *specific jurisdiction* statthaft ist.[833] Bislang sprachen die besseren Gründe dafür, eine *reasonableness*-Analyse auch im Zusammenhang mit der *general personal jurisdiction* durchzuführen, insbesondere wenn man sie beispielsweise über den *doing-business*-Standard begründen möchte. Durch diese zweiteilige Analyse wird man am ehesten den *due-process* Anforderungen gerecht, da erst auf der zweiten Stufe eine notwendige Abwägung der Interessen aller Verfahrensbeteiligten stattfinden kann. Auch gewährleistet erst das Zusammenspiel dieser beiden Komponenten, dass die *„traditional notions of fair play and justice"*[834] hinreichend berücksichtigt werden.[835] Letztendlich wird die Entscheidung dieser Frage auch davon abhängen, wie weit man die „Gerichtsstände" der *general jurisdiction* auslegt und ob man das System der gerichtlichen Zuständigkeit primär nach den Kriterien der Rechtssicherheit und Vorhersehbarkeit ausgerichtet sehen möchte oder, ob man eher zu einer einzelfallbezogenen, flexiblen Systematik tendiert.[836]Unabhängig davon wie die Streitfrage zu entscheiden ist, werden im Rahmen der Prüfung der *reasonableness*-Analyse verschiedene Fakto-

---

831 *Silberman*, Jurisdictional Imputation in DaimlerChrysler AG v. Bauman: A Bridge too far, 66 Vand. L. Rev. En Banc S. 123, 130; Dafür: Lakin v. Prudential Securities, Inc. 348 F.3 d 704, 713 (8th Cir. 2003); U.S. v. Swiss American Bank Ltd., 274 F.3 d 610, 619 (1st Cir. 2001); Metropolitan Life Insurance Co. v. Robertson-Ceco Corp., 84 F.3 d 560 (2nd Cir. 1996); Donatelli v. National Hockey League, 839 F.2 d 459, 465 (1st Cir. 1990); Tuazon v. R.J. Reynolds Tobacco, 433 F.3 d 1163, 1175 (9th. Cir. 2006); Ablehnend: Metropolitan Life Insurance Co. v. Robertson-Ceco Corp., 84 F.3 d 560 (Walker, J. dissenting).

832 In der unten noch zu erläuternden Entscheidung Daimler AG v. Bauman, 134 S.Ct. 746 nimmt lediglich die concurring opinion eine derartige Analyse vor; die Mehrheitsmeinung gibt in einer Fußnote ihrer Urteilsbegründung an, dass der reasonableness -Test im Zusammenhang mit der specific jurisdiction zu erörtern sei, dass es eines solchen jedoch nicht bedarf, wenn das „at home" Erfordernis erfüllt ist. (vgl. Daimler AG v. Bauman, 134 S.Ct. 746, 762, Fn. 20); vgl. unten 253 ff.

833 Dafür: *Erichson*, 66 Vand. L. Rev. En Banc (2013), S. 81, 92; *Hoffheimer*, U. Kan. L. Rev. (2012), S. 549, 589 (Fn. 229); vgl. hierzu unten § 6 III 6.

834 Int'l Shoe, 66 S.Ct. 154, 158 (1945).

835 Metropolitan Life Insurance Co. v. Robertson-Ceco Corp., 84 F.3 d 560, 568 (2nd Cir. 1996).

836 Zur Angemessenheit einer reasonableness-Analyse im Zusammenhang mit der general jurisdiction: *George*, In Search for General Jurisdiction, 64 Tul. L. Rev. 1097, 1129 ff. (1990).

ren überprüft: (1) Die für den Beklagten mit dem Verfahren verbundenen Belastungen, (2) das Interesse des Forumsstaates an dem rechtlichen Konflikt, (3) die Bedeutung des Forums für die Rechtsdurchsetzung des Klägers, (4) die Frage welches Forum das effizienteste Forum wäre, (5) das Interesse mehrerer Staaten an der Förderung und Durchsetzung ihrer sozio-politischen Belange.[837] Durch die Mitberücksichtigung all dieser Faktoren wird letztendlich gewährleistet, dass die unterschiedlichen Interessen aller Verfahrensbeteiligten (Staat, Kläger, Beklagter) berücksichtigt werden. Bevor sich die Arbeit nachfolgend den einzelnen Problemen der *personal jurisdiction* zuwendet, kann zusammenfassend festgehalten werden, dass die Überprüfung der Rechtmäßigkeit der Ausübung der *personal jurisdiction* durch die Bundesgerichte grundsätzlich anhand des folgenden Schemas erfolgt:[838] Die Klage muss zugestellt worden sein, es muss eine gesetzliche Vorschrift bestehen[839], die die Zustellung für wirksam erklärt und die Ausübung der *personal jurisdiction* muss mit den gesetzlichen Regelungen[840] des Forumsstaates oder der bundesrechtlichen Spezialregelung sowie den verfassungsrechtlichen Vorgaben der *due-process clause* übereinstimmen.

3. Zwischenergebnis

Das System der internationalen Zuständigkeit US-amerikanischer Gerichte weist einige Besonderheiten auf. Auf den ersten Blick fällt insbesondere auf, dass es eine große Anzahl flexibler, ergebnisoffener und auslegungsbedürftiger Elemente beinhaltet. Angefangen von den Generalklauseln zur Begründung der *personal jurisdiction* bis hin zur letztendlich ermessens-

---

837 Asahi Metal Industry Co. v. Sup. Ct. of Cal., 107 S.Ct. 1026, 1033 (1987); World-Wide Volkswagen Corp. v. Woodson, 100 S.Ct. 559, 564 (1980).

838 Instruktiv insoweit: Licci ex rel. Licci v. Lebanese Canadian Bank, SAL 673 F. 3 d 50, 59 f. (2nd. Cir. 2012).

839 Bei Verfahren vor Bundesgreichten ergeben sich diese aus § 4 (k) F.R.C.P oder aus spezialgesetzlichen Regelungen.

840 Wird ein Beklagter vor einem Bundesgericht im Staat New York verklagt, so kommt New Yorker Recht zu Anwendung und somit die NY C.P.L.R § 301 ff. Auch wenn sich somit Abweichungen hinsichtlich der bundesstaatlichen Einzelregelungen ergeben können, sind diese in diesem Bereich nicht so weitreichend, so dass die nun folgenden Ausführungen durchaus allgemeine Gültigkeit besitzen.

abhängigen *reasonableness*-Analyse. Die Unterscheidung zwischen allgemeiner/streitgegenstandsunabhängiger (*general*) und streitgegenstandsabhängiger/besonderer *(specific)* Zuständigkeit existiert im US-Recht genauso wie im europäischen/deutschen Zivilprozessrecht. Nach dieser einführenden Inaugenscheinnahme scheinen die potentiellen Anknüpfungspunkte für die Begründung einer allgemeinen Zuständigkeit in den USA vielfältiger zu sein und eine Zuständigkeitsbegründung insbesondere auch gegenüber ausländischen Beklagten leichter durchführbar. Ob das tatsächlich der Fall ist und welche Praxis sich hier aus der Rechtsprechung amerikanischer Gerichte ergibt, soll im nächsten Abschnitt erläutert werden.

II. Die General jurisdiction und ihre Begründung gegenüber ausländischen Beklagten

In ATS-Verfahren, die gegen ein ausländisches multinationales Unternehmen geführt werden sollen, erscheint lediglich die Begründung der *general personal jurisdiction* erfolgsversprechend.[841] Ein wesentlicher Grund für die Zunahme von Klagen gegen ausländische Beklagte ist die bereits angedeutete, tendenziell größere Offenheit des zivilprozessualen Zuständigkeitssystems. Multinationale Konzerne können eine Geschäftätigkeit in den USA selten vermeiden. Doch riskieren sie hierdurch tatsächlich eine umfassende Gerichtspflicht? Im Folgenden soll das System und die Entwicklung der Rechtsprechung auf dem Gebiet der *general jurisdiction* untersucht werden, um eruieren zu können, ob und warum sich für die Kläger in ATS-Verfahren eine erleichterte Möglichkeit zu einer Zuständigkeitsbegründung in den USA ergeben hat. Hierzu wird zunächst auf die Heterogenität in Rechtsprechung und Theorie eingegangen (1.), danach soll mit der Goodyear-Entscheidung dezidierter auf eine Entscheidung eingegangen werden, die die Weichen in Bezug auf die Begründung der internationalen Zuständigkeit US-amerikanischer Gerichte neu stellte (2.). Nach diesen allgemeinen Erläuterungen wird auf die Formen und Möglichkeiten eines prozessual-zuständigkeitsrechtlichen Haftungsdurchgriffs zwischen verschiedenen Konzernunternehmen einzugehen sein (3.), da die grundsätzliche Möglichkeit zu einer solchen Vorgehensweise, einen wei-

---

841 Die Begründung der specific jurisdiction dürfte sich schwierig gestalten, da sich Tathandlung und Taterfolg in den meisten hier relevanten Fällen nicht in den USA abspielen.

teren Faktor für die positive Annahme transnationaler ATS-Verfahren darstellt.

1. Heterogener Begründungsansatz in Theorie und Praxis

Betrachtet man die Begründungs- und Rechtfertigungsansätze für die Herleitung der internationalen Zuständigkeit US-amerikanischer Gerichte, so zeigt sich ein diffuses Bild.[842] Ursächlich hierfür sind die defizitären und nicht einheitlichen Vorgaben der Rechtsprechung sowie die heterogenen theoretischen Rechtfertigungsansätze der *personal jurisdiction*. Von den Urteilen des Supreme Courts, die in der Ära nach Int'l Shoe ergangen sind, befassten sich bis 2011 nur zwei Entscheidungen mit der *general jurisdiction*: Die Entscheidungen Perkins und Helicopteros stellen jeweils eindeutige Paradebeispiele für das Bestehen bzw. Nicht-Bestehen der *general jurisdiction* dar und konnten wohl auch deswegen nicht dazu beitragen, dass sich eine einheitliche Rechtsprechungslinie ergab.[843] In Perkins ging der Supreme Court davon aus, dass nicht nur der rechtliche oder tatsächliche Sitz eines Unternehmens die *general jurisdiction* begründet, sondern, dass bestimmte Aktivitäten, die der Vorstandsvorsitzende und Hauptanteilseigner der damaligen Beklagten in Ohio vornahm, ausreichten, um die *general personal jurisdiction* gegenüber dem Unternehmen auszuüben.[844] Aus Helicopteros ergibt sich, dass die einzelnen Geschäftskontakte des beklagten Unternehmens mit einem texanischen Zulieferer, die Zahlungsabwicklung über eine texanische Bank und die gelegentliche Entsendung von Mitarbeitern nach Texas zu Ausbildungszwecken nicht ausreichen, um die *general jurisdiction* in diesem Bundesstaat zu begründen.[845] Aufgrund ihrer jeweiligen Tatsachengrundlage handelt es sich um zwei Extremfälle, in denen die Begründung bzw. Ablehnung des Bestehens der *general personal jurisdiction* relativ eindeutig ist. Somit ergaben sich nur geringe abstrakte Vorgaben für die unteren Instanzen, was zu

---

842 *Sherry*, 66 Vand. L. Rev. En Banc, 177, 200 (2013); *Brilmayer*, A General Look at General Jurisdiction, 66 Tex. L. Rev., S. 721, 724 ff. (1988); *Juenger*, 2001 U.Chi. Legal Forum 141 f.
843 Perkins v. Benquet Consol Mining Co., 72 S.Ct. 413 (1952); Helicopteros Nacionales de Colombia v. Hall, 104 S.Ct. 1868 (1984).
844 Perkins, 72 S.Ct. 413, 447.
845 Helicopteros Nacionales de Colombia v. Hall, 104 S.Ct. 1868 (1984).

einem diffusen Verständnis der *general personal jurisdiction* führte.[846] Die extensiven Begründungsformen der *general jurisdiction* zogen innerhalb und außerhalb Amerikas Kritik nach sich und ließen das Bild eines hegemonialen, willfährigen US-Justizsystems entstehen.[847]

Das heterogene Verständnis der *personal jurisdiction* in der Rechtspraxis[848] ist vor allem auch auf die Diversität der theoretischen Begründungsansätze in diesem Bereich zurückzuführen.[849] Der Ausgangspunkt für eine Theorie der *general jurisdiction* ist die Frage, wodurch es gerechtfertigt ist, dass ein Beklagter an einem Forum generell und streitgegenstandsun-

---

846 *Brilmayer*, 66 Tex. L. Rev. 721, 724 (1988); *Sherry*, Vand. L. R. En Banc, Don`t Answer That! Why (and How) the Supreme Court Should Duck the Issue in DaimlerChrysler v. Bauman, 66 Vand. L. R. En Banc, 111, 117 (2013); *Twitchell*, 2001 U. Chi. Legal F. 171, 190 ff.; Sil*berman*, 26 Hous. J. Int`l L. 327, 335 (2004).

847 *Borchers*, 2001 U.Chi. Legal F. 119 ff.; *Silberman*, Comparative Jurisdiction in the International Context: Will the Proposed Hague Judgments Convention be Stalled?, 52 DePaul L. Rev. 319, 339 (2002); *Stürner*, Der Justizkonflikt zwischen U.S.A und Europa, in: Habscheid (Hrsg.), Der Justizkonflikt mit den Vereinigten Staaten von Amerika (1986), S. 38; *Reimann*, in: FS Stürner, Bd.2, S. 1779 ff.; *Silberman*, The Impact of Jurisdictional Rules and Recognition Practice on International Business Transactions: The U.S.Regime, 26 Hous. J. Int`l L: 328, 333 (2003/2004); *Zekoll*, The Role and Status of American Law in the Hague Judgments Convention Project, 61 Alb. L. Rev. 1281 ff. (1998).

848 Die Bandbreite der Fälle in denen der doing-business Standard angewandt wurde ist groß. Besonders die New Yorker Gerichte galten hier lange Zeit als recht liberal. In Bryant v. Finnish Nat´l Airline reichte beispielsweise ein 1,5 Zimmer großes New Yorker Apartement, das der Beklagten als Büro diente sowie die Tatsache, dass hierüber einige Flugreisen verkauft wurde, vgl. Bryant v. Finnish Nat´l Airline, 15 N.Y. 2 d 426, 429 f.(1965); in anderen Fällen sollte sogar schon die Existenz eines New Yorker Bank Accounts ausreichen, vgl. hierzu: Georgia Pacific Corp. v. Multimark´s Int`l Ltd., 265 A.D.2 d 109 (N.Y.A.D 1st Dep. 2000); Lakin v. Prudential Securities, 348 F.3 d 704, 705 (8th Cir. 2003) (einzelne Darlehensforderung); Frummer v. Hilton Hotels Int`l, Inc., 19 N.Y.2 d 533 (1967); Gator.com Corp. v. L.L. Bean, Inc., 341 F.3 d 1072 (9th Cir.) (einzelne Internetverkäufe). Teilweise gingen die Gerichte aber auch von recht hohen Hürden aus, vgl.: Nichols v. G.D. Searle & Co., 991 F.2 d 1195, 1200 (4th Cir. 1993); Amoco Egypt Oil Co. v. Leonis Nav. Co., 1 F.3 d 848, 851 (9th Cir.).

849 *Stein*, The Meaning of „Essentially at Home" in Goodyear Dunlop, 63 S.C.L. Rev. 527, 533 (2012); *Brilmayer/Smith*, The (Theoretical) Future of Personal Jurisdiction: Issues Left Open by Goodyear Dunlop Tires And J. McIntyre Machinery v. Nicastro, 63 S.C.L. Rev. 617, 620 ff. (2012); Carol Andrews, Another Look at General Personal Jurisdiction, 47 Wake Forest L. Rev. S. 999, 1012 ff. (2012).

abhängig verklagt werden kann und an einem anderen nicht.[850] Diese Frage wäre denkbar einfach zu beantworten, wenn man die generelle Gerichtspflicht auf den Wohn- oder Geschäftssitz reduzieren würde. Sie wird jedoch schwieriger, wenn man auch die gängige Praxis der Begründung der *general jurisdiction* mittels eines *doing-business*-Standards mit einbezieht. Die theoretische Rechtfertigung der Anwendung der *doing-business jurisdiction* bezieht sich entweder auf die Position der Parteien oder auf das regulatorische Interesse des Forumstaates. Für Professorin Lea Brilmayer, die in diesem Bereich maßgeblich zur wissenschaftlichen Debatte beigetragen hat,[851] ist es entscheidend, ob ein beklagtes Unternehmen aufgrund seiner andauernden Geschäftstätigkeit zu einem „Insider"[852] der politischen, sozialen und ökonomischen Prozesse des Forumstaates wird. Für Brillmayer steht fest, dass ein Unternehmen, das einer andauernden Geschäftstätigkeit in einem Forumstaat nachgeht, dort auch einer allgemeinen Gerichtspflicht unterliegt, da es hierdurch in eine vergleichbare Position kommt, wie ein im Forum ansässiges Unternehmen.[853] Die andauernde Geschäftstätigkeit stellt insoweit einen Akt der Unterwerfung unter die volle staatliche Autorität dar. Aufgrund dieser Unterwerfung soll auch die vollumfängliche Ausübung der rechtsprechenden Gewalt gerechtfertigt sein.[854] Vereinfacht und bildlich ausgedrückt, steckt hinter diesen „theoretischen" Ansätzen, folgende Gleichung: Wer aufgrund seiner Geschäftstätigkeit von den Vorzügen eines Staates in nicht unerheblichem Maße profitiert, muss gleichzeitig auch tolerieren, der generellen Zuständigkeit der

---

850 *Twitchell*, Why We Keep Doing Business with Doing-Business Jurisdiction, 2001 U. Chi. Legal F. 171, 173, *Twitchell* formuliert die Frage etwas anders und fragt: „Why do we give a forum this power?"

851 Vgl. *Brilmayer*, How Contact Count: Due Process Limitations on State Court Jurisdiction, 1980 S. Ct. Rev. 77; dieselbe, A General Look at General Jurisdiction, 66 Tex. L. Rev. 723 (1988). Auch wenn beide Artikel Brilmayers schon vor über 25 Jahren veröffentlicht wurden, haben sie in der Zwischenzeit weder an Bedeutung noch Aktualität verloren. Das zeigt schon alleine die Tatsache, dass sich Richterin Ginsburg in den beiden aktuellen *general jurisdiction*-Entscheidungen Goodyear und Bauman noch auf sie beruft (vgl.: Goodyear, 131 S.Ct. 2846, 2851; Bauman, 134 S.Ct. 746).

852 *Brilmayer*, 1980 S.Ct. Rev. 77, 87.

853 *Brilmayer*, 66 Tex. L. Rev. 723, 741 f.; Brilmayer spricht insoweit von der „reciprocal benefits rationale".

854 *Brilmayer*, 66 Tex. L. Rev. 723, 732; *Stein*, Styles of Argument and Interstate Federalism in the Law of Personal Jurisdiction, 65 Tex. L. Rev. 689, 758 (1987).

Gerichte dieses Staates zu unterliegen.[855] Neben das Interesse des Staates tritt das Interesse des Beklagten an einer Vorhersehbarkeit der allgemeinen Gerichtspflicht und einer möglichst angenehmen Prozessführung. Ebenso zu berücksichtigen ist das Interesse des Klägers an einer effektiven Erledigung des Verfahrens. Es ist offensichtlich, dass je nachdem, wie man die insoweit kollidierenden Interessen bewertet und gewichtet, auch die Reichweite der Anwendung des *doing-business* Standards variiert.

Der Ansatz beinhaltet also ein erhebliches Maß an Unsicherheit, ist aber auch flexibel und erlaubt es den Gerichten einzelfalladäquat zu entscheiden. Die potentiellen negativen Auswirkungen einer zu weitgefassten Zuständigkeitsbegründung werden zudem dadurch relativiert, dass die Gerichte durch die Vornahme des *reasonableness*-Test oder über die Anwendung der Forum Non Conveniens-Doktrin[856] die Umstände des Einzelfalls genau berücksichtigen können und somit auf dieser Ebene anhand einer umfassenden Interessensabwägung eine exorbitante und unzweckmäßige Zuständigkeitsbegründung vermieden werden kann.[857] Der heterogene Meinungsstand in Rechtsprechung und Lehre wirkt sich insbesondere in transnationalen Zivilprozessen mit internationaler Parteistruktur erschwerend aus. Mag es für einen Beklagten aus einem anderen Bundesstaat noch hinnehmbar sein, dass er in einem anderen Bundesstaat aufgrund des dortigen Verkaufs seiner Produkte für jeglichen Streitgegenstand gerichtlich in Anspruch genommen werden kann, so sind die Auswirkungen für einen ausländischen Beklagten, der unter denselben Vorzeichen verklagt wird, erheblich nachteiliger.[858] Inwieweit sich dieser unbefriedigende status-quo durch die Goodyear-Entscheidung verbessert hat, soll nachfolgend erläutert werden.

---

855 Twitchell bezeichnet das als benefits/burden rationale, vgl. *Twitchell*, 2001 U. Chi. Legal F. 171, 179.

856 Hierzu: Piper Aircraft v. Reyno, 454 U.S. 235 (1991); *Silberman*, Developments in Jurisdiction and Forum Non Conveniens in International Litigation: Thoughts on Reform and a Proposal for a Uniform Standard, 28 Tex. Int'l L. J. 501, 516 ff.

857 *Twitchell*, 2001 U. Chi. Legal Forum 171, 196.

858 *Twitchell*, 2001 U. Chi. Legal Forum 171, 197 ff.; *Silberman*, Judicial Jurisdiction in the Conflict of Laws Course: Adding a Comparative Dimension, 28 Vand. J. Transnat'l L. 389, 396 (1995).

2. Neue Grenzen für die internationale Zuständigkeit durch Goodyear?

Erst im Jahre 2011 erging erneut eine Entscheidung des Supreme Court zur *general jurisdiction*. Ob sich im Nachgang der Goodyear-Entscheidung ein präziseres Bild ergibt, soll nun geklärt werden. Die Kernfrage dieses Falls lautete: *„Are foreign subsidiaries of a United States parent corporation amenable to suit in state court on claims unrelated to any activity of the subsidiaries in the forum State?"*[859] Die Klage beruhte auf einem Busunfall in Frankreich. Bei diesem Unglück wurden Mitglieder einer Fußballmannschaft aus North Carolina verletzt bzw. getötet. Die Kläger machten fehlerhafte Reifen als Unfallursache aus und verklagten den Hersteller Goodyear USA sowie drei seiner ausländischen Tochterunternehmen vor einem *state court* North Carolinas. Die Instanzgerichte gingen zunächst vom Bestehen der *general personal jurisdiction* gegenüber den ausländischen Tochtergesellschaften aus.[860] Der Supreme Court folgte den Instanzgerichten nicht und stellte mit dieser Entscheidung erneut klar, dass sporadische und zufällige Verkäufe von Produkten nicht ausreichen, um die *general-jurisdiction* eines ausländischen Unternehmens zu begründen.[861] Zum anderen betonte das Gericht, dass die Unterscheidung zwischen der *specific* und *general jurisdiction* klar einzuhalten ist.[862] Zudem verwies das Gericht darauf, dass der Wohnsitz bzw. der Sitz/Niederlassung Paradebeispiele für die *general jurisdiction* seien und dass andere Fällen, in denen eine *general jurisdiction* begründet werden soll, mit diesen Kategorien vergleichbar sein müssen. Hierzu entstammt dem Urteil folgender Satz: *„A court may assert general jurisdiction over foreign (sister-state or foreign-country) corporations to hear any and all claims against them when their affiliations with the State are so "continuous and systematic" as to render them essentially at home in the forum State."*[863] Die tatsächliche Reichweite der Entscheidung ist jedoch umstritten. Der letzte Halbsatz des eben zitierten Auszuges lässt unterschiedliche Schlüsse

---

859 Goodyear Dunlop Tires, S.A. vs. Brown, 131 S.Ct. 2846, 2850 (2011).
860 Die Vorgehensweise der Gerichte war von Ungenauigkeiten und Vermengungen der unterschiedlichen Theorien geprägt. So stellt der District Court zur Begründung der general jurisdiction auf die stream-of-commerce Doktrin ab, welche eigentlich eine specific jurisdiction Doktrin ist.
861 Goodyear, 131 S.Ct. 2846, 2856 (2011).
862 Goodyear, 131 S.Ct. 2846, 2855 (2011).
863 Goodyear, 131 S.Ct. 2846, 2851 (2011).

zu, da es der Supreme Court unterlassen hatte, eindeutig auszuführen, wie das *„essentially at home"*-Kriterium zu verstehen ist, verbleibt eine Lücke die von Wissenschaft und Rechtsprechung zu füllen ist.

Wie ist die Goodyear Entscheidung nun zu interpretieren? Welche Rechtsfolgen ergeben sich aus ihr? Einerseits könnte man die Entscheidung als völlige Neujustierung der *general jurisdiction* verstehen und ihre Ausübung nur noch äußerst restriktiv handhaben.[864] Aus der Formulierung *„essentially at home"* leitet diese Ansicht ab, dass die *general jurisdiction* nur noch in Fällen besteht, in denen die Beklagte entweder ihre *"incorporation"* oder ihren *"principal place of business"* in dem Forumsstaat hat.[865] Diese Ansicht versteht den Begriff *„essentially at home"* sehr wörtlich. Für sie scheidet auch im Hinblick auf juristische Personen die Möglichkeit, an mehreren Orten „heimisch" zu sein, kategorisch aus.[866] Argumente die für ein derartiges Verständnis sprechen, sind die iterative Verwendung des Begriffes *„at home"* in der Goodyear-Entscheidung sowie ein ideelles Verständnis der *general personal jurisdiction*, das die Ausübung staatlicher und richterlicher Autorität primär mit dem jeweiligen Hoheitsgebiet verknüpft sehen möchte. Andererseits lässt sich die Goodyear-Entscheidung so interpretieren, dass eine derart weitreichende Einschränkung der *general jurisdiction* nicht beabsichtigt war und es auch durch das *„at-home"*-Kriterium nicht zu einer Exklusivität der Gerichtsstände und den bezeichneten Orten kommt. Hierfür spricht, dass Justice Ginsburg in ihrer Urteilsbegründung den *place of incorporation* und den *principal place of business* als *„paradigm"* für die *general personal jurisdiction* bezeichnet hatte.[867] Das Wort *„paradigm"* bedeutet in diesem

---

864 *Pielemeier*, Goodyear Dunlop: A welcome Refinement of the Language of General Personal Jurisdiction, 16 Lewis & Clark L. Rev. (2012), S. 969, 990; *Pielemeier* lässt die Beantwortung dieser Frage offen, deutet jedoch an, dass er zu einer deratigen, weitreichenden Einschränkung tendiert; *Erichson*, The Home State-Test for General Personal Jurisdiction, Vand. L. Rev. En banc (2013) S. 81, 90; *Feder*, Goodyear, „Home", and the Uncertain Future of Doing Business, 63 S.C.L. Rev. 671, 694; *Stein*, The Meaning of „Essentially at Home" in Goodyear Dunlop, 63 S.C.L. Rev. 527, 531 (2012).

865 *Hoffheimer*, 60 U. Kan. L. Rev. 549, 582 ff. (2012); *Feder*, Goodyear, „Home", and the Uncertain Future of Doing Business, 63 S.C.L. Rev. 671, 694 (2012).

866 *Feder*, Goodyear, „Home", and the Uncertain Future of Doing Business, 63 S.C.L. Rev. 671, 694 (2012).

867 *Petterson*, The Timing of minimum contacts after Goodyear and McIntyre, Geo. Wash. L. Rev. 202, 215 (2012).

Kontext Muster- bzw. Paradebeispiel. Die Zuweisung des rechtlichen bzw. tatsächlichen Unternehmenssitzes zu einer Gruppe von Musterbeispielen bedeutet gleichermaßen, dass es nicht ausgeschlossen ist, dass sich auch weitere Orte dieser Kategorie zuordnen lassen. Hinzu kommt, dass die Verwendung des Begriffes *'home'* keiner geeigneten rechtlichen Kategorie entspringt.[868] Die Entscheidung dieser Streitfrage hat in mehrerer Hinsicht Bedeutung: Zum einen würde eine weiteichende Restriktion der *general jurisdiction* das Ende ihrer Begründung mittels des *doing business*-Standards bedeuten, welcher in vielen Bundesstaaten üblich ist.[869] Zum anderen würde sie das System der *personal jurisdiction* in gewisser Hinsicht revolutionieren.

Nach der hier vertretenen Auffassung geht aus *Goodyear* keine vollständige Restriktion der *general jurisdiction* hervor. Dem Gesamtkontext der Entscheidung ist zu entnehmen, dass trotz existierender Prototypen (*Place of incorporation/principal place of business*) ein beschränkter Anwendungsbereich für alternative Begründungsansätze besteht. Die Gegenauffassung stützt sich vornehmlich darauf, dass die *general jurisdiction* nur in der „Heimat" des Beklagten gerechtfertigt sei, da nur an diesem Ort ein reziprokes Verhältnis zwischen Beklagten und dem Staat bestehe.[870] Diese Argumentation greift jedoch zu kurz und ist in ihrer Absolutheit nicht nachvollziehbar. Da sie in erster Linie auf natürliche Personen abzielt, verliert sie im Hinblick auf internationale bzw. nationale Unternehmen, die ihre Tätigkeit auf das gesamte Bundesgebiet erstrecken deutlich an Gewicht. Denn sollte ein Unternehmen, das sich nach dem Recht Delawares gegründet hat und seinen *principal place of business* in New Jersey hat, nicht unter die *general jurisdiction* Floridas fallen, obwohl es dort 70% seines Gewinns erwirtschaftet, zahlreiche Angestellte hat und über mehrere lokale Büros verfügt? Steht das Unternehmen nicht auch in derartigen Fällen in einem vergleichbaren Verhältnis zu der staatlich-justiziellen Autorität Floridas, da es offensichtlich von diesem Bundesstaat profitiert? Und sind nicht die tatsächlichen Kontakte zu Florida wesentlich

---

868 *Hoffheimer*, 60 U. Kann. L. Rev. 569, 583 f (2012).
869 Vgl. hierzu: Wiwa v. Royal Dutch Petroleum Co., 226 F.3 d 88, 95 (2nd Cir. 2000); In re Chinese Drywall Products Liability Litigation, 767 F.Supp. 2 d 649,661ff (E.D.La. 2011): Business presence ist auch ohne physical presence ausreichend; 4A Fed. Prac. & Proc. Civ. § 1069.2 m.w.N.
870 *Feder*, Goodyear, „Home", and the Uncertain Future of Doing Business, 63 S.C.L. Rev. 671, 694 (2012).

nachhaltiger als die Verbindung zu Delaware, welche sich in der Konstituierung des Unternehmens nach dem dortigen Gesellschaftsrecht erschöpfen?[871] Selbst wenn man sich zu einem Vertreter eines restriktiven Verständnisses der *general personal jurisdiction* zählen sollte, muss man zugestehen, dass die Beantwortung dieser Fragen nicht eindeutig ausfällt.[872] Das Argument der Gegenseite, das darauf abstellt, es sei für den Beklagten unbequem sich in einem anderen Staat vor Gericht zu verantworten und es sei, aufgrund der Einzigartigkeit der Verbindung eines Beklagten zu seinem Heimatstaat nicht angebracht, dass hypothetisch an mehreren Orten *general jurisdiction* bestehe,[873] ist im Hinblick auf juristische Personen nur beschränkt verwertbar. Diese Auffassung basiert auf der Fehlinterpretation des Wortes „*at home*" und der daraus resultierenden Annahme, ein Unternehmen könne nicht an mehreren Orten „beheimatet" sein. Diese ist schon im Hinblick auf natürliche Personen nicht nachvollziehbar. Ein Mensch vermag Staatsbürger nur eines Staates sein, er vermag nur einen Ort als seinen Geburtsort zu betrachten, aber in Zeiten stetig steigender Mobilität vermag er durchaus dazu in der Lage zu sein, mehrere Orte als seine Heimat zu betrachten. Zudem sollte man das Wort „*at home*" nicht in einem singulär räumlichen Sinne verstehen, sondern es in einen rechtlichen Kontext setzen und sich daher fragen, wann wird ein Bundesstaat zur rechtlichen Heimat eines Unternehmens? Rechtlich beheimatet dürfte ein Unternehmen immer dann sein, wenn es mit den dortigen, wesentlichen rechtlichen Regeln vertraut ist. Ein derartiges Vertrautsein dürfte mit Sicherheit auch dann bestehen, wenn ein Unternehmen substantielle geschäftliche Verbindungen zu dem Forumstaat unterhält und aufgrund dieser die rechtlichen Gegebenheiten vor Ort kennt.[874] Sicherlich hat *Justice* Kennedy im Ansatz Recht, wenn er sagt: „(…) *those who live or operate*

---

871 Brilmayer argumentiert bereits im Jahre 1986 ähnlich, vgl.: *Brilmayer*, A General Look at General Jurisdiction, 66 Tex. L. Rev. S. 721, 742 (1986): „*The only difference between a defendant with substantial local activities and one with a local principal place of business may be that the former defendant has a more substantial connection with another state than the latter.*" Dieser Artikel wird von Justice Ginsburg übrigens an mehreren Stellen zitiert.

872 *Feder*, Goodyear, „Home", and the Uncertain Future of Doing Business, 63 S.C.L. Rev. 671, 677 (2012).

873 *Stein*, The Meaning of „Essentially at home" in Goodyear Dunlop, 63 S.C.L. Rev. S. 527, 538 (2012).

874 In die selbe Richtung geht der Ansatz von Brilmayer, die die *general jurisdiction* dann als begründet erachtet, wenn der Beklagte als „Insider" eines Staates zu gel

primarily outside a State have a due process right not to be subjected to judgement in its courts as a general matter."[875] Gleichzeitig muss aber anerkannt werden, dass dem *due process*-Recht eines beklagten Unternehmens Rechnung getragen wird und die Ausübung der *general jurisdiction* gerechtfertigt sein könnte, wenn das Unternehmen über bestimmte Verbindungen zum Forumsstaat verfügt. Die Frage ist dann jedoch, wo die Grenze zu ziehen ist und welche Arten von Verbindungen überhaupt geeignet sind, um eine so weitreichende staatliche Autoritätsausübung zu rechtfertigen.

Die Goodyear-Entscheidung stellt also keine endgültige Abkehr von der Möglichkeit der Begründung der *general jurisdiction* mittels alternativer Verbindungen zum Gerichtsstaat dar.[876] Eine Auswertung der im Nachgang der Entscheidung ergangenen Rechtsprechung spricht dafür, dass eine am Einzelfall orientierte Überprüfung der Kontakte zum Forum weiterhin angezeigt ist.[877] Würden die Gerichte tatsächlich davon ausgehen, dass *general personal jurisdiction* nur am Ort der „*incorporation*" oder am „*principal place of business*" besteht, hätten sie sich eine solch detail-

---

ten hat, vgl.: *Brilmayer*, How Contacts Count: Due Process Limitations on State Court Jurisdiction, 1980 Sup. Ct. Rev. 77, 87.

875 J. Mc Intyre Machinery v. Nicastro, 130 S.Ct. 2780, 2787 (2011).

876 *Hoffheimer*, General Personal Jurisdiction after Goodyear Dunlop Tires, S.A. vs. Brown, 60 U. Kan. L. Rev. 549, 574 (2012); a. A. *Erichson*, 66 Vand. L. Rev. En Banc, 81, 91 (2013).

877 Pervasive Software Inc. v. Lexware GmbH & Co. KG, 688 F.3 d 214, 230 ff. (5th Cir. 2012) (Vornahme einer Einzelfallbetrachtung im Rahmen der general personal jurisdiction); Marvix Photo, Inc. v. Brand Technologies Inc., 647 F.3 d 1218 (9th Cir. 2012): Unter Verweis auf Goodyear, Perkins und Helicopteros überprüft das Gericht die Kontakte der Beklagten zum Forum; Bowles v. Ranger Land System Inc., 527 Fed. Appx. 319, 321 (5th Cir. 2013): Der 5th Circuit erörtert ob die Kontakte in toto ausreichen („Examing Ranger`s contacts in the aggregate"), um die *general jurisdiction* zu begründen; Grynberg v. Ivanhoe Energy, Inc., 490 Fed. Appx. 86, 95 (10th Cir.2012) : „We have established four factors to consider in deciding whether general jurisdiction has been established: (1) whether the corporation solicits business in the state through a local office or agents; (2) whether the corporation sends agents into the state on a regular basis to solicit business; (3) the extent to which the corporation holds itself out as doing business in the forum state, through advertisements, listings or bank accounts; and (4) the volume of business conducted in the state by the corporation."; Siegel v. Hyatt Intern. LLC, 2012 WL 6951850 (Ill. App. 1 Dist. 2012): Darstellung der konkreten Kontakte der Beklagten und Analogieschlüsse zu Perkins, Heliocpteros und Goodyear.

lierte Überprüfung der konkreten Beziehung zum Forum sparen können. Im Hinblick auf mögliche Alternativen zu den exemplarischen allgemeinen Gerichtsständen verbleiben nach Goodyear erhebliche Auslegungsspielräume und Unsicherheiten. So ist die Entscheidung des Supreme Courts stark von den Fakten des speziellen Einzelfalls geprägt.[878] Sie ist nur insoweit eindeutig, als dass sie klarstellt, dass wenige und rein sporadische Produktverkäufe nicht ausreichend sind, um die *general jurisdiction* zu begründen.[879] Dagegen geht aus der Entscheidung nicht hervor, dass sich das theoretische Fundament der *general jurisdiction* grundlegend ändern soll. Insbesondere lässt sich nicht annehmen, dass das Gericht einen Paradigmenwechsel vollziehen wollte, durch den sich die *general jurisdiction* in Zukunft nur noch in Fällen begründen ließe, in denen ein Unternehmen seinen *place of incorparation* bzw. *principial place of business* in dem jeweiligen Forumsstaat hat. Eine derartige radikale Reform der *general jurisdiction* hätte klarere Worte erfordert.[880]

Der entscheidende Schluss, den man aus Goodyear ziehen kann, ist der folgende: Die *general jurisdiction* lässt sich auch weiterhin über systematische, andauernde und substantielle geschäftliche Verbindungen in dem jeweiligen Staat begründen; jedoch müssen die Gerichte eine genaue qualitative Analyse dieser Verbindungen vornehmen, um dem Ausnahmecharakter dieses Begründungsansatzes gerecht zu werden.[881] Darüber hinaus stellte der Supreme Court klar, dass die Theorien zur Begründung der *specific jurisdiction* nicht mit denen der *general jurisdiction* vermengt werden dürfen. Keinesfalls sollte jedoch eine auf die Aktivitäten einer Beklagten gestützte Theorie zur Begründung der *general jurisdiction* gänzlich aufge-

---

878 *Petterson*, The Timing of Minimum Contacts After Goodyear and McIntyre, 80 Geo. Wash. L. Rev. 202, 217 (2011).

879 *Hoffheimer*, 60 U. Kan. L. Rev. (2012), S. 549, 550. Was aber im Übrigen bereits aus Helicopteros hervorgeht.

880 *Peddie*, Mi Casa es su Casa: Enterprise Theory and Personal Jurisdiction over Foreign Corporations After Goodyear Dunlop Tires Operations, S.A. v. Brown, 63 S.C.L. Rev., 697, 712 (2012); *Hoffmann*, 34 U. Pa. J. Int'l L. 765, 774 ff. (2013); *Erichson*, 66 Vand. L. Rev. En Banc 81, 88 (2013), der, obwohl er eine restriktive Lesart des Urteils bevorzugt, darauf hinweist, dass die Annahme eines strikten „at home" Standard auch im Widerspruch dazu steht, dass das Gericht sich in der Entscheidung weiterhin auf „minimum contacts" beruft.

881 So auch: *Hoffheimer*, 60 U. Kan. L. Rev. 549, 592 (2012).

geben werden.[882] So wären auch quantitative Kriterien, die beispielsweise auf bestimmte Verkaufszahlen abstellen weiterhin zu berücksichtigen, solange sie nicht das einzige Anknüpfungskriterium darstellen, sondern auch andere Faktoren berücksichtigt werden.[883] Die Goodyear-Entscheidung konnte somit noch nicht final klären, an welchen Orten und unter welchen Bedingungen tatsächlich general jurisdiction besteht.

Die ohnehin schon problematischen Fragen in diesem Bereich werden um eine Nuance reicher, wenn versucht wird die *general jurisdiction* mittelbar zu begründen. Nachdem durch die vorangegangen Erläuterungen der theoretische und normative Rahmen dargelegt wurde, widmet sich der nun folgende Abschnitt den Erscheinungsformen der mittelbaren Zuständigkeitsbegründung.

III. Personal Jurisdiction aufgrund Konzernzugehörigkeit

In transnationalen Zivilverfahren im Allgemeinen sowie in ATS-Verfahren im Besonderen handelt es sich bei der beklagten Partei häufig um ein multinationales Unternehmen. Das moderne Unternehmens- und Gesellschaftsrecht und die Anforderungen des transnationalen ökonomischen Zeitalters haben dazu geführt, dass sich internationale Konzerne aus einer Vielzahl von Tochtergesellschaften zusammensetzen, die oftmals zu 100% der eigentlichen Konzernmutter gehören. Die einzelnen Gesellschaften stellen, trotz ihrer Konzernzugehörigkeit, rechtlich selbstständige Einhei-

---

882 *Borchers*, 44 Creighton L. Rev. 1245, 1276 (2011): Borchers stellt insbesondere darauf ab, dass eine Bestimmung, die auf das Merkmal „essentially at home" abstellt, ungeeignet erscheint; a. A. *Feder*, Goodyear, „Home" and the Uncertain Future of Doing Business Jurisdiction, 63 S. C. L. Rev. (2012), S. 671, 695.

883 *Tarin/Macchiaroli*, 11 J. Int'l Bus. & L. 49, 62: „The inquiry is not necessarily how much revenue a foreign corporation generated, but rather how the foreign corporation generated that revenue. Accordingly, some courts have considered where the sales were negotiated, executed, or performed and where the foreign corporation negotiated and consummated its contracts for, received payments for, and performed its revenue-generating work. They have also considered whether these activities occurred on a continuous, regular, and systematic basis. Evaluating these factors--in the context of all the foreign corporation's contacts--is the type of qualitative analysis the Due Process Clause requires." Insoweit hatte der Supreme Court ja nur festgestellt, dass "mere purchases" bzw. "*mere sales*" nicht ausreichen.

ten dar, die grundsätzlich unabhängig voneinander haften.[884] Diese artifizielle Aufspaltung einer funktionalen Einheit (Multinationale Unternehmen) in einzelne territoriale Segmente, mag ob der territorialen Segmentierung des Rechts logisch erscheinen, sie generiert aber auch Probleme, da diese doppelte territoriale Anknüpfung der Lebenswirklichkeit oftmals nicht entspricht.[885] Im Folgenden soll sich daher mit der Frage auseinandergesetzt werden, ob sich die internationale Zuständigkeit gegenüber einer ausländischen Muttergesellschaft auch mittelbar über ein inländisches US-Tochterunternehmen begründen lässt. Aufgrund der bisher dargestellten Grundkonzeption des US-Systems der internationalen Zuständigkeit, erscheint eine solche Vorgehensweise nicht ausgeschlossen, denn warum sollten sich unter den Begriff der *minimum contacts* nicht auch die Tätigkeiten einer Tochtergesellschaft subsumieren und so der Muttergesellschaft zurechnen lassen? Formen des Zuständigkeitsdurchgriffs sind im US-Prozess grundsätzlich anerkannt.[886] Diese Methode kann unter den Oberbegriffen *vicarious jurisdiction* oder *jurisdictional veil piercing* zusammengefasst werden.[887] Die Umstände unter denen ein solcher zuständigkeitsrechtlicher Durchgriff möglich ist, sind jedoch umstritten. Sicher

---

884 *Hadari*, The Structure of the Mulitnational Enterprise, 71 Mich. L. Rev. 729, 771(1972); United States v. Bestfoods, 118 S.Ct. 1876, 1884 (1998).

885 Ein Beispiel, das dieses Paradox besonders verdeutlicht, sind die „Steuersparmodelle" multinationaler Konzerne, die dazu führen, dass trotz einer lokalen Präsenz und lokaler Gewinne, kaum Steuern in aus steuerrechtlicher Hinischt „ungünstigen" Staaten gezahlt werden, vgl. hierzu: Kaiser, Apple fand „Heiligen Gral der Steuervermeidung", Die Welt v. 21.5.2013, abrufbar unter: http://www.welt.de/w irtschaft/article116397191/Apple-fand-heiligen-Gral-der-Steuervermeidung.html (zuletzt besucht, am: 12.11.2014); Böckler-Stiftung, Die Steuertricks der Großkonzerne, Böckler-Impuls 04/2013, http://www.boeckler.de/42376_42385.htm (zuletzt besucht, am.12.11.2014); vgl auch OECD (2013), Addressing Base Erosion and Profit Shifting, OECD Publishing, http://dx.doi.org/10.1787/978926419 2744-en.

886 *Fletcher*, 18 Cyclopedia of the Law of Corporations, § 8640.50; *Anderson* v. Dassault Aviation 361 F.3 d 449 (8th Cir. 2004); *Meier*, Grenzüberschreitender Durchgriff in der Unternehmensgruppe nach US-amerikanischen Recht, S. 54 ff.

887 *Hoffmann*, The Case Against Vicarious Jurisdiction, 152 U. Pa. L. Rev. 1023, 1027 (2003/2004). Die begriffliche Vielfalt auf diesem Gebiet ist relativ groß, in ihrer Bedeutung sind die Begriffe jedoch identisch. Weitere Begriffe die geläufig sind: „jurisdictional merger" [zurückgehend auf: *Brilmayer/Paisley*, Personal Jurisdiction and Substantive Legal Relations: Corporation, Conspiracies, and Agency, 74 Cal. L. Rev. S. 1, 14 (1986)]; „single enterprise"[Fielding v. Hubert Burda Media, Inc. 415 F.3 d 419 (5th Cir. 2005)].

ist, dass die reine, konzernbezogene Verbindung zwischen der Mutter- und Tochtergesellschaft nicht ausreicht, um die *minimum contacts* zum Forum zu begründen.[888] Die Behandlung dieser Problematik durch die Gerichte erfolgte in der Vergangenheit nicht immer einheitlich und es existiert eine breite Vielfalt an metaphorischen Bezeichnungen für diesen zuständigkeitsrechtlichen Durchgriff.[889] Auch wenn die Gerichte insbesondere in terminologischer Hinsicht oftmals die letzte Klarheit vermissen lassen,[890] können im Kern zwei methodische Ansätze ausgemacht werden, die der mittelbaren Begründung der *personal jurisdiction* dienen: Der *agency*- und der *alter-ego*-Test.[891] Beide Ansätze entstammen ursprünglich dem materiellen Recht und werden dort benutzt, um eine Durchgriffshaftung zu begründen.[892] Auch wenn sich das materiell-rechtliche und das prozessuale *veil piercing* theoretisch ähnlich sind, zeigen sie hinsichtlich ihrer konkreten Voraussetzungen Unterschiede, da die Anforderungen an einen zuständigkeitsrechtlichen Durchgriff deutlich geringer sind als an eine materiell-rechtliche Durchgriffshaftung.[893] Ebenso sollte berücksichtigt werden, dass die Beantwortung der Frage nach einer materiell-rechtlichen Haftung unter einer anderen Prämisse steht, als die Frage nach einer Zurechnung zum Zwecke der Begründung der *personal jurisdiction*.[894] Im Folgenden soll sich nun auf die *agency*- bzw. *alter-ego*-Theorie konzentriert werden, da diesen beiden Ansätze in der analysierten Rechtsprechung am meisten Gewicht zukommt. Anschließend wird anhand ein-

---

888 *Fletcher*, 1 Cyc. Corp. § 43.70; *ders.*, 18 Fletcher Cyc. Corp. § 8640.10.

889 Rasmussen v. General Motors Corp., 335 Wis. 2 d 1, 36 f (Wis. Supr. Ct. 2011, Abrahamson concurring); *Stark*, Civil Procedure – Ninth Circuit Focuses on Importance of Subsidiary Rather Than Control to Impose General Jurisdiction over Foreign Corporation- Bauman v. DaimlerChrysler Corp., 644 F.3 d (9th Cir. 2011), Suffolk U. L. Rev. 575, 580.

890 Rasmussen v. General Motors Corp., 335 Wis. 2 d 1, 36 f. (Wis. Supr. Co. 2011, Abrahamson concurring).

891 *Born/Rutledge*, S. 176.

892 *Brilmayer/Paisley*, Personal Jurisdiction and Substantive Legal Relations: Corporations, Conspiracies, and Agency, 74 Cal. L. Rev. 1, 28 (1986): Der Ursprung der akademischen Aufarbeitung dieser Problematik, kann diesem Artikel zugeschrieben werden.

893 *Fletcher*, 1 Fletcher Cyc. Corp., § 43.70 (Database Updated 2012);

894 Rasmussen v. General Motors Corp., 335 Wis. 2 d 1, 38 (Wis. Supr. Co. 2011; Abrahamson concurring); *Hoffman*, The Case against Vicarious Jurisdiction, 152 U. Pa. L. Rev. 1023, 1094 (2003/2004); *Meier*, Grenzüberschreitender Durchgriff, S. 107 f.

schlägiger Rechtsprechung analysiert, wie die jeweiligen Standards in ATS-Verfahren angewandt wurden.

1. Der Alter-Ego-Standard

Der *Alter-Ego*-Standard entstammt ursprünglich dem materiellen Recht. Er stellt grundsätzlich darauf ab, ob die formaljuristische Trennung zwischen dem Mutter- und Tochterunternehmen aufgehoben werden soll, weil das Mutterunternehmen die Tochtergesellschaft so intensiv kontrolliert, dass sie ihre Unabhängigkeit verliert und zum bloßen Werkzeug des Mutterunternehmens wird.[895] Die mittelbare Zuständigkeitsbegründung durch den *Alter-Ego*-Test wurde von mehreren Gerichten vollzogen.[896] Die Rechtsprechung orientiert sich bei einer auf die *due-process clause* bezogenen *Alter-Ego*-Analyse an unterschiedlichen Faktoren. Indizien für eine übermäßige Kontrolle können dabei die Nichteinhaltung gesellschaftsrechtlicher Formalitäten,[897] eine einheitliche Firmenadresse und Buchführung,[898] die Vermengung des Firmenkapitals,[899] die Ausübung der eigentlichen Entscheidungskompetenz durch die Muttergesellschaft bezüglich

---

895 Visasystems, Inc. v. EBM-Papst St.Georgen GmbH & Co. KG, 646 F.3 d 589, 596 (8th Cir. 2011); Epps v. Stewart Information Services Corp. 327 F.3 d 642, 648 f (8th Cir. 2003); Purdue Research Foundation v. Sanofi-Sythelabo, S.A. 338 F.3 d 773, 788 (Fn. 17) (7th Cir. 2003); *Reynolds/Zimmer*, Einschränkung der extraterritorialen Zuständigkeit amerikanischer Gerichte, RIW 2013, S. 509, 513; *Meier*, Grenzüberschreitender Durchgriff, S. 88.

896 Patin v. Thoroughbred Power Boats Corp., 294 F.3 d 640, 653 (5th Cir. 2002): „As the Plaintiffs correctly point out, federal courts have consistently acknowledged that it is compatible with due process for a court to exercise personal jurisdiction over an individual or a corporation that would not ordinarily be subject to personal jurisdiction in that court when the individual or corporation is an alter ego or successor of a corporation that would be subject to personal jurisdiction in that court."; Howard v. Everex Systems Inc.; 228 F.3 d 1057, 1069 (Fn. 17) (9th Cir. 2000); Transfield ER Cape Ltd. v. Industrial Carriers, Inc., 571 F.3 d 221, 224 (2nd Cir. 2009); Estate of Thomson ex rel. Estate of Rakestraw v. Toyota Motor Worldwide, 545 F.3 d 357, 362 (6th Cir. 2008).

897 Estate of Thomson ex rel. Estate of Rakestraw v. Toyota Motor Worldwide, 545 F.3 d 357, 362 (6th Cir. 2008).

898 Ebd.; Mazza v. Verizon Washington DC, Inc., 852 F.Supp. 2 d 28, 41 (D.C. Cir. 2012).

899 Mazza v. Verizon Washington DC, Inc., 852 F.Supp. 2 d 28, 41 (D.C. Cir. 2012);

strategischer, unternehmerischer und personeller Entscheidungen[900] sowie nicht dokumentierte Finanztransaktionen zwischen den Gesellschaften[901] seien.[902] Grundsätzlich fragt der *Alter-Ego*-Test danach, ob die Kontrolle und der Einfluss seitens des Mutterunternehmens so weitreichend sind, dass die Trennung zwischen den beiden Unternehmen nur noch formell besteht. Hintergrund des *alter ego*-Tests ist, dass sich ein Mutterunternehmen durch die bloße formaljuristische Trennung zwischen den Unternehmenseinheiten der Gerichtsbarkeit in dem jeweiligen Bundesstaat nicht entziehen dürfen soll, wenn es dort eigentlich einer substantiellen Geschäftstätigkeit nachgeht. Zudem erscheint ein zuständigkeitsrechtlicher Durchgriff immer dann gerechtfertigt, wenn das Mutterunternehmen das Tochterunternehmen als Schutzschild vor einer eigenen Inanspruchnahme benutzt.[903] Die Anwendung der *alter ego*-Doktrin erfolgte nicht immer einheitlich, insbesondere ist nicht abschließend geklärt, welches Recht bei der Bestimmung des *alter ego*-Status zur Anwendung gelangt.[904] Die Gerichte ließen diese Frage zum Teil offen[905] oder wandten explizit oder implizit *state law* an.[906] Letztendlich muss diese kollisionsrechtliche Frage jedoch nicht entschieden werden, da es zu keinen ernstzunehmenden Diskrepanzen kommt.[907]

---

900 City of Greenville, Ill. v. Syngenta Crop Protection, Inc., 830 F.Supp. 2 d 550, 564 (S.D.Ill. 2011).

901 Jackson v. Tanfoglio Giuseppe, S.R.L., 615 F.3 d 579, 587 (5th Cir. 2010).

902 Vgl. hierzu auch: Reynolds/Zimmer, Einschränkung der extraterritorialen Zuständigkeit amerikanischer Gerichte, RIW 2013, 509, 513.

903 Doe v. Unocal, 248 F.3 d 915, 926 (9th Cir. 2001).

904 Born/Rutledge, S. 177;

905 Southern New England Tel. Co. v. Global NAPs Inc., 624 F.3 d 123, 138 (2nd Cir. 2009): „Under either Connecticut law or a federal common law of veil piercing, this is sufficient to bring Ferrous Miner and the other Global entities within the district court's personal jurisdiction.(…) We therefore need not decide which jurisdiction's law should govern the analysis here."; Jackson v. Tanfoglio Giuseppe, S.R.L., 615 F.3 d 579, 587 (5th Cir. 2010): „Although this complicated choice of law question is an open issue, we need not resolve it here. Even applying the more flexible standard for which Plaintiffs argue, the other Tanfoglio entities' contacts with Louisiana cannot be imputed to Fratelli."

906 Estate of Thomson ex rel. Estate of Rakestraw v. Toyota Motor Worldwide, 545 F.3 d 357, 362 (6th Cir. 2008);

907 Vgl. Southern New England Tel. Co. v. Global NAPs Inc., 624 F.3 d 123, 138 f. (2nd Cir. 2009).

2. Die Agency-Analyse

Die *Agency*-Analyse weist eine gewisse Ähnlichkeit zum *Alter-Ego*-Standard auf, weil auch sie aus dem materiellen Recht abgeleitet wird.[908] Eine klare Definition, wann von einer *Agency*-Verbindung ausgegangen werden kann, existiert nicht.[909] Auch eine begriffliche Annäherung führt zu dem Resultat, dass man den Begriff *agency* zwar grundsätzlich mit dem Institut der Stellvertretung gleichsetzen kann,[910] dass der Begriff darüber hinaus jedoch noch weitere rechtliche Bedeutungen erfasst.[911] Trotz dieser Nähe zum materiellen Recht, hat sich für das Zuständigkeitsrecht im Laufe der Zeit aus der spezifischen Rechtsprechung ein eigenständiges Verständnis des *agency*-Begriffes entwickelt.[912] Aus diesem folgt, dass sich die *personal jurisdiction* gegenüber einer Muttergesellschaft über die Kontakte der Tochtergesellschaft dann begründen lässt, wenn die Leistungen, die seitens der Tochtergesellschaft erbracht werden, eine solch essentielle Bedeutung für die Muttergesellschaft haben, dass sie diese eigenständig erbringen müsste, wenn die Unternehmenstochter nicht für sie tätig wäre.[913] Bei der Analyse der Frage, ob zwischen dem Mutter- und Tochterunternehmen eine *Agency*-Verbindung besteht, stellten der 2nd und der 9th Circuit insbesondere darauf ab, inwieweit die Tochtergesellschaft in das Mutterunternehmen ökonomisch integriert ist und inwieweit die Repräsentanz der Tochter eine nachhaltige Bedeutung (*sufficient importance*) für die

---

908 *Born/Rutledge*, S. 190; *Meier*, Grenzüberschreitender Durchgriff, S. 89 ff.

909 *Born/Rutledge*, S. 190.

910 *Kesselmann*, Multinational Corporate Jurisdiction & The Agency Test: Should the United States be a Forum for the World's Disputes?, 47 New Eng. L. Rev. 361, 368(2013).

911 Doe v. Holy See 557 F.3 d 1066, 1080 (9th Cir. 2009); Rasmussen v. General Motors Corp., 335 Wis. 2 d 1, 44 (Wis. Supr. Ct. 2011; Abrahamson concurring); vgl. insoweit auch: Restatement (Third) of Agency § 1.01. (2006): „*Agency is the fiduciary relation which results from the manifestation of consent by one person to another that the other shall act on his behalf and subject to his control, and consent by the other so to act.*"

912 *Otto*, Der prozessuale Durchgriff, S. 58; Siehe auch: *Meier*, Grenzüberschreitender Durchgriff, S. 89 ff.

913 Harris Rutsky & Co. Ins. Services, Inc. v. Bell & Clements Ltd. 328 F.3 d 1122, 1134 ff. (9th Cir. 2003); Doe v. Unocal, 248 F.3 d 915, 923 (9th Cir. 2000); Wells Fargo & Co. v. Wells Fargo Express Co., 556 F.2 d 406, 423 (9th Cir. 1977); Wiwa v. Royal Dutch Petroleum, 226 F.3 d 88, 96(2 d Cir. 2000); Gelfand v. Tanner Motor Tours Ltd., 385 F.2 d 116, 121 (2nd Cir. 1967).

Mutter hat.[914] Teilweise orientieren sich die Gerichte jedoch auch in Zusammenhang mit einer *Agency*-Analyse an der Frage, ob das Mutterunternehmen die Tochtergesellschaft übermäßig kontrolliert.[915] Indizien, die für das Vorliegen einer *agency*-Verbindung sprechen, sind Überschneidungen in der Eigentümerschaft, der Grad der finanziellen Abhängigkeit der Tochtergesellschaft, die Einflussnahme der Mutter auf personelle und operative Entscheidungen[916] sowie die Kontrolle über Investment-, Kapital- und Managemententscheidungen.[917] Die Vielfalt der Faktoren, die eine agency-Analyse beeinflussen können, ermöglicht den Gerichten eine stark am Einzelfall orientierte Vorgehensweise. Insoweit kann festgehalten werden, dass die *agency*-Analyse Elemente enthält die sowohl das Innenverhältnis zwischen Mutter- und Tochtergesellschaft betreffen (Elemente der Kontrolle) als auch solche die die Beziehungen der Tochtergesellschaft nach außen betreffen (identisches Erscheinungsbild, suffcient importance).

3. Zwischenergebnis

Die Diversität an Begründungsmöglichkeiten birgt Risiken. Naturgemäß wird bereits durch die Vielzahl theoretischer Herleitungsmöglichkeiten eine voraussehbare Einschätzung wesentlich erschwert. Außerdem kommt hinzu, dass es für die sowieso schon uneinheitlichen Begründungsansätze auch keinen bundeseinheitlichen Standard gibt, sondern die verschiedenen Ansätze dem Recht der Einzelstaaten unterliegen. Wie unterschiedlich die oftmals ermessengesteuerten Einzelfallentscheidungen dabei ausfallen können, soll anhand der nachfolgenden Fallstudie gezeigt.

---

914 Wiwa v. Royal Dutch Petroleum Co., 226 F.3 d 88, 95 (2nd Cir. 2000); Doe v. Unocal Corp., 248 F.3 d 915, 921; *Stark*, Case comment: Ninth Circuit focuses on Importance of Subisbary rather than Control to impose General Jurisdiction over Foreign Corporation 45 Suffolk U. L. Rev. (2012), 575, 581 f.

915 Doe vs. Unocal, 248 F.3 d 915 (9th Cir. 2001); In re Hydroxycut Marketing and Sales Practices Litigation, 810 F.Supp. 2 d 1100, 1115 (S.D. Cal. 2011); SGI Air Holdings II LLC v. Novartis Intern. AG, 239 F.Supp. 2 d 1161, 1165 (Erfordernis einer day-to-day control) (D. Col. 2003).

916 Janizi v. Nissan Motor Co., Ltd., 148 F.3 d 181, 184 (2nd. Cir. 1998); Linde v. Arab Bank, PLC, 262 F.R.D. 136, 142; Bulova Watch Co. v. K. Hattori Co., 508 F.Supp. 1322 (S.D.N.Y. 1981).

917 Bulova Watch Co. v. K. Hattori Co., 508 F.Supp. 1322 (E.D.N.Y. 1981); In re Lernout & Hauspie Securities Litigation, 337 F.Supp. 2 d 298 (D.Mass.2004).

IV. Fallstudie zur Rechtsprechung

Die Heterogenität der Begründungsansätze und der Umgang der Gerichte mit diesen soll nun exemplarisch anhand dreier ATS-Verfahren, die sich gegen ein ausländisches Unternehmen richteten, dargestellt werden. Diese Auseinandersetzung mit der Rechtsprechung soll insbesondere eine kritische und differenzierte Betrachtung der Problematik ermöglichen.

1. Wiwa v. Royal Dutch Petroleum

In diesem Rechtsstreit verklagte eine Gruppe nigerianischer Kläger sowohl die Royal Dutch Holding, mit Sitz in Holland, als auch die Shell Transport Holding, mit Sitz in England. Diese beiden Gesellschaften kontrollieren gemeinsam den multinationalen Royal Dutch/Shell Konzern, zu dem unter anderem auch die Shell Petroleum Development Company of Nigeria Ltd. (Shell Nigeria Ltd.) gehört.[918] Darüber hinaus besitzen die Beklagten mehrere Tochterunternehmen in den USA, unter anderen die Shell Petroleum Inc. (SPI)[919], die wiederum alleiniger Anteilseigner der Shell Oil Company ist, welche unstreitig der Rechtsprechung des Staates New York unterliegt. Zudem unterhalten die Beklagten ein Inverstor Relations Office in New York, das nominell zur Shell Oil Company gehört, aber primär für die beiden Beklagten tätig ist.[920] Der District Court des Southern District of New York ging zunächst vom Bestehen der *personal jurisdiction* aus, wies die Klage jedoch aufgrund der *forum non conveniens*-Doktrin ab.[921] In der Berufungsinstanz bestätigte der 2nd Circuit die Entscheidung hinsichtlich der *personal jurisdiction*, hob die Entscheidung jedoch in Bezug auf die *forum non conveniens* Entscheidung wieder auf. Im Folgenden soll sich alleine darauf konzentriert werden, mit welcher Begründung die beiden Gerichte zu der Überzeugung kamen, dass die internationale Zuständigkeit des New Yorker Bundesgerichts besteht.

Die faktisch relevanten Verbindungen der beiden Muttergesellschaften zum Staat New York bestanden zum einen darin, dass Aktien beider Unternehmen entweder indirekt oder direkt an der New Yorker Börse gehan-

---

918 Wiwa vs. Royal Dutch Shell Petroleum Co., 226 F.3 d 88 (2nd Cir. 2000).
919 SPI ist eine nach dem Recht Delawares gegründete Gesellschaft.
920 Wiwa vs. Royal Dutch Shell Petroleum Co., 226 F.3 d 88, 93 (2nd. Cir. 2000).
921 Wiwa vs. Royal Dutch Shell Petroleum Co., 226 F.3 d 88, 94 (2nd Cir. 2000).

delt wurden und zum anderen, dass die beiden Unternehmen in New York ein Investor Relations Büro unterhielten.[922] Für den *District Court* bestand das ausschlaggebende Argument für die Begründung der *personal jurisdiction* darin, dass über das „Investor Relations"-Büro ausreichende Verbindungen beider Unternehmen zum Bundesstaat New York bestünden und somit sowohl die Anforderungen des § 301 N.Y. C.P.L.R als auch der *due process-clause* erfüllt waren.[923] In seiner rechtlichen Analyse wandte das Berufungsgericht dabei zunächst § 4 (k) (1) (a) F.R.C.P. an, der -wie bereits oben dargelegt- auf die einzelstaatlichen Vorschriften verweist. Für den 2nd Circuit war zunächst entscheidend, ob sich die *general personal jurisdiction* über die Anwendung des in New York geltenden *Doing-business*-Standards begründen lässt. Das Gericht ging davon aus, dass dieser immer dann erfüllt ist, wenn ein Unternehmen über „kontinuierliche, permanente und substantielle Aktivitäten"[924] in New York verfügt. In der Folge stellte das Bundesberufungsgericht fest, dass diese geschäftlichen Aktivtäten nicht zwingend von den ausländischen Unternehmen selbst ausgeübt werden müssen, sondern dass es ausreicht, wenn sie von einem Stellvertreter (*agent*) vollzogen werden.[925] Nach Auffassung des 2nd Circuits ist es im Rahmen der Begründung der *personal jurisdiction* mittels des *Agency*-Testes nicht notwendig, dass der Kläger einen Vertragsschluss über eine Stellvertretung nachweist; auch muss der Beklagte nicht die unmittelbare Kontrolle über den Stellvertreter ausüben.[926] Der 2nd Circuit stellte vielmehr darauf ab, ob der „Stellvertreter" primär von dem Beklagten installiert wurde und nur für diesen entsprechende Dienstleistungen erbringt. Unter dieser Prämisse gelangte das Gericht zunächst zu dem Schluss, dass es sich bei dem Investor Relations Office um einen „Stellvertreter" der beiden Beklagten (Royal Dutch Holding und Shell Transport) handelte, da die von diesem übernommenen Tätigkeiten eine nachhaltige Bedeutung für sie hatten. Anschließend gelangte der 2nd Circuit zu

---

922 Wiwa, 226 F.3 d 88, 93 (2nd Cir. 2000).
923 Wiwa, 226 F.3 d 88, 94 (2nd Cir. 2000).
924 Wiwa, 226 F.3 d 88, 95 (2nd Cir. 2000), mit Verweis auf: Landoil Resources Corp. v. Alexander & Alexander Servs., Inc. 918F.2 d 1039, 1043 (2nd Cir. 1990).
925 Wiwa, 226 F.3 d 88, 95 (2nd Cir. 2000), mit Verweis auf: Frummer v. Hilton Hotels Int`l Inc. 281 N.Y.S. 2 d 41 (1967); Gelfand v. Tanner Motor Tours, Ltd. 385 F.2 d 116, 120 f. (2nd Cir. 1967).
926 Wiwa, 226 F.3 d 88, 95 (2nd Cir. 2000), mit Verweis auf: New York Marine Managers, Inc. v. M.V. „Topor-1", 716 F. Supp. 783, 785 (S.D.N.Y. 1989); Palmieri v. Estefan, 793 F.Supp., 1182, 1194 (S.D.N.Y. 1992).

dem Schluss, dass diese Tätigkeiten ausreichen, um von kontinuierlichen Geschäftsbeziehungen des Investor Relations Office im Bundesstaat auszugehen. Die geschäftlichen Aktivtäten des Investor Relations Offices konnten der Beklagten auch zugerechnet werden, da die von dem New Yorker Büro vollzogenen Tätigkeiten von nachhaltiger Bedeutung '*sufficently important*' für die beiden ausländischen Beklagten waren.[927] Dass die Tätigkeiten eine nachhaltige Bedeutung für die Beklagten hatten, schlussfolgerte das Gericht vor allem aus der von den Beklagten für die Investor Relations verausgabten Geldsummen.[928] Der 2nd Circuit war zudem der Auffassung, dass die Ausübung der *personal jurisdiction* auch nicht dem Fairnessgebot widerspricht.[929] Eine eigenständige *Reasonableness*-Analyse konnte das Gericht erst gar nicht vornehmen, da die Beklagten insoweit ihrer Darlegungslast nicht nachgekommen waren.[930] Die Analyse des 2nd Circuits offenbart zweierlei: Zunächst ist für die Begründung einer *Agency*-Verbindung im zivilprozessualen Kontext keine formaljuristische, materiell-rechtliche Stellvertretung notwendig; vielmehr kann sich, nach Auffassung des 2nd Circuit, die *Agency*-Stellung alleine daraus ergeben, dass der „Stellvertreter" Aufgaben für die Beklagte übernimmt, die der Beklagten zuzurechnen sind und die eine nachhaltige Bedeutung (*sufficently important*) für sie haben. Der 2nd Circuit stellte bei seiner Analyse insbesondere auf die quantitative und qualitative Bedeutung des Investor Relations Office ab; ein zusätzliches Element – wie z.B. eine übermäßige Kontrolle – war nach seiner Auffassung nicht erforderlich.

2. Doe v. Unocal

Mit einer RICO-[931] und ATS-Sammelklage machten mehrere burmesische Staatsbürger Schadensersatzansprüche gegenüber dem US-amerikanischen Unternehmen Unocal sowie der französischen Aktiengesellschaft Total

---

927 Wiwa, 226 F.3 d 88, 95 f. (2nd Cir. 2000).
928 Wiwa, 226 F.3 d 88, 96 (2nd Cir. 2000).
929 Wiwa, 226 F.3 d 88, 99 (2nd Cir. 2000).
930 Wiwa, 226 F.3 d 88, 99 (2nd Cir. 2000).
931 Racketeer Influenced and Corrupt Organisations Act, 18 U.S.C. §§ 1961-1968.

S.A. vor einem kalifornischen Bundesgericht geltend.[932] Die Kläger warfen den Beklagten vor im Rahmen eines Pipelinebaus in den 80er Jahren mit der burmesischen Militärjunta kooperiert zu haben und in diesem Zusammenhang zumindest mittelbar an schwerwiegende Menschenrechtsverletzungen beteiligt gewesen zu sein.[933] Das Gericht erster Instanz gab dem Antrag der Beklagten Total auf Zurückweisung der Klage wegen fehlender *personal jurisdiction* gem. § 12(b)(2) F.R.C.P. statt. In der Berufungsinstanz wurde zu der Frage, ob sich die internationale Zuständigkeit mittelbar über eine kalifornische Konzerntochtergesellschaft der Total S.A. begründen lässt, detailliert Stellung genommen. Da hinsichtlich der französischen Beklagten nur eine solche mittelbare Begründung in Frage kam, warf der 9th Circuit zunächst die Frage auf, ob die Kontakte der Tochtergesellschaft der ausländischen Konzernmutter zugerechnet werden können.[934] Das Gericht stellte zunächst klar, dass die rein konzernrechtliche Verbindung insofern nicht genügen kann. Vielmehr könne eine Zurechnung der Kontakte nur dann erfolgen, wenn die beiden Unternehmen „nicht wirklich getrennte Einheiten"[935] darstellen. Um zu ermitteln, ob es zu einer Aufhebung der Trennung und einer Zurechnung der Kontakte der Muttergesellschaft kommen kann, nahm das Gericht zunächst der *alter ego*-Analyse vor. Diese setzt, nach der Auffassung des 9th Circuit, zunächst voraus, dass es zwischen den beiden Unternehmenseinheiten zu einer Interessens- und Eigentümerverschmelzung kommt, so dass man von einer fiktiven Einheit ausgehen muss. Darüber hinaus muss sich eine derartige Nichtbeachtung der getrennten Rechtspersönlichkeit als missbräuchlich oder ungerecht erweisen.[936] Diese Voraussetzungen sind für

---

932 Unocal ist ein kalifornisches Unternehmen, während Total eine französische Aktiengesellschaft ist.

933 Doe v. Unocal, 248 F.3d 915, 921 (9th Cir. 2001): Explizit ging es darum, dass den Beklagten die mittelbare Teilnahme an schwerwiegenden Verbrechen, die vom burmesischen Militär ausgeübt wurden, vorgeworfen wurde: So sollen Bürger und Bewohner zwangsweise aus ihren Dörfern vertrieben worden sein, wenn diese dem Pipelinebau im Weg standen, sie sollen zur Zwangsarbeit zum Pipelinebau eingesetzt worden sein, es soll zu Fällen von Vergewaltigung, Ermordung und Verschleppung gekommen sein, um den Willen der Anwohner zu brechen.

934 Doe v. Unocal, 248 F.3d 915, 925 (9th Cir. 2001): „whether the subsidiaries contacts are properly attributed to the defendant"

935 Doe v. Unocal, 248 F.3d 915, 926 (9th Cir. 2001). An dieser Stelle zitiert der 9th Circuit die Entscheidung El-Fadl v. Central Bank of Jordan, 75 F.3d 668 (D.C. Cir. 1996).

936 Doe v. Unocal, 248 F.3d 915, 926 (9th Cir. 2001).

den 9th Circuit beispielsweise dann erfüllt, wenn die Tochtergesellschaft als „Marketing-Conduit"[937] benutzt wird, wenn die Muttergesellschaft verschiedene Entscheidungen der Unternehmensführung diktiert und wenn die Tochtergesellschaft offensichtlich unterkapitalisiert ist.[938] Das Argument der Kläger, die kalifornischen Tochtergesellschaften seien das *Alter-Ego* ihrer Konzernmutter, wies der 9th Circuit mit der Begründung zurück, dass kein Nachweis dafür erbracht wurde, dass die Total S. A. die Alltagsgeschäfte ihrer Tochtergesellschaften kontrolliere. Die von den Klägern vorgebrachten Beweise konnten nämlich weder belegen, dass die Tochtergesellschaften unterkapitalisiert seien, noch ergab sich aus ihnen, dass Total unter Umgehung der gesellschaftsrechtlichen Formalitäten auf seine kalifornischen Holdinggesellschaften in einer Art und Weise Einfluss nahm, die ein normales Maß übersteigt.[939] Anschließend prüfte das Gericht, ob eine Zurechnung der Kontakte mittels des Agency-Tests erfolgen kann. Das Gericht untersuchte insoweit, ob die von der Tochtergesellschaft auszuführenden Aktivitäten eine nachhaltige Bedeutung für die Mutter haben und, ob sie diese unternehmerischen Aktivitäten selbst ausführen müsste, falls die Tochtergesellschaft nicht existieren sollte.[940] Anhaltspunkte, die als Indizien für eine positive Beantwortung dieser Fragen gewertet werden können, sollen nach Ansicht des 9th Circuit immer dann vorliegen, wenn die Geschäftstätigkeiten des Mutterunternehmens nicht von der Geschäftstätigkeiten der Unternehmenstochter unterschieden werden können und die Unternehmenstochter das „Substitut" der Mutter darstellt.[941] Derartige Beweise sah das Gericht jedoch im konkreten Fall nicht vorliegen. Bei der Einzelfallbetrachtung konzentrierte sich das Gericht insbesondere auf zwei Tochtergesellschaften der Total S. A., nämlich die Hutchinson Seal Corporation (HSC) sowie die C.S. Acquisitions Inc. (CSAI), die beide ihren Sitz in Kalifornien haben. Beide Gesellschaften wurden offensichtlich gegründet, um Gesellschaftsanteile an verschiedenen anderen Unternehmen zu halten.[942] Entgegen der Auffassung der Klä-

---

937 United States v. Toyota Motor Corp., 561 F. Supp. 354, 359 (C.D.Cal. 1983).
938 Doe v. Unocal, 248 F.3 d 915, 926 (9th Cir. 2001).
939 Doe v. Unocal, 248 F.3 d 915, 927 f. (9th Cir. 2001).
940 Doe v. Unocal, 248 F.3 d 915, 928 (9th Cir. 2001).
941 Doe v. Unocal, 248 F.3 d 915, 928 (9th Cir. 2001): An dieser Stelle verweist das Gericht auf Gallagher v. Mazda Motor America, Inc., 781 F.Supp. 1079, 185 f. (E.D. Pa. 1998).
942 Doe v. Unocal, 248 F.3 d 915, 929 ff. (9th Cir. 2001).

ger, sah es das Gericht als erwiesen an, dass die beiden Gesellschaften keinerlei bedeutungsvollen Aufgaben für die Muttergesellschaft übernahmen. Zudem konnte das Gericht aufgrund der gegebenen Beweislage nicht zu der Schlussfolgerung kommen, Total kontrolliere die alltäglichen Geschäfte der kalifornischen Gesellschaften.[943] Im Ergebnis schloss sich der *9th Circuit* der Auffassung des District Court vollumfänglich an und wies die Klage aufgrund fehlender *personal jurisdiction* zurück, da eine Zurechnung der Geschäftstätigkeit der Tochterunternehmen letztendlich an der formellen, konzernrechtlichen Trennung der Rechtspersönlichkeiten scheiterte.[944]

3. Bauman v. DaimlerChrysler (9th Circuit)

Das Verfahren Bauman v. DaimlerChrysler belegt, wie sehr die Rechtsauffassungen verschiedener Spruchkörper divergieren können, selbst wenn es nur um die Begründung der internationalen Zuständigkeit geht. Bereits seit fast einem Jahrzehnt fechten die beiden Parteien diesen Kampf vor verschiedenen Gerichten Kaliforniens aus, wodurch es der Fall zu einer bewegten Prozessgeschichte und letztendlich bis vor den US Supreme Court schaffte. 22 argentinische Kläger reichten im Jahre 2005 eine Sammelklage gegen die DaimlerChrysler AG ein.[945] Die Kläger werfen der Beklagten vor, sie habe sich zu Zeiten der argentinischen Militärdiktatur in den 1970er Jahren der Beihilfe an verschiedenen Menschenrechtsverletzungen schuldig gemacht.[946] Der District Court des Northern District of

---

943 Doe v. Unocal, 248 F.3 d 915, 929 (9th Cir. 2001).
944 Vgl. hierzu auch: *Blumberg*, 50 Am. J. Comp. L. Supp. 493, 497 ff. (2002), der den Ausbau eines konzernrechtlichen Jurisdiktions-Schutzschild insgesamt kritisiert und darauf hinweist, dass der Sinn der gesellschafts- und konzernrechtlichen Aufspaltung vor allem darin liegt, dass der Anteilseigner oder Gesellschafter von der persönlichen Haftung ausgeschlossen wird aber nicht darin, dass multinationale Unternehmen ihre Haftung für Verhalten im Ausland vollkommen ausschließen können.
945 Zum Zeitpunkt der Klageinreichung handelte es sich noch um die DaimlerChrysler AG, mittlerweile wurde diese in Daimler AG umbenannt. Die DaimlerChrysler AG hielt damals die DaimlerChrysler North America Holding Cooperation; diese besaß eine 100%-Tochter, die Mercedes Benz USA LLC.
946 Im Detail wurde dem Tochterunternehmen Mercedes-Benz Argentina vorgeworfen an der Verschleppung, Folter und Tötung gewerkschaftlich organisierter Arbeitnehmer beteiligt gewesen zu sein. Zu den historischen Hintergünden des Falls

California wies diese Klage im Jahre 2007 zunächst aufgrund fehlender *personal jurisdiction* ab. [947] Diese Entscheidung wurde vom *Court of Appeals* des 9th Circuit im Jahre 2009 zunächst bestätigt.[948] Nachdem der 9th Circuit ein *rehearing* des Falles zugelassen hatte[949], wurde die Entscheidung aus dem Jahre 2009 im Jahre 2011 aufgehoben.[950] Ein *rehearing en banc* wurde durch den 9th Circuit nicht zugelassen[951], woraufhin sich die DaimlerChrysler AG mit ihrer *petition for a writ of certiorari*[952] an den Supreme Court wandte. Die strittige und entscheidende Frage dieses Verfahrens ist, ob die Begründung der *general personal jurisdiction* eines Mutterunternehmens mittelbar über die Kontakte eines Tochterunternehmens erfolgen kann. Eine derartige Zurechnung auf Ebene der Zuständigkeit erscheint aus zweierlei Hinsicht problematisch. Zum einen würde durch sie der gesellschaftsrechtliche Trennungsgrundsatz zwischen den unterschiedlichen und unabhängigen Rechtspersönlichkeiten umgangen werden. Zum anderen wirft die mittelbare Begründung der *general jurisdiction* auch zivilprozessuale Fragen auf, da ein so weitreichendes Verständnis der *general jurisdiction* durch die Goodyear-Entscheidung zusätzlich in Frage gestellt wird. Das Verfahren verfügt also nicht nur in der Sache über viel rechtliche Brisanz.

Eine unmittelbare Begründung der *general personal jurisdiction* gegenüber der Daimler Chrysler AG schied offensichtlich von vorneherein aus, hierzu waren die Kontakte derselben zum Bundesstaat Kalifornien zu gering. Die Kläger waren jedoch der Auffassung, die *general personal jurisdiction* ließe sich mittelbar über die Mercedes Benz USA, LLC (MBUSA) begründen, da sich die DaimlerChrysler AG die *general jurisdiction* dieser zurechnen lassen müsse. Das Bestehen der *general jurisdiction* gegenüber

---

wurde auch in der deutschen Presse berichtet, vgl. hierzu: Staas, Mord auf Bestellung?, Die Zeit, v. 18.01.2011; Vogt, Wegen Folter und Mord angeklagt, taz v. 18.11.2011, abrufbar unter: http://www.taz.de/!82093/ (letzter Aufruf: 30.01.2015); eine sehr ausführliche Dokumentation findet sich bei Weber, Die Verschwundenen von Mercedes, abrufbar unter: http://www.gabyweber.com/dwnld/ebooks/mba_verschundene_ebook.pdf (letzter Aufruf: 30.01.2015).

947 Bauman v. DaimlerChrysler AG, 2007 WL 486389 (N.D.Cal. 2007).
948 Bauman v. DaimlerChrysler AG, 579 F.3 d 1088 (9th Cir. 2009).
949 Bauman v. DaimlerChrysler AG, 603 F.3 d 1141 (9th Cir. 2010).
950 Bauman v. DaimlerChrysler AG, 644 F.3 d 909 (9th Cir. 2011).
951 Bauman v. DaimlerChrysler AG, 676 F.3 d 774 (9th Cir.2011).
952 DaimlerChrysler v. Bauman, Petition for a Writ of Certiorari, 2012 WL 379768.

MBUSA wurde von der Beklagten nicht bestritten.[953] Sowohl der *District Court* als auch das Berufungsgericht in seiner ersten Entscheidung schlossen sich der Argumentation der Kläger nicht an;[954] sie sahen die Voraussetzungen des *agency*-Test im vorliegenden Fall nicht gegeben, da die Aktivitäten der MBUSA weder eine nachhaltige Bedeutung für die Beklagte hätten noch die Daimler AG ihrerseits eine fortdauernde Kontrolle über das Tochterunternehmen ausübe.[955] Nachdem diese Entscheidung des 9th Circuits im Jahre 2010 wieder aufgehoben wurde,[956] erging im Jahre 2011 ein Urteil, das das bisherige Verfahren auf den Kopf stellte, da der 9th Circuit nun zu einem gegenteiligen Ergebnis kam.[957] Das Gericht kam in dieser Entscheidung zu einem positiven Ergebnis der *Agency*-Analyse, da es nun der Auffassung war, dass die Tätigkeiten der Tochtergesellschaft (MBUSA) von nachhaltiger Bedeutung waren und die Daimler AG über ein ausreichendes Maß an Einfluss auf das Tochterunternehmen verfüge.[958] Das Gericht stellt in seiner Begründung insbesondere darauf ab, dass 2,4 % der von der Beklagten weltweit getätigten Verkäufe in Kalifornien stattfanden und dass diese Verkäufe nicht getätigt werden könnten, wenn MBUSA nicht existiere.[959] Zudem war das Gericht nun der Auffassung, dass Daimler auch eine ausreichende, nachhaltige Kontrolle über die Aktivitäten der US-Tochter ausübe, da es nach dem nun zu Grunde gelegten Maßstab genügte, dass Daimler über ein grundsätzliches *right to control* über die inländische Tochter verfüge.[960]

---

953 Bauman v. DaimlerChrysler AG, 2005 WL 3157472, *1, 10 (N.D. Cal. 2005); obwohl MBUSA in Delaware *incorporated* ist und ihren *prical place of business* in New Jersey hat. Insoweit könnte es sich insoweit um einen Fehler handeln, dass die general jurisidction nicht bestritten wurde.

954 Bauman v. DaimlerChrysler AG, 2007 WL 486389, *1 (N.D. Cal. 2007); Bauman v. DaimlerChrysler AG, 579 F.3 d 1088 (9th Cir. 2009).

955 Bauman v. DaimlerChrysler AG, 2005 WL 3157472, *1,12 (N.D. Cal. 2005); Bauman v. DaimlerChrysler AG, 2007 WL 486389, *1, 2 (N.D.Cal. 2007), Bauman v. DaimlerChrysler AG, 579 F.3 d 1088, 1094 f (9th Cir. 2009).

956 Bauman v. DaimlerChrysler AG, 603 F.3 d 1141 (9th Cir. 2010).

957 Bauman v. DaimlerChrysler AG, 644 F.3 d 909 (9th Cir. 2011).

958 Bauman v. DaimlerChrysler AG, 644 F.3 d 909, 924 (9th Cir. 2011).

959 Bauman v. DaimlerChrysler AG, 644 F.3 d 909, 921 f. (9th Cir. 2011).

960 Bauman v. DaimlerChrysler AG, 644 F.3 d 909, 924 (9th Cir. 2011).

4. Zwischenergebnis

Die vorangegangene Fallstudie hat gezeigt, dass aus der Rechtsprechung keine einheitliche, präzise voraussehbare Dogmatik zur mittelbaren Begründung der internationalen Zuständigkeit hervorgeht. Vielmehr sind die Ergebnisse stark einzelfallbezogen.[961] Der Ansatz, die internationale Zuständigkeit mittels einer konzernrechtlichen Verbindung zwischen zwei Gesellschaften zu begründen, stößt auf verschiedene Bedenken: Zunächst kollidiert diese Vorgehensweise mit dem gesellschaftsrechtlichen Trennungsgrundsatz. Insoweit wurde aber teilweise zu Recht eingewandt, dass dieser Trennungsgrundsatz primär einen materiell-rechtlichen Haftungsdurchgriff auf einzelne Gesellschafter bzw. auf getrennte Gesellschaftsvermögen vermeiden will, worauf die mittelbare Zuständigkeitsgründung jedoch nicht unmittelbar abzielt.[962] Zusätzlich ist es problematisch, dass man sich bei der Beantwortung dieser Fragen unzähliger Metapher und kategorisierter Theorien aus dem materiellen Recht bedient,[963] diese inhaltlich modifiziert und insgesamt eine ermessensabhängige Interpretation zulässt. So zeigt sich insbesondere aus der Gesamtbetrachtung der Entscheidungen Unocal und der verschiedene Entscheidungen zu Bauman v. Daimler, dass das Ergebnis je nachdem, ob man eher eine wirtschaftliche oder eine formal-rechtliche Betrachtung der Mutter-Tochter-Beziehung wählt, unterschiedlich ausfällt. Die Gefahr heterogener Lösungen wird zudem noch dadurch potenziert, dass es bei den auf das Prozessrecht übertragenen Doktrinen (*alter-ego, agency, mere departement*) keinen bundeseinheitlichen Standard gibt, sondern sich die jeweiligen materiellen Voraussetzungen dieser Ansätze aus dem einzelstaatlichen Recht ergeben, wodurch die rechtliche Problemlösung zusätzlich verkompliziert wird.[964] Hinzu kommen Bedenken, die dem Bereich des Prozessrechts entspringen. Eine zu extensive Zurechnung der *minimum contacts* im Rahmen der *general jurisdiction* scheint den Vorgaben der *due-process clause* zu widersprechen, insbesondere dann, wenn man sich die Goodyear-Entscheidung des Supreme Court vor Augen hält.

---

961 *Meier*, Grenzüberschreitender Durchgriff S. 103.
962 *Blumberg*, 50 Am. J. Comp. L. Supp. 493, 497 ff. (2002).
963 Rasmussen v. General Motors Corp., 335 Wis. 2 d 1, 39 f. (Wis. Supr. Co. 2011; Abrahamson concurring); *Otto*, Der prozessuale Durchgriff, S. 78.
964 *Brilmayer/Paisley*, 76 Cal. L. Rev. 1, 24 ff. (1986).

Doch wann sollte ein zuständigkeitsrechtlicher Durchgriff überhaupt gerechtfertigt sein? Bei der Beantwortung der Frage, wann die rechtliche Trennung zwischen den einzelnen Konzerngesellschaften zur Begründung der *personal jurisdiction* marginalisiert werden kann, sollte entscheidend darauf abgestellt werden, ob die Verbindungen, die die Tochtergesellschaft zu dem jeweiligen Bundesstaat hat, nicht eigentlich *minimum contacts* der Muttergesellschaft sind und ob diese ein Ausmaß erreichen, welche eine streitgegenstandsunabhängige, allgemeine Zuständigkeit des betreffenden Gerichts zulässig erscheinen lassen. Möchte man die *general jurisdiction* begründen, muss man sich vor Augen halten, welches Ausmaß eben diese hat. *General jurisdiction* bedeutet, dass eine natürliche bzw. juristische Person schlichtweg für jegliches Verhalten, unabhängig von dem konkreten Streitgegenstand verklagt werden kann. Unter Berücksichtigung der Interessen potentieller Beklagter, kann das eigentlich nur der Fall sein, wenn sich die beklagte juristische Person eines so weitreichenden Prozessrisikos überhaupt bewusst sein kann. Gerade die Rechtsprechung in Goodyear, die darauf abstellt, ob die Kontakte zu dem Forum so weitreichend sind, dass der Beklagte dort als „beheimatet" („*at home*") gesehen werden kann, wirft im Hinblick auf eine mittelbare Begründung einer allgemeinen Gerichtspflicht Fragen auf: Denn kann in der Gründung und in der Kontrolle eines Tochterunternehmens tatsächlich eine Akt gesehen werden, der solch weitreichende Konsequenzen nach sich zieht? Oder stellt die Gründung eines Tochterunternehmens nicht gerade eine bewusste Entscheidung des Mutterunternehmens dar, in diesem Bundesstaat nicht „heimisch" zu werden? Grundsätzlich ist die Gründung eines Tochterunternehmens wohl auch von der Erwägung getragen, dass man sich einer allgemeinen Zuständigkeit der Gerichte des jeweiligen Bundesstaates gerade nicht aussetzen möchte. Gleichzeitig kann es im Einzelfall gerechtfertigt erscheinen, dass die Separation zwischen den Unternehmenseinheiten zum Zweck der Zuständigkeitsbegründung aufgehoben wird und man könnte ebenso argumentieren, dass das Risiko, durch die Gründung einer Tochtergesellschaft der allgemeinen Gerichtspflicht zu unterfallen, vorhersehbar ist. Befürworter dieser Position sehen die Gefahr, dass sich ausländische Gesellschaften ohne einen zuständigkeitsrechtlichen Durchgriff mittels der Gründung von Tochtergesellschaften gänzlich der Jurisdiktion der Vereinigten Staaten entziehen könnten.[965] Doch sind diese Bedenken tatsächlich gerechtfertigt? Zunächst ist es sicherlich zutreffend, dass im Rahmen der Ausübung der *general personal jurisdiction* auch das Interesse der einzelnen Bundesstaaten an der Ausübung ihrer rechtsprechenden Gewalt berücksichtigt werden muss. Jedoch ist es abwegig zu behaupten, ausländische Muttergesellschaften könnten sich ohne eine entsprechende zuständigkeitsrechtliche Zurechnung vollkommen der US-Jurisdiktion entziehen. Zum einen verbleibt die Möglichkeit der Begründung der *specific personal jurisdiction*, denn das Purposefully-Availment-Erfordernis[966] kann durchaus erfüllt sein, wenn die ausländische Gesellschaft mittels inländischer Tochtergesellschaften auf den US-Markt drängt. Ebenso wenig erscheint die Begründung der *general personal jurisdiction* a priori ausgeschlossen. Anhand des Falles Bauman v. DaimlerChrysler AG lässt sich dies durchaus plausibel veranschaulichen. Die DaimlerChrysler AG unterhielt zum Zeitpunkt der Klageeinreichung neben ihrem Sitz in Stuttgart, auch ein *Headquarter* in Michigan.[967] Dort bestand somit zweifelsohne *general personal jurisdiction*. Die Begründung einer zusätzlichen *general jurisdiction* in Kalifornien könnte somit vielmehr das Produkt eines extensiven Forum-Shoppings der Klägeranwälte sein, die sich hierdurch eine günstigere prozessuale und rechtliche Ausgangslage verschaffen wollten.[968]

Es gibt durchaus Stimmen, die die Zurechnung der *minimum contacts* zwischen zwei verbundenen Unternehmen umfassender handhaben möchten. Sie repräsentieren das klassische US-amerikanische Zuständigkeitsparadigma des "In or Out",[969] betonen die sozio-politische Funktion der Jurisdiktionsausübung und sehen beispielsweise in dem Fall *Bauman v. Daimler* ein „*textbook example of a functional relationship that should trigger jurisdictional attribution in a state with a legitimate regulatory in-*

---

965 Brief for the Amicus Curiae American Association for Justice in Support of Respondents, DaimlerChrysler AG v. Bauman, 2013 WL 4587963 *1, 5 (U.S.).

966 Vgl. World-Wide Volkswagen Corp. v. Woodson, 444 U.S. 286 (1980).

967 Bauman v. DaimlerChrysler AG, 2005 WL 3157472, *1 (N.D. Cal. 2005).

968 *Sherry*, Don`t Answer That! Whay (and How) the Supreme Court Should Duck the Issue in DaimlerChrysler v. Bauman, 66 Vand. L. R. en banc, 111, 112 f. (2013).

969 Vgl. hierzu: *Michaels*, 27 Mich. J. Int`l L. 1003, 1011 ff.; siehe hierzu bereits oben § 4 IV 4.

terest."[970] Nach dieser Auffassung soll auch die Goodyear-Entscheidung keine Auswirkungen auf die Methode der Zurechnung von *minimum contacts* zwischen Tochter- und Mutterunternehmen haben.[971] Ein Ausgleich für diese weitläufige Zurechnung findet dann auf der Ebene der *Reasonableness*-Analyse statt.[972] Gerechtfertigt wird dieser Ansatz damit, dass die rechtlich-formelle Trennung zwischen den verschiedenen Unternehmenseinheiten und eine zu restriktive Anwendung des *Minimum-Contact*-Tests nicht dazu führen dürfen, dass die *personal jurisdiction* letztendlich wieder nur auf Fälle der physischen Präsenz beschränkt wird,[973] obwohl ein derartiges Verständnis der *personal jurisdiction* seit Int'l Shoe obsolet ist.[974] Dieses primär funktionale und weniger territoriale Jurisdiktionsverständnis verdient insoweit Zuspruch, als es eine gerechtere Beurteilung des Einzelfalls ermöglicht. Zugleich schafft er ein Fundament, das es erlaubt, nicht lediglich an einer formell-juristischen Trennung der Unternehmenseinheiten festzuhalten, sondern den globalen Konzern, als ein artifizielles Gebilde zu sehen, das durch seine gewollte Aufspaltung in verschiedene rechtliche Einheiten zur „Bedrohung der rule of law"[975] werden könnte.

---

970 *Neuborne*, General Jurisdiction, "Corporate Separatness", and the Rule of Law, 66 Vand. L. Rev. En Banc, 92, 103 (2013). Neuborne behauptet, es bestehe eine „vital symbiotic relationship" zwischen dem Hersteller (Daimler AG) und seinem US-Distributor (MBUSA).

971 *Neuborne*, 66 Vand. L. Rev. En Banc, 92, 104 (2013): „Nor does anything in Goodyear Dunlop Tires Operation, S.A. v. Brown change the ground rules on jurisdictional attribution. (...); but we knew that already under Helicopteros".

972 *Neuborne*, 66 Vand. L. R. En Banc, 92, 106 (2013). Im Endeffekt gelangt Neuborne zu demselben Ergebnis, weil er die Ausübung der general jurisdiction als unreasonable erachtet

973 *Neuborne*, 66 Vand. L. R. En Banc, 92, 100 (2013).

974 *Neuborne*, 66 Vand. L. R. En Banc, 92, 101 (2013): „After Int'l Shoe and Scophony, the real question is not a metaphysical discussion of wheter the corporate parent is, or is not, physically „present" in the forum state. Rather, it is a pragmatic question of wheter a forum jurisdiction has a legitimate regulatory interest in asserting adjudicatory authority over a corporate parent who is using a wholly owned-and-controlled subsidary to engage behavior in the forum jurisdiction that jusitfes regulation oft he parent."

975 *Neuborne*, 66 Vand. L. R. En Banc, 92, 108 (2013).

Bislang nicht geklärt sind zudem die Auswirkungen der Goodyear-Entscheidungen auf eine mittelbare Begründung der *general jurisdiction*.[976] Sowohl die Rechtsprechung als auch die Wissenschaft sind sich uneins, wie der Konflikt um die mittelbare Begründung der *general personal jurisdiction* zu lösen ist.[977] Diese Spaltung ist letztendlich ein Produkt der Heterogenität der theoretischen Rechtfertigungsansätze zur Ausübung der *general jurisdiction*.[978] So argumentieren die Befürworter einer mittelbaren Begründung der *general jurisdiction* hauptsächlich damit, dass ohne eine solche, das regulatorische Interesse eines Staates an der Ausübung seiner rechtsprechenden Gewalt nachteilig beeinflusst werden würde.[979] Sie betonen somit die sozio-politische Funktion der Jurisdiktionsausübung. Die andere Ansicht betont dagegen die Vorhersehbarkeit, Rechtsicherheit und Einzigartigkeit des allgemeinen Gerichtsstandes und lehnt es in diesem Kontext ab, ein regulatorisches Interesse des Gerichtsstaates aufgrund einzelner Tätigkeiten oder unspezifischer, streitgegenstandsunabhängiger Aktivitäten der Beklagten zu rechtfertigen.[980] Ihr Verständnis von der Jurisdiktionsausübung fokussiert sich eher auf räumlich-territoriale Anknüpfungspunkte als auf eine funktionale Sichtweise. Bevor unter Hinzuziehung der jüngsten Rechtsprechung des Supreme Courts erörtert werden soll, ob sich in Zukunft eine größere Klarheit ergibt, wird sich der Frage nun zunächst aus einer rechtsvergleichenden Perspektive zugewandt.

---

976 Vgl. hierzu: *Peddie*, 63 S.C.L. Rev. 697, 721 ff. (2012). *Peddie* selbst äußert sich nicht dazu, welche Auswirkungen Goodyear insoweit hat, sie befürwortet lediglich und hofft, dass der Supreme Court auch weiterhin eine Zurechnung zulässt.

977 *Kesselman*, Multinational Corporate Jurisdiction & The Agency Test: Should the United States be a Forum fort he World´s Disputes?, 47 New Eng. L. Rev. 361, 362 f. (2012).

978 *Hoffman*, Further Thinking of Vicarious Jurisdiction: Reflecting on Goodyear v. Brown and Looking ahead to Daimler AG v. Bauman, U. Pa. J. Int´l L. 765, 774 (2013).

979 *Neuborne*, 66 Vand. L. R. En Banc 92, 108 (2013).

980 *Erichson*, 66 Vand. L. Rev. En Banc 179, 181 f. (2013); *ders.*, The Home-State Test For General Personal Jurisdiction, 66 Vand. L. Rev. En Banc 81, 87 ff. (2013).

5. Rechtsvergleichende Perspektive

Die vorangehenden Ausführungen haben gezeigt, dass bezüglich der Begründung der *general personal jurisdiction* Unklarheiten bestehen. Sie ergeben sich aus dem Verständnis der *general jurisdiction* per se und aus den verschiedenen Ansätzen zu ihrer mittelbaren Begründung. Auch wenn die rechtsvergleichende Methode auf dem Gebiet des Prozessrechts längere Zeit vernachlässigt wurde,[981] kann sie bei der Lösung spezifischer Anwendungsprobleme durchaus zum Erkenntnisgewinn beitragen und somit funktional eingesetzt werden.[982] Zum Zwecke eines funktionalen Vergleichs bietet sich hierbei insbesondere das Europäische Zivilprozessrecht namentlich die EuGVVO an, welche auch in der US-amerikanischen Rechtswissenschaft partiell als Vorbild für eine klarere Strukturierung des Zuständigkeitssystems gesehen wird.[983] Die methodische Vorgehensweise zielt zunächst darauf ab, anhand einer konkreten Fragestellung mögliche Unterschiede und Gemeinsamkeiten aufzudecken. Hierdurch werden auf der spezifischen Mikroebene ein erhöhtes Problembewusstsein und vielleicht auch eine Problemlösungskompetenz geschaffen. Zudem lässt sich besser beurteilen, ob trotz der methodischen Differenzen nicht auch doch funktionale Äquivalenten bestehen.[984]

Es stellt sich somit zunächst die Frage, wie andere Rechtsordnungen die Begründung einer streitgegenstandunabhängigen Zuständigkeit lösen. Die für das europäische Zuständigkeitsregime maßgebliche Verordnung -die EuGVVO-[985] stellt in Art. 2 Abs. 1/Art. 4 Abs. 1 EuGVVO n.F. den Grundsatz auf, dass die allgemeine internationale Zuständigkeit dort be-

---

981 *Zekoll*, in: Reimann/Zimmermann, The Oxford Handbook of Comparative Law, 1327, 1328.

982 *Michaels*, in: Reimann/Zimmerman, The Oxford Handbook of Comparative Law, 339 ff., zu einem funktionalen Einsatz der Rechtsvergleichung; *ders.*, 27 Mich. J. Int'l L. 1003, 1013 (2006) m.w.N.

983 *Borchers*, Comparing Personal Jurisdiction in the United States and the European Community: Lessons for an American Reform, 40 Am. J. Comp. L. 121 ff. (1992); *Juenger*, American Jurisdiction: A Story of Compartive Neglect, 65 U. Colo. L. Rev. 1 ff. (1993).

984 *Michaels*, 27 Mich. J. Int'l L. 1003, 1013 (2006).

985 VO (EU) Nr. 44/2001; seit dem 10.01.2015 ist sie als überarbeitete VO (EU) Nr. 1215/2012 in Kraft getrete. Die inhaltlichen Änderungen wirken sich auf den hier relevanten Bereich nicht aus und schlagen sich nur in einer unterschiedlichen Nummerierung der jeweiligen Artikel nieder. Deswegen werden nachfolgend immer die neue und alte Fassung parallel zitiert.

steht, wo der Beklagte seinen Wohnsitz hat („*actor sequitur forum rei.*"). Für Gesellschaften und juristische Personen geht aus Art. 60/63 n.F. EuGVVO hervor, dass diese ihren Wohnsitz an dem Ort haben, an dem sich ihr satzungsmäßiger Hauptsitz, ihre Hauptverwaltung oder ihre Hauptniederlassung befindet. Im Hinblick auf das Vereinigte Königreich und Irland wird in Art. 60 Abs. 2 EuGVVO noch bestimmt, dass der satzungsmäßige Sitz entweder am Ort des *registered office*, des *place of incorporation* oder an dem Ort, nach dessen Recht die Gründung (*formation*) der Gesellschaft erfolgt ist, liegt. Daneben weist die EuGVVO eine Reihe spezieller Zuständigkeiten auf. Diese speziellen Zuständigkeiten unterscheiden sich in ausschließliche und besondere Zuständigkeiten. Insgesamt enthält die Verordnung in ihrem zweiten Kapitel ein „geschlossenes System unmittelbar anwendbarer Kompetenznormen."[986] Begutachtet man die einzelnen Gerichtsstände, so erscheint insbesondere Art. 60/63 Abs. 1 lit b) EuGVVO, der einen allgemeinen Gerichtsstand am Sitz der Hauptverwaltung bestimmt, offen für eine mittelbare Begründung der internationalen Zuständigkeit europäischer Gerichte. Denn man könnte auf den ersten Blick sehr wohl argumentieren, dass eine ausländische Tochtergesellschaft ihre Hauptverwaltung am Sitz der Muttergesellschaft innehat, wenn diese für die Tochtergesellschaft alle wichtigen Entscheidungen trifft und die Tochtergesellschaft somit an diesem Ort „verwaltet" wird. Zunächst ist fraglich, wie der Sitz der Hauptverwaltung generell zu bestimmen ist. Nach überwiegender Ansicht liegt der Ort der Hauptverwaltung dort, wo der Prozess der unternehmerischen Willensbildung und Leitung stattfindet.[987] Es muss also auf den effektiven Verwaltungssitz abgestellt werden, der z. B. dort begründet ist, wo der Vorstand bzw. die Geschäftsführung tagt und entscheidet. Bis jetzt ließe sich der eben konstruierte Beispielssachverhalt immer noch unter den Begriff der Hauptverwaltung subsumieren, da man durchaus schlussfolgern könnte, dass der effektive Verwaltungssitz der ausländischen Tochter eben dort liegt, wo das Management des Mutterunternehmens die eigentliche Willensbildung und Leitung der Tochter vollzieht. Es stellt sich allerdings die Frage, ob eine derartige Auslegung der Norm mit ihrer Systematik und ihrem Telos vereinbar ist.

---

986 *Kropholler/von Hein*, Europäisches Zivilprozessrecht, vor Art. 2 EuGVO, Rn. 2.

987 Rauscher/*Staudinger*, EUZPR (Bearb. 2011) Art. 60 Brüssel I-VO Rn; *Kropholler/von Hein*, Art. 60 EuGVO Rn. 2; *Hess*, EUZPR, § 6 Rn. 45; BAG, NJW 2008, 2797, 2798; BGH, NJW-RR 2008, 551, 552; OLG Frankfurt, EuZW 2010, 918, 919.

Ziel des Art. 60/63 EuGVVO bzw. der Verordnung an sich ist es, in hohem Maße vorhersehbare Gerichtsstände zu schaffen, die zudem förderlich für die europäische Integration sind.[988] Insofern ist festzustellen, dass die Rechtsklarheit leidet, wenn man es zulassen würde, den „Hauptverwaltungssitz" über Fakten zu begründen, die aus der Sphäre eines Dritten kommen und nicht aus der Sphäre des konkreten Beklagten selbst. Außerdem soll Art 60/63 EuGVVO nur zu einer Multiplikation der Gerichtsstände innerhalb einer einzelnen juristischen Person und nicht innerhalb unterschiedlicher juristischer Personen führen. Die besseren Gründe sprechen somit dafür eine Auslegung, die eine Substitution des Hauptverwaltungssitzes einer ausländischen Gesellschaft am Sitz ihrer Muttergesellschaft befürwortet, nicht zuzulassen.[989]

Eine weiteren Ansatz zu einer mittelbaren Jurisdiktionsbegründung könnte man in Art. 5 Nr. 5/Art. 7 Nr. 5 EuGVVO sehen.[990] Diese Vorschrift begründet einen Gerichtsstand der Niederlassung, der jedoch zusätzlich voraussetzt, dass sich die Streitigkeit aus dem Betrieb einer Zweigniederlassung, einer Agentur oder einer sonstigen Niederlassung ergibt. Nur wenn diese zusätzliche Voraussetzung erfüllt ist, legitimiert die EuGVVO eine Form des Zuständigkeitsdurchgriffs. Fraglich erscheint jedoch, ob dieser überhaupt im Verhältnis zwischen Tochter- und Mutterunternehmen zulässig ist. Die Beantwortung dieser Frage, hängt maßgeblich von der Auslegung der Begriffe Zweigniederlassung, Agentur oder sonstigen Niederlassung ab. Die einheitliche Anwendung der Verordnung erfordert insofern eine autonome Auslegung dieser Begriffe.[991] Der EuGH

---

988 Rauscher/*Staudinger*, EUZPR (Bearb. 2011), Einl Brüssel I-VO Rn. 37 ff.; *Hess*, EUZPR, § 6 Rn. 38 ff.

989 So auch die Rechtsprechung in England: Vava v. Anglo America South Africa Ltd., [2012] EWHC 1969 (Q.B.); Vava v. Anglo America South Africa Ltd., [2013] EWHC 2131 (Q.B.); *Young* v. Anglo America South Africa Ltd., [2014] EWCA Civ 1130; vgl. hierzu auch: *Koch*, in FS Gottwald, S. 355, 360; Siehe hierzu noch ausführlich, unten § 8 III 3 lit. c. An dieser Stelle reicht es aufzuzeigen, dass auch innerhalb der positiv-rechtlichen Zuständigkeitsordnung der EuGVVO grundsätzlich Möglichkeiten zu einer mittelbaren Zuständigkeitsbegründung bestehen.

990 Die Artikel 9 II, 15 II und 18 II erstrecken einen solchen Gerichtsstand auch auf Versicherungs-, Verbraucher- und Arbeitssachen.

991 So der EuGH für den entsprechen Artikel des EuGVÜ, vgl.: EuGH v. 22.11.1978 – 33/78, Somafer Nr. 8; *Kropholler/von Hein*, Art. 5 EuGVO, Rn. 102; Münchener Kommentar/*Gottwald*, Bd.3, Art. 5 EuGVVO, Rn. 80; Rauscher/*Leible*, Art. 5 EuGVVO, Rn. 102.

selbst hat die Begriffe bislang wie folgt interpretiert: „Mit dem Begriff der Zweigniederlassung, der Agentur oder der sonstigen Niederlassung ist ein Mittelpunkt geschäftlicher Tätigkeit gemeint, der auf Dauer als Außenstelle eines Stammhauses hervortritt, eine Geschäftsführung hat und sachlich so ausgestattet ist, dass er in der Weise Geschäfte mit Dritten betreiben kann, dass diese, obgleich sie wissen, dass möglicherweise ein Rechtsverhältnis mit dem im Ausland ansässigen Stammhaus begründet wird, sich nicht unmittelbar an diese zu wenden brauchen, sondern Geschäfte an dem Mittelpunkt geschäftlicher Tätigkeit abschließen können, der dessen Außenstelle ist."[992] Dieses Begriffsverständnis und die Tatsache, dass die Ausnahmetatbestände der Verordnung restriktiv auszulegen sind,[993] sprechen zunächst dagegen, dass sich Art. 5 Nr. 5 EuGVVO auch auf ein Tochterunternehmen erstreckt, denn ein Tochterunternehmen ist, im Gegensatz zu einer (Zweig-) Niederlassung bzw. Agentur, von seiner eigenen Unabhängigkeit geprägt und besitzt eine eigene Rechtspersönlichkeit.[994] Dies hat auch zur Folge, dass eine wesentlicher Teil der Ratio, die sich hinter Art. 5 Nr. 5 EuGVVO verbirgt, nicht gegeben ist, da eine Tochtergesellschaft anders als eine bloße Niederlassung/Agentur ohnehin an ihrem inländischen Sitz gem. Art. 2, 59 EuGVVO verklagt werden kann, dort rechtspflichtig ist und über eine eigenständige Rechts- und Parteifähigkeit verfügt. Anderseits gilt es zu bedenken, dass „auch rechtlich selbständige Gesellschaften wie z.B. eine GmbH alle Merkmale einer Außenstelle aufweisen können"[995] und, dass ein weiterer Zweck des Art. 5 Nr. 5 EuGVVO auch darin besteht, die Prozessführung gegen Gewerbeführende insgesamt zu erleichtern. Zudem stellt der Wortlaut des Art. 5 Nr. 5

---

992 EuGH v. 22.11.1978 – 33/78, Somafer Nr. 11.

993 *Kropholler/von Hein*, EuGVVO, vor Art. 5, Rn. 3; vgl. hierzu, u.a.: EuGH, Urt. v. 23.4.2009 – Rs. C-533/07, Falco Privatstiftung, Nr. 37; EuGH, Urt. v. 16.07.2009 – Rs. C-189/08, Zuid-Chemie BV, Nr. 22;

994 *Kropholler/von Hein*, EuGVVO, Art. 5 EuGVO, Rn. 107; Musielak/Stadler, Art. 5, Rn. 28; MüKo/Gottwald, Art. 5, Rn. 86; a. A.: Magnus/Mankowski/*Mankowski*, Brussels I Regulation; Art. 5 Rz. 281; Dasser/Oberhammer/*Oberhammer* Art. 5 Rz. 151.

995 Stein/Jonas/*Roth*, § 21 ZPO, Rn. 18 (da Art. 5 Nr. 5 EuGVVO auf § 21 ZPO zurückzuführen ist, kann ein Transfer insoweit stattfinden, als er die Autonomie der Verordnung nicht in Frage stellt; insbesondere ist zu berücksichtigen, dass insoweit eine rechtsvergleichende Auslegung stattfinden kann, die die Erkenntnisse anderer Rechtsordnungen miteinbezieht und dass der Wortlaut des Art. 5 Nr. 5 EuGVVO weiter gefasst ist als der des § 21 ZPO.

EuGVVO hinsichtlich der Qualifikation als Niederlassung oder Agentur nicht auf die Rechtspersönlichkeit der betreffenden Einheit ab. Eine entsprechende Interpretation ist somit nicht a priori ausgeschlossen und auch faktisch scheint es möglich, dass ein eigentlich selbständiges Tochterunternehmen, wie eine Zweigniederlassung, Agentur oder sonstige Niederlassung auftritt.[996] Deswegen soll ein Zuständigkeitsdurchgriff ausnahmsweise dann zulässig sein, wenn einem objektiven Dritten der Eindruck vermittelt wird, es handle sich bei dem, zwar gesellschaftsrechtlich unabhängigen Unternehmen eigentlich um eine Niederlassung des in einem anderen Mitgliedstaat ansässigen Unternehmens. In derartigen Fällen soll der dem objektiven Dritten vermittelte Rechtsschein einen Zuständigkeitsdurchgriff rechtfertigen.[997] Dieses Verständnis des Art. 5 Nr. 5 EuGVVO hat seinen Ursprung in der Rechtsprechung des EuGH. In einem Urteil aus dem Jahr 1987 erklärte dieser den Art. 5 Nr. 5 EuGVÜ für anwendbar, wenn eine in einem Mitgliedstaat ansässige juristische Person in einem anderen Mitgliedstaat, zwar keine Zweigniederlassung, Agentur oder sonstige Niederlassung unterhält, dort aber ihrer Tätigkeit durch eine gleichnamige, selbstständigen Gesellschaft mit identischer Geschäftsführung nachgeht.[998] Der BGH folgte dieser Rechtsprechung auch für die EuGVVO und betonte, dass es eine Frage des Einzelfalls sei, ob sich ein solcher Anschein begründen lasse.[999] Dieser Beschluss des BGH, mit dem eine Nichtzulassungsbeschwerde abgelehnt wurde, sagt per se zwar nichts zu einem Zuständigkeitsdurchgriff zwischen Mutter- und Tochterunternehmen, er lässt aber erkennen, dass das Verständnis und die Auslegung der Begriffe Niederlassung, Agentur und sonstiger Niederlassung durchaus die Möglichkeit eines solchen Zuständigkeitsdurchgriffs eröffnen kann. Diese Auffassung wird durch ein aktuelles Urteil des Bundesarbeitsge-

---

996 Vgl. insoweit auch mit Bezug zu § 21 ZPO: Geimer, IZVR, Rn. 1445; Otto, S. 135 ff.

997 *Kroppholler/von Hein*, EuGVVO, Art. 5 EuGVO, Rn. 108; MüKo/Gottwald, Art. 5, Rn. 87; LG Köln, Urt. v. 23. 07.2008 – 28 O 657/07–, juris

998 EuGH, Urt. v. 09.12.1987 – 218/86, SAR Schotte, Nr. 16.

999 BGH, Beschluss vom 06. Juni 2007 – III ZR 315/06 –, juris (Diese Entscheidung erging zwar in Bezug auf Art. 15 Nr. 2 EuGVVO, kann aber, da die Begriffe „Niederlassung, Agentur sonstige Niederlassung" in den Art. 5 Nr. 5, 15 Abs. 2, 18 Abs. 2 homogen zu verstehen sind, auf Art. 5 Nr. 5 problemlos übertragen werden.

richts vom 25.06.2013 bestätigt.[1000] In diesem stellt das BAG zunächst fest, dass die Begriffe Niederlassung, Agentur oder sonstige Niederlassung voraussetzen, „dass es einen Mittelpunkt geschäftlicher Tätigkeit gibt, der auf Dauer als Außenstelle des Stammhauses hervortritt."[1001] Dieser Mittelpunkt der geschäftlichen Tätigkeit muss über eine Geschäftsführung verfügen, sachlich in einer Weise ausgestattet sein, dass Geschäfte mit Dritten auch ohne Einschaltung des Stammhauses getätigt werden können und gleichzeitig eine Einheit verkörpern, „die als hauptsächlicher, wenn nicht unmittelbarer Gesprächspartner in Vertragsverhandlungen mit Dritten auftreten kann".[1002] Gleichzeitig muss die Außenstelle der Aufsicht und Leitung des Stammhauses unterliegen.[1003] Zudem stellte das BAG fest, dass auch die gesellschaftsrechtliche Unabhängigkeit einer so charakterisierten Außenstelle, einer Einordnung als „Zweigniederlassung, Agentur oder sonstiger Niederlassung" nicht widerspricht.[1004] Das BAG führte hierzu aus: „Entscheidend ist, dass aufgrund der Art und Weise, wie sich die beiden Unternehmen im Geschäftsleben verhalten und wie sie sich Dritten gegenüber in ihren Rechtsbeziehungen darstellen, der Anschein erweckt wird, bei dem Unternehmen handele es sich um eine Niederlassung des „Stammhauses". Dritte, die Geschäfte mit einem Unternehmen abschließen, das als Außenstelle einer anderen Gesellschaft tätig wird, müssen sich auf den so erweckten Anschein verlassen und dieses als eine Niederlassung der anderen Gesellschaft ansehen können, selbst wenn die beiden Gesellschaften gesellschaftsrechtlich voneinander unabhängig sind(..)."[1005]

Was kann man nun aus dieser rechtsvergleichenden Betrachtung für Rückschlüsse ziehen? Die Ausführungen zu Art. 60/63 Abs. 1 lit. b) EuGVVO haben gezeigt, dass auch die sehr konkreten, sich am Prinzip der Rechtssicherheit orientierenden allgemeinen Gerichtsstände der EuGVVO eine mittelbare Zuständigkeitsbegründung nicht a priori ausschließen. Es kann also auch dann zu unsicheren Prognosen kommen,

---

1000 BAG, Urteil vom 25. Juni 2013– 3 AZR 138/11–, juris; RIW 2013, 803-806; NZA 2014, 56;
1001 BAG, Urteil vom 25. Juni 2013– 3 AZR 138/11, Rn. 23 –, juris.
1002 BAG, Urteil vom 25. Juni 2013– 3 AZR 138/11, Rn. 23 –, juris.
1003 BAG, Urteil vom 25. Juni 2013– 3 AZR 138/11, Rn. 23 –, juris.
1004 BAG, Urteil vom 25. Juni 2013– 3 AZR 138/11, Rn. 23 –, juris.
1005 BAG, Urteil vom 25. Juni 2013– 3 AZR 138/11, Rn. 23 –, juris, mit Verweis auf: EuGH, Urt. v. 09.12.1987 – 218/86, SAR Schotte, Rn. 15.

wenn ein vorformulierter Tatbestand mit dem Problem der transnationalen Realität und Struktur multinationaler Konzerne konfrontiert wird. Die konzeptuellen Abwägungen und Subsumtionen orientieren sich auch hier grundsätzlich daran, ob man der Rechtssicherheit oder der Einzelfallgerechtigkeit den Vorzug gewährleisten möchte und unterscheiden sich insoweit gar nicht so sehr, von der Vorgehensweise eines US-Gerichts im Rahmen der Untersuchung der Zurechnung der *minimum contacts.* Auch die insgesamt sehr konsistenten Zuständigkeitsregelungen der EuGVVO erfordern also unter Umständen eine intensive Analyse des Sachverhalts und können nicht für jede Anwendungssituation eine ad-hoc Lösung bereitstellen. Hier lässt sich durchaus die These vertreten, dass Ungenauigkeiten im Hinblick auf eine gerichtliche Zuständigkeitsprognose, unabhängig vom jeweiligen rechtlichen Zuständigkeitssystem, vornehmlich dann entstehen, wenn das territorial/regional segmentierte Gerichtssystem auf transnational verzweigte Rechtssubjekte und transnationale Sachverhalte trifft.

Die rechtsvergleichenden Ausführungen haben gezeigt, dass das Europäische Zuständigkeitssystem Formen der „prozessrechtlichen Durchgriffshaftung" eher auf Formen der spezifischen und nicht der allgemeinen Jurisdiktionsbegründung beschränkt und dass diese zu einer adäquaten und gerechten Rezeption von Rechtschutzbegehren durchaus geboten erscheinen können.[1006] Auch innerhalb der europäischen Jurisdiktionsordnung scheidet eine mittelbare Begründung der Zuständigkeit somit nicht a priori aus. Nach diesem rechtsvergleichenden Exkurs soll nun darauf eingegangen werden, wie der US-Supreme Court die Frage der mittelbaren Zuständigkeitsbegründung in der Daimler-Entscheidung im Jahre 2014 aufgelöst hat

V. Der Supreme Court in Sachen Daimler AG v. Bauman

Bereits der in sich nicht widerspruchslose Prozessverlauf der Rechtssache Bauman v. Daimler ließ vermuten, dass die unterlegene Beklagte eine Klärung der Entscheidung durch den Supreme Court anstreben würde. Im

---

1006 *Silberman,* 66 Vand. L. Rev. En Banc 123, 126 (2013), die die europäische Lösung, einen prozessualen Durchgriff auf die Fälle streitgegenstandsbezogener Zuständigkeiten zu beschränken als „better policy" bezeichnet.

Jahre 2013 wurde die von der Daimler AG eingelegte Revision[1007] zugelassen und im Januar 2014 vom Supreme Court der Vereinigten Staaten
entschieden. Die Revision diente primär der Klärung der Frage, ob es mit
der *Due Process Clause* des 14. Verfassungszusatzes vereinbar ist, dass
die Daimler AG von ausschließlich ausländischen Klägern für ein Verhalten, das ausschließlich im Ausland stattgefunden haben soll, in Kalifornien
verklagt wird.[1008] Die Entscheidung bot die Möglichkeit einer klarstellen-
den Stellungnahme des Gerichts zu den auch nach Goodyear noch offenen
Fragen der *general jurisdiction* sowie die Gelegenheit, Aspekte der prozessualen Durchgriffshaftung zu untersuchen. Man musste kein Hellseher
sein, um vorauszusagen, dass der Supreme Court das Urteil des 9th Circuits wohl kaum bestätigen würde. Insoweit waren sich auch die im Vorfeld geäußerten Stimmen der Vertreter der Wissenschaft einig, lediglich
die vorgeschlagenen Begründungsansätze fielen unterschiedlich aus.[1009]
Die finale Entscheidung des Supreme Courts spiegelt dies wieder, da sich
die obersten Richter der Vereinigten Staaten zwar in ihrem Urteil, nicht jedoch in ihrer Begründung einig waren. Während Richterin Ginsburg die
Entscheidungsbegründung der Mehrheit präsentiert, schloss sich Richterin
Sotomayor dieser Begründung nicht an und legte einen alternativen Begründungsansatz vor, der allerdings zu dem identischen Ergebnis führte.
Nachdem zunächst eine Darstellung dieser beiden Begründungsansätze erfolgt, wird im Anschluss hieran zu erörtern sein, inwieweit sich aufgrund
dieser Entscheidung die US-amerikanische Dogmatik der Internationalen
Zuständigkeit verändert hat.

1. Begründung der Mehrheit (Justice Ginsburg)

In relativ präzisen Ausführungen weist Richterin Ginsburg auf die bereits
dargestellte Rechtsprechung zur *personal jurisdiction* hin und betont red-
undant die Notwendigkeit einer Differenzierung zwischen *specific* und *general jurisdiction*.[1010] In Bezug auf die *general jurisdiction* betont sie:
„ *As the Court made plain in Goodyear and repeats here, general jurisdic-*

1007 DaimlerChrysler AG v. Bauman, 133 S.Ct. 1995 (2013).
1008 Daimler AG v. Bauman, 134 S.Ct. 746 (2014).
1009 Vgl. *Neuborne*, A Brief Response to my Colleagues on Bauman, 66 Vand. L.
      Rev. En Banc 185 (2013).
1010 Daimler AG v. Bauman, 134 S.Ct. 746, 753 ff. (2014).

tion **requires affiliations** *"so `continuous and systematic` as to render [the foreign corporation] essentially at home in the forum state.*"[1011] Als Appendix zu diesem Zitat aus der *Goodyear*-Entscheidung fügt Ginsburg noch an, dass dieses Kriterium erfüllt ist, wenn die Verbindungen des ausländischen Unternehmens mit dem Status einer „*domestic enterprise*"[1012] vergleichbar sind. Nach dieser Darlegung der allgemein-dogmatischen Grundsätze widmete sich Ginsburg den Fakten des Einzelfalls und der Frage, ob Daimlers Verbindungen zum Staat Kalifornien ausreichen, um die *general jurisdiction* zu begründen.[1013] Da es die Beklagten in den vorausgehenden Verfahren unterlassen hatten zu bestreiten, dass die US-Tochter MBUSA überhaupt der *general jurisdiction* des Staates Kalifornien unterliegt,[1014] unterstellte der Supreme Court in seiner Entscheidung, dass MBUSA in Kalifornien „*at-home*" ist.[1015] Dann wandte sich das Gericht der angefochtenen Berufungsentscheidung zu und untersuchte die mittelbare Begründung der *general jurisdiction*. Das Gericht entzog sich insoweit zwar einer grundsätzlichen Entscheidung darüber, ob eine Begründung der allgemeinen Zuständigkeit mittels der *Agency*-Theorie überhaupt in Frage kommen kann,[1016] ließ an einer solchen Vorgehensweise aber implizit erhebliche Zweifel aufkommen.[1017]

Der Supreme Court hielt die Begründung des 9th Circuit für nicht tragfähig,[1018] da das bloße Abstellen auf die Frage, wie wichtig die Handlungen des Tochterunternehmens für das Mutterunternehmen sind, nicht für eine Zuständigkeitsbegründung ausreichen können, da sich ansonsten mit nahezu jeder Beziehung zweier Konzerngesellschaften eine gerichtliche Zuständigkeit begründen lasse.[1019] Das Gericht vertrat die Auffassung, dass, selbst wenn man unterstellen würde MBUSA sei der *general jurisdiction* Kaliforniens unterworfen und selbst wenn man die Kontakte des

---

1011 Daimler AG, 134 S.Ct. 746, 758, Fn. 11 (Hervorhebung durch den Verfasser).
1012 Daimler AG, 134 S.Ct. 746, 758, Fn. 11: „(..), i.e., comparable to a domestic enterprise in that State."
1013 Daimler AG, 134 S.Ct. 746, 758, Fn. 11,
1014 Dies wurde erst im Verfahren vor dem Suprem Court in Zweifel gezogen, vgl. hierzu: Brief for Petitioner 23, 2013 WL 5372453 *1,4; Brief for the United States as Amicus Curiae Supporting Petitioner, 2013 WL 3377321 *1, 8 ff.
1015 Daimler AG, 134 S.Ct. 746, 758 (2014).
1016 Daimler AG, 134 S.Ct. 746, 759 (2014).
1017 Daimler AG, 134 S.Ct. 746, 759 (2014).
1018 Daimler AG, 134 S.Ct. 746, 759 f. (2014).
1019 Daimler AG, 134 S.Ct. 746, 759 f. (2014).

Tochterunternehmens MBUSA der Daimler AG zurechnen könnte, diese Kontakte nicht dazu führen könnten, dass sie in Kalifornien „beheimatet" ist. Richterin Ginsburg betonte, dass aus der Goodyear-Entscheidung klar hervorgeht, dass nur ein „*limited set of affiliations with a forum*"[1020] zu einer allgemeinen Zuständigkeit der Gerichte führen kann. Unter Verweis auf Goodyear hebt Ginsburg hervor, dass der *place of incorparation* und der *principal place of business* Paradebeispiele für Orte sind, an denen ein Unternehmen der *general jurisdiction* untersteht. Klarstellend fügte sie hinzu, dass aus Goodyear aber auch nicht hervorgeht, dass die *general jurisdiction* nur an diesen beiden Orten besteht.[1021] Mit der Frage, unter welchen Umständen sich die allgemeine Zuständigkeit ausnahmsweise noch begründen lasse, setzte sich das Gericht nachfolgend auseinander. Zunächst erteilte das Gericht der Ansicht der Kläger des Ausgangsverfahrens eine Absage. Diese hielten die Begründung der *general jurisdiction* in jedem Staat, in dem ein Unternehmen über substantiellen, kontinuierliche und systematischen Geschäftsbeziehungen verfügt[1022], für begründet. Richterin Ginsburg hält eine solche Methode der Zuständigkeitsbegründung für vollkommen ausufernd und hält sie auch dogmatisch für nicht gerechtfertigt. Nach ihrer Auffassung geht nämlich bereits aus der Entscheidung International Shoe hervor, dass eine Begründung, die allein auf die forumsbezogenen Kontakte abstellt, nur benutzt werden kann, um die *specific jurisdiction* herzuleiten.[1023] Hingegen müsse man bei der Untersuchung der *general jurisdiction* nicht nur überprüfen, ob die zu einem Forum bestehenden Kontakte in irgendeiner Art und Weise „kontinuierlich und systematisch" sind, sondern, ob die „*affiliations with the state are so `continous and systematic' as to render [it] essentially at home in the forum state.*"[1024] In einer Fußnote merkt das Gericht zudem an, es könne nicht ausschließen, dass in einem Ausnahmefall die Unternehmenstätigkeit in einem Forumstaat ausreichen könne, um die *general jurisdiction* auch an einem anderen Ort als dem des *place of incorporation* oder des

---

1020 Daimler AG, 134 S.Ct. 746, 760 (2014).

1021 Daimler AG, 134 S.Ct. 746, 760 f. (2014) („Goodyear did not hold that a corporation may be subject to general jurisdiction only in a forum where it is incorporated or has its prinicpal place of business; it simply typed those places paradigm all-purpose forum.").

1022 Brief in Opposition, 2012 WL 2151515 *1, 8 ff.

1023 Daimler AG, 134 S.Ct. 746, 761 (2014).

1024 Daimler AG, 134 S.Ct. 746, 761 (2014).

principal place of business zu begründen.[1025] Wann das der Fall sein könnte, kann nach Auffassung des Gerichts jedoch in diesem Fall nicht festgestellt werden, da die Aktivitäten Daimlers das notwendige Niveau jedenfalls nicht erreichen.[1026] Im letzten Abschnitt ihrer Begründung geht Richterin Ginsburg zudem auf den transnationalen Kontext der Entscheidung ein. Ginsburg griff an dieser Stelle ein Argument des 9th Circuit auf. Dieser hatte die Ausübung der *general jurisdiction* mit der zusätzlichen Begründung gerechtfertigt, dass US-amerikanische Gerichte ein starkes Interesse an der Ahndung internationaler Menschenrechtsverletzungen haben.[1027] Ginsburg widerlegte diese Argumentation des 9th Circuits unter Verweis auf die in der Zwischenzeit ergangene Kiobel-Entscheidung, die einem solchen generell bestehendem Interesse widerspricht.[1028] Gleichzeitig rügte Ginsburg, dass der 9th Circuit durch sein expansives Verständnis der *general jurisdiction* dem Prinzip des „*International Comity*" nur wenig Beachtung schenkte.[1029] An dieser Stelle argumentiert Ginsburg mit einem rechtsvergleichenden Verweis auf die EuGVVO und ihre Regelung zur allgemeinen Zuständigkeit.[1030] Auch aufgrund dieser rechtsvergleichenden Betrachtung sieht sich Ginsburg in ihrer Auffassung bestätigt, dass es den Ansprüchen der *due-process*-Klausel nicht genügen kann, wenn man Daimler der *general jurisdiction* unterwirft.[1031]

2. Bewertung der Mehrheitsmeinung

In ihrem Ergebnis ist der Entscheidung zuzustimmen. Sie beinhaltet klarstellende Ausführungen zu allgemeinen Fragen der *general jurisdiction*

1025 Daimler AG, 134 S.Ct. 746, 761 (2014).

1026 Daimler AG, 134 S.Ct. 746, 761 (2014): „But this case presents no occasion to explore."

1027 Vgl. oben; Bauman v. Daimler, 644 F.3 d 909, 927 (9th Cir. 2011): „American federal courts, be they in California or any other state, have a strong interest in adjudicating and redressing international human rights abuses."

1028 Daimler AG, 134 S.Ct. 746, 762 f. (2014); Kiobel v. Royal Dutch Petroleum, 133 S.Ct 1649 (2013); vgl. hierzu bereits oben § 4 II.

1029 DaimlerChrysler AG v. Bauman, 134 S.Ct. 746, 763 (2014).

1030 DaimlerChrysler AG v. Bauman, 134 S.Ct. 746, 763 (2014).

1031 DaimlerChrysler AG v. Bauman, 134 S.Ct. 746, 763 (2014): „Considerations of international rapport thus reinforce our determination that subjecting Daimler to the general jurisdiction of courts in California would not accord with the „fair play and substantial justice" due process demands."

und löst die nach Goodyear bestehenden Rechtsunsicherheiten zumindest teilweise auf. Zunächst steht fest, dass sich die *general jurisdiction* über eine juristische Person nicht ausschließlich auf den *place of incorporation* oder den *principal place of business* beschränken muss, sondern auch Ausnahmefälle denkbar sind.[1032] Es wird zudem auch klar, dass die Begründung einer allgemeinen Zuständigkeit an derartigen Ausnahmeorten in Zukunft schwierig zu begründen sein wird. Eine Orientierung für die Überprüfung derartiger Ausnahmefälle gibt das Gericht nur bedingt. So geht aus der Entscheidung zwar hervor, dass eine rein quantitative Betrachtung der einzelnen Tätigkeiten eines Unternehmens nicht angemessen ist, um die general jurisdiction zu begründen. Es wird auch klargestellt, dass im Rahmen der *general jurisdiction* die Unternehmenstätigkeit in einer wertenden Gesamtschau betrachten werden muss, da ansonsten das At-Home-Kriterium dazu führen würde, dass Unternehmen die in mehreren Staaten tätig sind, überall heimisch sind.[1033] Die Entscheidung bedeutet somit auch, dass die US-Rechtsprechung zumindest teilweise von dem „nationalen Paradigma"[1034] ihrer Begründung der internationalen Zuständigkeit abweicht und sich nicht mehr nur die Frage stellt, ob ausreichende lokale Kontakte vorhanden sind, sondern auch, in welchem Verhältnis sie stehen.[1035] Allerdings lässt die Entscheidung partiell die letzte Konsequenz vermissen und entzieht sich auf diese Weise einer nachhaltigen und vollständigen Lösung der Problematik.[1036] So kann z.B. die Frage, ob durch die Entscheidung in Bauman eine Begründung mittels des *Doing-*

1032 Daimler AG, 134 S.Ct. 746, 761 (2014).

1033 DaimlerChrysler AG v. Bauman, 134 S.Ct. 746, 762, Fn. 20 (2014): "General jurisdiction instead calls for an appraisal of a corporation's activities in their entirety, nationwide and worldwide. A corporation that operates in many places can scarcely be deemed at home in all of them. Otherwise, "at home" would be synonymous with "doing business" tests framed before specific jurisdiction evolved in the United States."

1034 *Michaels*, DAJV-NL 2006, 46, 48; *ders.*, 27 Mich. J. Int'l L. 1003, 1011. (2006); vgl. hierzu schon oben § 4 IV 4.

1035 Insoweit ist jedoch anzumerken, dass sich die Frage nach der internationalen Zuständigkeit nie ausschließlich an dem nationalen Paradigma orientiert hat, sondern die funktionalen Kritierien und die potentielle Berücksichtigung der Zuständigkeit anderer Fora, auf einer anderen Ebene stattgefunden hat, z.B. im Rahmen der Forum Non Conveniens-Analyse oder des reasonableness-Tests.

1036 Daimler AG, 134 S.Ct. 746, 761, Fn. 19 (2014): Ginsburg führt insoweit zu der Frage, wann alternative Begründungsmöglichkeiten der general Jurisdiction vorliegen könnten aus: *„But this case presents no occassion to explore that questi-*

Business-Standards generell ausgeschlossen wurde, nur bedingt durch ein „im Prinzip ja, aber" beantwortet werden. Sicher ist, dass eine extensive Anwendung des *Doing-Business*-Standards in Zukunft ausgeschlossen ist. Der Supreme Court bringt, ohne das deutlich zu sagen, an mehreren Stellen der Entscheidung seine Antipathie für diesen Begründungsansatz zum Ausdruck. So betont Richterin Ginsburg mehrmals, dass zur Begründung der *general jurisdiction* kontinuierliche und systematische „*affiliations*" zu einem Forumstaat bestehen müssten und dass bloße „*contacts*" lediglich bei der Bestimmung der *specific jurisdiction* eine Rolle spielen könnten.[1037] Schon alleine die terminologische Unterscheidung lässt erkennen, dass herkömmliche, unternehmerische Aktivitäten, die keinerlei Unterscheidungswert haben, sondern von einem Unternehmen an mehreren Orten gleichzeitig ausgeführt werden können, für eine Bestimmung der *general jurisdiction* nicht relevant sind. Relevante unternehmerische Aktivitäten können demnach nur vorliegen, wenn diese einen besonderen Charakter oder Bezug zur strategischen oder organisatorischen Unternehmensführung haben. Die Auswirkungen lassen sich am ehesten durch ein Fallbeispiel veranschaulichen: Kaffeehersteller X ist im Staate Washington *incorporated* und hat dort auch seinen *principal place of business*. Er betreibt nicht nur in Seattle, sondern auch in New York, Philadelphia, Boston, Los Angeles, San Francisco und Portland mehrere Coffeeshops. An jedem dieser Orte erwirtschaftet das Unternehmen ca. 15-20% seines Gewinns und verfügt über eine Vielzahl von Angestellten. Zusätzlich verfügt X in New Jersey über ein Büro mit mehreren leitenden Angestellten von dem aus das Unternehmen die Führung seiner „Ostküsten-Filialen" überwacht und managt. In der Zeit vor Goodyear/Bauman ließe sich eine *general jurisdiction* wohl an jedem der aufgezählten Orte mittels der *Doing-Business*-Doktrin begründen. Aus der Entscheidung Daimler AG v. Bauman geht nunmehr aber zweifellos hervor, dass eine Forumsaktivtität, die zum regulären Geschäftsbetrieb gehört, nicht zu einer Begründung der *general jurisdiction* führen kann. Versteht man Daimler v. Bauman richtig, so könnte man lediglich daran denken, dass sich die *general jurisdiction* ausnahmsweise noch in New Jersey begründen lasse, da dort unternehmerische Aktivtäten vorgenommen werden, die sich vom regulären Geschäftsbetrieb unterscheiden und somit zu einer nachhaltigeren Verbin-

---

on, because Daimler's activities in California plainly do not approach that level."
1037   Daimler AG, 134 S.Ct. 746, 760 f. (2014).

dung zum Forum führen. Durch die Entscheidung wird somit eine Begründung der *general jurisdiction* mittels des herkömmlichen *Doing-Business-Tests* ausgeschlossen. Auch wenn sich Ausnahmekategorien finden lassen, so haben diese mit dem herkömmlichen *Doing-Business*-Standard wenig bis gar nichts zu tun. Interessant dürfte sicherlich sein, inwiefern sich dies in der Praxis der Spruchkörper durchsetzen wird. Die Tatsache, dass das Gericht insofern Raum für alternative Begründungsansätze ließ, kann sicherlich auch in Zukunft zu Zuständigkeitsstreitigkeiten führen. Man mag dazu geneigt sein, dem Gericht hier fehlende Konsequenz vorzuwerfen. Allerdings darf man insoweit nicht vergessen, dass der *general jurisdiction* nach wie vor noch die Aufgabe zu kommt Lücken zu schließen, die sich aus einer nicht befriedigenden Anwendung der *specific jurisdiction* ergeben.[1038] Außerdem ist die Restriktion schon sehr deutlich ausgefallen und aus der Entscheidung ergibt sich ein deutlicher Zugewinn an Rechtsicherheit und Vorhersehbarkeit in Bezug auf die allumfassende gerichtliche Inanspruchnahme ausländischer Beklagter.

3. Mindermeinung (Justice Sotomayor)

Richterin Sotomayor wich als einzige von der Begründung der Mehrheitsmeinung ab. Sie kam zwar hinsichtlich der Rechtsfolge zu demselben Ergebnis, der methodische Ansatz ihrer Entscheidungsbegründung divergierte aber erheblich. Sie warf der Mehrheit vor, diese habe bei der Begründung einen Ansatz gewählt, der der bisherigen due process – Analyse des Gerichts vollkommen fremd sei.[1039] So habe das Gericht, das Bestehen von *minimum contacts* nicht deswegen abgelehnt, weil die Daimler AG zu wenige oder zu wenig intensive Kontakte zum Forumsstaat aufweise, sondern weil sie zu anderen potentiellen Fora intensivere Verbindungen aufweist. Hierzu stellte Sotomayor signifikant fest: *„In recent years, Americans have grown accustomed to the concept of multinational corporations that are supposedly „too big to fail"; today the Court deems Daimler „too big for general jurisdiction."*[1040] Für Sotomayor besteht der theoretisch-

---

1038 *Borchers*, The Problem with General Jurisdiction, 2001 U. Chi. Legal F. 119, 130; *Twitchell*, 2001 U. Chi. Legal F. 171, 195.

1039 Daimler AG v. Bauman, 134 S.Ct. 746, 764 ff. (2014, Sotomayor J., concurring).

1040 Daimler AG, 134 S.Ct. 746, 764 (2014, Sotomayor J., concurring).

dogmatische Hintergrund für die Begründung der allgemeinen Zuständig-keit darin, dass ein Beklagter die Unannehmlichkeit in einem Bundesstaat verklagt werden zu können in Kauf nehmen muss, wenn er aufgrund sei-ner Kontakte mit dem Bundesstaat nachhaltig von den Gesetzen und Schutzeinrichtungen dieses Staates profitiert hat.[1041] Sotomayors Sicht-weise ist somit von dem klassischen, vertikal-nationalen Paradigma der Jurisdiktionsbegründung geprägt („*In or Out*").[1042]Sotomayor sieht also genügend Verbindungen zum Forumstaat vorliegen. Sie schließt die Aus-übung der *general jurisdiction* dann aber aufgrund des *Reasonableness*-Testes aus, der nach ihrer Auffassung aufgrund entsprechender Präzedenz-fällen auch zur Bestimmung der *general jurisdiction* angewandt werden muss.[1043] Sie möchte zwar für die Zukunft nicht ausschließen, dass man eine *Reasonableness*-Analyse auf die *specific jurisdiction* beschränken könnte,[1044] möchte das aber nicht im vorliegenden Fall entscheiden, da in-nerhalb des acht Jahre andauernden Prozesses die Anwendung der *reason-ableness*-Analyse niemals in Frage gestellt wurde. Im Rahmen der Analy-se wendet sie sich den einzelnen Faktoren zu[1045], wobei sie schnell zu dem Ergebnis kommt, dass eine Prozessführung in den Vereinigten Staaten nicht *reasonable* erscheint.[1046]

1041 Daimler AG, 134 S.Ct. 746, 764 (2014, Sotomayor J., concurring).

1042 Vgl. zur Frage des US-Paradigma: *Michaels*, 27 Mich. J. Int`l L. 1003, 1011 (2006); siehe bereits oben § 4 IV 4.

1043 Daimler AG, 134 S.Ct. 746, 764 (2014, Sotomayor J., concurring): „Our person-al jurisdiction precedents call for a two-part analysis. The contacts prong asks wheter the defendant has sufficient contacts with the forum State to support per-sonal jurisdiction; the reasonableness prong asks wheter the exercise of jurisdic-tion would be unreasonable under the circumstances."(Mit Verweis auf: Burger King Corp. v. Rudzewicz, 471 U.S. 462,475-78).

1044 Laut Sotomayor gibt es gute Gründe für beide Ansichten, vgl. hierzu: Daimler AG, 134 S.Ct. 746, 764 f. (2014, Sotomayor J., concurring).

1045 Zu den einzelnen Faktoren, die im Rahmen der Reasonableness-Analyse eine Rolle spielen siehe oben § 6 I.

1046 Daimler AG, 134 S.Ct. 746, 765. (2014, Sotomayor J., concurring).Unter Ver-weis auf Asahi: „the burden on the defendant, the plaintiff´s interest in obtaining relief in the forum state, and the interest of other sovereigns in resolving the dis-pute."

VI. Ergebnis

Das US-amerikanische Recht der internationalen Zuständigkeit behält weiterhin seine eigene Topographie. Es können jedoch inhaltliche Annäherungen an das Paradigma[1047] des europäischen Zuständigkeitsrechts festgestellt werden. So geht aus der Begründung der Entscheidungen Daimler und Goodyear hervor, dass sich die Rechtsprechung von dem „nationalen Paradigma"[1048] der Zuständigkeitsbegründung teilweise löst und im Hinblick auf die Begründung der allgemeinen Zuständigkeit die Rechtssicherheit der Einzelfallgerechtigkeit vorzieht.[1049] Die aktuelle Rechtsprechung des Supreme Court führt jedoch nicht zu einem –von manchen Autoren geforderten- „deconstitutionalizing"[1050] der *personal jurisdiction*; vielmehr haben die Goodyear- und die Daimler-Entscheidung bewiesen, dass sich die Überprüfung der *personal jurisdiction* auch in einem transnationalen Sachverhalt weiterhin an der *due process clause* orientieren muss. Aus den beiden Entscheidung geht nun klar hervor, dass die Ausübung der *general jurisdiction* gegenüber einem Unternehmen in der Regel nur an dessen *place of incorporation* oder *principal place of business* gerechtfertigt ist.[1051] Lediglich ausnahmsweise kann eine Begründung aufgrund anderer *affiliations* zum Forumstaat begründet werden. Unter die Kategorie der *affiliations* lassen sich nicht alle unternehmerischen Aktivitäten subsumieren. So wird eine großzügige Auslegung des *Doing-Business*-Standards, so wie sie in der Vergangenheit von den Gerichten teilweise vorgenommen wurde, in Zukunft nahezu ausgeschlossen

---

1047 Vgl hierzu: *Michaels*, DAJV-NL 2006, 46 ff.; *ders.*, 27 Mich. J. Int`l L. 1003, 1011 ff. (2006); siehe hierzu oben § 2 IV, § 4 IV 4, § 6 III 6.

1048 *Michaels*, DAJV-NL 2006, 46, 47; *ders.*, 27 Mich. J. Int`l L. 1003, 1011 ff. (2006).

1049 Die Mindermeinung der Richterin Sotomayor baut dagegen zur generellen Begründung auf das nationale Paradigma und nimmt eine Korrektur über die reasonableness-Prüfung vor.

1050 *Parrish*, Sovereignity, Not Due Process: Personal Jurisdiction over Nonresident Alien Defendants, Wake Forest L. Rev. 1, 56(2006); *Borchers*, The Death of the Constitutional Law of Personal Jurisdiction: From Pennoyer to Burnham and Back again, 24 U.C.Davis L. Rev. 19, 87ff. (1995).

1051 Insoweit stimmt das US-Recht also mit Art. 60/63 EuGVVO überein; vgl. hierzu auch: *Grossi*, Rethinking the Harmonization of Jurisdictional Rules, 86 Tul. L. Rev. 623, 673 ff. (2012).

sein.[1052] Weder die bloße Existenz eines Bankaccounts noch die Notierung der Wertpapiere an einer forumsansässigen Börse können genügen, um nach einer wertenden Betrachtung Analogien der vom Supreme Court examinierten Paradebeispiele der *general jurisdiction* zu repräsentieren. Doch in welchen Situationen lassen sich dann Analogieschlüsse zwischen den Verschmelzungen einer Beklagten mit dem Forum und den Paradebeispielen für die allgemeine Zuständigkeit ziehen? Wann hat ein Unternehmen *„affiliations to a forum state which render it essentially at home"*? Nach meiner Auffassung lassen sich in eine Kategorie von *affiliations*, die die allgemeine Zuständigkeit begründen sollen, nur solche Verbindungen eines Unternehmens einfügen, die über die normale Geschäftstätigkeit hinausgehen. Aktivitäten, die dem üblichen Geschäftsbetrieb zuzuordnen sind, können dagegen nur zu einer Begründung der *specific jurisdiction* führen. Bei der Einzelfallanalyse werden die Gerichte also in Zukunft differenzieren müssen, ob es sich bei der unternehmerischen Aktivität um eine herkömmliche oder um eine besondere handelt. Sollten in dem betreffenden Einzelstaat entsprechende Aktivitäten vorgenommen worden sein, so muss sich in einem nächsten Schritt gefragt werden, ob es sich insoweit um kontinuierliche und systematische Verbindungen handelt oder ob diese nur beiläufig und singulär waren. Diese Vorgehensweise steht im Einklang mit der Rechtsprechung des Supreme Courts.[1053] Sie macht das System der *general personal jurisdiction* vorhersehbarer, gewährleistet mehr Rechtssicherheit in diesem Bereich und trägt zudem auch den Souveränitätsansprüchen der jeweiligen betroffenen Autoritäten Rechnung. Aus rechtsvergleichender Sicht ließe sich diesbezüglich auf die Gerichtsstände des Art. 60/63 n.F. EuGVVO verweisen, der klarstellt, dass Gesellschaften und juristische Personen ihren Wohnsitz an ihrem satzungsmäßigen Sitz (lit. a), ihrer Hauptverwaltung (lit. b) oder ihrer Hauptniederlassung (lit. c) haben. Diese alternativen Anknüpfungsmomente gewährleisten eine möglichst weitgehende, aber gleichzeitig auch relativ

---

1052 Die Gerichte verharren aber auch nach der Daimler-Rechtsprechung noch in der Logik der minimum contacts und lassen eine Anknüpfung aufgrund systematischer Geschäftskontakte zu, vgl. Moore v. Lake States Diary Inc. 2014 IL App (1st) 140149-U, Not Reported in N.E.3 d, 2014 WL 4929482 (Ill.App. 1 Dist., 2014).

1053 Daimler AG, 134 S.Ct. 746, 760: „only a limited set of affiliations"; Daimler AG, 134 S.Ct. 746, 762, Fn. 20: „General Jurisdiction calls for an appraisal of a corporation activities in their entirety, nationwide and worldwide."

vorhersehbare Gerichtspflichtigkeit von Gesellschaften und juristischen Personen und offenbaren dem Kläger ein limitiertes Wahlrecht. Eine allgemeine, streitgegenstandsunabhängige Zuständigkeit ließe sich somit nicht nur dort begründen, wo die Beklagte einen *place of incorporation* oder *principal place of business* hat, sondern auch dort, wo weitere administrative Aktivitäten, die Unternehmensführung- und steuerung an sich betreffen, vorgenommen werden.

Es besteht weiterhin die Frage, wie sich die Goodyear-/Daimler-Rechtsprechung zu Fällen des prozessualen Durchgriffs verhält? Die Entscheidungen schließen einen solchen zumindest nicht generell aus. Das Gericht lässt diese Frage offen, bringt aber an anderer Stelle zumindest im Hinblick auf den *Agency*-Test eine deutliche Antipathie für diese Form der mittelbaren Begründung der *general personal jurisdiction* zum Ausdruck.[1054] Insgesamt lassen die Entscheidungen Goodyear und Daimler hier aber Platz für Spekulationen und unterschiedliche Interpretationsansätze. Die Begründung der *general jurisdiction* mittels einer *Agency*-Analyse sollte man per se ausschließen, da eine derartige Verbindung schon an sich ungeeignet ist, um einen allgemeinen Gerichtsstand zu begründen. Allerdings kann man alternativen Ansätzen, die darauf abstellen, dass das US-Tochterunternehmen die Hauptniederlassung des ausländischen Mutterunternehmens verkörpert, deren Nichtexistenz dazu führen würde, dass das Mutterunternehmen mit einem eigenen Stab an führenden Mitarbeitern vor Ort tätig sein müsste, nicht jegliche Erfolgsaussicht absprechen.[1055] Hierfür spricht auch, dass man in einer potentiellen Überwachung bzw. Kontrolle, in einer vergleichbaren personellen Ausstattung auf Führungsebene, in der Einbindung des Tochterunternehmens in den Gesamtkonzern und in der strategischen und herausragende Bedeutung des Tochterunternehmens für die nationalen US-Operationen durchaus nachhaltige Verbindungen *(affiliations)* des Mutterunternehmens zu dem jeweiligen Staat, in dem das US-Tochterunternehmen selbst über *general jurisdiction* verfügt,

---

1054 Daimler AG, 134 S.Ct. 746, 759: Einen Agency-Ansatz hält das Gericht nur für Fälle der specific jurisdiction gerechtfertigt. Einen Ansatz der auf einem Verständnis der alter-ego Doktrin aufbaut lehnt das Gericht jedoch offenkundig nicht ab.

1055 Bzgl. *alter-ego*, so auch: *Erichson*, 66 Vand. L. Rev. En Banc 81, 92 (2013); *Silberman*, Some Reactions to the DaimlerChrysler v. Bauman Roundtable, 66 Vand. L. Rev. En Banc 191, 195 (2013); dies., 66 Vand. L. Rev. En Banc 123, 125 (2013); vgl. hierzu auch: Transasia Commodities Ltd. v. Newlead JMG, 45 Misc.3 d 1217(A), 2014 WL 6091958 (Sup. N.Y. 2014).

sehen könnte. Auch in der Rechtsprechung existieren bereits vergleichbare Ansätze, die teilweise als *Mere-Department*-Doktrin bezeichnet wurden.[1056] Entsprechende Argumentationsmuster könnten theoretisch auch die Entscheidungen Goodyear und Daimler überleben, da sie sich mit dieser neuen Rechtsprechung harmonisieren lassen. Der Sitz des US-Tochterunternehmens ließe sich dann als Hauptniederlassung des ausländischen Mutterkonzerns charakterisieren. Ob man eine derartige mittelbare Begründung in Ausnahmefällen zulassen möchte, hängt in erster Linie von einer wertenden rechtspolitischen Entscheidung ab. Fürsprecher einer solchen Auffassung könnten argumentieren, dass eine solche Umgehung der gesellschaftsrechtlichen Trennung („*corporate seperatness*") unter derartigen Umständen für das beklagte Unternehmen weder unvorhersehbar noch „inconvenient" seien kann, da das Unternehmen mit der Gründung, dem Unterhalt und der Kontrolle der Tochtergesellschaft bewusst die Entscheidung getroffen hat, in diesem Staat der USA und unter dem entsprechenden Recht aktiv („heimisch") zu werden.[1057] Auch das staatliche Interesse an der Ausübung seiner rechtsprechenden Gewalt spricht unter solchen Umständen für eine mittelbare Begründung der *general jurisdiction*. Der einzig auszumachende negative Effekt, ist der, dass das ausländische Unternehmen in einen US-Zivilprozess gezogen wird und diesen führen muss. Eine derartige restriktive Herleitung der *general personal jurisdiction* lässt sich mit der *due process-clause* vereinbaren. Auch könnte man eine solche nur schwerlich als exorbitant erachten. Die Gründung, der Unterhalt und die nachhaltige Überwachung einer Tochtergesellschaft können durchaus als *affiliations* angesehen werden, wenn die ausländische Konzernmutter in die US-Tätigkeit ihres Tochterunternehmens substanti-

---

1056 Volkswagenwerk Aktiengesellschaft v. Beech Aircraft Corp. 751 F.2 d 117, 120 (C.A.N.Y. 1984); Gundlach v. IBM Japan, Ltd., 983 F.Supp.2 d 389 (S.D.N.Y. 2013); Grundlach v. IBM, Inc., 2014 WL 5740944, *1 (2nd Cir. 2014); Havlish v. Royal Dutch Shell PLC, 2014 WL 4828654 (S.D.N.Y. 2014); Bulova Watch Co. v. K. Hattori & Co., 508 F. Supp. 1322, 1334 (E.D.N.Y 1981); In re Asbestos Products Liability Litigation (No. VI), 2014 WL 5394310, *1, 4 (E.D.Pa. 2014).

1057 Vgl. insoweit auch: *Blumberg*, 50 Am. J. Comp. L. Supp. 493, 528 f. (2002), der darauf hinweist, dass ein starres Festhalten am konzernrechtlichen Trennungsgrundsatz nicht zu einer beinahe absoluten Risikominimierung führen dürfe; dahingehend ist auch die Meinung der Richterin Sotomayor zu deuten, die ein „too big to fail" eines Multinationalen Unternehmens ausschließen möchte, Daimler AG, 134 S.Ct. 746, 764 (2014, Sotomayor J., concurring).

ell eingebunden ist. Hierfür sprechen sämtliche im Rahmen der *personal jurisdiction* zu berücksichtigenden *policy concerns*. Hierfür spricht auch der weiterhin als defizitär zu beurteilende Status-quo der *specific jurisdiction*, aus dem sich Rechtschutzlücken für US-Bürger und US-Unternehmen ergeben könnten.[1058] Weder gesellschaftsrechtliche Erwägungen noch Einwände aus der Rechtsprechung sprechen gegen eine solche moderate mittelbare Begründung der Zuständigkeit. Durch die Gründung der Tochtergesellschaft entzieht sich der Mutterkonzern einer Vielzahl sonstiger Risiken, das Risiko einen Zivilprozess führen zu müssen, könnte er somit nicht umgehen. Natürlich kann nicht die bloße Existenz eines Tochterunternehmens zwangsläufig zur Begründung der *general jurisdiction* führen.[1059] Solange das Tochterunternehmen aber in derselben Branche, unter demselben Markennamen, mit personellen Überschneidungen in der Leitungsebene und unter dem stetigen und kontrollierendem Einfluss des Mutterunternehmens agiert, ließe sich die *general jurisdiction* durchaus aufrechterhalten, denn in all diesen Fällen ist die Tochter nichts anderes als das Mutterunternehmen, im Kostüm einer US-amerikanischen Rechtsform. Auch das grundsätzliche Prinzip, dass ein Mutterunternehmen für die Handlungen seines Tochterunternehmens nicht haftbar ist, [1060] wird hierdurch nicht umgangen, da man ja nicht auf die Handlungen des Tochterunternehmens, sondern eigentlich auf die der Mutter selbst abstellt und es zudem lediglich um die Begründung der Zuständigkeit geht. Die alles entscheidende Frage ist letztendlich, ob man in diesem Zusammenhang eine formelle gesellschaftsrechtliche Trennung und die rechtliche Aufspaltung multinationaler Unternehmen generell bevorzugen möchte oder ob

---

1058 Vgl. hierzu: *Twitchell*, 2001 U.Chi. Legal F. 171, 210; das es zweifelhaft ist, dass die Gerichte die Einschränkungen aus Daimler auch auf Sachverhalte übertragen werden, in denen US-Kläger beteiligt sind zeigt z. B. Barriere v. Juluca, 2014 WL 652831 (S. D. Fl. 2014): „While Daimler has undoubtedly limited the application of general jurisdiction to foreign defendants, this Court does not view Daimler as mandating the complete casting off of the above logic from Stubbs and Meier. Doing so would effectively deprive American citizens from litigating in the United States for virtually all injuries that occur at foreign resorts maintained by foreign defendants even where, as here, the corporations themselves maintain an American sales office in Florida and heavily market in the jurisdiction."

1059 *Blumberg*, Blumberg on Coproate Groups, Vol. 1, 24-29; ders., 50 Am. J. Comp. L. Supp. 493, 528 f. (2002), *Winship*, 9 Journ. Priv. Int. L. 431, 439 (2013).

1060 United States v. Bestfoods, 524 U.S. 51, 61 (1998).

man in einer derartigen Aufspaltung eine bloße Umgehung der ansonsten unumgänglichen Zuständigkeit US-amerikanischer Gerichte sehen möchte, die nicht zu einer grundsätzlichen Risikominimierung bei gleichzeitiger Chancenoptimierung führen soll. Das Argument, dass ein ausländisches Mutterunternehmen einen inländischen *principal place of business* am Geschäftssitz der US-Tochter hat oder an diesem Ort über nachhaltige Verbindungen verfügt, die es dort „heimisch" werden lassen, kann man also auch nach der neusten Rechtsprechung durchaus vertreten, insbesondere dann, wenn es zu weitläufigen strukturellen, ökonomischen und personellen Verschmelzungen zwischen US-Tochter und dem ausländischen Mutterunternehmen kommt.[1061] An dieser Stelle ist auch anzumerken, dass ein positives Urteil im Hinblick auf die *personal jurisdiction* noch nicht bedeutet, dass der Prozess nicht auch an weiteren Ad-Hoc-Einwänden[1062] gegen die Zuständigkeitsausübung scheitern könnte. Das Risiko für ausländische Unternehmen in einen US-Zivilprozess verwickelt zu werden, dessen streitgegenständliches Verhalten keinen US-Bezug hat, ist insgesamt somit deutlich verringert worden.

1061 Vgl. zu einer vergleichbaren Debatte im Zusammenhang mit einer Zuständigkeitsbegründung nach Art. 2, 60/ 4, 63 n.F. EuGVVO die Verfahren Vava v. Anglo America South Africa Ltd., [2012] EWHC 1969 (Q.B.); Vava v. Anglo America South Africa Ltd., [2013] EWHC 2131 (Q.B.); Young v. Anglo America South Africa Ltd., [2014] EWCA Civ 1130, vgl ausführlich hierzu unten § 8 III 3 c).
1062 Z.B. Forum-non Conveniens Einwand oder Comity.

§ 7 Bilanz der ATS-Verfahren

Die vorangegangen Ausführungen haben zweierlei gezeigt: Zunächst hat der Supreme Court die Verhandlung von *foreign-cubed cases* unter dem ATS beinahe vollkommen ausgeschlossen. ATS-Verfahren gegen ausländische Beklagte erscheinen nur noch dann denkbar, wenn zumindest das deliktische Verhalten teilweise in den USA zu lokalisieren ist.[1063] US-amerikanische Unternehmen können weiterhin mithilfe des ATS verklagt werden. Die teilweise vertretene Auffassung, die ATS-Prozesse gegen Unternehmen könnte nun durch transnationale Deliktsklagen vor den Gerichten der Einzelstaaten oder Bundesgerichten ersetzt werden,[1064] in denen dann die Verletzung ausländischen oder einzelstaatlichen Deliktsrecht gerügt wird, ist im Hinblick auf ausländische Beklagte nicht überzeugend. Grundsätzlich ist es natürlich richtig, dass die Fälle, die mittels des ATS vor US-amerikanische Gerichte gebracht werden, auch immer „herkömmliche" Delikte darstellen und somit auch Ansprüche nach inländischem oder ausländischem Deliktsrecht in Frage kommen.[1065] Allerdings müsste auch in solchen transnationalen Deliktsverfahren die einschränkende Auslegung der *personal jurisdiction* durch den Supreme Court in den Urteilen *Goodyear* und *Daimler* berücksichtigt werden.[1066] Für ausländische Beklagte ließe sich eine *general jurisdiction* somit auch vor den Gerichten der Einzelstaaten nur noch ausnahmsweise begründen. Hinzu kommt, dass

---

1063 Vgl. hierzu z. B. Mastafa v. Chevron Corp. 770 F.3 d 170 (2nd Cir. 2014), vgl. hierzu oben § 4 II 2 d).

1064 *Hoffman*/Stephens, International Human Rights Cases in State Courts and under State Law, 3 UC Irvine L. Rev. 9, 15 ff (2013); *Keitner*, State Courts and Transitory Torts in Transnational Human Rights Cases, 3 UC Irvine L. Rev. 81 ff. (2013); *Alford*, the Future of Human Rights Litigation After Kiobel, 89 Notre Dame L. Rev. 1749, 1750 ff (2014); *Childress*, Escaping Federal Law, 93 N. C. L. Rev. 995, 1025 ff. (2015).

1065 *Alford*, 89 Notre Dame L. Rev. 1749, 1750 (2014); vgl. z.B. auch Doe v. Exxon Mobil 654 F.3 d 11. 69 f. (D.C.Cir. 2011), in dem das Gericht parallel zu den ATS Klagen auch Klagen zuließ, die sich auf ausländisches bzw. Recht der Einzelstaaten stützte.

1066 So auch schon in Bezug auf Goodyear: *Colangelo*/Kiik, Spatial Legality, Due Process, and Choice of Law in Human Rights Litigation under U.S. State Law, 3 UC Irvine L. Rev. 63, 73 ff. (2013).

bis dato normale transnationalen Deliktsklagen ausländischer Kläger selbst gegenüber US-Unternehmen öfter an der Anwendung der Doktrin des *forum non conveniens* scheiterten als ATS-Klagen.[1067] Insgesamt repräsentieren Goodyear, Daimler und Kiobel einen Ansatz des Supreme Court, der sich in Fragen der Zuständigkeit der Gerichte bzw. der Anwendbarkeit des US-Bundesrechts verstärkt an räumlich-territorialen und vorhersehbaren Kriterien orientiert.[1068] Die oft im Mittelpunkt stehende Flexibilität bei der Zuständigkeitsbegründung und die Berücksichtigung sozio-politischer Rechtsausübungsinteressen geraten somit offenbar in den Hintergrund.[1069] Diese Entscheidungen sind auch Belege eines allgemeinen Trends, der die Möglichkeit transnationale Rechtsstreitigkeiten vor einem US-Bundesgericht unter der Anwendung des US-Bundesrechts zu entscheiden, eindeutig beschränkt.[1070] Die vormals oft beschworene und teilweise auch stigmatisierte Magnetwirkung der US-Gerichte und des US-Rechts auf transnationale Zivilverfahren kann nicht mehr bestätigt

---

1067 Vgl. Sibaja v. Dow Chem. Co., 757 F.2 d 1215, 1217 (11th Cir. 1985) (Klage Costa-Ricanischer Plantagenarbeiter wegen Chemikalieneinsatzes); Delgado v. Shell Oil Co., 890 F.Supp. 1324 (S.D. Tex. 1995); Torres v. Souther Peru Copper Corp. 965 F.Supp. 899 (S.D. Tex. 1996); Aquinda v. Texaco Inc., 303 F.3 d 470 (2nd Cir. 2002); Giglio Sub s.n.c v. Carnival Corp., 2012 WL 4477054 (S.D. Fla. 2012); *Drimmer/Lamoree*, Think Globally, Sue Locally, Trends and Out-Of-Court Tactics in Transnational Tort Actions, 29 Berkeley J. Int'l L. 456, 470 f. (2011).; vgl. hierzu: *Whytock*, 96 Cornell L. Rev 481, 503 (2012), der feststellt, dass die Klagen ausländischer Kläger oftmals aufgrund des Forum Non Conveniens zurückgewiesen werden; *Childress*, Forum Conveniens: The Search for a Convenient Forum in Transnational Cases, 53 Va. J. Int'l L. 157, 165 ff. (2012).

1068 Nimmt man die Entscheidungen in Morrison und Nicastro noch dazu, so verstärkt sich dieser Trend; kritisch zum „New Territorialsm" des Supreme Court: *Weinberg*, 99 Cornell L. Rev. 1471, 1487 f., die die Ansätze des Supreme Court insoweit als rückwärtsgewandt bezeihnet; vgl. auch: *Reimann*, in: FS Stürner, 1779, 1789 ff.; *Halfmeier*, in: FS Magnus, S. 433, 435 ff.

1069 *Weinberg*, 99 Cornell L. Rev. 1471, 1511 ff. (2014).

1070 *Childress*, Escaping Federal Law, 93 N. C. L. Rev. 999 (2015); vgl. zu diesem Trend der Rückläufigkeit von transnationalen Rechtsstreitigkeiten auch schon: Whytock, 96 Cornell L. Rev. 481 ff. (2011); *Reimann*, in FS Stürner, S. 1179 ff.

werden.[1071] Die Motive für diese neue Dogmatik sind vielschichtig.[1072] Zunächst verbirgt sich hinter ihr eine Betonung und Bestärkung territorialer-nationalstaatlicher Souveränität.[1073] Teilweise spielen auch ökonomische Aspekte eine Rolle, da die Kosten der Verfahrensführung nicht nur die Parteien, sondern auch den Staat betreffen und aufwendige transnationale Verfahren, effektive Gerichtsabläufe stören können.[1074] Somit soll insgesamt wohl auch eine weiteren „litigation explosion",[1075] die seit den 1970er Jahren wahrnehmbar war, entgegengewirkt werden. Außerdem stellen die Entscheidungen Goodyear und Daimler den Versuch dar, das bis dato teilweise konfuse System der internationalen Zuständigkeit stringenter zu ordnen.[1076] Diese beiden Entscheidungen sind weniger rechtspolitisch, sondern von einem dogmatischen Pragmatismus geprägt. Anders sieht es dagegen in Bezug auf die Kiobel-Entscheidung aus. Insbesondere die von Chief Justice Roberts präsentierte Mehrheitsmeinung beinhaltet auch ein klar politisches Votum,[1077] das besagt, dass das US-Recht und die US-Gerichte nicht dazu da sind jeglichen globalen Konflikt zu lösen,[1078] sondern sich eher auf national-territoriale Sachverhalte beschränken sollten. Diese Rechtsprechung entbindet das ATS von seiner „Logik

---

1071 *Childress*, Escaping Federal Law, 93 N. C. L. Rev. 999, 1029 ff. (2015); vgl. zu diesem Trend der Rückläufigkeit von transnationalen Rechtsstreitigkeiten auch schon: *Whytock*, 96 Cornell L. Rev. 481 ff. (2011); *Reimann*, in FS Stürner, S. 1179 ff.

1072 Hierzu auch: *Reimann*, in: FS Stürner, S. 1779, 1794 ff., der von drei Hauptgründen ausgeht: „zunehmende Rücksichtnahme auf ausländische Interessen unter dem Motto der Comitas, Streben nach Klarheit in der Gesetzgebung, und Müdigkeit angesichts der Überbelastung der Gerichte."; *Halfmeier*, in: FS Magnus, 433, 439 f., der vorallem auf die inneramerikanische Probleme hinweist.

1073 *Kirshner*, 30 Berkeley J. Int'l L. 259, 301 (2012).

1074 *Childress*, Escaping Federal Law, 93 N. C. L. Rev. 999, 1041 ff. (2015); Reiman, in: FS Stürner, 1773, 1799, der von der „Sorge um die Knappheit der Gerichtsresourcen" spricht und insoweit darauf hinweist, dass es ein System, das für eine Aufteilung der Gerichtskosten auf die Parteien sorgt, in den USA nicht gibt.

1075 *Wytock*, 96 Cornell, L. Rev. 481, 495 (2011); *Bies*, Conditioning Forum Non Conveniens, 67 U. Chi. L 489, 489 f. (2000).

1076 *Reimann*, in: FS Stürner, S. 1779, 1794 ff.

1077 *Weinberg*, 99 Cornell L. Rev. 1471 ff. (2014).

1078 Vgl. auch *Reimann*, in: FS Stürner, 1779, 1798 f.

der funktionalen Anknüpfung"[1079], indem sie seine Anwendung und Wirkung von einem territorialen Kriterium abhängig macht. Diese territoriale Radizierung verkörpert dabei keinen strikt territorial-physischen Ansatz, da die *Touch-And-Concern*-Formel auch eine flexible Interpretation zulässt, nach der die Gerichte einen Inlandsbezug abseits von physischen Berührungspunkten zum US-Territorium herstellen könnten. Diese Rechtsprechungslinie entspricht nicht mehr ganz dem universalen Paradigma des ATS, da sie seine Reichweite auch aus Rücksicht auf andere Rechtsordnungen einschränkt.[1080] Sie rückt aber gleichzeitig nicht vollkommen davon ab, da sie die Deutungshoheit darüber, wann ein Ereignis als „national" einzustufen ist und sich somit die Anwendung des US-Rechts auch bei einem extraterritorialen Sachverhalt ergeben könnte, nicht vollkommen preisgibt. Die hier fokussierte Rechtsprechung ist somit auch ein Ausdruck einer Kommunikationsaufnahme der US-Justiz mit den Justizsystemen anderer Staaten und verkörpert insoweit auch eine spezielle Form einer multilateral-internationalen Orientierung, die darauf hindeutet, dass sich die US-Gerichte in diesem Zusammenhang globalisieren[1081] und

---

1079 *Fischer-Lescano/Teubner*, Regime-Kollisionen, S. 69;die Autoren erörtern allgemein die Logik der funktionalen Anknüpfung in transnationalen Rechtsprozessen in Bezug auf die Abgrenzung von Jurisdiktionssphären.

1080 Vgl. zu der Unterscheidung nationales/internationales Paradigma in Bezug auf die Internat. Zuständigkeit: *Michaels*, 27 Mich. J. Int'l L. 1003 , 1013ff. (2006); *ders.* DAJV-NL 2006, 46, 47 f. Das vertikal-nationale Paradigma, dem die US-Rechtsprechung ursprünglich gefolgt ist, geht immer dann von einer internationalen Zuständigkeit aus, wenn das Verhältnis zwischen Beklagten/Sachverhalt und Gericht als lokales Ereignis erscheint, wobei dem zur Entscheidung berufenen Richter ein großes Ermessen zukommt, wann ein Ereignis „lokal" ist. Das internationale Paradigma wählt anhand verschiedener abstrakter Kriterien die Zuständigkeit danach aus, welches Forum die größte Nähebeziehung zum Beklagten/Streitgegenstand aufweist. Diese Begrifflichkeit kann auch auf die „jurisdiction to prescribe" bzgl. des Bundesrechts im Allgemeinen und der Anwendung einer bundesrichterrechtlichen Anspruchsgrundlage im Falle des ATS verwendet werden: In der Zeit vor Kiobel folgte die Anwendung des US-Rechts unter dem ATS einem vertikal-nationalen Paradigma, da bereits bei der potentiellen Verletzung einer spezifischen Völkerrechtsnorm US-Recht angewandt werden konnte. Im Anschluß an Kiobel werden an die Frage nach der Voraussetzung, wann ein lokales bzw. nationales Ereignis („touch and concern") vorliegt, viel restriktivere und räumlich-lokale Anknüpfungskriterien zu suchen sein; vgl. schon oben § 4 IV 4.

1081 Vgl. zum Begriff der „judicial globalization" schon: *Slaughter*, Judicial Globalization, 40 Va. J. Int'l L. 1103, 1112 (2000); Slaughter macht auf einer horizon-

nicht bloß „in ihrem nationalen Paradigma verharren"[1082]. Konnte man noch zwischen den 1970er Jahren bis zur Jahrtausendwende einen Trend ausmachen, nach dem die US-Justiz bzw. auch die Exekutive auf die Souveränitätsinteressen anderer Staaten weniger Rücksicht nahmen,[1083] erfuhr das Prinzip der gegenseitigen Rücksichtnahme bzw. der völkerrechtlichen *comitas/comity*[1084] im vergangenen Jahrzehnt eine Wiederbelebung und Akzentuierung.

Die hier begutachtete höchstrichterliche Rechtsprechung stellt somit ein Bekenntnis zu einer territorial-radizierten Begründung der Ausübung der *prescriptive* und *adjudicative jurisdiction* dar. Sie (v.a. Goodyear, Kiobel, Daimler AG) ist dabei janusköpfig, da sie einerseits eine verstärkt territorial-räumliche Ausrichtung der Anknüpfungskriterien der Jurisdiktionsausübung begründet und gerade hierdurch für eine zunehmende internationale Dialogbereitschaft der US-Justiz und eine Horizontalisierung des „Jurisdiktionsparadigmas"[1085] steht. Gleichzeitig kann die Rechtsprechung weder klar dem nationalen noch internationalen Paradigma zugewiesen werden: Sie erhöht nämlich die Anforderungen an die Ausübung der internationalen Zuständigkeit bzw. Rechtsanwendung, indem sie die Kriterien, die das Rechtsereignis überhaupt lokal erscheinen lassen, verschärft („*affiliations*", „*at home*", „*touch and concern*"). Gerade dadurch, dass sie stärker auf territorial-räumliche Kriterien setzt, weicht sie vom ursprünglich vertikal-nationalen Paradigma ab, ohne es vollkommen zu durchbrechen. Das Abstellen auf ein territoriales Kriterium stellt dabei kein Novum dar, vielmehr ist das Zuständigkeitsrecht der USA schon immer auch von territorialen Kriterien bestimmt. Allerdings ist es untypisch, dass diese Akzentuierung des territorialen Bezuges vornehmlich mit Blick auf das Verhält-

---

talen Ebene eine Globalsierung der Gerichte daran fest, dass es zu einer gesteigerten gegenseitigen Bezugnahme („cross-fertilization of national judicial decisions") und Rücksichtsnahme („judicial comity") zwischen den nationalen Spruchkörper verschiedener Staaten kommt.

1082 *Michaels*, DAJV-NL 2006, 46, 52: Der eine „Globalisierung von US-Gerichten" wahrnimmt, da diese bei der Problemlösung verstärkt auch auf ausländische Gerichte schauen.

1083 *Koh*, 100 Yale L. J. 2347, 2393 (1991) m.w.N.

1084 Vgl. hierzu *Paul*, Comity in International Law, 32 Harv. Int'l L. J. 1 (1991); *Reiman*, in: FS Stürner, 1773, 1794 ff., der von einer Renaissance der Comitas spricht; *Späth*, Zum gegenwärtigen Stand der Doctrine of Comity im Recht der Vereinigten Staaten von Amerika, IPRax 2006, 184.

1085 *Michaels*, 27 Mich. J. Int'l L. 1003, 1022 ff. (2006).

nis zu anderen Staaten und mögliche kollidierenden Zuständigkeiten anderer Gerichte geschieht.[1086] Insoweit kann man durchaus davon sprechen, dass es zu Annäherungen zwischen den beiden Paradigmen kommt. Auch aus der Kiobel-Entscheidung geht ähnliches hervor, da sich die Mehrheitsmeinung gerade in Sorge vor horizontalen Rechtskollisionen zwischen den verschiedenen Rechtsordnungen für eine territoriale Limitierung der richterrechtlichen *jurisdiction to prescribe* ausspricht.[1087] Das Aufflammen neuer Jurisdiktionskonflikte rückt somit in diesem Teilbereich in weite Ferne.[1088] Vielmehr können zunehmende Konvergenzen ausgemacht werden und ein graduelles Ende des *„American Exceptionalism"* scheint auch die Bereiche des Zivil- bzw. Zivilverfahrensrechts teilweise zu erreichen. Der Begriff des *american exceptionalism* entstammt ursprünglich der Soziologie bzw. Politologie,[1089] wurde aber auch im Zivilprozessrecht gebraucht, um zu beschreiben, dass sich bestimmte zivilprozessuale Dogma-

---

1086 Vgl. *Michaels*, 27 Mich. J. Int`l L. 1003, 1058: Zu den wesentlichen Unterschieden zwischen dem europäischen und US-amerikanischen Paradigma gehörte es auch, dass die Frage nach dem „In or Out" unilateral beantwortet wird und ein multilateraler Blick auf die Zuständigkeitsbefindlichkeiten anderer Staaten nicht vorgenommen wurde. So kam es früher nur darauf an, ob gewisse interne Verbindungen zum US-Forum bestehen oder nicht; war das der Fall, so war die Zuständigkeit begründet. Insbesondere die Entscheidung Daimler AG v. Bauman belegt, dass es insoweit zu einer Restrukturierung und Neuakzentuierung gekommen ist. Das belegt auch die Verwunderung die Richterin Sotomayor äußert, indem sie feststellt, dass die Mehrheitsbegründung der gängigen due process-Analyse völlig fremd ist (vgl. Daimler v. Bauman, 134 S.Ct. 746, 763). Sotomayor betont an anderer Stelle, dass es unter der bisherigen Rechtsprechung immer nur darauf ankam, ob ausreichende Kontakte vorhanden sind und nie darauf, in welcher Relation diese Kontakte zu denen in anderen Fora stehen: *„In every case where we have applied this test, we have focused solely on the magnitude of the defendant's in-state contacts, not the relative magnitude of those contacts in comparison to the defendant's contacts with other States."*, (Ebd., 767).

1087 Frühere Urteilen, die die Frage der extraterritorialen Rechtsanwendung behandelten, schenkten dem horizontalen Konfliktverhältnis zwischen den nationalen Rechtsordnungen keine Bedeutung, vgl. *Michaels*, 27 Mich. J. Int`l L. 1003, 1059 f. (2006), der auf die Entscheidung Hartford Fire v. California, 509 U.S. 764, rekurriert.

1088 Was selbstverständlich nicht darüber hinwegtäuschen darf, dass in anderen Bereichen sehr wohl noch extraterritorial und mit rechtshegemoniellen Absichten gehandelt wird, vgl. z.B.: US-Steuerstrafrecht, Durchsetzung von Handelsembargos (CISADA).

1089 *Halfmeier*, in: FS Magnus, S. 433, 439.

tiken in den USA teilweise stark von denen des Rests der Welt unterscheiden.[1090] Insbesondere die Entwicklungen im Bereich der *general personal jurisdiction* sowie der *pleading*-Voraussetzungen belegen diese These.[1091]

Insgesamt erscheint auch der Vorwurf eines unilateralen, expansiven, rechtshegemonialen Strebens des US-Rechts im Hinblick auf die Auslegung und Anwendung des ATS nicht angemessen.[1092] Die ATS-Sachverhalte weisen deutliche Differenzen zu Sachverhalten auf, in denen es zu einer „exorbitanten" Anwendung des Kapitalmarkt-, Produkthaftungs- oder Wettbewerbsrechts kommt.[1093] Zunächst geht es in den ATS-Fallkonstellationen nicht darum, die wirtschafts- oder wettbewerbspolitische Überlegenheit der USA auszubauen, und hierdurch eine ökonomisch-rechtliche Überlegenheit zu erzeugen. Es geht den Verfahren auch nicht um den Ausbau einer Vormachtstellung des US-Rechts an sich, sondern um eine Proliferation universeller Werte und der Durchsetzung einer internationalen bzw. transnationalen *rule of law*.[1094] Klagen nigerianischer, indonesischer oder argentinischer Opfer schwerwiegender Menschenrechtsverletzungen repräsentieren keine Instrumente zur Umsetzung wirtschafts- und machtpolitischer Interessen der Vereinigten Staaten. Hinzu kommt,

---

1090 *Dodson/Kleeba*, 34 B.C. Int'l & Comp. L. Rev. 1, 2 ff. (2011); *Chase*, American Exceptionalism and Comparative Procedure, 50 Am. J. Comp. L. 277, 288 ff. (2002).

1091 *Dodson/Kleeba*, 34 B.C. Int'l & Comp. L. Rev. 1, 2 ff. (2011). Selbstverständlich bleiben systematische Differenzen und die Sonderstellung des US-Recht in anderen Bereichen erhalten (Jury-Prozess, Kostenregelung); vgl. aber auch im Hinblick auf Sammel- und Massenverfahren, Nagareda, Aggregate Litigation across the Atlantic and the Future of American Exceptionalism, 62 Vand. L. Rev. 1 ff. (2009). Vgl. auch oben § 2 bzw. § 5.

1092 In diese Richtung gehend aber: *Krisch*, 16 Eur. J. Int'l L. 369, 403 (2005); *Schütze*, Die Allzuständigkeit amerikanischer Gerichte; wie hier und insgesamt kritisch zur Kritik der Rechtshegomnie: *Michaels*, DAJV-NL 2006, 46, 51; *ders.*, 27 Mich. J. Int'l L. 1003, 1059 (2006). Dass sich die ATS-Verfahren ohnehin nicht unter den Begriff der Rechtshegemonie subsumieren lassen wird unten noch vertieft erörtert, vgl. § 10.

1093 Vgl. auch: *Ellis*, 28 Md. J. Int'l L. 90, 101; *Michaels*, DAJV-NL 2006, 46, 51; a.A. wohl *Halfmeier*, in: FS Stürner, S. 433 ff., der die ATS-Fälle zumindest ohne Differenzierung in eine Linie mit anderen wirtschaftsrechtlichen Fällen stellt.

1094 Vgl. zum Begriff der International Rule of Law: Giegerich, in: Paulus/Dethloff/Giegerich u.a (Hrsg.), Internationales, nationales und privates Recht: Hybridisierung der Rechtsordnungen?, S. 101, 175, der die International Rule of Law als „die effektive Herrschaft des Rechts über hoheitliche und private Macht jedweder Art im internationalen Raum."

dass sich die Anwendung des US-Rechts im Falle des ATS überwiegend auf die Rechtsfolgen und Anspruchsvoraussetzungen beschränkt, wohingegen das Vorliegen der Rechtsverletzung selbst, anhand des Völkerrechts bestimmt wird. Zu einer Kollision unterschiedlicher gesetzgeberischer Wertungen kann es somit nicht kommen. Dass insoweit für eine bestimmte Kategorie von Sachverhalten die Anwendung ausländischen Rechts grundsätzlich ausgeschlossen wird und im Einzelfall die *lex fori* auch ohne weitergehende Inlandsbeziehung zur Anwendung gelangen kann, ist rechtlich unbedenklich.[1095] Gegenläufige Thesen, die sich auf vermeintlich absolute völkerrechtliche Gebote stützen,[1096] lassen sich nicht nachweisen und entbehren insgesamt einer normativen Grundlage.[1097] Zumal der Kreativität der nationalen Gesetzgeber hinsichtlich der Auswahl der kollisionsrechtlichen Anknüpfungskriterien wenig Grenzen gesetzt sind.[1098] Eine Anknüpfung, die im Falle einer schwerwiegenden Völkerrechtsverletzung die Anwendung inländischen Rechts vorsieht, kann als sachgerecht und angemessen eingestuft werden. Dass die Feststellung der Völkerrechtswidrigkeit eines bestimmten Verhaltens unter Umständen zur Nichtbeachtung oder Nichtanwendung des ausländischen Sachrechts oder eines bestimmten Rechtsakts führt, ist überdies nicht ungewöhnlich.[1099] Wenn es legitim und akzeptiert ist, die Anwendung ausländischen Rechts im Falle eines *ordre public*-Verstoßes oder bei einer völkerrechtswidrigen Enteignung[1100] zu umgehen, warum sollte es dann nicht gestattet sein, beim Vorliegen einer schwerwiegenden Völkerrechtsverletzung a priori die *lex fori* anzuwenden und das in Frage kommende Sachrecht des Staates, in dem sich die Verletzung vermutlich ereignet hat, von der Anwen-

---

1095 Vgl. hierzu allgemein auch: *Von Bar/Mankowski*, IPR, § 3 Rn. 9 ff.; MüKO-BGB/*Sonnenberger*, Einl IPR, Rn. 102; *Kropholler*, IPR, § 8 I 1; Bamberger/Roth/*Lorenz*, Einl IPR Rn. 3.

1096 Vgl. z.B.: *Schütze*, RIW 2009, 489 ff.; *Meesen*, in: FS Mann, S. 227, 232 f.; *Ziegenhain*, S. 99 ff.

1097 *Von Bar/Mankowski*, IPR, § 3 Rn. 11 ([Es] fehlen übereinstimmende Überzeugungen und Grundsätze für das, was als Mindestverknüpfung mit dem Inland vorhanden sein muss, um dessen Recht anwenden zu dürfen."); MüKO-BGB/*Sonnenberger*, Einl IPR, Rn. 102; vgl. für die USA: *Juenger*, IPRax 1982, 206 f.; *Steinhardt*, 28 Md. J. Int'l L. 1, 10 f.

1098 *Von Bar/Mankowski*, § 3 Rn. 11: „Den Wettbewerb dieser Ideen darf ein „Völkerrecht" nicht beengen."

1099 Staudinger/*Sturm/Sturm*, Einl IPR Rn. 537 ff.; MüKO-BGB/*Sonnenberger*, Einl IPR, Rn. 112.

1100 Hierzu vgl. unten, § 8.

dung auszuschließen? Wenn man eine derartige Methode unbedingt am Völkerrecht messen möchte, so wird sich darin sicherlich kein Verstoß gegen das Nichteinmischungsverbot oder die Souveränität des anderen Staates feststellen lassen können. Die bis zur Kiobel-Entscheidung bestehende Praxis von einer partiellen *universal jurisdiction to prescribe* auszugehen, ist also durchaus akzeptabel.[1101] Unter diesen Umständen wäre die geographisch-territoriale Restriktion der Kiobel-Entscheidung nicht zwangsläufig notwendig gewesen. Konfliktträchtiger ist dagegen die teilweise exorbitante Begründung der internationalen Zuständigkeit durch US-amerikanische Gerichte. Die sehr liberale und teilweise ausufernde Herleitung der internationalen Zuständigkeit ist das eigentliche Problem und, wenn überhaupt, sollte der Vorwurf einer unilateralen und hegemonialen Vorgehensweise der US-Justiz hierauf bezogen werden. Auch dieser Vorwurf lässt sich allerdings im Hinblick auf die ATS-Verfahren nicht aufrechterhalten, da die US-Gerichte insoweit als nationale Gerichte in der Funktion eines transnationalen „Weltgerichts"[1102] auftraten. Hinzu kommt, dass es in den meisten Fällen immer eine zusätzliche „territoriale" Verbindung zwischen der Beklagten und dem Forum gab.[1103]

Nach alldem muss das Urteil über die transnationalen ATS-Gerichtsprozesse positiv ausfallen. Die ATS-Verfahren stellen in weiten Teilen einen Versuch dar, die Rechtsstaatlichkeit auch dorthin zu transportieren, wo sie bislang aufgrund politischer Missstände noch keinen Einzug erhalten hatte. Das ATS steht somit stellvertretend für den Versuch der Verbreitung einer transnationalen „Rule of Law". Der ehemalige Richter am kanadischen Supreme Court, The Honorable Ian Binnie, stellte zutreffend fest, dass „*an international or domestic global economy that took seriously the rule of law would provide some avenue of redress for Third World victims.*"[1104] Das ATS belegt, dass das Recht eine emanzipatorische Wirkung entfalten kann, wenn es einen Beitrag zur Inklusion verschiedener sozialer Gruppen leistet.[1105] Die ATS-Litigation der vergangenen 34 Jahren führte dazu, dass Geschädigten schwerwiegender Menschenrechtsver-

---

1101 Eine ausführliche Diskussion des Universalitäts- oder Weltrechtsprinzips im Zivilrecht/Zivilverfahrensrecht erfolgt in § 8.
1102 *Michaels*, DAJV-NL 2006, 46, 52.
1103 Auch das „doing business" stellt einen solchen minimalen Inlandsbezug und eine territoriale Anknüpfung dar.
1104 *Binnie*, 26 Can. J. L. & Jurisprudence 5, 16 (2013).
1105 *De Sousa Santos*, Toward a New Legal Common Sense, S. 439 ff.

letzungen zumindest rechtliches Gehör verschafft wurde. In ihr ist somit ein Ansatz zu erkennen, der es sich auch zum Ziel setzte, die Diskrepanzen zwischen „globalisierten Märkten und regional beschränkter Rechtsstaatlichkeit"[1106] zu überwinden und menschenrechtliche Aspekte stärker in die globalen Prozesse der Weltwirtschaft zu integrieren.[1107] Mit Hilfe des ATS wurde versucht die durch den Neoliberalismus erzeugten und die Globalisierung verstärkten Regulierungsdefizite zu beheben, so dass es sich eher um ein Mittel der „counter-hegemonic globalization"[1108] handelt als um ein Mittel, das auf eine Hegemonie des US-amerikanischen Rechts abzielt. Insgesamt gaben die ATS-Verfahren nicht nur einen Anlass zu einer breit angelegten Debatte der juristischen Probleme, sondern forcierten auch den Diskurs über die entsprechenden transnationalen sozio-politischen Aspekte.[1109] Auch die nationalen und internationalen Bedenken, die vor allem im Hinblick auf mögliche Wettbewerbsnachteile für die US-amerikanische Wirtschaft und auf negative Auswirkungen für die US-Außenpolitik erhoben wurden,[1110] konnten überwiegend aus dem Weg geräumt werden.[1111] Natürlich haben ATS-Verfahren auch ein Gefahrenpotential: Die Verfahren haben eine negative öffentliche Wirkung für die Beklagten, die durch missbräuchliche Klagen unverhältnismäßig ausgenutzt werden könnte. Überlange Verfahrensdauern könnten den Druck auf die Beklagten zu einem Vergleichsabschluss zusätzlich überproportional erhöhen. Die Diffizilität, die Sachverhalte mit den Mitteln und Kategorien des Rechts zu erfassen, führte in manchen Verfahren dazu, dass zwar über Rechtsfragen disputiert wurde, es sich bei diesen Disputen jedoch oftmals nur um Nebenkriegsschauplätze handelte und eine tatsächliche Sachverhaltsaufklärung bzw. materielle Wahrheitsfindung gar nicht stattfinden

---

1106 *Halfmeier*, in: FS Magnus, S. 433, 433.

1107 *Enneking*, S. 276.

1108 Vgl. allgemein hierzu: *De Sousa Santos*, S. 459, der unter diesem Begriff alle Gruppierungen und Aktivitäten zusammenfasst, die der neoliberalen Globalsierung gegenüberstehen.

1109 *Weinberg*, 99 Cornell L. Rev. 1471, 1475, 1528 ff. (2014).; *Leval*, Distant Genocides, 38 Yale J. Int'l L. 231 ff.; *Enneking*, S. 276; *Childress*, 100 Geo. L. J. 709 ff.; *Slawotsky*, Corporate Liability in Alien Tort Litigation, 1 Va. J. Int'l L Online 27 f. (2011); *Shamir*, 38 Law & Soc'y Rev. 635, 650 ff (2004).

1110 *Hufbauer/Mitrokas*, 16 St. Thomas L. Rev. 607 ff. (2003).

1111 Siehe oben, § 4; *Weinberg*, 99 Cornell L. Rev. 1471, 1496 ff. (2014); *Steinhardt*, 28 Md. J. Int'l L. 1 ff. (2013); *Stephens*, 33 Brook. J. Int'l L. 773, 773 f. (2008); *Koh*, 7 J. Int'l Eco. L. 263 ff. (2004).

konnte. Diese Gefahren können jedoch durch Korrekturen der systemischen Defizite des Prozessrechts minimiert werden.[1112] Die ATS-Verfahren bzw. die gerichtlich gesteuerte Aufklärung derartiger Sachverhalte sind selbstverständlich nicht perfekt. Sie haben dennoch einen entscheidenden Beitrag zu der Verdichtung eines globalen Netzwerks des Rechts geleistet.[1113]

Aufgrund der aufgezeigten inneramerikanischen Entwicklungen stehen in Zukunft die Chancen allerdings eher schlecht, dass es weiterhin zu einer entsprechenden Funktionsausübung der US-amerikanischen Gerichte kommen wird. Die Zeiten, in denen die Vereinigten Staaten als „*Shangri-La of Litigation*"[1114] bezeichnet werden konnten, gehören sicherlich der Vergangenheit an. Im Hinblick auf die ATS-Verfahren ist das teilweise beklagenswert. Da man nicht davon ausgehen kann, dass sich die transnationalen Regulierungsdefizite allesamt in Luft aufgelöst haben, stellt sich zwangsläufig die Frage, ob und wo vergleichbare Rechtsfälle in Zukunft ein Forum finden werden. In den letzten Jahren zeichnete sich ein gewisser Trend ab, dass vergleichbare Verfahrenskonstellationen auch vor Gerichten außerhalb der USA eine wachsende Rolle spielen könnten.[1115] Daher soll nachfolgend untersucht werden, inwiefern solche Verfahren unter dem geltenden europäischen bzw. deutschen zivilprozessualen Zuständigkeitssystem überhaupt anhängig gemacht werden können. Außerdem wird untersucht, ob durch die ATS-Verfahren und andere Umstände eine globa-

---

1112 Erste Korrekturen auf dem Gebiet des US-Prozessrechts haben schon stattgefunden, vgl. die strikteren pleading Voraussetzungen (oben § 2) sowie die Restrukturierungen im Bereich der personal jurisdiction. In diese Richtung gehend auch: *Michaels*, DAJV-NL 2006 46, 54, der den Inhalt des US-Rechtssystems für kritisierbar hält, nicht seine Zuständigkeit.

1113 Vgl. hierzu noch ausführlich unten §§ 9, 10; *Enneking*, S. 589.

1114 Vgl. Justice Scalia, der in Morrison formulierte: „Some fear that [the U.S.] has become the Shangri-La of class action litigation for lawyers representing those allegedly cheated in foreign securities markets.", Morrsion, 130 S.Ct. 2869, 2886 (2010), vgl. auch: *Reimann*, in: FS Stürner, S. 1179, 1798.

1115 *Kirshner*, 30 Berkeley J. Int'l L. 259 ff. (2012); *Weinberg*, 99 Cornell L. Rev. 1471, 1502 (2014); *Enneking*, The Future of Foreign Direct Liability, 10 Utrecht L. Rev. 44 ff. (2014); *Binnie*, Judging the Judges: May They Boldly Go Where Ivan Rand Went Before, 26 Can. J. L. & Juris. 5, 16 ff (2013); *Childress*, 93 N. C. L. Rev. XXXX (2015), im Erscheinen, (Entwurf abrufbar unter: http://ssrn.com/abstract=2428872).

le „Bewusstseinserweiterung"[1116] stattgefunden hat, die dazu führt, dass auch auf anderen Ebenen versucht wird, die globalen Diskrepanzen zwischen der globalisierten Weltwirtschaft und einer rudimentären transnationalen Rechtsstaatlichkeit zu beheben.

1116 Vgl. *Reimann*, IPRax 2013, 455, 462, der darauf hinweist, dass die ATS-Klagen innerhalb der US-Juristenwelt und Zivilgesellschaft zu einer stärkeren Wahrnehmung menschenrechtlicher Bedürfnisse geführt haben.

2. Teil: Transnationale Zivilverfahren zur Regulierung der Auslandstätigkeit multinationaler Unternehmen in Europa

Nachdem im ersten Teil der Arbeit die rechtlichen Rahmenbedingungen für ATS-Verfahren in den USA dargestellt wurden, soll im Folgenden untersucht werden, ob und wie sich vergleichbare Verfahrenskonstellationen mit den Mitteln des europäischen/deutschen Zivilprozessrechts bzw. Zivilrechts bewerkstelligen lassen. Hierbei wird anfangs die allgemeine Bedeutung des ATS genauer definiert werden und dessen Funktion soll aus Sicht des IPR und Internationalen Zivilprozessrechts genauer erläutert werden. Die Ausführungen zu den rechtlichen Rahmenbedingungen und der konkreten Rechtsanwendung des ATS durch die US-amerikanischen Gerichte haben gezeigt, dass das ATS als dezentraler Durchsetzungsmechanismus zur Ahndung transnationaler Völkerrechtsverletzungen[1117] eingesetzt wurde, um globalisierungsbedingten Regulierungsdefiziten entgegenzuwirken. Aufgrund der dargestellten Restriktionen der Rechtsprechung werden die USA in Zukunft nur noch bedingt als Forum für derartige transnationale Zivilverfahren zur Verfügung stehen. Die Regulierungsdefizite in vielen Staaten der Dritten Welt sind aber weiterhin existent und auch die Forderungen nach einer adäquaten Regulierung sozialer und ökologischer Schäden,[1118] die durch die Auslandstätigkeit multinationaler Unternehmen er-

---

1117 Die hier thematiserten Rechtsverletzungen können aus mehreren Gründen als transnational bezeichnet werden: Die Rechtsverletzungen werden nicht von staatlichen Akteuren verübt, die verletzten Rechte verkörpern größtenteils solche Rechtsgüter, die unabhängig von nationalen Gesetzen als schutzwürdig erachtet werden und somit trans-national sind. Zudem sind die erhobenen Klagen transnational, da sie die Rechtsgutverletzung nicht in dem Staat geltend machen, in dem die Rechtsgutsverletzung passiert ist und auf Seiten der Beklagten ein multinationales Unternehmen steht, das in seiner Unternehmensstruktur ebenso transnational ist.

1118 Vgl. *Enneking*, 10 Utrecht L. Rev. 44, 53 (2014); *Halfmeier*, in: FS Stürner, S. 433, 440; *Binnie*, Judging the Judges: "May They Boldly Go Where Ivan Rand Went Before", 26 Can. J. & L. Juris. 5, 16 (2013); *Bernstorff*, Die völkerrechtliche Verantwortung für menschenrechtswidriges Handeln transnationaler Unternehmen, S. 6, 28.

zeugt werden können, werden nicht abnehmen, sodass sich zwangsläufig die Frage stellt, ob sich an anderen Orten entsprechende Foren finden lassen können. Plakativ formuliert würde man also an dieser Stelle fragen, ob Europa ein Alien Tort Statute benötigt? Dezidierter ausgedrückt soll im Rahmen des zweiten Teils also zunächst untersucht werden, ob die europäischen Rechtsordnungen eine funktional vergleichbare Regelung benötigen, oder ob die existierende Rechtsordnung vielleicht sogar schon Klagen vergleichbaren Inhalts nur auf eine andere Art und Weise zulässt (§ 8). Zur Beantwortung dieser Fragen werden die aus der Begutachtung der ATS-Verfahren gezogenen Erkenntnisse zunächst in den Kontext der allgemeinen Lehren des IPR und IZVR eingeordnet (§ 8 I, II). Anschließend soll begutachtet werden, ob es nicht bereits funktional-äquivalente europäische bzw. multilaterale Ansätze gibt, mit denen der Zugang zu einer rechtsförmigen Problembewältigung für Geschädigte aus Staaten mit defizitärer Rechtstaatlichkeit gewährleistet werden kann (§ 8 III). Hierbei wird sich auf eine Darstellung der zuständigkeits- und kollisionsrechtlichen Grundbedingungen transnationaler Zivilklagen beschränkt. Nach der Erörterung der rechtlichen Rahmenbedingungen für vergleichbare europäische, transnationale Deliktsverfahren soll abschließend diskutiert werden, ob die Manifestierung eines zivilrechtlichen bzw. zivilprozessualen Universalitätsprinzips geboten erscheint.

Nachdem die rechtliche Ausgangslage für europäische, transnationale Deliktsklagen dargestellt wurde, soll in einem nächsten Schritt zunächst beleuchtet werden, ob eine Verbesserung der Zugangsmöglichkeiten für transnationale Zivilverfahren mit dem grundsätzlichen Funktionsverständnis des europäischen/deutschen Zivilprozesses vereinbar sind (§ 9 I). Anschließend wird ein Lösungsvorschlag für das europäische Zuständigkeitsrecht unterbreitet (§ 9 II). Zudem wird auf weitere Regelungsregime[1119] eingegangen, die sich der Lösung der hier interessierenden transnationalen Herausforderungen angenommen haben. Nachdem das ATS im ersten Teil dieser Arbeit vor allem aus einer Binnenperspektive mit einem rechtsver-

---

1119 Vgl zum Regimebegriff: *Fischer-Lescano/Teubner*, S. 18; *Teubner,* Verfassungsfragmente, S. 96, die sich auf die von Krasner entwickelte Formel zu den Regimen beziehen, vgl. Krasner, Structural Causes and Regime Consequences: Regimes as Intervening Variables, International Organization 36 (1982), 185 ff. Sie fassen daher unter dem Regimebegriff „Prinzipien, Normen, Regeln und Entscheidungsverfahren, aus denen sich Handlungserwartungen innerhalb eines vorgegebenen Funktionsbereichs ergeben" (Ebd.) zusammen.

gleichenden Weitwinkel fokussiert wurde, soll im zweiten Teil eine Einordnung in den internationalen rechtlich und rechtssoziologischen Kontext
erfolgen. Im abschließenden Kapitel (§ 10) werden die Erkenntnisse aus
den rechtspraktischen Beobachtungen in einen theoretischen Kontext eingeordnet und es soll gezeigt werden, dass ATS-Verfahren bzw. transnationale Deliktsverfahren Teil eines transnationalen Rechtsprozesses sind,[1120]
der ohne zentrale Ordnungsinstanz funktioniert und dennoch dazu beitragen kann, dass Grund- und Menschenrechte transnationale Geltungskraft
mit horizontaler Wirkung entfalten.[1121]

1120 Vgl. zum Begriff des transnationalen Rechtsprozesses: *Koh*, 75 Nebr. L.
Rev. 181 ff. (1996); *Hanschmann*, in: Buckel/Christensen/Fischer-Lescano,
Neue Theorien des Rechts, S. 375, 381 ff.; *Fischer-Lescano/Teubner*, Regime-
Kollisionen, S. 70.
1121 Grundlegend hierzu: *Teubner*, Verfassungsfragmente, S. 189 ff.

§ 8 Transnationale Deliktsklagen im IPR und IZVR – Europa als Forum ?

Aus den Betrachtungen zu den US-Verfahren ergibt sich zunächst die Frage, inwiefern die Zuständigkeit amerikanischer Gerichte und die Anwendbarkeit US-amerikanischen Rechts in derartigen transnationalen bzw. vollkommen extraterritorialen Sachverhaltskonstellationen unter der Prämisse einer überwiegenden territorial-nationalen Segmentierung des Zivil- und Zivilprozessrechts gerechtfertigt sein können. Lassen sich Formen der extraterritorialen Jurisdiktionsausübung und Rechtsanwendung aus einer internationalen Perspektive überhaupt legitimieren oder müssen sie per se als übergriffig verurteilt werden, und sollte man derartige Konzepte, auch wenn sie einem funktionalen Zweck folgen, vollständig über Bord werfen? Als Rechtfertigungsgrund stößt man zwangsläufig auf das Universalitätsprinzip. Das Universalitätsprinzip ist zwar im Zivilrecht weniger verwurzelt als im Strafrecht, hat aber auch für privatrechtliche Fragestellungen eine zunehmende Bedeutung.[1122] Im Strafrecht regelt das Universalitätsprinzip die Anwendbarkeit des materiellen nationalen Strafrechts gemeinsam mit der Zuständigkeit der nationalen Strafgerichte für bestimmte universale Verbrechen.[1123] Ein derartiger Gleichlauf besteht im Zivilrecht normalerweise nicht, da weder aus der internationalen Zuständigkeit unmittelbar Schlüsse auf das anwendbare Recht gezogen werden können, noch umgekehrt die Anwendbarkeit des nationalen Sachrechts die internationale Zuständigkeit final indiziert.[1124] Eine Interferenz besteht nur insoweit, als das Recht der Internationalen Zuständigkeit auch das dann anwendbare Kollisionsrecht bestimmt.[1125] Der Begriff des Universalitätsprinzips im engeren Sinne ist dem Internationalen Privat- und Zivilverfahrensrecht somit eher fremd. Transnationale Sachverhalte und ihre zivil-

---

1122 *Alston/Goodmann*, International Human Rights, S. 1122.
1123 *Wilhemi*, Das Weltrechtsprinzip im internationalen Privat- und Strafrecht, S. 7.
1124 *Kropholler*, IPR, S. 612; *Wilhemi*, S. 233; eine absolute Ausnahme bilden insoweit Art. 4, 21 EuErbVO; aber das insoweit vormals gültige strenge Gleichlaufprinzip des deutschen Nachlassrechts wurde durch die FamFG-Reform aufgegeben, vgl. hierzu: MüKO-BGB/Birk, Art. 26 EGBGB, Rn. 316.
1125 *Von Bar/Mankowski*, IPR, § 3, Rn. 13.

rechtliche Behandlung könnten aber, wie sich anhand der ATS-Rechtsprechung gezeigt hat, möglicherweise ein entsprechendes Pendant auf dem
Gebiet des IPR bzw. Internationalen Zivilprozessrecht genauso erfordern.

Um das zu klären, wird sich im Folgenden zunächst damit auseinandergesetzt, ob und wie ein derartiges Prinzip auch im Zivilrecht angewandt
werden kann und sollte. Nach einer einleitenden Begriffsbestimmung (I.)
wird untersucht, welche Eigenschaften einer *universal civil jurisdiction*
das ATS aufweist (II). Anschließend erfolgt eine Untersuchung des
europäischen Zivilprozessrechts und des Internationalen Privatrechts im
Hinblick auf die Rahmenbedingungen für transnationale, strategische Deliktsklagen und auf das Universalitätsprinzip (III). An dieser Stelle wird
vor allem auch untersucht, ob nicht schon *de lege lata* Voraussetzungen
bestehen, die vergleichbaren transnationalen Sachverhalten in system-
adäquater Weise ein Forum bieten. Danach soll sich mit Vor- und Nach-
teilen einer IPR- bzw. zivilverfahrensrechtlichen *universal civil jurisdiction* auseinandergesetzt werden (IV–VI.). In diesem Abschnitt geht es neben einer prinzipiellen theoretischen Einordnung des ATS vor allem
darum, zu untersuchen, welche normativen Vorgaben für vergleichbare
transnationale Zivilprozesse im deutschen bzw. europäischen IPR bzw. Zivilprozessrecht existieren. Nur auf diese Weise lässt sich in einem nächsten Schritt eruieren, ob auch vor europäischen Zivilgerichten vergleichbare Rechtsfragen verhandelt werden können.

I. Das Universalitätsprinzip im IZPR/IPR

Um die übergeordnete Frage danach, ob es auch im Zivilprozessrecht eine
rein funktionale, universale Jurisdiktionsregel geben sollte, beantworten
zu können, muss zunächst genauer definiert werden, was das Universalitätsprinzip in diesem Kontext aussagt und verkörpert. Sobald man im zivilrechtlichen Kontext vom Universalitätsprinzip spricht, sollte zunächst
präzise zwischen einer zivilverfahrensrechtlichen und einer kollisionsrechtlichen Komponente unterschieden werden. Auch insoweit ist die bereits getroffene und im US-Recht gängige Unterscheidung zwischen der
jurisdiction to adjudicate und der *jurisdiction to prescribe* sachdienlich
und wird den nachfolgenden Ausführungen zugrunde gelegt.[1126] Grund-

---

1126 Siehe oben § 5.

sätzlich geben das jeweilige (supra-)nationale Zivilprozessrecht und das IPR die Anforderungen für die Zuständigkeit der nationalen Gerichte bzw. die Anwendbarkeit des nationalen Rechts vor. In Ermangelung einer völkerrechtlichen Zivilrechts- bzw. Zivilprozessordnung[1127] kann lediglich ein völkerrechtlicher Grundkonsens ausgemacht werden, der den jeweiligen Gesetzgeber dazu ermahnt, bei der Regulierung des Zuständigkeitsrechts oder des Kollisionsrechts auf anerkannte Anknüpfungskriterien als Tatbestandsvoraussetzungen zurückzugreifen.[1128] Die Anforderungen, die an die Anwendbarkeit des eigenen Sachrechts zu stellen sind, dürften dabei regelmäßig höher bzw. spezifischer sein als bei der Begründung der internationalen Zuständigkeit.[1129] Für beide gilt als Voraussetzung, dass gewisse Minimalkontakte (*genuine link*) zum Forumstaat bestehen sollten.[1130] Die Voraussetzungen für die Anwendbarkeit des nationalen Sachrechts sind phänotypisch etwas vielfältiger[1131] und können je nach Reglungsmaterie divergieren.[1132] Auch wenn es folglich kein zwingendes Völkerrecht gibt, das die nationalen Gesetzgeber in ihrer Regelungsbefugnis strikt limitiert,[1133] kann davon ausgegangen werden, dass das Prinzip der

---

1127 *Geimer*, IZPR, Rn. 126; *Kropholler*, IZVR, S. 46, *Schack*, IZVR, § 8, Rn. 215.

1128 *Kropholler*, IPR, S. 51 f.; *Meesen*, in: FS Mann, S. 227 ff.; *Geimer*, IZPR, Rn. 377; *Ipsen*, Völkerrecht, § 5 Rn. 71 ff.; *Verdross/Simma*, § 1183.

1129 *Geimer*, IZPR, Rn. 166; *Bertele*, S. 117 ff.; *Ziegenhain*, S. 103; gegen eine Abstufung: *Mansel*, in: Leible/Ruffert, IPR und Völkerrecht, S. 89, 123.

1130 *Geimer*, Int. ZPR, Rn. 377; *Bertele*, S. 222; *Escher/Reichert*, SchiedsVZ 2007, 71, 77; §§ 402–404 (für die jurisdiction to prescribe) und § 421 (jurisdiction to adjudicate) Restatement of Foreign Relations Law 3rd (1984).

1131 *Geimer*, Rn. 169 b; *von Bar/Mankowski*, IPR § 7 Rn. 12 ff.; § 403 Restatement of Foreign Relations Law 3rd (1984), als Anknüpfungskriterien sind z. B. anerkannt: Territorialität, Auswirkungsprinzip, Aktives/Passives, Personalitätsprinzip, Flaggenprinzip; *Born/Rutledge*, S. 597; gegen eine Abstufung: *Mansel*, in: Leible/Ruffert, IPR und Völkerrecht, S. 89, 123.

1132 *Ziegenhain*, S. 117 f.: zu den Leitgedanken des deutschen und US-amerikanischen IPR; *Bradley*, 2001 U.Chi. Legal F. 323, 324.

1133 *Ipsen*, Völkerrecht, § 5, Rn. 70; *Kropholler*, IPR, S. 51 ff.; ders., in: Handbuch des IZVR I Kap. III Rn. 46 f.; 336; *von Bar/Mankowski*, IPR, § 3 Rn. 8, 13; MüKO-BGB/*Sonnenberger*, Einl IPR, Rn. 100 ff.; *Bertele*, IZPR, Rn. 377; BGHZ 30, 1, 3; wenn es keine konkretisierenden völkergewohnheitsrechtlichen Regelungen gibt, woraus soll sich ein konkretes Verbot dann speisen? Verbote können sich doch immer nur aus genauen normativen Vorgaben entwickeln, diese fehlen in diesem Bereich aber, vgl. hierzu: *Schurig*, in: Leible/Ruffert, Völkerrecht und IPR, S. 55, 62; *Mansel*, in: Leible/Ruffert, S. 89, 119 f., der allerdings bei vollkommener Beziehungslosigkeit von Völkerrechtswidrigkeit ausge-

gegenseitigen Rücksichtnahme im internationalen Zuständigkeits- und Privatrecht einen Niederschlag gefunden hat und die nationalen Regelungen auf sachgerechte Anknüpfungskriterien abstellen.[1134] Das Abstellen auf einen hinreichenden Inlandsbezug bzw. eine „echte Verknüpfung"[1135] im Rahmen der zivilrechtlichen Zuständigkeitsbegründung erfolgt dabei aber vor allem auch aufgrund eigennütziger Interessen des Staates als aufgrund echter Rücksichtnahme zugunsten der Souveränitätsinteressen anderer Staaten. Die Grenzen für eine legitime Begründung sind somit sehr weit zu ziehen und dienen primär einer Willkürkontrolle.[1136] In einem kontradiktorischen Zivilverfahren ließe sich ein Inlandsbezug unter Umständen bereits aus der Forumswahl des Klägers ableiten,[1137] und somit sind natürlich auch reine Klägergerichtsstände nicht per se völkerrechtswidrig.

Hinter dem Begriff des Universalitätsprinzips im engeren Sinn verbirgt sich ein Ansatz, der die Ausübung der internationalen Zuständigkeit bzw. die Anwendbarkeit des eigenen Sachrechts jenseits der klassischen Anknüpfungskriterien rechtfertigt.[1138] In der Rechtspraxis hat es sich etabliert, dass die Begründung der internationalen Zuständigkeit regelmäßig voraussetzt, dass entweder der Beklagte oder aber der Streitgegenstand eine räumliche Beziehung zum Forumsstaat aufweist, sei es z. B. durch den Wohnsitz/Unternehmenssitz der Beklagten, den Erfüllungsort oder

---

hen möchte, vgl. S. 124; *Zerk*, Extraterritorial Jurisdiction: Lessons for the Business and Human Rights Sphere from Six Regulatory Areas, Harvard Corporate Social Responsibility Initiative Working Paper No. 59, S. 150 ff.; a. A. *Schütze*, Die Verweigerung Zustellung bei völkerrechtswidriger Usurpierung internationaler Zuständigkeit, RIW 2009, 497, 500, der von einem völkerrechtlichen Verbot spricht, falls kein genuine link besteht. Die Ausübung der Jurisdiktion unter dem ATS ist allerdings durch sachgerechte Kriterien und eine legitimierte Anknüpfung beschränkt.

1134 *Bradley*, 2001 U.Chi. Legal F. 323, 344; *Mann*, The Doctrine of Jurisdiction 111 Receuils des Cours 9, 73 (1964); *von Bar/Mankowski*, IPR, § 3 Rn. 12

1135 *Ipsen*, Völkerrecht, § 5, Rn. 73.

1136 *Mansel*, in: Leible/Ruffert, IPR und Völkerrecht, S. 89, 124; *Ziegenhain*, S. 48 f.

1137 *Geimer*, Rn. 377; a. A. *Ziegenhain*, S. 229 ff.

1138 Übersicht zu den klassischen Anknüpfungskriterien: vgl. z. B. §§ 402 f., 421 Rest. of the Law (Third) The Foreign Relations Law of the United States; *Randall*, Universal Jurisdiction Under International Law, 66 Tex. L. Rev. 785 (1988); *Stephens*, Translating Filartigà: A Comparative and International Law Analysis of Domestic Remedies For International Human Rights Violations, 27 Yale J. Int'l L. 1, 41 (2002); *Geimer*, IZPR, Rn. 373 ff.; *Arnauld*, Völkerrecht, § 4 C III, Rn. 346.

den deliktischen Erfolgsort.[1139] Eine auf dem Universalitätsprinzip aufbauende internationale Zuständigkeitsvorschrift funktioniert dagegen unabhängig von solchen Kriterien immer dann, wenn ein bestimmtes (deliktisches) Verhalten vorliegt. Ein derartiger Gerichtsstand ist also primär abstrakt-verhaltensbezogen und würde eine Zuständigkeit schon immer dann begründen, wenn dieses Verhalten potenziell einen besonders qualifizierten Normverstoß darstellt. Im Hinblick auf die kollisionsrechtliche Komponente würde das Universalitätsprinzip bewirken, dass die gängigen internationalprivatrechtlichen Kriterien nicht zum Tragen kommen, sondern nur aufgrund des spezifischen Verhaltens oder alleine aufgrund der Zuständigkeit der Gerichte und unabhängig von der Frage nach dem Tat- oder Erfolgsort bzw. der Nationalität der Beteiligten das jeweilige nationale Sachrecht (materielle *lex fori*) zur Anwendung kommt. Folglich verkörpert das Universalitätsprinzip einen extrem umfassenden Rechtfertigungsgrund für die Anwendung des nationalen Rechts bzw. für die Zuständigkeitsbegründung nationaler Gerichte, der sich in seiner Reinform alleine an funktionalen Kriterien orientiert und auf klassische territoriale Anknüpfungspunkte verzichtet.

II. Das ATS und das Universalitätsprinzip im US-Zivilprozess

Das ATS repräsentierte über einen längeren Zeitraum ein kollisionsrechtliches/materiell-rechtliches Universalitätsprinzips. Auch wenn die diesbezügliche Interpretation der Gerichte nicht immer einheitlich und konsequent war,[1140] wurde diese Auffassung durch die Sosa-Rechtsprechung manifestiert, da sie vorgab, dass für spezielle Völkerrechtsverletzungen

---

1139 *Mansel*, in: Leible/Ruffert, IPR und Völkerrecht, S. 89, 124 f.
1140 Vgl. zu dieser Entwicklung: *Dodge*, Alien Tort Litigation: The Road not Taken, 89 Notre Dame L. Rev. 1577 ff. (2014); *Donovan/Roberts*, The Emerging Recognition of Universal Civil Jurisidtcion, 100 AJIL 142, 146 (2006); Arrest Warrant of 11 April 2000, 2002 ICJ Rep. 3, 77. *Committee on International Human Rights Law and Practice-Internat. Law Association*, Final Report on the Exercise of Universal Jurisdiction in Respect of Gross Human Rights Offences, S. 3; Xuncax v. Gramjo, 886 F. Supp. 162, 183, Fn. 25 (D.Mass. 1995) vgl. auch: Filartiga v. Pena-Irala, 577 F.Supp. 860, 863 ff. (S.D.N.Y 1984): Das Gericht möchte aufgrund der Sachnähe zunächst paraguayisches Recht betrachten, bei der Frage nach den punitive damages dieses aber außer Acht lassen; *Bradley*, 2001 U.Chi. Legal F. 323, 342 f.

eine *Federal-Common-Law*-Anspruchsgrundlage besteht und somit das US-Recht unabhängig vom deliktischen Tat- bzw. Handlungsort, von der Nationalität der Beteiligten oder von anderen klassischen Anknüpfungspunkten angewendet werden kann. Auch Justice Breyer machte sich diese Sichtweise in seiner *concurring opinion* zur Sosa-Entscheidung zu Eigen und führte hierzu in Bezug auf das ATS aus: „[...] universal criminal jurisdiction necessarily contemplates a significant degree of civil tort recovery as well."[1141] Die internationale Zuständigkeit der US-Gerichte war somit jedoch noch nicht begründet, da das ATS grundsätzlich nur die *subject-matter jurisdiction* betrifft[1142] und die Auslegung durch den Supreme Court nur eine Form der *universal prescriptive jurisdiction* implizierte. Erst durch die Kombination mit einem teilweise sehr extensiven Verständnis der *personal jurisdiction (z. B. in Form der doing-business- oder tag-jurisdiction)*[1143] und einer von den Gerichten teilweise akzeptierten Querwirkung zwischen der Begründung der *personal jurisdiction* und dem ATS[1144] kam es zu einem faktischen Gleichlauf zwischen dem anwendbaren Recht und der internationalen Zuständigkeit.[1145] Auch wenn das ATS

1141 Sosa, 124 S.Ct. 2739, 2783 (Breyer, J., concurring, 2004).

1142 Insoweit nicht differenzierend: *M. Stürner*, JZ 2014, 13, 18; siehe hierzu ausführlich oben §§ 2, 3 und 6.

1143 Siehe oben § 6; insoweit auch differenzierend, *Wilhelmi*, S. 335.

1144 Vgl. z. B. Bauman v. Daimler, 644 F.3 d 909, 927 (9th Cir. 2010), siehe oben § 6, die Verhältnismäßigkeit der Ausübung der personal jurisdiction wird letztendlich damit begründet, dass eine subject matter jurisdiction unter dem ATS besteht.

1145 In Bezug auf die transient jurisdiction für eine Einstufung als universal civil jurisdiction: *Wilhemi*, S. 319; *van Schaack*, 42 Harv. Int'l L. J. 141, 194 (2001) (auch in Bezug auf doing business); a. A. im Hinblick auf doing business: *Wilhemi*, S. 335, beide verkennen aber insoweit, dass sowohl bei der transient jurisdiction als auch bei der doing-business jurisdiction weitere durchaus als territorial einzustufende Anknüpfungskriterien vorliegen müssen und somit weder transient noch doing business eine Reinform der universal jurisdiction to adjudicate verkörpern; wie hier: *Boyd*, Universal Jurisdiction and Structural Reasonableness, 40 Tex. Int'l L. J 1, 11 (2004); *Stephens*, Translating Filartigà: A Comparative and International Law Analysis of Domestic Remedies For International Human Rights Violations, 27 Yale J. Int'l L. 1, 12 (2002). Im Übrigen ist der „Gleichlauf" zwischen Bundesgerichtsbarkeit und der Anwendung des Bundesrechts nicht unüblich. Die Bundesgerichte wenden Bundesrecht an, wenn sie subject-matter jurisidction haben, vgl. *Michaels*, 27 Mich. J. Int'l L. 1003, 1051 (2006). Die *personal jurisdiction* betrifft das jedoch grundsätzlich nicht und die Frage nach ihr muss eigenständig beantwortet werden.

somit nie als eine unmittelbare Normierung eines zuständigkeitsrechtlichen Universalitätsprinzips gesehen werden konnte, hatte es aufgrund einer entsprechenden Anwendung durch Teile der Rechtsprechung eine vergleichbare Wirkung. In der Wissenschaft wurde diese Entwicklung zum Teil positiv rezipiert.[1146] Mittlerweile wurde ein solches Verständnis jedoch durch die Entscheidungen des Supreme Court in *Daimler v. Bauman* in Bezug auf die internationale Zuständigkeit und in *Kiobel* in Bezug auf die Anwendbarkeit des US-Rechts erheblich restringiert.[1147] *Daimler v. Bauman* negiert eine Akzeptanz der *universal adjudicative jurisdiction* im Anwendungsbereich des ATS ausdrücklich. Insbesondere schloss sich der Supreme Court auch nicht der Meinung des 9th Circuit an, welcher in einer seiner Bauman-Entscheidungen eine extensive Begründung der *personal jurisdiction* aufgrund der unter dem ATS bestehenden *subject-matter jurisdiction* für grundsätzlich verhältnismäßig hielt.[1148]

In summa verkörperte das ATS somit aufgrund der Rechtsprechung in Sosa Merkmale eines kollisionsrechtlichen Universalitätsprinzips (*universal jurisdiction to prescribe*).[1149] Auch wenn die Rechtsprechung die Frage des anwendbaren Rechts nicht immer einheitlich behandelte, tauchte in der Folgezeit die klassische kollisionsrechtliche Fragestellung, ob ausländisches Recht oder US-Recht anzuwenden sei, nicht mehr auf.[1150] Die Streitfrage war vielmehr, ob sich die übrigen Anspruchsvoraussetzungen

---

1146 *Boyd*, 40 Tex. Int'l L. J 1, 11 (2004); *Donovan/Roberts*, The Emerging Recognition of Universal Civil Jurisdiction, 100 Am. J. Int'l L. 142, 163 (2006); *Leval*, Distant Genocides, 38 Yale J. Intl. L. 231 ff. (2013).

1147 *Ku*, Kiobel and the Surprising Death of Universal Jurisdiction under the Alien Statute, 107 Am. J. Int'l L. 835, 837 f. (2013); siehe hierzu bereits oben: §§ 4, 6, 7.

1148 Bauman v. Daimler, 644 F.3 d 909, 927 (9th Cir. 2010).

1149 *Weinberg*, 99 Cornell L. Rev. 1471, 1472 f. (2014); *Stephens*, 27 Yale J. Int'l L. 1, 11 f. (2002); *Engle*, The Alien Tort Statute and the Torture Victims' Protection Act: Jurisdictional Foundations and Procedural Obstacles, 14 Willamette J. Int'l L. & Dis. Res. 1, 32 (2006); vgl. auch: Aldana v. Del Monte Fresh Produce N.A., Inc. 578 F.3 d 1283, 1306 (11th Cir. 2009): *"In contrast, the federal claims at issue here require the court to apply United States statutory law and implicate treaty law and law of nations. The United States has a strong interest in its courts deciding these federal claims and there would be no difficulty regarding conflicts of law or in the application of foreign law"*; Wilhelmi, S. 335.

1150 In dieser Form aber noch vor Sosa, z. B.: Filartiga, 577 F.Supp. 860, 862 ff. (D.C.N.Y. 1984); Filartiga, 630 F.2 d 876, 889, Fn. 25 (2nd Cir. 1980); zu dieser Entwicklung: *Dodge*, 89 Notre Dame L. Rev. 1577 ff. (2014).

nach Völkerrecht oder *federal common law* bestimmen lassen müssen.[1151]
Bei dieser Streitfrage handelt es sich aber gerade nicht um eine klassische
kollisionsrechtliche Frage (*conflicts of law*). Die *Kiobel*-Rechtsprechung
stellt allerdings eine Einschränkung des Universalitätsgedankens des ATS
dar:[1152] Denn legt man dem Universalitätsprinzip ein enges Verständnis
zugrunde, dann würde das in Bezug auf das anwendbare Recht bedeuten,
dass das nationale Sachrecht unabhängig von territorialen und persönlichen Beziehungen zum Forumsstaat zur Anwendung kommen müsste.[1153]
Dies ist nach Kiobel nicht mehr der Fall, da sowohl *Chief Justice* Roberts
als auch *Justice* Breyer in ihren jeweiligen Entscheidungsbegründungen
zusätzliche Anforderungen an die Anwendung des *federal common law*
stellen. Man könnte also weiterhin von einem modifizierten Universalitätsprinzip sprechen, da auch nach Kiobel die Anwendung des US-amerikanischen *federal-common law* unabhängig vom Ort des Verletzungserfolges oder der Verletzungshandlung[1154] infrage kommt, wenn das Delikt
entsprechend qualifiziert ist und wenn die Ansprüche die USA mit nach-
haltigem Gewicht „berühren und betreffen"[1155] bzw. wenn ein eindeutiges
US-amerikanisches Interesse betroffen ist.[1156] Nach der Kiobel-Entscheidung wurde die Anwendung des US-amerikanischen Rechts in ATS-Fällen somit an weitere Bedingungen geknüpft, und auch die materiell-rechtlichen Wesensmerkmale des Universalitätsprinzips sind dem ATS somit
streng genommen nicht mehr zuzuschreiben. Vorhanden sind sie nur noch
insoweit, als sie – zumindest nach der hier vertretenen Auffassung –[1157]
die Anwendung des US-Rechts unabhängig von der *lex loci delicti com-
missi* zulassen. Insgesamt lässt sich somit feststellen, dass das zivilrechtliche Universalitätsprinzip in der US-amerikanischen Rechtsordnung keinen

---

1151 Vgl. oben § 5; Sarei v. Rio Tinto, 671 F.3 d 736 (9th Cir. 2011); Doe v. Exxon,
654 F.3 d 11 (D.C. Cir. 2011); *Ainscough*, 28 Berkeley J. Int'l L. 588 ff. (2010).

1152 *Ku*, 107 Am. J. Int'l. L. 835, 841 (2013).

1153 Zur Begrifflichkeit: *Wilhelmi*, S. 11.

1154 Das gilt zumindest nach der hier vertretenen Auslegung des „Touch-and-concern"-Erfordernisses siehe oben § 4 IV so auch mittlerweile: Al Shimari v. CA-
CI Premier Technology, Inc., XXX F.3 d XXX, 2014 WL 2922840 (4th Cir.
2014).

1155 Kiobel, 133 S.Ct. 1659, 1669 (2013); vgl. hierzu oben Kapitel § 4 II.

1156 Kiobel, 133 S.Ct. 1659, 1674 (Breyer J., concurring 2013).

1157 Siehe oben Kapitel § 4 IV; vgl.: Al-Shimari v. Caci Intern. Co., 758 F.3 d 516
(4th Cir. 2014).

Fremdkörper darstellt.[1158] Ein weiteres Beispiel aus diesem Bereich verkörpert der *Torture Victim Protection Act* (TVPA), der es jedem Folteropfer weltweit ermöglicht, sich auf einen Schadensersatzanspruch nach US-Bundesrecht zu beziehen.[1159]

III. Die normativen Vorgaben des IPR bzw. Internationalen Zivilverfahrensrechts in Deutschland und Europa

Obwohl die EU-Kommission in ihren *Amicus-Curiae*-Schreiben innerhalb des Sosa- bzw. Kiobel-Verfahrens feststellte, dass die Staatengemeinschaft in Bezug auf die Verfolgung bestimmter Delikte ein zivilrechtliches Universalitätsprinzip akzeptiert,[1160] existieren im hier relevanten Bereich des europäischen Zivilrechts bzw. Zivilverfahrensrechts weder supranationale noch nationale Regeln, die Selbiges unmittelbar statuieren. Die Verfolgung schwerwiegender extraterritorialer Völker- bzw. Menschenrechtsverletzungen unter der Anwendung eines Universalitätsprinzips war in Europa in der Vergangenheit mehrheitlich dem Strafrecht vorbehalten.[1161] Das Universalitätsprinzip, als Rechtfertigung für die Ausübung legislativer oder anderer staatlicher Hoheitsgewalt, ist auch im Europäischen Rechtsraum grundsätzlich kein unbekanntes Institut.[1162] Diese Aussagen

---

1158 *Donovan/Roberts*, The Emerging Recognition of Universal Jurisdiction, 100 Am. J. Int'l L. 142, 146 (2006).

1159 TVPA § 1350 28 U.S.C.A; *Bradley*, 2001 U.Chi. Legal F. 323, 342.

1160 Vgl. Brief of Amicus Curiae of the European Comission in Support of Neither Party, Sosa, 542 U.S. 692 (2004), 2004 WL 177036 *1, 22 ff.; Supplemental Brief of the European Commission on Behalf of the EU in Support of Neither Party, Kiobel, 133 S.Ct. 1659 (2013), 2012 WL 2165345 *1, 13 ff.

1161 Vgl. Pinochet-Fall hierzu: *Byers*, The Law and Politics of the Pinochet Case, 10 Duke J. Comp. & Int'l L. 415 (2000); vgl. Regelung des deutschen Völkerstrafgesetzbuchs, § 1 VStGB, hierzu: *Werle*, Völkerstrafrecht und deutsches Völkerstrafgesetzbuch, JZ 2012, 373 ff.; OLG Frankfurt – 18.02.2014 –, 5 – 3 StE 4/10 – 4 – 3/10 (noch nicht veröffentlichtes Urteil gegen einen ruandischen Staatsbürger wegen eines Massakers im ruandischen Bürgerkrieg, vgl. hierzu: *Prantl*, Mörder, Mörder, Völkermörder, Süddeutsche Zeitung v. 18.02.2014 abrufbar unter: http://www.sueddeutsche.de/politik/deutsches-urteil-zu-voelkermord-in-r uanda-moerder-moerder-voelkermoerder-1.1892660); *Kroker*, Universal Jurisdiction in Germany: The Trial of Onesphore R. Before The Higher Regional Court of Frankfurt, 54 German Y. B. Int'l L. (2011), 671 ff.

1162 Vgl. z. B. Art. 3 EuInsVO; EuGH, C-366/10 (Air Transport Association u. a.), Schlussanträge der Generalanwältin *Kokott* v. 6.10.2011, Rn. 149; Bericht des

dürfen freilich nicht darüber hinwegtäuschen, dass die Implementierung eines Universalitätsprinzips im Zivil- bzw. Zivilverfahrensrecht auch durchaus kritisch gesehen wurde, da durch dessen Gebrauch eine zu breite extraterritoriale Rechtsanwendung und eine damit verbundene weitreichende Intervention in die Angelegenheiten anderer souveräner Staaten befürchtet werden.[1163] Diese Einwände werfen die Fragen danach auf, ob ein Universalitätsprinzip mit den Grundstrukturen des europäischen Zivilprozess- und Kollisionsrechts grundsätzlich vereinbar wäre und ob trotz des Nichtexistierens eines normierten Universalitätsprinzips in Form eines europäischen ATS vergleichbare Verfahren in Europa dennoch justiziabel sind. Im Folgenden soll daher untersucht werden, wie sich das europäische Zivilprozessrecht und das IPR zu Fragen, die im Zusammenhang mit transnationalen Deliktsverfahren gegen multinationale Unternehmen stehen, verhält (1./2.) und inwieweit vergleichbare Fälle bereits vor europäischen Gerichten verhandelt wurden (3.).

1. Deutschland und die EU als Forum für transnationale Deliktsklagen

Trotz der ausdrücklichen Wertschätzung einer *universal civil jurisdiction* durch die EU-Kommission enthält das Europäische Zivilverfahrensrecht keine Zuständigkeitsregelungen, die ein entsprechendes Prinzip auch nur annähernd verkörpern. Die einschlägigen Zuständigkeitsvorschriften sind dabei entweder der EuGVVO (a) oder dem autonomen nationalen Recht zu entnehmen (b). Auch wenn sich aus diesen Vorschriften kein zivilverfahrensrechtliches Universalprinzip ableiten lässt, so gehen aus ihnen doch einige Gerichtsstände hervor, die auch bei Streitgegenständen mit überwiegendem Auslandsbezug die internationale Zuständigkeit europäischer Gerichte begründen können. Diese Grund- und Rahmenbedingungen für potenzielle transnationale Deliktsklagen sollen im Folgenden dargestellt werden.

Europäischen Rates v. 16.04.2009, AU-EU Expert Report on the Principle of Universal Jurisdiction, 8672/1/09 REV 1, abrufbar unter: http://ec.europa.eu/dev elopment/icenter/repository/troika_ua_ue_rapport_competence_universelle_EN. pdf (zuletzt besucht am 27.08.2014); vgl. allgemein zur völkerrechtlichen Determination: Doehring, Völkerrecht, Rn. 821; Hobe, Völkerrecht, S. 100.

1163 Brief of the Governments of the Commonwealth of Australia, the Swiss Confederation and the United Kingdom of Great Britain and Northern Ireland as Amici Curiae, S. 2 f., Sosa v. Alvarez-Machain, 542 U.S. 692 (2004).

a) Die Gerichtsstände der EuGVVO

Die EuGVVO repräsentiert ein streng territoriales Zuständigkeitsregime, da für ihre Anwendung nicht nur ihr sachlicher Anwendungsbereich eröffnet sein muss, sondern der Beklagte grundsätzlich seinen Sitz/Wohnsitz in einem Mitgliedstaat haben muss.[1164] Sobald also ein Zivilverfahren isoliert gegen einen Beklagten mit Sitz in einem Drittstaat anhängig gemacht wird, kommt es zur Anwendung des nationalen Zivilverfahrensrechts inklusive der in Art. 3 II/5 II n. F. EuGVVO geächteten exorbitanten Zuständigkeitsregelungen. Es muss also streng danach differenziert werden, ob der Beklagte seinen Wohnsitz (Art. 59/62 n. F. EuGVVO) in einem Mitgliedstaat hat, wobei es bei juristischen Personen oder Gesellschaften auf ihren Sitz ankommt (Art. 60 bzw. 63 n. F. EuGVVO), der sich entweder an deren satzungsmäßigem Sitz (lit. a), ihrer Hauptverwaltung (lit. b) oder ihrer Hauptniederlassung (lit. c) befindet, oder ob sich der Sitz im Ausland befindet. Die Vorschriften der EuGVVO kommen somit regelmäßig nur dann zur Anwendung, wenn sich das Verfahren gegen eine Beklagte mit Wohnsitz/Sitz in ihrem Anwendungsbereich richtet (vgl. Art. 4/Art. 6 n. F. EuGVVO); etwas anderes gilt nur für die hier nicht relevanten ausschließlichen Gerichtsstände des Art. 22/24 n. F. EuGVVO und für Gerichtsstandsvereinbarungen gem. Art. 23/25 n. F. EuGVVO.

Im Anwendungsbereich der EuGVVO lässt der Art. 5 Nr. 3/Art. 7 Nr. 2 n. F. eine Zuständigkeitsbegründung immer dann zu, wenn der Verletzungserfolg zwar im Ausland eingetreten ist, der Handlungsort aber im Anwendungsbereich der EuGVVO liegt.[1165] Per definitionem wird hierdurch zwar kein universaler Gerichtsstand begründet, dennoch ermöglicht Art. 5 Nr. 3/Art. 7 Nr. 2 n. F. EuGVVO eine Zuständigkeitsbegründung für ein deliktisches Ereignis, das zumindest partiell extraterritorial ist. In Fällen transnationaler Delikte erscheint eine Zuständigkeitsbegründung über

---

1164 *Kropholler*, Europäisches Zivilprozessrecht, vor Art. 2 EuGVO, Rn. 5 ff.; *Hess*, Europäisches Zivilprozessrecht, § 5 Rn. 9; vgl. insoweit auch: EuGH, Urt. v. 28.9.1999, Rs. C-4470/97 (GIE Group Concorde), Slg 1999 I-6307, Rn. 23 f.; EuGH 1.3.2005, Rs. C-281/02. (Owusu/Jackson), Slg. 2005 I-1383, Rn. 38 ff. Eine Ausnahme hiervon spiegeln freilich die ausschließlichen Gerichtsstände des Art. 22/24 n.F. EuGVVO wider; auch wird dieser Grundsatz durchbrochen, wenn eine Gerichtsstandvereinbarung nach Art. 23/25 n.F. EuGVVO vorliegt.

1165 *Kropholler/von Hein*, EuZPR, Art. 5, Rn. 83 d; Stein/Jonas/*Wagner*, Art. 5 Rn. 143 f.; EuGH, Urt. v. 30.11.1976, 21/76 (Bier BV v. Mines de Potasse D'Alsace SA), Slg. 1976, 1735, 1746 f.

einen Gerichtsstand der EuGVVO somit immer auch dann möglich, wenn der Erfolgsort in einem Drittstaat liegt, solange die Beklagte ihren Sitz in irgendeinem Mitgliedstaat hat und der Handlungsort des deliktischen Verhaltens dort zu lokalisieren ist. Aufgrund dieser Wirkweise sahen manche Autoren in den Regelungen der Art. 5 Nr. 3 und 5 Nr. 5 der EuGVVO (Art. 7 Nr. 2 bzw. 7 Nr. 5 n. F.) eine Parallelvorschrift zum ATS.[1166] Dieser Vergleich ist aber nicht haltbar: Zum einen regelt das ATS die *subject-matter jurisdiction* und nicht die *personal jurisdiction*. Außerdem ist der Anwendungsbereich der EuGVVO nicht auf ausländische Kläger beschränkt.[1167] Hinzu kommt, dass auch Art. 5 Nr. 5 EuGVVO (7 Nr. 5 n. F.) nur dann zur Anwendung kommt, wenn sich die Zweigniederlassung o. ä. in einem Mitgliedstaat befindet.[1168] Ein Analogieschluss zum ATS und seiner rein extraterritorialen Anwendung ist also absolut nicht nachvollziehbar. Auch das in Art. 5 Nr. 3/7 Nr. 2 n. F. EuGVVO verwurzelte Ubiquitätsprinzip[1169] ist nicht mit dem Universalitätsprinzip zu verwechseln und würde nur dann zu einer Zuständigkeit eines Gerichts eines Mitgliedstaates führen, wenn der extraterritoriale Verletzungserfolg auf eine deliktischen Handlung in einem Mitgliedstaat zurückzuführen ist. Zweifellos könnte die Zuständigkeit insoweit beispielsweise gegenüber einem EU-Mutterunternehmen begründet werden, sofern sich die Kläger auf eine entsprechende Handlung oder ein Unterlassen des Vorstands stützen. Die Begründung der Zuständigkeit gegenüber einer in der EU sitzenden Beklagten ist jedoch nicht das Problem. Viel entscheidender ist doch die Frage danach, ob der Handlungsort in einer solchen Deliktskonstellation auch einem an dem Delikt beteiligten Tochterunternehmen zugerechnet werden

---

1166 *De Schutter*, The Accountability of Multinationals for Human Rights Violations in European Law, Center for Human Rights and Global Justice Working Paper, Number 1 (2004), S. 33 f., der die EuGVVO als einen Foreign Tort Claims Act analogisiert, abrufbar unter: http://www.chrgj.org/publications/docs/wp/s04de-schutter.pdf (Letzter Aufruf: 14.01.2015); differenzierter: *Jägers/van der Heijden*, Corporate Human Rights Violations: The Feasibility of Civil Recourse in the Netherlands, 33 Brook J. Int'l L. 833, 847 f. (2008).

1167 Das erkennt auch *de Schutter*, The Accountability of Multinationals for Human Rights Violations in European Law, Center for Human Rights and Global Justice Working Paper, Number 1 (2004), S. 33 f.

1168 *Hess*, EZPR, § 6 II Rn. 76; Stein/Jonas/*Wagner*, Art. 5, Rn. 190 ff.

1169 Vgl. hierzu: *Kropholler/von Hein*, EuZPR, Art. 5, Rn. 83 d; Stein/Jonas/*Wagner*, Art. 5 EuGVVO, Rn. 143 f.; EuGH, Urt. v. 30.11.1976, 21/76 (*Bier BV v. Mines de Potasse D'Alsace SA*), Slg. 1976, 1735, 1746 f.

kann, insbesondere dann, wenn dieses Tochterunternehmen in einem Drittstaat sitzt.[1170] Ließe Art. 5 Nr. 3/Art. 7 Nr. 2 n. F. EuGVVO tatsächlich eine solche Auslegung zu, dann könnte man insofern tatsächlich Ansätze eines Universalitätsprinzips erkennen. Der EuGH hat mittlerweile jedoch entschieden, dass eine Handlungsortzurechnung zum Zwecke der Begründung eines Gerichtsstandes nach Art. 5 Nr. 3/Art. 7 Nr. 2 n. F. EuGVVO nicht einmal vorgenommen werden kann, wenn es sich um mehrere Beteiligte aus unterschiedlichen Mitgliedstaaten handelt.[1171] Folglich kommt auch eine Zurechnung zwischen einem im Anwendungsbereich der EuGVVO Handelnden und einem Beteiligten, der außerhalb des Anwendungsbereichs sitzt und handelt, nicht infrage. Ein Vergleich zwischen der Regelung des Art. 5 Nr. 3/Art. 7 Nr. 2 n.F. EuGVVO und dem ATS ist also vollkommen abwegig.[1172]

Auch in Fällen, in denen eine Beklagte aus einem Mitgliedstaat gemeinsam mit einem Beklagten aus einem Drittstaat verklagt werden soll, findet die EuGVVO lediglich gegenüber dem Beklagten aus dem Mitgliedstaat Anwendung. Daran ändert auch der Gerichtsstand der Streitge-

---

1170 Hierzu folgendes Fallbeispiel: Der X-AG mit Sitz in Deutschland wird vorgeworfen, zum Betrieb und zur Überwachung ihrer Produktionsstätten und Plantagen in Uganda einen paramilitärischen Sicherheitsdienst eingesetzt zu haben. Dieser Sicherheitsdienst setzt die Interessen des Unternehmens mit äußerst gewaltsamen Methoden durch und vertrieb unter Einsatz von Gewalt zahlreiche Anwohner von ihren Grundstücken. Die Koordination des Sicherheitsdienstes vor Ort übernahm die Z-Ltd., eine ugandische Tochter der X-AG. Geschädigte möchten sowohl die X-AG als auch ihr Tochterunternehmen vor einem deutschen Gericht verklagen.

1171 EuGH, Urt. v. 16.5.2013– C-228/11 (*Melzer/MF Global UK Ltd*) = NJW 2013, 2099 (m. Anm. Müller); EuGH, Urt. v. 3.4.2014– C-387/12 (*Hi Hotel HCF SARL/Spoering*) = NJW 2014, 1793; Musielak/Stadler, ZPO, VO (EG) 44/2001, Art. 5, Rn. 25; a. A. Rauscher/*Leible*, Rn. 88 c; *Krophpller/von Hein*, EZPR, Art. 5 Rn. 83 b; anders auch der BGH für eine Zuständigkeitsbegründung nach § 32 ZPO, vgl. hierzu: BGH, Urt. v. 9.3.2010 – XI ZR 93/09 = BGHZ 184, 365 = NZG 2010, 550; nicht eindeutig: Stein/Jonas/*Wagner*, Art. 6, Rn. 153.

1172 Dahin gehend aber: *de Schutter*, The Accountability of Multinationals for Human Rights Violations in European Law, Center for Human Rights and Global Justice Working Paper, Number 1 (2004), S. 33 f., der die EuGVVO als einen Foreign Tort Claims Act analogisiert, abrufbar unter: http://www.chrgj.org/publications/docs/wp/s04deschutter.pdf (letzter Aufruf: 18.01.2015). Kritisch insoweit auch: *Jagers/van der Heijden*, Corporate Human Rights Violations: The Feasibility of Civil Recourse in the Netherlands, 33 Brook. J. Int'l L. 833, 847 f. (2008).

nossenschaft aus Art. 6 Nr. 1/Art. 8 Nr. 1 n. F. EuGVVO nichts.[1173] Nach der Rechtsprechung des EuGH ließe sich die Zuständigkeit gegenüber dem ausländischen Tochterunternehmen nicht über Art. 6 Nr. 1; 60 Abs. 1/ Art. 8 Nr. 1 n.F. EuGVVO begründen, und eine behauptete gemeinsame deliktische Tatbegehung von Mutter- und Tochterunternehmen würde nicht dazu führen, dass eine Zuständigkeit gegenüber dem Tochterunternehmen unmittelbar aus der EuGVVO abgeleitet werden könnte. Vielmehr würde gegenüber dem Tochterunternehmen eine Zuständigkeitsbegründung nach autonomem nationalem Recht stattfinden. Somit lässt sich im Anwendungsbereich der EuGVVO die Zuständigkeit europäischer Gerichte zwar problemlos gegenüber einer im europäischen Justizraum sitzenden Beklagten begründen, auch wenn diese extraterritorial handelt, nicht aber gegenüber Beklagten aus Drittstaaten.

Ein ursprünglicher Reformvorschlag zur Überarbeitung der EuGVVO sah die Schaffung eines *forum necessitatis* vor.[1174] Diese Notzuständigkeit sollte eingreifen, wenn der Beklagte seinen Sitz in einem Drittstaat hat, der Rechtsstreit eine Verbindung zu dem Mitgliedstaat aufweist und für das Verfahren kein Forum existiert, an dem ein faires Verfahren gewährleistet wird.[1175] Unabhängig von der konkreten Wortlautauslegung verkörpert eine derartige Regelung zumindest partiell eine universale Zuständigkeitsbegründung, da sie unabhängig vom Sitz des Beklagten und der Lokalisierung des Sachverhalts funktionieren würde. Allerdings fand dieser Teil des Kommissionsvorschlags bei der endgültigen Reform der

---

1173 EuGH (Dritte Kammer), Urt. v. 11. 4. 2013– C-645/11 (*Land Berlin/Ellen Mirjam Sapir u. a.*) = EuZW 2013, 504 ff. (m. Anm. Dietze); MüKO-ZPO/*Gottwald*, Art. 6 EuGVO, Rn. 2; zuvor für eine analoge Anwendung: Rauscher/*Leible*, EZPR, Art. 6 Brüssel I Rn. 7; Stein/Jonas/*Wagner*, Art. 6 EuGVVO Rn. 22.

1174 Kommissionsvorschlag zur Überarbeitung der Brüssel I VO v. 14.12.2010, COM (2010), 748 final, S. 8

1175 Art. 26 des Kommissionsvorschlags lautet: "Where no court of a Member State has jurisdiction under this Regulation, the Courts of a Member State may, on an exceptional basis, hear that case if the right to a fair trial or the right to access to justice so requires, in particular: (a) if proceedings cannot reasonably be brought or conducted or would be impossible in a third State with which the dispute is closely connected; or (b) if a judgment given on the claim in a third State would not be entitled to recognition and enforcement in the Member State of the court seised under the law of that State and such recognition and enforcement is necessary to ensure that the rights of the claimant are satisfied; and the dispute has a sufficient connection with the Member State of the court seised."

EuGVVO keine Beachtung und ist somit nicht in ihrer Neufassung enthalten. Die Nichtaufnahme eines *forum necessitatis* in die Neufassung der EuGVVO ist zu kritisieren. Immerhin wird ein entsprechender Gerichtsstand in 10 Mitgliedstaaten grundsätzlich akzeptiert.[1176] Sie dürfte aber insbesondere daran gescheitert sein, dass auch der Anwendungsbereich der EuGVVO nicht auf Beklagte aus Drittstaaten erstreckt wurde,[1177] denn nur in diesem Zusammenhang wäre ein *forum necessitatis* von hervorgehobener Bedeutung gewesen.

b) Vorschriften der ZPO

Sollte der Anwendungsbereich der EuGVVO nicht eröffnet sein, da der Beklagte nicht über einen Sitz in einem Mitgliedstaat verfügt, kommen die nationalen Zuständigkeitsregelungen inklusive der von Art. 3 Abs. 2/Art. 5 Abs. 2 n. F. EuGVVO geächteten exorbitanten Vorschriften zur Anwendung. Doch auch unter diesen befinden sich keine universellen Zuständigkeitsregelungen im engeren Sinne. Manche dieser Zuständigkeitsvorschriften weisen jedoch gewisse Wesensmerkmale auf, die eine Tendenz zu einer universellen Zuständigkeitsbegründung erkennen lassen. So besitzt beispielsweise § 23 ZPO expressis verbis einen sehr weiten Anwendungsbereich. Auch wenn § 23 ZPO durch die Rechtsprechung des BGH restriktiv ausgelegt wird, so ermöglicht er insgesamt einen recht weitläufigen Zugriff auf ausländische Beklagte und ausländische Sachverhalte. Der Wortlaut des § 23 ZPO knüpft die Zuständigkeit deutscher Gerichte zunächst ausschließlich an ein in Deutschland belegenes Vermögen und erfährt erst durch die Rechtsprechung des BGH eine dahin gehende Beschränkung, dass zusätzlich noch ein hinreichender Inlandsbezug vorlie-

---

1176 *Nuyts*, Study on Residual Jurisdiction – General Report, 03.09.2007, abrufbar unter: http://ec.europa.eu/civiljustice/news/docs/study_residual_jurisdiction_en.pdf (letzter Aufruf: 19.01.2015); Heß, EZPR, § 5 Rn. 19; diese erwähnend: Brief of the European Commission on Behalf of the European Union as Amicus Curiae in Support of Neither Party, Kiobel v. Royal Dutch Petroleum, 2012 WL 2165345, *1, 24, Fn. 66; *Kaeb/Scheffer*, The Paradox of Kiobel in Europe, 107 Am. J. Int'l L. 852, 853 (2013); vgl. z.B. Art. 9 Niederländische ZPO.

1177 Diese Tatsache ist auch zu kritisieren, vgl. hierzu schon vor der Reform: *Hess*, EZPR, § 5, Rn. 19.

gen muss.[1178] Diese restriktive Einschränkung wurde ob ihrer Rechtsunsicherheit erzeugenden Wirkung kritisiert.[1179] Tatsächlich erfordert das ungeschriebene Tatbestandsmerkmal des hinreichenden Inlandsbezugs differenzierende Einzelfallentscheidungen und reduziert das Maß an vorhersehbarer Rechtsklarheit. Allerdings erreicht diese Reduktion kein Maß, welches die Existenz des Vermögensgerichtsstands insgesamt als nicht hinnehmbar erscheinen lassen würde.[1180] Die grundsätzliche Kritik an § 23 ZPO und seiner Auslegung ist somit überzogen. Wann ließe sich also ein Gerichtsstand nach § 23 ZPO gegenüber einer ausländischen Beklagten begründen? Zunächst müsste sie zwangsläufig über ein Vermögen im Inland verfügen, darunter versteht man jeden „geldwerten Gegenstand, dem ein eigner Verkehrswert zukommt"[1181]. Eine quantitative Einschränkung des Vermögensbegriffs wird überwiegend dadurch vorgenommen, dass gefordert wird, dass das Vermögen ausreichen sollte, um die Forderung zu befriedigen.[1182] Ebenso werden herkömmliche Alltagsgegenstände vom Vermögensbegriff ausgenommen, etwas anderes soll jedoch für Luxusgegenstände gelten.[1183] Eine darüber hinausgehende Einschränkung des Vermögensbegriffes findet aber nicht statt. Bezogen auf die hier im Fokus stehenden Fallgruppen drängt sich die Frage auf, ob das inländische Tochterunternehmen einer ausländischen Mutter als Vermögen im Sinn des § 23 gelten kann. Nach der oben genannten Definition stellen Gesellschaftsanteile zweifellos Vermögen im Sinn des § 23 ZPO dar und ein Gerichtsstand wäre am Sitz der inländischen Tochtergesellschaft begründet.[1184] In-

---

1178 BGH-Urteil v. 13.12.2012- III ZR 282/11 = NJW 2013, 386 f; BGHZ 115, 94 ff.; kritisch hierzu: *H. Roth* in: Stein/Jonas, Kommentar zur Zivilprozessordnung, 23. Aufl. 2014, § 23, Rn. 10; Musielak/*Heinrich*, ZPO, § 23, Rn. 3.

1179 Stein/Jonas/*Roth*, § 23 Rn. 9 ff. (der für eine Einschränkung über den Vermögensbegriff plädiert, vgl. Rn. 13); a. A. *Kropholler*, IPR, S. 625.

1180 So aber: *Kropholler*, IPR, S. 624 (die Vorschrift steht für internationales catch as you can, aber nicht für Fair Play).

1181 MüKO-ZPO/*Patzina*, § 23 ZPO Rn. 16; Musielak/*Heinrich*, ZPO, § 23 Rn. 7 f.; Stein/Jonas/*Roth*, § 23 Rn. 13.

1182 MüKO-ZPO/*Patzina*, § 23 ZPO Rn. 16; Musielak/*Heinrich*, ZPO, § 23 Rn. 7 f.; Stein/Jonas/*Roth*, § 23 Rn. 13; offengelassen von BGHZ 115, 90, 93.

1183 Stein/Jonas/*Roth*, § 23 Rn. 16., *Kropholler*, Hdb. IZVR Bd. 1 Rd. 314.

1184 Stein/Jonas/*Roth*, § 23 Rn. 29; MüKO-ZPO/*Patzina*, § 23 Rn. 17 (der aber behauptet, der BGH vertrete insoweit eine andere Auffassung, mit Verweis auf BGH NJW 1993, 2683, allerdings lässt sich der diesem Rechtsstreit zugrunde liegende Sachverhalt nicht mit dieser Konstellation vergleichen, da in dem vom BGH verhandelten Sachverhalt die Beklagte sämtliche Anteile an einer auslän-

soweit kann man durchaus gewisse Parallelen zu einer Begründung der *general jurisdiction* in den USA über die *Alter-Ego-* oder *Agency*-Doktrin erkennen.

Allerdings würden die bloße Existenz der Gesellschaftsanteile und ihre Einordnung als Vermögen nicht genügen, vielmehr wäre nach der Rechtsprechung noch ein hinreichender Inlandsbezug erforderlich. Wann ein solcher besteht, muss in Ermangelung einer präzisen und abschließenden Bestimmung anhand des Einzelfalls ermittelt werden. Es wird generell bemängelt, dass es die Rechtsprechung bis dato versäumt hat, einen „Kriterienkatalog"[1185] für die Anforderungen an den Inlandsbezug aufzustellen. Allerdings können gewisse abstrakte Kriterien durchaus ausgemacht werden. Um diese zu bestimmen, muss man sich zunächst den Zweck der Restriktion der Vorschrift vor Augen halten. Der BGH begründete diese vornehmlich mit dem Gebot einer völkerrechtsfreundlichen Auslegung.[1186] Das restriktive Verständnis des § 23 ZPO begründete der BGH dann methodisch vornehmlich mittels einer historisch-teleologischen Auslegung des § 23 ZPO und der entsprechenden völkerrechtlichen Vertragspraxis.[1187] Aus der Historie und dem Telos der Norm ergibt sich zunächst, dass § 23 ZPO und seine Vorgängernorm inländische Gläubiger vor dem Entzug ihrer ausländischen Schuldner schützen sollte.[1188] Der BGH stützte sein Urteil zudem auf eine entgegenstehende völkervertragliche Praxis.[1189] Der BGH verwies hierbei auf multilaterale und bilaterale Abkommen, mit denen die Vertragsparteien exorbitante Zuständigkeitsregelungen im Anwendungsbereich des jeweiligen Vertrages ausschlossen.[1190] Selbst wenn außerhalb des Anwendungsbereiches derartiger Übereinkommen eigentlich nicht ohne Weiteres von einer entsprechenden völkerrechtlichen Pra-

---

dischen Gesellschaft hielt und diese erst über Gesellschaftsanteile an der inländischen GmbH verfügte, insofern ging es eigentlich eher um die konkrete Zuordnung des Vermögens als um die Frage an sich; so auch Stein/Jonas/*Roth*, § 23 Rn. 24.

1185 OLG Düsseldorf, NJOZ 2006, 2719, 2725; *Koechel*, § 23 ZPO als reiner Klägergerichtsstand?, IPRax 2014, 312, 313.

1186 BGHZ 115, 90, 92 f. = BGH NJW 1991, 3092, 3093, der BGH stellt an dieser Stelle aber auch ganz klar fest, dass der § 23 ZPO weder völkerrechts- noch verfassungswidrig ist.

1187 BGHZ 115, 90, 94 f.

1188 BGHZ 115, 90, 94 f.

1189 BGHZ 115, 90, 95.

1190 BGHZ 115, 90, 95.

xis ausgegangen werden kann, stützt sich die deutsche Rechtsprechung auf diese durch Vertrag geschaffenen Einschränkungen und überträgt sie partiell auf Sachverhalte, in denen mit dem Wohnsitz-/Sitzstaat der Beklagten keine Zuständigkeits- und Anerkennungsabkommen bestehen.[1191] Dagegen lässt sich anführen, dass diese Zurückhaltung bei der Anwendung exorbitanter Zuständigkeitsregeln auf die jeweiligen Vertragsparteien zu beschränken ist, weil darin gegenseitige Zugeständnisse zum Ausdruck kommen, die ungebundene Drittstaaten nicht zu machen hatten.[1192] Darüber hinaus sind das Bestehen und die Reichweite völkerrechtlicher Grenzen der internationalen Zuständigkeit nationaler Gerichte grundsätzlich umstritten.[1193] Einvernehmen herrscht bestenfalls darüber, dass ein Minimalbezug zum Gerichtsstaat bestehen sollte, wobei ein solcher, bei der Existenz eines entsprechenden Vermögens, gerade schon bestehen würde.[1194] Über die Notwendigkeit der Restriktion und ihre Begründung lässt sich somit sicherlich streiten.[1195] Doch wie lässt sich § 23 ZPO nun im Einklang mit der Rechtsprechung verstehen. Zunächst sollte man sich die zuständigkeitsrechtliche Grundkonstellation vor Augen halten und sich darauf beziehen, dass sowohl die Interessen des Klägers als auch die des Beklagten adäquat berücksichtigt werden sollten. Insoweit muss man bedenken, dass im Vermögen des Beklagten immer schon ein, wenn auch sehr allgemeiner, Bezugspunkt zum Forum begründet ist und es somit schon aus Sicht des Beklagten nicht vollkommen willkürlich erscheint, dass ein allgemeiner Gerichtsstand im Inland begründet sein könnte. Die Entscheidung nach einer Zuständigkeitsbegründung sollte also vor allem die Interessen des Klägers und die des Beklagten abwägend berücksichtigen. Um den Wortlaut und Sinn des § 23 ZPO nicht übergebührend einzuschränken und dabei gleichzeitig seinen Ausnahmecharakter zu wahren, könnte man

---

1191 BGH, NJW 2013, 386, 387; *OLG Düsseldorf*, Urt. v. 09.03.2006, Az.I-5 U 2/06, 5 U 2/06 – juris; kritisch zu einem solchen Argumentationstransfer: Stein/Jonas/ *Roth* § 23 Rn. 11 f.

1192 Vgl. hierzu: Zekoll/Schulz, in: 100 Jahre Rechtswissenschaft in Frankfurt, S. 675, 699 ff.; so auch: *Mark/Ziegenhain*, Der Gerichtsstand des Vermögens im Spannungsfeld zwischen Völkerrecht und deutschem internationalen Prozessrecht, NJW 1992, 3062, 3064.

1193 Vgl. m. w. N. *Geimer*, IZVR, Rn. 127; Stein/Jonas/*Roth* § 23, Rn. 11.

1194 *Geimer*, Rn. 377; *Escher/Reichert*, Die subsidiäre Zuständigkeit des Kammergericht Berlin nach § 1062 Abs. 2 a. E. ZPO: Globale Allzuständigkeit oder minimaler Inlandsbezug?, SchiedsVZ 2007, 71, 73 ff.; *Bertele* S. 136 ff.

1195 Stein/Jonas/*Roth*, § 23 ZPO, Rn. 11.

von einer Relativität zwischen dem Vermögen und dem Inlandsbezug des Rechtsstreits ausgehen: Denn je höher der Wert des zuständigkeitsbegründenden Vermögens ist, umso enger ist auch die Beziehung zum Forumsstaat. Das Argument des insoweit ins Feld geworfenen Beklagtenschutzes würde ebenso berücksichtigt werden, da es mit steigendem inländischem Vermögen für potenzielle Beklagte auch kalkulierbarer wird, im Inland verklagt zu werden. Eine hinreichende Inlandsbeziehung des Beklagten könnte dann auch über dessen geschäftliche Beziehungen und Aktivitäten begründet werde, da auch diese durchaus eine zusätzliche und für ihn vorhersehbare Indizwirkung haben.[1196] Weitere Indizien für die Bestimmung eines Inlandsbezugs könnten sich aus Verbindungen des Streitgegenstands zum Forum, dem anwendbaren Recht oder der Beweisnähe ergeben. In der Rechtsprechung ist zudem eine zunehmende Tendenz dahin gehend zu erkennen, dass der Inlandsbezug dann hinreichend sein soll, wenn der Kläger seinen Wohnsitz oder gewöhnlichen Aufenthalt im Inland hat.[1197] Man mag den Weg, den der BGH eingeschlagen hat, kritisieren,[1198] da § 23 ZPO auf diese Art und Weise in die Richtung eines Klägergerichtsstandes tendiert. Allerdings ist auch die jüngste Auslegung des BGH vom Telos, Wortlaut und historischen Hintergrund der Norm gedeckt, und aufgrund der kumulativen Verbindung von Vermögen und Wohnsitz des Klägers entsteht in der Summe ein vollkommen ausreichender Forumsbezug, der gleichzeitig die Interessen beider Parteien berücksichtigt. Dass eine Gewichtung im Endeffekt zugunsten einer Seite ausfällt, ist die generelle Krux ermessensoffener Tatbestände und somit hinzunehmen. Die Umstände, unter denen von einem hinreichenden Inlandsbezug im Sinn der BGH-Rechtsprechung ausgegangen werden kann, können nicht abschließend bestimmt werden.[1199] Auch wenn § 23 ZPO somit eine Anknüpfung mit dem Inland fordert, stellt er dennoch ein potenzielles Einfallstor für transnationale Deliktsklagen mit einem überwiegenden Auslandsbezug dar. Die

---

1196 Stein/Jonas/*Roth* § 23 Rn. 10; *Nagel/Gottwald*, IZVR § 3 Rn. 435; *Grothe*, Exorbitante Gerichtszuständigkeiten im Rechtsverkehr zwischen Deutschland und den USA, 58 RabelsZ S. 686, 696 (1994); *Kleinstück*, Due-process-Beschränkungen des Vermögensgerichtsstands durch hinreichenden Inlandsbezug und minimum contacts, S. 188.
1197 Vgl. zuletzt: *BGH*, NJW 2013, 386, 387; OLG Frankfurt a. Main WM 2011, 2360; Thomas/Putzo/*Hüßtege* § 23 Rn. 2.
1198 So z. B. *Koechel*, IPRax 2014, 312, 313 ff.
1199 Stein/Jonas/*Roth*, § 23 Rn. 9 ff. (m. w. N.); MüKO-ZPO/*Patzina*, § 23 ZPO Rn. 15.

Möglichkeit, über § 23 ZPO die Zuständigkeit inländischer Gerichte zu begründen, erscheint gleichermaßen exorbitant wie der *Doing-Business*-Standard in den USA.

Eine weitere Möglichkeit, gegenüber im Ausland ansässigen Unternehmen einen inländischen Gerichtsstand zu begründen, stellt § 32 ZPO dar. § 32 ZPO begründet die Zuständigkeit für eine unerlaubte Handlung an ihrem Tatort bzw. „Begehungsort".[1200] Der Tatort oder „Begehungsort"[1201] ist grundsätzliche dort zu lokalisieren, wo bereits nur ein wesentliches Tatbestandsmerkmal verwirklicht wurde.[1202] Der Ort der unerlaubten Handlung unterliegt somit dem Ubiquitätsprinzip[1203] und ist sowohl am Handlungsort als auch am Erfolgsort des Delikts zu qualifizieren. In diesem Zusammenhang erscheint es fraglich, ob sich in Fällen eines mittäterschaftlichen deliktischen Handelns eines inländischen Mutterunternehmens und seiner ausländischen Tochter eine Zuständigkeitsbegründung über eine Zurechnung des Handlungsorts ergeben könnte, wenn dieser im Inland zu lokalisieren ist.[1204] Für § 32 ZPO ging die deutsche Rechtsprechung bislang davon aus, dass sich auch der ausländische Mittäter/Gehilfe den inländischen Tatbeitrag des in Deutschland handelnden Mittäters/Gehilfen zurechnen lassen muss.[1205] Die neueste EuGH-Rechtsprechung hat eine solche Handlungsortzurechnung für die Anwendung des Art. 5 Nr. 3 EuGVVO mittlerweile verneint.[1206] Ob die Rechtsprechung des BGH zu § 32 ZPO in Zukunft beibehalten wird oder ob der BGH nicht einen Gleichlauf zwischen dem autonomen Recht und der EuGVVO herstellen möchte und hierzu von seiner Rechtsprechungslinie für § 32 ZPO

1200 Stein/Jonas/Roth, § 32, Rn. 1; MüKO-ZPO/Patzina, § 32, Rn. 20.
1201 Stein/Jonas/Roth, § 32, Rn. 1, 26; MüKO-ZPO/Patzina, § 32, Rn. 20; Schack, IZVR, Rn. 339.
1202 Stein/Jonas/Roth, § 32, Rn. 26; BGHZ 189, 382
1203 Stein/Jonas/Roth, § 32, Rn. 26.
1204 In einem derartigen Verfahren würde sich die Zuständigkeit gegenüber dem in Deutschland ansässigen Mutterunternehmen aus der EuGVVO ergeben; die Zuständigkeitsbegründung gegenüber der Beklagten aus dem Drittstaat müsste nach der ZPO bestimmt werden; vgl. hierzu den Beispielsfall, oben: § 8 III 1 a).
1205 Für § 32 ZPO: BGH, Urt. v. 9.3.2010 – XI ZR 93/09 = BGHZ 184, 365 = NZG 2010, 550; Stein/Jonas/*Roth*, § 32, Rn. 24. Eine Übertragung auf Art. 5 Nr. 3 EuGVVO wurde offengelassen von BGH, NJW-RR 2011, 197, 199, Rn. 29.
1206 EuGH, Urt. v. 16.5.2013, Rs. C-228/11, NJW 2013, 2099 (*Melzer/MF Global UK Ltd*).

abweicht, wird sich in Zukunft zeigen.[1207] Sicherlich sind derartige Diskrepanzen zwischen den Zuständigkeitsordnungen nicht auszuschließen, sie könnten allerdings in Fällen, in denen Beklagte sowohl aus Mitgliedstaaten als auch aus Drittstaaten eingebunden sind, zu kuriosen und unterschiedlichen Ergebnissen führen. In Fällen mit Auslandsbezug gilt es zudem zu berücksichtigen, dass die Entscheidungen des BGH bislang immer auf die materiell-rechtliche Anknüpfung der lex fori und eine Anwendung des § 830 abzielten,[1208] welcher überhaupt nur aufgrund der §§ 40 ff. EGBGB einschlägig sein konnte. Diese ermöglichten es entweder, das Recht des Ortes der Handlung des Haupttäters (Art. 40 EGBG), oder nach Art. 41 EGBGB das Recht des Ortes der prägenden Handlung anzuwenden. Durch das Inkrafttreten der Rom-II-VO besteht aber nunmehr keine kollisionsrechtliche Bindung an den Handlungsort, sondern an den Erfolgsort, wodurch das Argument, dass auch im Rahmen der Zurechnung des § 830 BGB eine Zurechnung des Handlungsorts erfolgt, bei grenzüberschreitenden Sachverhalten an Bedeutung verliert, da die Anwendbarkeit des § 830 BGB nunmehr einen inländischen Erfolgsort voraussetzt. Die zuständigkeitsrechtliche Zurechnung der Handlungsorte in grenzüberschreitenden Fällen kann also auch für die Anwendung des § 32 ZPO in Frage gestellt werden.

Die bisherigen Ausführungen haben gezeigt, dass die europäischen und nationalen Zuständigkeitsregelungen einer starken territorialen Bindung unterliegen. Eine, mit der früheren Vorgehensweise der US-Gerichte vergleichbare, Jurisdiktionsbegründung für Sachverhalte mit reinem Auslandsbezug ist nahezu ausgeschlossen und viel schwieriger zu begründen. Allerdings ergeben sich insbesondere aus den national-autonomen Zuständigkeitsordnungen potenzielle Gerichtsstände für eine exorbitante Jurisdiktionsausübung.

2. Das anwendbare Recht und ausländische Deliktsklagen

Auch das europäische IPR verfügt nicht über Regelungen eines materiell-rechtlichen/kollisionsrechtlichen Universalitätsprinzips. Da es sich in den

---

1207 Es ist sicherlich kritisch zu hinterfragen, warum sich der EuGVVO bei der Entwicklung seiner verordnungsautonomen Auslegung nicht rechtsvergleichend an der BGH-Rechtsprechung orientierte.

1208 Vgl. BGH, NZG 2010, 550, 557; Weller, WM 2013, 1681, 1684.

hier untersuchten Fällen in überwiegender Zahl nicht um vertragliche Ansprüche,[1209] sondern um Ansprüche aus unerlaubter Handlung oder ander-
weitigen außervertraglichen Schuldverhältnissen handeln wird, ist das hier
relevante Kollisionsrecht der Rom-II-VO zu entnehmen.[1210] Sie wird auf
die hier relevanten Rechtsfragen anzuwenden sein, es sei denn, es handelt
sich um Ansprüche, die dem Staatshaftungsrecht zuzuordnen sind (vgl.
Art. 1 Abs. 1 S. 2 Rom II). Der sachliche Anwendungsbereich der Rom-II-
VO ist eröffnet, wenn es sich um eine Zivil- und Handelssache handelt.
Wann das der Fall ist, ist autonom zu bestimmen und richtet sich entsprechend der Rechtsprechung des EuGH danach, welche Rechtsbeziehung
zwischen den konkreten Parteien eines Rechtsstreits besteht, d. h. insbesondere nach der Grundlage der Klage und ihren Modalitäten.[1211] In tem-
poraler Hinsicht ist die Rom-II-VO anzuwenden, wenn das schadensbe-
gründende Ereignis nach dem 11.01.2009 eingetreten ist, gem. Art. 31, 32
Rom-II-VO, wobei es auf den Zeitpunkt der deliktischen Handlung ankommt.[1212] Sofern diese Voraussetzungen erfüllt sind, gilt die Rom-II-VO
universell, also unabhängig davon, ob es sich um einen Binnensachverhalt
des Rechtsraums der EU oder einen Drittstaatensachverhalt handelt (gem.
Art. 3 Rom-II-VO).

a) Ermittlung des anwendbaren Rechts

Das Deliktskollisionsrecht der Rom-II-VO statuiert folgende Systematik:[1213] Sollten die Parteien keine Rechtswahl gem. Art. 14 Abs. 1 Rom-II-
VO getroffen haben, so bestimmt sich das anwendbare Recht nach den

---

1209 Eine vertragliche Anspruchsqualifikation könnte ausnahmsweise dann in Betracht kommen, wenn die Rechtsverletzungen in Zusammenhang mit einem Ar-
beitsverhältnis zwischen einem ausländischen Zulieferer oder einem Tochterunternehmen und dem Kläger stehen.

1210 VO (EG) 864/2007 v. 11.07.2007. Etwas anderes könnte sich nur dann noch ergeben, wenn die Ansprüche dem Staatshaftungsrecht zuzuordnen wären, da diese gem. Art. 1 Abs. 1 S. 2 Rom II exkludiert sind.

1211 EuGH C-265/02 (*Fahuil SA/Assitalia SpA*), EuGHE 2004 I 1543, Rn. 20; Rau-
scher/*Unberath/Cziupka*, EuZPR/EuIPR (2011) Art. 1 Rom-II-VO Rn. 8; Bam-
berger/Roth/*Spickhoff*, Art. 1 Rom-II-VO, Rn. 9.

1212 Rauscher/*Jakob/Pichl*, EuZPR/EuIPR (2011) Art. 32 Rom-II-VO Rn. 1; Bam-
berger/Roth/*Spickhoff*, Art. 32 Rom-II-VO Rn. 2 f.

1213 Auch für das Bereicherungsrecht und die Geschäftsführung ohne Auftrag gilt
eine vergleichbare Systematik, z. B. Bereicherungsrecht (außerhalb der vertrag-

Art. 4 ff. Rom-II-VO. Der Art. 4 Abs. 1 Rom-II-VO beinhaltet die Grundregel für deliktische Ansprüche, die vorsieht, dass das Recht des Staates, in dem der Erfolgsort liegt, zur Anwendung kommt. Dieser Erfolgsort ist qualifiziert als der Ort, an dem der Personen- oder Sachschaden tatsächlich eingetreten ist (lex loci damni).[1214] Nach dieser Grundregel ist der Handlungsort nicht relevant.[1215] Sobald in den hier relevanten Fallgruppen keine der Ausnahmeregelungen einschlägig ist, würde es nach der Grundregel zur Anwendung des Rechts des Erfolgsortes und somit zur Anwendung ausländischen Rechts kommen. Auch wenn eine reine Anknüpfung an das Recht des Erfolgsortes in der Regel sachgerecht erscheinen dürfte, könnte sie bei transnationalen Delikten, bei denen der Erfolgsort womöglich in einem Staat mit defizitärer Rechtsordnung liegt, unbefriedigend sein. In diesem Zusammenhang könnte die Teleologie der Erfolgsortanknüpfung ad absurdum geführt werden, da diese eigentlich bezwecken soll, dass ein potenzieller Schädiger seine Sorgfalt und sein Verhalten an den vermeintlich höheren Standards einer anderen Rechtsordnung orientiert.[1216] Die positive Verhaltenssteuerung, die Art. 4 Abs. 1 Rom-II-VO insofern bewirken möchte, könnte ins Gegenteil verkehrt werden, da sie nunmehr dazu führen könnte, dass europäische Unternehmen bewusst ihre Produktions- oder Förderstandorte in Staaten verlegen, in denen (menschen-)rechtliche Standards und die zivilrechtliche Regulierung rückständig sind. Diese Problematik hat der europäische Gesetzgeber zumindest im Hinblick auf Umweltschäden erkannt und dem Geschädigten insofern in Art. 7 Rom-II-VO ein Wahlrecht eingeräumt. In allen übrigen Fällen kommt die Anwendung des Rechts des Heimatstaates des multinationalen Unternehmens nicht infrage.[1217] Zu einer Anwendung inländischen Rechts wird man auch nicht über Art. 4 Abs. 2 Rom-II-VO gelangen, da der Ge-

---

lichen Rückabwicklung): 1. Rechtswahl nach Art. 14 Rom-II-VO, gemeinsamer Aufenthalt Art. 10 Abs. 3, noch engere Anknüpfung Art. 10 IV Rom-II-VO.

1214 MüKoBGB/*Junker*, VO EG 864/2007 Art. 4 Rn. 11; Bamberger/Roth/*Spickhoff*, Rom-II-VO Art. 4, Rn. 7; Rauscher/*Unberath/Cziupka*, EuZPR/EuIPR (2011) Art. 4 Rom-II-VO Rn. 4 f.; Callies/*von Hein*, Rome Regulations, Rome II, Article 4 Rn. 5; Symeodines, Rome II and Tort Conflicts: A Missed Opportunity, 56 Am. J. Comp. L. 173 (2008).

1215 Ausnahmen existieren im Produkthaftungsrecht Art. 5, bei Umweltschäden Art. 7 und bei Arbeitskampfmaßnahmen.

1216 Rauscher/*Unberath/Cziupka*, EuZPR/EuIPR (2011) Art. 4 Rom-II-VO Rn. 31.

1217 *Enneking*, Crossing the Atlantic? The Political and Legal Feasibility of European Foreign Direct Liabilty Cases, 40 Geo. Wash. Int'l L. Rev. 903, 930

schädigte zum Eintritt der Rechtsguts- oder Interessenverletzung seinen gewöhnlichen Aufenthalt regelmäßig nicht im Inland haben wird und eine spätere Verlagerung des gewöhnlichen Aufenthaltsorts irrelevant ist.[1218] Auch dürfte es in den meisten Fällen schwierig sein, zu argumentieren, der Rechtsstreit habe eine engere Verbindung zum Heimatland des Beklagten als zu dem ausländischen Gaststaat, in dem der Verletzungserfolg eingetreten ist, und man könnte somit auch nicht über Art. 4 Abs. 3 Rom-II-VO die Anwendung des ausländischen Sachrechts umgehen. In Fällen einer transnationalen Deliktsklage würde man somit überwiegend zur Anwendung ausländischen Rechts kommen. Dieses haben die Gerichte so anzuwenden, wie es auch im Ausland gilt.[1219] Eine Korrektur dieser Einheitslösung kommt lediglich über die Art. 16, 17 und 26 Rom-II-VO infrage.[1220]

b) Sonderanknüpfung über Art. 16 Rom-II-VO/Art. 17 Rom-II-VO

Art. 16 Rom-II-VO eröffnet eine Möglichkeit, dass zwingende Vorschriften (Eingriffsnormen) des Gerichtsstaates ausnahmsweise angewandt werden können. So könnten beispielsweise in die Bewertung der unerlaubten Handlung Wertungen des inländischen Strafrechts einfließen,[1221] wenn diese im Rahmen der Verweisung des § 823 Abs. 2 BGB erfasst werden würden.[1222] Auf dem Umweg über Art. 16 Rom-II-VO könnten also nationale Standards zur Anwendung gelangen und die Regelungen des Deliktsortes überlagern.[1223] Die Problematik soll anhand des folgenden Fall-

---

(2009); *dies.*, The Common Denominator of the Trafigura Case, Foreign Direct Liability Cases and the Rome II Regulation, 16 Eur. Rev. Priv. L. 283 ff. (2008).

1218 Rauscher/*Unberath/Cziupka*, EuZPR/EuIPR (2011) Art. 4 Rom-II-VO Rn. 67; Bamberger/Roth/*Spickhoff*, Rom-II-VO Art. 4 Rn. 11.

1219 Bamberger/Roth/*S. Lorenz*, Einl IPR Rn. 85; MüKo-BGB/*Sonnenberger*, Einl IPR Rn. 619 ff.; BGH, Urteil vom 21-01-1991 – II ZR 50/90 = NJW 1991, 1418; vgl. ausführlich hierzu: *Von Bar/Mankowski*, IPR, § 5 Rn. 96 ff.

1220 Rauscher/*Jakob/Picht*, EuZPR/EuIPR (2011) Art. 16 Rom-II-VO Rn. 1.

1221 MüKo-BGB/*Junker*, VO (EG) 864/2007 Art. 16, Rn. 10; Bamberger/Roth/*Spickhoff*, Rom-II-VO Art. 16, Rn. 3; Hüßtege/Mansel/Knöfte, Rom-Verordnungen, Art. 16, Rn. 11.

1222 Bamberger/Roth/*Spickhoff*, Rom-II-VO Art. 16, Rn. 3; *Grabosch*, in: Nikol/Bernhard/Schiederjahn (Hrsg.), Transnationale Unternehmen und Nichtregierungsorganisationen im Völkerrecht, S. 69, 85.

1223 *Grabosch*, in: Nikol/Bernhard/Schiederjahn (Hrsg.), Transnationale Unternehmen, S. 69, 86 f.

beispiels konkretisiert werden: Kinderarbeiter einer Kakaoplantage in Sierra Leone klagen gegen das sierra-leonische Tochterunternehmen sowie das deutsche Mutterunternehmen in Deutschland. In dem Verfahren – die Zuständigkeit deutscher Gerichte sei unterstellt – taucht die Frage auf, ob die Unternehmen deliktisch oder bereicherungsrechtlich haften, da sie auf der Plantage 11-jährige Kinder beschäftigten und eine Norm des deutschen JArbSchG eine entsprechende Praxis verbietet.[1224] Können diese Vorschriften zur Anwendung gelangen, wenn nach Art. 4 ff. Rom-II-VO das Recht Sierra Leones zur Anwendung kommt und dieses eine „liberalere" Regelung der Kinderarbeit vorsieht?[1225] Trotz der grundsätzlichen Anwendbarkeit ausländischen Rechts könnte das der Fall sein, wenn es sich bei der Norm des JArbSchG um eine Eingriffsnorm im Sinn des Art. 16 Rom-II-VO handelt. Es stellt sich also zunächst die Frage, wann abstrakt gesehen eine Eingriffsnorm vorliegt. Entsprechend der gesetzlichen Umschreibung zu Art. 9 Rom I-VO, die auf Art. 16 Rom-II-VO übertragen werden kann,[1226] können zwei Voraussetzungen ausgemacht werden: Die Eingriffsnorm muss einen internationalen Geltungsanspruch und eine überindividuelle Zielrichtung besitzen, indem sie die politische, soziale oder wirtschaftliche Organisation eines Staates schützen möchte.[1227] Ob eine Norm einen internationalen Geltungsanspruch erlangt, ergibt sich aufgrund der Auslegung.[1228] Die Regelungen des deutschen JArbSchG mögen zwar im öffentlichen Interesse liegen, ihr internationaler Geltungsanspruch ist aber zweifelhaft, vielmehr handelt es sich hierbei um eine Vor-

---

1224 Vgl. hierzu *Grabosch*, in: Nikol/Bernhard/Schiederjahn (Hrsg.), Transnationale Unternehmen, S. 69, 86 f. (Nigerianisches Recht); vgl. §§ 2, 5 JArbSchG; vgl. auch zu den völkerrechtlichen Grundlagen: *Krajewski*, DÖV 2014, S. 721, 722 f., *Krajweski* stellt insoweit überzeugend differenzierend dar, dass Kinderarbeit per se völkerrechtlich nicht verboten ist, sondern nur die „ausbeuterische Kinderarbeit" als schwerwiegender Menschenrechtsverstoß zu klassifizieren ist.

1225 Für eine Anwendung der Eingriffsnorm der lex fori: *Grabosch*, in: Nikol/Bernhard/Schiederjahn (Hrsg.), Transnationale Unternehmen, S. 69, 86 f.; differenzierend: *Enneking*, S. 219.

1226 Rauscher/*Jakob/Picht*, Art. 16 Rom-II-VO, Rn. 2 ff.; Bamberger/Roth/*Spickhoff*, Rom-II-VO Art. 16, Rn. 2; Palandt/*Thorn*, Rom II, Art. 16, Rn. 4; Erwägungsgrund 7 und 35, Rom-II-VO.

1227 Rauscher/*Thorn*, Art. 9 Rom I-VO, Rn. 7 ff.; Bamberger/Roth/*Spickhoff*, Rom-II-VO, Art. 16, Rn. 1; *Knöfel*, in: Hüßtege/Manserl, Art. 16 Rom II, Rn. 4.

1228 Rauscher/*Thorn*, Art. 9 Rom I-VO, Rn. 9; diese Frage ist somit in gewisser Weise vergleichbar mit der Frage, die US-Gerichte im Zusammenhang mit der *presumption against extraterritoriality* stellen.

schrift, die einen stark territorialen Bezug zum deutschen Arbeitsmarkt und zu den deutschen Arbeitnehmern hat.[1229] Die besseren Gründe sprechen somit dafür, dass man in diesem Sachzusammenhang nicht auf die Vorschriften des JArbSchG als Eingriffsnorm der *lex fori* abstellen kann.[1230] Prinzipiell kann nicht abschließend geklärt werden, welche Eingriffsnormen in den relevanten Fällen generell infrage kommen, da Art. 16 Rom-II-VO aufgrund seines offenen Tatbestands eine Überprüfung des Einzelfalls verlangt. Festzuhalten ist zudem, dass es grundsätzlich umstritten ist, ob es sich immer nur um Eingriffsnormen des jeweiligen Forumsstaates oder auch um solche ausländischer Staaten handeln kann.[1231] Insoweit könnte es also trotz eines einheitlichen IPR zu Divergenzen im Hinblick auf die unterschiedlichen Eingriffsnormen in den verschiedenen Mitgliedstaaten kommen.[1232] Die Eingriffsnormen müssen, um als solche qualifiziert werden zu können, zudem einen internationalen bzw. universalen Charakter aufweisen,[1233] welcher aus dem jeweiligen Wortlaut oder Telos der jeweiligen Norm abzuleiten ist. Eine pauschale Kategorisierung verbietet sich auch diesbezüglich. Insgesamt kann somit festgehalten werden, dass ein äußerst enger Anwendungsbereich für das Eingreifen von Eingriffsnormen der *lex fori* verbleibt. Abhilfe könnten jedoch Regelungen schaffen, die verbindliche Verhaltensstandards für das extraterritoriale

---

1229 A. A. *Grabosch*, in: Nikol/Bernhard/Schiederjahn (Hrsg.), Transnationale Unternehmen, S. 69, 86. Etwas anderes ergibt sich auch nicht aus der Ratifizierung des ILO-Abkommens 138, da diese Unterzeichnerstaaten im Hinblick auf die Unterbindung der Kinderarbeit auf ihrem Territorium bindet.

1230 A. A. Grabosch, in: Nikol/Bernhard/Schiederjahn (Hrsg.), Transnationale Unternehmen, S. 69, 86.

1231 Kontra ausländische Eingriffsnormen: Bamberger/Roth/*Spickhoff*, Rom-II-VO Art. 16, Rn. 4; Rauscher/*Jakob/Picht*, EuZPR/EuIPR (2011) Art. 16 Rom-II-VO Rn. 8 ff.; *Knöfel*, in: Hüßtege/Manserl, Art. 16 Rom II, Rn. 6; pro: MüKo-BGB/ *Junker* VO (EG) 864/2007 Art. 16 Rn. 23 ff.; Callies/*von Hein*, Rome II Rn. 21; Palandt/*Thorn*, Art. 16 Rom II Rn. 3.

1232 *Van Den Eeckhout*, Corporate Human Rights Violations and Private International Law, The Hinge Function and Conductivity of PIL in Implementing Human Rights in Civil Proceedings in Europe: a facilitating Role for PIL or PIL as a Complicating Factor?, 26.07.2011, abrufbar unter: http://ssrn.com/ abstract=1895690 (letzter Aufruf: 18.01.2015).

1233 *Enneking*, S. 219; Studie der EU-Kommission: *Augenstein*, Study of the Legal Framework on Human Rights and the Environment to European Enterprises Operating Outside the European Union (2010), S. 72 abrufbar unter: http:// ec.europa.eu/enterprise/policies/sustainable-business/files/business-human-rights/101025_ec_study_final_report_en.pdf (letzter Aufruf: 19.01.2015).

Verhalten multinationaler Unternehmen statuieren. Zu denken wäre hier z. B. an eine Regelung, die eine Gefährdungshaftung für bestimmte Geschäftspraktiken vorgibt. Solche Vorschriften könnten dann auch bei Anwendung des ausländischen Rechts als Eingriffsnormen Berücksichtigung finden.

In Fällen, in denen das Recht des haftungsbegründenden Ereignisses von der *lex causae* abweicht, könnte es zudem über Art. 17 Rom-II-VO zu einer Berücksichtigung der dortigen Rechts- und Sicherheitsvorschriften kommen. Ein Rückgriff auf Art. 17 Rom-II-VO ist schon von vorneherein auf solche Fallgruppen beschränkt, in denen Handlungs- und Erfolgsort auseinanderfallen. Er würde somit auch nur dann zur Anwendung kommen, wenn einem multinationalen Unternehmen ein bestimmtes deliktsbegründendes Verhalten bzw. Unterlassen im Forumsstaat vorgeworfen würde.[1234] Der Begriff der Verhaltens- und Sicherheitsstandards ist dabei breit gefasst[1235] und man könnte grundsätzlich daran denken, *Soft-Law*-Vorschriften, wie z. B. die OECD Guiding Principles oder auch entsprechende Corporate Governance Kodizes unter Art. 17 Rom-II-VO zu subsumieren.[1236] Unterstellt, derartige Regelungen erweisen sich als Verhaltens- und Sicherheitsstandards, was letztendlich auch davon abhängen wird, wie konkret und spezifisch sie verfasst sind, könnten insofern die möglicherweise höheren Standards des inländischen Recht berücksichtigt werden, auch wenn die eigentlich anzuwendende *lex causae* niedrigere Standards vorgibt. Bereits aus dem Wortlaut („sind faktisch und soweit angemessen zu berücksichtigen") ergibt sich jedoch, dass selbst dann, wenn eine Verletzung einer solchen Norm vorliegt, sich hieraus keine zwangsläufigen Konsequenzen für den konkreten Haftungsstandard ergeben müssen.[1237] In dem Fall der Kinderarbeit könnte man also daran denken, dass die Empfehlungen und eigentlich unverbindlichen Vorgaben der *OECD Guide-*

1234 Vgl. *Enneking*, S. 219 f.; *Grabosch*, in: Nikol/Bernhard/Schiederjahn (Hrsg.), Transnationale Unternehmen, S. 69, 88.

1235 Rauscher/*Jakob/Picht*, Art. 17 Rom-II-VO, Rn. 4 f.; MüKO-BGB/*Junker*, Art. 17 Rom-II-VO; Palandt/*Thorn*, Art. 17 Rom II, Rn. 1.

1236 *Enneking*, S. 221; vgl. hierzu unten § 9; vgl. auch Callies/*von Hein*, Rome II Art. 17, Rn. 19, der darauf hinweist, dass dem Begriff der Regel kein formell-staatlicher Begriff zugrunde zu legen ist; restriktiver MüKO-BGB/Junker, Art. 17 Rom-II-VO, Rn. 10, der nur von Regeln der Legislative und Judikative spricht.

1237 MüKO-BGB/*Junker*, Art. 17 Rom-II-VO, Rn. 22 ff.; Rauscher/*Jakob/Picht*, Art. 17 Rom-II-VO, Rn. 8 ff.

lines[1238] oder der *ILO-Kernarbeitsnormen* faktisch berücksichtigt werden können. Fraglich ist dann, welche Wesensmerkmale erfüllt sein müssen, damit sich eine Regel unter Art. 17 Rom-II-VO subsumieren lässt. Aufgrund der Verwendung des Begriffs Regel spricht viel dafür, dass nicht nur Recht im engeren Sinn gemeint ist, sondern dass jegliche Verhaltensnorm, die gegenüber einem bestimmten Adressatenkreis verhaltenssteuernd wirkt, dem Regelbegriff des Art. 17 Rom-II-VO unterliegt.[1239] Allerdings dürfte das Verständnis nicht so weit gehen, dass auch Regeln eingeschlossen sind, die lediglich einen empfehlenden und gänzlich unverbindlichen Charakter haben,[1240] so muss im Einzelfall darauf abgestellt werden, ob die infrage kommenden nicht-staatlichen Regelungen verhaltenssteuernd und insbesondere präventiv zur Haftungsvermeidung wirken sollen. Corporate-social-Responsibility-Kodizes, mit denen sich Unternehmen der Einhaltung gewisser sozialer oder ökologischer Standards verschreiben, ließen sich somit unter Umständen unter Art. 17 Rom-II-VO subsumieren.[1241] Das Gleiche gilt, wenn man aufgrund einer Zusammenschau unterschiedlicher Regelungen ein sich bildendes Gewohnheitsrecht ableiten kann: Auf diese Weise könnten auch rein ethische Unternehmenskodizes den erforderlichen Grad an Verbindlichkeit erlangen und somit als Regeln im Sinne des Art. 17 Rom-II-VO gelten. Allerdings kommt es insoweit nicht zu einer kollisionsrechtlichen Sonderanknüpfung, sondern die jeweiligen Verhaltensregeln werden erst bei der Anwendung des ausländischen Sachrechts auf Tatbestandsebene relevant,[1242] etwa dann, wenn es darum geht, zu beurteilen, ob der Schädiger fahrlässig gehandelt hat.

1238 Abrufbar unter: http://mneguidelines.oecd.org/text/ (letzter Aufruf: 19.01.2015).

1239 Callies/*von Hein*, Rome II Art. 17, Rn. 19, der darauf hinweist, dass dem Begriff der Regel kein formell-staatlicher Begriff zugrunde zu legen ist; *Enneking*, S. 221.

1240 Vgl. insoweit: Rauscher/*Jakob/Picht*, Art. 17 Rom II, Rn. 5; MüKO-BGB/*Junker*, Art. 17 Rom-II-VO, Rn. 10.

1241 *Lehmann*, in: Hüßtege/Mansel, Art. 16 Rom II, Rn. 33 ff.; Callies/*von Hein*, Rome II Art. 17, Rn. 19 (mit Bezug auf die lex sportiva).

1242 Palandt/*Thorn*, Rom II Art. 17, Rn. 2; Callies/*von Hein*, Rome II Art. 17, Rn. 25 ff.

c) Der Ordre-public-Vorbehalt und universelle Werte

Der Ordre-public-Vorbehalt des Art. 26 Rom-II-VO sieht vor, dass das nach der Verordnung anwendbare Sachrecht nicht zur Anwendung kommt, wenn es mit dem ordre public des Forumsstaates unvereinbar ist. Art. 26 Rom-II-VO begrenzt somit in erster Linie die Anwendung der *lex causae* und ermöglicht die Durchsetzung inländischer Wertvorstellungen und überstaatlicher Normen.[1243] Der Art. 26 Rom-II-VO bzw. der Ordre-public-Vorbehalt im Allgemeinen sind grundsätzlich restriktiv anzuwenden.[1244] Die Anwendung des Art. 26 Rom-II-VO auf die hier relevanten Sachverhalte erweist sich als schwierig. Da die Anwendung des Ordre-public-Vorbehalts ohnehin einzelfallbezogen ist,[1245] sollen seine mögliche Relevanz und seine Bedeutung anhand zweier Fallbeispiele erörtert werden.

(1) Der erste Fall bezieht sich auf die oben bereits dargestellte Sachverhaltskonstellation[1246] und wirft die Frage auf, ob die Legitimierung der Kinderarbeit durch ein ausländisches Gesetz für Kinder ab 10 Jahren und ein sich in einem Einzelfall aus diesem ergebender Haftungsausschluss gegen den deutschen ordre public verstoßen.

(2) In der zweiten Fallkonstellation macht ein ausländischer Kläger vor einem deutschen Gericht Schadensersatzansprüche gegen ein deutsches Unternehmen geltend. Der Kläger ist Eigentümer eines Grundstücks. Auf Teilen des Grundeigentums des Klägers befinden sich Teile einer Mine und eines Steinbruchs, die sich mittlerweile auf dem Territorium einer illegalen, israelischen Siedlung im Westjordanland befinden. Dieses Gebiet gehört zu den von Israel seit 1967 besetzten Gebieten. Im Rahmen einer Public-private-Partnership fördert das deutsche Mutterunternehmen gemeinsam mit seinem israelischen

---

1243 *Von Bar/Mankowski*, IPR, § 7 Rn. 258 f.; *Kropholler*, IPR, S. 244; *Gürsberger/ Mráz*, Sittenwidrigkeit der Finanzierung von internationalen Waffengeschäften, IPRax 2003, 545, 549.

1244 Rauscher/*Jakob/Picht*, Art. 26 Rom-II-VO, Rn. 1; Callies/*von Hein*, Rome II Art. 26 Rn. 22; *Kropholler*, IPR, S. 246 f.

1245 Callies/*von Hein*, Rome II Regulation Art. 26, Rn. 16; Bamberger/Roth/*S. Lorenz*, Art. 6 EGBGB; Auch, wenn Art. 6 EGBGB im Anwendungsbereich der Rom-II-VO verdrängt wird, ergeben sich keine inhaltlichen Abweichungen und auf die entsprechenden Kommentierungen kann nach wie vor zurückgegriffen werden, vgl. Palandt/*Thorn*, Art. 26 Rom II, Rn. 1.

1246 Vgl. oben § 8 III 2 b).

Tochterunternehmen seit 2012 verschiedene Rohstoffe und exportiert diese nach Israel und Europa. Im Rahmen dieser Partnerschaft erteilte die zuständige Verwaltungsbehörde auch eine Konzession, mittels welcher der Abbau der Rohstoffe auch auf weiten Teilen des sich im Grundeigentum des palästinensischen Klägers befindlichen Terrains genehmigt wurde. Entsprechende Einwände des Klägers gegen den Minenbetrieb und den entsprechenden israelischen Rechtsakt blieben erfolglos.[1247] Zudem existiert eine Norm, die zivilrechtliche Schadensersatzansprüche für derartige Fälle ausschließt. Nun macht er vor einem deutschen Gericht deliktische und bereicherungsrechtliche Ansprüche gegen das deutsche Mutterunternehmen geltend.

Eine Verletzung des ordre public kann sich grundsätzlich auch dann ergeben, wenn sich aus der ausländischen Rechtsordnung ein nicht angemessener Haftungsausschluss ergibt.[1248] Grundsätzlich sind auch die Normen, die haftungsausschließend wirken, dem Deliktsstatut zu entnehmen, somit wären auch die Normen, die ein möglicherweise deliktisches Verhalten legitimieren, von den deutschen Gerichten anzuwenden. Zu einer Nichtanwendung könnte man nur gelangen, wenn die Anwendung der Norm zugleich ein Verstoß gegen den ordre public der *lex fori* begründen würde.[1249] Um dies klären zu können, muss zunächst ermittelt werden, was unter dem ordre public zu verstehen ist. Zum ordre public des Art. 26

1247 Vgl. insoweit Heidelberg Cement AG, Gegenanträge des Dachverbands Kritischer Aktionäre v. 22.04.2014, abrufbar unter: http://www.kritischeaktionaere.d e/fileadmin/Dokumente/Gegenantraege_2014/KA-Gegenantrag_HeidelbergCem ent_HV_2014.pdf (letzter Aufruf 19.01.2015); vgl. insoweit auch einen Fall, der vor kanadische Zivilgerichte gebracht wurde: Yassin c. Green Park Int. Inc., 2009 QCCS 4151, Urteil v. 18.09.2009. In diesem Verfahren wurden kanadische Firmen verklagt, denen vorgeworfen wurde, am „illegalen" Bau einer Siedlung im Westjordanland beteiligt gewesen zu sein; das Gericht ließ abstrakt verlauten, dass die Beteiligung an einem Kriegsverbrechen eine zivilrechtliche Haftung in Kanada nach sich ziehen könnte, allerdings wurde der Fall aus *Forumnon-Conveniens*-Gründen abgewiesen; bestätigt durch: 2010 QCCA 1455, Urteil des Court of Appeal (Quebec) v. 11.8.2010. Der hier entwickelte Beispielsfall stellt eine Abwandlung der realen Vorlagen dar; in der Regel erhalten die Grundeigentümer auch in derartigen Konstellationen Lizenzgebühren von der Behörde und einen Erlösbeteiligung der Unternehmen, dennoch bietet sich diese besondere Konstellation zur Genese eines solchen Fallbeispiels.
1248 Callies/*von Hein*, Rome II Art. 26, Rn. 23; *Kadner Graziano*, RabelsZ 73 (2009), 1, 73.
1249 Callies/*von Hein*, Rome II Art. 26, Rn. 23; *Halfmeier*, RabelsZ 68 (2004), 654, 673.

Rom-II-VO gehören insbesondere alle grundrechtlichen Wertungen, einfachgesetzliche Grundsätze fundamentaler Natur sowie die guten Sitten.[1250] Wesentlicher Bestandteil des ordre public sind somit auch die Grundrechte des GG und der EMRK sowie geltendes Völkerrecht.[1251] Menschenrechtliche Standards können also über die Regelung des Art. 26 Rom-II-VO zum Tragen kommen, wenn die Anwendung des ausländischen Sachrechts mit diesen gängigen Standards nicht vereinbar ist. Bestandteil des völkerrechtlich bedingten ordre public, der teilweise auch als völkerrechtlicher bzw. menschenrechtlicher ordre public bezeichnet wird,[1252] sind in jedem Fall die *Ius-cogens*-Normen.[1253] Nicht jeder Verstoß gegen die hierzulande geltenden menschen- und grundrechtlichen Standards führt allerdings zu einem Ordre-public-Verstoß,[1254] sondern nur solche, die gleichzeitig die Rechtsordnung in ihren Grundsätzen berühren. Davon ist auszugehen, wenn die Ergebnisse der Anwendung des Sachrechts mit der der deutschen Regelung zugrunde liegenden Gerechtigkeitsvorstellung so stark im Widerspruch stehen, dass sie für den deutschen Rechtsanwender untragbar sind.[1255] Zusätzlich muss anhand des Einzelfalls ermittelt werden, ob der Sachverhalt eine hinreichende Inlandsbeziehung aufweist und inwieweit der entsprechende Rechtssatz in Bezug zum konkreten Sachverhalt Geltung erlangt.[1256] Im Grundsatz ist anerkannt,

---

1250 Rauscher/*Jakob/Picht*, Art. 26 Rom-II-VO, Rn. 17; *Schulze*, in: Hüßtege/Mansel, Art. 26 Rom II, Rn. 5 ff.; MüKO-BGB/*Junker*, Art. 26, Rn. 17.

1251 Palandt/*Thorn*, Art. 26 Rom II, Rn. 1; Palandt/*Thorn*, Art. 6 EGBGG, Rn. 7; Hüßtege/Mansel/*Schulze*, Art. 26 Rom II Rn. 6; Callies/*von Hein*, Rome II, Art. 26, Rn. 15; *Weintraub*, Choice-of-Law Rules of the European Community Regulation on the Law Applicable to Non-Contractual Obligations: Simple and Predictable, Consequences-Based, or Neither, 43 Tex. Int'l L. J. 401, 408 (2008).

1252 Vgl. *Schulze*, in: Hüßtege/Mansel, Art. 26 Rom II Rn. 6.

1253 *Halfmeier*, RabelsZ 68 (2004), 654, 680; ohne auf diese beschränkt zu sein: vgl. Callies/*von Hein*, Rome II Art. 26, Rn. 15; *Schulze*, in: Hüßtege/Mansel, Art. 26 Rom II Rn. 6.; *Weintraub*, 43 Tex. Int'l L. J. 401, 408 (2008), der auf die UN-Charta verweist.

1254 *Schulze*, in: Hüßtege/Mansel, Art. 26 Rom-II-VO, Rn. 24; Callies/*von Hein*, Rome II, Art. 26, Rn. 15; BGHZ 120, 29, 34 (zu Art. 6 EGBGB).

1255 Vgl. insoweit noch zum EGBG: BGHZ 50, 370, 376; zum anerkennungsrechtlichen ordre public: BGHZ 123, 268, 270; *Schulze*, in: Hüßtege/Mansel, Art. 26 Rom II Rn. 15 ff.

1256 BGHZ 120, 29, 34; BVerfGE 31, 58, 77; Palandt/*Thorn*, Art. 6 EGBGG, Rn. 7; *Schulze, in:* Hüßtege/Mansel, Art. 26 Rom-II-VO, Rn. 24; a. A. *Looschelders*, Die Ausstrahlung der Grund- und Menschenrechte auf das Internationale Privat-

dass somit immer auch ein Inlandsbezug des Sachverhalts zu fordern sein wird.[1257] Wie der Inlandsbezug im Einzelfall auszusehen hat, ist nicht abschließend geklärt und ist auch davon abhängig, welche Rechte des ordre public verletzt sein sollen. Richtigerweise wird davon auszugehen sein, dass die Schwere des Rechtsverstoßes in einer Wechselwirkung mit der Intensität des Inlandsbezuges steht und somit nur in einer Einzelfallanwendung bestimmt werden kann, ob und welche Beziehungen zum Inland vorliegen müssen.[1258] Eine vorherrschende Meinung geht z. B. davon aus, dass das Bestehen der internationalen Zuständigkeit als ausreichender Inlandsbezug dann genügt, wenn es sich um besonders eklatante Menschen- oder Völkerrechtsverstöße handelt.[1259] In Fällen von *Ius-cogens*-Verletzungen sollte man angesichts ihrer absoluten Universalität und Priorität davon ausgehen, dass ein Inlandsbezug in keiner Weise erforderlich ist.[1260] Der Art. 26 Rom-II-VO und der Ordre-public-Vorbehalt per se sind somit das Einfallstor menschen- und völkerrechtlicher Wertungen in grenzüberschreitenden Fällen, in denen ausländisches Sachrecht zur Anwendung kommt.[1261]

Bei der Betrachtung der eingangs dargestellten Beispielfälle kommt man zu folgendem Ergebnis: Die Legitimierung der Arbeit für Kinder ab einem Alter von 10 Jahren stellt einen Grenzfall dar. Hier wäre zunächst zu fragen, ob es zum deutschen ordre public gehört, dass Kindern unter 16

---

recht, 65 RabelsZ (2001), S. 463, 491, der eine Inlandsbeziehung nicht für erforderlich hält, wenn ein Verstoß gegen Grundrechte vorliegt.

1257 Rauscher/*Jakob/Picht*, Art. 26 Rom-II-VO, Rn. 6; Callies/*von Hein*, Rome II, Art. 26, Rn. 15; Palandt/*Thorn*, Art. 6 EGBGG, Rn. 7; *Schulze*, in: Hüßtege/ Mansel, Art. 26 Rom-II-VO, Rn. 19 f.; Bamberger/Roth/*S. Lorenz*, Art. 6 EGBGB, R. 16; BVerfGE 31, 58, 77; BGHZ 60, 68, 79.

1258 Rauscher/*Jakob/Picht*, Art. 26 Rom-II-VO, Rn. 6; Callies/*von Hein*, Rome II, Art. 26, Rn. 19; *Schulze*, in: Hüßtege/Mansel, Art. 26 Rom-II-VO, Rn. 19 f.

1259 *Schulze*, in: Hüßtege/Mansel, Art. 26 Rom-II-VO, Rn. 19 f.; Palandt/*Thorn*, Art. 6 EGBGB Rn. 7 (bei Verstoß gegen EMRK genügt schwacher Inlandsbezug); MüKO-BGB/*Sonnenberger*, Art. 6 EGBGB, Rn. 82 (bei Belangen der gesamten menschlichen Gemeinschaft, Menschenwürde und wenn der BRD sonst völkerrechtliche Sanktionen drohen); MüKO/*Junker*, Art. 26 Rom-II-VO Rn. 20; Staudinger/*Voltz*, Art. 6 EGBGB, Rn. 143 (bei Verstoß gegen völkerrechtlichen Menschenrechtspakt reicht schwacher Inlandsbezug).

1260 *Halfmeier*, RabelsZ (68) 2004, S. 653, 680; *Kropholler*, IPR, S. 54 f.; *Schütz*, Der internationale ordre public, S. 24 f.

1261 Bamberger/Roth/*S. Lorenz*, Art. 6 EGBGB Rn. 5; BVerfG, Beschluss vom 04.05.1971 – 1 BvR 636/68, BVerfGE 31, 58 ff.

Jahren, die arbeiten mussten, eine zivilrechtliche Entschädigung zusteht und ob die Verweigerung einer entsprechenden Entschädigung zu einem Verstoß gegen den ordre public führt. Insofern ließe sich ins Feld führen, dass sowohl durch die Regelungen des Jungendarbeitsschutzgesetzes als auch durch das Übereinkommen 138 der ILO ein Verbot der Kinderarbeit und eine staatliche Schutzpflicht zu ihrer Verhinderung statuiert werden. Grundsätzlich ist anerkannt, dass internationale Standards mit oder ohne Völkerrechtsrang im Rahmen der Ordre-public-Vorbehalte zu berücksichtigen sind.[1262] Bei der Ermittlung, ob ein Ordre-public-Verstoß vorliegt, muss die Rechtswirkung der Norm im konkreten Fall begutachtet werden, eine abstrakte Prüfung der Norm findet dagegen nicht statt.[1263] Die Anwendung der Norm führt nicht zwangsläufig zu einem Ordre-public-Verstoß, da die Arbeit von 11-Jährigen nicht offensichtlich mit der öffentlichen Ordnung unvereinbar ist.[1264] Die entsprechenden nationalen und internationalen Standards sind erstens zu unkonkret und binden zweitens primär Staaten. So ist es bereits umstritten, inwiefern ein grundsätzliches Verbot der Kinderarbeit überhaupt völkergewohnheitsrechtlich akzeptiert ist.[1265] Unterliegen ihm beispielsweise nur Formen der ausbeuterischen Kinderarbeit oder generell jegliche Form? Wenn auch das Ergebnis moralisch und rechtsethisch nicht befriedigend ist, so entspricht es den gegebenen rechtlichen Vorgaben dennoch.[1266] Fraglich erscheint, ob der Fall anders zu entscheiden gewesen wäre, wenn sich das Unternehmen in seinen Verhaltenskodizes für einen Verzicht auf Kinderarbeit und ihre Ahndung innerhalb seiner Konzernstruktur oder Lieferkette ausgesprochen hätte. Formen derartiger privater Regulierung haben in den letzten Jahren stark zugenommen und werden insgesamt unter dem Oberbegriff der *Corporate Social Responsibility* zusammengefasst.[1267] Ohne ihren rechtlichen Status

---

1262 *Kropholler*, IPR, S. 249.

1263 MüKO-BGB/*Sonnenberger*, Art. 6 EGBGB, Rn. 44; Palandt/*Thorn*, Art. 6 EGBGB, Rn. 4; Staudinger/*Voltz*, Art. 6 EGBGB Rn. 124; von *Hoffman*/*Thorn*, IPR, § 6 Rn. 150.

1264 A. A. *Grabosch*, in: Nikol,/Bernhard/Schniederjahn, Transnationale Unternehmen und Nichtregierungsorganisationen im Völkerrecht S. 69, 86, der § 5 JArbSchG bereits als Eingriffsnorm i. S. d. Art. 16 Rom-II-VO klassifiziert.

1265 *Massoud*, in: Nikol,/Bernhard/Schniederjahn, Transnationale Unternehmen und Nichtregierungsorganisationen im Völkerrecht, S. 37, 48.

1266 Zur Verbesserung des Status quo vgl. unten § 9.

1267 Vgl. *Sadowski/Kühne*, in: Duschek/Gaitanides/Mattiaske/u. a. (Hrsg.), Organisationen Regeln, S. 277, 282.

zu beurteilen, was in einem späteren Kontext noch erfolgen soll,[1268] kann an dieser Stelle nur gesagt werden, dass sich nach heutigem Verständnis aus rein selbstverpflichtenden, internen Regelungen nur schwer Imperative für das Verständnis des *ordre public* ableiten lassen. Allerdings können derartige Verhaltenskodizes, wie bereits dargelegt, im Rahmen des Art. 17 Rom-II-VO berücksichtigt werden.[1269]

Auch in dem zweiten Beispielsfall ist die Feststellung, ob ein Ordre-public-Verstoß vorliegt, ungewiss.[1270] Angenommen, die deliktischen/bereicherungsrechtlichen Ansprüche bzw. die EBV-Ansprüche[1271] gegen den neuen Betreiber der Mine würden tatsächlich nur daran scheitern,[1272] dass dieser sich auch insoweit auf den rechtswirksamen Erwerb einer Lizenz des okkupierenden Staates oder auf eine haftungsausschließende Norm berufen kann, so müsste das deutsche Gericht, das das ausländische Recht umfassend anwendet, einen Anspruch ablehnen. Der ursprüngliche Eigentümer der Mine könnte somit keinen Schadensersatz fordern. Dieses Ergebnis erscheint zweifelhaft: Denn stellt nicht die Lizenzierung, welche eine entschädigungslose Enteignung bzw. einen Eingriff in fremdes Eigentum zur Folge hat, einen Ordre-public-Verstoß dar, sodass das entsprechende Gesetz vor einem deutschen Gericht nicht zur Anwendung kommen dürfte? Auch hier findet keine abstrakte Kontrolle der fragwürdigen

---

1268 Vgl. unten § 9.

1269 Siehe oben § 8 III 2 b); eine Diskussion, wie sich durch eine polyzentrische Regulierung in einem Mehrebenensystem eine noch effektivere Geltungskraft grundlegender Rechte erzielen lässt, erfolgt in § 9 III sowie § 10.

1270 Vgl. insoweit auch den Bericht des UN Sonderberichterstatters für Palästina (Richard A. Falk) v. 03.06.2013, A/HRC/23/21, S. 17 ff.; Bericht v. 10.09.2013, A/68/376, Bericht v. 13.01.2014, A/HRC/25/67, S. 4, Rn. 5.

1271 Die genaue materiell-rechtliche bzw. kollisionsrechtliche Einordnung der Ansprüche ist hier nicht relevant, selbst wenn man davon ausgehen würde, dass dem Kläger insoweit nur Ansprüche aus dem EBV zustehen und somit die lex rei sitae anzuwenden wäre und nicht das Deliktsstatut, so dürften sich keine unterschiedlichen Ergebnisse ergeben, da diese mit dem Erfolgsort identisch sein dürfte, vgl. *Kieninger*, Beschlagnahme durch Besatzungsmächte und internationales Sachenrecht, in: Zimmermann/ u. a., Moderne Konfliktformen, S. 157, 173; darüber hinaus sind auch die Schadensersatzansprüche bzw. Nutzungsersatzansprüche des EBV im Hinblick auf die Rom-II-VO bereicherungs- bzw. deliktsrechtlich zu qualifizieren, vgl. insoweit: Bamberger/Roth/*Spickhoff*, Art. 43 EGBGB, Rn. 8.

1272 Es soll hier unterstellt werden, dass die Ansprüche deswegen ausgeschlossen sind, weil das an sich deliktische bzw. rechtswidrige Verhalten durch einen ausländischen Hoheitsakt legitimiert wird.

Norm/Genehmigung statt, sondern es muss das Ergebnis beurteilt werden, das sich aus der Anwendung dieser Norm ergibt. Sollte ein deutsches Gericht tatsächlich die Lizenzierung des Steinbruchbetriebs infrage stellen und die Fragen danach aufwerfen, ob sich das deutsche Unternehmen an Völkerrechtsverletzungen mittelbar beteiligt hat bzw. ob sich die staatlichen Völkerrechtsverletzungen auf das private Rechtsverhältnis auswirken? Könnte sich dann das aus der Perspektive des deutschen Unternehmens scheinbar rechtmäßige Verhalten doch noch als rechtswidrig herausstellen? Dass solche Rechtsfragen nicht vollkommen realitätsfremd sind, zeigen verschiedene Verfahren vor den Gerichten Kanadas, Frankreichs und Israels.[1273] Da das französische Verfahren eine gewisse Ähnlichkeit zu dem hier dargelegten Sachverhalt aufweist und er zudem in der Sache entschieden wurde, soll auf ihn im Folgenden näher eingegangen werden.

In diesem Verfahren wollten die Kläger erreichen, dass das angerufene französische Gericht sowohl einen Konzessionsvertrag, der zwischen dem Staat Israel und City Pass (einem Joint Venture aus Veolia, Alstom und verschiedenen israelischen Firmen) zum Bau und Betrieb der Bahnstrecke zwischen Jerusalem und der West Bank geschlossen wurde, als auch einen Vertrag, der zwischen City Pass und Alstom hinsichtlich der konkreten Projektentwicklung geschlossen wurde, für nichtig erklärt.[1274] Die Nichtigkeit der Verträge sollte sich nach Ansicht der Kläger daraus ergeben, dass durch die Verträge und ihre Umsetzung das Völkerrecht verletzt werde, da sie den Bau illegaler Siedlungen fördern und die rechtswidrige Be-

---

1273 Kanada: Yassin c. Green Park Int., Inc., 2009 QCCS 4151, Urteil v. 18.09.2009; 2010 QCCA 1455, Urteil des Court of Appeal (Quebec) v. 11.8.2010; Frankreich: Association France-Palestine Solidarite (AFPS), Organisation de la Liberation de Palestine (OLP) v. Alstom Transport SA, Alstom SA, Cour d'Appel de Versailles, 22.03.2013, R.G.N. 11/05331; Israel: Yesh Din v. Hanson Quarray et. al, HCJ 2164/09 v. 09.12.2009, abrufbar unter: http://www.yesh-din.org/userf iles/file/ %D7 %94 %D7 %9B %D7 %A8 %D7 %A2 %D7 %95 %D7 %AA %20 %D7 %93 %D7 %99 %D7 %9F/psak.pdf ; vgl. auch Anfrage der Bundestagabgeordneten Inge Höhger (Die Linke), BT-Ds. 17/6228, S. 3; Anfrage des Bundestagsabgeordneten Wolfgang Gunkel (SPD), BT-Ds. 17/3256, S. 10.

1274 AFPS/OPL v. Alstom S.A., R.G.N. 11/05331, S. 5 ff.; *Rubins/Stephens-Cru*, Introductory Note to AFPS and PLO v. Alstom and Veolia (Versailles Ct. App.), 52 ILM 1157 (2013); die Tochter der Deutschen Bahn AG, die DB International war an dem Planungsvorhaben ursprünglich beteiligt, erklärte aber zum 01.05.2011 seinen Rückzug aus dem Projekt, vgl. http://www.spiegel.de/wirtsch aft/unternehmen/israel-bahn-steigt-aus-schnellzugprojekt-aus-a-759991.html (letzter Aufruf 19.01.2015).

setzung palästinensischer Gebiete perpetuieren würden.[1275] Außerdem waren die Kläger der Auffassung, dass die Firmen durch den Bau der Bahnlinie selbst rechtswidrig gehandelt hätten und sowohl gegen Völkerrecht als auch ihre eigenen globalen ethischen Verpflichtungserklärungen verstoßen hätten. (*« Elle [l'OLP] considère que les contrats signés à cette occasion qui violent ainsi l'ordre public sont en conséquence également illicites et que les sociétés ont commis une faute d'une part, pour avoir participé à des contrats dont la cause viole des normes de droit international et d'autre part, pour ne pas avoir en même temps respecté les engagements pris par leur adhésion au Pacte Mondial et dans leurs codes d'éthiques. Elle sollicite que leur responsabilité soit reconnue et fonde son action sur les articles 6, 1131 et 1133 du code civil. »*)[1276] Die vermeintlichen Verletzungen des Völkerrechts stützen die Kläger auf die Art. 49 (6) und 53 der IV. Genfer Konvention.[1277] Laut einem Rechtsgutachten des IGH aus dem Jahre 2004 sind die Siedlungen im Westjordanland und in Ostjerusalem illegal und begründen insoweit tatsächlich einen Verstoß gegen die besagte Genfer Konvention.[1278] Doch sind Verträge über Infrastrukturmaßnahmen, die dazu führen, dass diese illegalen Siedlungen mit einer anderen Stadt verbunden werden, illegal bzw. ordre-public-widrig? Im Ergebnis verneinte das Gericht diese Frage. Zur Bestimmung der Rechts-/Sittenwidrigkeit des Vertrages ermittelte das Gericht zunächst die Motive der Parteien für den Vertragsschluss. Dabei differenzierte es strikt zwischen dem Konzessionsvertrag (zwischen Israel und Citypass) sowie den Verträgen, die die Beklagten zur Auftragsübernahme geschlossen hatten. Insoweit stellte das Gericht fest, dass selbst wenn man dem Staat Israel unterstellen könnte, dass er mit dem Vertragsschluss illegale politische Motive verfolgen würden, diese unterstellte Absicht nicht auch auf die lauteren Motive der Un-

---

1275 Auch, wenn auf die Verträge grundsätzlich israelisches Recht anzuwenden ist, könnte die französischen Gerichte die Verträge für nichtig erklären, wenn sie gegen den ordre public verstoßen, vgl. Rubins/Stephens, 52 ILM 1157, 157, Fn. 6.

1276 AFPS/OPL v. Alstom S.A., R.G.N. 11/05331, S. 18; *Rubins/Stephens-Cru*, 52 ILM 1157, 1174 (2013).

1277 Dieser Abschnitt der Vierten Genfer Konvention regelt das Verhalten von Staaten in besetzten Gebieten. Art. 49 (6) besagt, dass die Besetzungsmacht keine eigenen Staatsangehörigen in das Gebiet verbringen oder verschleppen darf. Art. 53 beinhaltet ein Verbot, Vermögen in dem besetzten Gebiet zu zerstören.

1278 Legal Consequences of the Construction of a Wall in the Occupied Palestinian Territories, Advisory Opinion, I.C.J: Reports 2004, 136, 140.

ternehmen ausstrahlen würde.[1279] Weiterhin stellte das Gericht fest, dass keine der Beklagten an dem Konzessionsvertrag unmittelbar beteiligt war und sich somit auch aus dessen vermeintlicher Illegalität keine Haftung der Unternehmen ableiten ließe.[1280] Zudem stellte das Gericht fest, dass sich eine Sittenwidrigkeit des Vertrages auch nicht aus einer vermeintlichen Verletzung des humanitären Völkerrechts ableiten ließe. Hierzu stellte das Gericht zunächst fest, dass sich aus den vorgebrachten völkerrechtlichen Verträgen keine unmittelbaren individuellen Ansprüche ableiten ließen und den Beklagten im Hinblick auf die einschlägigen Normen keine partielle Völkerrechtssubjektivität zukomme, da sie weder Vertragsparteien noch in irgendeiner Weise Begünstigte oder Verpflichtete der bezeichneten völkerrechtlichen Verträge sind.[1281] Das Gericht stützte seine Argumentation in dieser Hinsicht also vornehmlich darauf, dass sich aus den vorgetragenen völkerrechtlichen Normen für Kläger und Beklagte keine unmittelbaren Rechte und Pflichten ableiten ließen und sich somit das Verhalten der Beklagten nicht als völkerrechtswidrig einstufen lasse, da der streitgegenständliche Vertrag lediglich mittelbar zu einer möglichen Völkerrechtsverletzung seitens Israel beiträgt. Ein solcher Vertrag ist aber nach Auffassung des Berufungsgerichts nicht sitten- bzw. ordre-public-widrig. Eine mittelbare Wirkung einer Völkerrechtsverletzung ist insoweit *de lege lata* in Bezug auf diese Normen des Völkerrechts nur schwer abzuleiten.

Warum könnte die Beurteilung des Beispielsfalls dennoch anders ausfallen? Einerseits unterscheidet sich der Sachverhalt in einem wesentlichen Punkt, nämlich darin, dass das deutsche Mutterunternehmen aktiv an der Rohstoffförderung beteiligt ist und diese Rohstoffförderung nur dadurch lizenziert werden konnte, dass der besetzende Staat seine Verwaltungshoheit auf die besetzten Gebiete ausgedehnt hat und zuvor fremdes Eigentum in Besitz genommen hat. Stuft man aber gerade diese Ausdehnung der Verwaltungshoheit als völkerrechtswidrigen Akt ein, so besteht ein unmittelbarer Zusammenhang zwischen dem Völkerrechtsverstoß und der vermeintlichen Rechtmäßigkeit der Rohstoffförderung. Wäre das deut-

---

1279 AFPS/OPL v. Alstom S.A., R.G.N. 11/05331, S. 21; *Rubins/Stephens-Cru*, 52 ILM 1157, 1176 (2013).

1280 AFPS/OPL v. Alstom S.A., R.G.N. 11/05331, S. 21; *Rubins/Stephens-Cru*, 52 ILM 1157, 1176 (2013).

1281 AFPS/OPL v. Alstom S.A., R.G.N. 11/05331, S. 23; *Rubins/Stephens-Cru*, 52 ILM 1157, 1177 (2013).

sche Gericht also tatsächlich dazu verpflichtet den ausländischen Hoheits-akt, seine Völkerrechtswidrigkeit unterstellt, anzuerkennen und ihm im Zi-vilverfahren eine legitimierende Wirkung zukommen zu lassen? Grund-sätzlich kann man davon ausgehen, dass im Rahmen der Anwendung aus-ländischen Sachrechts die berufene Rechtsordnung als Ganzes zur Anwen-dung gelangt.[1282] Ob und wie potentiell völkerrechtswidrige Hoheitsakte auswärtiger Staaten zu berücksichtigen sind oder ob sie durch Nichtan-wendung zu sanktionieren sind, ist grundsätzlich Sache des innerstaatli-chen Rechts und des innerstaatlichen Rechtsanwenders.[1283] Aus dem Völ-kerrecht lässt sich keine Pflicht zur Anerkennung bzw. Nicht-Anerken-nung ausländischer völkerrechtswidriger Akte ableiten.[1284] In dem hier ge-bildeten Beispielsfall ließe sich also argumentieren, dass sich das Verhal-ten (Förderung, Export der Rohstoffe) des deutschen Mutterunternehmens, das auf einer völkerrechtswidrigen Genehmigung beruht, rechtswidrig ist, da die deutschen Gerichte die völkerrechtswidrige Genehmigung nicht be-rücksichtigen müssen. Allerdings ließe sich insofern auch argumentieren, dass lediglich das Verhalten des die Genehmigung erteilenden Staates eine Völkerrechtsverletzung beinhaltet, da nur er an die entsprechenden Nor-men der Haager Landkriegsordnung (Art. 43, 55 HLKRO) und der Vierten Genfer Konvention gebunden ist. Die Völkerrechtswidrigkeit unterstellt, würden sich somit primär Ansprüche des Grundeigentümers gegen den Besatzungsstaat ergeben, denn dieser hatte rechtswidrig gehandelt, indem er den Kläger enteignet hat und anschließend entschädigungslos eine Kon-zession zum Abbau der sich auf dem Grundeigentum des Klägers befin-denden Rohstoffe erteilt hat. Unterstellt man, dass die Erteilung der Kon-zession eine Enteignung seitens des besetzenden Staates darstellt, er-scheint es fraglich, ob das deutsche Gericht diese in dem Schadensersatz-prozess gegen einen Dritten ignorieren könnte?

Der Umgang mit inzidenten Fragen der Anerkennung Enteignungen fremder Staaten beschäftigen die Gerichte und Rechtswissenschaft schon länger.[1285] Der kollisionsrechtliche Enteignungsbegriff definiert die Ent-

---

1282 Staudinger/*Volz*, Art. 6 EGBGB, Rn. 39.

1283 Staudinger/*Volz*, Art. 6 EGBGB, Rn. 66.

1284 *Doehring*, Völkerrecht, Rn. 960.

1285 Vgl. hierzu aus Sicht des IPR: *Kieninger*, in: Zimmermann/u. a. (Hrsg.), Moder-ne Konfliktformen, BerDGVR 44 (2010), S. 157 ff.; *von Bar/Mankowski*, IPR Allgemeine Lehren, § 4 Rn. 130 ff.; *Korte*, Die Anerkennung einer ausländi-schen Enteignung; eine Klärung derartiger öffentlich-rechtlicher inzidenter Vor-

eignung als „jede aus wirtschafts- oder allgemeinpolitischen Gründen er-
folgende, gänzliche oder teilweise Entziehung oder wirkungsgleiche Beschränkung jeglichen Vermögenswerts oder -rechts durch einen ausländischen Staat"[1286]. Insbesondere stellt auch die administrative Unterstellung
von Unternehmen o. ä. unter staatliche Aufsicht, die eine andauernde Beschränkung der Verfügungsmacht zur Folge hat, eine Enteignung im kollisionsrechtlichen Sinn dar.[1287] Angewandt auf den Sachverhalt, stellt sich
das gesamte Verhalten des besetzenden Staates als eine Enteignung dar.
Doch selbst wenn man diese Enteignung als völkerrechtswidrig einstufen
möchte, folgt hieraus noch nicht zwangsläufig, dass der zugrunde liegende
Hoheitsakt nicht anerkannt wird oder als nichtig angesehen wird.[1288] Die
Frage danach, unter welchen Voraussetzungen die von fremden Hoheits-
trägern vorgenommenen Enteignungen anzuerkennen sind, wird überwiegend nach dem Territorialitätsgrundsatz und dem Ordre-public-Vorbehalt
bestimmt.[1289] Aus dem Territorialitätsgrundsatz folgt, dass Enteignungen
eines enteignenden Staates, die auf einem fremden Hoheitsgebiet stattfinden, grundsätzlich nicht anerkennungsfähig sind, solche, die auf dem eigenen Hoheitsgebiet stattfinden, dagegen grundsätzlich anerkannt werden.[1290] Würde man die hier vorliegende Enteignung als extraterritoriale
Enteignung einordnen, ergäben sich hinsichtlich ihrer Anerkennungsfähigkeit kaum Probleme, da eine „inzidente Anerkennung ultraterritorialer
Enteignungen durch deutsche Zivilgerichte zumindest nach gegenwärtig
geltender Verfassungs- und Gesetzeslage ausgeschlossen ist"[1291]. In den
Fällen, in denen die Enteignung als intraterritorial einzustufen ist, kann

---

fragen ist verfassungsrechtlich unproblematisch, vgl.: MüKo-BGB/*Wendehorst*,
Art. 46 EGBGB Anhang, Rn. 4.

1286 *Von Bar/Mankowski*, IPR, § 4 Rn. 132.
1287 OLG Hamburg, Urt. v. 07.01.2005 – 1 W 78/04, Rn. 3 (juris).
1288 *Von Bar/Mankowski*, IPR, § 4 Rn. 133; *Kieninger*, in: Zimmermann/u. a.
      (Hrsg.), Moderne Konfliktformen, BerDGVR 44 (2010), S. 157, 158; Bamber-
      ger/Roth/*Spickhoff*, Art. 46 EGBGB Anh Rn. 20.
1289 *Kieninger*, in: Moderne Konfliktformen, BerDGVR 44 (2010), S. 160; Bamber-
      ger/Roth/*Spickhoff*, Art. 46 EGBGB Anh Rn. 20 ff.; MüKO-BGB/*Wendehorst*,
      Art. 46 EGBGB Anhang, Rn. 12 ff.; BVerfG NJW 1991, 1597; OLG Hamburg,
      07.01.2005 – 1 W 78/04, Rn. 5 f. (juris).
1290 MüKo-BGB/*Wendehorst*, Art. 46 EGBGB Anhang, Rn. 13; von Bar/Mankoski,
      IPR, § 4 Rn. 135; *Kieninger*, S. 160.
1291 MüKo-BGB/*Wendehorst*, Art. 46 EGBGB Anhang, Rn. 24.

eine Korrektur nur durch den ordre public erfolgen.[1292] Intraterritorialen Enteignungen kann man also die Anerkennung verweigern, wenn sie offensichtlich mit wesentlichen Grundsätzen des deutschen Rechts unvereinbar sind und der Sachverhalt einen hinreichenden Inlandsbezug aufweist.[1293] Auch insofern können Ordre-public-Verstöße nur anhand des Einzelfalls bemessen werden. So kann beispielsweise nicht pauschal festgestellt werden, dass entschädigungslose Enteignungen stets einen Ordre-public-Verstoß zur Folge haben.[1294] Das Gleiche soll gelten, wenn die Enteignung sich zusätzlich als diskriminierend darstellt,[1295] was nach heute gängigen Standards allerdings nur noch schwer hinnehmbar erscheint. Insgesamt handelt es sich bei derartigen Konfiskationen um äußerst komplexe Sachverhalte, in denen es nicht nur um die Kompensation bereits bestehenden Unrechts geht, sondern auch darum, zukünftiges Unrecht zu vermeiden.[1296] Deswegen erscheint es angezeigt, nicht nur die Interessen des von der Enteignung Betroffenen zu berücksichtigen, sondern auch die Interessen des von der Enteignung Begünstigten. So wäre beispielsweise danach zu fragen, ob er nur mittelbar oder unmittelbar von der Enteignung begünstigt ist oder inwieweit er hinsichtlich der von ihm erworbenen Rechtsposition Vertrauensschutz genießt.[1297] Dies ergibt sich schon daraus, dass sich die normativen Vorgaben, die darüber entscheiden, ob es sich um eine rechtswidrige oder rechtmäßige Enteignung handelt bzw. ob

---

1292 MüKo-BGB/*Wendehorst*, Art. 46 EGBGB Anhang, Rn. 25; *Kieninger*, in: Moderne Konfliktformen, BerDGVR 44 (2010), S. 157, 161.

1293 MüKo-BGB/*Wendehorst*, Art. 46 EGBGB Anhang, Rn. 53 ff.; Bamberger/Roth/ *Spickhoff*, Art. 46 EGBGB Anh Rn. 20 f.; *Kieninger*, in: Moderne Konfliktformen, BerDGVR 44 (2010), S. 157, 162 f.; OLG Hamburg, 07.01.2005 – 1 W 78/04, Rn. 5 f. (zitiert nach juris).

1294 Staudinger/*Volz*, Art. 6 EGBGB Rn. 80; MüKo-BGB/*Wendehorst*, Art. 46 EGBGB Anhang, Rn. 59; *Kieninger*, S. 162; OLG Bremen, Urt. v. 21.8.1959, IPRspr. 1958/59 Nr. 7 A S. 746 ff.; LG Hamburg, 22.01.1973, IPRspr 1973 Nr. 112 b, S. 302 ff.; **a. A.** *Hofmann*, Artikel 25 GG und die Anwendung völkerrechtswidrigen ausländischen Rechts, 49 ZaöRV (1989), S. 42, 54 (der unmittelbar auf Art. 25 GG abstellt).

1295 Vgl. insoweit insbesondere: OLG Bremen IPRspr. 1958/59 Nr. 7 A S. 746 ff.; a. A. LG Hamburg IPRspr 1973 Nr. 112 b, S. 302 ff. (Das LG Hamburg ging zwar von einem Ordre-public-Verstoß aus, da die Enteignung entschädigungslos und diskriminierend war, die Verweigerung der Anerkennung scheiterte letztendlich jedoch am mangelhaften Inlandsbezug des Sachverhalts).

1296 Von Bar/Mankowski, § 4 Rn. 147.

1297 *Spickhoff*, in Leible/Ruffert, Völkerrecht und IPR, S. 290.

insoweit ein Völkerrechtsverstoß vorliegt, auf das Rechtsverhältnis zwischen dem Enteigneten und dem vermeintlichen Schuldner (soweit dieser nicht mit dem Enteignenden identisch ist) nur mittelbar auswirken.[1298] Somit ergibt sich, dass auch intraterritoriale Enteignungen nicht vorbehaltslos anzuerkennen sind,[1299] sondern stets untersucht werden muss, ob eine Anerkennung mit dem ordre public vereinbar ist.[1300] Letztere Untersuchung erfolgt nicht in einem starren Korsett, sondern muss die Umstände des Einzelfalls und die möglicherweise widerstreitenden Interessen berücksichtigen. Entscheidungserheblich dürfte dabei insbesondere sein, wie scherwiegend die Völkerrechtsverletzung ist und inwieweit sich ein Inlandsbezug herstellen lässt. Die bloße Belegenheit der enteigneten Sachen oder entsprechender Surrogate oder Erlöse aus der Veräußerung dürften dabei regelmäßig nicht ausreichen, um einen Inlandsbezug herzustellen.[1301]

Wie ist nun in dem Sachverhalt des Betriebs einer Mine in dem besetzten Gebiet zu entscheiden? Da das internationale Privatrecht insofern von einem weiten Enteignungsbegriff ausgeht, lässt sich das streitgegenständliche Verhalten (Erstreckung einer Siedlung auf fremdes Gebiet, Vergabe der Rohstoffförderung an privatrechtliches Unternehmen und Förderung in Partnerschaft mit diesem) zweifellos als Enteignung charakterisieren, da dem Kläger die Verfügungsbefugnis über sein Land und die darauf befindlichen Rohstoffe dauerhaft entzogen wird.[1302] Als Nächstes müsste man die Frage aufwerfen, ob es sich bei dieser Form der Enteignung, um eine intraterritoriale Enteignung oder um eine extraterritoriale Enteignung handelt. Grundsätzlich muss man davon ausgehen, dass in Bezug auf das besetzte Gebiet eine völkerrechtliche Fiktion eingreift, nach der sich die

---

1298 So weist *Spickhoff* richtigerweise darauf hin, dass Art. 14 GG primär ein Abwehrrecht des Bürgers gegen den Staat ist, *Spickhoff*, in Leible/Ruffert, Völkerrecht und IPR, S. 290.

1299 MüKo-BGB/*Wendehorst*, Art. 46 EGBGB Anhang, Rn. 56; Bamberger/Roth/ *Spickhoff*, Art. 46 EGBGB Anh Rn. 21.; Palandt/*Thorn*, Art. 43 EGBGB, Rn. 12.

1300 *Von Bar/Mankowski*, § 4 Rn. 149 („Vielmehr muss der ordre public-Vorbehalt das notwendige Ventil schaffen.").

1301 Vgl. OLG Hamburg, 07.01.2005 – 1 W 78/04, Rn. 7 f. (zitiert nach juris); Bamberger/Roth/*Spickhoff*, Art. 46 EGBGB Anh., Rn. 21.

1302 *Kieninger*, in: Moderne Konfliktformen, BerDGVR 44 (2010), S. 157, 166.

staatliche Hoheitsgewalt auch auf die besetzten Gebiete ausdehnt.[1303] Derartige Enteignungen müssten folglich als intraterritoriale Enteignungen angesehen werden. Das hat zur Folge, dass sie nur ausnahmsweise nicht anzuerkennen sind, wenn sie gleichzeitig gegen den ordre public verstoßen sollten. Teilweise wird jedoch vertreten, dass eine Anerkennung von Enteignungen einer Besatzungsmacht bereits dann scheitert, wenn die Besatzungsmacht *ultra vires* handelt, also gegen das völkerrechtliche Besatzungsrecht bzw. das humanitäre Völkerrecht verstößt.[1304] Möchte man dieser Ansicht nicht folgen, müsste man die Frage der Anerkennungsfähigkeit der Enteignung daran bemessen, ob sie gegen den ordre public verstößt, insoweit wäre auch das Vorliegen eines hinreichenden Inlandsbezug des Sachverhalts erforderlich. Laut Rechtsgutachten des Internationalen Gerichtshofs ist Israel hinsichtlich der Gebiete im Westjordanland als Besetzungsmacht anzusehen.[1305] Insofern sind auch das Vierte Genfer Abkommen[1306] sowie die Haager Landkriegsordnung[1307] anwendbar.[1308] Der Schutz des Art. 46 HLKO würde also vor unberechtigten Eingriffen in das Privateigentum schützen. Folgt man der Ansicht *Kieningers*, so ist diese Form der Enteignung nicht anzuerkennen, wenn die Konfiskation der Mine/des Steinbruchs einen Verstoß gegen das humanitäre Völkerrecht darstellt. Eine derartige Ultra-Vires-Handlung einer Besatzungsmacht ist als quasi-extraterritoriale Enteignung anzusehen und wäre nach dieser Auffassung nichtig.[1309] Die, den Sachverhalt betreffende Vorfrage wäre somit dahin gehend zu beantworten, dass die Enteignung nicht anzuerkennen ist und sich die deutsche Beklagte insoweit auch nicht auf diese vor einem deutschen Gericht berufen könnte. Möchte man der gegenläufigen Ansicht

---

1303 Vgl. Art. 42 ff. Haager Landkriegsordnung; *Bentzien*, Die völkerrechtlichen Schranken staatlicher Souveränität im 21 Jahrhundert, S. 132; *Kieninger*, in: Moderne Konfliktformen, BerDGVR 44 (2010), S. 157, 170.

1304 *Kieninger*, in: Moderne Konfliktformen, BerDGVR 44 (2010), S. 170; für einen Verstoß gegen Art. 46 HLKO, der in seinem authentischen franz. Wortlaut davon spricht, dass Privateigentum nicht entzogen werden kann, vgl. *Kieninger*, S. 167); a. A. MüKo-BGB/*Wendehorst*, Art. 46 EGBGB Anhang, Rn. 61.

1305 IGH, Gutachten v. 9.07.2004, ICJ Rep. 2004, 136; *Seidel*, Die Palästinafrage und das Völkerrecht, AVR 44 (2006), 121, 129 ff.

1306 BGBl. 1954 II, S. 917.

1307 RGBl. 1910, S. 107.

1308 *Seidel*, AVR 44 (2006), 129, 133.

1309 *Kieninger*, in: Moderne Konfliktformen, BerDGVR 44 (2010), S. 157, 170.

folgen,[1310] so wären der Enteignungstatbestand und seine Völkerrechtswidrigkeit am ordre public zu bemessen. Insoweit wird man sicherlich
auch vertreten können, dass eine völkerrechtswidrige Enteignung gegen
den deutschen ordre public verstößt. Allerdings ist nach ständiger Rechtsprechung[1311] und der insoweit herrschenden Meinung[1312] auch hier ein
zusätzlicher Inlandsbezug des Sachverhalts erforderlich. Ob dieser im Ergebnis besteht, ist eine Frage des Einzelfalls und des richterlichen Ermes-
sens. Dass Teile von Erzeugnissen, die aus dem Rohstoffabbau der enteigneten Mine stammen, auf das Staatsgebiet der BRD gelangt sind, dürfte
regelmäßig nicht genügen, um von einer hinreichenden Inlandsbeziehung
auszugehen.[1313] Insoweit ist zwar anerkannt, dass das Erfordernis des Inlandsbezugs nur in abgeschwächter Form vorliegen muss, wenn beispielsweise ein schwerwiegender Ordre-public-Verstoß vorliegt oder wenn sich
das Klagebegehren unmittelbar gegen einen an der Enteignung Beteiligten
richtet oder wenn es direkt um die Herausgabe eines enteigneten Sachge-
genstandes geht.[1314] Jedoch erscheint es fraglich, ob diese Vorausetzun-
gen für eine Relativierung des Inlandsbezugs in der vorliegenden Sachverhaltskonstellation erfüllt sind. Für einen hinreichenden Inlandsbezug

---

1310 MüKo-BGB/*Wendehorst*, Art. 46 Anhang, Rn. 61; differenzierend: *Heß*, in: von
Heinegg/Kadelbach/Heß u. a. (Hrsg.), Entschädigung nach bewaffneten Konflikten, S. 107, 121, der völkerrechtswidrige Haftungsfreistellungen des berufenen Sachrechts grundsätzlich anwenden möchte und eine Korrektur über den
ordre public vornimmt, wobei er ausländische Gesetze, die in besetzten Gebieten Plünderungen für rechtens erklären, auch dann nicht anwenden möchte,
wenn sie die Grenzen der lex rei sitae formal einhalten.

1311 OLG Hamburg, 07.01.2005 – 1 W 78/04, Rn. 7 f. (zitiert nach juris); OLG Bremen IPRspr. 1958/59 Nr. 7 A S. 746 ff.; LG Hamburg IPRspr 1973 Nr. 112 b,
S. 302 ff.

1312 Bamberger/Roth/*Spickhoff*, Art. 46 Anh Rn. 21; MüKo-BGB/*Wendehorst*,
Art. 46 EGBGB Anhang, Rn. 53 ff.; Palandt/*Thorn*, 43 EGBG Rn. 14.

1313 OLG Hamburg, 07.01.2005 – 1 W 78/04, Rn. 7 f. (zitiert nach juris) „... ein
rechtliches Interesse daran anzuerkennen ist, dass durch ein deutsches Gericht
überprüft werden kann, ob fremde Staaten bei Enteignungen später nach
Deutschland gelieferter Waren gegenüber ihren eigenen Staatsbürgern deutsche
Gerechtigkeitsvorstellungen eingehalten haben" ; differenziernd: MüKO-BGB/
Wendehorst, Art. 46 EGBGB, Rn. 63; *Kieninger*, in: Moderne Konfliktformen,
BerDGVR 44 (2010), S. 157, 171.

1314 Für eine derartige Relativität des Erfordernisses: *Hoffmann*/*Thorn*, IPR, § 6
Rn. 152; *Kropholler*, IPR, S. 246 *Kieninger*, in: Moderne Konfliktformen,
BerDGVR 44 (2010), S. 157, 171; *von Bar*/*Mankowski*, § 7 Rn. 269 (bei Men-
schenrechtsverstößen abgeschwächter Inlandsbezug).

könnte sprechen, dass die Beklagte ihren Sitz in Deutschland hat. Insgesamt wendet die deutsche Rechtsprechung aber auch im Hinblick auf derartige Fallgruppen den ordre public sehr restriktiv an und betont dabei: „Entscheidungserheblich ist auch nicht, ob es ethisch geboten erscheint, (Menschen-) Rechtsverletzungen in aller Welt entgegen zu treten oder beim Kauf von Waren darauf zu achten, dass diese in fairer Weise hergestellt und vertrieben worden sind."[1315] Insgesamt dient der ordre public also nur der Korrektur schwerwiegendster rechtlicher Wertungswidersprüche. Die Auffassung Kieningers, die das Primat des humanitären Völkerrechts bei der Anerkennungsfrage postuliert und für die Nichtigkeit einer völkerrechtswidrigen Enteignung plädiert, ist im Hinblick auf ihr Telos (der universellen Berücksichtigung des humanitären Völkerrechts) sicherlich vorzugswürdig. Auch kommt sie somit am ehesten und sichersten der Forderung nach, dass sich kein anderer Staat zum „Komplizen fremder Menschenrechtsverletzung"[1316] machen darf. Letztendlich ist es eine Frage der systematischen Präferenz, wie man derartige Probleme beurteilen möchte. Will man eine Enteignung, die gegen humanitäres Völkerrecht verstößt, per se für nichtig erklären oder will man sie anhand der zum ordre public entwickelten Kriterien überprüfen? Das Ergebnis sollte eigentlich das Gleiche sein, da es nicht im Sinne der deutschen Rechtsprechung sein kann, einen Verstoß gegen das humanitäre Völkerrecht zu perpetuieren.

Insgesamt zeigt sich jedoch, dass sich in derartigen Problemkonstellationen jede pauschale Lösung verbietet. Zudem konnte bewiesen werden, dass sowohl Wertungen und Regelungen des humanitären Völkerrechts als auch weitere menschenrechtliche Aspekte auf unterschiedliche Weise Einfluss auf die kollisionsrechtlichen und materiell-rechtlichen Ergebnisse eines Sachverhalts nehmen können. Es hat sich auch gezeigt, dass selbst wenn man aufgrund des IPR zu einer Anwendung ausländischen Rechts kommt, grundrechtliche und völkerrechtliche Prinzipien durchaus berücksichtigt werden können, dass es aber im Einzelfall sehr schwierig sein kann, menschen- oder völkerrechtlichen Maßstäben Geltungskraft zu verschaffen.

1315 OLG Hamburg, 07.01.2005 – 1 W 78/04, Rn. 7 (zitiert nach juris).
1316 Von Bar/Mankowski, § 7 Rn. 269.

d) Zwischenergebnis

Die bisherigen Ausführungen haben gezeigt, dass es in der überwiegenden Anzahl der hier relevanten transnationalen Fälle ausschließlich zu einer Anwendung ausländischen Sachrechts kommen wird, da der deliktische Erfolgsort überwiegend im Ausland liegt und somit der Art. 4 Abs. 1 Rom-II-VO zu einer Anwendung ausländischen Rechts führt. Die Anwendung ausländischen Rechts durch deutsche Gerichte stellt sich grundsätzlich nicht als ein solches Verfahrenshindernis dar, das durch ein kollisionsrechtliches Universalitätsprinzip zu kompensieren ist. Anders als in der Strafgerichtsbarkeit ist es grundsätzlich nichts Unübliches, wenn ein Gericht ausländisches Zivilrecht anwenden müsste. Das Gericht muss das ausländische Recht von Amts wegen ermitteln (vgl. insoweit auch § 293 ZPO), und die Parteien trifft insoweit keine subjektive Beweisführungslast.[1317] Die Anwendung ausländischen Rechts ist also für die Parteien zunächst per se nicht nachteilig. Nachteile ließen sich lediglich im Hinblick auf eine mögliche Revisionseinlegung ausmachen, da die Rechtsprechung und Teile der Literatur die Anwendung ausländischen Rechts – trotz der Neufassung des § 545 Abs. 1 ZPO – nicht als voll revisibel erachten und nach dieser Auffassung nur die Ermittlung des ausländischen Rechts einer Verfahrensrüge unterliegt.[1318]

Die Möglichkeit der regulativen Einflussnahme des Internationalen Privatrechts wurde im Hinblick auf die Grundregel des Art. 4 Abs. 1 Rom-II-VO zugunsten einer vorhersehbaren und neutralen Anknüpfungsregel beschränkt.[1319] Allerdings besteht durch die Regelungen des Art. 16, 17 bzw. 26 Rom-II-VO ein Spielraum, in dem auch menschen- und völkerrechtlichen Wertungen berücksichtigt werden können. Hierdurch können niedri-

---

1317 Bamberger/Roth/S. *Lorenz*, Einl. IPR, Rn. 79; Freitag, in: Heidel/Hüßtege/ Mansel/Noack, Art. 3 EGBG Rn. 42; Stein/Jonas/Leipold, § 293 ZPO Rn. 1; MüKO-Sonneberger, Einl IPR Rn. 624 ff.

1318 BGH, Beschluss v. 4.7.2013 – V ZB 197/12 = BGH, NJW 2013, 3656; *Sturm*, Wegen Verletzung fremden Rechts sind weder Rechtsbeschwerde noch Revision zulässig, JZ 2011, 74 ff.; MüKO-ZPO/*Krüger*, § 545 Rn. 11; a. A. *Geimer*, IZPR, Rn. 2601; Bamberger/Roth/Lorenz, Einl. IPR Rn. 87; *Hess/Hübner*, Die Revisibilität ausländischen Rechts nach der Neufassung des § 545 ZPO, NJW 2009, 3132 ff.

1319 *Enneking*, 2 Europ. Rev. Private L. 283, 309 (2009); etwas anderes gilt freilich im Hinblick auf Art. 7 Rom-II-VO, der dem Ubiquitäts- und Günstigkeitsprinzip folgt und auf ein hohes Schutzniveau und eine Schadensprävention abzielt.

gere menschenrechtliche Standards der berufenen ausländischen Rechtsordnung unter Umständen nicht entscheidungserheblich sein. Auch an dieser Stelle kann man deshalb feststellen, dass die Manifestierung eines kollisionsrechtlichen Universalitätsprinzips nicht notwendig erscheint, da der Ordre-public-Vorbehalt grobe Wertungswidersprüche verhindern kann. Es ist jedoch allgemein darauf hinzuweisen, dass eine internationalprivatrechtliche Regelung, die eine pauschale oder bedingte Anwendung der materiellen *lex fori* statuieren würde,[1320] auch dann zulässig wäre, wenn die Verbindung des Sachverhalts zum Forum nur gering ist.[1321] Fraglich erscheint, inwiefern das IPR eine stärkere Öffnung für nicht-staatliche Regelungen benötigt. Insoweit hat sich gezeigt, dass das primär am Territorialitätsprinzip orientierte europäische IPR, trotz seiner punktuellen Offenheit für Wertungen der inländischen Rechtsordnungen, transnationalen Interessenkonstellationen nicht unbedingt immer gerecht werden kann und sich weiter öffnen muss.[1322] Hier besteht das Potenzial, die Integration menschen- und völkerrechtlicher Aspekte zu forcieren, indem man spezielle völkerrechtliche oder transnationale Regelungsregime stärker wertend berücksichtigt.

Die generellen Ausführungen haben zudem gezeigt, dass die Voraussetzungen des Zivilprozessrechts innerhalb der EU ausländischen, transnationalen Direktklagen nicht generell im Weg stehen, diese aber auch nicht zwangsläufig fördern. Die Eröffnung der Zuständigkeit gegenüber Beklagten, die über einen Sitz in einem Mitgliedstaat im Sinne der Art. 2, 60 EuGVVO verfügen, ist unproblematisch. Gegenüber Beklagten aus Drittstaaten kommen gem. Art. 4 EuGVVO die einzelnen Zuständigkeitsvorschriften der nationalen Rechtsordnungen zur Anwendung und somit zum Teil auch deren exorbitante Gerichtsstände. Jedoch kann selbst über diese nur eingeschränkt die Zuständigkeit begründet werde. Zudem kommt in Europa erschwerend hinzu, dass die limitierte Möglichkeit zur Einreichung von Sammelklagen, die Kostenregelungen und eine nur einge-

---

1320 Und somit ansatzweise ein Universalitätsprinzip verkörpern würde.

1321 *Mansel*, in: Leible/Ruffert, Völkerrecht und IPR, S. 89, 123 f.

1322 *Ladeur/Viellechner*, Die transnationale Expansion staatlicher Grundrechte, 46 AVR 42, 64 f.; *Berman*, Towards a cosmopolitan Vision of Conflict of Laws: Redefining Governmental Interests in a Global Era, 153 U. Pa. L. Rev. 1819 ff.; *Scherer*, Das internationale Privatrecht als globales System, http://edoc.hu-berli n.de/dissertationen/scherer-gabriele-2005-10-24/PDF/Scherer.pdf (16.09.2014); *Grabosch*, in: Nikol,/Bernhard/Schniederjahn, Transnationale Unternehmen und Nichtregierungsorganisationen im Völkerrecht S. 69, 99 f.

schränkte Verpflichtung zur Vorlage von Dokumenten (*discovery*) derartige ausländische Direktklagen zusätzlich erschweren.[1323] Trotz dieser insgesamt recht schwierigen Voraussetzungen wurden auch in Europa entsprechende Verfahren eingeleitet, die im Folgenden partiell dargestellt werden sollen.

3. Transnationale Deliktsklagen in Europa

Auch in Europa tauchten in der jüngeren Vergangenheit Verfahren auf, die zumindest eine mit ATS-Verfahren vergleichbare Konstellation aufwiesen. Im Folgenden wird untersucht, wie die europäischen Gerichte derartig Verfahren behandelten. Das Ziel soll an dieser Stelle sein, zu zeigen, wie Rechtsfragen, die in einem Geflecht aus Zivilverfahrens-, Kollisions- und Völkerrecht zu verorten sind und deren Streitgegenständen mit denen der ATS-Verfahren vergleichbar sind, von europäischen Gerichten behandelt wurden.

a) Fall El-Hojouj

Einen bemerkenswerten Fall entschied die Rechtbank 's Gravenhage am 21.03.2013. In diesem Verfahren machte der palästinensische Arzt Dr. El-Hojouj einen Schadensersatzanspruch in Höhe von 1 000 000 € gegen 12 libysche Staatsbeamte geltend.[1324] Dr. El-Hojouj war in Libyen unrechtmäßig mehrere Jahre inhaftiert, da ihm vorgeworfen wurde, Hunderte von libyschen Kindern mit HIV infiziert zu haben. In der Haft wurde er mehrfach gefoltert. Seine Zuständigkeit sah das Den Haager Gericht aufgrund des Art. 9 Wetboek van Burgerlijke Rechtsvondeering begründet.[1325] Dieser konstituiert die Regelung eines *forum necessitatis*, die immer dann ein-

---

1323 *Enneking*, The Future of Foreign Direct Liabilityy? Expolring the International Relevance of the Dutch Shell Nigeria Case, 10 Utrecht L. Rev. 44, 48 (2014).

1324 Rechtbank 's Gravenhage, 21.03.2013, LJN: BV 9748 abrufbar unter: www.rechtspraak.nl; Brief of Amici Curiae Comparative Law Scholars and French Supreme Court Justice in Support of Petitioners, Kiobel v. Royal Dutch Petroleum, 2012 WL 2165341, *1, 13 f.

1325 Abrufbar unter: http://maxius.nl/wetboek-van-burgerlijke-rechtsvordering/artike l9 (letzter Aufruf: 19.01.2015); englischsprachige Version abrufbar unter: http://www.dutchcivillaw.com/civilprocedureleg.htm (letzter Aufruf: 19.01.2015).

greift, wenn die allgemeinen Zuständigkeitsregeln nicht eingreifen und es dem Kläger nicht zumutbar erscheint, ein Gerichtsverfahren vor einem ausländischen Gericht zu führen. Auch in der Sache bekam der palästinische Arzt Recht und ihm wurde durch das Gericht ein entsprechender Schadensersatz im Wege eines Versäumnisurteils zugesprochen.[1326] Die Regelung des niederländischen *forum necessitatis* stellt also eine Möglichkeit dar, einen Sachverhalt mit reinem Auslandsbezug vor ein inländisches Gericht zu bringen.

b) Royal Dutch Shell-Verfahren Niederlande

In diesem Rechtsstreit reichten mehrere nigerianische Bauern sowie die niederländische NGO Millieudefensie eine Sammelklage vor dem Landgericht Den Haag gegen die Royal Dutch Shell PLC (Mutterunternehmen) sowie ihr nigerianisches Tochterunternehmen, die Shell Petroleum Development Company of Nigeria Ltd., ein.[1327] Die Kläger machten sowohl das Mutterunternehmen als auch die Shell Nigeria Ltd. dafür verantwortlich, dass es durch deren Ölförderungen im Nigerdelta zu schwerwiegenden Umweltverschmutzungen gekommen sei, durch die das Land und die Fischgründe der Anwohner verseucht wurden und ihnen hierdurch ihre Lebensgrundlage entzogen wurden. Der Shell Nigeria Ltd. wurde vorgeworfen, sie habe ihre Sorgfalts- und Überwachungspflichten verletzt, da sie keine geeigneten Maßnahmen ergriffen habe, um die Umweltverschmutzungen durch den Betrieb von Ölpipelines zu vermeiden. Die Royal Dutch PLC soll ihre Sorgfaltspflichten verletzt haben, da sie es unterlassen hatte, geeignete Maßnahmen zu ergreifen, die die Einhaltung umweltrechtlicher Standards durch das Tochterunternehmen bei der Ölförderung im Nigerdelta gewährleisten. Die Beklagten bestritten zunächst die Zuständigkeit des Landgerichts Den Haag. In einem Zwischenurteil vom 30.12.2009[1328] gelangte dieses jedoch zu der Auffassung, dass es sowohl

---

1326 Das niederländische Versäumnisurteil basiert auf Art. 139 RV, vgl. allgemein hierzu: *Sujecki*, Das elektronische Mahnverfahren, S. 36 ff.

1327 Rechtbank 's Gravenhage, 30.12.2009, LJN: BK 8616 330891 / HA ZA 09-579; Rechtbank Den Haag, 30.01.2013, ECLI: NL RBDHA: 2013 BY 9845; *Enneking*, The Future of Foreign Direct Liability? Exploring the International Relevance of the Dutch Shell Nigeria Case, 10 Utrecht L. Rev. 44, 46 (2014).

1328 Rechtbank 's Gravenhage, 30.12.2009, ECLI: NL: RBSGR: 2009: BK 8616, englische Übersetzung abrufbar unter: https://milieudefensie.nl/publicaties/bezw

für die Klagen gegen das Mutterunternehmen als auch gegen die nigerianische Tochter zuständig war. Die Zuständigkeit gegenüber dem Mutterunternehmen war aufgrund der Art. 2, 60 EuGVVO unstreitiger Weise begründet, da Royal Dutch Shell in Den Haag einen Hauptgeschäftssitz unterhält. Die Zuständigkeit gegenüber der nigerianischen Tochter stützte das Gericht auf § 7 der Niederländischen Zivilprozessordnung, welche einen Gerichtsstand der Streitgenossenschaft vorsieht.[1329] Den erforderlichen engen Zusammenhang zwischen den Klagen sah das Gericht darin begründet, dass beide Klagen auf denselben Fakten basierten und einen einheitlichen Schaden geltend machten. Im Übrigen lehnte das Gericht den Vorwurf der Beklagten ab, es handele sich um einen Fall der Zuständigkeitserschleichung, da nicht ersichtlich sei, dass die Klage gegen das niederländische Mutterunternehmen offensichtlich unbegründet ist. In einem weiteren vorläufigen Beschluss hatte das Gericht festgestellt, dass auf die Ansprüche nigerianisches Deliktsrecht anzuwenden ist; zudem wies es die Anträge der Kläger auf Herausgabe spezieller Dokumente zurück.[1330]

Mit einem Urteil vom 30.01.2013 wurde dann ein Großteil der Klagen als unbegründet abgewiesen.[1331] Lediglich in einem Fall kam das Gericht zu der Auffassung, dass gegenüber dem nigerianischen Tochterunternehmen ein Schadensersatzanspruch besteht.[1332] Die Klagen gegen das nie-

---

aren-uitspraken/judgment-courtcase-shell-in-jurisdiction-motion-oruma (letzter Aufruf: 19.01.2015).

1329 Rechtbank 's Gravenhage, 30.12.2009, BK 8616, S. 3; *Enneking*, 10 Utrecht L. Rev. 44, 46 (2014); § 7 der niederländischen Zivilprozessordnung lautet: "*In the event that the Dutch court has jurisdiction over one of the defendants in matters that must be initiated by a writ of summons, the Dutch court also has jurisdiction over other defendants involved in the same proceedings, provided the claims against the various defendants are connected to such an extent that reasons of efficiency justify a joint hearing.*" Er ist somit vergleichbar mit Art. 6 (1) EuGVO.

1330 Rechtbank 's Gravenhage, 14.09.2011, BU 3529 (Asa Udo), BU3535 (Oruma).

1331 Rechtbank Den Haag, Urt. v. 30.01.2013, BY9845 (Goi), Rz. 4.43–4.58; ders., BY9850 (Oruma), Rz.4.32–4.41; ders. BY9854, Rz. 4.26 – 4.34; alle abrufbar unter: https://milieudefensie.nl/english/shell/oil-leaks/courtcase/press/document s/documents-on-the-shell-legal-case (letzter Aufruf: 19.01.2015).

1332 Rechtbank Den Haag, Urteil v. 30.01.2013, C/09/337050/ HA ZA 09-1580, englische Übersetzung, Rz.4.8 ff., abrufbar unter: https://milieudefensie.nl/publicati es/bezwaren-uitspraken/final-judgment-akpan-vs-shell-oil-spill-ikot-ada-udo/vie w (letzter Aufruf: 19.01.2015).

derländische Mutterunternehmen wurden abgewiesen, da es nach nigerianischem Recht keine Verpflichtung für das Mutterunternehmen gab, die Schädigung eines Dritten durch die Überwachung eines Tochterunternehmens zu verhindern.[1333] In der Mehrheit der Fälle sah es das Gericht zunächst als erwiesen an, dass die Ölverschmutzungen auf Sabotageakten und nicht auf sonstigen Mängeln im Pipeline- und Fördersystem basierten. Aufgrund dieser Tatsachenfeststellungen griff zunächst auch eine Ausnahmeregelung des nigerianischen Deliktsrechts ein, durch die Pipelinebetreiber für Drittschäden exkulpiert waren. Das Gericht sah es in der überwiegenden Anzahl der vorgetragenen Fälle nicht als erwiesen an, dass das nigerianische Tochterunternehmen seine Obhuts- bzw. Sorgfaltspflichten verletzt habe. Nur in einem Fall sah es das Gericht als erwiesen an, dass die Beklagte das Bohrloch und die Pipeline ohne ausreichende Sicherungs- und Überwachungsmaßnahmen zurückgelassen habe. In prozessualer Hinsicht stellte das Gericht zudem noch einmal klar, dass die Anwendung des § 7 der niederländischen Zivilprozessordnung keinen Fall eines Missbrauchs des Prozessrechts darstellte, da es für die nigerianische Tochter vorhersehbar war, dass sie auch in den Niederlanden verklagt werden könne und dass die Klage gegen das Mutterunternehmen nicht offensichtlich unbegründet und missbräuchlich war. Die Vorhersehbarkeit leitete das Gericht daraus ab, dass es einen internationalen Trend gebe, ein ausländisches Tochterunternehmen zusammen mit seiner Mutter an deren Sitz zu verklagen.[1334] Hinsichtlich der Frage, welches Sachrecht auf den Fall anzuwenden sei, stellte das Gericht zunächst fest, dass niederländisches IPR auf den Sachverhalt anzuwenden sei, da der temporale Anwendungsbereich der Rom-II-VO nicht eröffnet war, da alle Schäden vor dem 11.01.2009 eintraten.[1335] Die Anwendung nigerianischen Sachrechts schlussfolgerte das Gericht dann aus der Anwendung der Art. 3 Abs. 1 und

---

1333 Rechtbank Den Haag, Urt. v. 30.01.2013, BY9845 (Goi), Rz. 4.30–4.39; ders., BY 9850 (Oruma), Rz.4.45–4.60; ders. BY9854, Rz. 4.26 – 4.34; englische Übersetzung abrufbar unter: https://milieudefensie.nl/publicaties/bezwaren-uitsp raken/final-judgment-oguru-vs-shell-oil-spill-goi und https://milieudefensie.nl/p ublicaties/bezwaren-uitspraken/final-judgment-dooh-vs-shell-oil-spill-goi (letzter Aufruf: 19.01.2015).

1334 Rechtbank Den Haag, Urteil v. 30.01.2013, C/09/337050/ HA ZA 09-1580, englische Übersetzung, Rz.4.1 ff.: englische Übersetzung, Rz.4.1 ff.: abrufbar unter: https://milieudefensie.nl/publicaties/bezwaren-uitspraken/final-judgment-akpan-vs-shell-oil-spill-ikot-ada-udo/view (letzter Aufruf: 19.01.2015).

1335 Vgl. Art. 31 f. Rom-II-VO.

Abs. 2 des niederländischen IPR (*Wet conflictenrecht*), da das der nigerianischen Tochter vorgeworfene unrechtmäßige Verhalten vollständig in Nigeria zu lokalisieren sei und da hinsichtlich des Verhaltens der Mutter zumindest der Handlungserfolg in Nigeria liege.[1336] Zudem kam das Gericht auch zu der Schlussfolgerung, dass eine Anwendung des nigerianischen Rechts nicht am niederländischen ordre public oder an niederländischen Eingriffsnormen scheiterte.[1337] Die Anwendung des ausländischen Sachrechts erfolgte dann anhand mehrerer Sachverständigengutachten sowie der Auswertung der Fachliteratur und Rechtsprechung zu entsprechendem englischem *Common Law*. In der Sache kam das Gericht dann lediglich hinsichtlich eines Falls zu der Feststellung, dass die nigerianische Tochter es sorgfaltswidrig unterlassen hatte, Präventivmaßnahmen zur Verhinderung von Sabotageakten an einer Pipeline zu ergreifen und in der Folge dessen eine Fahrlässigkeitshaftung bestehe.[1338] Über die Höhe eines Schadensersatzanspruche wurde dabei noch nicht entschieden. Beide Parteien haben gegen die Entscheidung Berufung eingelegt.

Ohne tiefer gehend auf die materiell-rechtliche Analyse des nigeranischen Rechts eingehen zu können, ergeben sich aus der Urteilsbegründung wichtige Schlussfolgerungen: Die überwiegende Unbegründetheit ist weder Konsequenz eines an sich defizitären ausländischen Sachrechts noch einer grundsätzlichen Inkompatibilität transnationaler (Menschen-)Rechtsfragen mit der Zivilgerichtsbarkeit. Das anzuwendende nigerianische Sachrecht weist viele Parallelitäten zum englischen Deliktsrecht auf und eine Sorgfaltspflichtverletzung des Mutterunternehmens war auch nach Letzterem nicht konstruierbar.[1339] Insoweit ist also europäisches und afri-

---

1336 Rechtbank Den Haag, Urteil v. 30.01.2013, C/09/337050/ HA ZA 09-1580, englische Übersetzung, Rz.4.8 ff., abrufbar unter: https://milieudefensie.nl/publicati es/bezwaren-uitspraken/final-judgment-akpan-vs-shell-oil-spill-ikot-ada-udo/vie w (letzter Aufruf: 19.01.2015).

1337 Rechtbank Den Haag, Urteil v. 30.01.2013, C/09/337050/ HA ZA 09-1580, englische Übersetzung, Rz.4.8 ff., abrufbar unter: https://milieudefensie.nl/publicati es/bezwaren-uitspraken/final-judgment-akpan-vs-shell-oil-spill-ikot-ada-udo/vie w (letzter Aufruf: 19.01.2015).

1338 Rechtbank Den Haag, Urteil v. 30.01.2013, C/09/337050/ HA ZA 09-1580, englische Übersetzung, Rz.4.8 ff., abrufbar unter: https://milieudefensie.nl/publicati es/bezwaren-uitspraken/final-judgment-akpan-vs-shell-oil-spill-ikot-ada-udo/vie w (letzter Aufruf: 19.01.2015).

1339 Rechtbank Den Haag, Urteil v. 30.01.2013, C/09/337050/ HA ZA 09-1580, englische Übersetzung, Rz.4.8 ff., abrufbar unter: https://milieudefensie.nl/publicati

kanisches Recht gleichermaßen defizitär, da die Voraussetzungen, unter denen eine solche Sorgfaltspflicht eines Mutterunternehmens abgeleitet wird, sehr restriktiv und formalistisch sind.[1340] Zudem ergibt sich, dass die Beweisferne des niederländischen Gerichts nicht dazu führte, dass ein ordnungsgemäßer Prozess nicht möglich war, sondern der Zugang zu den entsprechenden Beweisen auch in Niederlanden möglich erschien. Gleichzeitig ergibt sich aus dem Verfahren, dass eine transnationale Deliktsklage gegen das Mutter- und Tochterunternehmen, zumindest gegen Letzteres, erfolgsversprechend sein kann. An der Haager Entscheidung ist aber vor allem hervorzuheben, dass das Gericht den Klagen gegen ein Mutterunternehmen nicht von vornherein jegliche Erfolgsaussichten absprach,[1341] sondern eine derartige Haftungskonstellation nur in Bezug auf den konkreten Einzelfall ablehnte. Die grundsätzliche Möglichkeit zu einer deliktsrechtlichen Haftung in einem derartigen Dreipersonenverhältnis (Geschädigter, Tochterunternehmen, Mutterunternehmen) leitet das Gericht aus der Entscheidung Chandler v. Cape PLC ab.[1342] Der *Court of Appeal* (*Lady Justice* Arden) bestätigte in dieser Entscheidung die Auffassung des *High Court*, dass ein Mutterunternehmen auch gegenüber Dritten (hier: Mitarbeiter des Tochterunternehmens) Sorgfaltspflichten besitzt und dass aus einer entsprechenden Pflichtverletzung ein deliktischer Anspruch erwachsen kann.[1343] Insgesamt beweist die Entscheidung, dass es nicht unmöglich ist, multinationale Unternehmen inklusive deren Tochterunternehmen für extraterritoriale Rechtsverletzungen in Europa zivilrechtlich in Anspruch zu nehmen,[1344] insbesondere ist der Ausschluss der Haftung des

---

es/bezwaren-uitspraken/final-judgment-akpan-vs-shell-oil-spill-ikot-ada-udo/vie w (letzter Aufruf: 19.01.2015).

1340 Rechtbank Den Haag, Urteil v. 30.01.2013, C/09/337050/ HA ZA 09-1580, englische Übersetzung, Rz.4.8 ff., abrufbar unter: https://milieudefensie.nl/publicati es/bezwaren-uitspraken/final-judgment-akpan-vs-shell-oil-spill-ikot-ada-udo/vie w (letzter Aufruf: 19.01.2015), mit Verweis auf: Chandler v. Cape PLC.

1341 *Enneking*, 10 Utrecht L. Rev. 44, 52 (2014).

1342 Chandler v. Cape PLC [2012] EWCA Civ 525.

1343 Vgl. insoweit auch Lubbe v. Cape PLC [2000] UKHL 41; *Enneking*, 10 Utrecht L. Rev. 44, 52 (2014), die insoweit darauf hinweist, dass sich wohl eine Haftung ergeben hätte, wenn der Fall nach niederländischem Recht entschieden worden wäre.

1344 *Enneking*, 10 Utrecht L. Rev. 44, 52 (2014); *Kaeb/Scheffer*, The Paradox of Kiobel in Europe, 107 Am. J. Int'l L. 852, 857 (2013).

Mutterunternehmens nicht von grundsätzlicher Natur, sondern stark einzelfallbezogenen.

c) Verfahren im Vereinigten Königreich

Auch im Vereinigten Königreich kam es in der Vergangenheit zu transnationalen Deliktsklagen, die dem Bereich der *transnational human rights litigation* zugeordnet werden können. Im Zusammenhang mit dem niederländischen Verfahren gegen Royal Dutch Petroleum wurde mit dem Fall Chandler v. Cape PLC bereits einer dieser relevanten Fälle benannt.[1345] Dieser Fall sowie vergleichbare Fälle zeigen, dass auch in England eine rechtliche Basis für ausländische, transnationale Deliktsklagen besteht. So hat z. B. alleine der London High Court bis dato über sechs vergleichbare Fälle zu entschieden.[1346] Auch in England richtete sich eines dieser Verfahren gegen den Shell-Konzern. In der Rechtssache *Bodo Cmty v. Shell Petroleum Dev. Comp.* erhob eine nigerianische Dorfgemeinschaft deliktische Schadensersatzansprüche gegen den Shell-Konzern und seine nigerianischen Tochterunternehmen. Die erhobenen Ansprüche basierten – wie in den niederländischen Verfahren – auf schwerwiegenden Ölverschmutzungen, die durch Lecks in Ölpipelines entstanden waren. Es war unstreitig, dass auf den Sachverhalt nigerianisches Recht anzuwenden war. Strittig war, ob ein Gesetz, das eine Haftung des Pipelinebetreibers für Schäden ausschließt, die im Zuge des Pipelinebetriebes durch Dritte entstehen, Anwendung finden kann. Nachdem das Gericht in einer vorläufigen Stellungnahme zur Rechtslage des Falles erkennen ließ, dass es durchaus die Möglichkeit sieht, dass der Pipelinebetreiber, wenn er seinen Überwachungs- und Sorgfaltspflichten nicht nachkommt, auch für die Schäden, die durch die Handlungen Dritter verursacht wurden, in Anspruch genommen werden kann und der Haftungsausschluss somit nicht eingreifen wür-

---

1345 Chandler v. Cape PLC [2012] EWCA Civ 525.
1346 Überblick bei: *Meeran*, Tort Litigation against Multinational Corporations for Violation of Human Rights: An Overview of the Position outside the United States, 3 City U. H. K. L. Rev. 1, 4 (2011) *Childress*, Escaping Federal Law, 93 N. C. L. Rev. 999, 1028 (2015); vgl. z. B.: Guerrero v. Montericco Metals PLC [2009] EWHC 2475 (QB); Connelly v. RTZ Corp. PLC [1998] A.C. 854 (H.L.); vgl. auch: *Goldhaber*, 3 UC Irvine L. Rev. 128, 131 (2013).

de,[1347] waren die Chancen für einen hoch dotierten Vergleichsabschluss zugunsten der Kläger offensichtlich gestiegen.[1348] Mittlerweile wurde das Verfahren durch einen Vergleich beendet, durch den sich die nigerianische Shell-Tochter dazu verpflichtet 84 Mio. US-Dollar an die 15 600 klagenden Bauern und Fischer sowie die klagende Kommune zu zahlen.[1349] Nach dem sechsjährigen Rechtsstreit übernahm die nigerianische Shell-Tochter letztendlich die Verantwortung für zwei verheerende Ölkatastrophen. Obwohl bereits im Jahr 2011 durch einen UN-Report festgestellt wurde, dass die ölfördenden Firmen keinen unerheblichen Beitrag an den massiven Umweltverschmutzungen im Nigerdelta hatten, führte erst das Gerichtsverfahren im Vereinigten Königreich zu den entsprechenden Konsequenzen und einer partiellen Einsicht seitens der Beklagten.[1350]

Bereits die Vergangenheit hatte gezeigt, dass die Wahrscheinlichkeit, in einem englischen Verfahren einen für die Kläger adäquaten Vergleich auszuhandeln, recht hoch ist.[1351] Die transnationalen Deliktsklagen, die in England anhängig gemacht wurden, stützen sich vorwiegend auf die Verletzung sozio-ökonomischer bzw. ökologischer Rechte und versuchen, eine Haftung nach englischen oder ausländischen Deliktsrecht (tort/negli-

---

1347 Bodo Cmty v. Shell Petroleum Dev. Comp., [2014] EWHC 1973 (TCC), Rz. 92; auch wenn das Gericht insoweit keine dogmatische Einordnung vornahm, so kann man sicherlich daran denken, dass ein derartiger pauschaler Haftungsausschluss gegen den ordre public verstoßen würde.

1348 *Vidal*, Shell faces payouts in Nigerian Oil Spills case, The Guardian vom 20.06.2014, abrufbar unter: http://www.theguardian.com/environment/2014/jun/20/shell-faces-payouts-nigerian-oil-spill-case (letzter Aufruf: 19.01.2015); vgl. auch: http://www.leighday.co.uk/News/2014/June-2014/London-High-Court-rul es-that-Shell-Nigeria-could-b (letzter Aufruf: 19.01.2015).

1349 Vgl. hierzu: Ursprünglich hatte Shell der Bodo-Kommune eine Kompenstaion in Höhe von ingesamt 4000 Britischen Pfund angeboten, vgl. http://www.leighd ay.co.uk/News/2015/January-2015/Shell-agrees-55m-compensation-deal-for-Ni geria-Del; http://www.bbc.com/news/world-30699787; Vidal, Shell announces £ 55 m payout for Nigeria Oil Spills, The Guardian vom 07.01.2015, abrufbar unter: http://www.theguardian.com/environment/2015/jan/07/shell-announces-5 5m-payout-for-nigeria-oil-spills.

1350 Frankenthal, Settlement involving Niger Delta fishermen leaves Shell more exposed than ever, http://www.ihrb.org/commentary/niger-delta-fishermen-shell-settlement.html.

1351 *Goldhaber*, 3 UC Irvine L. Rev. 127, 131 (2013), der sich darauf beruft, dass 80 % der Human-Rights-Litigation-Fälle, die von der Kanzlei Leigh Day geführt wurden, mit einer Zahlung an die Kläger endeten.

gence) zu begründen.[1352] Eine spezialgesetzliche Regelung für derartige Tatbestände existiert auch in England nicht.[1353] In den englischen Verfahren basierten die geltend gemachten Ansprüche somit nicht unmittelbar auf einer Völker- bzw. Menschenrechtsverletzung als solcher, sondern auf normalen deliktischen Ansprüchen; gegenüber dem englischen Mutterunternehmen wurde diese oftmals auf eine behauptete Sorgfaltspflichtverletzung gestützt wurde.[1354] Bereits in den 90er Jahren verklagte ein ehemaliger Minenarbeiter das englische Unternehmen RTZ Corp. Der Kläger war bei der namibischen Tochter der Beklagten angestellt und warf der Beklagten vor, dass aufgrund der sorgfaltswidrigen Vorgaben des Mutterunternehmens die Standards für zulässige Staubbelastungen ständig unterschritten wurden.[1355] Nachdem in diesem Verfahren zunächst eine Verfahrensaussetzung aus *Forum-non-conveniens*-Gründen angeordnet wurde,[1356] hob das *House of Lords* diese Anordnung im Nachhinein auf, da es nicht davon ausging, der Kläger könne in Namibia adäquaten Rechtsschutz erhalten, da ihm dort unter anderem keine Prozesskostenhilfe zukommen würde.[1357] Die Klage scheiterte jedoch letztendlich an der Verjährung der Ansprüche.[1358] Trotz dieser prozessualen Abweisung war das Verfahren insoweit aufschlussreich,[1359] als das Gericht es abgelehnt hatte, dass die Beklagte überhaupt keine Sorgfaltspflicht treffen würde, da der Kläger lediglich Angestellte einer ihrer Tochterfirmen war.[1360] Auch wurde die *Forum-non-conveniens*-Doktrin sehr klägerfreundlich angewandt, was einen der Lordrichter, Lord Hoffmann, zu einer *dissenting opinion* veranlasste. In dieser warnte er davor, dass die Mehrheitsmeinung dazu führen könnte, dass ein in England sitzendes Mutterunternehmen für jegliches Verhalten ihres ausländischen Tochterunternehmens in England verklagt werden könne, wenn sich die Rechtsauffassung durchsetzen würde. Diese Ansicht löste bei englischen Politikern und in der Wirtschaft ein

---

1352 *Meeran*, 3 City U.H.C. L. Rev. 1, 3 ff. (2011).

1353 *McCorquodale*, Waving Not Drowning: Kiobel outside the United States, 107 Am. J. Int'l L: 846, 847 f. (2013).

1354 *Kirshner*, 30 Berkeley J. Int'l L. 259 ff. (2012); Sithole v Thor Chemicals Holdings Ltd [1999] A11 E R (D) 102;

1355 Connelly v. RTZ Corp. [1998] A.C. 854 (House of Lords).

1356 Connelly v. RTZ Corp. [1997] I.L.Pr. 643 (Court of Appeal).

1357 Connelly v. RTZ Corp. [1998] A.C. 854 (House of Lords).

1358 Connelly v. RTZ Corp. [1999] C.L.C. 533 (QB).

1359 In England ist die Verjährungseinrede ebenso wie in den USA eine prozessuale.

1360 Connelly v. RTZ Corp. [1999] C.L.C. 533 (QB).

Schreckensszenario aus. Sie befürchteten, dass englische Unternehmen aufgrund dieses *case law* ihren Firmensitz ins Ausland verlegen könnten, sodass sie in Erwägung zogen, ein Gesetz zu erlassen, das entsprechende Klagen verhindert,[1361] Eine entsprechende gesetzliche Reglung wurde jedoch nicht durchgesetzt. Zudem verbesserte sich das Klima für Klagen gegen in Großbritannien ansässige Unternehmen noch zusätzlich dadurch, dass der EuGH nach dem Inkrafttreten der EuGVVO geurteilt hatte, dass eine Klageabweisung aus *Forum-non-conveniens*-Gründen selbst dann nicht mehr erfolgen dürfe, wenn der Kläger aus einem Drittstaat komme und sich die Zuständigkeit eines nationalen Gerichtes auf Grundlage der EuGVVO ergebe.[1362] Insgesamt kann somit, nicht nur aufgrund der faktischen Gegebenheiten, die sich dadurch auszeichnen, dass viele multinationale Unternehmen ihren Stammsitz im Vereinigten Königreich haben, sondern auch aufgrund der rechtlichen Rahmenbedingungen von einer strukturellen Offenheit englischer Gerichte für transnationale Deliktsklagen ausgegangen werden. So wurde in einem weiteren Fall[1363] der englische Mutterkonzern für die Folter von Gegnern des Betriebs einer Mine in Peru, die von einer Unternehmenstochter betrieben wurde, vor einem englischen Gericht verklagt. Der High Court sah sich nicht dazu veranlasst, die Klagen abzuweisen, sondern gewährte den Klägern rechtliches Gehör und erließ vorläufige Maßnahmen (*freezing injunction, disclosure*).[1364] In der Folge wurde das Verfahren durch einen außergerichtlichen Vergleich beendet.[1365] Auch aufgrund der aktuellen Verfahren in der Rechtssache Chandler v. Cape PLC zeichnet sich ab, dass die englischen Gerichte nicht davor zurückschrecken, die Sorgfaltspflichten des inländischen Mutterunternehmens auch auf die Arbeitnehmer der ausländischen Unternehmens-

---

1361 *Weschka*, Human Rights and Multinational Enterprises: How Can Multinational Enterprises Be Held Responsible for Human Rights Violations Committed Abroad, ZaöRV 66 (2006), 625, 633.

1362 EuGH, Urt. v. 01.03.2005, C-281/02 (*Owusu/Jackson u. a.*) = EuZW 2005, 345 ff.

1363 Guerrero v. Monterrico Metals PLC [2009] EWHC 2475 (QB); Guerrero v. Monterrico Metals Plc, [2010] EWHC 3228

1364 Guerrero v. Monterico Metals PLC [2009] EWHC 2475 (QB); Guerrero v. Monterrico Metals Plc, [2010] EWHC 3228.

1365 *Goldhaber*, Corporate Human Rights Litigation in non U.S.-Courts: A Comparative Scorecard, 3 UC Irvine L. Rev. 127, 131 (2013).

töchter oder andere Dritte zu erstrecken,[1366] was im Hinblick auf die Erfolgsaussichten entsprechender Klagen durchaus als ein wichtiges Signal gesehen werden kann. Selbstverständlich bedeutet diese Rechtsprechung nicht, dass es zu einer pauschalen Durchgriffshaftung kommt, sie stellt jedoch einen klaren Beleg dafür dar, dass die Sorgfaltsanforderungen für multinationale Unternehmen hinsichtlich ihrer Tochterunternehmen und ihrer Zulieferer nicht gering zu schätzen sind und somit eine ernst zu nehmende Haftungsgefahr besteht.[1367]

Zwei weitere Verfahren sind insbesondere aus zivilprozessualer Hinsicht interessant. In den Verfahren *Vava v. Anglo America South Africa Ltd.* und *Young v. Anglo America South Africa Ltd* versuchten ehemalige Arbeiternehmer einer südafrikanischen Goldmine gegenüber ihren ehemaligen Arbeitgeber Schadensersatz- und Schmerzensgeldansprüche gelten zu machen.[1368] Obwohl es sich bei der Beklagten um eine juristische Person des Privatrechts nach südafrikanischem Recht handelt und sich der Sachverhalt in Südafrika ereignete, strebten die Kläger ein Verfahren vor englischen Gerichten an. Sie versuchten die Zuständigkeit englischer Gerichte damit zu begründen, dass die Beklagte ihren tatsächlichen Verwaltungssitz in London habe. Die Kläger stützten diese Auffassung darauf, dass die südafrikanische Beklagte von London aus verwaltet werden würde, da die entscheidenden Managementfragen dort und nicht in Südafrika entschieden werden würden und sich somit die Hauptverwaltung (*central administration*) der Beklagten gemäß Art. 60 (1) (b)/63 (1) (b) EuGVVO auch in England befinde.[1369] Das Gericht erster Instanz hielt es hinsichtlich der Faktenlage zumindest für möglich und streitbar (*arguable*),[1370]

1366   Chandler v. Cape PLC [2012] EWCA Civ 525 (Court of Appeal); vgl. insoweit auch die Rechtsprechung kanadischer Gerichte, z. B. Choc v Hudbay Minerals Inc., 2013 ONSC 1414.

1367   Insoweit auch schon: *Weschka*, ZaöRV 66 (2006), 625, 634.

1368   Vava v. Anglo America South Africa Ltd., [2012] EWHC 1969 (Q.B.); Vava v. Anglo America South Africa Ltd., [2013] EWHC 2131 (Q.B.); *Young* v. Anglo America South Africa Ltd., [2014] EWCA Civ 1130; vgl. hierzu auch: *Koch*, in FS Gottwald, S. 355, 360.

1369   Vgl. allgemein hierzu auch schon oben § 6 III 5.

1370   Vava v. Anglo America South Africa Ltd., [2012] EWHC 1969 (Q.B.), Rn. 59; eine Zuständigkeit würde letztendlich bejaht werden, wenn ein „good arguable case" vorliegt. Hinsichtlich der Begründung der Zuständigkeit gehen die englischen Gerichte von einem abgeschwächten Beweismaß aus (das volle materiellrechtliche Beweismaß würde erfordern, dass die Fakten „*proved on a balance of*

dass die Beklagte ihre Hauptverwaltung in England habe. Das Gericht gewährte den Klägern in Bezug auf diese Frage dann zunächst eine *disclosure* im Hinblick auf spezifische Unterlagen,[1371] da die diesbezügliche Beweislage und das Prozessverhältnis an sich, aufgrund der unterschiedlichen finanziellen Verhältnisse der Parteien, von einer starken Diskrepanz
geprägt waren. Dieser Schritt ist bemerkenswert, da der Faktenvortrag der
Kläger überwiegend darauf abstellte, dass die Beklagte durch die in London sitzende *Anglo American PLC* als Mutterunternehmen fremdverwaltet
werden würde und der zuständige Justice Silber es trotz dieser alleine auf
mittelbaren Tatsachen aufbauenden Faktenlage nicht für unmöglich und
unwahrscheinlich hielt, dass sich die Zuständigkeit über Art. 60 (1) (b)/63
(1) (b) n.f. EuGVVO begründen lasse.[1372] Letztendlich erging ein Urteil,
mit dem festgestellt wurde, dass die englischen Gerichte für diese Klage
nicht zuständig waren.[1373] Justice Smith setzte sich intensiv mit der Frage
auseinander, ob sich eine Zuständigkeit aus Art. 60 (1) (b)/63 (1) (b) n. F.
EuGVVO ableiten lasse. Im Kern stand zur Debatte, ob sich der Sitz der
Hauptverwaltung des ausländischen Tochterunternehmens deswegen am
Sitz des ausländischen Mutterunternehmens begründen lasse, weil dort alle wichtigen unternehmerischen Entscheidungen getroffen wurden und die
ausländische Tochter deswegen von dort aus verwaltet wird.[1374] Der High
Court verneinte diese Frage. Eine genauere Betrachtung der Entschei-

---

probalities" sind, vgl. hierzu: Canada Trust Co v. Stoltzenberg (No.2), Court of
    Appeal (Civ. Division), [1998] 1 W.L.R. 547.

1371 Vava v. Anglo America South Africa Ltd., [2012] EWHC 1969 (Q.B.), Rn. 60,
    wobei sich das Gericht primär auf die Behauptungen der Kläger stützte, dass das
    Tochterunternehmen AASA 40 % des Gesamtwertes der Holding ausmache,
    dass die maßgeblichen Entscheidungen außerhalb des Vorstandes des Tochter-
    unternehmens AASA getroffen wurde, dass der Geschäftsführe der AASA seine
    Entscheidungen an der Unternehmenspolitik der AA PLC (Mutterunternehmen)
    orientiere und dieser eine Doppelfunktion innehabe.

1372 Vava v. Anglo America South Africa Ltd., [2012] EWHC 1969 (Q.B.),
    Rn. 59 f.: "I readily accept first that AASA is a separate company from AA plc
    and second the fact that as AASA is a wholly owned subsidiary does not mean
    that it has the same 'central administration' as AA plc. Nevertheless there are a
    number of factors, which cumulatively satisfy me that the claimants have at the
    very least an arguable case that London, as the headquarters of AA plc is the
    place where management entrepreneurial decisions relating to AASA's business
    are taken."

1373 Vava v. Anglo America South Africa Ltd., [2013] EWHC 2131 (Q.B.).

1374 Ebd.

dungsbegründung lohnt sich, da das Gericht, auch unter Einbeziehung der höchstrichterlichen deutschen Rechtsprechung zu Art. 60 1 (b)/63 (1) (b) n. F. EuGVVO,[1375] die zwischen den Parteien streitige – aber auch unabhängig vom Einzelfall – interessante Frage erörterte, ob sich ein Gerichtsstand nach Art. 60 (1) (b)/63 (1) (b) EuGVVO gegenüber einem in einem Drittstaat sitzenden Tochterunternehmen mittelbar am Sitz des Mutterunternehmens begründen lässt, wenn an dessen Sitz die unternehmerischen Entscheidungen zur Führung des Tochterunternehmens getroffen werden. Das Gericht musste zunächst klären, was unter dem Sitz der Hauptverwaltung zu verstehen ist. Dieser Begriff ist zur Gewährleistung der einheitlichen Auslegung der Verordnung autonom auszulegen. Das englische Gericht verwies insofern zunächst auf die entsprechende Rechtsprechung des BAG bzw. BGH.[1376] Diese hatten festgestellt, dass es bei der abstrakten Bestimmung des Begriffs der Hauptverwaltung im Hinblick auf die Gewährleistung der Niederlassungsfreiheit des Art. 54 AEUV (ex-Art. 48 EGV) darauf ankomme, an welchem Ort die Willensbildung und die eigentliche unternehmerische Leitung des beklagten Unternehmens erfolgen.[1377] Der Ort der Hauptverwaltung i. S. d. Art. 60 (1) (b) entspricht somit dem Ort des effektiven Verwaltungssitzes.[1378] Für den BGH ist für dessen Bestimmung maßgeblich, an welchem Ort „die grundlegenden unternehmerischen Entscheidungen getroffen werden."[1379] Aufgrund dieser Auslegung erscheint es zumindest a priori nicht ausgeschlossen, dass sich der Ort der Hauptverwaltung eines Unternehmens an einem von Art. 60 (1) (a) oder Art. 60 (1) (c) verschiedenen Ort befindet und somit auch Unternehmen aus Drittstaaten ihre Hauptverwaltung grundsätzlich im Anwendungsbereich der Verordnung haben könnten. Unklar blieb jedoch, durch welche Handlungen sich nun die eigentliche Unternehmensleitung bzw. der Ort der Willensbildung manifestiert und ob in diesem Zusammenhang auch Entscheidungen oder Handlungen eines Dritten zu berücksichtigen sind. Zur Klärung dieser Frage wandte sich das Gericht nun pri-

---

1375 Vava v. Anglo America South Africa Ltd., [2013] EWHC 2131 (Q.B.), Rn. 10, 12, das Gericht verweist insoweit auf: BAG, NJW 2008, 2797 und BGH, NJW-RR 2008, 551.
1376 Vava v. Anglo America South Africa Ltd., [2013] EWHC 2131 (Q.B.), Rn. 10 ff.
1377 BAG, NJW 2008, 2797, 2798; BGH, NJW-RR 2008, 551, 552.
1378 Vgl. insoweit auch: *Kropholler/von Hein*, Art. 60 EuGVO Rn. 2; Rauscher/ *Staudinger*, Art. 60, Rn. 1; OLG Frankfurt, EuZW 2010, 918, 919.
1379 BAG , NJW 2008, 2797, 2798.

mär der englischen Rechtsprechung zu. Insoweit verwies der High Court zunächst auf die Entscheidung *King v. Crown Energy Trading AG*,[1380] die ebenfalls von einer Dichotomie zwischen den Begriffen 'Verwaltung' und 'Geschäft' ausging und in der festgestellt wurde, dass sich der Ort der Hauptverwaltung am ehesten als ein Ort charakterisieren lasse, an dem sich das „back office"[1381] des Unternehmens befinde, von dem aus im Hintergrund die grundlegenden verwaltenden Tätigkeiten ausgeübt werden, ohne die sich die regulären geschäftlichen Aktivitäten nicht vollziehen lassen würden.[1382] Zudem bezog sich das Gericht auf die Entscheidung *Alberta Inc. v. Katanga Mining Ltd*,[1383] in der der Ort der Hauptverwaltung als das Zentrum, von dem aus die notwendigen Managemententscheidungen getroffen werden, qualifiziert wurde, wobei es unbeachtlich sei, dass einzelne Entscheidungen des Vorstands auch an anderen Orten getroffen werden, da das unregelmäßige Stattfinden von Entscheidungsprozessen an einem Ort nicht genügen kann, um diesen Ort als Hauptverwaltungssitz zu klassifizieren. An dieser Stelle lässt sich resümieren, dass die englische Rechtsprechung den Ort der Hauptverwaltung als den Ort sieht, an dem – in Abgrenzung zum *principal place of business* – nicht die Entscheidungen und Funktionen des Alltagsgeschäfts ausgeführt werden, sondern als den Ort, an dem die Unternehmensführung wichtige Verwaltungs- und Managemententscheidungen trifft.[1384]

Insgesamt lässt sich unabhängig vom Einzelfall feststellen, dass bei der Bestimmung des Gerichtsstands nach Art. 60 (1) (b) EuGVVO sowohl englische als auch deutsche Gerichte davon ausgehen, dass es für die Bestimmung des Ortes der Hauptverwaltung darauf ankommt, wo der wesentliche Willensbildungsprozess stattfindet und wo die wesentlichen unternehmerischen Entscheidungen getroffen werden.[1385] Indiz hierfür kann z. B. ein zentrales Büro sein, von dem aus wichtigen Verwaltungsentschei-

---

1380 King v. Crown Energy Trading AG, [2003] EWHC 163 (Comm).
1381 King v. Crown Energy Trading AG, [2003] EWHC 163 (Comm), Rn. 12 f.
1382 Ebd.
1383 Vava v. Anglo America South Africa Ltd., [2013] EWHC 2131 (Q.B.), Rn. 19 ff.; Alberta Inc. v. Katanga Mining Ltd, [2008] EWHC 2679 (Comm).
1384 Vava v. Anglo America South Africa Ltd., [2013] EWHC 2131 (Q.B.), Rn. 23 f.
1385 BAG, NJW 2008, 2797, 2798; BGH, NJW-RR 2008, 551, 552; OLG Frankfurt, EuZW 2010, 918, 919; 889457 Alberta Inc v Katanga Mining Ltd [2008] EWHC 2679 (Comm); Vava v. Anglo America South Africa Ltd., [2013] EWHC 2131 (Q.B.),Young v. Anglo America South Africa Ltd., [2014] EWCA Civ 1130; King v Crown Energy Trading AG [2003] EWHC 163 (Comm).

dungen getroffen werden. Legt man dem Art. 60 (1) (b)/63 n. F. EuGVVO ein solches Verständnis zugrunde, so ließe sich allerdings auch argumentieren, dass sich innerhalb eines multinationalen Unternehmens ein Gerichtsstand über ein ausländisches Tochterunternehmen am Sitz der Muttergesellschaft konstruieren lässt, wenn die eigentliche unternehmerische Leitung der Tochtergesellschaft und der Willensbildungsprozess im Hinblick auf ihre Unternehmensführung am Sitz der Muttergesellschaft vollzogen werden.[1386] Dagegen spricht allerdings, dass der Zweck des Art. 60/ Art. 63 EuGVVO zwar Fälle erfassen sollte, in denen sich eine Aufspaltung zwischen satzungsmäßigen Sitz/Hauptverwaltung/Hauptniederlassung innerhalb einer einzelnen Gesellschaft oder juristischen Person ergeben hat, aber nicht Fälle, in denen es zu einer Verlagerung der Hauptverwaltung zwischen verschiedenen selbstständigen juristischen Personen gekommen war. Für ein solches Verständnis des Art. 60 (1) (b)/63 EuGVVO spricht auch das Verständnis, das dem Art. 54 AEUV (ex-Art. 48 EGV) zugrunde gelegt wird. In Bezug auf diesen steht hinsichtlich der Bestimmung des Ortes der Hauptverwaltung fest, dass es bei einer in einen Konzern integrierten Gesellschaft nicht auf den Sitz der Konzernleitung, sondern auf den Sitz des Leitungsorgans der abhängigen Gesellschaft ankommt.[1387] Auch die englische Entscheidung stützt ihre Argumentation im Wesentlichen darauf, dass es bei der Bestimmung des Gerichtsstandes nach Art. 60 (1) (b)/63 (1) (b) EuGVVO nicht auf eine vermeintliche Übernahme der unternehmerischen Funktionen durch eine dritte Unternehmenseinheit ankommen kann, sondern nur darauf, ob ein und dieselbe Gesellschaft/juristische Person die sie konstituierenden unternehmerischen

---

1386 Auch der Court of Appeal in Young v. Anglo America South Africa Ltd musste zugestehen, dass es unter Umständen bei einer vollkommen Usurpierung der Unternehmensführung durch eine andere Konzerngesellschaft zu einer Verlagerung der Hauptverwaltung an den Sitz dieser Gesellschaft kommen könnte, vgl. [2014] EWCA Civ 1130, Rn. 38, Aikens, L.J.: *"I accept that if, on the facts of a particular case, company A in a group has taken over or 'usurped' the relevant functions of the organs of company B, which is the company sought to e sued, then it may well be arguable that the 'central administration' of company B is where company A makes those decisions on company B's behalf."*

1387 *Van der Groeben/Schwarze*, Art. 48 EGV Rn. 9; Young v. Anglo America South Africa Ltd., [2014] EWCA Civ 1130, Rn. 50, Lord Justice hält die Frage zwar für strittig (vgl. Rn. 38), erklärt aber zum Abschluss seiner Urteilsbegründung, dass die Berücksichtigung dieser konzerninternen Strukturverhältnisse zu komplizierten Rechtsfragen führen würde, die dem Sinn und Zweck des Art. 60 EuGVVO eigentlich widersprechen.

Entscheidungen an unterschiedlichen Orten vollzieht.[1388] Im Hinblick auf Art. 60 (1) (b)/63 (1) (b) n.f. EuGVVO und eine mögliche Qualifikation des Sitzes der Muttergesellschaft als Hauptverwaltungssitz eines ausländischen Tochterunternehmens ist somit festzustellen, dass eine derartige Zurechnung von Handlungen des Mutterunternehmens, auch wenn diese sich als wichtige unternehmerische Entscheidungen des Tochterunternehmens darstellen, zum bloßen Zwecke der Zuständigkeitsbegründung nicht erfolgen kann.

Gerade die letzte Entscheidung und ihre Ausführungen zu Art. 60/63 n.F. EuGVVO sind in vielerlei Hinsicht aufschlussreich. Zunächst zeigen sie, dass Zuständigkeitsstreitigkeiten und die Möglichkeit einer mittelbaren Zuständigkeitsbegründung kein reines Problem des US-amerikanischen Prozessrechts sind. Vielmehr haben sich in dem englischen Verfahren zu Art. 60/63 *EuGVVO* Argumentationsansätze finden lassen, die so auch in US-Verfahren zur Begründung der *personal jurisdiction* über die *Agency-/Alter-Ego*-Theorie gemacht wurden.[1389] Zudem beweist gerade das englische Verfahren, dass auch das Zuständigkeitssystem der *EuGVVO*, trotz ihrer grundsätzlichen Fokussierung auf Vorhersehbarkeit und Rechtssicherheit, in bestimmten transnationalen Verfahrenskonstellationen an seine Grenzen kommt und die stark territoriale Ausrichtung dieses Systems insbesondere auch im Hinblick auf die Transnationalisierung von Unternehmen infrage gestellt wird. Zudem hat sich nochmals gezeigt, dass die ökonomischen Realitäten dazu führen können, dass es zwischen unterschiedlichen juristischen Personen zu einer faktischen Usurpierung jeglicher unternehmerischer Entscheidungen und somit zu einem Transfer des Hauptverwaltungssitzes zwischen zwei separaten Rechtspersönlichkeiten kommen könnte.[1390] Insoweit muss man sich sicherlich die Frage stellen, ob es in Fällen, in denen eine einzelne Konzern-

---

1388 Vava v. Anglo America South Africa Ltd., [2013] EWHC 2131 (Q.B.), Rn. 71; ebenso: Young v. Anglo America South Africa Ltd., [2014] EWCA Civ 1130, Rn. 22: "*The question where a company has its central administration clearly depends upon where the company itself carries out its functions and unless the company itself carries out its functions, and unless the company can properly be said to act through another person or entity because of agency or delegation or on some other legally recognised basis, the actions of others do not determine the questions.*"

1389 Vgl. hierzu bereit oben § 6.

1390 Vava v. Anglo America South Africa Ltd., [2013] EWHC 2131 (Q.B.), Rn. 67 ff. m. w. N.

gesellschaft überwiegend als finanzieller Sachwalter und Bindeglied zwischen Mutter- und Tochtergesellschaften unterschiedlicher Ländern fungiert,[1391] nicht sachgerechter wäre, eine Begründung eines allgemeinen Gerichtsstand am Sitz des Mutterunternehmens zuzulassen.

Die Verfahren vor den englischen Gerichten endeten insgesamt relativ erfolgreich, da sie teilweise durch nicht niedrig dotierte Vergleiche beendet wurden.[1392] Hinzu kommen auch hier eine erhöhte Publizität und eine damit verbundene Sensibilisierung der Öffentlichkeit, die sich genauso wie die Androhung oder Vollstreckung rechtlicher Sanktionen verhaltenssteuernd auswirken. Außerdem geht aus der Rechtsprechung hervor, dass ein Mutterunternehmen durchaus Sorgfalts- und Obhutspflichten für die Handlungen seines Tochterunternehmens innehat.[1393]

d) Und Deutschland?

Aktuelle Verfahren, die eine vergleichbare transnationale Konstellation aufweisen, sind in Deutschland nicht bekannt. Allerdings sind die Verfahren, in denen ehemalige NS-Zwangsarbeiter Entschädigungen von deutschen Unternehmen und ihren Rechtsnachfolgern forderten, zumindest hinsichtlich des allgemeinen Wesens der Streitgegenstände vergleichbar und sollen daher in diesem Zusammenhang erwähnt werden.[1394] Diese Klagen sind zwar nicht transnational in einem engeren Sinne, jedoch geht es auch in diesen Fällen um die individuelle Aufarbeitung massiven historischen Unrechts, das primär auf den Völkerrechtsverletzungen seitens des NS-Unrechtsstaats basierte.[1395] Die Verfahren sind zudem erwähnens-

---

1391 Wie das übrigens im Hinblick auf die Beklagte in Vava v. Anglo America South Africa Ltd., [2013] EWHC 2131 (Q.B.) der Fall war.

1392 *Goldhaber*, 3 UC Irvine L. Rev. 127, 130 ff. (2013).

1393 Vgl. auch *Meeran*, 3 City U.H.K. L. Rev. 1, 7 f. (2011).

1394 Eine weitere vergleichbare Kategorie stellen Klagen dar, die sich auf zivilrechtliche Staatshaftungsansprüche stützen, die hier aber außer Acht gelassen werden sollen. Derartige Verfahren sind insbesondere im Hinblick auf die Fragen nach der Staatenimmunität sowie des Verhältnisses zwischen Völkerrecht/Staatshaftungsrecht interessant. Vgl. zu derartigen Fallkonstellationen zuletzt: BGHZ 169, 348 (Schadensersatzanspruch im Falle eines NATO-Kampfeinsatzes); allgemein hierzu: *Thorn*, in: Zimmermann/Hobe/Odendahl u. a. (Hrsg.), Moderne Konfliktformen, S. 305 ff.

1395 Die Verfahren haben somit eine transnationale Bedeutung, da sie Rechtsfragen zum Gegenstand haben, die den nationalen Kontext übersteigen. Zudem muss

wert, da sie einerseits belegen, dass Menschen-Unrechts-Fragen auch vor deutschen Zivilgerichten verhandelbar sind und andererseits ein Gespür dafür vermitteln, warum es zu einer Verfahrensmigration in die USA gekommen ist.

So zeigt sich zunächst, dass auch derartige Streitgegenstände und die aus ihnen emporsteigenden Rechtsfragen eine hybride Struktur aufweisen, da sie einerseits unter völkerrechtliche Verbotsnormen subsumiert werden können, sich andererseits aber auch zu einem zivilrechtlichen Deliktstatbestand trivialisieren lassen.[1396] Denn das schwere Menschenrechtsverbrechen des Verstoßes gegen das Verbot der Zwangsarbeit muss auch zweifelsohne zu Ansprüchen aus §§ 823, 826, 830 BGB führen.[1397] So war das potenzielle Bestehen eines deliktischen oder bereicherungsrechtlichen Anspruchs auch in den meisten hier begutachteten Fällen nicht strittig.[1398] Derartige Klagen scheiterten auch nicht daran, dass das Privatrecht durch das Völkerrecht suspendiert wird, weil die Ansprüche in einem engen Zusammenhang mit Kriegsereignissen stehen.[1399] Die Ansprüche konnten aber zumeist nicht wegen des Eintritts der Verjährung durchgesetzt werden.[1400] Bevor man also in einen plakativen Patriotismus verfällt und die-

---

auch berückischtigt werden, dass die Fälle von Zwangsarbeit häufig in Osteuropa zu lokalisieren waren und somit in der Zeit nach 1945 durchaus auch als räumlich-transnational gesehen werden können.

1396 *Unger*, S. 26.

1397 *Heß*, AG 1999, 145, 151.

1398 BGH, Urteil vom 22. Juni 1967, BGHZ 48, 125 (das LG Stuttgart sprach dem Kläger, einem KZ-Überlebenden, der in einem Rüstungswerk der Beklagten Zwangsarbeit leisten musste, eine Anspruch auf nicht gezahltes Arbeitsentgelt aufgrund ungerechtfertigter Bereicherung zu, das OLG wies die Berufung ab und sprach dem Kläger auf dessen Berufung auch einen Schmerzensgeldanspruch zu, der BGH wies die Klage im Zuge der Revision des Beklagten ab); KG Berlin, Beschluss vom 19. Februar 2001, 9 W 7474/00, juris; KG Berlin, Beschluss vom 06. Juni 2000, 9 W 2104/00, juris; OLG Frankfurt, Urteil vom 25. September 2002, 7 U 155/01, Rn. 19; Schleswig-Holsteinisches Oberlandesgericht, Beschluss vom 19. Januar 20014 W 47/99, juris; OLG Stuttgart, Urteil vom 20. Juni 2000 – 12 U 37/00 –, juris.

1399 Diese These wurde allerdings nicht nur von den Beklagten teilweise vertreten, vgl.: OLG Frankfurt, Urteil vom 25. September 2002, 7 U 155/01, Rn. 19, juris; abgeleitet aus: BVerfG, Beschluss v. 13.05.1996, BVerfGE 94, 315, 329 ff. = NJW 1996, 2717, 2719.

1400 BGH, Urteil vom 22. Juni 1967, BGHZ 48, 125-134; KG Berlin, Beschluss vom 19. Februar 2001, 9 W 7474/00, juris; KG Berlin, Beschluss vom 06. Juni 2000, 9 W 2104/00, juris; OLG Frankfurt, Urteil vom 25. September 2002, 7 U

sen auch noch zur Grundlage nimmt, Verfahren ehemaliger Zwangsarbeiter und entsprechende Gesetzgebungsakte in den USA mit einem polemischen Unterton zu kritisieren,[1401] sollte man doch eher die Gesamtumstände berücksichtigen, die nicht unerheblich dazu beigetragen haben, dass es zu einem teilweisen Transfer der Verfahren in die USA kam: Die gegenwärtige Qualität des deutschen Gerichtssystems steht außer Frage. Das hiesige Rechts- und Gerichtssystem mit seinen durch das Grundgesetz und die EMRK abgesicherten Verfahrensgrundrechten gewährleistet ein in jeder Hinsicht faires Verfahren. Warum das jedoch bezüglich der Klagen von Holocaustüberlebenden und Zwangsarbeitern zumindest in der Vergangenheit in Zweifel gezogen werden durfte, soll nachfolgend erläutert werden.[1402] Dabei ist zunächst auf einen Aspekt hinzuweisen, der außerhalb des Rechts zu verorten ist und eher psychologischer Natur ist: Konnten ehemalige Zwangsarbeiter und Holocaustüberlebende nach dem Ende der NS-Diktatur tatsächlich auf die deutsche Rechtsstaatlichkeit vertrauen oder war ihnen eine Verfahrensführung aufgrund des hierzulande erlittenen Unrechts und vor dem Hintergrund, dass gerade auch in der Justiz eine relative große personelle Kontinuität bestand,[1403] nicht schwer zu zumuten? Kann man von Menschen, die ein solches Unrecht erlitten haben,

---

155/01, Rn. 19; Schleswig-Holsteinisches Oberlandesgericht, Beschluss vom 19. Januar 2001.4 W 47/99, juris; US-amerikanische Gerichte gingen teilweise von einer Hemmung der Verjährung aufgrund des „Equitable-tolling"-Prinzips aus, das dem Gericht ein Ermessen in Verjährungsfragen einräumt und eine Ausübung der richterlichen equity darstellt, eine derartige quasi naturrechtliche Hemmung der Verjährung wurde im deutschen Recht abgelehnt, so aber: Bodner v. Banque Paribas 114 F.Supp. 2 d 117 (E.D.N.Y 2000); a. A. und die Verjährung bejahend: Iwanowa v. Ford Motor Co., 67 F.Supp. 2 d 424, 466 (D.N.J. 1999). Das Gericht ging von einer sechsjährigen Verjährung aus, dessen Überlegungen im Hinblick auf die Verjährung sind im Übrigen mit denen der deutschen Rechtsprechung identisch (Hemmung der Verjährung bis zum Abschluss des Zwei-plus-Vier-Vertrages, so z. B. KG Berlin, 9 W 2104/00, Rz. 26 ff.; OLG Köln NJW 1999, 1555, 1560)

1401 So aber: *Schütze*, in: Ders., Prozessführung und -risiken im deutsch-amerikanischen Rechtsverkehr, S. 202, 218: „Unverschämtheit", „Deutschland stellt ein faires Verfahren zur Verfügung und kann stolz auf sein Gerichtssystem sein".

1402 Vgl. hierzu auch: Ohe, Das Gesellschaftsbild des Bundesgerichtshofs, S. 295 ff., 304 ff.

1403 *Raim*, Zwischen Diktatur und Demokratie, S. 277 ff., deren Fazit bezüglich des Wiederaufbaus der Justiz insgesamt aber recht positiv ausfällt; siehe auch: *Staas*, Was damals Recht war ..., ZEIT Geschichte 01/2009, abrufbar unter: http://www.zeit.de/zeit-geschichte/2009/01/Justiz (letzer Aufruf 19.01.2015).

tatsächlich verlangen, ein gerichtliches Verfahren in dem Land, das unmittelbar mit diesem Unrecht verbunden ist, einzuleiten? Ich denke, dass vor diesem Hintergrund und unter den damaligen Umständen Skepsis und Misstrauen gegenüber einem fairen Verfahren vor deutschen Gerichten insbesondere aus Sicht der Kläger angebracht waren.[1404]

Auch kann anhand eines Beispiels aus der Rechtsprechung erläutert werden, dass auch die rechtsdogmatischen Ansichten des BGH, nicht nur aus der Perspektive eines US-Richters, kritisch hinterfragt werden können.[1405] In einem Zivilverfahren eines ehemaligen NS-Zwangsarbeiters war das OLG in der Berufungsinstanz noch davon ausgegangen, dass die kurzen Fristen des § 196 BGB a. F. in diesem Fall nicht eingreifen könnten, da § 196 BGB a. F. die Verjährung von Ansprüchen reguliert, die aus dem alltäglichen Leben erwachsen, wozu die Ansprüche wegen geleisteter Zwangsarbeit nicht gezählt werden könnten, und ging daher von der damaligen regelmäßigen 30-jährigen Verjährungsfrist (§ 195 a. F. BGB) aus.[1406] Der BGH allerdings verwehrte sich dieser Argumentation und schloss sich der Auffassung des OLG Stuttgart, man müsse hier anhand des Einzelfalls untersuchen, ob ein alltägliches Geschäft des täglichen Lebens oder eine Ausnahmesituation vorliege, nicht an.[1407] So ging der BGH davon aus, dass die bereicherungsrechtlichen Ansprüche bzw. die GoA-Ansprüche, die diesem gegen einen Rüstungskonzern zustanden, der zweijährigen Verjährungsfrist für Ansprüche auf Lohnvergütung unterliegen (§ 196 Abs. 1 Nr. 9 a. F.). Diese Verjährungsfrist sollte ganz regulär mit

---

1404 Positives Gegenbeispiel ist sicherlich das Urteil des LG Frankfurt vom 10.06.1953, 2/3 O 403/51, abrufbar unter: http://www.wollheim-memorial.de/fil es/1027/original/pdf_Urteil_im_Wollheim-Prozess_10.06.1953.pdf (letzter Aufruf: 19.01.2015).

1405 Zu einer vertieften Auseinadersetzung: Ohe, S. 225 ff., der die Entschädigung von Sinti, Roma und Zwangsarbeitern als „eine Geschichte versäumter Gelegenheiten bezeichnet" und die Praxis des BGH insoweit als insgesamt „fragwürdig" bezeichnet (ebd., S. 317).

1406 BGHZ 48, 125, 128; a. A.: Im Jahre 2002 lehnte das OLG Frankfurt diese Auffassung ausdrücklich ab, da sich die Zwangsarbeit und der für diese nicht geleistet Lohn schon nicht unter den Begriff des Arbeitsverhältnisses subsumieren lasse, OLG Frankfurt, Urt. vom 25. September 2002, 7 U 155/01, Rn. 20 ff. (juris), das OLG Frankfurt lehnt die Auffassung ab, dass bereicherungsrechtliche Ansprüche, die auf Formen der Zwangsarbeit basieren, der Verjährungsfrist für reguläre Lohnansprüche unterliegen.

1407 BGHZ 48, 125, 128; nicht gefolgt von: OLG Frankfurt, Urt. vom 25. September 2002, 7 U 155/01, Rn. 20 ff. (juris).

Schluss des Jahres beginnen, in dem der Anspruch entstanden ist (§§ 198, 201 BGB a. F., entspricht § 199 BGB).[1408] Auch die deliktischen Ansprüche waren nach der Auffassung des BGH verjährt. Während das Berufungsgericht zudem noch davon ausgegangen war, dass die Verjährungsfrist erst im Jahre 1958 angelaufen war, da der Kläger keine Kenntnis über den genauen Ersatzpflichtigen hatte, da sich die Gliederung der beklagten Firma in der Nachkriegszeit verändert hatte, war der BGH der Auffassung, dass sich der Kläger auf eine Unkenntnis nicht berufen könne, da er spätestens seit einem Strafverfahren gegen den ehemaligen Aufsichtsratsvorsitzenden der Beklagten, in dem der Kläger als Zeuge aussagte, von der Existenz der beklagten Firma in der BRD gewusst habe.[1409] Auch die Einwendungen des Klägers gegen das Durchgreifen der Einrede der Verjährung, die dieser auf naturrechtliche Grundsätze stütze, ließ der BGH nicht zu, da „die Vorschriften über die Verjährung eine formale Regelung enthalten, die im Interesse der Rechtssicherheit aufgestellt ist und alle in Betracht kommenden Fälle [erfasst]"[1410]. Auch wenn dieses Urteil formal-juristisch korrekt sein mag, so ist gerade diese Formaljurisprudenz für den externen Betrachter und gerade auch für den US-amerikanischen Juristen teilweise schwer nachvollziehbar. Warum ein solcher Urteilsspruch auf einen US-Richter befremdlich wirken kann, wird deutlich, wenn man das Urteil eines New Yorker Gerichts im Verfahren gegen ein französisches Bankinstitut bezüglich seiner Mitwirkung an der Vermögensentziehung französischer Juden während der Nazi-Besatzung begutachtet.[1411] Vorab ist darauf hinzuweisen, dass die Einrede der Verjährung im US-Recht eine prozessrechtliche und keine materiell-rechtliche ist. Wie konnte das New Yorker Gericht nun begründen, dass die von den Beklagten erhobene Einrede der Verjährung nicht durchgreifen konnte? Das New Yorker Gericht stütze seine Auffassung auf zwei Argumente: Zunächst vertrat es den Ansatz, der eigentlich aus dem Anti-Diskriminierungs-/Arbeitsrecht entstammt und nach dem die Verjährungsfrist nicht ablaufen kann, wenn die

---

1408 BGH, Urteil vom 22. Juni 1967, BGHZ 48, 125, 127; aufgrund spezieller Übergangsregelungen konnte der Beginn der Verjährung allerdings bis zum 31.03.1951 erstreckt werden, vgl. § 1 Abs. 1 des Gesetzes über den Ablauf der durch Kriegs- oder Nachkriegsvorschriften gehemmten Fristen vom 28.12.1950, BGBl I 821.

1409 BGHZ 48, 125, 130.

1410 BGHZ 48, 125, 134.

1411 Bodner v. Banque Paribas 114 F.Supp. 2 d 117 (E.D.N.Y. 2000).

Rechtsverletzung zum Zeitpunkt der Klageerhebung noch fortbesteht. Dass das der Fall ist, begründete das Gericht damit, dass der Kläger im Jahre 1940 rechtsgrundlos enteignet wurde und bislang noch keine Entschädigung dafür erhalten hatte. Diese Rechtsverletzung, die das Gericht zugleich als Verletzung des Völkerrechts klassifizierte, dauerte nach Ansicht des Gerichts fort, war noch nicht beendet und führte somit zu einer Hemmung der Verjährung.[1412] Zudem war das Gericht der Auffassung, die Hemmung der Verjährung sei auch aufgrund des Prinzips des *equitable tolling* eingetreten. Dahinter verbirgt sich ein dem richterlichen Ermessen unterliegender Ansatz, der dann eingreift, wenn die Annahme des Eintritts der Verjährung aus Gerechtigkeitserwägungen nicht gerechtfertigt erscheint.[1413] In der Rechtsprechung ergeben sich verschiedene Ansatzpunkte, wann von einem Eingreifen des *equitable tolling* ausgegangen werden kann: So wird beispielsweise darauf abgestellt, ob der Kläger von seinem Anspruch in Unkenntnis war, ob der Beklagte den Kläger missbräuchlich von seiner Anspruchsdurchsetzung ausgeschlossen hat oder ob sonstige außergewöhnliche Umstände vorliegen, die eine Anspruchswahrnehmung ausschließen.[1414] Das Gericht ging in diesem Fall von derartigen außergewöhnlichen Umständen aus und nahm auch aus diesem Grund eine Hemmung der Verjährung an.[1415] Vor dem Hintergrund, dass es in der US-Rechtsprechung zumindest möglich erscheint, dass die Verjährung aufgrund einzelfallbezogener, naturrechtlicher Erwägungen gehemmt werden kann,[1416] sollte es nicht verwundern, wenn aus einer US-amerikanischen Perspektive in der recht starren Subsumtion der Verjährungsregeln eine unfaire Verfahrensbarriere gesehen wird.

1412 Bodner v. Banque Paribas 114 F.Supp. 2 d 117, 134 f. (E.D.N.Y. 2000).

1413 Inhaltlich kommt diese Rechtsfigur teilweise den Erwägungen nahe, die im deutschen Recht überprüft werden, wenn der Gläubiger geltend macht, die Erhebung der Einrede verstoße gegen Treu und Glauben (§ 242 BGB). Die deutsche Rechtsprechung folgt insoweit einem strengen Maßstab, vgl. BGH NJW 1988, 2247.

1414 Young v. U.S. 122 S.Ct. 1036, 1040 f. (2002); Ellis v. General Motors Acceptance Corp. 160 F.3 d 703, 706 (11th Cir. 1996); Miller v. International Tel. & Tel. Corp., 755 F.2 d 20, 24 (2 d Cir.1985); Alexander v. Oklahoma, 391 F.3 d 1155, 1161 (10th Cir. 2004).

1415 Bodner v. Banque Paribas 114 F.Supp. 2 d 117, 135 f. (E.D.N.Y. 2000).

1416 In vergleichbaren deutschen Fällen wurde ein Ausschluss der Verjährung wegen übergeordneter naturrechtlicher Prinzipien nicht anerkannt: BGH VersR 1958, 109; OLG Stuttgart, Urt. v. 20.06.2000, 12 U 37/00 Rz. 64 (juris) = NJW 2000, 2680 ff.

In summa betrachtet belegen die deutschen Verfahren, dass sich das Zivil- und Zivilprozessrecht grundsätzlich auch zur Klärung von Sach- und Streitgegenständen einsetzen lässt, die vom Völkerrecht überlagert sind, und dass diese beiden Rechtsordnungen keinesfalls in einem absoluten Verhältnis der Exklusivität zueinanderstehen.[1417] So stellte auch das Kammergericht Berlin in seinen Entscheidungen zu Zwangsarbeiterklagen eindeutig fest, dass die Heranziehung zur Zwangsarbeit eine schwerwiegende Persönlichkeitsverletzung darstellt, die in Geld zu entschädigen ist. Das Gericht stellte fest, dass sich das beklagte Unternehmen auch nicht deshalb von der Haftung nach § 830 BGB hätte exkulpieren können, weil die Zwangsarbeit zunächst auf einem staatlichen Willkürakt basierte oder weil dem Unternehmen die Zwangsarbeiter ohne eigenständige Anforderung zugewiesen wurden.[1418] Auch aufgrund der Rechtsprechung des Bundesverfassungsgerichts steht fest, dass individuelle Ansprüche nach nationalem Recht grundsätzlich nicht ausgeschlossen sind, wenn in der „staatlichen Verletzungshandlung sowohl ein Bruch des Völkerrechts als auch des nationalen Rechts liegt"[1419]. Von diesem Regelsatz sind selbstver-

---

1417 Vgl. hierzu BVerfG, Beschl. v. 13.05.1996, BVerfGE 94, 315; OLG Stuttgart, Urt. 20.06.2000, 12 U 37/00, Rz.44 (juris) = NJW 2000, 2680 ff.; umstritten allerdings, wenn es um das humanitäre Völkerrecht bzw. Kriegsvölkerrecht geht und sich der Anspruch als Staatshaftungsanspruch darstellt: Hierzu das „Distomo"-Verfahren vor deutschen Gerichten, LG Bonn NJW 2003, 3488, das von einer Verdrängung des Staatshaftungsrechts ausgeht, wenn ein bewaffneter Konflikt vorliegt und somit das Kriegsvölkerrecht angewandt wird, bestätigt durch: BGH, Urt. 26.06.2003, BGHZ 155, 279 (allerdings betont für das Verständnis des Amtshaftungsrechts bis zum Ende des Zweiten Weltkriegs), ob das nach dem Inkrafttreten des Grundgesetzes noch bejaht werden kann, wird von BGHZ 169, 348, 358 (BGH, 2.11.2006) offengelassen, das Berufungsgericht ging dagegen davon aus, dass Staatshaftungsansprüche, auch wenn sie in Zusammenhang mit dem Kriegsvölkerrecht/humanitären Völkerrecht stehen, nicht a priori ausgeschlossen sind, vgl. OLG Köln, Urt. v. 28.07.2005, 7 U 8/04, Rn. 88 ff. (juris); das LG Bonn, NJW 2004, 525, 526 (Varvarin), war noch von einer Exklusivität des Völkerrechts ausgegangen. Mittlerweile ist wohl auch das LG Bonn von der Auffassung abgerückt, vgl.: LG Bonn, Urteil vom 11. Dezember 2013 – 1 O 460/11 (juris); vgl. zu dieser Entscheidung: *Frau*, JZ 2014, 417 ff. Insgesamt instruktiv zu der Problematik individueller Entschädigung bei Kriegsschäden: *Schmahl*, Amtshaftung bei Kriegsschäden, ZaöRV 2006, 699 ff.; *Selbmann*, Kriegsschäden ohne Folgen?, DöV 2014, 272 ff.

1418 KG Berlin, Beschluss vom 06. Juni 2000, 9 W 2104/00, Rn. 11 ff. (juris).

1419 BVerfG, Beschluss v. 13.05.1996, BVerfGE 94, 315, 329 ff. = NJW 1996, 2717, 2719.

ständlich auch Klagen erfasst, die sich gegen natürliche oder juristische Personen richten, da eine Suspension zivilrechtlicher Ansprüche wegen der völkerrechtlichen Determinierung des Sachverhalts insoweit erst recht nicht infrage kommen kann. Die Beobachtungen zu den hier dargestellten Gerichtsverfahren haben auch gezeigt, dass die Mitwirkung von Unternehmen an schwerwiegenden Menschen- und Völkerrechtsverletzungen durchaus mit den Mitteln des einfachen Deliktsrechts geahndet werden kann, dass allerdings die Verjährung potenzieller Ansprüche insoweit ein großes Hindernis darstellen kann. Vor diesem Hintergrund möchte ich stark bezweifeln, ob man die US-amerikanischen Versuche, in derartigen Fällen ein adäquates Forum zu schaffen, tatsächlich als unverschämte und allumfassende Zuständigkeitsbegründung, die sich „gegen ein rechtstaatliches System wie das deutsche"[1420] richtet, titulieren darf. Im Kontext be-

---

1420 *Schütze*, in: Ders., Prozessführung und -risiken im deutsch-amerikanischen Rechtsverkehr, S. 202, 218, der sich vor allem gegen die, von ihm behauptete, „Allzuständigkeit" amerikanischer Gerichte und ein kalifornisches Gesetz wendet. Mit dem kalifornischen Holocaust Victim Insurance Relief Act (Cal. Ins. C. § 13800) wurde u. a. geregelt, dass Versicherungsgesellschaften, die Versicherer von Holocaustüberlebenden waren und die in Kalifornien eine Geschäftstätigkeit ausüben, zu einer Offenlegung (disclosure) der Akten zu entsprechenden Versicherungspolicen verpflichtet werden konnten. Ein weiteres Gesetz, West. Ann's. Cal. C.C.P § 354, 6 sah eine Zuständigkeit kalifornischer Gerichte für ehemalige, in Kalifornien wohnende, Zwangsarbeiter während des Zweiten Weltkriegs vor. *Schütze* behauptet, dass diese Gesetze „den völkerrechtlichen Grundsatz" einer sinnvollen Verknüpfung zwischen Forumsstaat und Sachverhalt verletzen, er kritisiert sie zudem als „politische Gesetzgebung, die in ihrem Ansatz offen deutschfeindlich war", vgl. *Schütze*, Das unrühmliche Ende der Holocaust-Gesetzgebung in Kalifornien, ZVglRWiss 102 (2003), 574, 575 ff. Hierzu ist anzumerken, dass jede Form staatlicher Gesetzgebung zumeist politisch beeinflusst ist und dass von einer „Deutschfeindlichkeit" nicht gesprochen werden kann, da sich die Gesetze auch auf andere ausländische Versicherungen erstrecken, soweit sie Holocaustüberlebende versichert haben, und dieser Gerichtsstand auch von ehemaligen japanischen und koreanischen Zwangsarbeitern benutzt wurde (vgl. In re World War II Era Japanese Forced Labor Litigation, 164 F.Supp.2 d 1160, N.D.Cal.,2001). Darüber hinaus sehen die Gesetze auch eine sinnvolle Verknüpfung vor, da sie auf spezielle Streitgegenstände beschränkt sind, einen Wohnsitz in Kalifornien bzw. eine Geschäftstätigkeit des Versicherers in Kalifornien voraussetzen. Die Gesetze wurden allerdings im Nachhinein als verfassungswidrig eingestuft: vgl. die knappe (5:4) Entscheidung des Supreme Court in: American Ins. Ass'n v. Garamendi, 123 S.Ct. 2374 (2003); Steinberg v. International Com'n on Holocaust Era Ins. Claims, 133 Cal.App.4th 689 (Cal. App. 2nd Div., 2005); In re World War II Era Japanese

trachtet stellen sie doch vielmehr einen Versuch der Kompensation rechtlicher Defizite dar.[1421] Neben den hier aufgezeigten Fällen kann es auch in anderen zivilrechtlichen Streitigkeiten zu einer „Interlegalität"[1422] zwischen der nationalen Rechtsordnung und dem Völker- und Menschenrecht kommen,[1423] insoweit sind besonders auch die Fälle zu erwähnen, die Eigentumsaspekte im Hinblick auf enteignungsrechtliche Fragestellungen zu prüfen hatten.[1424] Insgesamt kann es also auch im deutschen Zivilprozess zu einer Überscheidung zwischen dem Völker- und Zivilrecht kommen und auch der deutsche Zivilprozess steht vergleichbaren Fragestellungen offen gegenüber. Und es stellt sich die Frage, warum Fälle von moderner Zwangsarbeit, die vielleicht auch nur eine mittelbare Verbindung zu Deutschland aufweisen, nicht vor deutschen Gerichten verhandelt werden sollten?

IV. Zusammenfassung

Die zuvor gemachten Beobachtungen zu den normativen Grundlagen und den rechtswirklichen Erscheinungsformen transnationaler Deliktsklagen haben Parallelen und Unterschiede zwischen den USA und Europa aufge-

---

Forced Labor Litigation, 164 F.Supp.2 d 1160 (N.D.Cal., 2001). Die Gerichte stuften die Gesetze als verfassungswidrig ein, da sie mit den außenpolitischen Kompetenzen des Bundes bzw. des Präsidenten nicht zu vereinen seien. Differenzierte Darstellung zu den kalifornischen Gesetzen bei: *Gebauer/Schulze*, IPRax 1999, 478 ff.

1421 Das Gesetz zur Errichtung der Stiftung „Erinnerung, Verantwortung und Zukunft" zur Entschädigung ehemaliger Zwangsarbeiter unter Beteiligung verschiedener deutscher Unternehmen als „Schuldner" trat erst am 16.08.2000 in Kraft, vgl. Gesetz zur Errichtung einer Stiftung „Erinnerung, Verantwortung und Zukunft" vom 2. August 2000 (BGBl. I S. 1263), das zuletzt durch Artikel 1 des Gesetzes vom 1. September 2008 (BGBl. I S. 1797) geändert worden ist.

1422 Zu diesem Begriff: *de Sousa Santos*, Toward a New Legal Common Sense, S. 437: „*intersection of different legal orders*"; *Amstutz*, in: Fischer-Lescano/ Rödl/Schmid, Europäische Gesellschaftsverfassung, 333, 339.

1423 Vgl. hierzu: *Grabosch*, KJ 2013, 30 ff., der auf BGH, Urt. v. 22.6.1972, BGHZ 59, 82 (Sittenwidrigkeit bei Verstoß gegen Kulturgüterschutz) und BGH, Urteil vom 09. Mai 1980 – I ZR 76/78 (kein Verstoß gegen UWG bei Verstoß gegen ILO-Kernarbeitsnormen), verweist.

1424 Vgl. hierzu: LG Köln, IPRax 1996, 419; OLG Köln, Urteil vom 09. Juli 1996 – 22 U 215/95 –, juris; OLG Bremen IPRspr 1958/59 Nr 7 a; LG Hamburg, RabelsZ 37 (1973) 579; Staudinger/*Voltz*, Artikel 6 EGBGB Rn. 80 ff.

deckt. Zunächst ist der Ausgangspunkt der privatrechtlichen Durchsetzung von sozialen, ökologischen und politisch-bürgerlichen Menschenrechten in Europa und in den USA verschieden. Der europäische Ansatz garantiert die Durchsetzung entsprechender Rechte grundsätzlich eher durch das Verwaltungs- bzw. Strafrecht oder aber durch supranationale Menschenrechtsgerichte, wobei insoweit der Adressaten- und Maßnahmenkreis deutlich beschränkt ist und insbesondere eine Inanspruchnahme ausländischer Privatpersonen sowie in- und ausländischer juristischer Personen nicht zwangsläufig möglich ist.[1425] Im US-amerikanischen Recht wurde sich dagegen schon frühzeitig darauf fokussiert, eine Durchsetzung der *Human Rights* sowohl gegenüber privaten als auch staatlichen Akteuren mittels zivilprozessualer Klagen zu erreichen.[1426] In Europa ist die Durchsetzung sozialer Reformen durch das Zivilprozessrecht nicht so geläufig, wohingegen das *social engineering*[1427] in den USA eine besondere Funktion der Zivilklagen ist. Die Rechtsentwicklung im Bereich der *Human-Rights-* bzw. *ATS*-Litigation wurde jedoch auch teilweise in Europa rezipiert und die vorangegangenen Ausführungen haben gezeigt, dass ausländische Direktklagen für extraterritoriale Rechtsverletzungen multinationaler Unternehmen grundsätzlich auch vor europäischen Gerichten verhandelt werden können. Rechtsbrüche, die in dem erweiterten Kreis der Menschenrechtsverletzungen anzusiedeln sind, können zumeist als normale deliktische Ansprüche geltend gemacht werden. Insoweit ist durchaus ein partieller Trend erkennbar, dass es auch in Europa zu einer verstärkten Durchsetzung extraterritorialer (Menschen-) Rechtsverletzungen mittels transnationaler Deliktsklagen kommt.[1428] Allerdings sind die rechtlichen

---

1425 Die strafrechtliche Verfolgung juristischer Person als solche ist beispielsweise in Deutschland immer noch ausgeschlossen; anders z. B. in den Niederlanden, vgl. insoweit *Jägers/van der Heijde*, 33 Brook. J. Int'l L. 833, 862 ff.; vgl. hierzu: *Pieth*, Braucht Deutschland ein Unternehmensstrafrecht?, KJ 2014, 276 ff.

1426 *Koh,* 100 Yale L. J. 2347 ff. (1991); *Stephens*, Translating Filartigà: A Comparative and International Law Analysis of Domestic Remedies For International Human Rights Violations, 27 Yale J. Int'l L. 1, 3 ff. (2002); *Cummings/Rhode*, Public Interest Litigation: Insights from Theory and Practice, 36 Fordham Urb. L. J. 603 ff. (2009).

1427 Also die Gesellschaftsgestaltung durch eine Rechtsprechung, die soziale und wirtschaftliche Faktoren berücksichtigt, vgl. hierzu schon: Pound, Theory of Judicial Decision, 36 Harv. L. Rev. 641 ff. (1923).

1428 *Kirshner*, 30 Berkley J. Int'l L. 259 ff. (2012); *Weinberg*, 99 Cornell L. Rev. 1471 ff. (2014), *Enneking*, S. 102 ff.; *Enneking*, Foreign Direct Liability, passim.

Rahmenbedingungen in Europa teilweise nicht förderlich: So geht aus dem europäischen Zivilprozessrecht hervor, dass eine isolierte Klage gegen ein ausländisches Unternehmen im Stile eines *foreign-cubed case* beinahe nicht möglich ist, außer man erhebt die Klage vor dem Gericht eines Staates, der eine Zuständigkeit aufgrund einer autonomen *Forum-Necessitatis*-Regelung ermöglicht. Eine gerichtliche Inanspruchnahme eines Unternehmens aus einem Drittstaat in Europa ist dann noch möglich, wenn man die Klage mit einer Klage gegen ein in Europa ansässiges Unternehmens verbindet und die *lex fori* über einen Gerichtsstand der Streitgenossenschaft verfügt. Klagen gegen ein in Europa ansässiges Unternehmen können grundsätzlich, unabhängig vom jeweiligen Streitgegenstand und dessen Lokalisierung, am Sitz des jeweiligen Unternehmens erhoben werden. Soll ein ausländisches Tochterunternehmen mitverklagt werden, hängt die Zuständigkeit der Gerichte von den jeweiligen einschlägigen autonomen nationalen Zuständigkeitsregelungen ab. In Rechtsordnungen, die einen Gerichtsstand der Streitgenossenschaft kennen, wie z. B. in den Niederlanden, sind solche verbundenen Klagen möglich. In Deutschland wäre eine positive Zuständigkeitsentscheidung gegenüber einem ausländischen Tochterunternehmen bzw. Zuliefererbetrieb dagegen nur vorstellbar, wenn das ausländische Tochterunternehmen über Vermögen im Inland verfügt und darüber hinaus ein hinreichender Inlandsbezug besteht.

Nach den Regelungen des IPR würde es in der überwiegenden Anzahl der Fälle zu einer Anwendung ausländischen Rechts kommen; insoweit stellt die Rom-II-VO ein vorhersehbares, an geografischen Grundsätzen orientiertes Kollisionsrecht dar. Rekapituliert man an dieser Stelle noch einmal die Ausführungen zur ATS-Litigation, so zeigt sich, dass der US-amerikanische Ansatz auch insoweit sehr spezifisch ist, da in ATS-Fällen unabhängig vom einzelstaatlichen Kollisionsrecht ohne Rücksicht auf das Tatortrecht *federal common law* zur Anwendung kommen würde.[1429] Ein derartiges kollisionsrechtliches Universalitätsprinzip ist den europäischen Rechtsordnungen fremd. Auch dürfte die Grundausrichtung der Rom-II-VO diametral zu den meisten Kollisionsrechten der US-Bundesstaaten sein, da diese wohl überwiegend auf eine höhere Flexibilität und die Berücksichtigung staatlicher Anwendungsinteressen abstellen.[1430] Eine wei-

---

[1429] *Enneking*, 40 Geo. Wash. Int'l L. Rev. 903, 930 (2009).
[1430] Rauscher/*Unberath/Cziupka*, EuZPR/EuIPR (2011) Einl Rom-II-VO Rn. 28ff.; krit. zum strikten, europäischen Ansatz: *Syemeonides*, 56 Am. J. Int'l L. 173 ff. (2008); allgemein zum IPR der USA: *Zekoll/Collins/Rutherglen*, S. 511 ff.

tere Besonderheit besteht also darin, dass in ATS-Fällen das völkerrechtliche Verbot, wenn es hinreichend bestimmt ist, unmittelbar in eine bundesrechtliche Anspruchsgrundlage übersetzt wird. Wohingegen die europäischen transnationalen Deliktsverfahren mit einfachen deliktischen Ansprüchen arbeiten. Von der Grundkonzeption haben beide Seiten Vor- und Nachteile. Ein wesentlicher Vorteil der europäischen Methode besteht darin, dass der potenzielle Anwendungsbereich weitreichender ist und sich nicht nur auf wenige schwerwiegende Völkerrechtsverletzungen beschränkt. In ideeller Hinsicht ist sicherlich der Ansatz des ATS überlegen, da er die Schwere des Delikts verdeutlicht und die Besonderheit des Streitgegenstands hervorgehoben wird. Die Fallstudie hat zudem gezeigt, dass die nationalen Zivilgerichte keinesfalls per se mit Verfahren überfordert sind, deren Streitgegenstände teilweise von völkerrechtlichen Rechtsfragen überlagert werden oder die eine Nähe zur Politik aufweisen.[1431] Auch europäische Gerichte übernehmen also schon teilweise die Funktion von „Weltgerichten"[1432].

Nachdem die normativen Grundlagen für transnationale Deliktsklagen in Deutschland und Europa dargestellt wurden, stellen sich nun noch die folgenden Fragen: Sollte eine universale Zuständigkeit nationaler Zivilgerichte bei bestimmten Rechtsverletzungen bestehen oder gibt es Alternativen? Sollten in derartigen Fällen die herkömmlichen Regelungen des internationalen Privatrechts angewandt werden oder sollte man auch von einem kollisionsrechtlichen/materiell-rechtlichen Universalitätsprinzip ausgehen? Zur Beantwortung dieser Fragen werden zunächst die Grundlagen, Vorzüge und Einwände eines Universalitätsprinzips (V) dargestellt. Anschließend sollen die Vor- und Nachteile abwägend gegenübergestellt werden (VI). Abschließend wird darauf einzugehen sein, ob der Gedanke des Universalitätsprinzips im Zivilrecht/Zivilprozessrecht Europas manifestiert werden sollte oder ob es zivilrechtliche und zivilprozessuale Alternativen gibt.

1431 So aber in Bezug auf zivilrechtliche Staatshaftungsverfahren: *Raap*, Staatshaftungsansprüche im Auslandseinsatz der Bundeswehr, NVwZ 2013, 552, 554; wie hier: *Selbmann*, DöV 2014, 272, 280, der zu Recht darauf hinweist, dass sich die nationalen Gerichte in vielfältigen Situation mit transnationalen, politisch brisanten und auch völkerrechtlichen Rechtsfragen auseinanderzusetzen haben, und er verweist hier z. B. auf die Klagen im Zusammenhang mit dem argentinischen Staatsbankrott.

1432 *Michaels*, DAJV-NL 2006, 46, 51.

V. Zivilprozessuales Universalitätsprinzip

Die bisherigen Ausführungen haben gezeigt, dass sowohl die Bestimmung der Zuständigkeit europäischer Gerichte als auch der Anwendbarkeit des jeweiligen Sachrechts anhand überwiegend territorialer Kriterien erfolgt. Diese Voraussetzungen lassen sich generalisierend als das Erfordernis eines hinreichenden oder sinnvollen Inlandsbezugs bezeichnen, wobei die Anknüpfungsprinzipien verschiedenartig sind (zumeist: räumliche Beziehung zwischen Streitgegenstand und/oder Parteien zum Forum). Gleichzeitig sind sie Belege des „horizontalen Paradigmas",[1433] dem das europäische Zivilprozessrecht und das IPR folgen. Bei der Bestimmung, wann von einer sinnvollen Anknüpfung ausgegangen werden kann, steht dem nationalen bzw. supranationalen Gesetzgeber ein breiter Gestaltungsspielraum zu und klare völkerrechtliche Grenzen existieren nicht.[1434] Auch wenn eine exorbitante Begründung der internationalen Zuständigkeit nicht per se völkerrechtswidrig ist, wird sie durch eine entsprechende Staatenpraxis immer mehr zurückgedrängt.[1435] Die jüngsten Judikate des BGH und des Supreme Court[1436] unterstreichen diese Sichtweise. Insoweit drängt sich die Frage auf, ob die Akzeptanz einer universellen zivilprozessualen Zuständigkeit aufgrund dieser Entwicklungen nicht anachronistisch wäre und inwieweit eine Abkehr von den grundsätzlichen zuständigkeits-

---

[1433] *Michaels*, 27 Mich. J. Int'l L. 1003, 1022 ff. (2006); vgl. hierzu schon oben § 4 IV 4.

[1434] *Ipsen*, Völkerrecht, § 5 Rn. 73 ff.; Verdross/Simma, Universelles Völkerrecht, §§ 1183 ff.; Doehring, Völkerrecht, Rn. 808 ff.; Hobe, Völkerrecht, S. 99 f.; *Mann*, 111 RdC (1964-I), 1 ff.; *Meng*, S. 99 ff., 136 ff.; *Geimer*, IZPR Rn. 377 ff.; *von Bar/Mankowski*, § 3 Rn. 9 ff.; BGH NJW 1959, 1030, 1033: „Mangels allgemein gültiger internationaler Normen bestimmt jeder Staat selbst, in welchem Umfang er die Gerichtsbarkeit für sich in Anspruch nimmt."; *Akehurst*, 46 Brit. Yb. Int'l L. 177 ff.

[1435] Vgl. auch: die auf ihren Anwendungsbereich beschränkte Blacklist der EuGVVO; Art. 3 I EuGVVO; Anhang I zur EuGVVO; Art. 4 Zusatzprotokoll zum Haager Übereinkommen über die Anerkennung und Vollstreckung ausländischer Urteile in Zivil- und Handelssachen (1971).

[1436] Vgl. oben § 6, die Judikate Goodyear und Daimler AG v. Bauman sowie die Rechtsprechung zu § 23 ZPO.

rechtlichen Anknüpfungsprinzipien zugunsten einer universalen Anknüpfung überhaupt angemessen ist.[1437]

1. Hague Judgment Convention

Dass die Anerkennung eines zivilrechtlichen Universalitätsprinzips nicht vollkommen abwegig erscheint, zeigt auch der Entwurf der Haager Gerichtsstandskonvention.[1438] Dieser Entwurf repräsentiert den Versuch der Schaffung einer völkervertraglichen Zuständigkeitsordnung, der letztendlich scheiterte. Der Entwurf kann dennoch als eine Erkenntnisquelle zurate gezogen werden. Der Konventionsentwurf enthielt neben den Vorschlägen für Zuständigkeitsregeln auch eine Blacklist mit einer Aufzählung von Anknüpfungskriterien, die nicht mehr zuständigkeitsbegründend sein sollten. Diese in Art. 18 (2) des Konventionsentwurfs aufgezählten Tatbestände beinhalten verschiedene Regelbeispiele für exorbitante Gerichtsstände,[1439] die die potenziellen Konventionsstaaten nicht mehr zu einer Zuständigkeitsbegründung hätten benutzen dürfen. Eine Ausnahme von diesem Verbot war jedoch in Art. 18 (3) des Entwurfes vorgesehen.[1440] Der

---

1437 Vgl. *Kontorovic*, Kiobel Surprise: Unexpected by Scholars but Consistent with International Trends, 89 Notre Dame L. Rev. 1671, 1682 ff. (2014), der von einem generelle Rückgang der Bedeutung des Universalitätsprinzips ausgeht.

1438 Hague Conference on Private International Law, Preliminary Draft Convention on Jurisdiction and Foreign Judgments in Civil and Commercial Matters, Prel. Doc. No. 11 (August 2000), abrufbar unter: http://www.hcch.net/upload/wop/jdgmpd11.pdf.

1439 z. B.: Art. 18 (2) lit. a) verbietet den Vermögensgerichtsstand; 18 (2) lit. b) verbietet Gerichtsstände, die auf die Nationalität des Klägers abstellen; 18 (2) lit. e) verbietet doing-business-Gerichtsstände.

1440 Art. 18 (3) lautet: "Nothing in this Article shall prevent a court in a Contracting State from exercising jurisdiction under national law in an action [seeking relief] [claiming damages] in respect of conduct which constitutes – [Variant One: [a] genocide, a crime against humanity or a war crime[, as defined in the Statute of the International Criminal Court]; or [b] a serious crime against a natural person under international law; or] [c] a grave violation against a natural person of non-derogable fundamental rights established under international law, such as torture, slavery, forced labour and disappeared persons]. [Sub-paragraphs [b] and] c) above apply only if the party seeking relief is exposed to a risk of a denial of justice because proceedings in another State are not possible or cannot reasonably be required.] Variant Two: a serious crime under international law, provided that this State has established its criminal jurisdiction over that crime

Art. 18 (3) des Haager Entwurfs legitimierte eine Zuständigkeitsbegründung unter nationalem Recht, ohne dass eine substanzielle Verbindung zwischen dem Streitgegenstand und dem Forum vorliegt bzw. ohne dass der Beklagte über einen allgemeinen Gerichtsstand in dem Forumsstaat verfügt. Während Art. 18 (3) (a) von einem unbeschränkten zivilprozessualen Universalitätsprinzip für bestimmte Delikte ausgeht, ist die universelle Zuständigkeit in den Artikeln 18 (3) (b) und (c) zusätzlich dadurch beschränkt, dass eine gerichtliche Geltendmachung der Ansprüche in einem anderen, eigentlich zuständigen Forum nicht möglich ist oder vernünftigerweise nicht verlangt werden kann. Auch wenn das Haager Projekt später auf Eis gelegt wurde, ergibt sich alleine daraus, dass eine universale Zuständigkeitsregelung zumindest in Erwägung gezogen wurde, ein Beleg dafür, dass eine solche nicht nur eine esoterische Wunschvorstellung verkörpert, sondern auch von praktischer Relevanz ist und rechtlich akzeptabel erscheint. Der Vergleich zwischen dem Entwurf zum Haager Gerichtsstandübereinkommen und dem ATS zeigt, dass Letzteres in seiner grundsätzlichen Ausübung mit den Vorstellungen der Haager Konferenz im Einklang stand. Das grundlegende Telos einer solchen Norm besteht also darin, schwerwiegende Verletzungen universaler Rechte flächendeckend verfolgbar zu machen. Ein solcher Gerichtsstand verfolgt insgesamt universelle Werte und nicht rein nationale Ziele. Da die Verfolgung schwerwiegender Menschenrechtsverletzungen immer mehr in den Fokus der Weltgemeinschaft rückt, lässt sich argumentieren, dass die Verfolgung und Ahndung derartiger Rechte grundsätzlich im Interesse aller Staaten liegt, und nicht nur im Interesse des Souveräns, zu dem die Rechtsverletzung eine enge räumliche Beziehung aufweist.[1441] Eine rein funktionale Anknüpfung, die den bestmöglichen Schutz für schwerwiegende, universal geahndete Rechtsverletzungen ermöglicht, scheint somit realisierbar.

---

in accordance with an international treaty to which it is a party and that the claim is for civil compensatory damages for death or serious bodily injury arising from that crime.]"

1441 *Zerk*, S. 150; *Ratner*, International Law: "The Trials of Global Norms", 160 Foreign Policy 65 ff. (1998).

2. Rechtfertigung einer universalen zivilprozessualen Zuständigkeit

Warum sollte Klägern die Möglichkeit eingeräumt werden, zivilrechtliche Schadensersatzansprüche an mehreren potenziellen Gerichtsständen geltend zu machen und insbesondere an solchen, die weder einen territorial-persönlichen noch einen territorial-sachlichen Bezug zu der Klage aufweisen? Zunächst dürfte anerkannt sein, dass die Auswirkungen einer universellen zivilprozessualen Zuständigkeitsbegründung geringer sind als die Auswirkungen der Legitimierung der strafrechtlichen Verfolgung in einem fremden Land. Sowohl eine strafrechtliche Verfolgung als auch die potenziellen Rechtsfolgen eines Strafprozesses weisen eine größere Eingriffsintensität in die individuellen Rechte potenzieller Angeklagter auf, als wenn man in einen zivilrechtlichen Schadensersatzprozess involviert wird.[1442] Insofern lässt sich *a fortiori* argumentieren, dass wenn schon für gewisse Delikte ein strafrechtliches Weltrechtsprinzip anerkannt ist, sich ein solches Prinzip erst recht auf dem Gebiet des Zivilprozesses statuieren lassen muss. Auch schließt die Möglichkeit zu einer universellen Strafverfolgung eine zusätzliche Geltendmachung zivilrechtlicher Schadensersatzansprüche nicht vollkommen aus. Vielmehr komplementieren Letztere erst ein System, das darauf abzielen sollte, erlittenes Unrecht umfassend zu kompensieren.[1443] Zudem erfordert die komplexe Dimension derartiger Verbrechen ein multidimensionales Reaktionsmuster, durch das nicht nur der Strafanspruch der Gesellschaft, sondern auch der Kompensationsanspruch des geschädigten Individuums befriedigt wird. Aus der Natur des Zivilverfahrens und aus der Natur eines möglichen deliktischen Schadensersatzanspruchs ergeben sich gewisse Vorteile: Der Geschädigte kann den rechtlichen Prozess selbstständig steuern, er partizipiert aktiver am Verfahren. Außerdem ist die zivilrechtliche Verfolgung von Schadensersatzansprü-

---

1442 *Reydams*, Universal Jurisdiction: International and Municipal Legal Perspectives, S. 3 („qui peut les plus peut le moins, the greater includes the lesser"); *van Schaack*, In Defense of Civil Redress: The Domestic Enforcement of Human Rights Norms in the Context of the Proposed Hague Judgments Convention, 42 Harv. Int'l L. J. 141, 195 (2001); Restatement of Foreign Relations, § 403, Reporters Note 9.; vgl. allgemein zum Universalitätsprinzip im Strafrecht: Bassiouni, Universal Jurisdiction for International Crimes: Historical Perspectives and Contemporary Practice, 42. Va. J. Int'l L. 81 (2001); *Stephens*, 27 Yale J. Int'l L. 1, 51 (2002); *Unger*, S. 59.

1443 *Donovan/Roberts*, 100 Am. Journ. Int'l L. 142, 154 (2006); *van Schaack*, 42 Harv. Int'l L. J. 141, 156 ff. (2001).

chen anders als die Strafverfolgung nicht vom Ermessen der Strafverfolgungsbehörden abhängig.[1444] Auch unter dem Gesichtspunkt einer ausgleichende Gerechtigkeit und hinsichtlich der Kompensation für das erlittene Unrecht bestehen in einem Zivilverfahren erhebliche Vorteile: Denn selbst wenn das erlittene Unrecht nicht zu 100 % wiedergutgemacht werden kann, so stellt ein möglicher Schadensersatzanspruch wenigstens eine materiell-rechtliche und vor allem aus Sicht der Opfer individuelle Form der Anerkennung und Wiedergutmachung dar.[1445] Die hier gemachten Beobachtungen haben gezeigt, dass schwerwiegende Völkerrechts- und Menschenrechtsverletzungen mannigfaltig und häufig transnational sind und zudem nicht nur von staatlichen Akteuren begangen werden können. Die einschlägigen völkerrechtlichen Institute sind zu sehr auf das Handeln staatlicher Akteure fokussiert und decken somit nicht die gesamte Bandbreite an zu ahndenden Menschenrechtsverletzungen ab, zudem sind sie hinsichtlich der Sanktions- und Kompensationsmöglichkeiten limitiert.[1446] Die gängigen Vollstreckungsmechanismen des Völkerrechts sind somit stark limitiert. Außerdem gibt es keinerlei Gründe, die dafür sprechen, dass die strafrechtliche Ahndung derartiger Verbrechen eine zivilrechtliche Ahndung präkludiert. Ganz im Gegenteil ist beispielsweise auch im deutschen Recht anerkannt, dass eine strafrechtliche Verurteilung der Täter keinen Einfluss auf die Genugtuungsfunktion eines Schmerzensgeldanspruchs sowie dessen Bemessung hat, vielmehr kommt dem Schmerzensgeldanspruch eine komplementäre Funktion zugute.[1447]

Zivilverfahren können zudem Impulsgeber für überfällige völkerrechtliche und politische Entwicklungen sein. Ohne zu polemisieren, kann man feststellen, dass die ausbleibende Entschädigung von Opfern des Nazire-

---

1444 *Van Schaack*, In Defense of Civil Redress: The Domestic Enforcement of Human Rights Norms in the Context of the Proposed Hague Judgments Convention, 42 Harv. Int'l L. J. 141, 156 (2001); *Murphy*, Civil Liability for the Commission of International Crimes as an Alternative to Criminal Prosecution, 12 Harv. Hum. Rts. J. 1, 47 ff. (1999).

1445 *Van Schaack*, 42 Harv. Int'l L. J. 141, 156 f. (2001).

1446 *Van Schaack*, 42 Harv. Int'l L. J. 141, 159 ff. (2001); vgl. beispielsweise: Menschenrechtsausschuss zum Int. Pakt für Bürgerliche und Politische Recht, Fakultativprotokoll zum Int. Pakt f. bürgerl. und polit. Rechte, BGBl. 1992 II 1246; Art. 34 EMRK (Individualbeschwerde zum EGMR für Vergehen von Vertragspartei).

1447 BGH, Urt. v. 29.11.1994, VI ZR 93/94 = BGHZ 128, 117; BGH, Urt. v. 16.01.1996, VI ZR 109/95 = NJW 1996, 1591 ff.

gimes nach dem Zweiten Weltkrieg teilweise skandalös ist und war. Die Verweigerung von Individualansprüchen für Zwangsarbeiter mag zum einen am staatenzentrierten Völkerrecht gelegen haben, zum anderen aber auch an politischen Erwägungen gescheitert sein.[1448] Auch wenn die mittelbare Immunität, die den am NS-Unrecht beteiligten Unternehmen insoweit phasenweise gewährleistet wurde, zwar größtenteils dem damaligen völkerrechtlichen Status quo geschuldet war, ist sie rechtlich und moralisch nicht hinnehmbar. Die Einrichtung eines Entschädigungsfonds für NS-Zwangsarbeiter erfolgte schließlich erst im Jahr 2000,[1449] nachdem es zuvor zu einer Vielzahl von Zivilklagen vor US-amerikanischen Gerichten gekommen war.[1450] Die anhängigen Verfahren setzten die deutsche Politik und Wirtschaft unter enormen Handlungsdruck und führten 55 Jahre nach Ende des Zweiten Weltkriegs zumindest zu einer partiellen Lösung.[1451] Es ist sicherlich nicht wagemutig, die These zu vertreten, dass die damaligen Sammelklagen ein entscheidender Faktor für die Einrichtung der Stiftung gewesen waren.[1452] Zivilprozesse sollten also insoweit weder dazu dienen, dass sich die Beklagten von ihrer Schuld freikaufen können, noch sollten sie einen historischen Schlussstrich ziehen. Sie sollten vielmehr als kom-

---

1448 *Hahn*, Individualansprüche auf Wiedergutmachung von Zwangsarbeit im Zweiten Weltkrieg – Das Entschädigungsgesetz vom 02.08.2000, NJW 2000, 3521; vgl., *Neuborne*, A Plague on Both Their Houses: A Modest Proposal for Ending the Ecuadorean Rainforest Wars, 1 Stan J. Complex Litig. 509, 512 f. (2013), m. w. N.

1449 Gesetz zur Errichtung einer Stiftung „Erinnerung, Verantwortung, Zukunft" v. 2.08.2000, BGBl., I, S. 1263 f.

1450 Vgl. hierzu schon oben: § 8 III 3 d), S. 338 ff.; Entwurf eines Gesetzes zur Errichtung einer Stiftung „Erinnerung, Verantwortung und Zukunft", BT-Drs. 14/3206, S. 1 f., 10 f.; Beschlussempfehlung und Bericht des Innenausschusses (4. Ausschuss), BT-Drs. 14/3758, S. 1 f., 21–23; *Graf Lambsdorff*, 39. Sitzung des Innenausschusses, 30. 6. 2000, BT 14. Wahlperiode, S. 39/4–7; *Vagts/ Murray*, Litigating the Nazi Labor Claims: The Path Not Taken; 43 Harv. Int'l L. J. 503, 509 ff.; *Ratner*, The Settlement of Nazi-Era Litigation, Through the Executive and Judicial Branches, 20 Berkeley J. Int'l. L. 212 (2002); vgl. auch Gebauer/*Schulze* IPRax 1999, 478, 484, die die kalifornischen Vorstöße als Reaktion auf den "säumigen" deutschen Gesetzgeber einordnen.

1451 Vgl. u. a.: In re Nazi Era Cases against German Defendants, 198 F.R.D. 429 (D.N.J.2001); Iwanowa v. Ford. Motor Co., 67 F.Supp. 2 d 424 (D.N.J. 1999); Burger-Fischer v. Degussa AG 65 F.Supp. 2 d 248 (D.N.J. 1999); In re Austrian & German Bank Holocaus Litigation, 80 F. Supp. 2 d 164 (S.D.N.Y. 2000).

1452 *Neuborne*, Preliminary Reflections on Aspect of Holocaust-Era Litigation in American Courts, 80 Wash. U. L. Q. 795, 815 ff. (2002).

plementäres Element der Aufarbeitung komplexen Unrechts verstanden werden. Warum sollte eine solche Aufarbeitung also nicht dort erfolgen, wo die besten verfahrensrechtlichen und materiell-rechtlichen Strukturen bestehen? Bestünde bei der Verletzung universeller Rechte nicht auch ein länderübergreifendes Interesse an der bestmöglichen rechtlichen Aufarbeitung? Und transzendiert ein solches globales Interesse nicht per se die territorialen Grenzen des Systems der Gerichtszuständigkeit? Diese ideellen Argumente sprechen eher für die Akzeptanz eines zivilprozessualen Universalitätsprinzips.

3. Einwände gegen ein zivilrechtliches Universalitätsprinzip

Ein Einwand, der gegen ein zivilprozessuales Universalitätsprinzip vorgebracht wird, besteht darin, dass das Zivilverfahren anders als das Strafverfahren einer beschränkteren staatlichen Kontrolle unterliegt.[1453] In der Tat werden Zivilverfahren, je nach den Vorgaben der jeweiligen Prozessordnung, von den Parteien bestimmt. Ihre Einleitung obliegt dem Kläger und nicht einer staatlichen Behörde.[1454] Jedoch stellt dieser strukturelle Unterschied keinen nachhaltigen Einwand dar. Vielmehr obliegt doch auch in einem Zivilverfahren die Verfahrensleitung dem staatlichen Gericht, das gleichermaßen dafür Sorge tragen kann, dass übergeordnete rechtliche Prinzipien zum Tragen kommen. Der Zivilrichter ist im selben Maße wie der Staatsanwalt an Recht und Gesetz gebunden. Die Unabhängigkeit der Gerichte kann somit nicht als ernst zu nehmender Einwand gegen ein zivilprozessuales Universalitätsprinzip gesehen werden. Es mag sicherlich zutreffend sein, dass eine öffentliche Strafverfolgungsbehörde eine größere Ermessensfreiheit besitzt und bei der Frage nach einer öffentlichen Anklageerhebung auch *public policy factors* oder außenpolitische Faktoren berücksichtigen kann. Jedoch kann auch ein Zivilrichter derartigen Bedenken Rechnung tragen, wenn sie tatsächlich so schwerwiegend sein sollten, dass sie sich als rechtlich anerkanntes Verfahrenshindernis gerieren.

Gegen eine universelle zivilprozessuale Zuständigkeit wird zudem vorgebracht, dass diese die Gefahr von Parallelverfahren beinhaltet.[1455] Anders als im Strafrecht, in dem ein Verfahren oftmals nur dann begonnen

---

1453 *Bradley*, 2001 U.Chi. Legal F. 324, 347.
1454 *Donovan/Roberts*, 100 Am. J. Int'l L. 142, 155 (2006).
1455 *Donovan/Roberts*, 100 Am. J. Int'l L. 142, 156 (2006).

werden kann, wenn der Angeklagte physisch anwesend ist, lassen sich Zivilverfahren einfacher einleiten und auch ohne dauerhafte physische Präsenz im Forumsstaat führen.[1456] Sicherlich bestehen derartige Unterschiede zwischen einem Straf- und einem Zivilprozess. Allerdings existieren in den nationalen Zivilprozessordnungen entsprechende Mechanismen, die sowohl Parallelverfahren als auch multiple Verfahren vermeiden können. Im Übrigen besteht das Risiko einer zweifachen Verurteilung grundsätzlich auch im Strafrecht.[1457] Ein weiterer Einwand, der erhoben werden kann, ist der, dass durch eine universelle Zuständigkeit ein Forum-Shopping der Kläger aktiv begünstigt wird: Aufgrund der Zuständigkeit würde das anzuwenden Verfahrensrecht unmittelbar über die *lex fori* und das anwendbare Recht zumindest mittelbar über das Kollisionsrecht des Forums bestimmt werden, potenzielle Kläger könnten somit das für sie günstigste Regelungsregime auswählen. Insoweit waren die Vereinigten Staaten aufgrund der einschlägigen prozessualen Regelungen in der Vergangenheit ein äußerst attraktives Forum für entsprechende Kläger(-gruppen).[1458] Kritiker eines solchen „Forum Shopping for Human Rights"[1459] sollten sich allerdings das Telos einer universellen Zuständigkeitsregelung vor Augen halten: Dieses liegt vor allem darin begründet, dass ein vermeintlicher Verstoß gegen universell geahndete Normen effektiv geahndet werden soll. Einer *universal civil (personal) jurisdiction* ist somit ein generalpräventives Element inhärent, sodass sich die potenziellen Täter gerade mit einer umfassenden Verfolgung ihrer Taten konfrontiert sehen sollen. Warum sollte das Drohpotenzial nicht auch darin bestehen, dass dem Beklagten ein Zivilprozess in einer ihm vielleicht auch ungünstigen Verfahrensordnung in Aussicht gestellt wird?

Ein weiteres Problem einer universellen Gerichtszuständigkeit besteht in den drohenden Justizkonflikten, die sich ergeben könnten, da neben dem *forum universalis* auch weitere, herkömmliche Gerichtsstände bestehen. Wie man bereits gesehen hat, verbirgt sich hinter einer gerichtlichen

---

1456 Ebd.

1457 *Colangelo*, Universal Jurisdiction as an International „False Conflict" of Laws, 30 Mich. J. Int'l L. 881, 919 ff. (2009); *ders.*, Double Jeopardy and Multiple Sovereigns: A Jurisdictional Theory, 86 Wash. U. L. Rev. 769, 815 ff. (2009).

1458 *Bradley*, 2001 U.Chi. Legal F. 323, 347; *Neuborne*, 1 Stan. J. Complex Litig. 509, 517 (2013).

1459 Die Bezeichnung geht zurück auf: *Helfer*, Forum-Shopping for Human Rights, 148 U. Pa. L. Rev. 285 ff. (1999), der sich in seinem Artikel allerdings auf das Forum-Shopping vor verschiedenen internationalen Gerichtshöfen bezieht.

Zuständigkeitsbegründung auch immer das Interesse eines Staates, einen Rechtsstreit zu regulieren. Insoweit ließe sich die Formel aufstellen: legitime Zuständigkeit der nationalen Gerichte = legitimes staatliches Regulierungsinteresse. Insoweit ist es fraglich, ob innerhalb der infrage kommenden Fora eine hierarchische Struktur besteht, nach der beispielsweise der allgemeine oder deliktische Gerichtsstand Vorrang vor einem *forum universalis* hat. Colangelo hält ein solches Prioritätsprinzip in Fällen eines strafrechtlichen Universalitätsprinzips für sinnvoll.[1460] Allerdings stehen die Forumswahl und die Konkurrenz zwischen mehreren international zuständigen Gerichten im Zivilprozess in einem anderen Kontext, da ein Staat keinesfalls eine international ausschließliche Zuständigkeit seiner inländischen Gerichte beanspruchen kann, da weder das Rechtsanwendungsinteresse noch das Souveränitätsinteresse des betroffenen Staates zwingende Gründe hierfür darstellen.[1461] Vielmehr sollte man dann insoweit von einer finalen Entscheidungskompetenz des Klägers ausgehen und für ein Wahlrecht votieren. Denn ebenso wenig erfolgt beispielsweise aufgrund Sach- und Beweisnähe des Tatorts eine ausschließliche zuständigkeitsrechtliche Anknüpfung an diesem.[1462] Vielmehr wird dem Geschädigten bei einem mehraktigen Delikt oder bei einem Delikt, dessen Handlungs- und Erfolgsort auseinanderfalle, ein Wahlrecht zugestanden, selbst wenn parallele Gerichtsstände bestehen.[1463] Zudem lässt sich argumentieren, dass die Verletzung einer universellen Norm i. e. S. nicht nur den physischen Handlungs- und Erfolgsort, sondern auch einen transzendentalen universalen Tatort besitzt, da das Delikt fundamentale Normen der Völkergemeinschaft verletzt. Die Ausübung einer derartigen Zuständigkeit würde also ein reguläres Konkurrenzverhältnis zwischen den einzelnen Justizsystemen darstellen und kann, sollte sich ein Staat zu einer solchen Jurisdiktionsanknüpfung entscheiden, nicht als justizieller Unilateralismus/Hegemonialismus verstanden werden, da das angerufene nationale

---

1460 *Colangelo*, Universal Jurisdiction as an International „False Conflict" of Laws, 30 Mich. J. Int'l L. 881, 900 (2009).
1461 *Geimer*, IZPR, Rn. 878 ff., 901; *Bertele*, Souveränität und Verfahrensrecht, S. 325.
1462 *Geimer*, IZPR, Rn. 903.
1463 Vgl. z. B. EuGH, Urt. v. 30.11.1976 – 21/76 (Bier/Mines de Potasse d'Alsace), Nr. 15, 19; das sogenannte Ubiquitätsprinzip ist innerhalb der EU akzeptiert, vgl. insoweit auch: *Hess/Pfeiffer/Schlosser*, The Heidelberg report on the application of Regulations Brussels I in 25 members states, (study JLS/C4/2005/03) Rz. 194.

Gericht als stellvertretendes Organ der Völkergemeinschaft tätig wird.[1464] Allerdings sollte in praktischer Hinsicht berücksichtigt werden, dass in Zivilverfahren anders als in Strafverfahren die physische Präsenz des Beklagten nicht notwendig ist, um ein Verfahren einzuleiten oder zu führen. Parallelverfahren sind insoweit allerdings möglich und wahrscheinlich, und auf internationaler Ebene gibt es bislang keine ausreichenden Mechanismen, um diese zu koordinieren.

Zudem wird gegen eine dezentral-universale Rechtsverfolgung schwerwiegender Völkerrechts- bzw. Menschenrechtsverletzung vorgebracht, dass die zugrunde liegenden Sachverhalte entpolitisieren und diese durch einen herkömmlichen Zivilprozess drohen, marginalisiert zu werden.[1465] So stellen die einzelnen Prozesse jeweils nur Versatzstücke eines komplexen Problemkreises dar und die rechtsstaatlichen und demokratischen Defizite in den Staaten, in denen die jeweiligen Rechtsverletzungen begangen wurden, werden durch einen Prozess gegen ein Unternehmen in den USA oder Europa nur mittelbar gelöst. Diesen Einwänden ist aber entgegenzuhalten, dass die zivilprozessuale Abwicklung derartiger Sachverhalte politische Lösungen nicht ersetzen soll, sondern vielmehr komplementiert.[1466] Keinesfalls trifft es zu, dass durch die dezentrale Rechtsverfolgung und die Anerkennung individueller Ansprüche politische Prozesse geschwächt werden.[1467] Eine solche These ist nicht zutreffend und kann aufgrund induktiver Schlüsse, die aus den Erfahrungen mit der ATS-Litigation gezogen werden können, widerlegt werden. So bewirkten beispielsweise die Zwangsarbeiterklagen vor US-Gerichten nicht das Ende, son-

---

1464 *Colangelo*, Universal Jurisdiction as an International „False Conflict" of Laws, 30 Mich. J. Int'l L. 881, 890 (2009) (auch wenn die Argumentation auf die strafrechtliche Sphäre abzielt, kann sie im zivilprozessualen Bereich analog verwendet werden); *Doehring*, Völkerrecht, Rn. 821 f.; *Michaels*, DAJV-NL 2006, 46, 51.

1465 *Klabbers*, in: Scott, Torture as Tort, S. 553, 564; *Dolzer*, The Settlement of War Related Claims, Does International Law Recognize a Victim's Private Right of Action?, 20 Berkeley J. Int'l L. 296, 340 (2002); *Halfmeier*, 68 RabelsZ (2004) S. 653, 683; *Whinston*, Can Lawyers and Judges Be Good Historians: A Critical Examination of the Siemens Slave-Labor Cases, 20 Berkeley J. Int'l L. 160 ff. (2002).

1466 Vgl. insoweit auch für Zivilverfahren gegen Staaten, insbesondere die BRD: *Fischer-Lescano/Gericke*, Der IGH und das Transnationale Recht. Das Verfahren BRD ./. Italien als Wegweiser der zukünftigen Völkerrechtsordnung, KJ 2010, 78, 86 ff.

1467 So aber *Klabbers*, in: Scott, Torture as Tort, S. 553, 564.

dern den Beginn eines politischen Dialogs, der letztendlich in einer politischen Lösung mündete. Auch die Fälle der Apartheid-Litigation führten weder zu außenpolitischen Konflikten noch zu einem Ende der politischen Aufarbeitung. Die positiven Auswirkungen derartiger Zivilprozesse beschränken sich auch nicht nur auf das klagende Individuum, sondern können sich somit auf die gesamte Gesellschaft erstrecken.[1468]

Ein weiteres Problem einer universellen zivilrechtlichen Menschenrechts-Jurisdiktionsregel ergibt sich daraus, dass grundsätzlich schwer bestimmbar ist, welche Arten von Normen von ihr erfasst werden sollen.[1469] Möchte man sie auf den Kernbereich völkerrechtlich anerkannter Grundsätze beschränken (Genozid, Zwangsarbeit, Folter, Sklaverei, rassistische Diskriminierung)[1470] oder sollen auch andere potenzielle Menschenrechtsstandards, insbesondere soziale und ökologische Rechte, erfasst werden? Unter dem Gesichtspunkt der Effizienz und einer flächendeckenden Akzeptanz eines Universalitätsprinzips wäre es sicherlich sinnvoll, zunächst nur von einigen wenigen schwerwiegenden völkerrechtlichen Delikten auszugehen. Darüber hinausgehende Verhaltensnormen, wie z. B. Umweltstandards oder humane Arbeitsbedingungen, sind nicht weniger schutzwürdig und werden noch häufiger verletzt; sie wären aber von einem solchen Universalitätsprinzip gerade nicht erfasst. Ein Universalitätsprinzip ließe sich also grundsätzlich legitimieren,[1471] ist aber selbst funktional limitiert, da es auf schwerwiegendste Rechtsverletzungen zu beschränken wäre und somit nicht dazu geeignet ist, flächendeckend auf die sich immer wieder neu generierenden Rechtsfragen einer komplexen Weltgesellschaft zu reagieren.

VI. Abwägende Gesamtbetrachtung zum Universalitätsprinzip im Zivilrecht

Die bisherigen Ausführungen haben gezeigt, dass sich aus völkerrechtlicher Perspektive keine zwingenden Ausschlussgründe gegen ein zivilver-

---

1468 *Stephens*, 27 Yale J. Int'l L. 1, 13 (2002).
1469 *Halfmeier*, 68 RabelsZ (2004), 653, 683.
1470 Vgl. insoweit auch die exemplarische Aufzählung bei: *Doehring*, Völkerrecht, Rn. 821, der zudem auf Frauen- und Menschenhandel, Diplomatengefährdung, Sprengstoffdelikte, Verbrechen gegen die Menschlichkeit hinweist.
1471 *Wilhelmi*, S. 266 f.

fahrensrechtliches Universalitätsprinzip ergeben, da das Völkerrecht lediglich eine vollkommen willkürliche Anknüpfung verbietet.[1472] Ein Universalitätsprinzip, das auf eine bestimmte Gruppe schwerwiegender Rechtsverletzungen beschränkt ist, stellt aber gerade keine willkürliche Verbindung zwischen dem Streitgegenstand und dem Forum her. Die von einem Universalitätsprinzip erfassten Rechtsgüter und Wertvorstellungen transzendieren territoriale Grenzen souveräner Staaten, verkörpern die Verletzung eines universalen Rechts und können somit ubiquitär geltend gemacht werden. Trotz der eben dargestellten Vorteile und seiner grundsätzlichen Legitimität wurde der Universalitätsgedanke des ATS nun durch die US-Rechtsprechung stark eingeschränkt. Gleichzeitig haben die Ausführungen zur europäischen Rechtsordnung gezeigt, dass vergleichbare Verfahren in Europa als transnationale Deliktsklagen auch ohne die rechtliche Positivierung eines Universalitätsprinzips durchaus anhängig gemacht werden können. Vor diesem Hintergrund stellt sich nun die Frage, ob eine *universal civil jurisdiction,* trotz der gegenläufigen Entwicklung im US-Recht und trotz eines eigenen europäischen Ansatzes, dennoch in Europa manifestiert werden sollte. Bevor diese konkreten Fragen beantwortet werden können, soll zunächst abstrakt das „Für" und „Wider" eines zivilrechtlichen Universalitätsprinzips resümiert werden.

1. Zweck und Grenzen eines zivilrechtlichen Universalitätsprinzips

Ein zivilrechtliches Universalitätsprinzip wird grundsätzlich nur dann akzeptabel sein, wenn es auf bestimmte Rechtsverletzungen beschränkt ist.[1473] Exemplarisch kann hierbei auf Art. 18 des Entwurfs zum Haager Gerichtsstandsübereinkommen zurückgegriffen werden. Sobald es um derartige Verstöße gegen universelle Grundprinzipien geht, sollte es eigentlich das Ziel sein, ein möglichst hohes Schutzniveau herzustellen. Ein zivilrechtliches Universalitätsprinzip würde somit sowohl generalpräventiv

---

1472 *Nolte,* in: FS Starck, S. 847, 853; *Wilhelmi,* S. 266; *Mann,* Rec. des cours 111 (1964 I), 9, 46 f. (Anknüpfung darf nur nicht willkürlich sein); *Bertele,* IZPR, 374; *Verdross/Simma,* § 1183; *Bertele,* Souveränität und Verfahrensrecht, S. 219 ff.; *Schröder,* Internationale Zuständigkeit S. 766, der die völkerrechtlichen Grenzen, „im Nebel praktischer Unbrauchbarkeit liegen" sieht.
1473 *Wilhelmi,* S. 413; *Nolte,* in: FS Strack, S. 847 ff.

als auch kompensatorisch wirken.[1474] Ein zivilrechtliches Universalitätsprinzip scheint auch unter dem Gesichtspunkt gerechtfertigt, dass die
strafrechtliche Aufarbeitung schwerwiegender Menschenrechtsverletzungen auch im Hinblick auf den Kreis potenzieller Angeklagter beschränkt
ist. So ist gem. Art. 25 Rom-Statut dasselbe nur auf natürliche Personen
anwendbar und auch die Strafbarkeit von Unternehmen ist in vielen Ländern nicht gesetzlich vorgesehen. Die bisherigen Ausführungen haben allerdings gezeigt, dass durchaus auch juristische Personen des Privatrechts
mittelbar oder unmittelbar an schwerwiegende Rechtsverletzungen beteiligt sein können. Zum Zwecke des Erreichens eines besonders hohen
Schutzniveaus wäre es also erstrebenswert, zumindest auf eine Möglichkeit einer universalen zivilrechtlichen Inanspruchnahme zurückgreifen zu
können. *Mankowski* wendet insoweit ein, dass das prozessuale Fairnessgebot und die prozessualen Grund- und Menschenrechte am stärksten gegen
eine universale Zuständigkeit sprechen.[1475] Diesen Einwand begründet er
damit, dass zum Zeitpunkt der Zuständigkeitsbegründung noch nicht erwiesen ist, ob der Beklagte überhaupt eine Menschenrechtsverletzung begangen hat.[1476] Das ist zwar richtig, allerdings im Bereich der Zuständigkeitsbegründung auch nicht ungewöhnlich, denn auch bei der Begründung
der zivilprozessualen Zuständigkeit am Handlungs- oder Erfolgsort eines
Delikts steht regelmäßig noch nicht fest, ob der Beklagte tatsächlich aufgrund des Delikts haftet. Dem prozessualen Fairnessgebot und dem Schutz
der Interessen potenzieller Beklagter kann dadurch Rechnung getragen
werden, dass eine universale Zuständigkeit, nur bei bestimmten Normver-
letzungen infrage kommt und zudem ein Mindestmaß substanzieller Anforderungen an den klägerischen Tatsachenvortrag zu stellen ist. „Die
prinzipielle Legitimität"[1477] eines Universalitätsprinzips im Zivilprozess
kann durch diese Erwägungen somit in Abrede gestellt werden.[1478]

1474 Siehe auch: *Wilhelmi*, S. 413 f.
1475 *Mankowski*, in: Hoffman (Hrsg.), Universalität der Menschenrechte, S. 139,
186.
1476 *Mankowski*, in: Hoffman (Hrsg.), Universalität der Menschenrechte, S. 139,
186.
1477 *Mankowski*, in: von *Hoffman* (Hrsg.), Universalität der Menschenrechte, S. 139,
188.
1478 So im Ergebnis auch: *Mankowski*, in: von *Hoffman* (Hrsg.), Universalität der
Menschenrechte, S. 139, 188.

2. Subsidiaritätsprinzip und universelle Zuständigkeit

Unter diesen Prämissen möchte man eigentlich dazu tendieren, ein zivil-prozessuales Universalitätsprinzip zu akzeptieren. Denn das Zivilverfahren stellt eine Chance zur horizontalen Rechtsdurchsetzung durch einen neutralen Spruchkörper dar. Es verspricht adäquate Kompensationsmöglichkeiten für massives Unrecht, das ein Individuum erlitten hat, und verkörpert das Versprechen und zugleich Utopie eines globalen Rechtsfriedens. Zudem verspricht die Entscheidung vor einem tatortunabhängigen Forum ein gesteigertes Maß an Neutralität der Entscheidungsfindung. Allerdings lässt sich an dieser Stelle einwenden, das Universalitätsprinzip sollte einem Subsidiaritätsgedanken folgen und erst dann zur Anwendung kommen, wenn der lokale Rechtsweg erschöpft ist.[1479] Auch in der US-Literatur und in der US-Rechtsprechung wurde eine derartige prozessuale Einschränkung im Rahmen der ATS-Litigation schon unter dem Stichwort der „(prudential) exhaustion of local remedies" diskutiert.[1480] Die EU-Kommission brachte ein derartiges Erfordernis in ihrem *Amicus-Curiae*-Schreiben zu ATS-Verfahren wiederholt ins Spiel.[1481] Die offensichtliche *ratio* einer derartigen prozessualen Schranke besteht darin, dem Souverän, auf dessen Territorium die Rechtsverletzung stattgefunden hat, einen Vorrang bezüglich der Ausübung seiner justiziellen Hoheitsrechte einzuräumen.[1482] Zudem soll dadurch eine restriktive Anwendung der *universal jurisdiction* gewährleistet werden und die schwache Verbindung zum Forumsstaat soll kompensiert werden.[1483] In der US-Rechtsprechung zum

---

1479 *Wilhelmi*, S. 426; *Nolte*, in: FS Starck, S. 847, 852.
1480 Sosa, 542 U.S. 692, 733, Fn. 21 (2004), *McGrath*, 8 Duke J. Const. L. & Publ. Pol'y Sidebar 1, 21 (2012); Restatement (Third) of Foreign Relations Law § 713; eingehend hierzu: Sarei v. Rio Tinto 671 F.3d 736, 754 (9th Cir. 2011, aus anderen Gründen aufgehoben durch: 133 S.Ct. 1995) und Rio Tinto III, 550 F.3d 822, 831 (9th Cir. 2008); *Garcia*, Promoting International Human Rights: A States Interest to Finding Jurisdiction for Transnational Corporations on the Basis of Resolving Common Procedural Issues in ATCA and TVPA Litigation, 17 Sw. J. Int'l L. 285, 301 ff. (2011).
1481 Brief of the European Commission as Amicus Curia in Support of neither Party, Kiobel v. Royal Dutch Petroleum, *1, 30; Brief of the European Commission as Amicus Curia in Support of neither Party, Sosa v. Alvarez-Marchain, 2004 WL 177036, *1, 17 ff.; vgl. auch *Nolte*, in: FS Starck, S. 847, 852 f.
1482 Abelesz v. Magyar Nemzeti Bank, 692 F.3d 661, 680 (7th Cir. 2012); vgl. auch: Interhandel (Schweiz ./. USA), 1959 I.C.J. 6, 29.
1483 Rio Tinto III, 550 F.3d 822, 831 (9th Cir. 2008).

ATS war diese zusätzliche Hürde umstritten und wurde teilweise im Hinblick auf andere prozessuale Einwände (*forum non conveniens*) als überflüssig erachtet.[1484] Zudem ging zumindest der 9th Circuit davon aus, dass die Schwere des vorgebrachten Deliktes (z. B. Genozid, Rassendiskriminierung) ein entscheidender Faktor bei einer entsprechenden Analyse ist und somit unter Umständen schon von vornherein gegen ein *Exhaustion*-Erfordernis spricht.[1485]

Ich halte es für problematisch und insgesamt widersinnig, das Eingreifen einer universellen zivilprozessualen Zuständigkeit von der Frage danach, ob die Souveränitätsinteressen des Tatortstaates ausreichend berücksichtigt wurden, abhängig zu machen. Zunächst ist in einem Zivilprozess, der erst durch ein proaktives Verhalten der klagenden Partei eingeleitet wird, das regulatorische Interesse des Staates zweitrangig. Hinzu kommt, dass das entscheidende Ziel eines zivilprozessualen Universalitätsprinzips gerade darin besteht, dem Geschädigten eine Alternative zu den Gerichten des Tatortstaates zur Verfügung zu stellen. Da diese Form der universellen Zuständigkeit sowieso nur auf Formen von schwerwiegendsten Rechtsverletzungen beruht, sollte dem potenziell Geschädigten insoweit ein Wahlrecht zugutekommen. Hinzu kommt, dass bei derartigen Rechtsverletzungen neben den faktischen Tatort ein metaphysischer Tatort tritt, da eine universell gültige Norm verletzt wurde. Ein weiterer Zweck eines universellen Gerichtsstandes besteht zudem darin, durch die Multiplikation potenzieller Fora die abschreckende Wirkung eines Prozesses zu multiplizieren.[1486] Auch diesem Zweck würde ein Exhaustion-Erfordernis entgegenstehen. Ein Erfordernis der primären Erschöpfung eines lokalen Rechtsweges würde zudem eine internationale ausschließliche Zuständigkeit des Tatortstaates implizieren, die allerdings keinesfalls geboten ist. Wenn man sich also zur Einführung eines universalen, zivilprozessualen Gerichtsstandes entscheiden sollte, muss dieser nicht noch zusätzlich beschränkt werden.

1484 Rio Tinto III, 550 F.3 d 822, 845 (Reinhardt, J., dissenting, 9th Cir. 2008).
1485 Sarei v. Rio Tinto 671 F.3 d 736, 754 f. (9th Cir. 2011).
1486 *Aceves*, Liberalism and International Legal Scholarship: The Pinochet Case and the Move Toward a Universal System of Transnational Litigation, 41 Harv. Int'l L. J. 129, 172 (2000).

3. Schwächen und praktische Ineffektivität des Universalitätsprinzips

Nachdem die vorangegangenen Ausführungen eher für eine Manifestierung des Universalitätsgedankens gesprochen haben, muss abschließend auf zwei entscheidende Schwächen hingewiesen werden. Zunächst stellt das Universalitätsprinzip einen systematischen Fremdkörper im internationalen Zivilverfahrensrecht dar. Dieses ist überwiegend von einer pragmatischen Abwägung zwischen funktional-territorialen Anknüpfungskriterien und deren Vorhersehbarkeit geprägt, das haben zumindest die voranstehenden Ausführungen zum US-Recht und europäischen Zivilverfahrensrecht gezeigt.[1487] Die neue Rationalität der US-Gerichte führte insoweit auch in den USA zu einer stärkeren territorialen Ausrichtung der zivilprozessualen Zuständigkeiten. Das Universalitätsprinzip dagegen folgt gewissermaßen einem metaphysisch-funktionalen Begründungsansatz, der in der Folge einer spezifischen Rechtsverletzung eine positive Zuständigkeitsbegründung eines jeden Gerichts dieser Erde legitimieren würde. Problematisch hieran ist, dass auf globaler Ebene kein einheitliches Zuständigkeits- und Verfahrensrecht besteht. Aufgrund des Fehlens einer globalen Zuständigkeits- und Zivilprozessordnung ergeben sich weitere Schwierigkeiten im Hinblick auf die Behandlung möglicher Parallelverfahren.[1488] Ebenso ist es fraglich, wie damit umzugehen sein wird, wenn verschiedene Opfer desselben, dem Universalitätsprinzip unterliegenden Delikts Klagen in unterschiedlichen Staaten erheben. Aus prozessökonomischen Erwägungen wäre in einem derartigen Fall eine Verweisung an ein einheitliches Gericht sinnvoll. Allerdings existieren keine internationalen Verweisungsregeln für eine Verweisung an ausländische Gerichte. Neben diese systematische Schwäche tritt eine praktische Ineffektivität des Universalitätsprinzips. Diese äußert sich darin, dass es nur für eine stark limitierte Anzahl von Völkerrechtsverbrechen einschlägig wäre. Definitorisch ist dieser Kreis schwer zu bestimmen. Zum inneren Kern gehören sicherlich die in Art. 18 des Entwurfs des Haager Übereinkommens enumerierten Delikte. Doch was ist mit Delikten, die lediglich eine Verletzung bürgerlicher Rechte oder umwelt- und sozialrechtlicher Standards bedeuten? Die Ausführungen zu den Fällen vor niederländischen und englischen Gerich-

---

1487 Vgl. oben § 6.
1488 Bereits die Koordination von Parallelverfahren auf europäischer Ebene erweist
      sich trotz einer einheitlichen Zuständigkeitsordnung als schwierig, vgl. hierzu:
      Schmehl, Parallelverfahren und Justizgewährung.

ten haben gerade gezeigt, dass sich auch in Bezug auf derartige Fälle eklatante Rechtsschutzlücken auftun können. Zweifelsohne wären diese Fälle unter einem Universalitätsprinzip nicht justiziabel. Selbstverständlich stellt das nicht die Legitimität des Universalitätsprinzips als solches in Abrede, allerdings kommen insoweit erhebliche Zweifel an seiner Praktikabilität und Funktionalität auf.

VII. Ergebnis

Wie sind nun also die zivilrechtlichen Erscheinungsformen des Universalitätsprinzips abschließend zu beurteilen? Die vorangegangenen Ausführungen haben zunächst gezeigt, dass die Interpretation des ATS seitens der US-Rechtsprechung keineswegs völkerrechtswidrig war.[1489] Die völkerrechtlichen Schranken sind in diesem Bereich nicht sehr scharf und enthalten keine zwingenden normativen Vorgaben.[1490] Es besteht lediglich das Gebot, dass eine sinnvolle Verbindung zwischen dem Sachverhalt und dem Forum bzw. dem anwendbaren Recht bestehen soll.[1491] Insofern gilt die Formel, dass nur solche Grundanknüpfungen, die vollkommen willkürlich sind, dieses Gebot nicht erfüllen.[1492] Die Sosa-Entscheidung stellte spätestens klar, dass eine Anwendung des US-Rechts unter dem ATS nur dann infrage kommt, wenn eine universelle und spezifische Norm des Völkerrechts verletzt wurde, von einer willkürlichen Anknüpfung kann also keinesfalls ausgegangen werden. Weiterhin hat sich gezeigt, dass das Universalitätsprinzip auch in kollisionsrechtlichen und zivilverfahrensrechtlichen Fragestellungen einen hinreichenden Bezugspunkt zum nationalen Forum darstellt und somit eine Zuständigkeitseröffnung der nationalen Gerichte bzw. die Anwendbarkeit der materiellen *lex fori* grundsätzlich legitimieren kann.

1489 So aber *Schütze*, RIW 2009, 497, 500; wie hier und ausführlich zum Völkerrecht: von *Bernstorff/Jacob/Stone*, The Alien Tort Statute before the US Supreme Court in the Kiobel Case: Does International law prohibt US courts to exercise extraterritorial civil jurisdiction over human right abuses committed outside of the US?, ZaöRV 2012, 579, 583 ff.
1490 Vgl. *Geimer*, IZVR, Rn. 377.
1491 Vgl. *Bertele*, Souveränität und Verfahrensrecht, S. 220 ff.; *Wilhelmi*, S. 233 ff.; *Ziegenhain*, S. 117 ff.
1492 Vgl. *Mansel*, in: IPR und Völkerrecht, S. 125.

Trotz der grundsätzlichen Legitimität des Universalitätsprinzips sollte aus europäischer Sicht auf eine entsprechende gesetzliche Verankerung sowohl im IPR als auch im Zivilprozessrecht verzichtet werden. In Bezug auf das IPR hat es sich gezeigt, dass *de lege lata* ausreichend Möglichkeiten bestehen, um auch bei der Anwendung ausländischen Rechts eine Konformität mit schärferen, völker- und menschenrechtlichen Standards zu gewährleisten.[1493] Hierzu benötigt man keine Norm, die a priori festlegt, dass ausschließlich inländisches Recht zur Anwendung kommen sollte, wenn bestimmte Rechtsgüter verletzt sind. Auch im Hinblick auf das Zivilprozessrecht ist das Universalitätsprinzip aufgrund seiner Systemfremde und seiner praktischen Ineffektivität im Ergebnis abzulehnen. Das Zuständigkeitsrecht stellt nach wie vor primär auf klare und vorhersehbare Anknüpfungskriterien ab. Eine Zuständigkeitsregelung, die schon immer dann eingreift, wenn ein spezieller Streitgegenstand sowie eine spezifische Rechtsverletzung vorliegen und die folglich eine grundsätzliche Zuständigkeit aller Gerichte weltweit auslösen würde, ist im Bereich des Zivilrechts weder systemkonform noch zielführend.

Drängender erscheint dagegen die Frage danach, wie sich in transnationalen Deliktsfällen sinnvolle Zuständigkeitskriterien finden lassen, die dazu beitragen, globale Rechtsschutzlücken effektiv zu schließen und eine adäquate zivilverfahrensrechtliche Behandlung globaler Rechtsfragen gewährleisten zu können. Die Rechtslage ist insoweit nicht vollkommen befriedigend, denn das europäische Zivilprozessrecht ist gegenüber Beklagten aus Drittstaaten zur Zuständigkeitsbegründung nur limitiert anwendbar und die autonomen Rechtsordnungen der Mitgliedstaaten sind in diesem Bereich nicht einheitlich. So haben die Ausführungen zur Rechtslage in den Niederlanden und im Vereinigten Königreich gezeigt, dass dort durchaus progressivere und global orientierte Ansätze bestehen, wohingegen die deutsche Verfahrensordnung gegenüber vergleichbaren Verfahren nur eine sehr eingeschränkte Offenheit besitzt. Diese Diskrepanz wirft zwangsläufig die Frage auf, ob die deutsche Zivilprozessordnung nicht um Gerichtsstände ergänzt werden sollte, die erweiterte Möglichkeiten zu einer Verhandlung transnationaler Deliktsklagen schaffen. Nachdem im nächsten Kapitel zunächst die Funktion strategischer, transnationaler Zivilverfahren untersucht wird, soll anschließend erörtert werden, ob sich eine Regelung

---

1493 *Halfmeier*, 68 RabelsZ (2004), 653, 680; *Enneking*, S. 266.

finden lassen sollte, die in derartigen Verfahrenskonstellationen den Zugang zu den deutschen Zivilgerichten erleichtert.

§ 9 Transnationale Zivilverfahren im Kontext eines transnationalen Rechtsprozesses

Das vorherige Kapitel hat gezeigt, dass sich das Universalitätsprinzip im Hinblick auf die zivilrechtliche Ahndung schwerwiegender Menschenrechtsverletzungen nur schwer mit den territorialen Anknüpfungskriterien des Zuständigkeitsrechts harmonisieren lässt und insbesondere zu keinem vollständig funktional befriedigenden Ergebnis führt, da es sich nur auf einen äußerst limitierten Kreis an Rechtsverletzungen anwenden lässt. Gleichzeitig ist jedoch davon auszugehen, dass sich der Klärungsbedarf transnationaler Rechtsfragen im Hinblick auf die immer weiter voranschreitenden globalen, grenzüberschreitenden gesellschaftlichen Systemkonstituierungen noch verstärken wird. Nachfolgend gilt es zu eruieren, ob nationale Zivilgerichte und das nationale Recht bei der Weiterentwicklung globaler rechtlicher Standards eine größere Rolle spielen könnten und sollten. Hierzu muss zunächst nach der allgemeinen Funktion zivilprozessualer Entscheidungsinstanzen gefragt werden. Kommt einem nationalen Gericht in diesem Kontext tatsächlich eine globale Steuerungsfunktion zu? Welche funktionellen Unterschiede bestehen insoweit zwischen US-amerikanischen und deutschen Gerichten? Nachdem dieses funktionelle Verständnis geklärt worden ist (I.), soll in einem nächsten Schritt untersucht werden, wie sich das nationale/supranationale europäische Zuständigkeitsrecht mit den hier besprochenen globalen Herausforderungen harmonisieren lässt, um in Zukunft eine adäquate „Bearbeitung transnationaler Sachverhalte durch nationale Gerichte"[1494] gewährleisten zu können (II.). Die vorangegangenen Untersuchungen haben belegt, dass die Entwicklungen im US-amerikanischen und europäischen Zuständigkeitsrecht eher traditionellen Leitlinien folgen, die territorial ausgerichtete Begründungsansätze in den Mittelpunkt stellen. Es stellt sich insoweit die rechtspolitische Frage, ob dennoch eine Möglichkeit besteht, das traditionelle Zuständigkeitsrecht mit den Herausforderungen einer globalisierten und in autonome Teilsysteme differenzierten Weltgesellschaft[1495] zu harmonisieren.

1494 *Halfmeier*, in: FS Magnus, S. 433, 448.
1495 *Fischer-Lescano/Teubner,* Regime-Kollisionen, S. 26, die von einem polyzentrischen Begriff der Globalisierung ausgehen.

Welche gesetzgeberischen Schritte wären dann notwendig und angemessen, um den Dysfunktionen der Globalisierung entgegenzuwirken? Nachdem die Funktion und die Verbesserung gerichtlicher Zugangsmöglichkeiten geklärt wurde, soll auf Maßnahmen und Instrumente eingegangen werden, die in ergänzender Weise zu einer positiven Verhaltenssteuerung transnationaler Unternehmen beitragen können (III.). Getragen werden diese Ausführungen von der Überzeugung, dass transnationale Sachverhalte mit Referenzen zu völker- und menschenrechtlichen Fragestellungen nur durch einen rechtspluralistischen, polyzentrischen Ansatz adäquat behandelt werden können. Insofern wird anhand der nachstehenden Ausführungen belegt werden, dass die Fragen der globalen sozialen Rechtsverantwortung multinationaler Unternehmen als ein Problem der Weltgesellschaft[1496] nur mittels einer Kombination „transnationaler Regelungsarrangements"[1497], die sowohl von privaten als auch von staatlichen Akteuren stipuliert und forciert werden, adäquat gelöst werden können.

I. Dezentrale Zivilverfahren als Motor einer globalen Gerechtigkeit?

Sowohl die Ausführungen zu den US-Verfahren als auch die zu den Voraussetzungen für Direktklagen innerhalb Europas haben gezeigt, dass transnationale Zivilprozesse mit verschiedenen faktischen und rechtlichen Hindernissen zu kämpfen haben. Insgesamt konnte festgestellt werden, dass der finale materielle bzw. materialistische Outcome derartiger Verfahren bislang oftmals gering gewesen ist. Auch wenn man das US-Zivilverfahrensrecht weiterhin als recht klägerfreundlich klassifizieren kann, hat es aufgrund der dargestellten Entwicklungen deutlich an Attraktivität für ausländische Direktklagen bzw. ATS-Klagen gegen multinationale Unternehmen verloren. Insbesondere die Restriktion im Zuständigkeitssystem US-amerikanischer Gerichte führt dazu, dass sich nicht nur ATS-

---

1496 Zum Begriff: *Luhmann*, Das Recht der Gesellschaft, S. 572: „Die Weltgesellschaft ist, soweit es um Systemdifferenzierung geht, durch einen Primat funktionaler Differenzierung gekennzeichnet. Ihre Wirtschaft ist politisch nicht zu kontrollieren, ihre Wissenschaft läßt sich durch die Wirtschaft zwar fördern, aber nicht zu Ergebnissen bringen, die sich wissenschaftlich halten lassen"; *Michaels*, DAJV-NL 2006, 46 ff.

1497 Vgl. hierzu: *Viellechner*, in: Amstutz/Fischer-Lescano, Kritische Systemtheorie, S. 285, 289; *ders.*, in: Joerges/Falke, Polanyi and the Potential of Law in Transnational Markets, S. 435 ff.

Verfahren, sondern auch andere transnationale Deliktsklagen in den USA deutlich reduzieren werden. Zivilprozesse gegen europäische Unternehmen innerhalb der EU scheinen aufgrund der teilweise nicht förderlichen zivilprozessualen Strukturen, nicht von vorneherein als ein funktionsäquivalentes Substitut für ausbleibende ATS-Verfahren infrage zu kommen. Dennoch hat sich gezeigt, dass entsprechende Verfahren auch vor europäischen Zivilgerichten eine zunehmende Bedeutung erlangen. Nachfolgend soll untersucht werden, welche Effekte und welche funktionelle Rechtfertigung für eine weitere – eventuell noch ausgedehntere – Beteiligung nationaler Zivilgerichte sprechen könnten.

1. Der transnationale US-Zivilprozess und seine gesellschaftspolitische Funktion

Auch in einem US-Zivilprozess geht es traditionell darum, dass die Streitigkeiten zweier (oder mehrerer) Parteien durch einen staatlichen Spruchkörper rechtlich beurteilt und entschieden werden. Allerdings ist es darüber hinaus anerkannt, dass – jenseits dieser bipolaren Funktionsverteilung – US-Zivilprozesse auch zur Durchsetzung gemeinschaftlicher bzw. öffentlich-rechtlicher Interessen und zum Zwecke des Anstoßes gesellschaftlicher und politischer Reformen instrumentalisiert werden können.[1498] Dieses Funktionsverständnis spielt nicht nur dann eine Rolle, wenn es in Zivilverfahren darum geht, die Zustände in öffentlichen Gefängnissen oder Schulen zu verbessern (*structural reform litigation*),[1499] sondern es spielt auch in herkömmlichen Produkthaftungs- und De-

---

1498　Grundlegend hierzu: *Chayes*, The Role of the Judge in Public Law Litigation, 89 Harv. L. Rev. 1281 (1976); The Forms and Limits of Adjudication, 92 Harv. L. Rev. 353, 358 (1978); *Stephens*, 27 Yale J. Int'l L. 1, 24 ff. (2002); *Stephan*, A Becoming Modesty – U.S. Litigation in the Mirror of International Law, 52 DePaul L. Rev. 627, 643 (2002).

1499　Derartige Verfahren, die gezielt auf die Reform staatlicher Institutionen abzielen, stellten den Prototyp der Public Law Litigation dar, vgl. Brown v. Board of Education, 347 U.S. 483 (1954); diese Entscheidung stellt den Ausgangspunkt für das zunehmende sozio-politische Rollenverständnis der Justiz dar, vgl. zum Begriff der „structural reform": *Fiss*, The Supreme Court, 1978 Term-Foreword: The Forms of Justice, 93 Harv. L. Rev. 1, 2 (1979).

liktsklagen sowie in sämtlichen Materien des Wirtschaftsrechts eine Rolle.[1500] Dieses Rollen- und Selbstverständnis, man könnte auch von „legal culture"[1501] sprechen, der US-Justiz wird zudem durch weitere Faktoren zusätzlich stimuliert: Aufgrund des Systems der *class action* ist es möglich, die Interessen mehrerer in einem Verfahren zu bündeln.[1502] Der mögliche Zuspruch von *punitive damages* erhöht grundsätzlich den Druck auf die Beklagten. Die Vereinbarung von Erfolgshonoraren, die US-amerikanische Kostenaufteilungsregelung, die besagt, dass in der Regel unabhängig vom Verfahrensausgang jede Partei ihre Anwaltskosten selbst zu tragen hat,[1503] und eine innovative Streitkultur der Anwaltschaft[1504] begünstigen zusätzlich die Mobilisierung von Klagen.[1505] Diese Kultur des *adversarial legalism* und eine entsprechende Ausgestaltung des materiellen Rechts führen insgesamt zu einer innovationsoffenen und flexiblen Rechtsprechung.[1506] Die ATS-Verfahren haben dieses Rollen- und Funktionsverständnis auf eine internationale Ebene übertragen, indem sie zunächst

---

1500 *Chayes*, 89 Harv. L. Rev. 1281, 1284 (1976); *Buxbaum*, Transnational Regulatory Litigation, 46 Va. J. Int'l L. 251 (2006); *Carrington*, The American Tradition of Private Law Enforcement, 5 German L. J: 1413 ff. (2004); *Wai*, Transnational Liftoff and Juridicial Touchdown: The Regulatory Function of Private International Law in an Era of Globalization, 40 Colum. J. Transnat'l L. 209, 232 ff. (2002).

1501 *Enneking*, Foreign Direct Liability, S. 615; aus deutscher Sicht zum Begriff der Rechtskultur: *Mankowski*, Rechtskultur: Eine rechtsvergleichend-anekdotische Annäherung an einen schwierigen und vielgesichtigen Begriff, JZ 2009, 321 ff.

1502 Vgl. in diesem Zusammenhang: *Perl*, Note, Not Just Anonteher Mass Tort: Using Class Actions to Redress International Human Rights Violations, 88 Geo. L. J. 773, 774 ff. (2000); *van Schaack*, Unfulfilled Promise: The Human Rights Class Action, 2003 U.Chi. Legal F. 279 ff. (2003); allgemein: *Koch*, Prozeßführung im öffentlichen Interesse, S. 22 ff.

1503 Eine Ausnahmeregelung besteht beispielsweise dann, wenn der Kläger ein adäquates Vergleichsangebot abgelehnt hat, vgl. Rule 68 F.R.C.P., 28 U.S.C.A., Marek v. Chesny 473 U.S. 1 (1985).

1504 *Kagan*, Adversarial Legalism, S. 8

1505 *Magnus*, Why is US Tort Law so different?, 1 Journal of European Tort Law 102, 110 ff. (2010); *Enneking*, S. 191 ff.; kritisch zu der überwiegend privaten Steuerung des US-Zivilprozesses: *Maxeiner/Lee/Weber*, Failures of American Justice in International Perspective.

1506 *Kagan*, Adversarial Legalism, S. 3; *Enneking*, S. 191; *Magnus*, 1 Journ. Europ. Tort L. 102, 119 f. (2010). Freilich kommt hierin insgesamt auch das auf die Privatinitiative bauende Gesellschaftsverständnis zum Ausdruck, vgl. hierzu: *Stürner*, Privatautonomie und Wettbewerb unter der Hegemonie der angloamerikanischen Rechtskultur?, AcP 210 (2010), S. 105, 118 ff.

mittels individueller oder kollektiver Klagen die Geltendmachung von Schadensersatzansprüchen ermöglichen und darüber hinaus sekundäre soziale und politische Prozesse in Gang bringen können.[1507] *Harald Koh*, Professor an der Yale School of Law, bezeichnet dieses Model als *Transnational Public Litigation* und fasst unter diesem Begriff sowohl ATS-Verfahren als auch weitere Klagen zusammen, die einen Bezug zum Völkerrecht, zu nationalem bzw. transnationalem Recht aufweisen.[1508] Die charakterlichen Merkmale, die die *Transnational Public Litigation* ausmachen, sind: Eine transnationale Parteistruktur, eine transnationale Anspruchsstruktur, die Rechtssätze aus den nationalen bzw. ausländischen Privatrechtsordnungen und dem Völkerrecht zusammenfasst, sowie eine strategische Ausrichtung, die darauf abzielt, allgemeingültige Entscheidungsinhalte zu erzeugen, die auf andere Verfahren vor anderen Gerichten oder für politische Verhandlungen benutzt werden können. Insgesamt soll ein Dialog zwischen unterschiedlichen nationalen und internationalen Institutionen forciert werden, um eine abschließende Lösung für die oftmals äußerst komplexen Probleme und Streitigkeiten zu schaffen.[1509] Das einzelne Gerichtsverfahren ist insoweit ein Puzzlestück einer übergeordneten Strategie zur Erzielung eines gesamtgesellschaftlichen Wandels.[1510] Da auch ATS-Verfahren oder transnationale Deliktsklagen gegen Unternehmen diese Charaktermerkmale aufweisen, lassen sie sich problemlos in diese Kategorie einfügen.[1511] Exemplarisch erwähnt seien insoweit nur die Verfahren ehemaliger Zwangsarbeiter gegen deutsche Unternehmen, die

---

1507 *Koh*, Transnational Public Litigation, 100 Yale L. J. 2347, 2349 (1991); *van Schaack*, With all deliberate Speed: Civil Human Rights Litigation as a Tool for Social Change, 57 Vand. L. Rev. 2305, 2308 ff. (2004); *Buxbaum*, Transnational Regulatory Litigation, 46 Va. J. Int'l L. 251 (2006); *Cummings*, Internationalization of Public Interest Law, 57 Duke L. J. 891, 895 (2008); *Bilsky/Citron/Davidson*, From Kiobel back to Structural Reform: The Hidden Legacy of Holocaust Restitution Litigation, 2 Stan. J. Complex Litig. 139, 141 (2014).

1508 *Koh*, 100 Yale L. J. 2347, 2348 f. (1991); vgl. auch die interessante Untersuchung zur Einbettung dieser Funktion der US-Gerichte in das politische System der USA: *Nzelibe*, Contesting Adjudication: The Partisan Divide over Alien Tort Statute Litigation 33 Nw. J. Int'l L. & Bus. 475 ff. (2013).

1509 *Koh*, 100 Yale L. J. 2347, 2371 (1991); Neuborne, 1 Stan. J. Complex Litig. 509 ff. (2013).

1510 *Baer*, Rechtssoziologie, S. 221.

1511 *Young*, *Young*, Universal Jurisdiction, the Alien Tort Statute, and Transnational Public Law Litigation after Kiobel (March 14, 2014), 1, 45, abrufbar auf SSRN: http://ssrn.com/abstract=2409838 (zuletzt besucht: 27.01.2015).

schlussendlich erst eine breite politische Diskussion und Lösung bewirkten.[1512] Ein Schadensersatzprozess, und nichts anderes ist ein ATS-Verfahren zunächst, ermöglicht den Geschädigten, öffentliche Anerkennung und Kompensation für das erlittene Unrecht zu erfahren. Unabhängig von seinem Ausgang bietet er somit eine Möglichkeit zur Diskussion, zu Kommunikation und individueller Aufarbeitung des Geschehens. Zudem wird ermöglicht, dass ein Sachverhalt in einem größeren Kontext aufgearbeitet und dokumentiert wird.[1513] Neben der Funktion, die die Prozessführung somit für die Parteien übernimmt (interne/subjektive Funktion), kommen der *ATS-Litigation* insbesondere auch parteiunabhängige Funktionen zu (externe/objektive Funktionen). Gerade diese Überbetonung der externen, sozio-politischen Funktion ist in internationalen Verfahren auf Kritik gestoßen. So lässt sich anmerken, dass hierdurch die Position des Richters überhöht wird und ihm eine Funktion und Reichweite seiner Macht zugesprochen wird, die ihm eigentlich gar nicht zusteht.[1514] Hierzu ist anzumerken, dass die tatsächliche Machtausübung in Form eines Urteilsspruchs zunächst nur die beiden Parteien bindet. Die externen Wirkungen und ihre Rezeption in der Gesellschaft sowie ihre normativen Wirkungen sind nur mittelbare Folgen des Verfahrens. Selbst wenn das Gericht aufgrund eines speziellen Rechtsverständnisses eine meinungsbildende Aussage schafft, ist damit noch nichts über ihre endgültige und universale Wirkung gesagt. Diese hängt vielmehr davon ab, ob diese Rechtsmeinung Resonanz und Akzeptanz von anderen Spruchkörpern, Entscheidungsträgern und der Gesellschaft erfährt. Hinzu kommt, dass in derartigen Verfahren dem Richter mehr die Rolle eines Vermittlers als eines autoritären

---

1512 Siehe oben; *Scott/Wai*, in: Joerges/Sand/*Teubner*, Transnational Governance and Constitutionalism, Transanational Governance of Corporate Conduct through the Migration of Human Rights Norms: The Potential Contribution of Transnational "Private" Litigation, S. 305; *Bilsky*, Transnational Holocaust Litigation, 23 Europ. J. Int'l L. 349, 353 ff. (2012); *Bilsky/Citron/Davidson*, 2 Stan. J. Complex Litig. 139, 142 (2014), die aber auch feststellen, dass ein verbindliches Urteil anstelle der Stiftungsgründung im Sinne des Rechts vorzugswürdig gewesen wäre; dahin gehend auch: *Zumbansen/Adler*, The Forgetfulness of Noblesse: A Critique of the German Foundation Law Compensating Slave and Forced Labours of the Third Reich, 39 Harvard J. on Legis. 1, 60 f. (2002).

1513 *Van Schaack*, 57 Vand. L. Rev. 2305, 2319 (2004).

1514 *Bilsky/Citron/Davidson*, 2 Stan. J. Complex Litig. 139, 163 (2014), m. w. N. in Bezug auf die nationalen Prozesse.

Entscheiders zukommt.[1515] Ein weiterer Einwand, der gegen diese Form von Privatklagen erhoben wird, rügt die möglichen negativen Auswirkungen, die derartige Verfahren auf die auswärtigen Beziehungen des Forumstaates haben könnten.[1516] Derartige Friktionen waren aber nicht wirklich zu beobachten. Außerdem ist, solange an dem Verfahren kein fremder souveräner Staat unmittelbar beteiligt ist, auch kein unmittelbarer Eingriff in dessen Souveränität erkennbar.[1517] Die Aufarbeitung möglicher Vergehen multinationaler Unternehmen oder Privater gehört auch nicht zum Kernbereich der Außenpolitik und aus einem entsprechenden Zivilverfahren sollten sich keine unmittelbaren diplomatischen Differenzen ergeben. Auch lässt sich anhand der in der Vergangenheit anhängigen ATS-Verfahren nicht empirisch belegen, dass es jemals zu ernsthaften diplomatischen und außenpolitischen Spannungen zwischen dem Heimatstaat der Kläger bzw. der Beklagten und den USA gekommen ist. Insoweit sollte man eher dazu übergehen, derartige Verfahren als Chance zu sehen, die den beteiligten Akteuren ein gemeinsames Forum zu einer konstruktiven und rationalen Konfliktlösung bietet.[1518] An dieser Stelle offenbart sich ein weiterer Vorteil US-amerikanischer Zivilprozesse, der darin besteht, dass Dritte und somit insbesondere auch die Heimatsstaaten ihre Rechtsauffassungen in Form von *Amicus-Curiae*-Schriftsätzen mitteilen können.[1519] Auch der teilweise formulierte Generalvorbehalt zugunsten einer rein politischen

---

1515 *Bilsky/Citron/Davidson*, 2 Stan. J. Complex Litig. 139, 168 f. (2014); allgemein hierzu: *Sturm*, Equality and the Forms of Justice, 58 U. Miami L. Rev. 51 ff. (2003); *Resnik*, Managerial Judges, 96 Harv. L. Rev. 374, 376 f. (1982).

1516 *Bradley*, The Costs of International Human Rights Litigation, 2 Chi. J. Int'l L. 451, 460 (2001); *D'Amore*, Sosa v. Alvarez-Machain and the Alien Tort Statute: How Wide Has The Door to Human Rights Litigation Been Left Open?, 39 Akron L. Rev. 593, 619 ff. (2006); *Geanette*, Judicial Imperialism – The South African Litigation, the Political Question Doctrine, and Whether the Courts Should Refuse to Yield to Executive Deference in Alien Tort Claims Act Cases, 82 S. Cal. L. Rev. 1001 ff. (2008); *Schrage*, Judging Corporate Accountability in the Global Economy, 42 Columb. J. Transnat'l L. 153, 155 (2003).

1517 *Halfmeier*, 68 RabelsZ (2004), S. 653, 683; *Berman*, 151 U.Pa. L. Rev. 311, 495 (2002), *Berman* spricht insoweit von „cosmopolitan communities"; *Weinberg*, 99 Cornell L. Rev. 1471, 1496 ff. (2014).

1518 Im Hinblick auf die Verfahren gegen Schweizer Banken bzw. Deutsche Unternehmen und ihre Involvierung in den Holocaust und das NS-Regime schildern Leora Bilsky und Natalie Davidson das sehr instruktiv, vgl. *Bilsky/Davidson*, 4 Transnat'l L. Theory 1, 12 ff. (2012).

1519 Vgl. hierzu allgemein: *Kühne*, Amicus Curiae; *Kochevar*, Amicus Curiae in Civil Law Jurisdictions, 122 Yale L. J. 1653, 1656 ff. (2013); *Kearny/Merril*,

Lösung derartiger Fragestellungen ist nicht nachzuvollziehen,[1520] da die insoweit bestehenden transnationalen politischen Institutionen an demokratischen Defiziten leiden und diese Defizite erst durch einen „*transnational legal process*"[1521], zu dem auch transnationale Gerichtsverfahren gehören, ausgeglichen werden können.[1522]

Die insoweit artikulierten Bedenken stellen also keine echten Widersprüche zu den positiven Effekten der *ATS-Litigation* dar. Solange die interne und die externe Funktion eines Zivilverfahrens in einem adäquaten Verhältnis stehen, und das tun sie immer dann, wenn der geltend gemachte individuelle bzw. kollektive Anspruch nicht von vornherein ausgeschlossen oder missbräuchlich ist,[1523] spricht nichts gegen diese Form der Rechtswahrnehmung. Denn auch wenn sich unterstellen ließe, dass die Verfahren primär geführt werden, um eine öffentliche Wirkung und eine Sensibilisierung der Gesellschaft für extraterritoriale Rechtsverstöße zu erzeugen,[1524] bedarf es einer potenziellen Rechtsverletzung, die auf einem Lebenssachverhalt basiert, der möglicherweise einen Normbruch generiert

---

The Influence of Amicus Curiae Briefs on the Supreme Court, 148 U.Pa. L. Rev. 743 ff.

1520 Ein derartiger Vorbehalt steckt in einem staatszentrierten Verständnis demokratischer und rechtlicher Prozesse fest, das angesichts der globalen Herausforderungen nicht mehr angebracht ist, vgl. *Fraser*, Scales of Justice, S. 13 ff., die insoweit von „*postwestphalian democratic justice*" (S. 16) spricht.

1521 Zum Begriff: *Koh*, Transnational Legal Process, 75 Nebraska L. Rev. 181, 183 f. (1996): „Transnational legal process describes the theory and practice of how public and private actors – nation states, international organizations, multinational enterprises, non-governmental organizations, and private individuals – interact in a variety of public and private, domestic and international fora to make, interpret, enforce, and ultimately, internalize rules of law"; *Hanschmann*, in: Buckel/Christensen/Fischer-Lescano (Hrsg.), Neue Theorien des Rechts, S. 375 ff.

1522 In diese Richtung gehend auch: *de Sosa Santos*, S. 350.

1523 Auch das Prozessrecht der USA hält entsprechende Mechanismen bereit, um das in einem frühen Stadium zu überprüfen, vgl. die Ausführungen zum Pleading-Standard, oben § 3.

1524 *Heß*, in: von Heinegg/Kadelbach/Heß u. a. (Hrsg.), Entschädigung nach bewaffneten Konflikten, S. 107, 195; *ders.*, AG 1999, 145, 147 ff., der vor einer „Entrechtlichung der juristischen Auseinandersetzung" warnt und zugleich unterstellt, es komme überwiegend darauf an, dass der Beklagte aufgrund der außerprozessualen Wirkungen zu einem schnellen Vergleichsabschluss gezwungen werde.

hat, den es zu kompensieren gilt.[1525] Die partielle materielle Erfolgslosigkeit von ATS-Verfahren, die häufig an einer geringen Anzahl von schadensersatzzusprechenden Endurteilen festgemacht wird, spricht auch nicht für eine generelle Funktions- und Wirkungslosigkeit derartiger Verfahren, da eine entsprechende Quote nichts darüber aussagt, warum der Primäreffekt (Schadensersatz) nicht erzielt wurde und sich eine immaterielle Genugtuung, die der vermeintlich Geschädigte durch das Verfahren an sich erfahren hat, nicht bemessen lässt. Und selbst wenn der funktionelle Schwerpunkt auf den externen Prozesswirkungen liegen sollte, erfährt die Legitimität der Prozessführung hierdurch keine grundsätzliche Einschränkung. Bereits das Verfahren an sich, das eine Möglichkeit zum Dialog zwischen den Streitparteien darstellt und das erlittene Unrecht der Kläger transparent diskutiert, besitzt eine ihm ureigene Legitimität.[1526] So erwiesen sich die Klagen von Holocaust-Überlebenden und ehemaligen Zwangsarbeitern, die Klagen von Apartheidopfern oder Opfern der argentinischen Junta und die Klagen anderer Geschädigter als initiale, kohärente oder komplementäre Momente für einen breit angelegten öffentlichen Diskurs. In ihrer gesamten Breite führten die ATS-Verfahren gegen Unternehmen sowie andere Formen der *Human Rights Litigation* vor allem dazu, dass ein normativer und politischer Prozess in Gang gesetzt wurde, durch den ein höheres globales Schutzniveau für menschenrechtliche Belange erzielt werden kann.[1527] Fragen nach der *Corporate Social Responsibility* wurden folglich auch im Hinblick auf ausländische Sachverhalte mit verstärkter Intensität nachgegangen.[1528] Den ATS-Verfahren kann insoweit eine normbildende Funktion zugewiesen werden, da sie einen umfassenden „*transnational legal process*"[1529] in Gang gesetzt ha-

---

1525 Wie hier: *Halfmeier*, 68 RabelsZ (2004) 653, 684 f.; *Unger*, S. 22.

1526 *Bilsky/Citron/Davidson*, 2 Stan. J. Complex Litig. 139, 174. (2014); *Williams*, Corporate Social Responsibility in an Era of Economic Globalization, 35 U.C. Davis L. Rev. 705, 772 (2002); *Buxbaum*, 46 Va. J. Int'l L. 251, 271 (2006); vgl. auch *Koh*, Transnational Litigation in United States Courts, S. 26, der darauf hinweist dass der Erfolg eines Prozesses nicht nur an einem günstigen Schadensersatzurteil, sondern auch an anderen praktischen Ergebnissen und Auswirkungen zu bemessen ist.

1527 *Burley*, 83 Am. J. Int'l L. 461 (1989).

1528 *Steinhardt*, 107 Am. J. Int'l L. 841, 845 (2013); *Keitner*, Some Functions of Alien Tort Statute Litigation, 43 Geo. J. Int'l L. 1015, 1016 (2012).

1529 *Koh*, 75 Nebraska L. Rev. 181, 183 f. (1996); *ders.*, Why Do Nations Obey to International Law?, 106 Yale L. J. 2599, 2646 (1997).

ben. Dass diese Synergieeffekte auch tatsächlich auf einer globalen Ebene bestehen, belegen beispielsweise auch die UN-Leitlinien für Unternehmen und Menschenrechte, die in ihrer dritten Säule gerade auch fordern, dass den Opfern von Menschenrechtsverletzungen eine gerichtliche oder außergerichtliche Kompensationsmöglichkeit (auch gegenüber Unternehmen) zur Verfügung gestellt werden soll.[1530] Auch die EU-Kommission änderte in der Folge ihre Herangehensweise zu Fragen der *Corporate Social Responsibility* und verabschiedete sich von einem auf reiner Freiwilligkeit basierenden CSR-Konzept.[1531] Der grenzüberschreitende, strategische Zivilprozess erweist sich insoweit zwar nicht als ein vollkommenes, aber als ein unverzichtbares Mittel zur Unterstützung eines globalen sozialen Wandels.[1532]

2. Verhaltenssteuerung durch das Zivilrecht bzw. durch den Zivilprozess in Deutschland

Die Offenheit eines Rechtssystems für transnationale Menschenrechts-Deliktsklagen steht in einem engen Zusammenhang mit dem Funktionsverständnis des Delikts- und Zivilprozessrechts an sich.[1533] Die Grundvoraussetzungen in Deutschland bzw. in Europa sind andere als die in den USA, was sicherlich auch dazu geführt hat, dass Formen einer *Transnational Human Rights Litigation* hierzulande in der Vergangenheit eine geringe Rolle spielten.[1534] Bei der Frage danach, ob sich der Grundgedanke der ATS-Litigation auf den europäischen Rechtsraum übertragen lässt, muss

---

1530 UN Guiding Prinicples on Business and Human Rights, HR/Pub/11/04 v. 16.06.2011, abrufbar unter: http://business-humanrights.org/en/un-guiding-principles-on-business-and-human-rights-1 (letzter Aufruf: 19.01.2015).

1531 EU Strategie für die soziale Verantwortung von Unternehmen v. 25.10.2011, COM (2011) 681 final, abrufbar unter: http://eur-lex.europa.eu/LexUriServ/LexUriServ.do?uri=COM:2011:0681:FIN:EN:PDF (letzter Aufruf: 19.01.2015).

1532 *Cummings/Rhode*, Public Interest Litigation: Insights from Theory and Practice, 36 Fordham Urb. L. J. 603, 604 (2009); *Enneking*, S. 602 ff.; vgl. auch Fischer-Lescano/Möller, S. 84, die treffend feststellen: „Das Versprechen globaler sozialer Rechte liegt nicht im ausgeklügelten Entwurf einer besseren Weltordnung. Erst einmal bleibt es beim bescheidenen Anspruch, den Widerspruch im globalen Recht zu ermöglichen".

1533 *Enneking*, S. 187.

1534 Vgl. *Stephens*, 27 Yale J. Int'l L. 1, 17 ff. (2002); die einzigen Verfahren, die aus deutscher Sicht in diese Kategorie eingeordnet werden können, stellen die

man sich auch vor Augen halten, dass dem US-amerikanischen Zivilprozess und seinen gerichtlichen Autoritäten ein anderes rechtskulturelles Selbstverständnis zugrunde liegt.[1535] So übernimmt die US-amerikanische Judikative eine deutlich höhere sozialpolitische Steuerungs- und Gestaltungsfunktion und das „Schwergewicht der rechtlichen Innovation"[1536] liegt auf ihr. Offensichtlicher wird das, wenn man sich vor Augen hält, dass auch die US-Bürgerrechte und die US-Grundrechte teilweise erst durch Zivilverfahren eine vollständige Anerkennung und Durchsetzung erfahren haben.[1537] Diese Form der horizontalen, privatrechtlichen Rechtsdurchsetzung an sich öffentlich-rechtlicher Normen ist in den USA somit viel stärker verwurzelt.

Der deutsche Zivilprozess ist zunächst vor allem durch seine binäre Struktur und die primäre Übernahme individuell-subjektiver, selbstreferenzieller Funktionen gekennzeichnet; dennoch kommt auch dem deutschen Zivilverfahren eine sozial-gestaltende Funktion zu.[1538] Die Verfolgung rechtspolitischer Ziele mittels eines Zivilverfahrens ist nicht a priori ausgeschlossen. Diese kann je nach der zu entscheidende Materie größer oder kleiner sein. So haben Urteile, die beispielsweise die Unwirksamkeit von Allgemeinen Geschäftsbedingungen oder aber das Vorliegen einer sittenwidrigen vorsätzlichen Schädigung zum Gegenstand haben, selbstverständlich Wirkungen, die über den Urteilstenor und seine Rechtskraft hinausgehen. Auch einem deutschen Zivilprozess kommen somit gewisse externe, überindividuelle Funktionen zu, die allerdings nach deutschem Vor-

---

Klagen ehemaliger Zwangsarbeiter und Holocaustüberlebender dar, vgl. hierzu oben § 8.

1535 *Stephens*, 27 Yale J. Int'l L. 1, 13; *Maultzsch*, Streitentscheidung und Normbildung durch den Zivilprozess, S. 188 f.; *Zekoll*, Entgrenzung der Justiz – Justizverständnisse in den Vereinigten Staaten, LOEWE-Arbeitspapier „Außergerichtliche und gerichtliche Konfliktlösung" (2012).

1536 *Maultzsch*, Streitentscheidung und Normbildung, S. 188 f.

1537 Vgl. z. B. Brown v. Board of Education, 347 U.S. 483 (1954); *Koh*, Transnational Public Law Litigation, 100 Yale L. J. 2347 (1991); *Brilmayer*, International Law in American Courts: A Modest Proposal, 100 Yale L. J. 2277 ff (1991).

1538 Stein/Jonas/*Brehm*, vor § 1 Rn. 5 ff.; MüKO-ZPO/*Rauscher*, Einl., Rn. 8 ff.; *Meyer*, Wandel des Prozessverständnisses? Von einem liberalen zu einem sozialen Zivilprozess?, JR 2004, 1 ff.

stellungsbild lediglich Randerscheinungen darstellen.[1539] Einer „Instrumentalisierung des Zivilprozesses"[1540] zur Durchsetzung menschenrechtspolitischer Aspekte steht man in Deutschland dagegen traditionell eher kritisch gegenüber.[1541] Hinzu kommt, dass weitere Voraussetzungen der deutschen Zivilprozessordnung Verfahren, die soziale und politische Ziele verfolgen, nicht unbedingt befördern. So sind Sammelklagen im engeren Sinne gänzlich ausgeschlossen und Verbandsklagen (vgl. § 3 UKlaG) nur in sehr limitierten Umfang zugelassen. Allerdings kann auch der deutsche Zivilprozess nicht als vollkommen unpolitisch charakterisiert werden, und er erfüllt partiell auch eine Funktion, die über den bloßen individuellen, subjektiven Rechtsschutz hinausgeht.[1542] Die privatrechtliche Durchsetzung menschenrechtlicher oder politischer Ziele ist in Deutschland dennoch eine Randerscheinung und wird oft als rein öffentlich-rechtliche Materie wahrgenommen. Das Führen eines grenzüberschreitenden Zivilprozesses gegen ein transnationales Unternehmen zur Verfolgung außerprozessualer, rechts- oder menschenrechtspolitischer Ziele ist deswegen aber nicht a priori ausgeschlossen.

Die grundsätzlichen rechtlichen Rahmenbedingungen für eine zivilprozessuale „strategische Prozessführung"[1543] (oder auch *Public-Interest-Litigation*) sind bis dato dagegen erheblich schlechter. Allerdings ist auch in Europa ein Trend erkennbar, der in gewissen Rechtsbereichen, wie z. B. dem Verbraucherschutzrecht oder dem Wettbewerbsrecht, darauf abzielt, ein *private law enforcement* und somit in der Konsequenz auch andere Formen strategischer Zivilprozesse stärker zu etablieren.[1544] Parallel hierzu stoßen Formen der kollektiven Rechtswahrnehmung auf einen größeren

---

1539 *Thieme*, Die Wahrung überindividueller Interessen im Zivilprozess, S. 16; *Saam*, Kollektive Rechtsbehelfe zur Durchsetzung von Schadensersatzansprüchen im europäischen Wettbewerbs- und Verbraucherrecht, S. 35 ff.

1540 *Schack*, Int. Zivilverfahrensrecht, Rn. 134.

1541 *Schack*, Int. Zivilverfahrensrecht, Rn. 134.

1542 *Wassermann*, Der soziale Zivilprozess, S. 20; vgl. hierzu auch: *Koch*, KJ 2014, 432 ff.

1543 *Koch*, KJ 2014, 423, der darunter eine gerichtliche Auseinandersetzung versteht, die auf politische, wirtschaftliche oder soziale Veränderung abzielt; *Baer*, Rechtssoziologie, S. 221.

1544 Vgl. hierzu: *Poelzig*, Normdurchsetzung durch Privatrecht; *Koch*, Die Verbandsklage in Europa, ZZP 113 (2000), S. 413 ff.; *Saam*, Kollektive Rechtsbehelfe zur Durchsetzung von Schadensersatzansprüchen, S. 266 f.; *Buxbaum*, German Legal Culture and the Globalization of Competition Law, 23 Berkeley J. Int'l L. 474 ff. (2005); *Wagner*, Prävention und Verhaltenssteuerung durch

Rückhalt in den Rechtsordnungen der europäischen Länder.[1545] Und auch das deutsche materielle Deliktsrecht wird nicht alleine von einem reinen Ausgleichsgedanken bestimmt. Vielmehr sollen durch die deliktische Haftung auch Präventivzwecke erfüllt und sozial unerwünschtes Verhalten ausgeschlossen werden.[1546] Ein deutsches Deliktsverfahren dient also nicht nur dem Haftungsausgleich der geschädigten Partei, sondern zugleich einer Manifestierung des präventiven Zwecks des materiellen Rechts nach außen und hat somit eine Wirkung über das Prozessverhältnis hinaus. Insoweit lässt sich formulieren, dass in einem entsprechenden zivilrechtlichen Urteil stets ebenfalls mitbeschieden wird, dass der Präventiv- und Regulierungseffekt einer Norm, in dem von dem Sachverhalt und den Entscheidungsgründen reflektierten Umfang, besteht. Es lässt sich also unproblematisch feststellen, dass die Institution des Zivilprozesses natürlich auch der Realisierung des objektiven Rechts dient.[1547] Insgesamt kann nicht generell davon ausgegangen werden, dass transnationale Zivilprozesse mit einer starken Akzentuierung auf eine generell verhaltenssteuernde, präventive, überindividuelle Wirkung generell ausgeschlossen sein sollten. Aus der grundsätzlichen Aufgaben- und Funktionszuweisung an den Zivilprozess als solchen lassen sich keine Einwände ableiten, die an der Legitimität der Verfolgung strategischer „systemischer"[1548] Ziele mittels Zivilverfahren zweifeln lassen.

Privatrecht – Anmaßung oder legitime Aufgabe?, AcP 206 (2006), 352, 450; *Enneking*, S. 307 ff., 581.

1545 Vgl. hierzu: *Hatzimihail*, in: Nuyts/ Hatzimihail, Cross Border Class Actions, S. 315 ff.; Casper/Janssen/Pohlmann/Schulze, Auf dem Weg zu einer europäischen Sammelklage?; *Hodges*, The Reform of Class and Representative Actions in European Legal Systems; *Watt*, Brussels I and Aggregate Litigation or the Case for Redesigning the Common Judicial Area in Order to Respond to Changing Dynamics, Functions and Structures in Contemporary Adjudication and Litigation, IPRax 2010, 113 ff.

1546 *Wagner*, AcP (2006), 352, 451; *Enneking*, S. 582.

1547 Stein/Jonas/*Brehm*, ZPO, vor § 1 Rn. 12 ff.; MüKO-ZPO/*Rauscher*, Einl. Rn. 9.

1548 *Koch*, KJ 2014, 432, 441.

3. Ergebnis

Eine partielle Durchsetzung globaler, menschenrechtspolitischer Ziele mithilfe des Zivilprozesses erscheint insgesamt geboten.[1549] Die positiven Beobachtungen aus den USA sowie eine gesteigerte Akzeptanz des Konzepts der privaten Rechtsmobilisierung und Rechtsdurchsetzung im Bereich des Wirtschaftsrechts sprechen dafür,[1550] eine zivilrechtliche bzw. zivilprozessuale Verhaltenskontrolle transnationaler Akteure in dem hier besprochenen Referenzgebiet grundsätzlich zu akzeptieren. Grenzüberschreitende Zivilprozesse können insoweit eine bedeutende Funktion übernehmen: Sie haben eine Anstoßwirkung, eine Öffentlichkeitswirkung,[1551] eine Regulierungswirkung und eine Entschädigungswirkung. Sie spiegeln zudem die Realität wider, dass menschenrechtsbeeinträchtigende Handlungen nicht nur von staatlichen Akteuren vorgenommen werden können, sondern auch von Individuen und juristischen Personen des Privatrechts. Kurzum sie stellen eine Chance dar, Grund- und Menschenrechten transnationale Geltung zu verschaffen.[1552] Sowohl ATS-Verfahren als auch andere grenzüberschreitende Zivilverfahren haben ein enormes Potenzial, globale Missstände aufzudecken und die Dysfunktionen der Globalisierung zu korrigieren. Sie dienen dazu, rechtliche Ungleichheiten und Regulierungsdefizite sichtbar zu machen und in der Folge einen weitergehenden Prozess anzustoßen, durch den diese Defizite umfassend behoben werden.[1553] Gleichzeitig verfügt das Zivilverfahren als staatlich institutionalisiertes Verfahren über ein hohes Maß an Legitimität. Auch aus völkerrechtlicher Sicht wird diese Form der dezentralen Durchsetzung mithilfe staatlicher Gerichte anerkannt, da die Urteile nationaler Gerichte nicht nur dem Subsidiaritätsgedanken gehorchen, sondern auch einen „Korpus von Richterrecht zur völkerrechtlichen Verantwortung, also zu den völker-

---

1549 Kritisch hierzu: *Schack*, IZVR, Rn. 134.
1550 Vgl. insoweit: *Poelzig*, Normdurchsetzung durch Privatrecht, S. 75, 597; *Enneking*, S. 295; *Zumbansen*, 5 Germ. L. J. 1499 ff. (2004); *Wai*, in Lederer/Müller, Criticizing Global Governance, S. 243 ff.
1551 Vgl. hierzu auch: *Koch*, KJ 2014, 432.
1552 *Teubner*, Verfassungsfragmente, S. 189.
1553 *Wai*, Transnational Private litigation and transnational private Governance, in: Lederer/Müller, Criticizing Global Governance, S. 243 ff.; *McBarnet*, in: McBarnet/Voiculescu/Campbell, The New Corporate Accountability, S. 9, 38 f.; *Teubner/Beckers*, Expanding Constitutionalism, 20 Ind. J. Global Legal Stud. 523, 532 (2013).

rechtsunmittelbaren Sekundärpflichten von natürlichen und juristischen Personen schaffen"[1554]. Auch wenn sich die europäische Streit- und Verfahrenskultur insoweit stark von der US-amerikanischen unterscheidet, sollte der Zugang zu den europäischen Gerichten für derartige Verfahren nicht gänzlich ausgeschlossen werden. Bei der Regulierung des extraterritorialen Verhaltens multinationaler Unternehmen kann auf das Steuerungspotenzial von Zivilverfahren nicht gänzlich verzichtet werden. Damit der Zivilprozess seine Anbindung an rechtsstaatliche Prinzipien jedoch nicht verliert und gleichzeitig das notwendige Maß an Effizienz erzielt wird, sollte darauf geachtet werden, dass eine Rückkoppelung an das jeweilige nationale Rechtssystem besteht. Wie eine zuständigkeitsrechtliche Ausgestaltung aussehen könnte, die sowohl das funktionelle Potenzial grenzüberschreitender Zivilverfahren ausschöpft, gleichzeitig aber nicht willkürlich und schrankenlos ist, soll nachfolgend erörtert werden.

II. Verbesserung zivilprozessualer Strukturen

Die vorangegangenen Ausführungen haben gezeigt, dass ausländische Direktklagen gegen multinationale Unternehmen einen Beitrag zur Förderung globaler Gerechtigkeit leisten können und auch das grundsätzliche Verständnis des Zivilprozesses derartigen strategischen Prozessen nicht entgegensteht. Nach den bisherigen Ausführungen kann man sogar zu der These gelangen, dass eine „Instrumentalisierung des Zivilprozesses"[1555] zur Bekämpfung globalisierungsbedingter rechtlicher Defizite fördernswert ist. Wie die Ausführungen zum geltenden Recht jedoch gezeigt haben, sind die zuständigkeitsrechtlichen Strukturen jedoch nicht unbedingt ideal.[1556] Zur Rekapitulation des Dilemmas soll zunächst ein Beispielsfall konstruiert werden. Ein deutscher Lebensmittelproduzent, die LEME AG mit Sitz in Berlin, verfügt über eine 100-prozentige nigerianische Tochter, die Cacao Ltd., mittels der sie mehrere Kakaoplantagen in Westafrika be-

---

1554 *Peters*, Jenseits der Menschenrechte, S. 148.
1555 *Schack*, IZVR, Rn. 134, der sich dabei auf die US-amerikanische Initiative zur Aufnahme eines universalen Gerichtsstand in das Haager Übereinkommen zur Anerkennung- und Vollstreckung ausländischer Urteile bezieht und darüber hinaus auch die US-amrikanischen ATS-Verfahren im Blick hat; vgl. hierzu auch Koch, KJ 2014, 432, 438 f.
1556 Siehe oben § 8.

treibt. Auf diesen Plantagen kommt es zu Fällen erzwungener Kinder- und Zwangsarbeit. Außerdem wurde die Erweiterung der Plantagen mittels gewaltsamer Enteignungen von lokalen Kleinbauern durchgesetzt, an denen paramilitärische Einheiten beteiligt waren. Deliktische Ansprüche gegen die LEME AG selbst scheinen schwer nachweisbar, im Gegensatz zu den Ansprüchen gegen die Cacao Ltd., die mit relativ hoher Wahrscheinlichkeit an den Aktivitäten vor Ort beteiligt war. Aufgrund andauernder politischer und militärischer Auseinandersetzungen erscheint eine Klagerhebung vor nigerianischen Gerichten nicht möglich. Mit Unterstützung einer europäischen NGO wollen die Geschädigten aber Klage in Deutschland erheben. Die Begründung eines Gerichtsstands in Deutschland gegen die ausländische Tochter erscheint nach geltender Rechtslage nicht möglich. Sicherlich lässt sich darüber nachdenken, das Deliktsrecht dahin gehend zu ändern, dass man für das deutsche Mutterunternehmen eine Art der Gefährdungshaftung einführt, um somit die Erfolgschancen auf der Ebene des materiellen Rechts zu erhöhen. Problematisch hieran wäre bereits, dass die Anwendbarkeit des deutschen Deliktsrechts eigentlich nicht infrage kommt. Darüber hinaus würde die Einführung einer derartigen Gefährdungshaftung deliktsrechtliche und gesellschaftsrechtliche Systematiken auf den Kopf stellen.[1557] Zudem ist die politische Umsetzbarkeit derartiger Reformvorhaben äußerst fragwürdig. Als ebenso effektiv und insbesondere als verhältnismäßiger Eingriff in die gesetzliche Systematik bietet sich daher eine Novelle des Zuständigkeitsrechts an.

1. Zuständigkeitsrecht

Es hat sich gezeigt, dass dem Konzept strategischer transnationaler Zivilprozesse in dem hier relevanten Kontext keine ernstzunehmenden Legitimitätsbedenken entgegenstehen. In der Vergangenheit gab es auch politische Initiativen, die auf eine verstärkte Rezeption entsprechender Konzepte im europäischen Rechtsraum abzielten. So wurde in einer von der EU-Kommission im Jahre 2010 beauftragten Studie vermerkt, dass „alle Reformvorschläge der Brüssel I Verordnung im Hinblick auf ihre Auswirkungen auf den Zugang zu rechtsstaatlichen Verfahren für Geschädigte von Menschenrechtsverletzungen oder Umweltschäden aus Drittstaaten

---

1557 Vgl. hierzu auch: *Enneking*, Foreign Direct Liability, S. 624.

geprüft werden sollen"[1558]. Aufgrund der hier gemachten Beobachtungen hat sich gezeigt, dass der Zugang zum Recht für Geschädigte aus Drittstaaten in bestimmten Verfahrenskonstellationen defizitär ist. Doch wie lässt sich ein angemessener Zugang zum Recht herstellen, der mit der stark territorialen Ausrichtung des Zuständigkeitsrechts harmonisiert und gleichzeitig einer missbräuchlichen Klageerhebung vorbeugt? Und wie lässt sich eine adäquate gerichtliche Inanspruchnahme für extraterritoriale Rechtsverletzung multinationaler Unternehmen in anderen Staaten als ihren Gaststaaten gewährleisten? Die Ausführungen haben gezeigt, dass ein zivilrechtliches Universalitätsprinzip abzulehnen ist.[1559] Eine Regulierung durch ein deutsches/europäisches ATS ist somit nicht erstrebenswert. Dennoch erscheint es geboten, die gerichtliche Zuständigkeit in den hier relevanten Fallkonstellationen nicht nur auf die im Inland ansässigen Mutterunternehmen zu erstrecken, sondern auch auf die unmittelbar beteiligte Unternehmenstochter oder einen Zulieferbetrieb. Problematisch erscheint insoweit, wie sich die Zuständigkeit über ein im Ausland ansässiges Unternehmen (wie z. B. ein Tochterunternehmen eines deutschen Mutterunternehmens) begründen lässt. Im Folgenden sollen denkbare rechtspolitische Alternativen diskutiert werden.

a) Notzuständigkeit

Im Rahmen der Ausführungen zur Entwicklung der Rechtsprechung in den Niederlanden wurde bereits kurz auf das *forum necessitatis* eingegangen. Eine Notzuständigkeit, die immer dann eingreift, wenn dem Kläger ansonsten ein effektiver Rechtsschutz verweigert werden würde, findet sich in mehreren nationalen europäischen Zivilprozessrechtordnungen wieder.[1560] Die Notzuständigkeit soll einer potenziellen Verweigerung des

---

1558 EU-Kommission, Studie über den rechtlichen Rahmen für Menschenrechte und Umweltschutz in Bezug auf Unternehmen, die außerhalb der EU tätig sind (Augenstein), abrufbar unter: http://ec.europa.eu/enterprise/policies/sustainable-busi ness/files/business-human-rights/101025_ec_study_final_report_de.pdf (letzter Aufruf: 19.01.2015).

1559 Siehe oben § 8 IV-VI.

1560 Art. 11 Code de Droit Int. Privée (Belgien), abrufbar unter: http://www.ejustice.j ust.fgov.be/cgi_loi/change_lg.pl?language=fr&la=F&cn=2004071631&table_na me=loi (letzter Aufruf: 19.01.2015); Art. 3 SR 291 Bundesgesetz v. 10.01.1987 (IPRG) Schweizer IPR http://www.admin.ch/opc/de/classified-compilation/198

Zugangs zum Recht entgegenstehen und ist vor diesem Hintergrund grundsätzlich anerkannt.[1561] Der ursprüngliche Reformentwurf der Europäischen Kommission zur Überarbeitung der EuGVVO[1562] zielte nicht nur darauf ab Drittstaatenkonstellationen in die Zuständigkeitsregelungen mit einzubeziehen, sondern sah auch die Schaffung einer subsidiären Notzuständigkeit in Art. 26 des Kommissionsentwurfes vor.[1563] Diese Reformentwürfe wurden vom EU-Parlament allerdings gestrichen, da es der Auffassung war, dass eine derartige weitreichende Regelung das Kompetenzgefüge zwischen EU-Parlament und Kommission missachten würde.[1564] Diese rein politisch motivierte Eliminierung eines an sich sinnvollen Vorhabens offenbart die interinstitutionellen Probleme der EU, die an dieser Stelle nicht vertieft werden sollen. Da sich aber keine nachhaltigen rechtlichen Einwände gegen ein *forum necessitatis* finden lassen,[1565] soll sich hier weiterhin auf einen entsprechenden Reformansatz konzentriert werden.[1566] Auch wenn eine entsprechende Regelung auf supranationaler

---

70312/index.html (letzter Aufruf: 19.01.2015) oder auch § 28 Abs. 1 Öster.-JN; vgl. hierzu auch: Nwapi, Jurisdiction by Necessity and the Regulation of the Transnational Corporate Actor, 30 (78) Utrecht Journal of International and European Law 24 ff. (2014).

1561 *Schack*, Int. ZVR, Rn. 457; *Kropholler*, IZVR, 57.

1562 KOM (2010) 748 endg.

1563 *Hess*, Die Reform der EuGVVO und die Zukunft des Europäischen Zivilprozessrechts, IPRax 2011, S. 125, 127; *Magnus/Mankowski*, The Proposal for the Reform of Brussels I, ZVglRWiss 110 (2011), S. 252, 262; *Weber*, Universal Jurisdiction and Third States in the Reform of the Brussels I Regulation, RabelsZ 75 (2011), S. 619, 637 ff.

1564 Draft Report, Commitee of Legal Affairs v. 28.06.2011, 2010/0383 (COD) abrufbar unter: http://www.europarl.europa.eu/meetdocs/2009_2014/documents/juri/pr/869/869709/869709en.pdf (letzter Aufruf: 19.01.2015

1565 *Weber*, RabelsZ 75 (2011), 619, 641; kritisch: *Gillies*, Creation of Subsidiary Jurisdiction Rules in the Brussels I Recast: Back to the Drawing Board?, 8 Journ. Priv. Int'l L. 488 ff. (2012).

1566 Teilweise wird vorgebracht, das forum necessitatis und der in Art. 25 subsidiäre Vermögensgerichtsstand seien gestrichen worden, da hierdurch Verhandlungen für ein potenzielle internationales Zuständigkeits- und Vollstreckungsübereinkommen erschwert werden könnten, vgl. insoweit: *Hay*, Notes on the European Unions Brussels-I „Recast" Regulation, European Legal Forum, 2013 (1), S. 1, 2. Diese Ansicht überzeugt nicht, da sie verkennt, dass durch eine Erstreckung auf Drittstaatensachverhalte und subsidiäre Gerichtsstände die sog. exorbitanten nationalen Gerichtsstände an Bedeutung verlieren würden. Anstelle 27 „exorbitanter" Gerichtsstände verblieben somit nur noch zwei, die so, wie sie der Kommissionsentwurf vorsah, zudem äußerst moderat waren.

Ebene vorzugswürdiger erscheint,[1567] gelten die nachfolgenden Erörterungen gleichermaßen für den nationalen Gesetzgeber.

Begutachtet man die Erscheinungsformen der konkreten Ausgestaltung einer Notzuständigkeit in anderen Rechtsordnungen, ist folgendes Muster erkennbar:[1568] Zumeist setzen entsprechende Gerichtsstände als negative Voraussetzung voraus, dass der Kläger nachweisen kann, dass ihm der Rechtsschutz zuvor in einem anderen (eigentlich zuständigen) Forumsstaat verweigert wurde oder ein effektiver Rechtsschutz dort per se nicht möglich erscheint. Darüber hinausgehend wird gefordert, dass als positive Voraussetzung zudem ein hinreichender Bezug zum Gerichtsstaat bestehen muss.[1569] Der Kommissionsentwurf sah in seiner Regelung der Notzuständigkeit zunächst alternativ vor, dass die Prozessführung in einem Drittstaat unzumutbar oder unmöglich ist (*lit. a*), oder dass ein drittstaatliches Urteil in dem Mitgliedstaat nicht anerkannt werden könnte (*lit b.*). Als kumulative Voraussetzung musste die Streitigkeit zudem einen ausreichenden Bezug zu dem Mitgliedstaat des angerufenen Gerichts aufweisen. Eine ähnliche Regelung sieht der schweizerische Art. 3 IPRG vor, der neben der negativen Komponente auch eine Binnenbeziehung des Sachverhalts zur Schweiz erfordert.[1570] Die niederländische Notzuständigkeit ist in den Art. 9 (b) und (c) der niederländischen Prozessordnung geregelt. Im Rahmen des Art. 9 (b) reicht es schon aus, dass eine gerichtliche Geltendmachung des Anspruchs vor einem anderen Gericht rechtlich oder tatsächlich unmöglich ist. Ein Fall der faktischen Unmöglichkeit liegt beispielsweise dann vor, wenn in dem eigentlich zuständigen Forumsstaat aufgrund eines Krieges oder einer Naturkatastrophe ein Prozess nicht geführt wer-

---

1567 Eine solche erscheint aber aufgrund der so eben erst verabschiedeten Neuregelung der EuGVVO unwahrscheinlich.

1568 Art. 11 Code de Droit Int. Privée (Belgien), abrufbar unter: http://www.ejustice.j ust.fgov.be/cgi_loi/change_lg.pl?language=fr&la=F&cn=2004071631&table_na me=loi (letzter Aufruf: 19.01.2015); Art. 3 SR 291 Bundesgesetz v. 10.01.1987 (IPRG) Schweizer IPR http://www.admin.ch/opc/de/classified-compilation/198 70312/index.html (letzter Aufruf: 19.01.2015) oder auch § 28 Abs. 1 Öster.-JN; vgl. hierzu auch: Nwapi, Jurisdiction by Necessity and the Regulation of the Transnational Corporate Actor, 30 (78) Utrecht Journal of International and European Law 24 ff. (2014).

1569 *Schack*, Rn. 457; *Schütze*, in: FS Rechenberger, S. 567 ff.; offengelassen: *Heß*, EZPR § 5 Rn. 19.

1570 Art. 3 IPRG, SR 291 Bundesgesetz v. 18.12.1987 (Stand: 01.07.2014), AS 1988 1776, abrufbar unter: http://www.admin.ch/opc/de/classified-compilation/19870 312/index.html (letzter Aufruf: 19.01.2015).

den kann;[1571] eine rechtliche Unmöglichkeit besteht beispielsweise dann, wenn der Zugang zum Gericht aufgrund rassistischer oder religiöser Diskriminierung in dem Forumsstaat nicht möglich erscheint.[1572] In einem solchen Fall ist auch kein zusätzlicher Bezug zu den Niederlanden erforderlich. Darüber hinaus ist nach Art. 9 (c) der Niederländischen Zivilprozessordnung eine Notzuständigkeit begründet, wenn das Verfahren eine ausreichende Verbindung zu den Niederlanden aufweist und eine Prozessführung vor den Gerichten des eigentlich zuständigen Forumsstaates für den Kläger inakzeptabel ist. Über eine restriktive Auslegung dieser Zuständigkeitsregelung besteht auch in den Niederlanden grundsätzliche Einigkeit.[1573] Auch der § 28 Abs. 1 Nr. 2 österr. JN folgt einer Kombination aus einer negativen Voraussetzung und dem Erfordernis eines hinreichenden Inlandsbezuges. Im deutschen Recht fehlt dagegen eine positivrechtliche Regelung. Zwar ist auch hierzulande die Notzuständigkeit grundsätzlich aufgrund verfassungs- bzw. völkergewohnheitsrechtlicher Prinzipien anerkannt,[1574] eine Verankerung in der ZPO wäre aber dennoch wünschenswert.[1575]

Generell steht somit fest, dass eine negative Voraussetzung im Sinne einer Unmöglichkeit oder Unzumutbarkeit der Verfahrensführung vorliegen muss. Streitbar ist, ob zusätzlich noch ein hinreichender Bezug zum Forumsstaat bestehen muss und wie dieser zu definieren ist. Die Ausführungen zum niederländischen Recht haben gezeigt, dass dort ein Inlandsbezug im Falle einer rechtlichen oder tatsächlichen Unmöglichkeit nicht erforderlich ist.[1576] Das macht auch Sinn, da die Vorgaben für das Vorliegen einer Unmöglichkeit ohnehin sehr hoch sind. So würden beispielsweise temporäre Verzögerungen des Verfahrensablaufes nicht ausreichen, um eine Unmöglichkeit zu begründen.[1577] Ein Fall der Unmöglichkeit muss

---

1571 Vgl. insoweit auch BAG, NJW 1979, 1119.

1572 *Laforce/Vermeulen,* Comparative Study of Residual Jurisdiction in Civil and Commercial Matters National Report for: Netherlands, S. 23 f., abrufbar unter: http://ec.europa.eu/civiljustice/news/docs/study_resid_jurisd_netherlands_en.pdf (letzter Aufruf: 19.01.2015).

1573 Ebd.

1574 MüKO-ZPO/*Patzina*, § 12 Rn. 100; Zöller/*Bertele*, IZPR Rn. 42; *Nagel/Gottwald*, Int. Zivilprozessrecht, § 3 Rn. 419, 421; *Bertele*, IZPR, Rn. 960, 1024 ff.; Stein/Jonas/*Roth*, vor § 12, Rn. 37.

1575 So auch: *Schütze*, in: FS Rechenberger, S. 567, 570.

1576 Vgl. Art. 9 (b) Niederl- Zivilprozessordnung.

1577 Solange sie nicht einer Verfahrensverweigerung gleichkommen.

vielmehr einer tatsächlichen Verweigerung des Zugangs zum Recht nahekommen. Wenn eine Unmöglichkeit vorliegt, erscheint auch die Forderung nach einem zusätzlichen Inlandsbezug überflüssig, da in derartigen Extrem- und Ausnahmefällen weder ein Missbrauch zu Zwecken des Forum-Shoppings noch eine ungerechtfertigte und unbillige Inanspruchnahme eines fremden Gerichtes drohen.[1578] Wenn tatsächlich ein Fall der Unmöglichkeit vorliegt, indiziert das in ausreichendem Maße eine Verweigerung des Rechtsschutzes und aufgrund der dann bereits existenten Rechtsversagung besteht ein positives und nachvollziehbares Interesse des Klägers, dass sich ein Gericht seiner Wahl der Rechtssache annimmt.[1579] Eine „weltweite, unbeschränkte Justizgewährung"[1580] droht hierdurch jedenfalls nicht.[1581] Die Beanspruchung des inländischen Rechtswegs stellt dann vielmehr eine Ultima-Ratio-Lösung für den Kläger dar. Insoweit ist auch eine Angst vor einem Missbrauch der Wahlfreiheit des Klägers nicht angebracht, da dieser die Auswahl des Forums auf rationale Erwägungen stützen wird.

Etwas anderes könnte in Fällen gelten, in denen die Verfahrensführung vor dem eigentlich zuständigen Gericht nur unzumutbar ist. Die Voraussetzung der Unzumutbarkeit kann nicht schon dann erfüllt sein, wenn ein ausländisches Verfahren höhere Verfahrenskosten nach sich ziehen würde.[1582] Unzumutbar kann ein Verfahren jedoch dann sein, wenn das Justizsystem des eigentlichen Forumsstaates als korrupt einzustufen ist, wenn das vermeintliche Fehlverhalten des Beklagten von der dortigen Regierung gebilligt oder sogar unterstützt wurde oder wenn eine solch überlange Verzögerung eines Verfahren vorliegt, die einem Verstoß gegen den Justizgewähranspruch gleichkommt.[1583] In derartigen Fällen erscheint ein

---

1578 *Neuhaus*, Internationales Zivilprozessrecht und Internationales Privatrecht – Eine Skizze, RabelsZ 20 (1955), 201, 265; a. A. *Schütze*, in: FS Rechenberger, S. 567, 575; *Schack*, IZVR Rn. 457.

1579 Vgl. *Aden*, Internationale Notzuständigkeit, ZVglRWiss 106 (2007), 490, 494, der hauptsächlich darauf abstellt, dass in derartigen Fällen der eigentlich international zuständige Forumsstaat seine nationale Souveränität verloren hat.

1580 *Schack*, Rn. 457.

1581 So aber: *Schack*, Rn. 457.

1582 *Magnus/Mankowski*, ZVglRWiss 110 (2011), 252, 269.

1583 *Magnus/Mankowski*, ZVglRWiss 110 (2011), 252, 269; vgl. insoweit auch Connelly v. RTZ Corp. [1998] A.C. 854 (House of Lords), in dem die Lordrichter eine Abweisung aus Forum-non-Conveniens-Gründen abwiesen, da dem Kläger in dem anderen Forumsstaat keine Prozesskostenhilfe zukommen würde. Dieser

faires Verfahren a priori ausgeschlossen und eine angemessene Rechtsverfolgung ist nachhaltig erschwert. Auch wenn man dem Begriff der Unzumutbarkeit ein restriktives Verständnis zugrunde legt, sollte bei dieser Tatbestandsalternative zusätzlich die einschränkende Voraussetzung eines Inlandsbezugs gefordert werden, da der Begriff der Unzumutbarkeit zu offen, zu dehnbar und zu missbrauchsanfällig erscheint. Gleichzeitig kann als Tatbestandsmerkmal nicht auf ihn verzichtet werden, da sich Fälle ergeben können, in denen aus der Unzumutbarkeit eine Versagung des Rechtsschutzes resultiert. Insgesamt werden durch das zusätzliche Tatbestandsmerkmal positive Kompetenzkonflikte vermieden und eine sachgerechte Anbindung des Prozesses an den Forumsstaat wird gewährleistet. Selbstverständlich überzeugt auch der Begriff des Inlandsbezugs nicht durch ein besonders hohes Maß an Rechtsklarheit,[1584] er verleiht dieser Tatbestandsalternative dennoch mehr Kontur und bringt zudem ein inländisches Rechtsschutzbedürfnis des Klägers zum Ausdruck.[1585] Fraglich erscheint, wann in den Fällen einer Notzuständigkeit von einem hinreichenden Inlandsbezug auszugehen ist. Grundsätzlich kann zur Bestimmung dieses Tatbestandsmerkmales auf die Rechtsprechung und die wissenschaftlichen Erkenntnisse zu § 23 ZPO abgestellt werden.[1586] Nach ständiger, wenn auch kritikwürdiger,[1587] Rechtsprechung des BGH erfordert nämlich der Vermögensgerichtsstand einen hinreichenden Inlandsbezug.[1588] Hierzu wurde festgestellt, dass die Staatsangehörigkeit der Parteien für das Vorliegen dieses Merkmals unbedeutend ist.[1589] Anders sieht es

---

Grundgedanke könnte auch für eine Unzumutbarkeit sprechen. Vgl. zur Frage der überlangen Verfahrensdauer im Zivilprozess: BVerfG, Beschl. v. 16.12.1980 – 2 BvR 419/80, BVerfGE 55, 349, 369; BVerfG, Beschluss vom 23.05.2012 – 1 BvR 359/09, BeckRS 2012, 51735 (7-jährige Dauer und Unterlassungen des Gerichts zur Beschleunigung in einem Architektenhaftungsprozess stellen Verletzung dar); BVerfG, Beschluss vom 02.09.2009 – 1 BvR 3171/08 = EuGRZ 2009, 695.

1584 So für § 23 ZPO: Stein/Jonas/*Roth*, § 23, Rn. 10
1585 Stein/Jonas/*Roth*, vor § 12, Rn. 37; a. A. *Aden*, ZVglRWiss 106 (2007), S. 490, 496, der auf rechtliche, kulturelle und geografische Nähebeziehungen abstellen will.
1586 Siehe ausführlich hierzu oben § 8 III 1 b).
1587 Vgl. Stein/Jonas/*Roth*, § 23, Rn. 11.
1588 Vgl. zuletzt BGH NJW 2013, 386; BGHZ 94, 154; Koechel, § 23 ZPO als genereller Klägergerichtsstand? IPRax 2014, S. 312 ff.; MüKO-ZPO/*Patzina*, § 23 Rn. 15.
1589 Stein/Jonas/*Roth*, § 23 Rn. 9; MüKO-ZPO/*Patzina*, § 23 Rn. 10.

dagegen aus, wenn der Kläger seinen ständigen Aufenthaltsort im Forumsstaat hat,[1590] dieser sollte zur Begründung eines Inlandsbezuges genügen. Das Gleiche gilt für das Bestehen von ausreichenden Vollstreckungsmöglichkeiten im Inland. Könnten darüber hinaus, insbesondere zur Begründung des forum necessitatis, auch der inländische Sitz des Mutterunternehmens oder dessen potenzielle Verbindungen zum Streitgegenstand ausreichen, um einen Inlandsbezug zu begründen? Im Falle eines deliktischen Verhaltens des Tochterunternehmens und einer insoweit bestehenden Rechtsschutzlücke im Sitzstaat bzw. Deliktsstaat sollte das der Fall sein. Insoweit wird über die gesellschaftsrechtliche Verbindung zwischen den beiden Unternehmenseinheiten eine territoriale Rückkoppelung zum Inland geschaffen. Die rechtliche Selbstständigkeit von Mutter- und Tochterunternehmen wird dadurch nicht untergraben, sondern aus der rechtlichen Verbindung ergibt sich eine ausreichende, wenn auch fingierte, territoriale Beziehung zum Inland. Die gesellschaftsrechtliche Aufspaltung in unterschiedliche Unternehmenseinheiten darf nämlich nicht zu Rechtsschutzlücken führen, und da die Rechtsschutzlücke hier zu Teilen auch aus der unternehmensrechtlichen Aufspaltung resultiert, ist ein umgekehrter zuständigkeitsrechtlicher Durchgriff zur Begründung eines Inlandsbezuges angemessen. Die Verbindung zwischen Tochter- und Mutterunternehmen stellt insoweit eine objektiv feststellbare Beziehung zum Forumsstaat dar.

Ein Formulierungsvorschlag für eine Regelung der Notzuständigkeit in der ZPO könnte also wie folgt aussehen:

§ X Abs. 1: Sollte die internationale Zuständigkeit weder nach den Regeln der VO (EU) 1215/2012 noch nach den Vorschriften der §§ 12 ff. ZPO begründet sein, ergibt sich die Zuständigkeit der deutschen Gerichte auch dann,
a) wenn es dem Kläger unmöglich ist, den Rechtsstreit im Ausland zu führen oder
b) wenn das Verfahren eine ausreichende Verbindung zum deutschen/europäischen Rechtsraum aufweist und dem Kläger die Führung des Verfahrens vor einem ausländischen Gericht nicht zugemutet werden kann.
Abs. 2: In derartigen Fällen ist das Gericht am Sitz der Bundesregierung/AG Schöneberg in Berlin (i. S. d. § 15 Abs. 1 S. 2 ZPO) örtlich zuständig.[1591]

1590 BGH NJW 2013, 386; OLG Frankfurt NJW 1993, 305.
1591 Für eine solche Zuständigkeitskonzentration zum Zwecke der Rechtsklarheit auch Stein/Jonas/*Roth*, vor § 12 ZPO, Rn. 39.

b) Deliktischer Gerichtsstand für Tochterunternehmen

Neben der Regelung einer Notzuständigkeit kann auch daran gedacht werden, dass für die ausländischen Tochterunternehmen europäischer bzw. deutscher Mutterunternehmen für bestimmte Verfahrenskonstellationen ein genuiner inländischer Gerichtsstand geschaffen wird.[1592] Es ist klar, dass ein derartiger Gerichtsstand nur von subsidiärem Charakter sein kann und nur dann eingreifen sollte, wenn ein Verfahren vor den Gerichten des Sitzstaates des Tochterunternehmens unmöglich oder unzumutbar ist. In Fällen wie dem eingangs erläuterten Beispiel kann ein solcher Gerichtsstand durchaus von Bedeutung sein, da das ausländische Tochterunternehmen mangels Sitz oder Vermögens im Inland nicht verklagt werden könnte. Selbstverständlich ist die getrennte Rechtspersönlichkeit des Tochterunternehmens zu wahren, es kann allerdings nur wiederholt werden, dass die gesellschaftsrechtliche Aufspaltung nicht zu einer Immunität des Tochterunternehmens führen darf. Es wäre deshalb an die folgende Neuregelung zu denken:

> § XX: Außervertragliche Haftungsansprüche gegen ein ausländischen Tochterunternehmen eines in einem Mitgliedstaat ansässigen Mutterunternehmens oder gegen eine anderweitige, rechtlich selbstständige, mit der im Inland ansässigen juristischen Person des Privatrechts in enger Verbindung stehenden Unternehmenseinheit können auch vor dem Gericht, an dem die inländische juristische Person ihren allgemeinen Gerichtsstand hat, geltend gemacht werden, es sei denn, die Einleitung eines Verfahrens an dem allgemeinen Gerichtsstand der Beklagten ist möglich oder zumutbar.

Auch hier könnte man an eine autonome deutsche Zuständigkeitsregelung denken, die zudem eine Aufspaltung der internationalen und örtlichen Zuständigkeit vorsieht, um eine Verfahrenskonzentration im Hinblick auf die örtliche Zuständigkeit zu ermöglichen. Der gesetzliche Tatbestand wäre dann so zu formulieren:

> § XXX Abs. 1: Für außervertragliche Ansprüche gegen ein ausländisches Tochterunternehmen oder eine anderweitige, rechtlich selbstständige, mit der im Inland ansässigen juristischen Person des Privatrechts in enger Verbindung stehenden Unternehmenseinheit sind die deutschen Gerichte zuständig, es sei denn, die Einleitung und Führung eines Verfahrens an dem allgemeinen Gerichtsstand der Beklagten ist möglich oder zumutbar.

1592 Vgl. auch: Antrag verschiedener Abgeordneter und der Fraktion Bündnis 90/Die Grünen v. 12.06.2013, BT-Drs. 17/13916, S. 4.

§ XXX Abs. 2: Absatz 2: In derartigen Fällen ist das Gericht am Sitz der Bundesregierung/AG Schöneberg in Berlin (i. S. d. § 15 Abs. 1 S. 2 ZPO) örtlich zuständig.

Dieser Formulierungsvorschlag stellt ein *forum necessitatis specialis* dar, da er neben einer Rechtsschutzlücke auch die Verbindung zwischen Tochter- und Mutterunternehmen erfordert. Ein derartiger Gerichtsstand ist geeignet, mögliche Rechtsschutzlücken zu füllen. Er berücksichtigt in angemessener Weise die Interessen der Parteien, da er dem Kläger eine subsidiäre Klagemöglichkeit schafft und gleichzeitig den Beklagten nicht in unfairer Weise benachteiligt. Für das Tochterunternehmen stellt die Prozessführung am Unternehmenssitz des Mutterunternehmens keinen schwerwiegenden Eingriff dar, sondern sie erscheint aufgrund der äußeren Umstände angemessen. Der Entwurf berücksichtigt zudem, dass die Interessen des Beklagten, an den regulären Gerichtsständen verklagt zu werden, nicht vollkommen außer Acht gelassen werden, und somit eine Inanspruchnahme des alternativen Rechtsweges erst dann infrage kommt, wenn sich eine Prozessführung als nicht möglich oder unzumutbar erweist.

c) Gerichtsstand der Streitgenossenschaft

Eine weitere regelungstechnische Alternative besteht in der Schaffung eines Gerichtsstands der Streitgenossenschaft. In den Verfahren vor den niederländischen Gerichten wurde dieser benutzt, um die Zuständigkeit gegenüber den ausländischen Unternehmen zu begründen.[1593] Die deutsche Rechtsordnung kennt einen derartigen Gerichtsstand bis dato nur im Anwendungsbereich der EuGVVO, die in Art. 6 Nr. 1 bzw. Art. 8 Nr. 1 (Neufassung) eine entsprechende Reglung vorsieht. Diese Zuständigkeitsreglung findet allerdings keine Anwendung, wenn es sich um eine Beklagte aus einem Drittstaat handelt.[1594] Folglich wäre die EuGVVO nicht einschlägig und es käme insoweit auf die autonomen nationalen Zuständigkeitsregelungen an,[1595] welche aber – im Falle der BRD – einen entspre-

---

1593 Siehe oben: § 8 III 3 b).
1594 EuGH Urt. v. 11.04.2013, C-645/11 (Land Berlin/Ellen Mirjam Saphir u. a.) = EuZW 2013, 503.
1595 Vgl. BGH, Urt. v. 27.09.2013, V ZR 232/10 = NJW 2014, 704 (Leitsatz ohne Gründe).

chenden Gerichtsstand gerade nicht vorsehen. Eine solche Regelung existiert in der Mehrzahl der EU-Mitgliedsstaaten[1596] und erscheint nicht nur in den hier relevanten Fallkonstellationen sinnvoll.

d) Zusammenfassung

Durch die Umsetzung der hier gemachten Vorschläge wird der Zugang zu den deutschen Gerichten in einem angemessenen und verhältnismäßigen Maße erweitert. Die Regelungen berücksichtigen das Rechtsschutzinteresse potenzieller Kläger und genügen den Ansprüchen, die aus Sicht potenzieller Beklagter an die Vorhersehbarkeit und Chancengleichheit zu stellen sind. Der grundsätzliche Gerechtigkeitsgedanke, der sich im Rahmen der Zuständigkeitsregelungen in Form einer adäquaten prozessualen Lastenverteilung ausdrückt, wird durch sie gewahrt.[1597] In den hier relevanten Sachverhaltskonstellationen ist das Risiko, dass dem Kläger das rechtliche Gehör verweigert wird, deutlich größer als das Risiko, das sich für die Beklagten aus einer potenziellen Verfahrensführung in Deutschland ergibt. Eine gerade auch im transnationalen Kontext nicht hinnehmbare Justizverweigerung gilt es, effektiv zu vermeiden. Die Vorschläge dienen der Gewährleistung des grundgesetzlich garantierten Justizgewähranspruch[1598] sowie aus Art. 6 EMRK bzw. Art. 47 Abs. 2 der Europäischen Grundrechtscharta hervorgehenden[1599] Verfahrensgrundrechts auf effektiven Rechtsschutz, das grundsätzlich auch in einer transnationalen Konstellation gelten sollte. Insgesamt repräsentieren die hier gemachten Gesetzesvor-

---

1596 *Nuyts*, Study on Residual Jurisdiction – General Report v. 06.07.2007, S. 51, abrufbar unter: http://ec.europa.eu/civiljustice/news/docs/study_residual_jurisdicti on_en.pdf (letzter Aufruf: 19.01.2015).

1597 Vgl. hierzu: MüKO-*Patzina*, § 12 Rn. 2; Stein/Jonas/*Roth*, ZPO, vor § 12 Rn. 3; Musielak/*Heinrich,* ZPO, § 12, Rn. 1; *Degenhart*, Staatsorganisationsrecht, Rn. 430.

1598 Das Bundesverfassungsgericht leitet diesen aus dem Rechtsstaatsprinzip ab, vgl.: BVerfG, Beschl. v. 11.6.1980 – 1 PBvU 1/79, BVerfGE 54, 277, 291; BVerfG, Beschl. v. 2.3.1993 – 1 BvR 249/92, BVerfGE 88, 118, 123; MüKo-ZPO/Rauscher, Einl. Rn. 215 ff.; Stein/Jonas/*Brehm*, ZPO, vor § 1 Rn. 284 f.; *Schmehl*, Parallelverfahren und Justizgewährung, S. 217 ff.

1599 Zöller/*Bertele*, IZPR Rn. 42; *Geimer*, IZPR Rn. 56, 1030; *Bertele*, in: Kälin/ Eibe/Karl u. a. (Hrsg.), Aktuelle Probleme des Menschenrechtsschutzes, 213, 226 f.; MüKo-ZPO/*Rauscher*, Einl. Rn. 208 ff.; Stein/Jonas/*Brehm*, ZPO, vor § 1 Rn. 286.

schläge eine adäquate Form der Globalisierung bzw. Transnationalisierung des Rechtsschutzauftrags deutscher Gerichte.

2. Flankierende Maßnahmen im Zivilprozessrecht

Ohne detailliert auf einzelne Aspekte eingehen zu können, muss darauf hingewiesen werden, dass sich das deutsche/europäische Zivilprozessrecht auch aus anderen Gründen teilweise nicht als förderlich für das Führen transnationaler, strategischer Verfahren erweist. Gleichzeitig kann man aber auch auf anderer Ebene immer mehr Anhaltspunkte erkennen, die darauf hindeuten, dass der Zivilprozess in Zukunft eine größere Rolle bei einer privat initiierten, aber im öffentlichen Interesse liegenden Verfahrensführung spielen wird.[1600] Insoweit gilt es, weitere „Mobilisierungsbarrieren"[1601] im Bereich der Regelung der Prozessführungsbefugnis oder Vertretungsberechtigung zu beseitigen,[1602] da sich ein adäquater Zugang zum Recht nicht alleine durch eine adäquate Zuständigkeitsregelung herstellen lässt. Zu denken wäre insoweit insbesondere an eine Prozessführungsbefugnis für lokale oder internationale NGOs, die sich für entsprechende Rechte einsetzen und die im Auftrag oder Interesse der Betroffenen aus den entsprechenden Regionen handeln. Zusätzlich könnte man auch daran denken, dass in solchen Fällen im Hinblick auf die Kostenregelungen die wirtschaftlichen Verhältnisse der Parteien mitberücksichtigt werden. Ein weiteres Feld stellen die Fragen der Beweislastverteilung und eine mögliche alternative Beweisführung mittels einer erweiterten Dokumentenherausgabe dar.

1600 Vgl. hierzu: *Casper/Jansen/Pohlmann/Schulze,* Auf dem Weg zu einer europäischen Sammelklage?, *Koch,* Grenzüberschreitende strategische Zivilprozesse, KJ 2014, 432 ff.; vgl. auch für das materielle Deliktsrecht: *Wagner,* AcP 206 (2006), S. 352 ff.
1601 *Baer,* Rechtssoziologie, S. 219.
1602 Hierzu auch: *Koch,* KJ 2014, 432, 442 ff.; *ders.,* Die grenzüberschreitende Prozessführungsbefugnis, ZZP 125 (2015) (im Erscheinen).

3. Ergebnis

Eine Erweiterung der Zuständigkeitsregelung in der hier vorgeschlagenen Form erscheint insgesamt vorzugswürdig, da hierdurch bestehende Rechtsschutzlücken geschlossen werden können. Gleichzeitig ist dieser Ansatz insgesamt verhältnismäßiger als eine Regulierung in Form eines zivilprozessualen Universalitätsprinzips. Der hier vertretene Ansatz wahrt gesellschaftsrechtliche Grundsätze, da er nicht auf einen materiellen Haftungsdurchgriff setzt, sondern die Rechtspersönlichkeit der jeweiligen Konzerngesellschaften wahrt. Die zivilprozessuale Flexibilisierung des Trennungsprinzips ist auf eklatante Ausnahmefälle beschränkt. Zudem werden auch die prozessualen Rechte der Beklagten ausreichend berücksichtigt, da es für diese grundsätzlich voraussehbar ist, an welchem Gericht sie verklagt werden könnten. Eine Prozessführung in dem Forumsstaat des Mutterunternehmens kann nicht als unfair erachtet werden. Gleichzeitig wird somit in bestimmten Konstellationen der prozessuale Zugriff auf ausländische Tochterunternehmen oder Zulieferer ermöglicht, durch den insgesamt eine Flucht vor dem Rechtsstaatsprinzip vermieden werden kann. Eine derartige zuständigkeitsrechtliche Ausgestaltung respektiert zudem die Interessen anderer souveräner Staaten, da sie einem Subsidiaritätsgedanken unterliegt. Diese Formen der „problemadäquaten Zuständigkeitsregelungen"[1603] würden den nationalen Zivilverfahren einen gebotenen Platz bei der Regulierung globalisierungsbedingter Gerechtigkeitsdefizite zuweisen. Nach der hier vertretenen Auffassung ist eine entsprechende rechtspolitische Initiative wünschenswert. Sie würde sich auch zweifelsohne in das System des europäischen bzw. deutschen Zuständigkeitsrechts einfügen. Ob sich entsprechende Gerichtsstände realisieren lassen, hängt letztendlich von den politischen Akteuren ab. Bis dato hat vor allem die Fraktion von Bündnis 90/Die Grünen eine Bereitschaft zu tatsächlichen Rechtsveränderungen in diesem Bereich signalisiert. Die deutsche Bundesregierung plant zwar derzeit nicht unmittelbar eine Reform im zivilprozessualen Bereich, schließt eine solche aber auch nicht a priori aus, sondern sie möchte die weiteren Entwicklungen in diesem Bereich intensiv beobachten und stellte final fest: „Ob in diesen Rechtsbereichen Regelungen zugunsten von Personen, die durch menschenrechtswidriges Verhalten von transnationalen Unternehmen geschädigt wurden, ins

---

1603 *Halfmeier*, 68 RabelsZ 654, 679 (2004).

Auge gefasst werden sollten, muss nach sorgfältiger Beantwortung aller rechtlichen und sachlichen Fragen und im Hinblick auf ein eventuelles Gesamtkonzept einer Problemlösung entschieden werden."[1604] Eine Antwort auf das Ob und auch das Wie wurde hier gegeben.

III. Heterogener Ansatz zur Regulierung transnationaler (Menschen-)Rechtsverletzungen

Die zivilrechtliche und zivilprozessuale Durchsetzung menschenrechtspolitischer Ziele kann und sollte nur einen Teilbeitrag zu einer umfassenden Agenda liefern, die insgesamt darauf abzielt, Menschenrechten eine transnationale Geltung zu verschaffen.[1605] Im Folgenden sollen Wege und Maßnahmen vorgestellt werden, die dieses Ziel mit anderen Mitteln verfolgen und die in einem rechtlichen Mehrebenensystem miteinander verbunden sind. Bereits die UN-Leitlinien für Unternehmen und Menschenrechte verkörpern eine solchen heterogenen Ansatz, da sie sich auf die drei Säulen „*protect, respect and remedy*" stützen.[1606] Die nun im Folgenden vorgestellten rechtlichen und quasi-rechtlichen oder rechtsähnlichen Erscheinungsformen stellen keine konkurrierenden Methoden dar, sondern sind kumulative Maßnahmen, die sich wechselseitig fördern sollten. Quasi-rechtlich bzw. rechtsähnliche Erscheinungsformen sind solche „abstrakt-generelle Sollenssätze"[1607], die das Verhalten multinationaler Unternehmen in dem hier relevanten Kontext steuern wollen. Die Konzepte, die auf eine soziale Verantwortung von Unternehmen (*Corporate Social Responsibility*)[1608] abzielen, sind mannigfaltig; sie basieren teilweise auf

---

1604 Antwort der Bundesregierung auf die kleine Anfrage der Fraktion Bündnis 90/Die Grünen, BT-Drs. 18/1044.

1605 Allgmein zur Geltungsfrage der Grundrechte in transnationalen Regimen: *Teubner*, Verfassungsfragmente, S. 189 ff.

1606 UN Guiding Prinicples on Business and Human Rights, HR/Pub/11/04 v. 16.06.2011, abrufbar unter: http://business-humanrights.org/en/un-guiding-principles-on-business-and-human-rights-1 (letzter Aufruf: 19.01.2015).

1607 *Krajewski*, in: Giegerich/Heinz, International Wirtschafts- und Finanzrecht, S. 36, 37.

1608 Vgl. zur Definition: *Idowu/Capaldi/Zu/Das Gupta*, Encyclopedia of Corporate Social Responsibility, S. 579: Berücksichtigung sozialer und ökologischer „öffentlicher" Interessen, die nicht unmittelbar aus der Sphäre der Aktionäre/Anteilseigner herrühren.

den Initiativen internationaler Organisationen, teilweise auf Initiativen der Privatwirtschaft und teilweise auf staatlicher Regulierung. In diesem Abschnitt sollen einzelne dieser CSR-Konzepte vorgestellt werden. Die nachfolgenden Ausführungen basieren auf einem Ansatz, den *Koh* als transnationalen Rechtsprozess beschreibt.[1609] Dieser Ansatz beschreibt einen Prozess der Rechtsgenese, der nicht in einer einheitlichen und streng hierarchisierten Rechtsordnung mündet, in der von einem Primat des staatlichen Rechts auszugehen ist, sondern der zu einem durch interlegale Beziehungen geprägten, funktionalen Weltrecht führt, das durch einen interaktiven Prozess zwischen unterschiedlichen kognitiven und normativen Erwartungen vermittelt und so normative Regeln erzeugt, aber auch neue Rechts-Kollisionen hervorruft.[1610] Nachfolgend wird der primäre Untersuchungsgegenstand, also die transnationalen Zivilprozesse, in den Kontext anderer rechtlicher und quasi-rechtlicher Erscheinungsformen gesetzt, um zu zeigen, dass diese trotz oder gerade aufgrund ihrer Heterogenität zu einer transnationalen Geltung fundamentaler politischer, sozialer und ökologischer Rechte führen können.

1. Emergenz transnationaler Corporate-Social-Responsibility-Konzepte

Die Ausführungen im vorherigen Kapitel haben bereits gezeigt, dass selbst bei der Anwendung ausländischen Rechts durch deutsche Gerichte menschenrechtliche und völkerrechtliche Wertungen das Ergebnis der Rechts-

---

1609 *Koh*, 75 Neb. L. Rev. 181, 183 f.; *Hanschmann*, in: Buckel/Christensen/Fischer-Lescano, Neue Theorien des Rechts, S. 375, 378 ff.

1610 Vgl. hierzu: *Fischer-Lescano/Teubner,* Regime-Kollisionen, S. 70; *Koh*, 75 Neb. L. Rev. 181, 183 f. (Koh spricht von den *„four features"* des transnationalen Rechtsprozesses, diese bestehen darin, dass er *nontraditional,* da er nicht von der klassischen Unterscheidung Völkerrecht/Nationales Recht bzw. Öffentlicher/Privatrecht ausgeht, *non-statist,* da die Teilnehmer nicht auf staatliche Akteure beschränkt sind, zudem *dynamic* und normativ ist; *Hanschmann*, in: Buckel/Christensen/Fischer-Lescano, Neue Theorien des Rechts, S. 375, 378 ff.; vgl. auch *Amstutz*, in: Fischer-Lescano/Rödl/Schmid, Europäische Gesellschaftsverfassung, S. 333, 337 ff., der zwar nicht unmittelbar auf den transnationalen Rechtsprozess abstellt, sondern ausgehend vom kulturanthropologischen Begriff der *„métissage"* von einer Interpenetration von Rechtssystemen (ebd., 342) spricht und insoweit zu dem Schluss kommt: *„Weltrechtssysteme entstehen auf Grund der Geräusche, die segmentierte Rechtssysteme erzeugen bei ihren Versuchen zu kommunizieren"* (ebd., 347).

anwendung beeinflussen können. Im Bereich des IPR der außervertraglichen Schuldverhältnisse kann das beispielsweise über die Artikel 16, 17
und 26 Rom-II-VO geschehen. Auf dieser Ebene besteht also ansatzweise
die Möglichkeit zur Interaktion zwischen verschiedenen Rechtsregimen
und die potenzielle Berücksichtigung menschenrechtlicher Aspekte kann
zwar als befriedigend, aber ausbaufähig erachtet werden. So hat sich auch
anhand der konkreten Fallbeispiele gezeigt, dass es im Einzelfall durchaus
schwierig sein kann, menschenrechtlichen Standards auf diesem Wege zur
Geltung zu verhelfen, was nicht unbedingt an einer mangelnden Offenheit
des IPR lag, sondern vielmehr daran, dass der menschenrechtliche Pflich-
tenkatalog für Unternehmen oftmals zu unkonkret und vage ist. Vor diesem Hintergrund ist zu fragen, auf welchem Weg sich konkretere Vorgaben bzw. Pflichten für Unternehmen entwickeln lassen. In diesem Kontext
haben sich in der jüngeren Vergangenheit verschiedene Konzepte der *Corporate Social Responsibility* (CSR) etabliert. Eine definitorische Beschreibung, was der Begriff CSR beinhaltet, lässt sich nur schwer treffen, da er
insgesamt sehr vage und umfassend ist.[1611] Klar sollte sein, dass das Konzept je nachdem, zu welchem sozialen System es in Verhältnis tritt, einen
anderen Inhalt bekommt. Das Konzept einer nationalen *Corporate Social
Responsibility* orientiert sich somit in erster Linie an den hiesigen politischen und sozialen Gegebenheiten. Aktuell würden im nationalen Kontext
CSR-Konzepte im Mittelpunkt stehen, die sich mit Fragen der Gleichstel-
lung oder Vorbeugung von jeder Form der Diskriminierung auseinandersetzen. In einem internationalen Kontext und somit auch hier geht es primär um die sozialen und ökologischen Konflikte, mit denen sich Unternehmen aufgrund ihrer globalen Tätigkeit konfrontiert sehen, also beispielsweise um die Arbeitsbedingungen in ausländischen Konzern- oder
Zulieferunternehmen, die Vorbeugung von Korruption im Ausland, die
Einhaltung umweltrechtlicher Standards oder insgesamt menschenrechts-
adäquates unternehmerisches Verhalten. Im Kern geht es um die Frage, inwiefern ein Unternehmen rechtliche, ethische und moralische Belange in
die Unternehmensführung integrieren kann bzw. muss.[1612] Was ein CSR-

---

1611 *Enneking*, S. 381.
1612 *Enneking*, S. 382 f.; *Zerk*, Multinationals and corporate social responsibility,
S. 31 f.; *Kerr/Janda/Pitts*, Corporate Social Responsibility, S. 9 ff.; *Bernstorff*,
Extraterritoriale menschenrechtliche Staatenpflichten und Corporate Social Re-
sponsibility, AVR 49 (2011), 34, 35; guter Überblick über die Entwicklung der
CSR im nationalen und internationalen Kontext bei *Backer*, Multinational Cor-

Konzept auszeichnet und was es beinhaltet, hängt somit auch davon ab, in welchem sozialen Umfeld ein Unternehmen interagiert. Hinzu kommt, dass die rechtlichen bzw. normativen Vorgaben, die in diesem Zusammenhang von Bedeutung sind, aus unterschiedlichen Quellen stammen, da sie aus Formen nationaler, internationaler und privater Regulierung hervorgehen. Der Frage danach, inwieweit es sich bei manchen dieser Regelungen überhaupt um Recht im engeren Sinne handelt, kann hier nicht vertieft nachgegangen werden.[1613] Im Folgenden geht es vielmehr darum, exemplarisch und nicht abschließend zu zeigen, dass Fragen der transnational-sozialen Verantwortung multinationaler Unternehmen für menschenrechtsbeeinträchtigendes Verhalten zum Topos unterschiedlicher staatlicher und nicht-staatlicher Regularien geworden ist, die in ihrer Zusammenschau ein Paradebeispiel für einen transnationalen Rechtsprozess darstellen. Im Fokus stehen hierbei weniger die selbstregulativen CSR-Statuten einzelner Unternehmen an sich[1614], sondern vielmehr die externen Rahmenbedingungen, die sich in den vergangenen Jahren auf diesem Gebiet entwickelt haben und die Wechselwirkungen zwischen den unterschiedlichen Regelungs- und Steuerungsinstrumenten. Die hier dargestellten CSR-Konzepte können mit dem Attribut transnational versehen werden, da sie sich auf die grenzüberschreitenden Aktivitäten multinationaler Unternehmen beziehen. Insgesamt wird sich zeigen, dass durch die Vernetzung dieser unterschiedlichen Formen von Regulierung und Selbstregulierung ein „globales Verhaltensrecht für MNU"[1615] emergiert.

---

porations, Transnational Law: The United Nations' Norms on the Responsibilities of Transnational Corporations as a Harbinger of Corporate Social Responsility in International Law, 37 Col. Hum. Rights L. Rev. 287, 293 ff. (2006).

1613 Hierzu sehr instruktiv: *Torrance*, Persuasive Authority beyond the State: A Theoretical Analysis of Transnational Corporate Social Responsibility Norms as Legal Reasons within Positive Legal Systems, 12 Germ. L. J. 1573 ff. (2011); *McBarnet*, in: McBarnet/Voiculescu/Campbell, The New Corporate Accountability, S. 9, 11 f.

1614 Vgl. hierzu: *Teubner*, Self-Constitutionalizing TNCs - On the Linkage of Private and Public Corporate Codes of Conduct, 18 Ind. J. Global Legal Stud. 617 ff. (2011); *Herberg*, Globalsierung und private Selbstregulierung.

1615 *Amstutz*, in: Fischer-Lescano/Rödl/Schmid, Europäische Gesellschaftsverfassung, S. 333, 350; vgl. auch: Ebd., 351: „Die Operationen der CSR-Institutionen erzeugen kognitive Ressourcen, die je nach Kontext des Wirkens von MNU eine Vielfalt von globalen rules clusters emergieren lassen, die an die konkret betroffene Weltgesellschaftsstruktur adaptiert."

a) Universeller Ansatz mittels internationaler Regulierung

Universelle Rechtsstandards werden sich auf Dauer nur durchsetzen, wenn diese Standards auch teilweise auf einem multilateralen Fundament stehen. Ziel sollte es daher sein, nicht nur im Wege der dezentralen Rechtssetzung und Rechtsdurchsetzung, sondern auch auf multilateraler Ebene ein erhöhtes Schutzniveau zu erreichen. Eine völkervertragliche Regelung, die Unternehmen unmittelbar bindet, existiert bisher nicht und erscheint auch in Zukunft angesichts des umstrittenen Status transnationaler Unternehmen als Völkerrechtssubjekt, der Inflexibilität der Völkerrechtsordnung und ihrer Abhängigkeit von der Politik schwierig umsetzbar.[1616] Nachdem eine Initiative zu einer verbindlichen völkerrechtlichen Regelung des Verhaltens multinationaler Unternehmen, mit diesen als unmittelbare Adressaten, gescheitert war,[1617] stellen nunmehr die *UN Guiding Principles on Business and Human Rights*[1618] sowie die *OECD Guidelines for Multinational Enterprises*[1619] zwei maßgebliche Rechtsquellen dar. Auch wenn diese aufgrund ihrer geringen Verbindlichkeit als *soft law* anzusehen sind,[1620] haben sie sich in der jüngeren Vergangenheit insgesamt

---

1616 Vgl. hierzu: *Hailbronner/Kau*, in: Vitzthum (Hrsg.), Völkerrecht, S. 147 f., Rn. 42, die von einer fehlenden Völkerrechtssubjektivität ausgehen; Hobe, S. 163 ff.; *Schweisfurth*, Völkerrecht, S. 49 f., der zumindest von einer partiellen Völkerrechtssubjektivität ausgeht; Krajewski, in: Giegerich/Heinz, Int. Witrschafts- und Finanzrecht, S. 35, 44 ff; *Nowrot*, S. 562 ff.

1617 Vgl. U.N. Economic and Social Council (ECOSOC), Sub-Comittee on the Promotion and Protection of Human Rights, Economic, Social and Cultural Rights: Draft Norms on the Responsibilities of Transnational Corporations, U.N. Doc. E/CN.4/Sub.2/2003/12; hierzu: *Backer*, Multinational Coporations, Transnational Law: The United Nations's Norms on the Responsibilities of Transnational Coprorations as Harbinger of Corporate Responsibility in International Law, 37 Columb. Human Rights L. Rev. 101 (2005); *Hailbronner/Kau*, in: Vitzthum (Hrsg.), Völkerrecht, S. 147 f., Rn. 42; *Hobe,* Völkerrecht, S. 164; *Krajewski*, in: Giegerich/Heinz, Int. Witrschafts- und Finanzrecht, S. 35, 62.

1618 UN Guiding Prinicples on Business and Human Rights, HR/Pub/11/04 v. 16.06.2011, abrufbar unter: http://business-humanrights.org/en/un-guiding-pri nciples-on-business-and-human-rights-1 (letzter Aufruf: 19.01.2015).

1619 OECD, Guidelines for Multinational Enterprises, 2011 Edition (2011), http:// mneguidelines.oecd.org/text/ (letzter Aufruf: 19.01.2015).

1620 *Bonucci*, 'The legal status of an OECD act and the procedure for its adoption' (OECD Directorate for Legal Affairs, 2004) S. 2, abrufbar unter: http:// www.oecd.org/education/highereducationandadultlearning/31691605.pdf (letzter Aufruf: 19.01.2015).

als förderlich erwiesen. So können auch derartige rechtliche Erscheinungsformen z. B. im Rahmen der Ordre-public-Kontrolle durchaus Indizwirkung haben.[1621] Eine Forcierung der Ausgestaltung verbindlicher und unverbindlicher Verhaltensstandards im Bereich der *Corporate Social Responsibility* ist somit bereits im Gange. Zudem lassen sich auch eine Erweiterung des Spektrums rechtlicher Regelungen und die „Interpenetration"[1622] anderer rechtlicher Systembereiche feststellen. So sehen die UN-Leitprinzipien beispielsweise auch vor, dass Unternehmen ihre internen Compliance- und Due-Diligence-Systeme auf Fragen des internationalen Menschenrechtsschutzes erweitern.[1623] Konsequenz aus derartigen Vorstößen und ihrer selbstregulierenden Umsetzung seitens der MNU können nicht nur höhere Sorgfaltspflichten für Unternehmen, sondern auch mögliche wettbewerbsrechtliche Verstöße und daraus resultierende Ansprüche sein.[1624] In Art. 17 der UN-Leitprinzipien wird auch sehr konkret von einer menschenrechtlichen Sorgfaltspflicht gesprochen und die multinationalen Unternehmen werden dazu angehalten, die Risiken entsprechender Rechtsverletzung aufzudecken und einzuschränken. Insgesamt wird an dieser Stelle sehr deutlich an die MNU appelliert, die menschenrechtlichen Risiken ihrer Tätigkeit zu verifizieren, zu kommunizieren und zu restringieren. Auch hieraus kann bei einer entsprechenden Umsetzung ein enormer Zuwachs an Transparenz entstehen, der in der Folge dazu führen kann, dass tatsächlichen Rechtsverletzungen vorgebeugt werden kann und dass sie, wenn sie geschehen sind, besser geahndet werden können. Zu-

---

1621 *Kropholler*, IPR, S. 249, der den ordre-public auch durch internationale Standards mit oder ohne Völkrrechtsstatus bestimmt sieht.

1622 Vgl. zum Begriff: *Amstutz*, in: Fischer-Lescano/Rödl/Schmid, Europäische Gesellschaftsverfassung, S. 333, 342; ebd., 343: „Mit Interpenetration wird ein Zusammenhang zwischen Systemen bezeichnet, der Strukturen seligiert, welche den Aufbau dieser Systeme ermöglichen."

1623 Vgl. insoweit die zweite Säule der UN-Leitprinzipien, HR/Pub/11/04 v. 16.06.2011, B- 13, 15, 16, vgl. auch *Spießhofer*, NJW 2014, 2473 ff.; *Bird/ Caboy/Dhooge*, Corporate Voluntarism and Liability for Human Rights in a Post-Kiobel World, 102 Ky. L. J. 601, 623 ff (2013/2014).

1624 Zu Fragen des Wettbewerbsrechts: *Peukert*, Die Rechtsrelevanz der Sittlichkeit der Wirtschaft – am Beispiel der Corporate Social Responsibilty im US-Recht, in: Hilty/Henning-Bodewig, Corporate Social Responsibility, S. 233 ff.; zu den Auswirkungen auf Sorgfaltspflichtmaßstäbe: *Grabosch*, S. 96 f.; *Spießhofer*, NJW 2014, 2473, 2476; *Enneking*, S. 399; vgl. aber auch zum Scheitern entsprechender Verfahren, die sich auf interne Verhaltenskodizes stützen, Doe v. Wal-Mart Stores, Inc. 527 F.3 d 677 (9th Cir. 2009).

dem kann die Formulierung einer allgemeinen, menschenrechtlichen Sorgfaltspflicht in den UN-Leitlinien auch einen Ausgangspunkt für die nationalen Gesetzgeber zur Konkretisierung der Sorgfaltspflichten eines Mutterunternehmens für das Verhalten ausländischer Unternehmenstöchter sein.

Auch wenn die *UN Guiding Principles* letztendlich eine Not- und Kompromisslösung darstellen, da sie daraus resultieren, dass zuvor ein verbindliches völkerrechtliches Vertragswerk, mit dem Unternehmen direkt adressiert worden wären, gescheitert ist, haben sie seit ihrem Inkrafttreten positive Effekte erzielt.[1625] Die UN Guiding Principles wurden ob ihrer geringen Verbindlichkeit vornehmlich vonseiten verschiedener NGOs kritisiert. Allerdings führten sie dazu, dass die OECD ihre eigenen *Guidelines* anpasste und die Europäische Union eine veränderte Strategie im Bereich der CSR startete, sie erzielten somit eine unmittelbare Wirkung auf anderen Ebenen.[1626] Die UN-Leitprinzipien verkörpern somit ein Fundament für eine zukünftige, stärkere Bindung transnationaler Unternehmen an menschen-, sozial- und umweltrechtliche Standards und prägen somit bereits den zukünftigen internationalen Diskurs über die globale, soziale Verantwortung multinationaler Unternehmen. Insgesamt liefern sie einen globalen Bezugsrahmen, aus dem sich sehr wohl Konkretisierungen der staatlichen Schutzpflichten und der unternehmerischen Verantwortung in Bezug auf Wirtschaft und Menschenrechte ableiten lassen.[1627] Und man

---

1625 Zu dieser Entwicklung: *Ruggie*, Current Developments: Business and Human Rights: The Evolving Agenda, 101 Am. J. Int'l L. 819 ff. (2007); *Duruigbo*, Corporate Accountability and Liability for International Human Rights Abuses: Recent Changes and Recurring Challenges, 6 Nw. U. J. Int'l Hum. Rts. 222, 242 ff. (2008); *Hristova*, The Alien Tort Statute: A Vehicle for Implementing the United Nations Guiding Prinicples for Business and Human Rights and Promoting Corporate Social Responsibility, 47 U.S.F.L. Rev. 89, 92 (2012); die Guiding Principles als zu wenig weitreichend einstufend: *Kamatali*, New Guiding Principles on Business and Human Rights' Contribution in Ending the Divisive Debate over Human Rights Responsibilities of Companies: Is It Time for an ICJ Advisory Opinion, Cardozo J. Int'l & Comp. L. 437 ff. (2012).

1626 *Blitt*, Beyond Ruggie's Guiding Principles on Business and Human Rights: Charting an Embracive Approach to Corporate Human Rights Compliance, 48 Tex. J. Int'l L. 33, 50 ff. (2012).

1627 Wie hier positiv bewertend: *Voland*, Unternehmen und Menschenrechte - vom Soft Law zur Rechtspflicht, BB 2015, 67, 71 f.; *Kaslowsky/Voland*, Die „Ruggie Revolution" – Menschenrechte im unternehmerischen Handeln, Anwbl. 2014, 388 ff., die aufgrund der Leitprinzipien die Empfehlung an Unternehmen abge-

kann durchaus bereits den UN-Leitprinzipien den Grundsatz entnehmen, dass auch Menschenrechtsverletzungen, die auf unternehmerisches Handeln zurückzuführen sind, nicht folgen- und entschädigungslos bleiben sollen.[1628]

b) Nationale/supranationale Regulierung

Auch auf nationaler bzw. supranationaler Ebene ergeben sich komplementäre, innovative Regelungsansätze, die das Verhalten von MNU in sozial und ökologisch sensiblen Bereichen regulieren und standardisieren möchten. So hat die EU-Kommission am 16.04.2013 einen Vorschlag für eine Richtlinie zur Verbesserung der Transparenz großer Unternehmen in sozialen und ökologischen Fragen eingereicht.[1629] Mit dieser Richtlinie soll die Transparenz der Unternehmensführung in nichtfinanziellen Bereichen erhöht werden, um gleichzeitig das Risiko für Unternehmen in diesen Bereichen zu minimieren. Die Kommission erklärt in der Begründung zum Richtlinienvorschlag, dass dieser Vorschlag ein Teil der „Neuen Strategie (2011–2014) für die soziale Verantwortung von Unternehmen"[1630] darstellt. Der Richtlinienvorschlag sieht vor, dass Unternehmen mit mehr als

---

ben im Rahmen ihrer Tätigkeit menschenrechtliche Aspekte stärker zu berückischtigen; *Fischer-Lescano/Möller*, S. 76 ff.; *Bird/Cahoy/Dhooge*, 102 Ky. L. J. 601, 625 ff. (2013/2014).

1628 UN GA, A/RES/60/147, 21.03 2008 Guidelines, Nr. 3 c); *Fischer-Lescano/ Möller*, S. 81.

1629 EU-Kommission, Vorschlag für eine Richtlinie zur Änderung der Richtlinien 78/660/EWG und 83/349/EWG des Rates im Hinblick auf die Offenlegung nichtfinanzieller und die Diversität betreffender Informationen bestimmter großer Gesellschaften und Konzerne, COM (2013). 207 final v. 16.04.2013 , abrufbar unter: http://eur-lex.europa.eu/legal-content/DE/TXT/PDF/?uri=CELEX:52 013PC0207&from=DE (letzter Aufruf: 19.01.2015); mittlerweile verabschiedet als Richtlinie 2014/95 EU v. 22.10.2014, 2013/0110 (COD) LEX 1572, Amtsblatt der EU L 330/1; vgl. insoweit auch § 315 I S. 4 HGB, der bis dato regelt, dass nicht-finanzielle Informationen wie Arbeiter- oder Umweltbelange in den Konzernlagebericht aufzunehmen sind, soweit sie für das Verständnis des Geschäftsverlaufs von Bedeutung sind; vgl. hierzu auch: *Lanfermann*, EU-Richtlinienvorschlag zur Offenlegung von nicht-finanziellen Informationen. Ist eine Pflicht notwendig?, BB 2013, 1323 ff.; *Spießhofer*, Die neue europäische Richtlinie über die Offenlegung nichtfinanzieller Informationen – Paradigmenwechsel oder Papiertiger?, NZG 2014, 1281 ff; *Voland*, BB 2015, 67, 73 f.

1630 KOM (2011) 681 final v. 25.10.2011.

500 Mitarbeitern und einer Bilanzsumme über 20 Mio. Euro bzw. einem Nettoumsatz über 40 Mio. Euro in ihrem Lagebericht auch eine nichtfinanzielle Erklärung abgegeben müssen, die mindestens Angaben zu Umwelt-, Sozial- und Arbeiternehmerbelangen, zur Achtung der Menschenrechte und zur Bekämpfung der Korruption und Bestechung miteinschließen (vgl. Art. 1 Nr. 1 b Änderungsvorschlag). Diese Angaben müssen insbesondere solche Auskünfte enthalten, die darlegen, welche Unternehmenspolitik in diesen Bereichen verfolgt wird und welche Risiken sich im Zusammenhang mit diesen Belangen ergeben. Durch die Erhöhung der Berichtspflichten werden für die adressierten Unternehmen insbesondere bestimmte Pflichten im Compliance-Bereich festgeschrieben und eine Due-Diligence im Bereich der *Corporate Social Responsibility* vorausgesetzt. Die Richtlinie zielt auch darauf ab, dass es zu einem echten *Monitoring* möglicher Auswirkungen der Tätigkeiten von Zulieferbetrieben oder Tochterunternehmen kommen soll. Insgesamt ist der Richtlinienvorschlag zu befürworten, da er deutlich macht, dass das Konzept für eine ökonomische und soziale Verantwortung unternehmerischen Handelns nicht auf reiner Freiwilligkeit beruht, sondern zu erweiterten Pflichten führen kann. Zudem erweist sich die sich so ergebende gesteigerte Transparenz auch als eine Chance für ein Mehr an zivilgesellschaftlicher und letztendlich auch juristischer Kontrolle.[1631]

Auf nationaler Ebene existiert in Frankreich ein Gesetzgebungsvorschlag, der französischen Unternehmen eine Pflicht zur Implementierung eines präventiven Programms zur Verhinderung von Schadenseintritten auferlegt. Dabei geht es nicht nur um die Vermeidung von Umwelt- und Gesundheitsschäden, sondern auch um die Vermeidung von Schäden, die aus einer Verletzung fundamentaler Rechte resultieren. Der Gesetzgebungsvorschlag sieht insoweit eine präventive Überwachungs- und Sorgfaltspflicht bezüglich potenzieller Schäden vor, die nicht nur für das Unternehmen, sondern auch für dessen Tochterunternehmen und Zulieferer gelten würden. Sollte ein Unternehmen nicht darlegen können, dass es ein Präventivsystem zur Schadensvermeidung implementiert hat, so werden eine Pflichtverletzung und ein kausaler Beitrag zum Schadenseintritt ver-

---

1631 Vgl. hierzu auch *Kocher/Wenckebach*, Recht und Markt – Ein Plädoyer für gesetzliche Pflichten von Unternehmen zur Offenlegung ihrer Arbeits- und Beschäftigungspflichten, KJ 2013, 18, 28.

mutet.[1632] Im Vereinigten Königreich wurde ein Gesetzgebungsvorschlag eingereicht, der u. a. darauf abzielt, dass Unternehmen die Arbeitsbedingungen in ihren Tochterunternehmen und Zulieferbetrieben ermitteln und offenlegen, um so dokumentieren zu können, dass diese extraterritorialen Produktionsabläufe ohne Zwangs- und Kinderarbeit auskommen.[1633] Einen ähnlichen Weg schlagen die §§ 1502–1504 des US-amerikanischen *Dodd-Frank Wallstreet Reform and Consumer Protection Act (Dodd-Frank Act)*[1634] ein.[1635] Dieses Gesetz sieht vor, dass Unternehmen hinsichtlich der Herkunft bestimmter Konfliktmineralien Nachprüfungspflichten treffen, wenn Unternehmen diese Konfliktmineralien in ihrer Produktion verwenden. Die Nachprüfungspflicht trifft zunächst nur in den USA börsennotierte Unternehmen und sieht eine Berichterstattung an die US-Börsenaufsicht (SEC) vor. Wenn die Nachprüfungen ergeben sollten, dass die Konfliktmineralien aus einer in dem Gesetz gelisteten Krisenregion stammen, trifft die Unternehmen eine erweiterte Nachforschungspflicht. Zudem müssen sie dann einen Bericht anfertigen, der offenlegt, dass bei der Beschaffung der jeweiligen Metalle/Erze ausreichende Schritte unternommen wurden, um zu verhindern, dass die Akquise der Rohstoffe zur Konfliktfinanzierung beitragen könnte. Die Regelung bezweckt insbesondere auch einen Schutz von Minenarbeitern vor Ausbeutung und Zwangsarbeit, da die Erfahrungen der jüngeren Geschichte in Krisengebieten wie der Demokratischen Republik Kongo oder anderen Staaten gezeigt haben, dass die dortigen (para-)militärischen Akteure nicht nur die

---

1632 Proposition de Loi de M. Bruno Le Roux et plusieurs de ses collègues relative au devoir de vigilance des sociétés mères et des enterprises donneuses d'ordre, N. 1524 (6.11.2013), abrufbar unter: http://www.assemblee-nationale.fr/14/prop ositions/pion1524.asp (letzter Aufruf: 19.1.2015) ; vgl auch Proposition de loi N. 1777 relative au devoir de vigilance des sociétés mères et des entreprises donneuses d'ordre écrite par Jean-Noël Carpentier (11.02.2014), abrufbar unter: http://www.nosdeputes.fr/14/document/1777 (letzter Aufruf: 19.01.2015).

1633 Gemeinsamer Bericht des House of Lords und House of Commons, Report Draft Modern Slavery Bill, HL Paper 166/HC 109, abrufbar unter: http://www.p ublications.parliament.uk/pa/jt201314/jtselect/jtslavery/166/166.pdf (letzter Aufruf: 19.01.2015insgesamt zu der Gesetzesinitiative: http://business-humanri ghts.org/en/uk-modern-slavery-bill#c98316 (letzter Aufruf: 19.01.2015).

1634 Dodd-Frank Wallstreet Reform and Consumer Protection Act, Pub. L. No. 111–203, § 1502, 124 Stat 1376 (2010) (jetzt kodifiziert in 15 U.S.C. § 78 m (p) 2012).

1635 Vgl. hierzu: *Sarfaty*, Human Rights Law Meets Security Regulation, 54 Va. J. Int'l L. 97 ff. (2013).

Gewinne aus dem Verkauf der Rohstoffe zur Finanzierung ihrer verbrecherischen Handlungen benutzen, sondern auch die Rohstoffförderung an sich von menschenunwürdigen und ausbeuterischen Bedingungen geprägt ist. Der Kongress hat mit diesem Gesetz also nicht den Kauf von Rohstoffen aus dem Krisengebiet generell gebannt, sondern er beschränkt sich darauf, dass die Unternehmen ihre Bezugsquellen offenlegen und eventuell kennzeichnen müssen (z. B. auf ihrer Homepage).[1636] Für die Verwender entsprechender Rohstoffe bedeutet das, dass sie den Bezug entsprechender Ware anhand einer recht aufwendigen *due diligence* überprüfen müssen. Insgesamt zielen die Regelungen darauf ab, ein erhöhtes Niveau an Transparenz zu schaffen, um so bereits präventiv zu verhindern, dass inländische Unternehmen über ihre Zulieferer oder Tochterunternehmen in kriegerische Aktivitäten oder schwere Menschenrechtsverletzungen involviert werden. Derartige Gesetze entsprechen insoweit auch dem in den *UN Guiding Principles* enthaltenen Ansatz zur Implementierung einer menschenrechtlichen *due diligence*.[1637] In den USA entstehen in diesem Zusammenhang auch weitere Gesetze auf Ebene der Einzelstaaten, die es den Staaten erlauben oder gebieten, Bewerber, die den Anforderungen des *§ 1502 Dodd-Frank Act* nicht nachkommen, in öffentlichen Auftrags- oder Vergabeverfahren nicht zu berücksichtigen.[1638] Auch in Deutschland gab es auf kommunaler Ebene vergleichbare Vorstöße, die beispielsweise festlegten, dass auf Friedhöfen nur Natursteine als Grabsteine verwendet werden dürfen, die nachweislich nicht aus Zulieferbetrieben stammen, in denen es zu Formen der ausbeuterischen Kinderarbeit gekommen ist.[1639] Das Bundesverwaltungsgericht hat diese kommunale Satzung zwar mittlerweile aufgehoben, allerdings nicht aus Gründen, die die grundsätzliche Kompetenz der Kommunen zum Erlass einer Regelung, die primär dem extraterritoria-

---

1636 *Prenkert/Shackelford*, Business, Human Rights, and the Promise of Polycentricity, 47 Vand. J. Transnat'l L. 451, 474 ff. (2014).

1637 *Prenkert/Shackelford*, 47 Vand. J. Transnat'l L. 451, 481 (2014).

1638 Vgl. z. B. Cal. Pub. Cont. Code § 10490 (2013); Mass. H.B. No 2989, 188th Gen. Court (2013) abrufbar unter: https://malegislature.gov/bills/188/House/H2 898 (letzter Aufruf: 19.01.2015); *Prenkert/Shackelford*, 47 Vand. J. Transnat'l L. 451, 482 (2014); vgl. hierzu auch: *Ho*, 52 Columb. J. Transnat'l L. 113 ff. (2013); *Millon*, Human Rights and Delaware Corporate Law, 25 Pac. McGeorge Global Bus. & Dev. L. J., 173 ff. (2012).

1639 Vgl. ausführlich hierzu:*Krajewski*, Kommunaler Menschenrechtsschutz durch Verbote von Grabmalen aus ausbeuterischer Kinderarbeit, DÖV 2014, S. 721 ff.; *Kößler/Saage-Maaß*, KJ 2014, 461 ff.

len Schutz von Menschenrechten dient, verneint, sondern weil die konkrete Satzung zu unbestimmt formuliert war und einen Eingriff in die Berufsausübungsfreiheit darstellte.[1640] Ein wesentliches Problem der Regulierung bestand vor allem auch deswegen, weil es keine verlässlichen Zertifizierungssysteme für die Herkunft der Natursteine gab.[1641] Die generelle Möglichkeit, dass auch Kommunen aktiv für einen extraterritorialen Menschenrechtsschutz eintreten, besteht jedoch.[1642] Um die Effektivität vergleichbarer Regulierungsansätze in Zukunft gewährleisten zu können, bedarf es allerdings konkreterer gesetzlicher Rahmenbedingungen auf mehreren Ebenen. So sollten z. B. konkretere Vorgaben zur Ächtung ausbeuterischer Kinderarbeit gemacht werden und die Zertifizierung über die Herkunft entsprechender Produkte sollte effektiver und transparenter gestaltet werden.[1643]

Insgesamt hat sich gezeigt, dass auch auf der Ebene staatlicher Regulierung Schritte unternommen werden können, die auf die Verdichtung und Verrechtlichung unternehmerischer Sorgfaltspflichten und eine gesteigerte Transparenz abzielen und eine transnationale Wirkung entfalten können. Diese gesetzlichen Initiativen sind dabei teilweise von bereits existierenden CSR-Regelwerken inspiriert und rezipieren die globalen Probleme, die von diesen Regelwerken identifiziert wurden.

c) Nicht-staatliche Regulierung durch private Unternehmenskodizes

Eine weitere Erscheinungsform stellt die nicht-staatliche Regulierung durch freiwillige Verhaltenskodizes oder andere selbstregulative Maßnah-

---

1640 BVerwG, Urt. V. 16.10.2013 – 8 CN 1.12-, juris; anders dagegen noch Bayerischer Verwaltungsgerichtshof, Beschluss vom 27. Juli 2009 – 4 N 09.1300 –, juris, insoweit bereits aufgehoben von Bayerischer Verfassungsgerichtshof, Entscheidung vom 07. Oktober 2011 – Vf. 32-VI-10 –, juris; *Krajewski*, DÖV 2014, S. 721, 724.
1641 BVerwG, Urt. V. 16.10.2013 – 8 CN 1.12 –, juris, Rn. 22.
1642 Krajewski, DÖV 2014, S. 721, 726.
1643 Krajewski, DÖV 2014, S. 721 ff ; *Ders.*, Menschenrechtsschutz und Friedhofssatzungen, S. 4 ff., abrufbar unter: http://menschenrechte.org/wp-content/upload s/2014/03/Friedhofsatzung_Krajewski.pdf (letzter Aufruf: 19.01.2015); Kößler/Saage-Maaß, KJ 2014, 461, 465 f.

men der MNU dar.[1644] Was beinhalten diese privaten CSR-Kodizes und woher kommt die Motivation zur Selbstregulierung? Die Unternehmen geben sich insofern interne Verhaltensregeln vor, mit denen sie die Einhaltung bestimmter Arbeitsbedingungen, die Einhaltung menschenrechtlicher, ökologischer, produktsicherheitsrelevanter oder ethischer Standards gewährleisten wollen.[1645] Diese teilweise auch unternehmensübergreifenden Regelwerke zielen insgesamt darauf ab, „kognitive Ressourcen für ein sozial verantwortliches unternehmerisches Verhalten zu erzeugen"[1646]. Die Motive für den Erlass derartiger Kodizes sind indifferent: Teilweise folgen sie wettbewerbs- und gewinnorientierten Motiven, da sich durch das Berufen auf die Einhaltung derartiger Standards Vorteile gegenüber Konkurrenten sowie neue Marktanteile schaffen lassen;[1647] teilweise wurzeln sie in ethischen Überzeugungen und teilweise dienen sie der präventiven Abwehr scharfer staatlicher Regulierung.[1648] So breit gestreut die Mo-

---

1644 Vgl. hierzu: *Abbott/Snidal*, Strengthening International Regulation through Transmittal New Governance: Overcoming the Orchestration Deficit, 42 Vand. Journ. Trasnat'l L. 501, 513 (2009); *Backer*, Economic Globalization and the Rise of Efficient Systems of Global Private Law Making: Wal-Mart as a Global Legislator, 39 Conn. L. Rev. 1739 ff. (2007); *ders.*, Transnational Corporations' Outward Expression of Inward Self-Constitution: The Enforcement of Human Rights by Apple, Inc., Ind. 20 J. Global Legal Stud. 805ff. (2013); *Herberg*, Globalisierung und private Selbstregulierung, S. 68 ff., *Teubner*, Transnationale Wirtschaftsverfassung: Franz Böhm und Hugo Sinzheimer jenseits des Nationalstaates, ZaöRV 2014, 733, 753 ff.

1645 Vgl. hierzu: *Hopt*, in: Hohmann/Koslowski/Lütge, Wirtschaftsethik der Globalisierung, S. 81 ff.; *Abbott/Snidal*, Strengthening International Regulation Through Transnational New Governance: Overcoming the Orchestrattion Deficit, 42 Vand. J. Transnat'l L. 501 ff. (2009); Teubner, in: FS Hopt, S. 1449, 1450.

1646 *Amstutz*, in Fischer-Lescano/Rödl/Schmid (Hrsg.), Europäische Gesellschaftsverfassung, S. 333, 348.

1647 *Scheffer/Kaeb*, The Five Levels of CSR Compliance: The Resiliency of Corporate Liability under the Alien Tort Statute and the Case for a Counterattack Strategy in Compliance Theory, 29 Berkeley J. Int'l L. 334, 374 (2011).

1648 *Steinhardt*, in: Alston, Non-State Actors and Human Rights, 176, 180 ff.; kritisch zu dieser Form der Regulierung: Bartley, Institutional Emergence in an Era of Globalization: The Rise of Transnational Private Regulation of Labor and Environmental Conditions, 113 Am. J. Sociol. 297, 327 ff. (2007); kritisch auch: *Fischer-Lescano/Möller*, S. 73; *Teubner*, in: FS für Klaus J. Hopt, S. 1449 ff.; *Kocher*, Corporate Social Responsibility: Eine gelungene Inszenierung?, KJ 2010, 29, 32; aus wirtschaftswissenschaftlicher Sicht: *Knudsen*, Company Delisting from the UN Global Compact: Limited Business Demand or Domestic

tivation für derartige Initiativen ist, so vielfältig sind auch die Erscheinungsformen der Regulierung in diesem Bereich.[1649] Unabhängig von ihrem spezifischen Regelungsgehalt dienen diese Corporate Codes der privatautonomen Manifestierung spezieller Verhaltensstandards und schützen primär das Unternehmen davor, dass es in seinem Tätigkeitsbereich zu sozialschädlichen Einflüssen kommt, welche sich umgekehrt negativ auf das Unternehmen und seinen Profit auswirken können. Trotz der sicherlich positiven Effekte, die sich durch derartige Initiativen ergeben, leiden diese Formen der privaten Regulierung für sich gesehen vor allem an einer mangelnden externen Effektivität, da die Außenwelt zunächst keine Einflussmöglichkeit auf den Inhalt und die Einhaltung derartiger Verhaltensnormen hat. Derartige Regelungen können somit eine staatliche Regulierung nicht ersetzten, sondern lediglich ergänzen.[1650] Die Emergenz und Vervielfältigung derartiger Kodizes werfen auch rechtstheoretische Fragen auf: Stellen derartige Formen der globalen Regulierung nun ein eigenes nicht-staatliches Rechtssystem dar? Und lassen sich derartige CSR-Regularien überhaupt als Recht klassifizieren? Anknüpfend an die Systemtheorie Niklas Luhmanns kann man davon ausgehen, dass das Recht in seiner Struktur durch einen binären Code (Recht/Unrecht) geprägt ist und Steuerung durch ein Rechtssystem dann erfolgt, wenn es eine bestimmte Funktion (für die Gesamtgesellschaft) erfüllt und eine Leistung (für das eigene System und andere Systeme) übernimmt.[1651] Das Rechtssystem als solches produziert und ist ein Produkt rechtlicher Kommunikation (Autopoiesis),[1652] da es normative Erwartungen stabilisiert und schützenswerte Erwartungen selektiert.[1653] CSR-Regularien weisen zweifellos eine Struktur auf, die sich in die binäre Codierung aus Recht und Unrecht einfügen lässt.[1654] Hinsichtlich ihrer Leistung und ihrer Funktion lassen sich CSR-

---

Governance Failure?, 103 Journ. Bus. Ethics 331 ff. (2011); *Teubner*, ZaöRV 2014, 733, 753 ff.

1649 Vgl. hierzu: *Kocher*, Corporate Social Responsibility: Eine gelungene Inszenierung?, KJ 2010, 29, 30.

1650 *Vogel*, The Private Regulation of Coporate Conduct, 49 Business&Society 68, 83 f. (2010); *Steinhardt*, in Alston: Non State Actors and Human Rights, S. 177, 221; *Enneking*, S. 453 f.

1651 *Luhmann*, S. 156 f., 166 ff.; *Callies/Renner*, Ratio Juris 22 (2009), 260, 266.

1652 *Callies/Renner*, Ratio Juris 22 (2009), 260, 267.

1653 *Luhmann*, S. 137; *Callies/Renner*, Ratio Juris 22 (2009), 260, 267.

1654 *Teubner*, in: FS Klaus J. Hopt, S. 1449, 1451 ff.; *Callies/Renner*, Ratio Juris 22 (2009), 260, 268.

Regelungsregime aber nur bedingt als ein eigenständiges Rechtssystem verstehen, da sie zwar durch eine interne Verhaltensteuerung und die interne Stabilisierung normativer Erwartungen eine Funktion übernehmen, sie aber unmittelbar keine Leistung in Form einer Verbalisierung und Kommunikation von Streitigkeiten vor einer objektiven Instanz ermöglichen.[1655] Die nicht-staatlichen CSR-Regime weisen in vielerlei Hinsicht rechtliche Strukturen auf, teilweise sind sie aber auch als bloße soziale Normen zu charakterisieren, da, wenn man sie isoliert betrachtet, ihre Einhaltung und Überprüfung von internen Verfahren sowie nichtrechtlichen Sanktionsmechanismen abhängen.[1656] Eine pauschale Beantwortung der Frage nach der Rechtsqualität der phänotypisch stark verschiedenen CSR-Regelungen ist somit nicht möglich, da es insgesamt auf das jeweilige CSR-Regime und seinen Kontext ankommt. Auch wenn die privaten Urheber der verschiedenen CSR-Regime vornehmlich darauf bestehen werden, dass ihren Regelungen keine rechtverbindliche Wirkung zuzuschreiben ist, zeigen sich gewisse Tendenzen dahin, dass ihnen im Rahmen einer gerichtlichen, externen Prüfung doch eine rechtsverbindliche Wirkung attestiert werden kann.[1657] Auch die nicht-staatlichen Regelungs- und Steuerungsinstrumente sind somit Teil eines Prozesses der Verrechtlichung des Beziehungsgeflechts aus transnationalen Unternehmen und Menschenrechten.

d) Zusammenfassende Bewertung

Es existieren zunehmend staatliche und nicht-staatliche Formen der Regulierung, durch die eine positive Verhaltenssteuerung in den Bereichen Menschenrechte, Umwelt und gerechter globaler Arbeitsstandards bewirkt werden soll. Das Zusammenwirken dieser Maßnahmen führt zu einer zunehmenden Verrechtlichung. Die Probleme, die sich aus der Deregulierung und der Staatsferne globaler Märkte ergeben haben, werden mit multidimensionalen und rechtspluralistischen Lösungsansätzen konfrontiert.

1655 *Callies/Renner*, Ratio Juris 22 (2009), 260, 268 & 273.
1656 *Callies/Renner*, Ratio Juris 22 (2009), 260, 268 & 273 f.; *Kocher*, KJ 2010, 29, 34.
1657 Vgl hierzu ausführlich: *Teubner*, ZaöRV 2014, 733, 755 ff.; *Beckers*, Taking Corporate Codes Seriously: Towards Private Law Enforcement of Voluntary Corporate Social Responsibility Codes.

Durch die Kommunikation und Interaktion der verschiedenen rechtlichen und quasi-rechtlichen Regelungsstrategien entsteht eine komplexe Struktur eines transnationalen „MNU-Verhaltensrechts"[1658].

2. Außergerichtliche Streitschlichtung/ADR

Auch nicht-staatliche Spruchkörper können dazu beitragen, transnationale Rechtsverletzungen zu regulieren. Unter dem Begriff ADR lassen sich Formen der alternativen Streitbeilegung zusammenfassen, denen gemeinsam ist, dass sie auf eine autoritative Entscheidung durch einen Spruchkörper verzichten.[1659] Im Zusammenhang mit den hier diskutierten globalen Prozessen haben sich auch Formen der ADR etabliert, die anhand zweier Beispiele vorgestellt werden sollen.

a) Das Beschwerdeverfahren vor den nationalen OECD-Kontaktstellen

Mit den OECD-Leitsätzen für multinationale Unternehmen wurden schon frühzeitig Leitlinien für eine globale verantwortungsvolle Unternehmensführung erarbeitet.[1660] Diese Leitlinien stellen unverbindliche Empfehlungen der OECD-Mitgliedsstaaten an Unternehmen und ihre Auslandstätigkeit dar. Um die Umsetzung dieser Leitlinien jedoch möglichst effektiv zu gestalten, wurde die Einrichtung nationaler Kontaktstellen beschlossen,

---

1658 *Amstutz*, in: Fischer-Lescano/Rödl/Schmid, Europ. Gesellschaftverfassung, S. 333, 350.

1659 *Risse*, Wirtschaftsmediation, § 1 Rn. 10.

1660 OECD-Leitsätze für Multinationale Unternehmen – Neufassung 2011, abrufbar unter: http://www.bmwi.de/BMWi/Redaktion/PDF/M-O/oecd-leitsaetze-2011-d e,property=pdf,bereich=bmwi2012,sprache=de,rwb=true.pdf (letzter Aufruf: 19.01.2015); vgl. hierzu allgemein: Schliemann, Procedural Rules for the Implementation of the OECD Guidelines for Multinational Enterprises – A Public International Law Perspective, 13 Germ. L. J. 51 ff. (2013); Oshionebo, The OECD Guidelines for Multinational Enterprises as Mechanisms for Sustainable Development of Natural Resources: Real Solutions or Window Dressing, 17 Lewis & Clark L. Rev. 545 ff. (2013); Schuler, Effective Governance through Decentralized Soft Implementation: The OECD Guidelines for Multinational Enterprises, 9 Germ. L. J. 1753 ff. (2008); Voland, Unternehmen und Menschenrechte – vom Soft Law zur Rechtspflicht, BB 2015, 67, 69.

die eine wirksame Anwendung der Leitsätze fördern sollen.[1661] Die nationalen Kontaktstellen sollen bei Beschwerden oder Hinweisen auf Verstöße gegen die Leitsätze ein Forum zur Vermittlung schaffen. Dieses Beschwerdeverfahren stellt einen Streitschlichtungsmechanismus sui generis dar, wobei die Verfahrensordnungen von den nationalen Kontaktstellen selbst festgelegt werden und somit stark variieren können.[1662] Das Beschwerdeverfahren erzeugt als effektives Ergebnis einen öffentlichen Bericht. Es wird also weder ein verbindliches Urteil noch etwas Vergleichbares gefällt.[1663] Die Beschwerdeverfahren werden zumeist von NGOs oder Gewerkschaften aus dem Sitzstaat des betroffenen multinationalen Unternehmens geführt und betreffen überwiegend Sachverhalte, in denen Zulieferunternehmen oder Tochterunternehmen gegen menschenrechtliche oder soziale Standards verstoßen haben. Im Idealfall geben die beteiligten Parteien am Ende eines Verfahrens eine gemeinsame Erklärung ab. Die deutsche Nationale Kontaktstelle, die im Bundesministerium für Wirtschaft und Energie angesiedelt ist, hatte bis dato über 25 Beschwerden zu entscheiden, neun Beschwerdeverfahren wurden abgeschlossen.[1664] Im Zeitraum zwischen Juni 2012 und Juli 2013 wurden fünf neue Beschwerdeverfahren angenommen.[1665] Insgesamt ist in der jüngeren Vergangenheit ein Zuwachs an Verfahren zu verzeichnen.[1666]

Sowohl die Beteiligung an dem Verfahren als auch mögliche Ergebnisse und ihre Umsetzung basieren auf dem Prinzip der Freiwilligkeit. Teil-

---

1661 Vgl. hierzu auch: *Wouters/Rygaert*, 40 Geo. Wash. Int'l L. Rev. 939, 972 (2009); *Backer*, Transnational Corporations' Outward Expression of Inward Self-Constitution: The Enforcement of Human Rights by Apple, Inc., 20 Ind. J. Global Legal Stud. 805, 827 f. (2013).

1662 *Robinson*, 30 Utrecht Journ. Int. & Europ. L., 68, 72 (2014).

1663 OECD-Leitsätze für Multinationale Unternehmen –Neufassung 2011, S. 83, abrufbar unter: http://www.bmwi.de/BMWi/Redaktion/PDF/M-O/oecd-leitsaetze-2011-de,property=pdf,bereich=bmwi2012,sprache=de,rwb=true.pdf (letzter Aufruf: 19.01.2015); *Krajewski*, in: Giegerich, Internationales Wirtschafts- und Finanzrecht in der Krise, S. 35, 58 f.

1664 Vgl. hierzu die Jahresberichte der nationalen Kontaktstelle der BRD, abrufbar unter: http://www.bmwi.de/DE/Themen/Aussenwirtschaft/Internationale-Gremien/oecd-leitsaetze,did=429912.html (letzter Aufruf: 19.01.2015).

1665 Jahresbericht der deutschen Nationalen Kontaktstelle an die OECD, S. 11 ff., abrufbar unter: http://www.bmwi.de/BMWi/Redaktion/PDF/M-O/oecd-nks-jahresbericht-juli-2012-2013,property=pdf,bereich=bmwi2012,sprache=de,rwb=true.pdf (letzter Aufruf: 19.01.2015).

1666 Kasolowsky/Voland, NZG 2014, 1288, 1289.

weise geben die Unternehmen am Ende eine selbstverpflichtende Erklärung ab, mit der sie geloben, in Zukunft verstärkt präventiv gegen mögliche Verstöße gegen die Leitsätze vorzugehen.[1667] Das Ermittlungsergebnis des Verfahrens kann aber durchaus weitreichend sein. Die Erklärung einer nationalen Kontaktstelle kann, auch wenn sie per se keine rechtlich bindende Entscheidung darstellt, durchaus eine Urteilsformel beinhalten, die die Wesenszüge einer binären Codierung Recht/Unrecht enthält, und kann somit auch eine Geltung, die über die den Anwendungsbereich der OECD-Leitlinien hinausgeht, beanspruchen. Dies zeigt sich an der Entscheidung der Kontaktstelle des Vereinigten Königreichs in der Beschwerde *Global Witness v. Afrimex Ltd.*[1668] Die Kontaktstelle stellte insoweit fest, dass die Afrimex Ltd. bei ihrer unternehmerischen Tätigkeit im Kongo die menschenrechtlichen Vorgaben der OECD-Leitlinien in mehrfacher Hinsicht nicht eingehalten habe, dass sie keine ausreichende Sorgfalt bei der Auswahl und Überwachung ihrer Zulieferer angewandt habe und dass sie Bestechungsgelder an militarisierte Rebellen im Kongo gezahlt habe und somit insgesamt zu einem Konflikt beigetragen habe, der „eine ökonomische, soziale und ökologische Entwicklung des Kongo verhinderte und zu Menschenrechtsverletzungen beitrug"[1669]. Derartige Feststellungen sind nicht weit von einem normalen Urteilsspruch entfernt und könnten in einem weiteren ordentlichen Verfahren gegen das Unternehmen Indizwirkungen entfalten. Gerade auch deswegen können Verfahren vor den Kontaktstellen ein taktisches Mittel zur Vorbereitung weitere Schritte gegen einen potenziellen Rechtsverletzer sein. Die Feststellungen der Kontakt-

---

1667 Vgl. *Cernic*, Corporate Responsibility for Human Rights: A Critical Analysis of the OECD Guidelines for Multinational Enterprises, 4 Hanse L. Rev. 71, 88 (2008).

1668 Vgl.: Finale Stellungnahme der nationalen Kontaktstelle des Vereinigten Königreichs v. 28.8.2008, abrufbar unter: http://webarchive.nationalarchives.gov.uk/20121205150610/http://www.bis.gov.uk/policies/business-sectors/green-economy/sustainable-development/corporate-responsibility/uk-ncp-oecd-guidelines/cases/final-statements (letzter Aufruf: 19.01.2015); vgl. hierzu: Cernic, Global Witness v. Afrimex Ltd.: Decision Applying OECD Guidelines on Corporate Responsibility for Human Rights, ASIL Insights, Vol. 13 (2009), Issue 1; Herdegen, International Economic Law, S. 111 f.

1669 Finale Stellungnahme der nationalen Kontaktstelle des Vereinigten Königreichs v. 28.8.2008, abrufbar unter: http://webarchive.nationalarchives.gov.uk/2012120 5150610/http://www.bis.gov.uk/policies/business-sectors/green-economy/sustainable-development/corporate-responsibility/uk-ncp-oecd-guidelines/cases/final-statements (letzter Aufruf: 19.01.2015), S. 11.

stellen können also im Einzelfall Normverstöße aufdecken, benennen und nach außen publizieren, manch einer mag hierin eine Artikulation von Recht erkennen.

Insgesamt fördern die Verfahren vor den Kontaktstellen sicherlich die Publizität transnationaler Rechtsverletzungen und erzeugen eine höhere Sensibilität für menschenrechtliche Belange. Gleichzeitig erzeugen weder die Leitsätze noch die Beschwerdeverfahren verbindliche und vor allem vollstreckbare Vorgaben für Unternehmen.[1670] Sie können zwar Missstände aufdecken, diese jedoch nicht unmittelbar kompensieren oder sanktionieren. Dennoch haben die Leitlinien im Zusammenspiel mit den nationalen Kontaktstellen zweifellos das Potenzial, die Entwicklung und Durchsetzung internationaler Rechtsstandards global zu fördern und könnten sich zukünftig als ein effektiver Mechanismus erweisen,[1671] da insbesondere die Beschwerdeverfahren zu einer negativen Publizität führen können und somit a priori einen faktischen Befolgungszwang auslösen.[1672] Zu den großen Vorteilen des Verfahrens zählt sicherlich auch die Tatsache, dass die Verfahren auch von Verbänden (z. B. NGOs oder Gewerkschaften) initiiert werden können, ohne dass diese eine subjektive Rechtsverletzung geltend machen müssen. Vielmehr genügt es für eine Prozessstandschaft, dass der Beschwerdeführer ein geringes Eigeninteresse vorweisen kann.[1673] Zudem sind die Vorgaben bezüglich der Beschwerdegegner und bezüglich der örtlichen Zuständigkeit besser an die Rationalitäten einer

---

1670 *Cernic*, Corporate Responsibility for Human Rights: A Critical Analysis of the OECD Guidelines for Multinational Enterprises, 4 Hanse L. Rev. 71, 94 (2008); Kasolowsky/Voland, NZG 2014, 1288, 1289.

1671 *Backer*, Rights and Accountability in Development (Raid) v. Das Air and Global Witness v. Afrimex – Small Steps towards an Autonomous Transnational Legal System for the Regulation of Multinational Corporations, 10 Melb. J. Int'l L. 258 ff. (2009); *Santner*, A Soft Law Mechanism for Corporate Responsibility: How the Updated OECD Guidelines for Multinational Enterprises Promote Business for the Future, 43 Geo. Wash. Int'l L. Rev. 375, 382 ff. (2011); kritischer, da nur moderate Fortschritte erkennend: *Oshionebo*, The OECD Guidelines for Multinational Enterprises as Mechanisms for Sustainable Development of Natural Resources: Real Solutions or Window Dressing, 17 Lewis & Clark L. Rev. 545 ff. (2013); *Herberg*, S. 70 f.

1672 Vgl. *Giegerich*, in: Paulus/Dethloff/Griegerich/u. a., Internationales, nationales und privates Recht: Hybridisierung der Rechtsordnungen?, S. 101, 150 f.; auch *Kasolowsky/Volland* sehen die Beschwerdeverfahren als „ernst zu nehmendes Druckmittel", vgl. *Kasolowsky/Volland*, NZG 2014, 1288, 1289.

1673 *Kasolowsky/Volland*, NZG 2014, 1288, 1289.

globalisierten Weltwirtschaft angepasst. So ist ein Verfahren gegen ein in Deutschland sitzendes Unternehmen selbst dann möglich, wenn die eigentliche Verletzung der OECD-Leitsätze eigentlich in einem anderen Land und unmittelbar von einem Konzern-, Tochter oder Zuliefererunternehmen verübt wurde. Insgesamt beinhaltet das System der nationalen Kontaktstellen aber auch systemische Schwächen. So ist es beispielsweise ungeschickt, dass die deutsche nationale Kontaktstelle im Bundesministerium für Wirtschaft angesiedelt ist und nicht etwa im Bundesministerium für wirtschaftliche Zusammenarbeit und Entwicklung, letzteres zeichnet sich durch eine größere Nähe zu den möglichen Beschwerdegegenständen aus und impliziert zudem ein höheres Maß an Neutralität.[1674] Auch leiden die Verfahren insgesamt an mangelnder Publizität, da die veröffentlichen Abschlussberichte und Stellungnahmen oftmals äußerst knapp ausfallen und das Verfahren lediglich resümieren.[1675] Trotz dieser Defizite zeigt sich insgesamt, dass auch die OECD-Leitsätze, zu einer mittelbaren Verhaltenssteuerung multinationaler Unternehmen beitragen können und dass mit den Beschwerdeverfahren zumindest ansatzweise eine Überprüfungs- und Überwachungsinstanz existiert, die eine bedingte Beobachtung der Funktions- und Wirkweise der OECD-Leitsätze in ihrem gesellschaftlichen Kontext ermöglicht. Sie bieten somit ein von offizieller Seite zur Verfügung gestelltes Forum, an dem eine alternative und spezifische Form des rechtlichen Diskurses stattfinden kann, der zu einer erweiterten transnationalen Geltung von Menschenrechten und Sozialstandards führen kann.

b) Ombudsmann der Weltbank – Compliance Advisor Ombudsman (CAO)

In einem noch engeren sachlichen Anwendungsbereich funktioniert die Beschwerdestelle des Ombudsmannes der Weltbank, der sogenannte *Compliance Advisor Ombudsman* (CAO). Die Weltbank ist eine Sonderorgani-

---

1674 A.A. *Kasolowsky/Volland*, NZG 2014, 1288, 1292.
1675 *Schniederjahn*, in: Nikol/Kokott/Schnierderjahn, Transnationale Unternehmen und Nichtregierungsorganisationen im Völkerrecht, S. 101, 107; *Krajewski*, in: Giegerich, Internationales Wirtschafts- und Finanzrecht in der Krise, S. 35, 58 f.

sation der Vereinten Nationen im Sinne des Art. 57 UN-Charta.[1676] Schwerpunktmäßig ist die Weltbank für die Finanzierung und die Vermittlung von Darlehen für Investitions- und Infrastrukturprojekte in Entwicklungs- und Schwellenländern zuständig.[1677] Der Ombudsmann selbst übt keine klassisch richtende Funktion aus, sondern versucht, durch Verhandlung und Mediation einen Vergleichsvertrag zwischen den Streitparteien zu stipulieren oder alternative Lösungsmodelle zu entwickeln.[1678] In sachlicher Hinsicht ist das Mandat des Ombudsmannes auf Beschwerden beschränkt, die im Zusammenhang mit von der International Financial Corporation (IFC) oder der Multilateral Investment Guarantee Agency (MIGA)[1679] geförderten Projekten entstehen. Die IFC und die MIGA gehören ihrerseits zur Weltbankgruppe und stellen Unterorganisationen mit einem eigenen Betätigungsfeld und eigener Rechtspersönlichkeit dar.[1680] Sowohl die IFC als auch die MIGA fördern Direktinvestitionen ausländischer Unternehmen in Entwicklungsländern, sie vergeben also keine Kredite an Staaten, sondern unmittelbar an private Investoren.[1681] Kommt es im Rahmen der geförderten Projekte zu sozial-, umwelt- oder menschenrechtlichen Verletzungen, können sich die Betroffenen mit einer Beschwerde an den Ombudsmann wenden und der CAO-eigene Streitschlichtungsmechanismus greift ein.[1682] Seit seiner Einrichtung im Jahre 1999 hat der CAO 119 Beschwerden angenommen.[1683] Die Verfahren erweisen sich als eine

---

1676 *Klein/Schmahl*, in: Vitzthum, Völkerrecht, S. 373; *Herdegen*, Völkerrecht, § 42 Rn. 1

1677 *Dolzer*, in: Vitzthum, Völkerrecht, S. 552.

1678 *Schniederjahn*, in: Nikol/Kokott/Schnierderjahn, Transnationale Unternehmen und Nichtregierungsorganisationen im Völkerrecht, S. 101, 111.

1679 Bei der Multilateral Investment Guarantee Agency oder Multilaterale Investitionsgarantieagentur handelt es sich um eine Tochter der Weltbank, die Investitionsgarantien an privaten Investoren vergibt. Die Investoren haben sich dabei an bestimmte Vergabekriterien zu halten und sollen insbesondere dazu verpflichtet werden, negative Einflüsse auf Individuen oder lokale Gruppen zu vermeiden.

1680 Die insoweit aus juristischer Sicht wohl populärste Organisation, die auch zur Weltbankgruppe gehört, dürfte das International Centre for Settlements of Investment Disputes (ICSID) sein.

1681 *Dolzer*, in: Vitzthum, Völkerrecht, S. 553.

1682 http://www.cao-ombudsman.org/about/whoweare/index.html; CAO operational Guidelines (2013), http://www.cao-ombudsman.org/howwework/documents/CA OOperationalGuidelines2013_ENGLISH.pdf (letzter Aufruf: 19.01.2015).

1683 CAO 2013 Annual Report, S. 96, abrufbar unter: http://www.cao-ombudsman.or g/publications/documents/CAO_AR13_ENG_high.pdf (letzter Aufruf: 19.01.2015).

Mischung aus präventiven und retrospektiven Prozessen, die teilweise schon eingreifen, bevor überhaupt eine Rechtsverletzung stattgefunden hat und wenn lediglich negative Auswirkungen eines Projektes auf die sozialen Strukturen oder die Umwelt drohen. Die Spezialisten des CAO wenden dabei unterschiedlichste Mechanismen der Alternativen Streitbeilegung (ADR) an.[1684] Die Mechanismen sind insoweit aufeinander abgestimmt und ermöglichen ein frühzeitiges Eingreifen und Verhandeln. Die Beschwerdeverfahren betreffen primär größere Infrastrukturprojekte oder aber die negativen Sozial- und Umwelteinflüsse des Abbaus natürlicher Ressourcen. Der CAO-Ombudsmann vermittelt dabei entweder aktiv und unmittelbar zwischen dem Investor (Privatunternehmen) und lokalen, zivilgesellschaftlichen Repräsentanten oder er überprüft, ob die MIGA bzw. IFC ihre eigenen internen Vorgaben der Projektvergabe und -betreuung eingehalten haben. Ziel des Ombudsmann-Verfahrens ist es, einen Vertragsschluss zwischen den Konfliktparteien zu erreichen, indem die weitere Vorgehensweise und die weiteren Projektabläufe festgelegt werden und ein zukünftiges Konfliktpotenzial ausgeschlossen wird. Sollte es schon zu Rechtsverletzungen gekommen sein, kann es im Rahmen eines Vergleichsvertrages auch zu der Vereinbarung von Ausgleichzahlungen kommen.[1685] Während des Streitschlichtungsprozesses selbst ist der CAO nicht darauf beschränkt, nur die internen Vergabebedingungen der IFC/MIGA sowie die auf diesen basierenden, mit den Investoren geschlossenen Verträge zu überprüfen, sondern er kann generelle Normen des Völkerrechts, des Umweltrechts, menschenrechtliche Standards sowie das Recht der Heimatländer der Streitparteien berücksichtigen.[1686] Das CAO-Beschwerdeverfahren verkörpert somit einen flexiblen Ansatz zur Bewäl-

---

1684 CAO 2013 Annual Report, S. 12, abrufbar unter: http://www.cao-ombudsman.or g/publications/documents/CAO_AR13_ENG_high.pdf (letzter Aufruf: 19.01.2015).

1685 Vgl. z. B.: Wilmar Group/West-Kalimantan, CAO Annual Report 2012, abrufbar unter: http://www.cao-ombudsman.org/publications/documents/CAOAnnual Report2012.pdf (letzter Aufruf: 19.01.2015), in diesem Fall ging es um die Entschädigung für die Landnahme gegenüber indigenen Völkern.

1686 *Saper*, The International Finance Corporation's Compliance Advisor/Ombudsman (CAO): An Examination of Accountability and Effectiveness from a Global Administrative Law Perspective, 44 N.Y.U. Int'l L. Rev. 1279, 1300 (2012); *Ebert*, Integration of Labour Standards into the Environmental and Social Policy of the International Finance Corporation, Verfassung und Recht in Übersee 47 (2014), 229 ff.

tigung von Konflikten, der allerdings auf die Mitwirkung aller Beteiligten angewiesen ist.

Bei der Beantwortung der aufgeworfenen (Rechts-)fragen kann der CAO somit die Wertungen unterschiedlicher Rechtsregime berücksichtigen. Insgesamt stehen hier selbstverständlich die konkrete Problemlösung im Rahmen eines Mediationsverfahrens und nicht die Herausbildung allgemeiner menschenrechtlicher oder ökologischer Standards im Wege der klassischen Normbildung im Vordergrund.[1687] Sofern es zu einem Vergleichsabschluss kommen sollte, ergeben sich aber auch in der Regel vertraglich kodifizierte Rechte und Pflichten für die Parteien. Der CAO selbst ist grundsätzlich dazu verpflichtet, nur solche Vergleichsverträge zu unterstützen, die im Einklang mit den IFC/MIGA-Standards, dem nationalen Recht der beteiligten Streitparteien und dem Völkerrecht stehen.[1688] Insgesamt handelt es sich also um eine Form der nicht-staatlichen, privatautonomen Streitbeilegung, die keiner strikten Verfahrens- bzw. Rechtsordnung unterliegt. Die positiven Effekte des Ombudsmann-Verfahrens sind nicht zu übersehen: So schafft das Verfahren in erster Linie Partizipationsmöglichkeiten für unmittelbar Betroffene, es erhöht die Transparenz, es kann zu verbesserten Prozessabläufen und somit zu positiven Ergebnissen für alle Beteiligten (Betroffene, Investor, IFC; MIGA) führen.[1689] Zudem wird zumeist vor Ort unter unmittelbarer Einbeziehung der Konfliktparteien sowie der entsprechenden lokalen Behörden verhandelt. Die Ergebnisse, die erzeugt werden, können zudem durchaus dem klassischen Inhalt einer gerichtlichen Entscheidung nahekommen und der gesamte Prozess kann die rechtsstaatlichen Defizite der Gaststaaten ausgleichen.[1690] Das alternative Streitschlichtungssystem des CAO ist in seiner partiellen Funktion positiv zu bewerten. Das kann aber natürlich nicht darüber hinwegtäuschen, dass durch den CAO nur ein sehr begrenztes Feld potenzieller oder

---

1687 *McBeth*, A Right by Any Other Name: The Evasive Engagement of International Financial Institutions with Human Rights, 40 Geo. Wash. Int'l L. Rev. 1101, 1151 f. (2009).

1688 Vgl. 3.2.2. CAO-Guidelines.

1689 *Saper*, 44 N.Y.U. Int'l L. Rev. 1279, 1312 f. (2012).

1690 CAO-Case, Uganda/Agri-Vi Fund-01/Kiboga, Progress-Report (05.06.2014), abrufbar unter: http://www.cao-ombudsman.org/cases/document-links/documen ts/CAOPROGRESSREPORT_Kiboga_June2014.pdf (letzter Aufruf: 19.01.2015); dieser Fall wurde auch deswegen vor den CAO gebracht, da die Gerichte Ugandas aufgrund der finanziellen Limitierung der Beschwerdeführer nur vorläufigen Rechtsschutz gewährleisten.

geschehener Rechtsverletzungen vermieden bzw. aufgearbeitet werden kann. Insoweit wäre es sicherlich wünschenswert, wenn die Kompetenzen des CAO erweitert werden würden und sich in Zukunft aus ihm heraus ein Korrelat zum ICSID entwickeln würde, das einen umfassenderen Streitschlichtungsmechanismus im Verhältnis zwischen den Bürgern des Gaststaates und ausländischen Investoren zur Verfügung stellt. Ob sich in Zukunft ein Wandel in diesem Bereich vollziehen wird und man beispielsweise in internationale Investitionsabkommen auch Klauseln zum Schutz und zur Einhaltung globaler sozialer und ökologischer Standards aufnimmt, bleibt abzuwarten.[1691] Die erhöhte öffentliche Wahrnehmung in diesem Bereich deutet jedoch darauf hin, dass sich auch hier ein Wandel vollzieht.[1692]

c) Bewertung

Auch Formen der Alternativen Streitbeilegung können sich als probates Mittel zur Steuerung der grenzüberschreitenden Aktivitäten transnationaler Unternehmen erweisen. Insgesamt erscheint dabei der Streitschlichtungsmechanismus, den der CAO offeriert, als die adäquatere und effektivere Institution. Diese Einschätzung basiert zum einen auf der Tatsache, dass es sich hierbei um eine zentrale Institution handelt, die eine Vielzahl von Fällen in einem einheitlichen funktionalen Umfeld bearbeiten kann und dabei einen kohärenten Ansatz verfolgt. Die nationalen Kontaktstellen der OECD-Staaten unterliegen dagegen einer engen politischen Bindung und divergieren zudem von Staat zu Staat. Auch wenn im Rahmen der CAO-Verfahren die abgeschlossenen Vergleiche en Detail größtenteils einer zwischen den Parteien vereinbarten Geheimhaltung unterliegen, ist in diesem Bereich eine größere Transparenz auszumachen. Ein großer Vorteil der CAO-Verfahren besteht zudem darin, dass unmittelbar vor Ort

---

1691 Vgl. hierzu: *Hang*, Investing in Human Rights: Using Bilateral Investment Treaties to Hold Multinational Corporations Liable, 37 Fordham Int'l L. Rev. 1215 ff. (2014).

1692 Insoweit ist auf die überwiegend kritische Begleitung und öffentliche Wahrnehmung zu den Verhandlungen einer Freihandelspartnerschaft zwischen der EU und den USA (Transatlantic Trade and Invest Partnership bzw. Agreement TTIP/TTIA) hinzuweisen: vgl. z. B. Süddeutsche Zeitung, Dossier zum Transatlantischen Freihandelsabkommen, http://www.sueddeutsche.de/thema/TTIP-Recherche (letzter Aufruf: 19.01.2015).

und unter Einbindung der Betroffenen und lokalen Behörden versucht wird, den Sachverhalt umfassend zu ermitteln und eine adäquate Konfliktlösung zu finden. Der Monitoring- und Mediationsprozess sowie die veröffentlichten Dokumente sind dabei mehrsprachig und in der einschlägigen Landessprache verfasst.[1693] Hierdurch wird automatisch eine größere Transparenz und Nähe des Verfahrens zum Streitgegenstand und seiner Umwelt erzeugt.

Trotz der institutionellen Bindung des CAO an die IFC bzw. MIGA und der daraus resultierenden beschränkten sachlichen Reichweite lässt sich in diesem Ombudsmann-System eine Institution der Alternativen Streitbeilegung erachten, welches durchaus Vorbildcharakter haben kann. Auch wenn es sich bei dem CAO nicht um einen klassischen rechtlichen Spruchkörper handelt, der verbindliche Rechtssätze ausspricht, so fördert und erzeugt er doch für die Parteien normative Ergebnisse. Der Streit darüber, was Recht seinem Wesen nach ist, muss an dieser Stelle nicht geführt werden. Legt man dem Begriff allerdings ein systemtheoretisches und rechtspluralistisches Verständnis zugrunde und versteht demzufolge Recht als „diskursive Praxis",[1694] so stehen die CAO-Verfahren zwar zunächst außerhalb des Rechts, da sie mehr oder minder der Billigkeit unterliegen und Formen des Private Ordering verkörpern,[1695] sie können aber dennoch Ergebnisse erzeugen, die in der Peripherie des Rechts zu lokalisieren sind, da sie unter Berücksichtigung vielschichtiger Interessen konsensuale Resultate (zum Teil in Form von Verträgen) erzeugen, die verhaltenssteuernd und konfliktlösend wirken.[1696] Auch orientieren sich die Parteien während des Prozesses an einem binären Code, indem sie den Sachverhalt danach beurteilen, ob er rechtens oder nicht rechtens ist. In den zwischen den Streitparteien geschlossenen Verträgen werden verbindlichen Vereinbarungen getroffen, die das zukünftige Verhalten regulieren, indem sie beispielsweise Landnutzungsrechte gewährleisten oder aber die betroffenen Gemeinschaften an der Wertschöpfung mittelbar beteiligen. Auch wenn der CAO bei Nichteinhaltung keine Sanktions- oder Vollstre-

---

1693 Vgl. z. B. India/ AD Hydro Power Ltd./ Himachal Pradesh, http://www.cao-omb
udsman.org/cases/document-links/links-75.aspx (letzter Aufruf: 19.01.2015).

1694 *Renner*, S. 206 ff.; ausgehend von *Luhmann*, Das Recht der Gesellschaft, S. 156 ff.

1695 Vgl. zum Private Ordering: *Callies*, Grenzüberschreitende Verbraucherverträge, S. 324; *ders.,* Billigkeit und effektiver Rechtsschutz, ZfRSoz 2005, 35, 43.

1696 *Luhmann*, Das Recht der Gesellschaft, S. 156 f., 321 f.; *Renner*, S. 209.

ckungsmaßnahmen durchführen kann, so wird die Umsetzung der Vereinbarungen dennoch durch das CAO Compliance System überwacht.

Insgesamt können die Verfahren vor dem CAO somit als Formen einer alternativen rechtlichen Kommunikation und als eine „transnationale Konfliktlösungsinstanz"[1697] gesehen werden, da sie „Konflikte verbalisieren"[1698] und da die Entscheidungen zumindest auch partiell publiziert werden.[1699] Die Verfahren führen auch zu einer Überprüfung der Vergaberichtlinien der MIGA/IFC und deren Kohärenz mit anderen Rechtsnormen (Sozial-und Umweltstandards) und sind dazu geeignet, im Einzelfall (konkrete Auslandsinvestition), aber auch im Allgemeinen einen gesellschaftlichen Mehrwert zu erzeugen. Insgesamt kann man also hierin ein selbstreferenzielles System erkennen, das durchaus einen rechtlichen Output liefert, da es auf der globalen Ebene ein höheres Maß an Rechtssicherheit und (Einzelfall-)Gerechtigkeit erzeugen kann.[1700] Die Verfahren vor dem CAO bieten somit nicht nur eine Orientierungshilfe für zukünftige IFC/MIGA-Investitionsprojekte, sondern können insgesamt zu einer positiven Verhaltenssteuerung beitragen, da sie, freilich ohne umfassende Rechts-

---

1697 Vgl. zum Begriff: *Fischer-Lescano/Teubner*, S. 71.

1698 *Renner*, S. 206, der als abstrakte Voraussetzungen der rechtlichen Kommunikation die Verbalisierung von Konflikten und ihre Entscheidung sowie die Verschriftlichung und Publizität ihrer Entscheidungen benennt.

1699 Vgl. insoweit den Überblick der vom CAO entschiedenen Fälle auf www.cao-o mbudsmann.com/cases/; aus den hier präsentierten Fällen geht zwar hervor, dass die konkreten Vertragsvereinbarungen teilweise nicht publiziert werden, dafür sind aber die eingereichte Beschwerde sowie die pauschalen Absichtserklärungen und entsprechende Erklärungsziele der Parteien frei zugänglich, vgl. z. B. CAO-Case, Ugand/Agri-Vi Fund-01/Kiboga, Progress-Report (05.06.2014), abrufbar unter: http://www.cao-ombudsman.org/cases/document-l inks/documents/CAOPROGRESSREPORT_Kiboga_June2014.pdf (letzter Aufruf: 19.01.2015). Auch wenn es nicht zu einem finalen Vertragsabschluss kommt, wird ein Assessment-Report veröffentlicht, vgl. z. B. CAO-Case: Zambia/Konkola Copper Mines PLC/Ming'omba and Kawana, Assessment Report (05.11.2005), abrufbar unter: http://www.cao-ombudsman.org/cases/document-l inks/documents/Zambia-KCMFinalReport11-17-03.pdf (letzter Aufruf: 19.01.2015).

1700 *Callies*, Grenzüberschreitende Verbraucherverträge, S. 328, der zwei Hauptlehrsätze in Bezug auf globale Rechtssicherheit und Gerechtigkeit aufstellt: Nichtstaatliche Governance-Regime sollten auf prozeduraler Eben vor allem effektive und faire Streitschlichtungsverfahren etablieren und Publizität erzeugen, um gutes „Recht" zu erzeugen. Diese Merkmale werden durch die CAO-Verfahren erfüllt.

kraft zu beanspruchen, soziale und ökologische Bedürfnisse aufdecken und Orientierungskriterien für die zukünftigen Interaktionen zwischen MIGA/IFC, Investor und Zivilbevölkerung schaffen.

3. Zusammenfassende Bewertung

Die Beobachtungen zu den hier begutachteten heterogenen Regelungs- und Steuerungssystemen beweisen, dass die strukturelle Fragmentierung und die Einbindung verschiedener Akteure und Handlungsformen aus einer rechtspraktischen Perspektive positiv zu bewerten sind. Die zunehmende Verrechtlichung der verschiedenen CSR-Regime trägt insgesamt dazu bei, dass die Regulierungsdefizite auf globaler Ebene verringert werden. Durch das Zusammenspiel aus staatlicher und nicht-staatlicher Regulierung entstehen Strukturen, die geeignet sind, eine globale Proliferation menschen-, sozial- und umweltrechtlicher Standards zu garantieren.[1701] Insgesamt lässt sich beobachten, dass durch die Genese staatlicher und nicht-staatlicher Normen und der Existenz entsprechender externer Autoritäten zur Überprüfung dieser Normen schrittweise ein transnationales Rechtssystem entsteht. Die CSR-Regime weisen somit gewisse Parallelen zur *lex mercatoria* bzw. zu ICANN auf,[1702] welche klassische Beispiele für transnationale Regelungsregime darstellen.[1703] Allerdings fehlt es den CSR-Regimen im Vergleich zur *lex mercatoria* und zu ICANN teilweise noch an externen Durchsetzungsmechanismen.[1704] Gunther Teubner sieht in Unternehmens-Codes (also in den hier erwähnten rein privatautonomen CSR-Regularien), wenn sie bestimmte Prämissen erfüllen, nicht nur zivil-

---

1701 Vgl. insoweit auch: *Kocher/Krajewski*, Einführung in den Schwerpunkt, KJ 2013, 2, 5; *Krajewski*, in: Giegerich, Internationales Wirtschafts- und Finanzrecht in der Krise, 35, 69 f.; *Teubner*, ZaöRV 2014, 733, 753 ff, der in diesem Zusammenhang von einer Politisierung der Wirtschaft und wirtschaftsdemokratischen Impulsen spricht; *Voland*, BB 2015, 67, 72.

1702 Vgl. hierzu schon: *Callies*, Grenzüberschreitende Verbraucherverträge, S. 283 ff.; zu ICANN: *Zekoll*, in: Handl/Zekoll/Zumbansen, Beyond Territoriality, S. 341 ff.

1703 *Callies/Renner*, Between Law and Social Norms, Ratio Juris 22 (2009), 260, 270 ff.

1704 *Callies/Renner*, Ratio Juris 22 (2009), 260, 268 & 273; *Kocher*, KJ 2010, 29, 36; Beispiele für weitere sektorielle Regelungsregime bei: *Fischer-Lescano/Teubner*, Regime-Kollisionen, S. 66 ff.

gesellschaftliches Recht, sondern sogar „emergente Rechtsphänomene der Konstitutionalisierung von *private governance regimes*".[1705] In Bezug auf die Entwicklungen der Globalisierung hatte Teubner schon frühzeitig festgestellt, dass durch die freigewordenen systemischen Energien auch negative Folgen ausgelöst werden und die hieraus resultierenden sozialen Konflikte eine Korrektur der globalen Konstitutionalisierung erfordern werden.[1706] Da die Nationalstaaten nur über limitierte Kapazitäten zur Beseitigung dieses dynamischen Ungleichgewichts verfügen, kommt es zu einer Entwicklung, die versucht, die zunehmende Autonomisierung zu limitieren. In dieser Phase der Neu-Konstitutionalisierung greifen auch die nicht-staatlichen Unternehmenskodizes ein, wenn sie eine gesellschaftliche Verantwortung der Unternehmen normieren.[1707] Die Kodizes können nach dieser Auffassung nicht nur Recht verkörpern, sondern sie haben sogar einen eigenständigen Verfassungscharakter, wenn sie neben ihrer verhaltenssteuernden und regulierenden Funktion auch eine entscheidende Rolle bei der Selbstkonstitutionalisierung sozialer Strukturen spielen.[1708] Ein so weitläufiges Verständnis kann sicherlich kritisiert werden,[1709] die Kritik relativiert sich aber, wenn man die nicht-staatlichen Regelungsregime in einen weiteren Kontext setzt und aus einer Gesamtschau heraus erkennt, dass sich sehr wohl neben der internen Sanktion von Vergehen auch Mechanismen zur externen Durchsetzung der Rechte finden lassen.[1710]

Durch das Zusammenwirken staatlicher und nicht-staatlicher Regulierung, durch das Eingreifen alternativer, transnationaler Streitschlichtungs-

---

1705 *Teubner*, in: FS Weiss, S. 109, 111 f.
1706 *Teubner*, in: FS Hopt, S. 1449, 1454.
1707 *Teubner*, in: FS Hopt, S. 1449, 1454.
1708 *Teubner*, in: FS Hopt, 1449, 1456; allgemein zur Selbstkonstitutionalisierung: *Teubner/Fischer-Lescano*, Regime-Kollisionen, S. 55 ff.; *dies.*, Regime-Collision: The Vain for Legal Unity in the Fragmentation of Law, 25 Mich. J. Int'l L. 999 ff. (2003); kritisch zur Verwendung des Begriffs „Verfassung": *Grimm*, in FS Herzog, 67, 75 ff.; *von Bogdany/Dellavalle*, in: FS Teubner, S. 695, 714; eine Replik auf diese Kritik findet sich bei: *Teubner*, Verfassungsfragmente, S. 98 f., in der Teubner klarstellt, dass es nicht darum geht die verschiedenen Verfassungssubjekte gleichzusetzen, sondern um eine Modifikation des Verfassungssubstrats.
1709 *Sadowski/Kühne*, in: Organisationen Regeln, 277, 291.
1710 Vgl. insoweit auch: *Kocher*, KJ 2010, 29, 36: „Eine Dynamik der Verrechtlichung kann damit nur entstehen, wenn die staatliche Rechtsordnung eintritt"; dass sie das partiell auf Ebene des materiellen Rechts tut, wurde bereits dargelegt.

mechanismen sowie einer Rezeption privater und institutioneller CSR-Regime in staatlichen Gerichtsverfahren entwickeln sich zunehmend Bedingungen, unter denen sich aus den autonomen Segmenten dieses transnationalen Rechtsprozesses nicht nur globale Rechts-Kommunikationen, sondern auch globale normative Strukturen ergeben.[1711] Die Emergenz globaler Verhaltensnormen für MNU ist somit sowohl durch die Autonomie der segmentierten Regelungswerke als auch durch deren „Anschlussbewegung an die Strukturen national oder supranational segmentierter Rechtssysteme"[1712] gekennzeichnet. Durch eine verstärkte Einbettung in staatliche Gerichtsverfahren und transnationale ADR-Institutionen können die eben beschriebenen transnationalen Regelungsregime den bereits in Gang gesetzten rechtlichen Evolutionsprozess forcieren und somit eine transnationale Verhaltensteuerung und die Selektion schützenswerter globaler sozialer Erwartungen weiter etablieren.

IV. Ergebnis

Eine erweiterte globale, soziale Steuerung extraterritorialer Verhaltensweisen multinationaler Unternehmen sollte auch weiterhin partiell von staatlichen Zivilgerichten übernommen werden. Hierdurch wird nicht nur ein individueller Zugang zum Recht, sondern auch eine institutionalisierte, prozedurale Form zivilgesellschaftlicher Skandalisierung und Partizipation ermöglicht.[1713] Dabei ist es nicht zwingend notwendig, auf einen universellen und unilateralen Ansatz, in Form eines zivilrechtlichen Universalitätsprinzips, zurückzugreifen. Vielmehr kann eine Einbindung nationaler Gerichte mittels eines Ansatzes erfolgen, der die territoriale Radizierung der einschlägigen Zivilprozessordnungen respektiert, dabei gleichzeitig eine globalere Ausrichtung dieser gewährleistet und zudem einem Subsidiaritätsgedanken folgt. Die Manifestierung eines zivilrechtlichen Universalitätsprinzips ist insoweit also nicht erforderlich.[1714] Die hier vorge-

---

1711 In diese Richtung gehend auch: *Callies/Renner*, Ratio Juris 22 (2009), 260, 276 f.; *Kocher*, in: Callies, Transnationales Recht, S. 479, 493; Krajewski, in: Giegerich/Heinz, Internationales Wirtschafts- und Finanzrecht, S. 35, 69.

1712 *Amstutz*, in: Fischer-Lescano/Rödl/Schmid, Europäische Gesellschaftsverfassung, S. 333, 349.

1713 Vgl. hierzu: *Fischer-Lescano/Teubner*, Regime-Kollisionen, S. 169.

1714 A. A.: *Wilhelmi*, da Weltrechtsprinzip im internationalen Privat- und Strafrecht (zumindest im Hinblick auf die ZPO); *Ryngaert*, Universal Tort Jurisdiction for gross Human Rights Violations, 38 Netherlands Yearbook of International Law 3 ff. (2007); *Donovan/Roberts*, 100 Am. J. Int'l L. 142 ff. (2006); *Dubinsky*, 30 Yale J. Int'l. L. 211 ff. (2005).

schlagenen Gerichtsstände fügen sich insgesamt in ein System transnationalen Rechts und seiner Durchsetzung ein, das aus einer dezentralen und globalen Konstellation heraus entstanden ist.

Die vorstehenden Ausführungen haben gezeigt, dass eine effektive Bindung transnationalen, unternehmerischen Handelns an menschenrechtliche, ökologische und soziale Standards am besten durch unterschiedliche Regelungsinstrumente gewährleistet werden kann. Das Mehrebenensystem aus klassischen Rechtsnormen sowie anderen rechtlichen Regelungen und Mechanismen führt erst zu einer effektiven Steuerung globaler sozialer Systeme und zu einem korrespondieren „hybriden Rechtsraum"[1715]. Es hat sich zudem gezeigt, dass eine effektive Steuerung globaler sozialer Probleme nur durch einen Ansatz erfolgen kann, der auf mehreren Ebenen ansetzt und von einer Interaktion zwischen verschiedenen Regelungsinstrumenten und Institutionen geprägt ist.[1716] Die staatlichen und nichtstaatlichen CSR-Konzepte befinden sich in einem Entwicklungsprozess, der einer transnationalen Rechtsentwicklung entspricht.[1717] Diese Theorie der transnationalen Rechtsentwicklung ist von der Überzeugung geprägt, dass moderne Gesellschaften nur durch ein rechtspluralistisches Verständnis adäquat erfasst werden können, und dass das Recht insbesondere zwischen „lokalen Ordnungsvorstellungen, die global ausgeweitet werden, transnationalen Regulierungskonzepten, die lokale Ordnungen beeinflussen (oder deren Widerstand hervorrufen) und genuin transnationalen Normensystemen"[1718] interagiert. Die globale, pluralistische Rechtsrealität präsentiert sich als *„an intersection of different legal orders, that is, by interlegality"*[1719]; was durch die gemachten Beobachtungen anschaulich belegt werden konnte. Gleichermaßen zeigt sich, dass sich die unterschiedlichen Formen staatlicher/nicht-staatlicher, rechtlicher/nicht-rechtlicher Regulierung gegenseitig annähern, bedingen, wechselseitig beeinflussen, oh-

---

1715 *Berman*, Global Legal Pluralism, 80 S. Cal. L. Rev. 1155 (2007).

1716 So auch *Krajewski*, in: Giegerich, Internationales Wirtschafts- und Finanzrecht in der Krise, 35, 69 f.

1717 Zum Entwurf einer Theorie der transnationalen Rechtsentwicklung: *de Sousa Santons*, Toward a New Common Sense – Law, Science and Politics in the Paradigmatic Transition; *Günther*, in FS Habermas, 539, 555.

1718 *Günther*, in FS Habermas, S. 539, 557.

1719 *De Sousa Santos*, Toward a New Common Sense – Law, Science and Politics in the Paradigmatic Transition, S. 473.

ne aber zu einer einheitlichen Über-Rechtsordnung zu fusionieren.[1720] Die Beobachtungen, die Giegerich im Hinblick auf die „Verrechtlichung von Soft-Law-Standards"[1721] des Völkerrechts gemacht hat, lassen sich auch auf den hier beobachteten Bereich übertragen: Denn gerade auch im Bereich der transnationalen CSR ergeben sich direkte oder indirekte Rezeptionen von staatlichen und nicht-staatlichen Regulierungen, eine Konkretisierung der unterschiedlichen Norm- und Regelungssysteme durch andere sowie gegenseitige Impulse zur Regelung.[1722] So haben die zuvor gemachten Beobachtungen gezeigt, dass Regelungsgegenstände, die zuvor nur von unverbindlichen und freiwilligen Verhaltenskodizes aufgegriffen wurden, eine verstärkte Rezeption in formalen Rechtsakten erfahren.[1723] Die Konzepte der CSR, die in ihren Anfängen teilweise als „unternehmerische Philanthropie"[1724] bezeichnet werden konnten, veränderten in der vergangenen Dekade somit schrittweise ihren Aggregatszustand. Auch die internationalen Übereinkommen werden hinsichtlich ihrer Empfehlungen und Vorgaben immer konkreter und stellen teilweise autonome, alternative Streitschlichtungsmechanismen zur Verfügung. Diese Evolution muss von nationalen Zivilprozess- und Zivilrechtsordnungen begleitet werden, die im Falle eine Missachtung des sich so konstituierenden Rechts eingreifen könnten, um Normbrüche zu ermitteln und notfalls zu ahnden. Auch die Vorgaben der *UN Guiding Principles* können durchaus so verstanden werden, dass ihnen in Bezug auf die *Remedy*-Säule nur dann in einer effektiven und moderaten Weise genüge getan wird, wenn die nationalen Zivil-

---

1720 *Amstutz*, in: Teubner/Joerges, Rechtsverfassungsrecht, S. 213, 213; *Fischer-Lescano/Teubner*, Regime-Kollisionen, S. 35; *Renner*, S. 293.

1721 *Giegerich*, in: Paulus/Dethloff/Giegerich u. a., Internationales, nationales und privates Recht: Hybridisierung der Rechtsordnungen? Immunität, S. 101, 141 ff.

1722 *Giegerich*, in: Paulus/Dethloff/Giegerich u. a., Internationales, nationales und privates Recht: Hybridisierung der Rechtsordnungen? Immunität, S. 101, 141 ff. Griegerich spricht insoweit von „Verrechtlichungsentscheidungen", die durch sechs Stufen typisiert werden können: 1. Stufe: Rezeption von Soft-Law-Standards durch Hard-Law-Normen, 2. Stufe: deklaratorische Wiedergabe, 3. Stufe: Einflussnahme auf die Interpretation von Hard-Law, 4. Stufe: Konkretisierung und Ergänzung, 5. Stufe: Ingangsetzung neuer Normsetzungsprozesse, 6. Stufe: faktischer Befolgungsdruck.

1723 Vgl. oben Richtlinien-Entwurf oder Dodd-Frank Walstreet Consumer Protection Act, der mittels gesetzlicher Vorgaben zu einer erhöhten Transparenz in diesem Bereich führt; vgl. zum Prozess der Inkorparation: *Torrance*, 12 German L. J. 1573, 1599 ff. (2011).

1724 *Enneking*, S. 382.

prozessordnungen im Hinblick auf die entsprechenden transnationalen Deliktsklagen offen gestaltet werden. Zumal nicht vergessen werden darf, dass die Aushandlung und die Gestaltung der einzelnen Regelungswerke durch die verschiedenen Akteure (Staaten, NGOs, MNUs, Individuen) immer auch eine Frage von Macht und Einfluss sind. Damit die genuin-transnationalen Akteure einer Kontrolle nicht entzogen werden und damit sich Chancen zum Ausgleich solcher Machtstrukturen ergeben, bedarf es eines tatsächlichen Zugangs zu den Formen institutionalisierter Rechtsprechung in transnationalen Konstellationen.[1725] Ein Zivilverfahren erweist sich somit auch als ein adäquates Forum für eine transnationale, konfrontative Rechtskommunikation, die in einem globalen Kontext durchaus als eine Erscheinungsform eines demokratischen Partizipationsprozesses gesehen werden kann.[1726]

Die gesamte Entwicklung wirkt sich somit nicht nur positiv darauf aus, die rechtlichen Lücken zu schließen, die sich durch die Globalisierungsprozesse ergeben haben, sondern verspricht insbesondere auch den multinationalen Unternehmen ein erhöhtes Maß an Rechtssicherheit, indem die von ihnen zu erwartenden Sorgfalts- und Verhaltenspflichten stärker konkretisiert werden. Auch aus rechtstheoretischer Sicht lässt sich die Erforderlichkeit staatlicher legislativer und justizieller Maßnahmen erklären. So sieht Teubner in dem Zusammenspiel der soeben beschriebenen privaten und staatlichen *corporate codes* „nicht nur Tendenzen einer Juridifizierung, sondern einer Konstitutionalisierung transnationaler Unternehmen"[1727]. In den durch die Globalisierung erzeugten transnationalen Konstellationen entstehen parallel zu den politischen Verfassungen zivilgesellschaftlichen Verfassungsnormen.[1728] Die so generierten staatlichen und nicht-staatlichen Regelungen ergeben zunächst zwei unabhängige Rechts-

---

1725 In diese Richtung gehend auch: *Fischer-Lescano/Teubner*, Regime-Kollisionen, S. 169, die in ihrem Kontext davon sprechen, dass die „jeweiligen Totalisierungsdispositionen durch verfahrensmäßig abgesicherte Gegenkräfte" entschärft werden müssen.

1726 In diese Richtung gehend auch: *Buxbaum*, 46 Va. J. Int'l L. 293, 316; Wai, in: Lederer/Müller, Criticizing Global Governance, 243, 244; *Koh*, The Haitian Refugee Litigation: A Case Study in Transnational Public Law Litigation, 18 Md. J. Int'l L & Trade 1, 3 (1994), *Wai*, 46 Harv. Int'l L. Rev. 471 ff. (2005); *Whytock*, Domestic Courtsand Global Governance, 67, 120 ff. (2009).

1727 *Teubner*, in: FS Hopt, S. 1449, 1451; zum Verfassungsbegriff: *Teubner*, 63 ZaöRV 1, 5 ff. (2003); Callies, Grenzüberschreitende Verbraucherverträge, S. 229.

1728 *Teubner*, in: FS Hopt, S. 1449, 1452.

räume, zwischen denen es jedoch zu einem gegenseitigen Austausch und wechselseitigen Wirkungen kommt.[1729] Ein effektives Zusammenspiel zwischen diesen unterschiedlichen Systemen ist jedoch nur dann gewährleistet, wenn es zu „Lern-Pressionen, d. h. externen Zwängen zu lernender Anpassung, die auf transnationale Unternehmen ausgeübt werden"[1730] kommt. Doch wodurch zeichnen sich diese externen Zwänge aus? Teubner unterscheidet insoweit zwischen kognitiven Lerneffekten, die sich aus der Verbalisierung gesellschaftlicher Erwartungen in Form von staatlichen Regelungen ergeben, und dem Zwang, der sich nach seiner Auffassung aber nicht maßgeblich in Form von Rechtssanktionen manifestieren muss, sondern auch außerrechtlich manifestieren kann.[1731] Sicherlich ist es insoweit vollkommen zutreffend, dass auch außerrechtliche Zwänge positive Lerneffekte für die private Regulierung und letztendlich die Verhaltenssteuerung transnationaler Unternehmen offerieren. Allerdings machen sie die Mitwirkungen nationaler Gerichte nicht vollkommen obsolet.[1732] Vielmehr hat sich gerade auch aus den Beobachtungen gezeigt, dass die Rückkopplung an nationalstaatliche Zivilverfahren und Gesetzestexte zu einer erhöhten Effizienz bei der (Weiter-)Entwicklung von staatlichen und nicht-staatlichen Regelungen führt.[1733] Denn auch wenn von unterschiedli-

---

1729 *Teubner*, in: FS Hopt, S. 1449, 1463.

1730 *Teubner*, in: FS Hopt, S. 1449, 1467; in Anlehnung an *Luhmann*, Rechtssoziologie, 340 f., der davon ausgeht, dass kognitive Erwartungen und Mechanismen zunehmend in die normative Struktur des Rechts eingebaut werden.

1731 *Teubner*, in: Grundmann (u. a.), FS Hopt, S. 1449, 1467 ff.; gleichzeitig gibt er aber auch zu bedenken, dass die sozialen Sanktionen die Rechtssanktionen nicht vollkommen ersetzten (S. 1469); vgl. auch: ders./Beckers, 20 Ind. J. Global Legal Stud. 523, 532 (2013): *"The influence of the law should equally not be underestimated."*

1732 Vgl.: *Teubner*, Verfassungsfragmente, S. 197.

1733 *Teubner*, Verfassungsfragmente, S. 197 f., im Hinblick auf die Mitwirkung nationalstaatlicher Gerichte bei der Anerkennung von Schiedssprüchen, eine vergleichbare Rolle kommt den Zivilgerichten dann zu, wenn sie in transnationalen Deliktsklagen beispielsweise über Ordre-public-Verstöße bei der Anwendung ausländischen Rechts oder über die wettbewerbsrechtliche Bedeutung eines Verstoßes gegen transnationale Regelungsregime zu entscheiden haben; *Teubner/Beckers*, 20 Ind. J. Global Legal Stud. 523, 532 (2013), mit Verweis auf das ATS und transnationale Deliktsklagen als Strategien zu Veränderung unternehmerischer Strukturen und unternehmerischen Handelns; *Shamir*, Between Self-Regulation and the Alien Tort Claims Act: On the Contested Concept of Corporate Social Responsibility, 38 Law & Soc'y Rev. 635 (2004); *Sandowski/Kühne*, in: Duschek/u. a. (Hrsg.), Organisationen Regeln, S. 277 ff.

chen Akteuren der Zivilgesellschaft „Machtpressionen"[1734] ausgehen, so erzeugen staatlich geordnete Verfahrensabläufe eine zusätzliche, demokratisch legitimierte Hebelwirkung, die zu einer Effizienzsteigerung der verschiedenen transnationalen Regelwerke nützlich ist.[1735] Das nicht-staatliche Recht kann so, um eine einheitliche transnationale Geltung zu erlangen, auch auf staatliche Durchsetzungsmechanismen zurückgreifen, die im Idealfall miteinander kooperieren.[1736] Durch die Interaktion der fragmentierten Regelungswerke wird Milton Friedmanns Auffassung über die CSR („The Social Responsibility of Business is to increase its profits"[1737]) eindeutig widerlegt: Die Verantwortungen und Verpflichtungen der MNU gehen über die bloße Gewinnerzielung hinaus, sie sind Adressaten und Co-Autoren eines sich entwickelnden „transnationalem Common Law der Grundrechte"[1738].

1734 *Teubner*, in: FS Hopt, S. 1449, 1468.
1735 McBarnet, in: dies./Voiculescu/Campbell, The new corporate accountability, S. 9, 39: "Human Rights have been on the CSR agenda for sometime, and it has become routine practice for multinationals to sign up to voluntary human rights commitments such as the UN's Global Compact, and to include respect for human rights in their own codes of conduct. **But the use of ATCA by NGOs has made it clear to multinationals that commitment without compliance is not enough.**"[Hervorhebung durch den Verfasser].
1736 *Ladeur/Viellechner*, Archiv des Völkerrechts, Bd. 46 (2008), 42, 68 f., die im Zusammenhang mit der Durchsetzung transnationaler Grundrechtsstandards davon ausgehen, dass es, wenn es um die Korrektur „selbstgesetzten Rechts globaler Privatrechtsregime" (ebd.,68) geht, zu einer zunehmenden Kooperation zwischen den nationalen Gerichten kommt; vgl. zur Etablierung einer International Rule of Law aus völkerrechtlicher Sicht: *Giegerich*, in: Paulus/Dethloff/Giegerich/u. a., Internationales, nationales und privates Recht: Hybridisierung der Rechtsordnungen?, S. 101, 175.
1737 *Friedman*, The Social Responsibility of Business is to increase its profits, New York Times Magazine, 13.9.1970, abrufbar unter: http://www.umich.edu/~thecore/doc/Friedman.pdf (letzter Aufruf: 19.01.2015).
1738 *Teubner*, Verfassungsfragmente, S. 197.

§ 10 Die Durchsetzung globaler menschenrechtlicher Standards durch transnationales Recht

Die bisherigen Darstellungen der unterschiedlichen Praktiken zur Durchsetzung globaler menschenrechtlicher Standards für multinationale Unternehmen haben gezeigt, dass diese grenzüberschreitenden Problemstellungen nur durch das Ineinandergreifen polyzentrischer Regelungsregime adäquat gelöst werden können. Die ATS-Verfahren stellten hierbei ein publikumswirksames Forum für die Diskussion der transnationalen Menschenrechtsverantwortung multinationaler Unternehmen dar und deckten auf, welche rechtlichen Defizite sowohl auf internationaler als auch auf nationaler Ebene innerhalb der einzelnen Teilrechtssysteme bestanden.[1739] Die ATS-Verfahren lieferten somit nicht nur einen institutionalisierte Rahmen für die Offenlegung einer transnationalen *„colère publique"*[1740], also für die Skandalisierung der Normbrüche multinationaler Unternehmen, sondern sie erzeugten, indem sie eine Inanspruchnahme multinationaler Unternehmen bereits nur ermöglichten, auch den Imperativ, dass sich MNU nicht nur zu sozialen und ökologischen Rechten bekennen, sondern sie auch einhalten müssen.[1741] Im Folgenden soll nun ein Resümee gezogen werden, das die rechtspraktischen Beobachtungen in den Kontext spezieller rechtstheoretischer bzw. rechtssoziologischer Überlegungen setzt und das letztendlich die These stützt, dass auch nationale Zivilverfahren in

---

1739 *Shamir*, Between Self-Regulation and the Alien Tort Claims Act: On the Contested Concept of Corporate Social Responsibility, 38 Law & Soc'y Rev. 635 (2004); *McBarnet*, in: dies./Voiculescu/Campbell, The new corporate accountability, S. 9, 39; *Teubner/Beckers*, 20 Ind. J. Global Legal Stud. 523, 532 (2013).

1740 *Fischer-Lescano*, Globalverfassung, S. 23, der diese als „Skript der öffentlichen Meinung" und nicht wie Durkheim als Zustand des Kollektivbewusstseins begreift, vgl. *Durkheim*, Über die Teilung der sozialen Arbeit, S. 119 ff.; beide sehen aaber wohl in den Skandalisierungsprozessen, die rund um die Normbrüche entstehen, ein entscheidende Geltungsgrundlage des Rechts; vgl. auch *Luhmann*, Recht der Gesellschaft, S. 581, der es als ein Paradox bezeichnet, dass erst der Normbruch und die Empörung über einen solchen Recht in Geltung setzen.

1741 *McBarnet*, in: dies./Voiculescu/Campbell, The new corporate accountability, S. 9, 39.

einem transnationalen Rechtsprozess, der zu einer gesteigerten globalen Berücksichtigung menschenrechtlicher Belange führen soll, eine entscheidende Bedeutung zukommt.

I. Transnationales Recht als Ausweg aus dem Dilemma

Der Ausgangspunkt der vorliegenden Arbeit waren die verschiedenen Dilemmata, die sich aufgrund der mangelhaften Regulierung der Verantwortlichkeit multinationaler Unternehmen für die Verletzung globaler sozialer und ökologischer Rechte ergeben haben. Es hat sich gezeigt, dass sich aus den Zwängen, die sich in dieser transnationalen Konstellation und im Spannungsfeld zwischen der Ökonomie und den Menschenrechten entwickelt haben, ein transnationaler Rechtsprozess vollzogen hat. Erst durch diesen Prozess haben sich adäquate, rechtliche Reaktionen auf den gesellschaftlichen Wandel ergeben. Die Rechtspraxis in dem hier untersuchten Teilbereich bestätigt das, was Teile der rechtssoziologischen Wissenschaft prognostiziert haben, eine zunehmende Fragmentierung des Rechts und eine damit verbundene Expansion transnationalen Rechts.[1742] Was als transnationales Recht zu verstehen ist, ergibt sich aus den rechtspraktischen Ausführungen dieser Arbeit: Ursprünglich wurde in der vorliegenden Arbeit von dem rein funktionellen Verständnis Jessups, mit dem das transnationale Recht insbesondere zum zwischenstaatlichen Völkerrecht und zum binnenstaatlichen Recht abgegrenzt wurde,[1743] ausgegangen. Auch wenn dieses Verständnis teilweise, ob seiner Weitläufigkeit, kritisiert wurde,[1744] ist es nach wie vor geeignet, diesen Rechtskörper phänoty-

---

[1742] *Luhmann*, Die Weltgesellschaft, 57 Archiv f. Recht- und Sozialphil., S. 1, 21 ff. (1971); *Fischer-Lescano/Teubner*, 25 Mich. J. Int'l L. 999, 1000 (2004); *Fischer-Lescano*, Globalverfassung; *Berman*, 80. S.C. L. Rev. 1155 (2007); ders., Global Legal Pluralism, S. 3 ff.; *Teubner*, Globale Bukowina – Zur Emergenz eines transnationalen Rechtspluralismus, Rechtshistorisches Journal 15 (1996), 255 ff.; *Zumbansen*, Transnational Legal Pluralism, 1 (2) Transnat'l L. Theory 141 ff. (2011); vgl. insbesondere die These von *Fischer-Lescano/Teubner*, die den globalen Rechtspluralismus als Folge des „Ausdruck[s] gesellschaftlicher Widersprüche, die von miteinander kollidierende Sektoren der Weltgesellschaft produziert werden" (dies., Regime-Kollisionen, S. 23 f.) sehen.

[1743] *Jessup*, Transnational Law, S. 2, transnationales Recht ist demnach Recht, das Staatsgrenzen übersteigt.

[1744] *Callies*, Grenzüberschreitende Verbraucherverträge S. 247 f.

pisch zu beschreiben, wobei diese Definition keinesfalls abschließend ist. Doch wie ist dann das transnationale Recht, das das Verhalten multinationaler Unternehmen im Kontext der CSR reguliert, zusätzlich zu charakterisieren, woraus besteht seine DNA? Sollte man im transnationalen Recht vielleicht eine „dritte Kategorie"[1745] überwiegend selbstgeschaffener nicht-staatlicher Normen sehen?[1746] Eine Beschränkung auf diesen Komplex an nicht-staatlichen Normen ist sicherlich zu eng.[1747] Vielmehr stellt sich das transnationale Recht als eine Erscheinungsform des Rechts dar, die sowohl die „Unterscheidung von nationalem und internationalem Recht transzendiert"[1748] als auch die von staatlichem und nicht-staatlichem Recht. Das transnationale Recht bezeichnet also vielmehr „einen Zusammenhang innerhalb des globalen Rechtsdiskurses, der sich von den Strukturen des nationalen Rechts und des Völkerrechts gelöst hat, aber kein eigenständiges Tertium bildet, sondern vielmehr staatliche, überstaatliche und nichtstaatliche Normenordnungen kollisionsrechtlich miteinander verschleift"[1749]. Letzteres wird auch durch die hier aufgezeigten Entwicklungen bestätigt: So stehen die sich im Bereich' der CSR herausbildenden Regelungswerke in einem gegenseitigen Austausch- und Lernprozess, der zu einer wechselseitigen Bezugnahme führte.[1750] Transnationales Recht charakterisiert sich also auch als ein System, das die hermetische Abriegelung der einzelnen Rechtsdisziplinen aufgibt und insbesondere durch ein Zusammenwirken von staatlichen und nicht-staatlichen Regelungen geprägt ist.[1751] Die verstärkte Ausdifferenzierung der Weltgesellschaft führte auch zu einer Ausdifferenzierung und Pluralisierung des Rechts.[1752] An den Stellen, an denen die Regulierung durch die herkömm-

---

1745 *Callies*, Grenzüberschreitende Verbraucherverträge, S. 249.
1746 *Callies*, Grenzüberschreitende Verbraucherverträge, S. 244 ff.
1747 *Renner*, S. 218; *Ladeur/Viellechner*, Die transnationale Expansion staatlicher Grundrechte, AVR 46 (2008) 42, 52; *Michaels*, The True Lex Mercatoria: Law Beyond the State, 14 Ind. J. Global Legal Stud. 447 (2007), der die Dichotomie aus staatlich/nicht-staatlich generell nicht akzeptiert: „[Lex mercatoria] is a law beyond, not without, the state."
1748 *Renner*, S. 218.
1749 *Renner*, S. 220.
1750 Vgl. insoweit: *Koh*, Transnational Legal Process, 75 Nebr. L. Rev. 181, 183 f. (1996); vgl. oben § 9 III.
1751 *Scott/Wai*, in: Joerges/Sand/Teubner, S. 292; *Renner*, S. 219 (für den Bereich der internationalen Schiedsgerichtsbarkeit).
1752 *Fischer-Lescano/Teubner*, Regime-Kollisionen, S. 26; *Viellechner*, in: Amstutz/ Fischer-Lescano, Kritische Systemtheorie, S. 285, 288.; *ders.*, in: Joerges/Falke:

lichen Rechtsordnungen und -formen versagte, bildeten sich flexible, transnationale Regulierungsformen, die sich aus gewohnten, innovativen und hybriden Mechanismen zusammenfügen und zur Formulierung, Stabilisierung und Durchsetzung normativer Erwartungen führen.[1753]

Es hat sich zudem gezeigt, dass, nachdem die Globalisierung zunächst ein rechtliches Vakuum erzeugte, das sich in einer zunehmenden Deregulierung der Märkte und einer verringerten Resonanz staatlichen Rechts artikulierte, eine Resozialisierung, also eine Rückbindung transnationaler Unternehmen an globale Gemeinwohlbelange, gerade durch transnationales Recht stattfinden kann. Insoweit fand ein Prozess statt, der zunächst von Extremen geprägt war: Zu diesen Extremen zählt die inflationäre Erhebung von transnationalen ATS-Klagen vor US-amerikanischen Gerichten genauso wie die rein private und nicht-staatliche Regulierung durch unternehmensinterne Verhaltenskodizes. Mittlerweile ist ein Prozess der Konsolidierung auszumachen, der insbesondere dadurch geprägt ist, dass ein gegenseitiger Austausch und eine funktionelle Rückbesinnung stattfinden. Das heißt, dass auch auf staatlicher bzw. supranationaler Ebene eine erhöhte Bereitschaft auszumachen ist, die transnationale *Corporate Social Responsibility* mit Mitteln der Gesetzgebung zu regulieren, dass diese Gesetzgebung aber nicht zwangsläufig in Form von extraterritorialen Regelungen erscheint, sondern unter Rekurs auf territoriale Anknüpfungspunkte versucht, eine positive Verhaltenssteuerung zu bewirken. In ein solches funktional-territoriales Konzept lassen sich auch die hier gemachten Reformvorschläge einordnen. Komplementär und teilweise als Reaktion auf die staatlichen Regelungssysteme bestehen und entwickeln sich zudem Systeme privater Regulierung, die ebenso versuchen, die entstandenen Regulierungslücken zu füllen.[1754] Unternehmen führen beispielsweise Screening- und Audit-Mechanismen ein, um das Verhalten ihrer Zulieferbetrie-

---

Polanyi, Globalisation and the Potential of Law in Transnational Markets, S. 435 ff.; *Callies*, Grenzüberschreitende Verbraucherverträge, S. 245 ff.

1753 *Viellechner*, in: Amstutz/Fischer-Lescano, Kritische Systemtheorie, S. 285, 287 ff.; vgl. auch: *Teubner*, ZaöRV 63 (2003), S. 1, 17 ff.

1754 Vgl. *Ladeur/Viellechner*, AVR 46 (2008), 42, 44: „Daran knüpft die Vermutung an, dass die Baumformen staatlichen Rechts unter diesen Bedingungen partiell ebenso nach außen geführt werden können wie umgekehrt das staatliche Recht nach innen für die Phänomene der Globalisierung offen werden muss"; *Dickinson*, Public Law Values in a Privatized World, 31 Yale J. Int'l L. 384 ff. (2006); *Freeman*, Extending Public Law Norms through Privatization, 116 Harv. L. Rev. 1285 ff. (2003); *Teubner*, ZaöRV 2014, 733, 754 ff.

be oder Tochterunternehmen zu überwachen. Sie entwerfen interne Vorgaben an das Verhalten von Zulieferern, Tochterunternehmen und Mitarbeitern, und überprüfen ihre Einhaltung mittels unternehmenseigener Compliance-Systeme. Sie unterwerfen sich und ihre Produktionsabläufe internationalen Standards oder deklarieren ihre Ware als „fair" und „sauber".[1755] Damit derartige Erscheinungsformen der privaten Regulierung aber nicht bloße Lippenbekenntnisse bleiben, ist eine Rückkoppelung an das staatliche System notwendig.[1756] Insoweit verifiziert sich ein weiteres und wahrscheinlich das entscheidende Wesensmerkmal des transnationalen Rechts, das sich in der Fähigkeit artikuliert, die Grenzen zwischen den einzelnen Rechten zu überwinden, ohne sie gleichzeitig vollends aufzugeben und ein Netzwerk entstehen zu lassen, das zu einer wechselseitigen Bezugnahme führt:[1757] So ergeben sich beispielsweise aus der Neufassung europäischer Transparenz-Richtlinien mittelfristig neue Anforderungen für die private unternehmensinterne Regulierung. Auf diese Weise kann insgesamt ein Konzept entstehen, das die Nichteinhaltung von Produktionsstandards oder anderer sozialer Standards, die zunächst nur durch interne Regularien festgelegt wurden, als Verletzung einer Sorgfaltspflicht erscheinen lässt, was die Unternehmen wiederum zu einer ernst zu nehmenden *human rights due diligence* zwingt.[1758] Die Interdependenz und „*in-*

1755 Instruktiv hierzu: *Holtbrügge/Berg*, in: Bendel/Fischer (Hrsg.), Menschen- und Bürgerrechte: Ideengeschichte und Internationale Beziehungen, S. 177, 180 ff., die die Eignung von Verhaltenskodizes als Ausdruck einer „sozio-politischen Verantwortung von MNU" (Ebd., 180) untersuchen; vgl. auch die Studie von Vytopil zu den codes of conduct niederländischer MNU: *Vytopil*, Contractual Control and Labour Related CSR Norms in the Supply Chain: Dutch Best Practices, 8 Utrecht L. Rev. 155 ff. (2012).

1756 *Shamir*, Between Self-Regulation and the Alien Tort Claims Act: the contested concept of Corporate Social Responsibility, 38 Law & Soc'y Rev. 635, 636 (2004); *Teubner/Beckers*, 20 Ind. J. Global Legal Stud. 523, 536 (2013).

1757 Vgl. auch *Renner*, S. 293.

1758 Vgl. insoweit zum Einfluss des ATS: UN Human Rights Council, Report Business and Human Rights Further Steps (09.04.2010), A/HRC/14/27; *Dhooge*, Due Diligence as a Defense to Coprorate Liability Pursuant to the Alien Tort Statute, 22 Emory Int'l L. Rev. 455 (2008); *Ho*, 52 Columb. J. Transnat'l L. 113, 150 (2013).

terlegality"[1759] dieser Regelungsregime[1760] führt an anderen Stellen dazu, dass normative Erwartungen nicht nur intern, sondern auch extern stabilisiert und vor allem auch durchgesetzt werden können: Wirbt beispielsweise ein Unternehmen mit der Einhaltung seiner privatautonomen CSR-Standards, hält sich tatsächlich aber gar nicht an diese, so kann das zur Verletzung staatlichen Wettbewerbsrechts und entsprechenden Klagen führen.[1761] Zudem können sich in naher Zukunft aus den Vorschriften des internationalen bzw. nicht-staatlichen Soft-Law zunehmende Konkretisierungen der unternehmerischen Sorgfaltspflichten ergeben, die sich mit Hilfe des Deliktsrechts durchsetzen lassen.[1762]

Insofern hat sich gezeigt, dass sich eine globale Verantwortung multinationaler Unternehmen für die Verletzung sozialer und ökologischer Rechte nur über einen heterogenen Ansatz, der nationale, supra- und internationale sowie nicht-staatliche und staatliche Regulierung miteinander verknüpft, herstellen lässt. Nur durch diesen „*Polycentric-Governance*"-Ansatz[1763] kann auf Dauer ein erhöhtes Schutzniveau auf globaler Ebene gewährleistet werden. Durch die Verzahnung und die Vernetzung der einzelnen Maßnahmen entsteht insgesamt ein funktionaler Rahmen, in dem

---

1759 Zu diesem Begriff: *de Sousa Santos*, Toward a New Legal Common Sense, S. 437.

1760 Zum Begriff des Regimes: *Fischer-Lescano/Teubner*, Regime-Kollisionen, S. 18 ; *Renner*, S. 221 f., „Vielzahl eigenständiger Perspektiven der Rechtsanwendung".

1761 Im April 2010 wurde ein entsprechendes Verfahren gegen Lidl eingeleitet, das durch einen Vergleich beendet wurde, vgl. hierzu: *Saage-Maß/von Grill*, Fairer Wettbewerb Weltweit! Am Beispiel „Lidl-Klage", Gegenblende 2010, 122, abrufbar unter: http://www.gegenblende.de/archiv/archiv/04-2010/++co++362c16 48-8dc6-11df-7fa7-001ec9b03e44 (letzter Aufruf: 19.1.2015); *Grabosch*, Die Rezeption des Völkerrechts durch Zivilgerichte, KJ 2013, 30, 35 f.; *Teubner/ Beckers*, 20 Ind. J. Global Legal Stud. 523, 538 (2013); *Teubner*, ZaöRV 2014, 733, 756 f.; umfassende Darstellung zur Rechtsqualifikation und Integration von Corporate Codes: *Beckers*, Taking Corporate Codes Seriously: Towards Private Law Enforcement of Voluntary Corporate Social Responsibility Codes.

1762 Vgl. hierzu: *Torrance*, 12 Germ. L. J. 1573 ff. (2011); *Mares*, 1 Transnat'l L. Theory 221 ff. (2010); *Grabosch*, KJ 2013, 30, 38; *Teubner/Beckers*, 20 Ind. J. Global Legal Stud. 523, 539 (2013).

1763 Human Rights Council, 21.03.2011, Report of the Special Representative of the Secretary General on the issue of Human Rights and transnational corporations and other business enterprises, John Ruggie – Guiding Prinicples on Business and Human Rights: Implementing the United Nations 'Protect, respect and Remedy' Framework, A/HRC/17/31.

die unterschiedlichen Belange der verschiedenen Akteure gleichwertig berücksichtigt werden. Wenn man die Entwicklungen im Bereich der *Transnational Human Rights Litigation* sowie die gerade dargestellten Entwicklungen im Bereich der *Corporate Social Responsibility* im Auge hat, zeigt sich, dass eine „globale Zivilverfassung"[1764] nur mittels eines Ansatzes erreicht werden kann, der staatliche sowie nicht-staatliche Rechtsräume in einen gemeinsamen Kontext setzt. Gunther Teubners These von der „Emergenz einer Vielzahl von Zivilverfassungen"[1765] hat sich in diesem Bereich offensichtlich bestätigt. So leisten die ATS-Verfahren und transnationalen Deliktsklagen genauso wie Beschwerdeverfahren vor nationalen Kontaktstellen oder dem CAO einen Beitrag dazu, dass soziale, ökologische und menschenrechtliche Belange im Bereich der globalen Weltwirtschaftsordnung eine nachhaltigere Bedeutung bekommen. Diese Verfahren wiederum rufen nationale und internationale Gesetzgeber auf den Plan und forcieren somit originär staatliche Regelungsmaßnahmen. Zusätzlich haben sie zu einer Verrechtlichung selbstregulativer Maßnahmen und Kodizes geführt. Insoweit haben sich nicht nur innerhalb der ATS-Gerichtsverfahren, sondern auch auf der Ebene der EU, des UN-Menschenrechtsrats, der OECD, anderer internationaler Organisationen sowie der nationalen Regierungen Formen der „dialektischen Interaktionen"[1766] verschiedener rechtlicher Akteure gezeigt. Hinzu kommen die zivilgesellschaftlichen Wirkungen, die sich in Form von organisierten Protesten artikulieren (z. B. das partizipative Verhalten von NGOs, Boykottaufrufe an Verbraucher, verstärkte mediale Diskussion). Hierdurch manifestiert sich also ein transnationaler Rechtsprozess. Insgesamt hat sich gezeigt, dass die Regulierung des Verhaltens transnationaler Unternehmen im Hinblick auf ihre globale soziale Verantwortung eine Spielwiese des transnationalen Rechts ist. Eine Verhaltenssteuerung findet in diesem Bereich gerade nicht nur mittels klassischen positiven Rechts[1767], sondern vermehrt durch ein hybrides System unterschiedlicher Rechts- und Durchsetzungsmechanismen statt.

1764 *Teubner*, Globale Zivilverfassungen: Alternativen zur staatszentrierten Verfassungstheorie, 63 ZaöRV (2003), 1 ff. (passim); *ders.*, Verfassungsfragmente, S. 97 ff.

1765 *Teubner*, Globale Zivilverfassungen: Alternativen zur staatszentrierten Verfassungstheorie, 63 ZaöRV (2003), 1, 6.

1766 *Berman*, 80 S. Cal. L. R. 1155, 1197 & 1201 (2007): „dialectical interactions".

1767 Im Sinne von parlamentarisch verabschiedeten staatlichen Gesetzen.

Die Emergenz und Verdichtung des hier beschriebenen transnationalen Rechts hat die Frage nach einer völkerrechtlichen Verantwortung bzw. nach einer Völkerrechtssubjektivität der MNU in gewisser Weise obsolet werden lassen. Zwar bietet auch das Völkerrecht durch seine voranschreitende Humanisierung sowie durch die Manifestierung gegenseitiger Verpflichtungen eigentlich mehr als nur eine negative Kompetenzabgrenzung.[1768] Jedoch zeigt sich, dass die methodischen Ansätze, die die völkerrechtliche Dogmatik hinsichtlich der hier maßgeblichen Fragen bestimmen, weder mit der sich gewandelten Zwecksetzung der Völkerrechtsordnung noch mit den gegebenen Lebenswahrheiten der Weltordnung im Einklang stehen.[1769] Die völkerrechtliche Debatte, um die Völkerrechtssubjektivität multinationaler Unternehmen bzw. um ihre Verantwortung für Menschenrechtsverletzungen ist verkrustet.[1770] Das transnationale Recht hat das Völkerrecht zwar nicht abgelöst, aber in Teilen überholt, da es aufgrund seiner Kombination aus nicht-staatlichen, staatlichen und teilweise auch völkerrechtlichen Regelungen besser dazu geeignet ist, „soziale Realität wahrnehmen, beurteilen und regeln"[1771] zu können.[1772] Der rechtliche Evolutionsprozess, der durch die Globalisierung in Gang gesetzt wurde, lässt sich also insgesamt wie folgt beschreiben: Die Globalisierung und das Vordringen multinationaler Unternehmen in deregulierte oder nichtregulierte Bereiche ist die Ursache einer Entwicklung, die zu Symptomen (Rechtsverletzungen und Rechtsschutzlücken) führte, welche sich mit den klassischen Formen der Rechtsetzung und Rechtsdurchsetzung nur schwerlich steuern ließen. Als Erstes wurde insoweit versucht, diese

---

1768 *Steinhardt*, 107 Am. J. Int'l L. 841, 845 (2013); *Friedmann*, The Changing Structure of International Law, S. 62.

1769 *Nowrot*, S. 695; allgemein hierzu: Zumbansen, Die vergangene Zukunft des Völkerrechts, KJ 2001, 46, 59 ff.; *Fischer-Lescano/Teubner*, Regime-Kollisionen, 10 ff.

1770 Vgl. hierzu: *Hailbronner/Kau*, in: Vitzthum (Hrsg.), Völkerrecht, S. 147 (die Völkerrechtssubjektivität verneinend); *Schweisfurth*, Völkerrecht, S. 49 f. (partielle Völkerrechtssubjektivität); *Schmalenbach*, AVR 39 (2001), 57, 63; *Duruigbo*, Corporate Accountability and Liability for International Human Rights Abuses: Recent Changes and Recurring Challenges, 6 Nw. U. J: Int'l Hum. Rts. 222 ff. (2007); *Kinley/Tadaki,* From Talk to Walk: The emergence of Human Rights Responsibilities for Corporations at Internationale Law, 44 Va. J. Int'l L. 931, 937 ff. (2004).

1771 *Joerges*, Das Rechtssystem der transnationalen Handelsschiedsgerichtsbarkeit, ZHR 138 (1974) 549, 557.

1772 Vgl. insoweit auch: *Zumbansen*, KJ 2001, 46, 59 ff.

Symptome mittels klassischer Formen der Rechtsdurchsetzung zu beheben. Im US-amerikanischen Zivilprozessrecht fanden die entsprechenden Akteure ein System vor, das aufgrund seiner Binnenstruktur die notwendige Offenheit für die Behandlung der sich stellenden Fragen besaß. Jedoch erwies sich auch diese Form des Diskurses als zu wenig effizient, um auf alle auftauchenden Rechtsfragen adäquat zu reagieren. Die wachsende Anzahl an ATS-Verfahren hatte jedoch zwei bedeutende Konsequenzen: Zum einen führte sie zu einer erhöhten öffentlichen Wahrnehmung der Problematik und zu einer intensiveren Auseinandersetzung mit ihr seitens der relevanten Akteure. Hiermit beziehe ich mich auf die Aktivitäten staatlicher und internationaler Organisationen, die sich mit der Frage der Verantwortung von Unternehmen für Menschenrechtsverletzungen nun intensiver auseinandersetzten. Gleichzeitig kam es zu einer erhöhten Aktivität der unmittelbar Betroffenen (Unternehmen, Geschädigte, NGOs, Interessenvertreter) und zu Versuchen derartige Probleme entweder durch private, alternative Regelungsregime[1773] oder zunehmende Kommunikation und Skandalisierung einzudämmen Der Anstoß zu derartigen Maßnahmen, wie z. B. unternehmensinternen Verhaltenskodizes, geht sowohl aus autonomen als auch heteronomen Motiven hervor, wobei die autonome Motivation (Vermeidung der Unternehmenshaftung zur Erhaltung des Profitniveaus und der Reputation) mittelbar in den heteronomen Motiven (Möglichkeit der gerichtlichen Inanspruchnahme, negative Publizität) begründet ist. Aufgrund der jeweiligen Unvollkommenheit der so entstehenden Regelungsregime kommt es zur wechselseitigen Bezugnahme und aufseiten der privaten Regelungsregimes zu einer „Publifizierung".[1774] Insoweit gilt das, was Moritz Renner in Bezug auf die internationale Schiedsgerichtsbarkeit feststellt, zweifelsohne auch für die Fragen der transnationalen CSR: Die multinationalen Unternehmen werden „durch ihre wachsende Verantwortung dazu gezwungen [...] auch öffentliche Belange zu berücksichtigen"[1775]. Auch seitens der staatlichen Akteure kommt es zu einer Be-

---

1773 Zum Regimebegriff: *Renner*, S. 222 (bedeutend für diesen ist, dass „der transnationale Rechtsdiskurs in eine Vielzahl eigenständiger Perspektiven der Rechtsanwendung zerfällt, die als Rechtsregimes bezeichnet werden können"); *Fischer-Lescano/Teubner,* Regime-Kollisionen, S. 17.

1774 *Renner*, S. 225 und umgekehrt zu einer „Stärkung privater Rechtspositionen und -pflichten im Völkerrecht (Ebd., 226); vgl. insoweit auch Teubner, ZaöRV 2014, 733, 754 ff.

1775 *Renner*, S. 225; *Wai*, Transnational Private Law and Private Ordering in a Contested Global Society, 46 Harv. Int'l L. J. 471 ff. (2006); vgl. allgemein hierzu

zugnahme, da sie das, was durch die Unternehmen auf privater bzw. interner Ebene reguliert wurde, publizieren, indem sie korrespondierende oder eingreifende rechtliche Vorgaben in Form von Gesetzen oder internationalen Regelungen schaffen oder unterlassen. Die parallele Diskussion um eine völkerrechtliche Verantwortung multinationaler Unternehmen und die Versuche zur Beantwortung dieser Fragen mit Mitteln des Zivilrechts stellen einen weiteren Beleg für das Transzendieren der Trennung zwischen den privaten, öffentlichen und völkerrechtlichen Rechtssphären dar.[1776] Insoweit zeigt sich, dass sich die Frage nach der Verantwortung multinationaler Unternehmen für extraterritoriale Menschenrechtsverletzungen nicht primär nach dem Völkerrecht, sondern vornehmlich nach transnationalem Recht beurteilen lassen muss. Das transnationale Recht transzendiert somit nicht nur die Unterscheidung zwischen nationalem und internationalem Recht,[1777] sondern entbindet die einzelnen Rechtsordnungen (Völkerrecht, nationales Recht, privates Recht, öffentliches Recht, nicht-staatliches Recht) von ihrer hermetischen Abriegelung und der sich aus dieser ergebenden eingeschränkten Flexibilität für Lösungen neu entstehender transnationaler Probleme.[1778] Als Ergebnis dieses transnationalen Rechtsprozesses ergeben sich somit auch auf der Ebene der nationalen Gerichte und des nationalen Rechts Funktionsänderungen und Anpassungen.[1779] Gleichzeitig kommt es aber auch zu einer stärkeren Fragmentierung und zu Grenzüberschreitungen des Völkerrechts, da es einen zunehmenden Einfluss auf horizontal-privatrechtliche Bereiche ausübt.[1780] Insgesamt ist auch in diesem Bereich zu beobachten, dass es zu einer partiel-

---

auch: *Nowrot*, S. 510 ff.; *Graf*, Die globale Verantwortung multinationaler Unternehmen, S. 8 ff.

1776 *Renner*, S. 226 f.

1777 *Renner*, S. 218.

1778 Vgl hierzu und zu dieser Beschreibung des transnationalen Rechts bzw. Rechtsprozesses: *Koh*, 75 Nebr. L. Rev. 181, 183 f. (2006); *Hanschmann*, in: Buckel/Christensen/Fischer-Lescano, Neue Theorien, 375, 383 ff.; *Fischer-Lescano/Teubner*, Regime-Kollisionen, S. 70.

1779 *Whytock*, Domestic Courts and Global Governance, 67, 120 ff. (2009); *Koh*, 75 Nebr. L. Rev. 181, 183 f. (2006); *Hanschmann*, in: Buckel/Christensen/Fischer-Lescano, Neue Theorien, 375, 383 ff.

1780 *Viellechner*, in: Amstutz/Fischer-Lescano, Kritische Systemtheorie, S. 285, 287 f.; *Renner*, S. 226 f., der sich als Beispiel für eine Privatisierung des Völkerrechts auch auf die ATS-Verfahren bezieht.

len „Inversion der traditionellen Hierarchie von übergeordnetem staatlichem Recht und untergeordneter privater Normsetzung"[1781] kommt.

II. Transnationale Zivilverfahren - Zentren eines sich konstituierenden Weltrechts

Die hier in den Fokus genommenen globalen sozio-politischen und rechtlichen Herausforderungen lassen sich nur durch einen rechtspluralistischen Ansatz lösen, der sowohl die nationalstaatlichen Möglichkeiten ausschöpft als auch supranationale und multilaterale Mechanismen mit einbindet. ATS-Verfahren und transnationale Deliktsklagen stellen in diesem Kontext eine Möglichkeit unmittelbarer Partizipation der Betroffenen dar, die dazu beiträgt, die durch die Globalisierung erzeugten Demokratie- bzw. Partizipationsdefizite auszugleichen und menschenrechtliche Standards eine umfassendere Geltung zu verleihen.[1782] Die nationalen Gerichte „sind im transnationalen Menschenrechts-Recht ein Strukturelement, dessen Bedeutung nicht gering zu schätzen ist"[1783]. Eine solche Einschätzung beschränkt sich auch nicht auf den hier relevanten Bereich der Menschenrechte, vielmehr wird eine „proaktive Rolle von Gerichten in der Globali-

---

1781 *Teubner*, ZaöRV 2014, 733, 754.

1782 *Bilsky/Davidson*, A Process-Oriented Approach to Corporate Liability for Human Rights Violations, 4 Transnational Legal Theory, 1, 7 (2013); *Scott/Wai*, in: Transnational Governance, S. 287, 309; *Buxbaum*, 46 Va. J. Int'l L. 293, 316; *Wai*, in: Lederer/Müller, Criticizing Global Governance, 243, 244; *Koh*, The Haitian Refugee Litigation: A Case Study in Transnational Public Law Litigation, 18 Md. J. Int'l L & Trade 1, 3 (1994), *Wai*, 46 Harv. Int'l L. Rev. 471, 485 (2005); *Whytock*, Domestic Courts and Global Governance, 67, 120 ff. (2009); allgmeine zur horizontalen Wirkung transnationale Grundrechtsstandards: *Teubner*, Verfassungsfragmente, S. 189 ff.

1783 *Fischer-Lescano*, Globalverfassung, S. 159; *Teubner/Beckers*, 20 Ind. J. Global Legal Stud. 523, 532 (2012); *McBarnet*, in: dies./Voiculescu/Campbell, The new corporate accountability, S. 9, 39.

sierung"[1784] auch im Hinblick auf die Erzeugung anderer global gültiger Normen gefordert.[1785]

Das Ausgangsproblem war die defizitäre Regulierung und Sanktionierung der Verletzung grundlegender sozialer oder ökologischer Rechte durch nicht-staatliche transnationale Akteure. Das Dilemma ist/war das folgende: Nationale Regulierung scheitert entweder an ihrer Reichweite oder aber an ihrer Umsetzung. Internationale Regulierung scheitert an der Nichtexistenz einer zentralen Regulierungsinstanz und an einem tragfähigen, internationalen Konsens. Die verschiedenen Formen der Selbstregulierung greifen zu kurz und erreichen nicht alle potenziellen Adressaten oder sie waren ohne normative Wirkung.[1786] Erst durch das Nebeneinander verschiedener rechtlicher Instrumentarien haben sich adäquate Lösungsmodelle für das Dilemma etabliert. Auch wenn sich nicht mit letztendlicher Gewissheit bestimmen lässt, ob sich ein vergleichbarer Verlauf und *Status quo* auch ohne ATS-Verfahren ergeben hätte, so waren diese Zivilverfahren vor den ordentlichen US-amerikanischen Gerichten sicherlich ein bedeutender Faktor für eine erhöhte Publizität und Wahrnehmung der hier dargestellten transnational-globalen Problemlage.[1787] Sowohl die US-amerikanischen als auch die europäischen zivilprozessualen Zuständigkeitssysteme unterliegen zwar (mittlerweile) in erster Linie einer recht strikten territorialen Ausrichtung. Trotz dieses „Neo-Territorialismus"[1788] können jedoch auch staatliche Zivilgerichte weiterhin als Instanzen gesehen werden, die einen Beitrag zur Regulierung des Verhaltens transnationaler Unternehmen leisten können. Denn auch wenn sich aus den Studien zur Rechtslage in den USA und in Europa ergibt, dass die nationalen Gerichte zur Begründung der Zuständigkeit einen überwiegend territorialen Minimalbezug zum Forumsstaat fordern, so muss diese Territorialität nicht zwangsläufig Provinzialität bedeuten. Die nationalen Gerichte kön-

---

1784 *Krieger*, in: Paulus/Dethloff/Giergerich u. a., Internationales, nationales und privates Recht: Hybridisierung der Rechtsordnungen? Immunität, 233, 243 (In Bezug auf die Immunität im Völkerrecht).

1785 Vgl. hierzu *Ladeur*, Ein Recht der Netzwerke für die Weltgesellschaft oder Konstitutionalisierung der Völkerrechtsgemeinschaft, 46 AVR (2011), 246, 269 f.; *Koh*, 106 Yale L. J. 2599, 2640 (2006).

1786 *Teubner/Beckers*, 20 Ind. J. Global Legal Studies 523, 536 (2012).

1787 *McBarnet*, in: dies./Voiculescu/Campbell, The new corporate accountability, S. 9, 39; *Teubner/Beckers*, 20 Ind. J. Global Legal Studies 523, 532 (2012).

1788 In Bezug auf die USA: *Reimann*, in: FS Stürner, S. 1779 ff.; *Weinberg*, 99 Cornell L. Rev. 1471, 1486 (2014).

nen weiterhin und ohne Existenz einer internationalen Zentralinstanz als Rechtszentren des „Menschenrechts-Rechts"[1789] fungieren, ohne dass es hierzu einer strengen hierarchischen Weltgerichtsordnung bedarf.[1790] Vielmehr haben die Ausführungen zu den europäischen und US-amerikanischen Jurisdiktionsregeln bewiesen, dass es insoweit zu einer – wie von Fischer-Lescano prophezeiten – schrittweise erfolgenden „Vereinheitlichung der Jurisdiktionsprinzipien durch gegenseitige Beobachtungsbeziehungen"[1791] zwischen den dezentralen Spruchkörpern kam.

Nationale Zivilverfahren können dazu beitragen, den durch die Globalisierung bedingten Autoritätsverlust des Staates zu kompensieren. Der gegenseitige Respekt und eine wechselseitige Kommunikation zwischen den staatlichen Spruchkörpern verschiedener Nationen können zu einer erweiternden Emergenz und Durchsetzung transnationaler Menschenrechtsstandards führen.[1792] Es hat sich gezeigt, dass transnationale, strategische Deliktsklagen in das System des Zivilprozessrechts, des IPR und des Deliktsrechts passen, ohne deren grundlegende Konzeption zu verändern. Die Etablierung sozialer, freiheitlicher und ökologischer Standards in der Weltgesellschaft funktioniert weder durch eine Überbetonung des Globalen noch durch eine Überbetonung des Nationalen, sondern nur durch eine wechselseitige Verschränkung dieser Strukturen. Durch die Vernetzung transnationaler Rechtsprozesse in der Form von transnationalen Gerichtsprozessen und anderen Streitschlichtungsmechanismen sowie transnationalen staatlichen und nicht-staatlichen Regulierungsregimen entwickelt sich ein Weltrecht, das das Potenzial hat, menschenrechtliche Standards global zu konstituieren.

Die anfängliche unilaterale und universale Ausrichtung der *human rights litigation* durch die ATS-Verfahren vor US-amerikanischen Gerichten war eine Reaktion auf ein defizitäres System, das trotz der Existenz schwerwiegender Rechtsverletzungen durch nicht-staatliche Akteure we-

---

1789 *Fischer-Lescano*, Globalverfassung, S. 176.

1790 *Halfmeier*, RabelsZ 68 (2004), 653, 685; *Fischer-Lescano/Teubner*, Regime-Kollisionen, S. 120 f.

1791 *Fischer-Lescano*, Globalverfassung, S. 190; *ders./Teubner*, Regime-Collisions: The Vain Search for Legal Unity in the Fragmentation of Global Law, 25 Mich. J. Int'l L: 999 ff. (2004).

1792 *Ladeur/Viellechner*, 46 AVR (2009), 42, 68; zur kooperierenden Rolle der Gerichte: Slaughter, A New World Order, S. 65 ff.; *Koh*, How Is International Human Rights Law Enforced?, 74 Ind. L. Journ. 1397, 1399 (1999); *Wai*, 46 Harv. Int'l L. Rev. 471, 485 (2005).

der auf internationaler noch auf nationaler Ebene geeignete Regelungs-
und Durchsetzungsmechanismen bereitstellte. Der US-amerikanische Professor Burt Neuborne hatte bereits in Bezug auf die Holocaust-Litigation
festgestellt: *"I felt the litigation was necessary to close a hole in international jurisprudence."*[1793] Globale Gerechtigkeits- und Demokratiedefizite
können somit insbesondere auch über transnationale Zivilverfahren ausgeglichen werden, da sie eine punktuelle Form der Partizipation, ein kom-
munikatives Handeln zwischen verschiedenen transnationalen Akteuren
sowie Publizität und Transparenz fördern.[1794] Transnationale Zivilverfahren sind somit auch Projektionsflächen zivilgesellschaftlicher Bedürfnisse
und fördern zugleich private oder institutionalisierte Folgeinitiativen, die
sich in einer Gesamtschau als Formen einer transnationalen Demokratisie-
rung darstellen können.[1795]

Wie ist das nun genau zu verstehen? Die transnationalen Zivilverfahren
erzeugten in vielen Fällen nicht nur die Aufmerksamkeit einer Weltöffentlichkeit, sondern sie führten auch zur mittelbaren und unmittelbaren Einbindung unterschiedlicher Akteure (Anwälte, Richter, NGOs, Interessensverbände, Regierungen und Parlamente), die die aufgeworfenen rechtlichen Probleme in einen größeren Kontext setzten und somit eine globale
Sensibilität gegenüber den aufgeworfenen Fragestellungen erzeugten. Diese Fragestellungen werden in der Folge auch in andere Fora transportiert
und es setzt sich ein transnationaler Rechtsprozess in Gang. Ein kurzes
Beispiel sei hierzu genannt: Abgeordnete des Deutschen Bundestages unterstützen in Form eines *Amicus-Curiae*-Schreibens die Kläger im Kiobel-
Verfahren vor dem Supreme Court, im Bundestag wird eine Anfrage an
die Bundesregierung bezüglich ihres Standpunkts zu diesem Thema gestellt und im weiteren Verlauf der Legislaturperiode wird ein Antrag gestellt, mit dem beabsichtigt wird, transnationale Unternehmen für Menschenrechtsverletzungen effektiver zur Verantwortung ziehen zu kön-

---

1793 *Neuborne*, 80 Wash. U. L. Q. 795, 829 (2002).
1794 Vgl. auch *Bilsky/Davidson*, 4 Transnat. L. Theory 1, 9 (2012); *Fischer-Lescano*,
Globalverfassung, S. 175 ff.; *Wai*, in Lederer/Müller, Criticizing Global
Governance, S. 243, 250; *ders.*, 46 Harv. Int'l L. Rev. 471, 485 (2005); vgl. zum
Verhältnis Demokratie – Globalisierung: *von Bogdany*, 63 ZaöRV (2003), 853,
859 ff.
1795 *Von Bogdany*, 63 ZaöRV (2003), 853, 864, der darauf hinweist, dass „die Stabilisierung von Demokratie und Menschenrechten durch Weltöffentlichkeit und
globalisierte Medien wie auch die neuen Informationsmöglichkeiten" erfolge.

nen.[1796] Der Normbruch, die Erhebung einer öffentlichen Zivilklage und ihre Publizitätswirkung befördern einen globalen Diskurs über die grundlegenden normativen Erwartungen in vergleichbaren Situationen. Hierdurch erst wird ein fortlaufender Prozess in Gang gesetzt, in dem es immer wieder zum Austausch von Fakten und Argumenten kommen kann. Innerhalb dieses diskursiven Prozesses kann es zu einer intensiven Aufarbeitung der rechtlichen Defizite auf unterschiedlichen Ebenen kommen, die erst durch die Zivilverfahren eine breitere Wahrnehmung erfahren haben. Versteht man transnationale, zivilrechtliche Menschenrechtsklagen somit als ein Forum einer institutionalisierten Skandalisierung und zieht man Luhmanns These, dass die Menschenrechte „erst durch ihre Verletzung und durch entsprechende Empörung (Durkheims colère publique) in Geltung gesetzt werden"[1797], hinzu, so wird einem bewusst, dass derartige transnationale Zivilklagen einen erheblichen Stabilisierungsfaktor darstellen und unabkömmlich sind, um Recht in Geltung zu setzen. Gerade die ATS-Prozessführung gegen multinationale Unternehmen und die sich an diese anschließenden diskursiven Prozesse, konnten das nachdrücklich belegen. Selbstverständlich muss insoweit auch auf das grundsätzliche Risiko derartiger Verfahren hingewiesen werden, „denn das positive Recht kann auch benutzt werden, um Menschenrechtsverletzungen zu decken",[1798] indem es Legitimations- und Ausschlussgründe schafft.[1799]

1796 Vgl. BT-Ds. 17/13916.

1797 *Luhmann*, Das Recht der Gesellschaft, S. 581; Teubner, Verfassungsfragmente, S. 194; zu den Mechanismen der Skandalisierung und der Empörung (colère publique) umfassend: *Fischer-Lescano*, Globalverfassung, S. 23 ff. Auch die ATS-Verfahren und transnationale Deliktsklagen skandalisieren die Rechtsverletzungen in der „Dritten Welt" und stellen einen Versuch dar, unter Einbindung verschiedener zivilgesellschaftlicher Akteure zur öffentlichen Meinungsbildung beizutragen. Mit der durch die Verfahren erzeugten Publizität und dem Diskurs über die Rechtsverletzungen kann es zu einer Veränderung der normativen Erwartungen kommen.

1798 *Luhmann*, Das Recht der Gesellschaft, S. 573, der in diesem Zusammenhang auf das strafrechtliche Verfahren U.S. v. Alvarez-Machain (dem späteren Kläger im ATS-Verfahren) verweist, in dem die illegale Entführung des Angeklagten aus Mexico nicht als Verfahrenshindernis eingestuft wurde. Das Urteil im ATS-Schadensersatzverfahren belegt diese Einschätzung, da auch insoweit der „arbitrary arrest" nicht als so schwerwiegende Völkerrechtsverletzung eingestuft wurde.

1799 So beinhalteten gerade auch die ATS-Verfahren das grundsätzliche Risiko, dass aufgrund einer dogmatischen (Fehl-) Einschätzung der transnationale Rechtsprozess ins Stocken gerät oder behindert wird. Hätten die US-Gerichte bei-

III. Die ATS-Verfahren als Avantgarde des Weltrechts?

Wie fällt das Fazit nun im Hinblick auf die ATS-Verfahren aus: Sind die ATS-Verfahren nun der Beweis einer weiteren US-amerikanischen „Unverschämtheit"[1800] und der Beleg für eine „chauvinistische Überlegenheit"[1801] des US-Rechts oder stellen sie die „Avantgarde"[1802] eines sich bildenden Weltrechts dar? Waren sie tatsächlich Indiz eines rechtshegemonialen Strebens[1803] oder nur Merkmal eines sich formierenden transnationalen Gerichtsnetzwerkes?[1804] Nach den hier gemachten Erkenntnissen waren sie mehr Avantgarde als Unverschämtheit, mehr Beleg für sich konstituierende interlegale, interjustizielle Netzwerke und für eine Globalisierung der Gerichte als für ein unilateral-hegemoniales Streben der US-Justiz.[1805] Letzteres zeigt sich insbesondere auch an den Fällen Goodyear, Baumann und Kiobel: Sie alle sind ein Beleg dafür, dass die US-Rechtsprechung nicht nur in nationalen Dimensionen und Paradigmen verharrt,[1806] sondern den rechtsvergleichenden, weltoffenen Blick auf andere Nationen und Rechtsordnungen durchaus wagt. Der Supreme Court *Justi-*

---

spielsweise frühzeitig eine Unternehmenshaftung ausgeschlossen, wäre der externe, verhaltenssteuernde Druck nicht so groß gewesen. Auch wäre die Inspiration für eine zusätzliche politische Agenda verringert gewesen.

1800 So im Zusammenhang mit den Klagen von Holocaust-Überlebenden und ergänzender kalifornischer Gesetzgebung: *Schütze*, in: Ders., Prozessführung und -risiken im deutsch-amerikanischen Rechtsverkehr, S. 200, 218.

1801 *Schütze*, in: Ders., Prozessführung und -risiken im deutsch-amerikanischen Rechtsverkehr, S. 200, 218.

1802 *Michaels*, DAJV-NL 2006, 46.; vgl. auch Unger, S. 241, der in der transnational civil litigation einen „Pionier dieser kommenden Rechtswelt" sieht.

1803 In diese Richtung gehend insbesondere: *Posch*, in: FS Mantl, S. 377, 379 ff.; ausführlich und instruktiv zu Merkmalen eine US-amerikanischen Rechtshegemonie: *Maultzsch*, in: 100 Jahre Rechtswissenschaft in Frankfurt, S. 501 ff.

1804 Vgl. zum Gedanken des Netzwerkes: *Ladeur*, 49 AVR (2011), 245, 269 f.

1805 A. A. *Unger*, S. 245 f., der den „Vorwurf des rechtsimperialen, unilateralen Handelns" im Hinblick auf die Jurisdiktion im Kern für begründet hält, wobei er den ATS-Ansatz aber aufgrund des „Primärversagen des Völkerrechts" gerechtfertigt findet.

1806 Vgl. hierzu: *Michaels*, DAJV-NL 2006, 46, 52, der vollkommen zutreffend darauf hinweist, dass die US-Gerichte, „um legitime Weltgerichte zu werden", sich zum Teil davon lösen müssen, US-Gerichte zu sein. Einen solchen Schritt haben die Gerichte mittlerweile unternommen, wenn er auch im Falle der Kiobel-Rechtsprechung sehr extrem ausfällt und in der Konsequenz eine starke Restriktion der US-amerikanischen Rechtsanwendung bedeutet.

ce Breyer stellte schon in den 90er Jahren fest, dass sich Richter in Zukunft immer häufiger die Frage stellen werden müssen, wie sie dazu beitragen können, dass ein Weltrechtssystem harmonisch und nicht konfrontativ funktionieren könnte.[1807] Auch andere Richter forderten eine verstärkte internationale Kooperation durch einen „ongoing dialogue between the adjudicative bodies of the world community"[1808] ein. Auch die hier dargestellten ATS-Verfahren, die bis vor den Supreme Court gelangten, sind eher Ausdruck eines kooperativen und kommunikativen Ansatzes. So wies der Supreme Court in seinem obiter dictum zur Sosa-Entscheidung auf die *Amicuas-Curiae*-Stellungnahme der EU-Kommission hin und stellte deren Rechtsauffassung als zukünftig berücksichtigungsfähig dar,[1809] zudem wurde die Anerkennung einer Anspruchsgrundlage nach US-amerikanischen Recht und somit das, was man als Ausdruck einer kollisionsrechtlichen Rechtshegemonie verstehen könnte, auf schwerwiegende und universell anerkannte Völkerrechtsverletzungen beschränkt. In Kiobel repräsentiert die Anwendung der *presumption against extraterritoriality* eine schon übervorsichtige Rücksichtnahme auf die territoriale Souveränität anderer Staaten[1810] und in Bauman bezieht sich *Justice Ginsburg* rechtsvergleichend auf die EuGVVO und koppelt die Ausübung der *personal jurisdiction* an das Vorhandensein starker Bezüge zum Forumsstaat.[1811] Diese Rechtsprechung ist somit eher ein Beleg für eine sich verdichtende grenzüberschreitende justizielle Rücksichtnahme und eine Kommunikationsaufnahme seitens der US-Gerichte statt für ein einseitig hegemoniales Streben. Der rechtskommunikative Austausch innerhalb eines Gerichtsverfahrens, der durch die Mitwirkung unterschiedlichster Dritter mittels *Amicus-Curiae*-Schriftsätzen noch forciert wird,[1812] lässt eine Form von Vernetzung zwischen den territorial segmentierten Gerichtssystemen und dem Weltrecht in verfahrenstechnischer Hinsicht erahnen. Auch dieser Teil der Vernetzung stellt zweifelsohne einen Part der

---

1807 Howe v. Goldcorp Investments, Ltd. 946 F.2 d 944, 950 (1st Cir. 1991): „[…] *expanded efforts to help the world's legal systems work together, in harmony, rather than at cross purposes*"; allgemein hierzu: Slaughter, A New World Order, S. 85 ff.; *Ladeur/Viellechner*, 46 AVR (2009), 42, 68.

1808 Euromepa, S.A. v. R. Esmerian Inc., 51 F.3 d 1095, 1101 (2nd Cir. 1995).

1809 Sosa, 124 S.Ct. 2739, 2766, Fn. 21 (2004).

1810 Kiobel, 133 S.Ct. 1659 (2013).

1811 Daimler, 134 S.Ct. 746, 763 (2014); vgl. hierzu schon oben §§ 6, 7.

1812 Vgl. auch: *Koch*, KJ 2014, 432, 449.

„globalen Interlegalität"[1813] dar. Bleibt noch die Frage danach, ob der Weltgewandtheit der US-Gerichte durch die Rechtsprechung in *Kiobel* und *Daimler v. Bauman* insofern ein Ende gesetzt wurde, als dort Doktrinen ausgesprochen wurden, die sich ausschließlich an territorialen Kriterien orientieren. Die Antwort auf diese Frage fällt nicht eindeutig aus: einerseits ja, andererseits nein. Ja, weil die Akzentuierung territorialer Kriterien hinsichtlich der Rechtsanwendung und Zuständigkeitsbegründung selbstverständlich auch eine Abkehr von der funktionalen Ausrichtung der Gerichte darstellt. Nein, weil der territorialen Rückbesinnung der US-amerikanischen Rechtsprechung auch eine gewisse Dialektik innewohnt, da gerade in der (Über-)Betonung territorialer Kriterien eine erhöhte Sensibilität für die Funktion anderer nationaler Gerichte/Rechtssysteme zum Ausdruck kommt und man hierin auch einen Appell an die Gerichte Europas sehen könnte, sich im Rahmen ihres territorial-funktionalen Zuständigkeitssystems den Rechtsfragen der „funktional differenzierten Weltgesellschaft"[1814] eigenständig zu widmen.

Warum haben sich die US-Gerichte darüber hinaus noch als Avantgarde des Weltrechts präsentiert? Die ATS-Verfahren folgen alle einer über das bipolare Parteiverhältnis hinausgehenden Logik. Einer Logik, die das Ziel verfolgt, die schwarzen Löcher der Verantwortung juristischer und privater Personen für die Verletzung menschenrechtlicher Standards zu schließen. Sie waren insoweit Bestandteil eines globalen transnationalen Rechtsentwicklungsprozesses, in dessen Verlauf sich gezeigt hat, dass der bloße „Rekurs auf Formen der informellen Kontrolle, wie z. B. Marktkräfte, Reputation und Skandalisierung"[1815], und ein vollkommener Verzicht auf nationalstaatliche Kontrollen nicht effektiv sind. Vielmehr erscheint es geboten, die Kräfte eines territorial segmentierten Systems genauso zu nutzen wie andere Kräfte. Somit konnte sich erst durch die Vernetzung transnationaler Rechtsprozesse (transnationale Gerichtsprozesse, andere

---

1813 *Amstutz/Karavas*, FS Teubner, S. 645, 661, in Bezug auf das sich innerhalb der EU bildende CSR-Rechtssystem.

1814 *Michaels*, DAJV-NL 2006, 46, 54, der schon damals die Forderung aufstellte: Auch europäische Gerichte können und sollten Weltgerichte sein. Zum Begriff der Weltgesellschaft: ebd., 49 f.; in Anlehnung an *Luhmann*, Die Gesellschaft der Gesellschaft, S. 613 ff., der von unterschiedlichen Formen der gesellschaftlichen Differenzierung (segmentär, stratifikatorisch, funktional) ausgeht.

1815 *Amstutz/Karavas*, in: FS Teubner, S. 645, 661; die ATS-Verfahren boten insoweit ein Medium, mit dem die Formen der informellen Kontrolle durch die Einbindung in eine Form formeller Kontrolle verstärkt werden konnten.

Streitschlichtungsmechanismen, transnationale staatliche und nicht-staatliche Regulierungsregime) ein Weltrecht entwickeln,[1816] das das Potenzial hat, menschenrechtliche Standards global zu konstituieren. Die ATS-Verfahren erwiesen sich insoweit auch als Form einer institutionalisierten Skandalisierung, die bei der Verbesserung menschenrechtlicher Standards nicht außer Acht zu lassen ist,[1817] da die außerprozessualen Wirkungen der ATS-Verfahren durchaus als Form einer zivilgesellschaftlichen Rechtskommunikation zu verstehen sind, mit der die punktuell durch den Streitgegenstand exemplifizierten Missstände der Weltöffentlichkeit zugeführt werden.[1818] Damit soziale, bürgerliche und ökologische Menschenrechte nicht nur in Form paragrafierter Absichtserklärungen bestehen, sondern ihnen auch eine zeitgemäße verpflichtende Wirkung gegenüber privaten und juristischen Personen zukommen kann, bedarf es der Möglichkeit, potenzielle Rechtsverletzungen in diesem Bereich effektiv zu ahnden. Auch insoweit erwiesen sich die ATS-Verfahren als avantgardistisch, da sie ein starkes Signal setzen an die vergangenen, gegenwärtigen und vor allem zukünftigen Filartigàs, Karadzics, I.G. Farben oder Unocals dieser Welt, durch das klar kommuniziert wurde, dass die „geschmacklosen"[1819] Formen verschiedenster Rechtsverletzungen nicht mehr akzeptiert werden. Die ATS-Verfahren waren auch insoweit fortschrittlich, als sie die steigende Bedeutung bzw. „Wirkungsmacht"[1820] nicht-staatlicher Akteure (Kläger, NGOs als ihre Unterstützter; Menschenrechtsanwälte) als „critical players"[1821] eines transnationalen Rechtsprozess betonen, die mithilfe klassischer Gerichtsverfahren nicht nur versuchen, „judikative Entscheidungen zu provozieren",[1822] sondern darüber hinausgehend einen globalen

---

1816 Zum Begriff des Weltrechts instruktiv: *Emmerich-Fritsche*, Vom Völkerrecht zum Weltrecht, S. 1036 ff.; *Michaels*, DAJV-NL 2006, 46, 50.

1817 *Luhmann*, Die Soziologie und der Mensch, S. 218, 222 ff.; *Amstutz/Karavas*, in: FS Teubner, S. 645, 667, die die Skandalisierungspotenziale außerhalb von Gerichtsverfahren in Erwägung ziehen; *Fischer-Lescano*, Globalverfassung, S. 70; vgl. hierzu schon oben § 10 I, II.

1818 Zur Funktion der Weltöffentlichkeit: *Habermas*, Der Gespaltene Westen, S. 141 ff.

1819 *Luhmann*, Die Soziologie und der Mensch, S. 218, 222 ff.

1820 *Nowrot*, Normative Ordnungsstruktur und private Wirkungsmacht, passim.

1821 *Koh*, 75 Nebr. L. Rev. 181, 201 (1995).

1822 *Hanschmann*, in: Buckel/Christensen/Fischer-Lescano, S. 375, 387.

Diskurs in Gang zu setzen.[1823] Die ATS-Verfahren boten ein Forum für solch globale Diskurse, was sich alleine schon anhand der zahlreichen *Amicus-Curiae*-Schriftsätze im Kiobel-Prozess belegen lässt, in denen Dritte unterschiedlichster Herkunft und mit verschiedensten Interessen eine Stellungnahme zu den Rechtsfragen des Verfahrens geäußert haben.[1824] Zudem schafften die Prozesse eine Form der Interaktion, in deren Folge die multinationalen Unternehmen durch ihre Beteiligung an den Gerichtsverfahren zu einer Internalisierung der Normen angehalten wurden.[1825] Die Feststellung von Habermas, dass Normen erst durch „die Teilnahme an Disputen über die Anwendung neuen Rechts [...] nach und nach internalisiert werden"[1826], kann auch auf die Konstellation MNU – Menschenrechte übertragen werden. Insofern lässt sich zweifellos die These vertreten, dass die ATS-Verfahren einen erheblichen Beitrag zur Entstehung und Weiterentwicklung normativer Strukturen der Verhaltenssteuerung multinationaler Unternehmen geleistet haben.[1827] Die ATS-Verfahren waren somit lange Zeit die Herberge einer normativen Ordnung, die zwischen nationalem und internationalem Recht operierte, sie verkörperten somit einen transnationalen Rechtsprozess par excellence, mit dem versucht wurde, „die Kluft zwischen Recht und Fakt zu überwinden"[1828].

Der Kritik, die den ATS-Verfahren eine „unübersehbare Ferne zum entstehenden globalen Konsens über die überstaatliche Zentralisierung strafgerichtlicher Verfolgung"[1829] vorwirft und sie als „unilateral inspirierten

---

1823 *Hanschmann*, in: Buckel/Christensen/Fischer-Lescano, S. 375, 387; *Wai*, 46 Harv. Int'l L. Rev. 471, 485 (2005); *Koh*, 74 Ind. L. J. 1397 ff.; *Whytock*, Domestic Courtsand Global Governance, Tul. L. Rev. 67, 120 ff. (2009);

1824 Zum Kreis der Verfasser zählen unterschiedlichen Staatsregierungen, Juristen aus verschiedenen Ländern, Interessensverbände, NGOs sowie einzelne Abgeordnete des Bundestages.

1825 Im Hinblick auf das Völkerrecht: *Habermas*, Der Gespaltene Westen, S. 176; *Hanschmann*, in: Buckel/Christensen/Fischer-Lescano, S. 375, 390; *Koh*, 106 Yale L. J. 2599, 2600 (1997).

1826 *Habermas*, Der Gespaltene Westen, S. 176.

1827 *Kochaen*, Legal Mechanization of Corporate Social Responsibility through Alien Tort Statute Litigation: A Response to Profess Branson with Some Supplemental Thoughts, 9 Santa Clara J. Int'l L. 251, 257 (2011); *Shamir*, 38 Law & Soc'y Rev. 635, 637 (2004); *Williams*, Corporate Social Responsibility in an Era of Economic Globalization, 35 U.C. Davis L. Rev. 705, 772 (2002); *Branson*, 9 Santa Clara J. Int'l L: 227, 249 (2011).

1828 *Unger*, S. 248.

1829 *Unger*, S. 29, 245 f.

Rechtsdurchsetzungsmechanismus"[1830] beschreibt, ist entgegenzuhalten, dass die ATS-Verfahren anders als beispielsweise die strafrechtliche Verfolgung auf dem Willensentschluss des einzelnen Geschädigten basieren und es somit nur mittelbar zu einer staatlichen Autoritätsausübung kommt und darüber hinaus eine zentralisierte, internationale Instanz zur individuellen bzw. kollektiven Wahrnehmung subjektiver Rechte nicht existiert.[1831] Zudem erscheint es generell problematisch, im Zusammenhang mit der Jurisdiktionsausübung US-amerikanischer Gerichte unter dem ATS von einem „rechtsimperialen, unilateralen Handeln"[1832] bzw. hegemonialen Bestrebungen zu sprechen,[1833] da (1) auch in den USA eine grundsätzliche Unabhängigkeit der Gerichte besteht und deren Urteile nicht unbedingt als politische Willenserklärungen des Staates an sich aufgefasst werden sollten, da (2) die Verwendung der Begriffe imperial und unilateral auf ein monistisches Verständnis hindeutet, das weder dem hybriden und pluralistischen Konzept der ATS-Litigation noch den globalen bzw. transnationalen Sachverhalten entspricht,[1834] da (3) auch die Zivilurteile in ATS-Verfahren grundsätzlich einer Anerkennung durch andere Staaten bedürfen, um ihnen dort Wirksamkeit und Geltung zu verleihen, da (4) in den entsprechenden Verfahren primär über die Verletzung völkerrechtlicher, multilateral anerkannter Schutznormen und somit nicht über rein lokale Rechtsfragen, sondern über „Weltereignisse"[1835] verhandelt wird. Per se taugt das ATS also nicht als gutes Exempel für einen US-Rechts-Imperialismus. Imperialistische Züge würden derartige Verfahren nur dann annehmen, wenn sie tendenziös sind. Selbstverständlich ließe sich das ATS rein deskriptiv der Kategorie der US-amerikanischen Rechtshegemonie zuordnen, da sich hinter ihm verschiedene Wesensmerkmale der US-amerikanischen Rechtskultur verbergen, allerdings sollen auf der normativen Ebene der ATS-Verfahren universelle, völkerrechtliche Werte transportiert werden. Insoweit stellt sich das ATS vielmehr als ein Mittel dar, „um den rechtlichen Unilateralismus der USA zu überwin-

---

1830 Ebd.
1831 Dies räumt auch Unger ein: *Unger*, S. 30.
1832 *Unger*, S. 245.
1833 Wie hier: *Michaels*, DAJV-NL 2006, 46, 54.
1834 Vgl. insoweit: *Michaels*, DAJV-NL 2006, 46, 54, der von „Weltereignissen" spricht.
1835 *Michaels*, DAJV-NL 2006, 46, 50.

den"[1836]. Die für externe, transnationale Sachverhalte geöffnete Rechtsstaatlichkeit verspricht eine Chance und keine Gefahr für die Gerechtigkeit.[1837]

Warum waren die ATS-Verfahren oder bzw. sind andere Formen der transnationalen Deliktsklagen außerdem avantgardistisch? Sie formulierten eine Selbstverständlichkeit, die dennoch angezweifelt wurde, nämlich die Verantwortlichkeit von Privaten für Menschenrechtsverletzungen. Niemand dürfte ernsthaft der Auffassung sein, dass es einen Unterschied macht, ob man einem Staat oder einem Individuum/Unternehmen die Pflicht auferlegt, keinen Gebrauch von Sklaverei oder Zwangsarbeit zu machen, Menschen nicht spurlos verschwinden zu lassen oder schädigende Emissionen zu verhindern, um anderen Menschen nicht ihre Lebensgrundlage zu entziehen. Hinter all diesen Rechten und Pflichten verstecken sich normale Rechtsgüter (körperliche Unversehrtheit, Eigentum, Leben), deren Verletzungen weltweit anerkannte Delikte darstellen. Durch eine bloße Bezeichnung als Menschenrecht wurde diesen Rechtsgütern aber eine exkludierende Wirkung gegeben, da hierdurch oftmals ein Reflex eintritt, mit dem suggeriert wird, Menschenrechte würden nur im Verhältnis Bürger – Staat existieren. Die ATS-Verfahren boten die Möglichkeit zu einer Inklusion menschenrechtlicher Standards in die nationale Rechtsordnung, indem sie die Menschenrechte in den Kontext von Privatklagen und Delikten stellten, hierdurch den Begriff der Menschenrechte im positiven Sinne entmystifizierten und sowohl die zivilgesellschaftliche als auch die juristische Öffentlichkeit für die den Verfahren zugrunde liegenden globalen sozialen Fragen stärker sensibilisierten.[1838] Interessanterweise kann man zudem beobachten, dass gerade auch die Kritiker der ATS-Verfahren durch die Verwendung des Begriffs Menschenrechte eine Kontra-Skandalisierung erzeugen konnten, die darauf aufbaute, dass die Entscheidungskompetenz amerikanischer Gerichte nicht nur in räumlicher Hinsicht, sondern vielmehr auch in sachlicher Hinsicht pauschal infrage gestellt wurde. In der Kombination ergab sich aus diesen Argumenten eine Gegenempörung über einen behaupteten Unilateralismus und unterstellte hegemoniale Bestrebungen der USA sowie über die Kapitalisierung von

---

1836 *Michaels*, RabelsZ 69 (2005), 525, 544, der diese Formel nicht speziell auf das ATS bezogen ausspricht.
1837 *Michaels*, RabelsZ 69 (2005), 525, 544.
1838 *Reimann*, IPRax 2013, 455, 462; *Unger*, S. 248.

Menschenrechten.[1839] Wenn beispielsweise DER SPIEGEL über die Sammelklagen ehemaliger Zwangsarbeiter schreibt, „Amerikanische Anwälte, die ihre Geschäftstüchtigkeit gut hinter der Fassade von Schuld und Sühne zu verstecken wissen, setzen deutsche Unternehmen mit überzogenen Forderungen unter Druck. Jüdische Organisationen streiten vor allem für die Opfer des Holocaust. Opferverbände und Regierungen im Osten Europas fordern Gerechtigkeit und meinen Mark"[1840], so kommt damit eine Form der Gegen-Empörung zum Ausdruck, die sich über pekuniären Interessen der Anwälte und scheinbar aberwitzige Schadensersatzhöhen des US-Rechtssystems echauffiert, ohne diese aber in einen rechtlichen und soziologischen Kontext zu setzten. Hierdurch werden – wenn auch unbewusst – die eigentlichen Gründe für die Empörung, nämlich die Verletzung essenzieller Rechte und die Defizite einer globalen Rechtstaatlichkeit, relativiert. Auch wenn gewisse Auswüchse des US-Rechts und der rechtlichen Streitkultur Anlass zu berechtigter Kritik geben, auch wenn es Formen missbräuchlicher Verfahrensstrategien gibt, so führten doch erst die Sammelklagen und die Initiative der Anwälte zu einem Disput auf Augenhöhe zwischen ehemaligen Zwangsarbeitern und den entsprechenden Unternehmen und letztendlich zu einer Ausdifferenzierung des Rechts.

Die ATS-Verfahren boten ein adäquates Reaktionsmuster für transnationale Rechtsereignisse, denen ein globales Aufklärungsbedürfnis innewohnte, die aber in Ermangelung eines funktionierenden internationalen Gerichtssystems auf nationale Gerichte angewiesen waren.[1841] Nicht nur die restriktive Rechtsprechung des US Supreme Court, sondern auch die Evolutionen in anderen Rechtsbereichen, haben die US-Gerichte von ihrer Vorreiterrolle befreit. Eine Öffnung der Gerichtspforten für Weltereignisse ist jedoch auch in Zukunft zu befürworten.[1842] Die Ausführungen zu den europäischen Gerichtsverfahren haben gezeigt, dass sich ein vergleichbarer Effekt auch mittels transnationaler Deliktsklagen herstellen lässt. Dieser Ansatz hat zudem den Vorteil, dass er universaler einsetzbar

---

1839 Vgl. allgemein zur zivilgesellschaftlichen Regelbildung und zur Funktionsweise der Skandalisierung mittels Skript und Gegen-Skript: *Fischer-Lescano*, S. 89 ff.

1840 Peter *Bölke*, DER SPIEGEL 32/1999 (9.8.1999), S. 34.

1841 *Michaels*, DAJV-NL 2006, 46, 54.

1842 *Michaels*, DAJV-NL 2006, 46, 54: *Michaels* sieht gerade auch die deutschen Gerichte als potenzielle Weltgerichte.

ist und sich nicht nur auf schwerwiegende Völkerrechtsverstöße beschränkt.[1843]

IV. Die Etablierung eines globalen CSR-Regimes im transnationalen
Rechtsprozess

Es hat sich gezeigt, dass es unterschiedliche Methoden zur Behandlung
der Frage nach einer Unternehmensverantwortung für die Verletzung sozialer und ökologischer (Menschen-)Rechte gibt. Eine qualitative Beurteilung der einzelnen – hier erläuterten – Teilsysteme ist nicht angezeigt, da
jedes für sich gesehen eine partielle Funktion übernimmt, um ein gemeinsames Ziel zu verfolgen. Der dreigliedrige Ansatz der UN-Leitlinien erweist sich nicht nur als Spiegelbild der rechtspraktischen Realität, sondern
auch als ausbaufähige Basis für eine effiziente *global governance* durch
global law.[1844] Insgesamt konnte anhand der Beobachtungen zu den US-
amerikanischen ATS-Verfahren, zu den transnationalen Deliktsverfahren
in Europa und zu den weiteren Entwicklungen im Bereich der CSR belegt
werden, dass es sich bei der Frage nach der Verantwortung multinationaler
Unternehmen für bestimmte extraterritoriale Rechtsverletzungen um eine
Rechtsanwendungssituation handelt, in der sich transnationales Recht konstituiert, manifestiert und weiterentwickelt.[1845] Ein System, das staatliche
und nicht-staatliche Regulierung kombiniert und in dem die Erscheinungsformen der privaten Selbstregulierung an das formale Recht sowie an formale Rechtsverfahren gekoppelt werden können, erweist sich als Zugewinn für alle Akteure.[1846] Bis vor kurzem waren diese „Querverbindungen
im transnationalen Kontext sehr viel schwächer ausgeprägt"[1847]. Jedoch
haben die vorangegangenen Ausführungen gezeigt, dass die verschiedenen

---

1843 Vgl. insoweit auch: *Alford*, Human Rights After Kiobel: Choice of Law and the
Rise of Transnational Tort Litigation, 63 Emory L. J. 1089 ff. (2014); *Enneking*,
Foreign Direct Liability; vgl. hierzu bereits oben § 8.
1844 *Ruggie*, Global Governance and „New Governance Theory": Lessons form
Business and Human Rights, Global Governance 20 (2014), 5 ff.
1845 Vgl. *Renner*, S. 220, der das transnationale Recht nicht als einen „eindeutig ab-
grenzbaren Normenbestand [sondern] als eine Konstellation, die sich in bestimmten Rechtsanwendungssituationen manifestiert" beschreibt; vgl. hierzu
oben § 10 I.
1846 *Herberg*, Globalisierung und private Selbstregulierung, S. 31.
1847 *Herberg*, S. 33.

internationalen Vorgaben (UN Guiding Principles, OECD Guidelines, CAO u. a.), die Rechts-Reflexe, die die Vorstöße privatautonomer Regulierung im nationalen Recht auslösen (z. B. Wettbewerbsrecht/EU-Transparenzrichtlinie/Dodd-Frank Wallstreet-Reform-Act), sowie die Zunahme gerichtlicher und außergerichtlicher Verfahrenskommunikation zu einer zunehmenden Verdichtung solcher Querverbindungen führt.[1848] Im Laufe der Untersuchung hat sich gezeigt, dass auch dem internationalen Zivilverfahrens- und Privatrecht gerade wegen der voranschreitenden Transnationalisierung und Fragmentierung des Rechts eine bedeutende Rolle zukommt, wenn es darum geht, multinationale Unternehmen stärker an menschen-, sozial- und umweltrechtliche Standards zu binden. Eine zukünftige Zielvorgabe muss also gerade auch eine kooperative Koexistenz zwischen staatlichem und nicht-staatlichem Recht sowie inländischen/ausländischen/internationalen Gerichten sein. Nicht nur „das klassische IPR muss durch einen kosmopolitisch kooperativen Ansatz ergänzt werden,"[1849] sondern auch das internationale Zivilverfahrensrecht. Die voranschreitende Verrechtlichung im Bereich der CSR führt zur Emergenz einer pluralistischen Rechtsordnung, die sich nicht nur an privatautonomen, sondern auch an gesellschaftspolitischen Aspekten orientiert.[1850] Im Rahmen dieser Sozialisierung des entstehenden Rechts übernehmen dezentrale transnationale Zivilverfahren eine zentrale Rolle, da sie den Teil eines aufgespaltenen staatlichen Netzwerkes darstellen, der dazu dienen kann „transnationale Grundrechtsstandards"[1851] durchzusetzen. Im Bezug auf die Entwicklungen der Globalisierung stellte Gunther Teubner fest, dass durch

---

1848 Vgl. hierzu: *Amstutz*, in: Fischer-Lescano/Rödl/Schmid, S. 333, 350, der von einer „Bereichsvernetzung" zwischen dem europäischen CSR-Recht und dem globalen Verhaltensrecht für MNU spricht.

1849 *Ladeur/Viellechner*, 46 AVR 42, 64 (2008); *Berman* 153 U. Pa. L. Rev. 1819 ff. (2005).

1850 *Callies/Renner*, Between Law and Social Norms, Ratio Juris 22 (2009), 260, 270 ff.; *Steinhardt*, in: Alston, Non-State Actors and Human Rights, S. 177 ff., der diese als eine neue lex mercatoria bezeichnet; gegen eine begriffliche Analogisierung: *Engle*, 40 Willam. L. Rev. 103, 118 (2004), der sich aber zu sehr auf die scheinbare Nichtvollstreckbarkeit privater CSR-Regularien beschränkt und dabei übersieht, dass diese in einem Netzwerk mit staatlichen Regularien funktionieren.

1851 *Ladeur/Viellechner*, 46 AVR (2008), 42, 68; *Slaughter*, Global Government Networks, Global Information Agencies, and Disaggregated Democracy, 24 Michigan J. Int'l L. 1041 ff. (2004).

die freigewordenen „systemischen Energien"[1852] auch negative Folgen ausgelöst werden und die hieraus resultierenden sozialen Konflikte eine Korrektur der globalen Konstitutionalisierung erfordern werden. Da die Nationalstaaten nur über limitierte Kapazitäten zur Beseitigung dieses „dynamischen Ungleichgewichts"[1853] verfügen, kommt es zu einer Entwicklung, die versucht, die zunehmende Autonomisierung zu limitieren. In dieser Phase der Neu-Konstitutionalisierung greifen auch die nicht-staatlichen Unternehmenskodizes ein, wenn sie eine gesellschaftliche Verantwortung der Unternehmen normieren.[1854] Da ein rein auf Freiwilligkeit basierendes Konzept nicht effektiv ist und sich rechtliche Standards, die auch ernst genommen werden, nur bilden, wenn „von außen massive Lernpressionen ausgeübt werden"[1855], ist eine Aufrechterhaltung bzw. ein Ausbau der globalen gerichtlichen Zugangsmöglichkeiten für die Geschädigten der Verletzungen grundsätzlicher Rechte erforderlich. Denn nur, wenn sich in einem transnationalen Kontext überhaupt ausreichende rechtliche Kommunikations- und Diskursmöglichkeiten ergeben, kann sich eine globale Rechtsordnung etablieren, die nicht nur bestehende Machtverhältnisse manifestiert, sondern auch soziale Bedürfnisse rezipiert.[1856] Insoweit konnte beobachtet werden, dass durch das Zusammenspiel aus staatlichen und nicht-staatlichen Normen ein höheres Schutzniveau hergestellt werden kann und die Defizite, die sich aus dem Globalisierungsprozess ergeben haben, schrittweise behoben werden können.

Können transnationale Unternehmen nun für extraterritoriales sozialschädliches Verhalten (Menschenrechtsverletzungen) verantwortlich gemacht werden? Die einzige adäquate Antwort ergibt sich dabei aus dem transnationalen, globalen Recht. Die Ausführungen haben gezeigt, dass auch, wenn transnationale Unternehmen keine vollständigen Subjekte des Völkerrechts darstellen,[1857] sich die Regulierungsdefizite innerhalb der klassischen nationalen bzw. völkerrechtlichen Rechtsordnungen durch die Erscheinungsformen des transnationalen Rechts haben schließen lassen.

1852 *Teubner*, in: FS Hopt, S. 1449, 1454.
1853 *Teubner*, in: FS Hopt, S. 1449, 1454.
1854 *Teubner*, in: FS Hopt, S. 1449, 1454; *ders.*, ZaöRV 2014, 733, 759.
1855 *Teubner*, in FS Hopt, S. 1449, 1469; *ders./Beckers*, 20 Ind. J. Global L. Stud. 523, 533 ff. (2012).
1856 *Fischer-Lescano*, Weltrecht als Prinzip, KJ 2005 72, 90; *Halfmeier*, 68 RabelsZ (2004), 653, 685; *Fischer-Lescano/Möller*, S. 84: „Ohne *pólemos*, also »Streit« […], ist eine andere Welt nicht zu haben.".
1857 Vgl. hierzu: *Nowrot*, S. 695.

Der Austausch und Diskurs zwischen den unterschiedlichen Perspektiven der nicht-staatlichen und staatlichen Regelungsregime führt zu einer Optimierung der jeweiligen Regelungsziele.[1858] Die vorangegangenen Untersuchungen und die Auseinandersetzung mit der Thematik konnten in einem globalen Kontext belegen, was schon die südafrikanische Kommission zur Aufarbeitung des Apartheidregimes in Bezug auf die rechtliche Verantwortung von Unternehmen für eine Beteiligung an diesem feststellte: Weder alle Unternehmen, die während des Apartheidregimes in Südafrika aktiv waren, können für jegliche Form der Beteiligung an diesem Regime zur Rechenschaft gezogen, noch waren alle Unternehmen vollkommen schuldlos.[1859] Damit sich in Zukunft im Hinblick auf die *Corporate Social Responsibility* jedoch klarere Leitbilder und ein klareres System von Recht/Unrecht etablieren kann, benötigt man keine multilateral installierten Weltgerichte, die einer starken politischen Kontrolle unterliegen, sondern weiterhin dezentrale „rechtsstaatliche"[1860] Entscheidungen, die Ausdruck und Ergebnis eines transnationalen Rechtsprozesses sind.[1861] Ein globales Recht, das zu einer verbreiteten Anerkennung der Menschenrechte führt, entsteht also zu großen Teilen fernab von internationalen Organisationen und ist massiv von fragmentierten Rechtsentwicklungspro-

---

1858 Vgl. insoweit als Beispiel zur möglichen Verstrickung privater Regulierung und staatlicher Verfahren: *Euteneier*, Towards a Corporate Law of Nations: Multinational Enterprises Contributions to Customary International Law, 82 Tulane L. Rev. 757, 774 ff. (2007); *Schliemann*, Procedural Rules for the Implementation of the OECD Guidelines for Multinational Enterprises – A Public International Law Perspective 13 Germ. L. J. 51, 57 (2013); *Bergmann*, The Alien Tort Statute and Flomo v. Firestone Natural Rubber Company: The Key to Change in Global Child Labor Practices, 18 Ind. J. Global Legal Stud. 455 ff. (2011); *Peters*, Sind transnationale Unternehmen verpflichtet, (internationale) Menschenrechte zu respektieren und zu fördern?, S. 5: Peters sieht in dieser Entwicklung eine „Transformation der Völkerrechtsordnung zu einem transnationalen Mehrebenensystem."

1859 *Ratner*, 111 Yale L. J. 443, 544 (2001).

1860 Diese rechtsstaatlichen Entscheidungen müssen nicht zwangsläufig staatlicher Natur sein. Das Attribut der Rechtsstaatlichkeit bezieht sich vielmehr auf die Qualität, über die die jeweiligen Entscheidungs- und Diskursprozesse verfügen sollten. Sobald vergleichbare Verfahren (wie z.B. OECD-Nationale Kontaktstelle, CAO-Ombudsman) einen fairen Diskurs- und Entscheidungsprozess vor einer neutralen Institution verkörpern, stellen sie ein „rechtsstaatliches" Verfahren in diesem Sinne dar.

1861 So auch: *Halfmeier*, 68 RabelsZ (2004), 653, 684; *Fischer-Lescano*, Globalverfassung, S. 120 f.

zessen und der Partizipation zivilgesellschaftlicher Akteure geprägt.[1862] Transnationale Gerichtsverfahren und explizit die Alien-Tort-Statute-Litigation erwiesen sich als ein maßgeblicher Faktor, Impulsgeber und verfahrensrechtlich institutionalisierte Form der Skandalisierung[1863]. Sie sind Sprachrohr, Verstärker, Rezipienten des „lebenden Rechts"[1864] und tragen somit entscheidend zu der Herausbildung eines transnationalen Rechts der sozialen Verantwortung von Unternehmen bei.[1865] Solange die institutionalisierten Organe einer internationalen Judikative in ihrem Kompetenzradius beschränkt bleiben, werden die nationalen Gerichte, Kontaktstellen oder Ombudsmänner als „Zentrum des Menschenrechts-Rechts"[1866] benötigt, um die Etablierung einseitiger Herrschafts- und Machtstrukturen in den globalen Rechtssystemen zu vermeiden. Eine Garantie der Geltung sozialer, ökologischer und ökonomischer (Menschen-)Rechte kann es nur in einem Rechtsstaat oder Rechtsstaats-adäquaten Systemen geben.[1867] Solange in bestimmten Bereichen der Erde rechtsstaatliche Verfahren nicht existieren, müssen sich die Verfahrensordnungen anderer Staaten zumin-

---

1862 Vgl. hierzu: *Teubner*, RJ 15 (1996), 255, 257 ff.; *Fischer-Lescano*, Globalverfassung, S. 70 f.; *ders.*, Globalverfassung: los desaparecidos und das Paradox der Menschenrechte, Zeitschrift für Rechtssoziologie 23 (2002), 217, 221 ff.; diese Vorstellung kommt insoweit der Vorstellung Ehrlichs von der Entstehung einer Pax Bukowina, also einer Weltrechtsordnung als gelebtes Recht der Zivilgesellschaft nahe, vgl. hierzu: *Ehrlich*, Grundlegung der Soziologie des Rechts.

1863 Vgl. allgemein zur Normbildung im transnationalen Rechtsprozess durch Skandalisierung und global remedies (zu denen er auch die ATS Klage in Sosa zählt): *Fischer-Lescano*, Zeitschrift für Rechtssoziologie 23 (2002), 217, 225 f.; *ders.*, Globalverfassung, passim; zurückgehend auf Durkheims colère publique als Rechtsquelle, vgl. *Durkheim*, Teilung der sozialen Arbeit, S. 119 ff., sowie *Luhmann*, Das Recht der Gesellschaft, S. 581.

1864 *Ehrlich*, Grundlegung der Soziologie des Rechts; vgl. hierzu auch: *Teubner*, Globale Bukowina. Zur Emergenz eines transnationalen Rechtspluralismus, RJ 1996, S. 255.

1865 Vgl. insoweit auch *Fischer-Lescano*, Globalverfassung, S. 175 ff, 192: Die heterarchischen global remedies tragen entscheidend zur „Emergenz einer transnationalen Verbotsnorm bei"; *Teubner*, Verfassungsfragmente, S. 197, der den Urteilen nationaler Zivilgerichte, wenn es darum geht, transnationale Schiedssprüche anzuerkennen, eine entscheidende Mitwirkung an der Entwicklung eines „transnationalen common law der Grundrechte" zuschreibt; was freilich erst recht dann gilt, wenn die Gerichte über die transnationale deliktische Verantwortung von MNU zu entscheiden haben.

1866 *Fischer-Lescano*, Zeitschrift für Rechtssoziologie 23 (2002), 217, 233.

1867 *Luhmann*, Das Recht der Gesellschaft, S. 579; *Fischer-Lescano*, Zeitschrift für Rechtssoziologie 23 (2002), 217, 247.

dest insoweit öffnen, als sie oder die ihnen zuzuordnenden juristischen und privaten Personen für die Entstehung des extraterritorialen Rechtskonflikts mitverantwortlich sind. Die Etablierung einer transnationalen *rule of law* oder eines transnationalen ordre public[1868] wird sich nur dann einstellen, wenn die Regulierungs- und soziale Ausgleichskraft des Rechts auch in die Sphären gelangt, in die die transnationale Macht bestimmter privater Akteure schon reicht. Transnationale Deliktsklagen können zur Verwirklichung dieses Ziels einen nicht unerheblichen Beitrag leisten.

1868 Zur Entwicklung und zum Inhalt eines transnationalen ordre public in Bezug auf die Schiedsgerichtsbarkeit, vgl. Renner, S. 91 ff.

Die finalen Thesen

1. Die starke Zunahme von Klagen ausländischer Kläger vor US-Gerichten erwies sich als Gegenreaktion auf negative Effekte der Globalisierung. Das Alien Tort Statute, die liberale Interpretation der zivilprozessualen Regelung für die Begründung der internationalen Zuständigkeit US-amerikanischer Gerichte sowie weitere klägerfreundliche Strukturen des US-Zivilprozesses erwiesen sich dabei als förderliche Kräfte. In der Konsequenz konzentrierte sich das Engagement von Menschenrechtsanwälten und NGOs darauf, den Geschädigten von Menschenrechtsverletzungen einen Zugang zu US-Gerichten zu verschaffen. Im Rahmen der transnationalen ATS-Verfahren stützen sie sich auf ein heterogenes, hybrides Haftungskonzept, das bei der Verletzung bestimmter völkerrechtlicher Verhaltensnormen von einer bundesrechtlichen Anspruchsgrundlage ausging. Durch diesen progressiven Ansatz umgingen die Kläger und auch die Gerichte das Problem, dass unmittelbar aus dem Völkerrecht keine subjektiv-individuellen Ansprüche in horizontalen Rechtsverhältnissen ableitbar sind.

2. Die Auslegung des ATS und seine Anwendung seit der Sosa-Rechtsprechung können nicht als Beleg für eine US-amerikanische Rechtshegemonie gesehen werden. Die Anwendung des US-Rechts war auch in diesen Konstellationen stets vom Vorliegen einer universal anerkannten Völkerrechtsverletzung abhängig. Ein solcher Anknüpfungspunkt, der sich an der universellen Achtung globaler Wertvorstellungen und Normen orientiert und somit globale rechtspolitische Ziele verfolgt ist legitim und keinesfalls völkerrechtswidrig. Auch kann eine Rechtsanwendung, die der Umsetzung universeller Werte bzw. der Vollstreckung des „Weltrechts" dient, nicht als eine unilaterale, rechtshegemonielle Methode geläutert werden. Das ATS diente somit eher der Ausbreitung der Vorherrschaft einer internationalen/transnationalen *Rule of Law* und nicht dem Ausbau US-amerikanischer macht- bzw. wirtschaftspolitischer Interessen. Die kollisionsrechtliche Wirkungsweise des ATS, die für wenige und sehr spezielle Fälle von der gängigen Verweisungstechnik des IPR abweicht und unter Umständen dazu führen kann, dass US-amerikanisches Sachrecht auch dann zur Anwendung gelangt, wenn keine herkömmliche Inlandsverknüpfung besteht, erweist sich im Hinblick auf die limitierte Anzahl der in Frage kommenden Rechtsverletzungen als angemessen. Im Kontext der *ATS-*

Litigation traten die US-Bundesgerichte als „Weltgerichte"[1869] auf, ohne hierbei unilateral oder sogar „rechtsimperial"[1870] zu agieren. Das Forum, das die Gerichte boten, repräsentiert vielmehr ein internationales Angebot diskursiver Verfahren zu einer unparteilichen Entscheidungsfindung, mittels denen die Inklusion globaler Wertvorstellungen und normativer Erwartungen vorangetrieben werden kann.

3. Die Rechtsprechung des Supreme Court in *Goodyear* und *Bauman* ist Beleg für eine verstärkt territoriale Ausrichtung des US-amerikanischen Rechts der Internationalen Zuständigkeit. Das System des US-amerikanischen Rechts der Internationalen Zuständigkeit erscheint als Folge der Entscheidungen wesentlich ausdifferenzierter und vorhersehbarer. Gleichzeitig repräsentiert diese Rechtsprechung eine gewisse inhaltliche Annäherung an das Zuständigkeitssystem der EU; welches dagegen seinerseits, auch nach der Reform der EuGVVO, nicht auf die Anwendung der exorbitanten Gerichtsstände der autonomen Rechtsordnungen gegenüber Beklagten aus Drittstaaten verzichtet.

4. Die Kiobel-Entscheidung erweitert den Anwendungsbereich der *presumption against extraterritoriality* auf das *federal common law*. Hierdurch wird manifestiert, dass das materiellen US-Bundesrechts nur im Falle des Vorliegens territorialer Bezugspunkte anzuwenden ist und nur durch eine ausdrückliche Willensbekundung des Gesetzgebers auf extraterritoriale Sachverhalte erstreckt werden kann.

5. Die *Kiobel*-Entscheidung bedeutet nicht das absolute Ende für ATS-Verfahren. Klagen gegen ausländische multinationale Unternehmen werden jedoch unwahrscheinlicher. Bislang sprechen gute Gründe dafür, dass Unternehmen, die in den USA beheimatet sind, auch für einen Deliktstatbestand, der sich außerhalb des Territoriums der USA abgespielt hat, weiterhin unter dem ATS verklagt werden können. Insgesamt kann allerdings nicht mehr davon ausgegangen werden, dass die US-Gerichte Verfahren, die auf einem transnationalen Sachverhalt basieren, überproportional anziehen.

6. Die ATS-*Litigation* ist ein Exempel der Globalisierung des Rechts. Die ATS-Verfahren übernahmen insoweit auch die Funktion, globalisierungsbedingte Regulierungs- und Rechtsstaatsdefizite auszugleichen, was insgesamt zu begrüßen ist. Sie repräsentierten, insbesondere in ihren An-

---

1869 Vgl. Michaels DAJV-NL 2006, 46 ff.
1870 So aber: Unger, S. 245

fängen, den Versuch, das herkömmliche Vorstellungsbild einer primär territorialen Anknüpfung der Jurisdiktionsausübung zugunsten einer funktionalen Sichtweise zu relativieren. Da diese Vorgehensweise durch nationale und internationale Vorbehalte in Frage gestellt wurde, kam es zu einer
„Re-Territorialisierung" der Jurisdiktionsausübung. Die ATS-Verfahren
waren somit Ausdruck eines transnationalen Rechtsprozesses, der sich aus
den Kollisionen zwischen ausdifferenzierten Teilsystemen der Weltgesellschaft, die sich grenzüberschreitend konstituieren, ergeben hat. Die Ursa-
chen für die phänomenale Entwicklung der ATS-Litigation liegen also einerseits in der besonderen rechtlichen Infrastruktur des US-amerikanischen Zivilprozesses und andererseits in dem gesteigerten global-gesellschaftlichen Bedürfnis, normative Erwartungen auch in den transnationalen Einflusssphären multinationaler Unternehmen zu stabilisieren.

7. Eine pluralistische, offene Weltgesellschaft benötigt zur Bekämpfung
ihrer Feinde rechtsförmige Verfahren, die sich nicht hinter einem anti-
quierten Verständnis territorialer Integrität und Souveränität verstecken,
sondern durch die ein transnationales Gerichtsnetzwerk entstehen kann,
das seinen Beitrag zur globalen Proliferation individueller (Men-
schen-)Rechte leistet. Indem die ATS-Verfahren die nationale Rechtsordnung für transnationale bzw. extraterritoriale Sachverhalte funktional öff-
neten, dienten sie auch dazu, menschenrechtliche Prinzipien in die Macht-
sphäre rechtsstaatlich-defizitärer Staaten zu „transportieren".

8. Ein Zuwachs transnationaler Deliktsklagen, die ein Fehlverhalten
multinationaler Unternehmen im Rahmen ihrer Auslandstätigkeit rügen,
ist auch in Europa wahrnehmbar. Um den Geschädigten entsprechender
Verhaltensweisen einen adäquaten und verhältnismäßigen Zugang zum
Recht (access to justice) zu gewährleisten, sind gewisse Justierungen des
Zuständigkeitsrechts notwendig. Während die ATS-Verfahren mittels
einer hybriden Haftungskonstruktion aus der Verletzung einer speziellen,
universellen und subjektiven Völkerrechtsnorm eine bundesrechtliche Anspruchsgrundlage zur Verfügung stellten, setzt sich in Europa ein Ansatz
durch, der versucht vergleichbare Rechtsfälle mittels einer transnationalen
Deliktsklage justiziabel zu machen. Hierbei hat sich gezeigt, dass Jurisdik-
tions- und Kollisionsnormen, die territoriale Bezugspunkte nicht überbe-
werten, sondern auch verstärkt auf eine funktionale Zuordnung zur
Rechts- bzw. Gerichtsordnung abstellen, nach dem derzeitigen Stand am
besten dazu geeignet sind, zwischen der noch überwiegend territorial geprägten Staaten- und Rechtswelt und den transnationalen, funktional ausdifferenzierten Gesellschaftssystemen zu kommunizieren. Die transnatio-

nalen Deliktsklagen erweisen sich insgesamt als ein vielversprechender Ansatz und können auch in Zukunft eine bedeutsame Rolle spielen, wenn es darum geht, eine effektive rechtliche Verhaltensteuerung transnationaler Akteure und Sachverhalte zu erreichen. Dabei wirken transnationale Deliktsklagen nicht nur repressiv, sondern auch präventiv, da sie multinationale Unternehmen verstärkt dazu zwingen, staatlichen und nichtstaatlichen Verhaltens- und Rechtsstandards auch außerhalb der Grenzen ihrer Heimatstaaten einzuhalten. Auch gerade die nicht-staatlichen, unternehmensinternen Regulierungsansätze verkörpern die Chance, allgemeine soziale und ökologische Rechtsstandards weltweit zu stabilisieren, wenn sie durch die Binnenstruktur der MNU in verschiedene Staaten transportiert werden und gleichzeitig unter der Beobachtung anderer rechtlicher Systeme stehen.

9. Die Etablierung einer transnationalen *Rule of Law* wird sich in Zukunft nur durch das Nebeneinander völkerrechtlicher, nationalstaatlicher und privater Regelungs- und Steuerungsinstrumente gewährleisten lassen, die innerhalb eines Mehrebensystem ineinandergreifen. Selbst wenn sich insoweit besondere nicht-staatliche, alternative Streitschlichtungsmechanismen etabliert haben, bedarf es zur effektiven Rechtsbefolgung auch weiterhin adäquater staatlicher Rechtsdurchsetzungsverfahren, die externen Zwänge schaffen. Transnationale Zivilverfahren sollten zur Etablierung und Weiterentwicklung globaler und pluralistischer „*governance*"-Strukturen weiterhin eine Rolle spielen. Das sich insoweit bildende globale Netzwerk des Rechts koordiniert Formen der nichtstaatlichen und staatlichen Regulierung und setzt die fragmentierte Rechtsordnung in eine Dialog- und Beobachtungsbeziehung, die zu einer wechselseitigen Rezeption und Bezugnahme führt. Innerhalb dieses Netzwerkes aus staatlichen bzw. nichtstaatlichen Spruchkörpern und Regelungsinstrumenten bilden sich spontane Ordnungen die keiner klaren Hierarchie unterliegen. Insgesamt lassen sich hierdurch Menschenrechte sowie soziale und ökologische Standards effektiv transnational in Geltung setzen. Transnationale Deliktsklagen sind ein wesentlicher Bestandteil in diesem transnationalen Rechtsprozess, da sie eine Form des zivilgesellschaftlichen Engagements und oftmals die ultima ratio der Skandalisierung geschehener Menschenrechtsverletzungen repräsentieren.

Entscheidungsverzeichnis

USA

Deutschland

Israel

Frankreich

Kanada

Niederlande

UK

Europäischer Gerichtshof

Literaturverzeichnis

Abbott, Kenneth W./Snidal, Duncan, Strengthening International Regulation through Transmittal New Governance: Overcoming the Orchestration Deficit, 42 Vand. J. Transnat'l L. 501-579 (2009).

Abel, Alexander, Der Alien Tort Statute nach der Entscheidung des US-Supreme Court in der Sache Sosa v. Alvarez-Machain, Ein US-amerikanischer Weg zum Schutz der Menschenrechte, Aachen 2007.

Aceves, William J., Liberalism and International Legal Scholarship: The Pinochet Case and the Move Toward a Universal System of Transnational Law Litigation, 41 Harv. Int'l. L. J., 129-185 (2000).

Ders., The anatomy of torture, A documentary history of Filartiga v. Pena Irala, Boston 2007.

Addo, Michael K. (Hrsg.), Human rights standards and the responsibility of transnational corporations, The Hague [u.a.] 1999.

Aden, Menno, Internationale Notzuständigkeit, 106 Zeitschrift für Vergleichende Rechtswissenschaft (ZVglRWiss), 490–497 (2007).

Adler, Libby/Zumbansen, Peer, The Forgetfulness of Noblesse: A Critique of the German Foundation Law Compensating Slave and Forced Laborers of the Third Reich, 39 Harv. J. on Legis., 1-63 (2002).

Adolphsen, Jens (Hrsg.), Festschrift für Peter Gottwald zum 70. Geburtstag, München 2014.

Ainscough, Charles, Choice of Law and Accomplice Liability under the Alien Tort Statute, 28 Berkeley J. Int'l L. 588-604 (2010).

Akehurst, Michael, Jurisdiction in International Law, 46 Brit. Y. B. Int'l L. 145-259 (1972).

Alford, Roger P., The Extraterritorial Application of Antitrust Laws: The United States and European Community Approaches, 33 Va. J. Int'l L. 1-51 (1992).

Ders., Federal Courts, International Tribunals, and the Continuum of Deference, 43 Va. J. Int'l L., 675-797 (2002).

Ders., Arbitrating Human Rights, 83 Notre Dame L. Rev. 505-551 (2007).

Ders., The Future of Human Rights Litigation after Kiobel, 89 Notre Dame L. Rev. 1749-1773 (2014).

Ders., Human Rights after Kiobel: Choice of Law and the Rise of Transnational Tort Litigation, 63 Emory L.J. 1089–1161 (2014).

Alston, Philip (Hrsg.), Non-State Actors and Human Rights, Oxford, New York 2005.

Alston, Philip/Goodman, Ryan/Steiner, Henry J., International human rights, Text and materials, 2. Aufl., Oxford 2012.

Amao, Olufemi, Corporate social responsibility, human rights and the law, Multinational corporations in developing countries, New York 2011.

Ders., Corporate Social Responsibility, Human Rights and the Law: Multinational Corporations in Developing Countries 2011.

Amstutz, Marc, Zwischenwelten - Zur Emergenz einer interlegalen Rechtsmethodik im europäischen Privatrecht, in: Teubner, Gunther/Joerges, Christian (Hrsg.), Rechtsverfassungsrecht, Recht-Fertigung zwischen Privatrechtsdogmatik und Gesellschaftstheorie. 1. Aufl., Baden-Baden 2003, S. 213–237.

Ders., Métissage - Zur Rechtsform in der Weltgesellschaft, in: Fischer-Lescano, Andreas/Rödl, Florian/Schmid, Christoph (Hrsg.), Europäische Gesellschaftsverfassung, Baden-Baden 2009, S. 333–351.

Amstutz, Marc/Fischer-Lescano, Andreas (Hrsg.), Kritische Systemtheorie, Zur Evolution einer normativen Theorie, Bielefeld 2013.

Amstutz, Marc/Karavas, Vaios, Weltrecht: Ein Derridasches Monster, in: Calliess, Gralf-Peter/Fischer-Lescano, Andreas/Wielsch, Dan u. a. (Hrsg.), Soziologische Jurisprudenz, Festschrift für Gunther Teubner zum 65. Geburtstag [am 30. April 2009], Berlin 2009, S. 645–672.

Anderson, Kenneth, Kiobel v. Royal Dutch Petroleum: The Alien Tort Statute's Jurisdictional Universalism in Retreat, 2012-2013 Cato Sup. Ct. Rev., 149-187 (2013).

Arnauld, Andreas von, Völkerrecht, 2.Auflage, Heidelberg 2014.

Augenstein, Daniel, Study of the Legal Framework on Human Rights and the Environment to European Enterprises Operating Outside the European Union.

Aulepp, Christian, Ein Ende der extraterritorialen Anwendnung des US-amerikanischen Kapitalmarkthaftungsrecht auf Auslandstransaktionen, IPRax 2012, 95-102.

Backer, Larry Cata, Economic Globalization and the Rise of Efficient Systems of Global Private Law Making: Wal-Mart as Global Legislator, 39 Conn. L. Rev. 1739-1785 (2006).

Ders., Multinational Corporations, Transnational Law: The United Nations' Norms on the Responsibilities of Transnational Corporations as a Harbinger of Corporate Social Responsibility in International Law, 37 Colum. Hum. Rts. L. Rev. 287-391(2006).

Ders., Rights and Accountability in Development (Raid) v. Das Air and Global Witness v. Afrimex - Small Steps towards an Autonomous Transnational Legal System for the Regulation of Multinational Corporations, 10 Melb. J. Int'l L. 258-308 (2009).

Ders., On the Evolution of the United Nations Protect-Respect-Remedy Project: The State, the Corporation and Human Rights in a Global Governance Context, 9 Santa Clara J. Int'l L. 37-81 (2011).

Ders., From Institutional Misalignments to Socially Sustainable Governance: The Guiding Principles for the Implementation of the United Nations Protect, Respect and Remedy and the Construction of Inter-Systemic Global Governance, 25 Pac. McGeorge Global Bus. & Dev. L.J., 69-172 (2012).

Ders., Transnational Corporations' Outward Expression of Inward Self-Constitution: The Enforcement of Human Rights by Apple, Inc., 20 Ind. J. Global Legal Stud. 805-853(2013).

Baer, Susanne, Rechtssoziologie, Eine Einführung in die interdisziplinäre Rechtsforschung, 1. Aufl, Baden-Baden 2011.

Bamberger, Heinz Georg/Roth, Herbert, Kommentar zum Bürgerlichen Gesetzbuch, 3. Aufl, München 2011.

Bar, Christian von/Mankowski, Peter, Internationales Privatrecht, Bd. 1, Allgemeine Lehren, München 2003.

Bartley, Tim, Institutional Emergence in an Era of Globalization: The Rise of Transnational Private Regulation of Labor and Environmental Conditions, 113 Am J Sociol 297–351 (2007).

Bassiouni, M. Cherif, Universal Jurisdiction for International Crimes: Historical Perspectives and Contemporary Practice, 42 Va. J. Int'l L., 81 (2001).

Beckers, Anna, Taking Corporate Codes Seriously: Towards Private Law Enforcement of Voluntary Corporate Social Responsibility Codes, Oxford 2014.

Beisinghoff, Niels, Corporations and human rights, An analysis of ATCA litigation against corporations, Frankfurt am Main [u.a.] 2009.

Bellia, Anthony J. Jr./Clark, Bradford R., The Alien Tort Statute and the Law of Nations, 78 U. Chi. L. Rev. 445–552 (2011).

Bendel, Petra/Fischer, Thomas (Hrsg.), Menschen- und Bürgerrechte: Ideengeschichte und internationale Beziehungen, Bd. 6, Erlangen 2004.

Bentzien, Joachim F., Die völkerrechtlichen Schranken der nationalen Souveränität im 21. Jahrhundert, Frankfurt am Main, New York 2007.

Bergman, Jessica, The Alien Tort Statute and Flomo v. Firestone Natural Rubber Company: The Key to Change in Global Child Labor Practices, 18 Ind. J. Global Legal Stud. 455-481(2011).

Berkowitz, Benjamin, Sosa v. Alvarez-Machain: United States Courts as Forums for Human Rights Cases and the New Incorporation Debate, 40 Harv. C.R.-C.L. L. Rev., 289–300 (2005).

Berman, Paul Schiff, The Globalization of Jurisdiction, 151 U. Pa. L. Rev. 311-547 (2002).

Ders., Towards a Cosmopolitan Vision of Conflict of Laws: Redefining Governmental Interest in a Global Era, 153 U. Pa. L. Rev., 1819-1883 (2004).

Ders., From International Law to Law and Globalization, 43 Colum. J. Transnat'l L. 485-587 (2005).

Ders., Dialectical Regulation, Territoriality, and Pluralism, 38 Conn. L. Rev. 929-955 (2006).

Ders., Global Legal Pluralism, 80 S. Cal. L. Rev. 1155-1239 (2007).

Bernstorff, Jochen von, Die völkerrechtliche Verantwortung für menschenrechtswidriges Handeln transnationaler Unternehmen, Unternehmensbezogene menschenrechtliche Schutzpflichten in der völkerrechtlichen Spruchpraxis, Duisburg 2010.

Ders., Extraterritoriale menschenrechtliche Staatenpflichten und Corporate Social Responsibility, 49 AVR (Archiv des Völkerrechts), 34–63 (2011).

Bernstorff, Jochen von/Jacob, Marc/Stone, John Dingfelder, The Alien Tort Statute before the US Supreme Court in the Kiobel Case: Does International law prohibt US courts to exercise extraterritorial civil jurisdiction over human right abuses committed outside of the US?, ZaöRV (Zeitschrift für ausländisches öffentliches Recht und Völkerrecht), 579–602 (2012).

Bertele, Joachim, Souveränität und Verfahrensrecht, Tübingen 1998.

Bies, John, Conditioning Forum Non Conveniens, 67 U. Chi. L. Rev. 489-521 (2000).

Bilsky, Leora, Transnational Holocaust Litigation, 23 European Journal of International Law 349-363 (2012).

Bilsky, Leora/Citron, Rodger D./Davidson, Natalie R., From Kiobel Back to Structural Reform: The Hidden Legacy of Holocaust Restitution Litigation, 2 Stan. J. Complex Litig. 139-184(2014).

Bilsky, Leora/Davidson, Natalie R., A Process-Oriented Approach to Corporate Liability for Human Rights Violations, 4 Transnational Legal Theory, 1–43 (2013).

Binnie, Ian, Judging the Judges: May They Boldly Go Where Ivan Rand Went Before, 26 Can. J. L. & Jurisprudence 5-23 (2013).

Bittner, Ludwig/Klicka, Thomas/Kodek, Georg/Oberhammer, Paul (Hrsg.), Festschrift für Walter H. Rechberger zum 60. Geburtstag, Wien, New York 2005.

Bird. Robert C./Caboy, Daniel R./Dhooge, Lucien J., Corporate Voluntarism and Liability for Human Rights in a Post-Kiobel Word, 102 Ky. L. J. 601-651 (2013/14)

Blackmun, Harry A., The Supreme Court and the Law of Nations, 104 Yale L.J. 39-51 (1994).

Blecher, Michael, Recht in Bewegung – Paradoxontologie, Recht und Sozial Bewegungen, 92 Archiv für Rechts- und Sozialphilosophie, 449–477 (2006).

Blitt, Robert C., Beyond Ruggie's Guiding Principles on Business and Human Rights: Charting an Embracive Approach to Corporate Human Rights Compliance, 48 Tex. Int'l L. J. 33-63 (2012).

Bloom, Frederic M., Jurisdiction Noble Lie 61, Stanford Law Review, 971–1032 (2008-2009).

Blum, Jeffrey M./Steinhardt, Ralph G., Federal Jurisdiction over International Human Rights Claims: The Alien Tort Claims Act after Filartiga v. Pena-Irala, 22 Harv. Int'l. L. J., 53–114 (1981).

Blumberg, Philip I., Asserting Human Rights against Multinational Corporations under United States Law: Conceptual and Procedural Problems, 50 Am. J. Comp. L. Supp. 493-531 (2002).

Blumberg, Phillip I., Blumberg on corporate groups, 2nd ed, New York, NY 2005.

Bogdany, Armin von, Demokratie, Globalisierung, Zukunft des Völkerrechts, ZaöRV 2003 (Zeitschrift für ausländisches öffentliches Recht und Völkerrecht), 853–877.

Bogdany, Armin von/Ioannidis, Michael, Das systemische Defizit Merkmale, Instrumente und Probleme am Beispiel der Rechtsstaatlichkeit und des neuen Rechtsstaatlichkeitsaufsichtsverfahrens, ZaöRV 2014 (Zeitschrift für ausländisches öffentliches Recht und Völkerrecht), 283–314.

Böhm, Ulrike, Amerikanisches Zivilprozessrecht, 1. Aufl., Köln 2005.

Bölke, Peter, Zwangsarbeiter - "Viel Zeit bleibt nicht", Der Spiegel, Heft 32, 34–50 (9.8.1999).

Bone, Robert, Twombly, Pleading Rules, and the Regulation of Court Access, 94 Iowa Law Review, 873–936 (2009).

Bonucci, Nicola, The legal status of an OECD act and the procedure for its adoption.

Borchers, Patrick J., Conflict-of-Laws Consid-erations in State Court Human Rights Actions, 3 UC Irvine L. Rev., 45-63 (2013).

Ders., Comparing Personal Jurisdiction in the United States and the European Community: Lessons for an American Reform, 40 Am. J. Comp. L. 121 (1992).

Ders., The Problem with General Jurisdiction, University of Chicago Legal Forum, 119–139 (2001).

Ders., J. Mc Intyre Machinery, Goodyear, and the Incoherence of the Minimum Contacts Test, 44 Creightgon L. Rev., 1245–1276 (2011).

Born, Gary/Rutledge, Peter B., International civil litigation in United States courts, 5. Aufl., New York 2011.

Born, Gary B., A Reappraisal of the Extraterritorial Reach of U.S. Law, 24 Law & Pol'y Int'l Bus. 1-100 (1992).

Boyd, K. Lee, Universal Jurisdiction and Structural Reasonableness, 40 Tex. Int'l L.J. 1-58 (2004).

Bradley, Curtis A., Territorial Intellectual Property Rights in an Age of Globalism, 37 Va. J. Int'l L. 505-587 (1996).

Ders., The Costs of International Human Rights Litigation, 2 Chi. J. Int'l L. 457-475(2001).

Ders., The Alien Tort Statute and Article III, 42 Virginia Journal of International Law, 587–647 (2001/2002).

Ders., Universal Jurisdiction and U.S. Law, 2001 U. Chi. Legal F. 323 (2001).

Bradley, Curtis A./Goldsmith, Jack L., Customary International Law As Federal Common Law: A Critique of the Modern Position, 110 Harv. L. Rev, 815–876 (1996).

Bradley, Curtis A./Goldsmith, Jack L./Moore, David H., SOSA, Customary International Law, and the Continuing Relevance of Erie, 120 Harv. L. Rev. 869–936 (2006).

Bradley, Curtis A./Goldsmith, Jack L. III, The Current Illegitimacy of International Human Rights Litigation, 66 Fordham L. Rev. 319-370 (1997).

Branson, Douglas M., Holding Multinational Corporations Accountable - Achilles' Heels in Alien Tort Claims Act Litigation, 9 Santa Clara J. Int'l L., 227-251 (2011).

Brav, Ehren J., Opening the Courtroom Doors to Non-Citizens: Cautiously Affirming Filartiga for the Alien Tort Statute, 46 Harv. Int'l L.J., 265–278 (2005).

Brilmayer, Lea, The Extraterritorial Application of American Law: A Methodological and Constitutional Appraisal, 50 Law & Contemp. Probs (Issue 3), 11-37 (1987).

Dies., A General Look at General Jurisdiction, 66 Tex. L. Rev. 721-784 (1987).

Dies., International Law in American Courts: A Modest Proposal, 100 Yale L.J., 2277-2314 (1990).

Dies., The New Extraterritoriality: Morrison v. National Australia Bank, Legislative Supremacy, and the Presumption against Extraterritorial Application of American Law, 40 Sw. L. Rev. 655-686 (2010).

Brilmayer, Lea/Paisley, Kathleen, Personal Jurisdiction and Substantive Legal Relations: Corporations, Conspiacies, and Agency, 74 Cal. L. Rev. 1-39 (1986).

Brilmayer, Les/Smith, Matthew, (Theoretical) Future of Personal Jurisdiction: Issues Left Open by Goodyear Dunlop Tires v. Brown and J. McIntyre Machinery v. Nicastro, 63 S. C. L. Rev. 617-637 (2012).

Bruns, Alexander/Kern, Christoph/Münch, Joachim/Piekenbrock, Andreas/Stadler, Astrid/Tsikrikas, Dimitrios (Hrsg.), Festschrift für Rolf Stürner zum 70. Geburtstag, Tübingen 2013.

Buckel, Sonja/Christensen, Ralph/Fischer-Lescano, Andreas (Hrsg.), Neue Theorien des Rechts, 2. neu bearb. Aufl, Stuttgart 2009.

Burbank, Stephen B., International Civil Litigation in U.S. Courts: Becoming a Paper Tiger, 33 U. Pa. J. Int'l L. 663-675 (2011).

Burckhardt, Gisela (Hrsg.), Corporate Social Responsibility - Mythen und Maßnahmen, Unternehmen verantwortungsvoll führen, Regulierungslücken schließen, Wiesbaden 2013.

Burley, Anne-Marie, The Alien Tort Statute and the Judicary Act of 1789: A Badge of Honor, 83 American Journal of International Law, 461–493 (1989).

Bush, Jonathan A., Prehistory of Corporations and Conspiracy in International Criminal Law: What Nuremberg Really Said, 109 Columbia Law Review 1094–1244 (2009).

Buxbaum, Hannah L., German Legal Culture and the Globalization of Competition Law: A Historical Perspective on the Expansion of Private Antitrust Enforcement, 23 Berkeley J. Int'l L., 474 (2005).

Dies., Transnational Regulatory Litigation, 46 Va. J. Int'l L., 251–318 (2006).

Dies., Territory, Territoriality, and the Resolution of Jurisdictional Conflict, 57 Am. J. Comp. L., 631-677 (2009).

*Buxbaum, Richard M./Caron, David D.,*The Alien Tort Statute: An Overview of the Current Issues, 28 Berkeley J. Int'l L., 511-519 (2010).

Byers, Michael, Law and Politics of the Pinochet Case, 10 Duke J. Comp. & Int'l. L., 415-443 (1999).

Callies, Gralf-Peter, Grenzüberschreitende Verbraucherverträge: Rechtssicherheit und Gerechtigkeit auf dem elektronischen Weltmarktplatz, Frankfurt am Main 2005.

Ders., Rome Regulations, Alphen an den Rijn 2011.
(zitiert: Callies/*Bearbeiter*)

Callies, Gralf-Peter/Maurer, Andreas, Transnationales Recht - eine Einleitung, in: Ders. (Hrsg.), Transnationales Recht, Stand und Perspektiven, 1. Aufl., Tübingen 2014, S. 1–36.

Callies, Gralf-Peter/Renner, Moritz, Between Law and Social Norms: The Evolution of Global Governance, 22 Ratio Juris 260-273(2009).

Cao, Lan, Corporate and Product Identity in the Postnational Economy: Rethinking U.S. Trade Laws, 90 Cal. L. Rev., 401–484 (2002).

Caplan, Lee M., State Immunity, Human Rights, and Jus Cogens: A Critique of the Normative Hierarchy Theory, 97 Am. J. Int'l L., 741–781 (2003).

*Carrington, Paul D.,*The American Tradition of Private Law Enforcement, 5 German L.J., 1413-1431 (2004).

Casper, Matthias/Janssen, André/Pohlmann, Petra/Schulze, Reiner (Hrsg.), Auf dem Weg zu einer europäischen Sammelklage?, München 2009.

Cassel, Doug, Corporate Aiding and Abetting of Human Rights Violations: Confusion in the Courts, 6 Nw. U. J. Int'l Hum. Rts., 304-326 (2007).

Ders., Suing Americans for Human Rights Torts Overseas: The Supreme Court Leaves the Door Open, 89 Notre Dame L. Rev., 1773-1812 (2014).

Casto, William R., Federal Court's Protective Jurisdiction over Torts Committed in Violation of the Law of Nations,18 Conn. L. Rev., 467-531 (1985).

Ders., Regulating the New Privateers of the Twenty-First Century, 37 Rutgers L.J., 695–703 (2005).

Ders., The New Federal Common Law of Tort Remedies for Violations of International Law, 37 Rutgers L.J., 635–670 (2006).

Ders., The ATS Cause of Action Is Sui Generis, 89 Notre Dame L. Rev., 1545-1577 (2014).

Cernic, Jernej Letnar, Corporate Responsibility for Human Rights: A Critical Analysis of the OECD Guidelines for Multinational Enterprises, 4 Hanse L. Rev., 71-102 (2008).

Ders., Global Witness v. Afrimex Ltd.: Decision Applying OECD Guidelines on Corporate Responsibility for Human Rights, 13 ASIL Insights (2009).

Chander, Anupam, Globalization and Distrust, 114 Yale L.J., 1193-1240 (2004).

Chase, Oscar G., American Exceptionalism and Comparative Procedure, 50 Am. J. Comp. L., 277–303 (2002).

Chase, Oscar G./Day, Lori Brooke, Re-Examining New York's Law of Personal Jurisdiction after Goodyear Dunlop Tires Operations, S.A. v. Brown and J. Mcintyre Machinery, Ltd. v. Nicastro, 76 Alb. L. Rev., 1009-1053 (2012).

Chayes, Abram, The Role of the Judge in Public Law Litigation, 89 Harv. L. Rev., 1281-1317 (1975).

Childress, Donald Earl III, Alien Tort Statute, Federalism, and the Next Wave of Transnational Litigation, 100 Geo. L.J. 709-759 (2011).

Ders., Rethinking Legal Globalization: The Case of Transnational Personal Jurisdiction, 54 Wm. & Mary L. Rev. 1489-1561 (2013).

Ders., Escaping Federal Law in Transnational Cases: The Brave New World of Transnational Litigation 93, N. C. L. Rev. 999 (2015).

Civin, Joshua/Adegbile, Debo, Restoring Access to Justice: The Impact of Iqbal and Twombly on Federal Civil Rights Litigation, American Constituition Society, September 2010, http://www.acslaw.org/sites/default/files/Civin_Adegbile_Iqbal_Twombly.pdf (besucht am 29.01.2015).

Clark, Bradford R., Federal Common Law: A structural Reinterpretation, 144 U. Pa. L. Rev. 1245–1377 (1996).

Clermont, Kevin M., Jurisdictional Fact, 91 Cornell L. Rev., 973-1024 (2005).

Clermont, Kevin M./Yeazell, Stephen C., Inventing Tests, Destabilizing Systems, 95 Iowa L. Rev., 821–863 (2009).

Cleveland, Sarah H.,The Kiobel Presumption and Extraterritoriality, 52 Colum. J. Transnat'l L., 8–28 (2013).

Clopton, Zachary D., Replacing the Presumption against Extraterritoriality, 94 B.U. L. Rev., 1-54 (2014).

Colangelo, Anthony J., The Legal Limits of Universal Jurisdiction, 47 Va. J. Int'l L., 149-200(2006).

Ders., Constitutional Limits on Extraterritorial Jurisdiction: Terrorism and the Intersection of National and International Law, 48 Harv. Int'l L.J., 121-202 (2007).

Ders., Double Jeopardy and Multiple Sovereigns: A Jurisdictional Theory, 86 Wash. U. L. Rev., 769 (2008).

Ders., Universal Jurisdiction as an International False Conflict Of Laws, 30 Mich. J. Int'l L., 881-927 (2008).

Ders., A Unified Approach to Extraterritoriality, 97 Va. L. Rev. 1019-1111 (2011).

Ders., Alien Tort Statute and the Law of Nations in Kiobel and Beyond, 44 Geo. J. Int'l L. 1329-1347 (2012).

Colangelo, Anthony J./Kiik, Kristina A., Spatial Legality, Due Process, and Choice of Law in Human Rights Litigation under U.S. State Law, 3 UC Irvine L. Rev. 63-81 (2013).

Collins, Michael G., The Diversity Theory of the Alien Tort Statute, 42 Va. J. Int'l L., 649-687 (2001).

Cox, Bryan W., Confused Intent: A Critique of the Fourth Circuit's Adoption of a Purpose Mens Rea Standard for Aiding and Abetting Liability under the Alien Tort Statute [Aziz v. Alcolac, Inc., 658 F.3 d 388 (4th Cir. 2011)], 51 Washburn L.J., 705–736 (2011).

Crain, Jon E., Scope of Liability under the Alien Tort Statute: The Relevance of Choice of Law Doctrine in the Aftermath of Kiobel v. Royal Dutch Petroleum, 32 Pace L. Rev., 543–566 (2012).

Cummings, Scott L., Internationalization of Public Interest Law, 57 Duke L.J., 891–1036 (2007).

Cummings, Scott L./Rhode, Deborah L., Public Interest Litigation: Insights from Theory and Practice, 36 Fordham Urb. L.J., 603-653 (2009).

Curran, Vivian Grosswald, Mass Torts and Universal Jurisdiction, 34 U. Pa. J. Int'l L., 799-811 (2013).

Ders., Extraterritoriality, Universal Jurisdiction, and the Challenge of Kiobel v. Royal Dutch Petroleum Co., 28 Md. J. Int'l L. 76-90 (2013).

Curran, Vivian Grosswald/Sloss David, Reviving Human Rights Litigation after Kiobel, 107 Am. J. Int`l L. 858-862 (2013).

D'Amore, Carolyn A., Sosa v. Alvarez-Machain and the Alien Tort Statute: How Wide Has the Door to Human Rights Litigation been Left Open, 39 Akron L. Rev., 593-635 (2006).

Danforth, Matthew, Corporate Civil Liability under the Alien Tort Statute: Exploring its Possibility and Jurisdictional Limitations, 44 Cornell International Law Journal, 659–692 (2011).

Dauner-Lieb, Barbara/Langen, Werner (Hrsg.), BGB, Schuldrecht, Köln 2012 (zitiert: *Dauner-Lieb/Langen*).

de Sousa Santos, Boaventura, Toward a new legal common sense, Law, globalization, and emancipation, 2nd ed., London 2002.

Delbruck, Jost, Globalization of Law, Politics, and Markets - Implications for Domestic Law - A European Perspective, 1 Ind. J. Global Legal Stud., 9–37 (1993).

Dellinger, Lauren A., Corporate Social Responsibility: A Multifaceted Tool to Avoid Alien Tort Claims Act Litigation While Simultaneously Building a Better Business, 40 Cal. W. Int'l L.J., 55-99 (2009).

Denniston, Lyle, Kiobel to be expanded and reargued, Kiobel to be expanded and reargued, SCOTUSblog (Mar. 5, 2012, 2:01 PM), http://www.scotusblog.com/2012/03/kiobel-to-be-reargued (letzter Aufruf: 30.01.2015).

Dhooge, Lucien J., The Alien Tort Claims Act and the Modern Transnational Enterprise: Deconstructing the Mythology of Judicial Activism, 35 Geo. J. Int'l L., 3-105 (2003).

Ders., Due Diligence as a Defense to Corporate Liability Pursuant to the Alien Tort Statute, 22 Emory Int'l L. Rev., 455-499 (2008).

Dicke, Klaus, Erscheinungsformen und Wirkungen von Globalisierung in Struktur und Recht des internationalen Systems auf universaler und regionaler Ebene sowie gegenläufige Renationalisierungstendenzen, in: Dicke, Klaus/Hummer, Waldemar/Girsberger, Daniel u. a. (Hrsg.), Völkerrecht und Internationales Privatrecht in einem sich globalisierenden internationalen System, Auswirkungen der Entstaatlichung transnationaler Rechtsbeziehungen, Heidelberg 2000, S. 13–44.

Dicke, Klaus/Hummer, Waldemar/Girsberger, Daniel/Boele-Woelki Katharina/Engel/Christoph/Frowein, Jochen A. (Hrsg.), Völkerrecht und Internationales Privatrecht in einem sich globalisierenden internationalen System, Auswirkungen der Entstaatlichung transnationaler Rechtsbeziehungen, Heidelberg 2000.

Dickinson, Laura A., Public Law Values in a Privatized World, 31 Yale J. Int'l L., 384-430 (2006).

Dodge, William S., The Historical Origins of the Alient Tort Statute: A Response to the "Originalists", 19 Hastings International & Comparative Law Review, 221–258 (1995-96).

Ders., Understanding the Presumption against Extraterritoriality, 16 Berkeley J. Int'l L., 85-126 (1998).

Ders., Bridging Erie: Customary International Law in the U.S. Legal System after Sosa v. Alvarez-Machain, 12 Tulsa. J. Comp. & Int`l L., 87–108 (2004).

Ders., Corporate Liability under Customary International Law, 43 Geo. J. Int'l L., 1045-1053 (2012).

Ders., Alien Tort Litigation: The Road Not Taken, 89 Notre Dame L. Rev., 1577–1607 (2014).

Dodson, Scott, In Search of Removal Jurisdiction, 102 Northwestern University Law Review, 55–90 (2008).

Ders., Comparative Convergences in Pleading Standards, 158 U. Pa. L. Rev., 441-473 (2009).

Ders., New Pleading, New Discovery, 109 Mich. L. Rev., 53–90 (2010).

Dodson, Scott/Klebba, James M., Global Civil Procedure Trends in the Twenty-First Century, 34 B. C. Int'l & Comp. L. Rev., 1-30 (2011).

Doehring, Karl, Völkerrecht, Ein Lehrbuch, 2. neubearbeitete Aufl., Heidelberg 2004.

Dolzer, Rudolf, The Settlement of War-Related Claims: Does International Law Recognize a Victim's Private Right of Action - Lessons after 1945, 20 Berkeley J. Int'l L., 296-342 (2002).

Donovan, Donald Francis/Roberts, Anthea, Emerging Recognition of Universal Civil Jurisdiction, The 100 Am. J. Int'l L., 142-164 (2006).

Drimmer, Jonathan C./Lamoree, Sarah R., Think Globally, Sue Locally: Trends and Out-of-Court Tactics in Transitional Tort Actions, 29 Berkeley J. Int'l L., 456-528 (2011).

Dubinsky, Paul R., Human Rights Law Meets Private Law Harmonization: The Coming Conflict, 30 Yale J. Int'l L., 211-319 (2005).

Durkheim, Émile/Luhmann, Niklas, Über die Teilung der sozialen Arbeit, 1. Aufl., Frankfurt am Main 1977.

Duruigbo, Emeka, Corporate Accountability and Liability for International Human Rights Abuses: Recent Changes and Recurring Challenges, 6 Nw. U. J. Int'l Hum. Rts., 222–261 (2008).

Duschek, Stephan/Gaitanides, Michael/Matiaske, Wenzel/Ortmann, Günther (Hrsg.), Organisationen regeln, Die Wirkmacht korporativer Akteure, Wiesbaden 2012.

Ebert, Franz Christian, Integration of Labour Standards into the Environmental and Social Policy of the International Finance Corporation, 47 Verfassung und Recht in Übersee, 229-240 (2014).

Ehrlich, Eugen, Grundlegung der Soziologie des Rechts, 1. Aufl. Berlin, 1913, 4. Aufl., Berlin 1989.

Eichholtz, Stephanie, Die US-amerikanische Class Action und ihre deutschen Funktionsäquivalente, Tübingen 2002.

Ellis, Jaye, Alien Tort Statute as Transnational Law, 28 Md. J. Int'l L., 90-107 (2013).

Elsea, Jennifer, The Alien Tort Statute: Legislative History and Executive Branchs Views, A Congressional Research Service Report.

Emmerich-Fritsche, Angelika, Vom Völkerrecht zum Weltrecht, Berlin 2006.

*Engle, Eric,*The Alien Tort Statute and the Torture Victims' Protection Act: Jurisdictional Foundations and Procedural Obstacles, 14 Willamette J. Int'l L. & Dis. Res., 1-49 (2006).

Enneking, Liesbeth F.H., Crossing the Atlantic - The Political and Legal Feasibility of European Foreign Direct Liability Cases, 40 Geo. Wash. Int'l L. Rev., 903-939 (2008).

Dies., The Common Denominator of the Trafigura Case, Foreign Direct Liability Cases and the Rome II Regulation, 16 European Review of Private Law, 283–311 (2008).

Dies., Foreign direct liability and beyond, Exploring the role of tort law in promoting international corporate social responsibility and accountability, Den Haag 2012.

Erichson, Howard, The Home-State Test For General Personal Jurisdiction, 66 Vanderbilt Law Review En Banc, 81–94 (2013).

Ders., Why the Supreme Court Should Give an Easy Answer to an Easy Question: A Response to Professors Childress, Neuborne, Sherry an Silberman, 66 Vanderbilt Law Review En Banc, 179–184 (2013).

Euteneier, Gregory, Towards a Corporate Law of Nations: Multinational Enterprises Contributions to Customary International Law, 82 Tu. L. Rev., 757-792 (2007).

Feder, Meir, Goodyear, „Home" and the Uncertain Future of Doing Business Jurisdiction, 63 S.C. L. Rev., 671–695 (2012).

Feldberg, Anja, Der Alien Tort Claims Act, Darstellung und Analyse unter besonderer Berücksichtung der Auswirkungen auf und Risiken für die deutsche Wirtschaft, Berlin 2008.

Fischer-Lescano, Andreas, Globalverfassung, Die Geltungsbegründung der Menschenrechte, Weilerswist 2005.

Ders., Globalverfassung: los desaparecidos und das Paradox der Menschenrechte, 23 Zeitschrift für Rechtssoziologie, 217–250 (2002).

Ders., Systemtheorie als kritische Gesellschaftstheorie, in: Amstutz, Marc/Fischer-Lescano, Andreas (Hrsg.), Kritische Systemtheorie, Zur Evolution einer normativen Theorie, Bielefeld 2013, S. 13.

Fischer-Lescano, Andreas/Gericke, Carsten, Der IGH und das Transnationale Recht. Das Verfahren BRD ./. Italien als Wegweiser der zukünftigen Völkerrechtsordnung, Kritische Justiz (KJ), 78–88 (2010).

Fischer-Lescano, Andreas/Möller, Kolja, Der Kampf um globale soziale Rechte, Berlin 2012.

Fischer-Lescano, Andreas/Rödl, Florian/Schmid, Christoph (Hrsg.), Europäische Gesellschaftsverfassung, Baden-Baden 2009.

Fischer-Lescano, Andreas/Teubner, Gunther, Regime-Collisions: The Vain Search for Legal Unity in the Fragmentation of Global Law, 25 Mich. J. Int'l L., 999-1047 (2004).

Dies., Regime-Kollisionen, Zur Fragmentierung des globalen Rechts, Frankfurt 2006.

Fiss, Owen M., Foreword: The Forms of Justice, 93 Harv. L. Rev. 1-59 (1979).

Fletcher, William A., The General Common Law and Section 34 of the Judicary Act of 1789: The Example of Marine Insurance, 97 Harvard Law Review, 1513–1580 (1984).

Flume, Werner/Hahn, Hugo/Kegel, Gerhard/Simmonds, Kenneth (Hrsg.), Internationales Recht und Wirtschaftsordnung: Festschrift für F.A. Mann, München 1977.

Fraser, Nancy, Scales of justice, Reimagining political space in a globalizing world, Cambridge 2008.

Frau, Robert, Anmerkung, JZ 2014, 417–420.

Freeman, Jody, Extending Public Law Norms through Privatization, 116 Harv. L. Rev. 1285-1353 (2002).

Friedenthal, Jack H./Kane, Mary Kay/Miller, Arthur R., Civil procedure, 4. Aufl., St. Paul, 2005.

Fuks, Igor, Sosa v. Alvarez-Machain and the Future of ATCA Litigation: Examining Bonded Labor Claims and Corporate Liability, 106 Colum. L. Rev., 112–144 (2006).

Fuller, Lon L., Forms and Limits of Adjudication, 92 Harv. L. Rev., 353-410 (1978).

Garcia, Esther E., Promoting International Human Rights: A States Interest to Finding Jurisdiction for Transnational Corporations on the Basis of Revolving Common Procedural Issues in ATCA and TVPA Litigation, 17 Sw. J. Int'l L., 285-309 (2011).

Geannette, Marissa Renee, Judicial Imperialism - The South African Litigation, the Political Question Doctrine, and Whether the Courts Should Refuse to Yield to Executive Deference in Alien Tort Claims Act Cases, 82 S. Cal. L. Rev., 1001-1043 (2008).

Gebauer, Martin/Schulze, Götz, Kalifornische Holocaust-Gesetze zugunsten von NS-Zwangsarbeitern und geschädigten Versicherungsnehmern und die Urteilsanerkennung in Deutschland, IPRax 1999, 478–484.

Geimer, Reinhold, Menschenrechte im internationalen Zivilverfahrensrecht, in: Kälin, Walter/Riedel, Eibe/Karl, Wolfram u. a. (Hrsg.), Aktuelle Probleme des Menschenrechtsschutzes, (Current problems of human rights protection): Referate und Thesen mit Diskussion : [23. Tagung der Deutschen Gesellschaft für Völkerrecht in Wien, 5. bis 8. Mai 1993], Heidelberg op. 1994, S. 213–277.

Ders., Internationales Zivilprozessrecht, 7. neu bearb. Aufl., Köln 2014.

Geldermann, Heiner, Völkerrechtliche Pflichten multinationaler Unternehmen, Baden-Baden 2009.

George, Glenn, In Search of General Jurisdiction, 64 Tu. L. R., 1097-1133 (1990).

Giegerich, Thomas, Internationale Standards - aus völkerrechtlicher Perspektive, in: Paulus, Andreas/Dethloff, Nina/Giegerich, Thomas u. a. (Hrsg.), Internationales, nationales und privates Recht: Hybridisierung der Rechtsordnungen?, Immunität : mit Diskussion - with English summaries of the reports, Heidelberg 2014, S. 101-175.

Giegerich, Thomas/Heinz, Ursula E. (Hrsg.), Internationales Wirtschafts- und Finanzrecht in der Krise, Berlin 2011.

Gillies, Lorna, Creation of Subisidiary Jurisdiction Rules in the Brussels I Recast: Back to the Drawing Board?, 8 Journal of Private International Law, 488–511 (2012).

Goldhaber, Michael D., Corporate Human Rights Litigation in Non-U.S. Courts: A Comparative Scorecard, 3 UC Irvine L. Rev., 127-140 (2013).

Grabosch, Robert, Rechtsschutz vor deutschen Zivilgerichten gegen Beeinträchtigungen von Menschenrechten durch transnationale Unternehmen, in: Nikol, Ralph/ Bernhard, Thomas/Schniederjahn, Nina (Hrsg.), Transnationale Unternehmen und Nichtregierungsorganisationen im Völkerrech, Baden-Baden 2013, S. 68–100.

Graf, Ina, Die globale Verantwortung von multinationalen Unternehmen im Lichte einer nachhaltigen Entwicklung, Hamburg 2002.

Grimm, Dieter, Gesellschaftlicher Konstitutionalismus - Eine Kompensation für den Bedeutungsschwund der Staatsverfassung?, in: Herdegen, Matthias/Papier, Hans-Jürgen/Klein Hans Hugo u. a. (Hrsg.), Staatsrecht und Politik: Festschrift für Roman Herzog zum 75. Geburtstag, München 2009, S. 67–81.

Grossi, Simona, Rethinking the Harmonization of Jurisdictional Rules, 86 Tul. L. Rev., 623–712 (2012).

Grote, Rainer/Badura, Peter/Starck, Christian, Die Ordnung der Freiheit, Festschrift für Christian Starck zum siebzigsten Geburtstag, Tübingen 2007.

Grundman, V. Rock, The New Imperialism: The Extraterritorial Application of United States Law, 14 Int'l L., 257-267 (1980).

Günther, Klaus, Rechtspluralismus und universaler Code der Legalität, in: Wingert, Lutz/Günther, Klaus (Hrsg.), Die Öffentlichkeit der Vernunft und die Vernunft der Öffentlichkeit, Festschrift für Jürgen Habermas, 1. Aufl., Frankfurt am Main 2001, S. 539–567.

Gunther Teubner, Reflexives Recht, Entwicklungsmodelle des Rechts in vergleichender Perspektive 68, Archiv der Rechts- und Sozialphilosophie, 13–58 (1982).

Gürsberger, Daniel/Mráz, Michael, Sittenwidrigkeit der Finanzierung von internationalen Waffengeschäften, IPRax, 545–551 (2003).

Habermas, Jürgen, Die postantionale Konstellation: Politische Essays, Frankfurt am Main 1998.

Ders., Der gespaltene Westen, Kleine politische Schriften, Frankfurt am Main 2004.

Hadari, Yitzhak, The Structure of the Private Multinational Enterprise, 71 Mich. L. Rev., 729-807 (1972).

Hafetz, Jonathan, Human Rights Litigation and the National Interest: Kiobel's Application of the Presumption against Extraterritoriality to the Alien Tort Statute, 28 Md. J. Int'l L., 107-129 (2013).

Hahn, Hugo, Individualansprüche auf Wiedergutmachung von Zwangsarbeit im Zweiten Weltkrieg – Das Entschädigungsgesetz vom 02.08.2000, Neue Juristische Wochenschrift (NJW), 3521–3526 (2000).

Haight, George Winthrop, International Law and Extraterritorial Application of the Antitrust Laws, 63 Yale L.J., 639-655 (1953).

Hailer, Claudia, Die US-amerikanische Human Rights Litigation nach der Entscheidung des Supreme Courts in der Sache Sosa v. Alvarez-Marchain, 44 Archiv des Völkerrechts (AVR), 76–92 (2006).

Dies., Menschenrechte vor Zivilgerichten - die Human Rights Litigation in den USA, Berlin 2006.

Halfmeier, Axel, Menschenrechte und Internationales Privatrecht im Kontext der Globalisierung 68, RabelsZ, 653–686 (2004).

Ders., Transnationale Delikte vor nationalen Gerichten: Oder wie weiter nach dem Ende der amerikanischen Rechtshegemonie, in: Mankowski, Peter/Wurmnest, Wolfgang (Hrsg.), Festschrift für Ulrich Magnus zum 70. Geburtstag, München 2014, S. 433–448.

Hall, Sarah M., Multinational Corporations' Post-Unocal Liabilities for Violations of International Law, 34 Geo. Wash. Int'l L. Rev., 401-435 (2002).

Handl, Günther/Zekoll, Joachim/Zumbansen, Peer (Hrsg.), Beyond territoriality, Transnational legal authority in an age of globalization, Leiden, Boston 2012.

Hang, Sharon, Investing in Human Rights: Using Bilateral Investment Treaties to Hold Multinational Corporations Liable for Labor Rights Violations, 37 Fordham Int'l L.J., 1215-1265 (2014).

Hanschmann, Felix, Theorie Transnationaler Rechtsprozesse, in: Buckel, Sonja/Christensen, Ralph/Fischer-Lescano, Andreas (Hrsg.), Neue Theorien des Rechts. 2. Aufl., Stuttgart 2009, S. 375-400.

Hay, Peter, Law of the United States, An overview, 3. Aufl., München, Brussels 2010.

Ders., US-Amerikansiches Recht, 5.Aufl., München 2011.

Ders., Notes on the European Unions Brussels-I „Recast" Regulation, European Legal Forum, 1–8 (2013).

Heidbrink, Alfred, Der Alien Tort Claims Act (28 U.S.C. § 1350), Schadensersatzklagen vor US-amerikanischen Gerichten wegen Verletzungen des Völkerrechts, München 1989.

Heintschel von Heinegg, Wolff/Kadelbach, Stefan/Heß, Burkhard/Hilf, Meinhard/ Benedek, Wolfgang/Roth, Wulf-Henning (Hrsg.), Entschädigung nach bewaffneten Konflikten, Die Konstitutionalisierung der Welthandelsordnung : Referate und Thesen,Bd. 40, Heidelberg 2003.

Helfer, Laurence R., Forum Shopping for Human Rights, 148 U. Pa. L. Rev., 285–400 (1999).

Henner, Peter, Human rights and the alien tort statute, Law, history, and analysis, Chicago, 2009.

Herberg, Martin, Globalisierung und private Selbstregulierung, Umweltschutz in multinationalen Unternehmen, Frankfurt am Main 2007.

Herdegen, Matthias, Principles of International Economic Law, Oxford 2013.

Ders., Völkerrecht, 13., überarb. und erw. Auflage, München 2014.

*Herz, Richard L.,*The Liberalizing Effects of Tort: How Corporate Complicity Liability under the Alien Tort Statute Advances Constructive Engagement, 21 Harvard Human Rights Journal, 207-230. (2008).

Heß, Burkhard, Entschädigung für NS Zwangsarbeit vor deutschen und us-amerikanischen Gerichten, AG 1999, 145–152.

Ders., Kriegsentschädigungen aus kollisionsrechtlicher und rechtsvergleichender Sicht, in: Heintschel von Heinegg, Wolff/Kadelbach, Stefan/Heß, Burkhard u. a. (Hrsg.), Entschädigung nach bewaffneten Konflikten, Die Konstitutionalisierung der Welthandelsordnung : Referate und Thesen, Heidelberg 2003, S. 107–209.

Hess, Burkhard, Europäisches Zivilprozessrecht, Ein Lehrbuch, Heidelberg 2010.

Ders., Die Reform der EuGVVO und die Zukunft des Europäischen Zivilprozessrechts, IPRax, 125–130 (2011).

Hess, Burkhard/Hübner, Rudolf, Die Revisibilität ausländischen Rechts nach der Neufassung des § 545 ZPO, NJW 3132-3135 (2009).

Hess, Burkhard/Pfeiffer, Thomas/Schlosser, Peter, The Brussels I-Regulation (EC) No. 44/2001, The Heidelberg report on the application of Regulations Brussels I in 25 members states, (study JLS/C4/2005/03), München 2008.

Hilgard, Mark C./Forschler, Susi, Ein Lichtblick fur Unternehemen - Der Fall Kiobel v. Royal Duch Petroleum, 37, DAJV-NL., 2–6 (2012).

Hilty, Reto M./Henning-Bodewig, Frauke, Corporate Social Responsibility: Verbindliche Standards des Wettbewerbsrechts?, Heidelberg 2014.

Hixson, Kathleen, Extraterritorial Jurisdiction Under the Third Restatement of Foreign Relations Law of the United States, 12 Ford. Int'l L. J. 127–152 (1988).

Ho, Virginia Harper, Of Enterprise Principles and Corporate Groups: Does Corporate Law Reach Human Rights, 52 Colum. J. Transnat'l L., 113-173 (2013).

Hobe, Stephan, Einführung in das Völkerrecht, 10., überarb. und aktualisierte Aufl., Tübingen 2014.

Hodges, Christopher J. S, The reform of class and representative actions in European legal systems, A new framework for collective redress in Europe, Oxford, Portland, Oregon 2008.

Hoekstra, Valerie/Johnson, Timothy, Delaying Justice: The Supreme Court's Decision to Hear Rearguments, 56 Political Research Quarterly, 351–360 (2003).

Hoffheimer, Michael H., General Personal Jurisdiction after Goodyear Dunlop Tires, S.A. vs. Brown, 60 U. Kan. L. Rev., 549–610 (2012).

Hoffman, Lonny Sheinkopf, The Case against Vicarious Jurisdiction, 152 U. Pa. L. Rev., 1023-1105 (2003).

Hoffman, Paul/Stephens, Beth, International Human Rights Cases under State Law and in State Courts, 3 UC Irvine L. Rev., 9-22 (2013).

Hoffman, Paul L., Kiobel v. Royal Dutch Petroleum Co.: First Impressions, 52 Colum. J. Transnat'l L., 28-53 (2013).

Hoffman, Paul L./Zaheer, Daniel A., The Rules of the Road: Federal Common Law and Aiding and Abetting under the Alien Tort Claims Act, 26 Loy. L.A. Int'l & Comp. L. Rev., 47–88 (2003).

Hoffmann, Bernd von, Universalität der Menschenrechte, Kulturelle Pluralität, Frankfurt 2009.

Hoffmann, Bernd von/Thorn, Karsten, Internationales Privatrecht, Einschliesslich der Grundzüge des internationalen Zivilverfahrensrechts, 9., neu bearb. Aufl., München 2007.

Hofmann, Rainer, Artikel 25 GG und die Anwendungs völkerrechtswidrigen ausländischen Rechts, 49 ZaöRV (Zeitschrift für ausländisches öffentliches Recht und Völkerrecht), 42–60 (1989).

Höland, Armin/Hohmann-Dennhardt, Christine/Schmidt Marlene/Seifert, Achim (Hrsg.), Arbeitnehmermitwirkung in einer sich globalisierenden Arbeitswelt, Liber amicorum Manfred Weiss, Berlin 2005.

Holtbrügge, Dirk/Berg, Nicola, Menschenrechte und Verhaltenskodizes in internationalen Unternehmungen, in: Bendel, Petra/Fischer, Thomas (Hrsg.), Menschen- und Bürgerrechte: Ideengeschichte und internationale Beziehungen, Erlangen 2004, S. 177–206.

Homann, Karl/Koslowski, Peter/Lütge, Christoph (Hrsg.), Wirtschaftsethik der Globalisierung, Tübingen 2005.

Hoppe, Vera, Die Einbeziehung ausländischer Beteiligter in US-amerikanische Class Actions, Unter Berücksichtigung des Class Action Fairness Act 2005, Frankfurt am Main, New York 2005.

Hopt, Klaus J., Globalisierung der Coporate Governance, in: Homann, Karl/Koslowski, Peter/Lütge, Christoph (Hrsg.), Wirtschaftsethik der Globalisierung, Tübingen 2005, S. 81-105.

Howard, Robert M., Can a Corporation Be Sued for Violating the Rule of Law under the Alien Tort Statute: Kiobel v. Royal Dutch Petroleum Company, 33 Just. Sys. J. 242-246 (2012).

Hristova, Mirela V., Alien Tort Statute: A Vehicle for Implementing the United Nations Guiding Principles for Business and Human Rights and Promoting Corporate Social Responsibility, 47 U.S.F. L. Rev., 89-109 (2012).

Hufbauer, Gary/Mitrokostas, Nicholas, International Implications of the Alien Tort Statute, 7 Journal of International Economic Law, 245–262 (2004).

Hufbauer, Gary Clyde/Mitrokostas, Nicholas K., International Implications of the Alien Tort Statute, 16 St. Thomas L. Rev., 607-627 (2003).

Hüßtege, Rainer/Mansel, Heinz-Peter, Rom-Verordnungen, 1. Aufl, Baden-Baden 2013.

Idowu, Samuel O./Capaldi, Nicholas/Zu, Liangrong/Das Gupta, Ananda, Encyclopedia of corporate social responsibility, Berlin, New York 2013.

Ipsen, Knut, Völkerrecht, 6. Aufl., München 2014.

Ders., Völkerrecht, 6. Aufl., München 2014.

Jacek, Brian, Alien Invasion: Corporate Liability and its Real Implications under the Alien Tort Statute, 43 Seton Hall L. Rev., 273-319 (2013).

Jagers, Nicola M. C. P./van der Heijden, Marie-Jose, Corporate Human Rights Violations: The Feasibility of Civil Recourse in the Netherlands, 33 Brook. J. Int'l L., 833-871 (2007).

James, Michael, Litigation with a foreign aspect, A practical guide, Oxford 2009.

Jessup, Phillip, The Doctrine of Erie Railroad applied to International Law, 33 Am. J. Int'l L., 740–746 (1939).

Joerges, Christian, Das Rechtssystem der transnationalen Handelsschiedsgerichtsbarkeit, 174 ZHR (Zeitschrift für das gesamte Handelsrecht und Wirtschaftsrecht), 549 (1974).

Joerges, Christian/Falke, Josef (Hrsg.), Karl Polanyi, Globalisation and the Potential of Law in Transnational Markets, Oxford [u.a.] 2011.

Joerges, Christian/Sand, Inger-Joanne/Teubner, Gunther (Hrsg.), Transnational Governance and Constitutionalism, Oxford, Portland 2004.

Juenger, Friedrich K., American Jurisdiction: A Story of Comparative Neglect, 65 U. Colo. L. Rev., 1-25 (1993).

Ders., The American Law of General Jurisdiction, 2001 U. Chi. Legal F., 141-171 (2001).

Kadelbach, Stefan, Zwingendes Völkerrecht, Berlin 1992.

Kadner Graziano, Thomas, The Law Applicable to Non-Contractual Obligations (Rome II Regulation), 73 Rabels Zeitschrift fuer auslaendisches und internationales Privatrecht, 1–77 (2009).

Kaeb, Caroline/Scheffer, David, The Paradox of Kiobel in Europe, 107 Am. J. Int'l L., 852-858 (2013).

Kagan, Robert A., Adversarial Legalism, 2. Aufl., Cambridge 2003.

Kälin, Walter/Riedel, Eibe/Karl, Wolfram/Bryde, Brund-Otto/Bar, Christian von/ Geimer, Reinhold (Hrsg.), Aktuelle Probleme des Menschenrechtsschutzes, (Current problems of human rights protection) : Referate und Thesen mit Diskussion : [23. Tagung der Deutschen Gesellschaft für Völkerrecht in Wien, 5. bis 8. Mai 1993], Heidelberg 1994.

Kamatali, Jean-Marie, The New Guiding Principles on Business and Human Rights' Contribution in Ending the Divisive Debate over Human Rights Responsibilities of Companies: Is It Time for an ICJ Advisory Opinion, 20 Cardozo J. Int'l & Comp. L., 437-464 (2011).

Kasolowsky, Boris/Voland, Thomas, Die „Ruggie Revolution" – Menschenrechte im unternehmerischen Handeln, Anwbl. 2014, 388-392

Dies., Die OECD-Leitsätze für multinationale Unternehmen und ihre Durchsetzung im Wege von Beschwerdeverfahren vor der Nationalen Kontaktstelle, ZGR 2014, 1288–1292.

Katzenmeier, Christian, Zur neueren dogmengeschichtlichen Entwicklung der Deliktsrechtstatbestände, 203 AcP, 79–118 (2003).

Kearney, Joseph D./Merrill, Thomas W., Influence of Amicus Curiae Briefs on the Supreme Court, 148 U. Pa. L. Rev., 743–857 (1999).

Keitner, Chimene I., Some Functions of Alien Tort Statute Litigation, 43 Geo. J. Int'l L., 1015-1019 (2011).

Ders., State Courts and Transitory Torts in Transnational Human Rights Cases, 3 UC Irvine L. Rev. 81-95 (2013).

Keitner, Chimène, Conceptualizing Complicity in Alien Tort Cases, 60 Hastings Law Journal, 61–104 (2008-2009).

Kerr, Michael/Janda, Richard/Pitts, Chip, Corporate social responsibility, A legal analysis, Markham, Ont. 2009.

Kinley, David/Tadaki, Junko, From Talk to Walk: The Emergence of Human Rights Responsibilities for Corporations at International Law, 44 Va. J. Int'l L., 931-1025 (2004).

Kirshner, Jodie A., Why is the U.S. Abdicating the Policing of Multinational Corporations to Europe: Extraterritoriality, Sovereignty, and the Alien Tort Statute, 30 Berkeley J. Int'l L., 259–302 (2012).

Klabbers, Jan, Doing the Right Thing?, Foreign Tort Law and Human Rights, in: Scott, Craig (Hrsg.), Torture as tort, Comparative perspectives on the development of transnational human rights litigation, Oxford 2001, S. 553–567.

Klein, Eckhard/Schmahl, Stefanie, Die Internationalen und die Supranationalen Organisationen, in: Vitzthum, Wolfgang von (Hrsg.), Völkerrecht. 5. Aufl., Berlin, New York 2010, S. 263.

Knowles, Robert, A Realist Defense of the Alien Tort Statute, 88 Wash. U. L. Rev., 1117-1177 (2010).

Knox, John H., A Presumption against Extrajurisdictionality, 104 Am. J. Int'l L., 351-397 (2010).

Ders., The Unpredictable Presumption against Extraterritoriality, 40 Sw. L. Rev., 635-655 (2010).

Knudsen, Jette, Company Delisting from the UN Global Compact: Limited Business Demand or Domestic Governance Failure, 103 Journal of Business Ethics, 311-340 (2011).

Koch, Harald, Prozeßführung im öffentlichen Interesse, Frankfurt am Main 1983.

Ders., Grenzüberschreitender Schadensersatz im Prozess: Qualifikation des Schadens und die unheilige Allianz von Prozess- und materiellem Recht, in: Adolphsen, Jens (Hrsg.), Festschrift für Peter Gottwald zum 70. Geburtstag, München 2014, S. 355–362.

Ders., Grenzüberschreitende strategische Zivilprozesse, KJ 2014, 432-450.

Kochan, Donald J., The Political Economy of the Production of Customary International Law: The Role of Non-Governmental Organizations in U.S. Courts, 22 Berkeley J. Int'l L., 240–278 (2004).

Ders., Legal Mechanization of Corporate Social Responsibility through Alien Tort Statute Litigation: A Response to Profess Branson with Some Supplemental Thoughts, 9 Santa Clara J. Int'l L., 251-261 (2011).

Kocher, Eva, Corporate Social Responsibility: Eine gelungene Inszenierung?, Kritische Justiz (KJ) 2010, 29-40.

Kocher, Eva/Krajewski, Markus, Einführung in den Schwerpunkt, Kritische Justiz (KJ) 2013, 2–6.

Kocher, Eva/Wenckebach, Johanna, Recht und Markt – Ein Plädoyer für gesetzliche Pflichten von Unternehmen zur Offenlegung ihrer Arbeits- und Beschäftigungspflichten, Kritische Justiz (KJ) 2013, 18–29.

Kochevar, Steven, Amici Curiae in Civil Law Jurisdictions, 122 Yale L. J., 1653-1670 (2012).

Koebele, Michael, Corporate responsibility under the Alien Tort Statute, Enforcement of international law through US torts law, Leiden, Boston 2009.

Koeltz, Kristina, Menschenrechtsverantwortung multinationaler Unternehmen, Eine Untersuchung "weicher" Steuerungsinstrumente im Spannungsfeld Wirtschaft und Menschenrechte, Berlin 2010.

Kößler, Melanie/Saage-Maß, Mirjam, Extraterritorialer Menschenrechtsschutz durch die Hintertür des Kommunalrechts? Die Entscheidung des Bundesverwaltungsgerichts vom 16. Oktober 2013 (8 C.N. 1.12), KJ 2014, 461-467.

Kogan, Terry S., Neo-Federalist Tale of Personal Jurisdiction, 63 S. Cal. L. Rev., 257-373 (1989).

Koh, Harold Hongju, Transnational Public Law Litigation, 100 Yale L.J., 2347-2401 (1991).

Ders., Trasnational Legal Process, 75 Neb. L. Rev., 181-209 (1996).

Ders., Why Do Nations Obey to International Law?, Review Essay, 106 Yale L.J., 2599-2661 (1996).

Ders., How Is International Human Rights Law Enforced, 74 Ind. L.J., 1397-1418 (1998).

Ders., Is International Law Really State Law, 111 Harv. L. Rev., 1824–1862 (1998).

Ders., Separating Myth from Reality About Coporate Responsibility Litigation, 7 Journal of International Economic Law, 263-272 (2004).

Ders., Transnational litigation in United States courts, New York 2008.

Kontorovich, Eugene, The Piracy Analogy: Modern Universal Jurisdiction's Hollow Foundation, 45 Harv. Int'l L.J., 183-239 (2004).

Ders., Kiobel Surprise: Unexpected by Scholars but Consistent with International Trends, 89 Notre Dame L. Rev., 1671-1695 (2014).

Kopetz, Hedwig/Marko, Joseph/Poier, Klaus (Hrsg.), Soziokultureller Wandel im Verfassungsstaat, Phänomene politischer Transformation : Festschrift für Wolfgang Mantl zum 65. Geburtstag, Wien 2004.

Kößler, Melanie/Saage-Maaß, Miriam, Extraterritorialer Menschenrechtsschutz durch die Hintertür des Kommunalrechts?, KJ 2014, 461-466.

Köster, Constantin, Die völkerrechtliche Verantwortlichkeit privater (multinationaler) Unternehmen für Menschenrechtsverletzungen, Berlin 2010.

Krajewski, Markus, Kommunaler Menschenrechtsschutzu durch Verbote von Grabmalen aus ausbeuterischer Kinderarbeit, DÖV 2014, S. 721-729.

Ders., Menschenrechtsschutz durch Friedhofssatzungen, http://menschenrechte.org/wp-content/uploads/2014/03/Friedhofssatzung_Krajewski.pdf.

Ders., Rechtliche Steuerung transnationaler Unternehmen, in: Giegerich, Thomas/Heinz, Ursula E. (Hrsg.), Internationales Wirtschafts- und Finanzrecht in der Krise, Berlin 2011, S. 35-70.

Krieger, Heike, Immunität: Entwicklung und Aktualität als Rechtsinstitut, in: Paulus, Andreas/Dethloff, Nina/Giegerich, Thomas u. a. (Hrsg.), Internationales, nationales und privates Recht: Hybridisierung der Rechtsordnungen?, Immunität : mit Diskussion - with English summaries of the reports, Heidelberg 2014, S. 233-259.

Krisch, Nico, International Law in Time of Hegemony: Unequal Power and the Shaping of the International Legal Order, 16 European Journal of International Law, 369-408 (2005).

Kroker, Patrick, Universal Jurisdiction in Germany: The Trial of Onesphore R. Before The Higher Regional Court of Frankfurt, 54 German Yearbook of International Law, 671–684 (2011).

Kropholler, Jan, Internationale Zuständigkeit, in: Martiny, Dieter/Waehler, Jan Peter/ Wolff, Martin K. (Hrsg.), Handbuch des internationalen Zivilverfahrensrechts, Supranationale und Internationale Gerichte, Tübingen 1984.

Kropholler, Jan/Hein, Jan von, Europäisches Zivilprozessrecht, Kommentar - Internationale Zuständigkeit, Anerkennung und Vollstreckung von Entscheidungen in Zivil- und Handelssachen, 9., neu bearbeitete Auflage, Frankfurt am Main 2010.

Kropholler, Jan/Neuhaus, Paul Heinrich, Internationales Privatrecht, Einschliesslich der Grundbegriffe des internationalen Zivilverfahrensrechts, 6., neubearbeitete Aufl, Tübingen 2006.

Ku, Julian, Response: Rethinking the Direction of the Alien Tort Statute, 100 Geo. L.J., 2217–2224 (2011).

Ku, Julian G., Kiobel and the Surprising Death of Universal Jurisdiction under the Alien Tort Statute, 107 Am. J. Int'l L., 835-841 (2013).

Kühne, Ulrich, Amicus Curiae, Richterliche Informationsbeschaffung durch Beteiligung Dritter, Tübingen 2014.

Kurland, Philipp, The Supreme Court, the Due Process Clause and the In Personam Jurisdiction of State Courts-From Pen-noyer to Denckla: A Review, 25 U. Chi. L. Rev. 569-625 (1958).

Ladeur, Karl-Heinz, Recht der Netzwerke für die Weltgesellschaft oder Konstitutionalisierung der Völkerrechtsgemeinschaft, 49 AVR (Archiv des Völkerrechts), 246– 275 (2011).

Ladeur, Karl-Heinz/Viellechner, Lars, Die transnationale Expansion staatlicher Grundrechte, 46 AVR (Archiv des Völkerrechts), 42–73 (2009).

Laforce, Marielle/Vermeulen, Freerk, Comparative Study of Residual Jurisdiction in Civil and Commercial Matters National Report for: Netherlands.

Lanfermann, Georg, EU-Richtlinienvorschlag zur Offenlegung von nicht-finanziellen Informationen. Ist eine Pflicht notwendig?, BB 1323–1325 (2013).

Langford, Malcolm (Hrsg.), Social rights jurisprudence, Cambridge [u.a.] 2009.

Larocque, François, Civil actions for uncivilized acts Toronto 2010.

Ledebur, Linas E., Plurality Rule: Concurring Opinions and a Divided Supreme Court, 113 Penn St. L. Rev. 899-923 (2008).

Lederer, Markus/Müller, Philipp S. (Hrsg.), Criticizing global governance, New York 2005.

Lee, Thomas H., The Safe-Conduct Theory of the Alien Tort Statute, 106 Colum. L. Rev., 830–908 (2006).

Ders., The Three Lives of the Alien Tort Statute: The Evolving Role of the Judiciary in U.S. Foreign Relations, 89 Notre Dame L. Rev., 1645-1671 (2014).

Leible, Stefan/Ruffert, Matthias (Hrsg.), Völkerrecht und IPR, Jena 2006.

Leval, Pierre N., Distant Genocides, 38 Yale J. Int'l L., 231-253 (2013).

Lillich, Richard B., Invoking International Human Rights Law in Domestic Courts, 54 U. Cin. L. Rev., 367-417 (1985).

Looschelders, Dirk, Die Ausstrahlung der Grund- und Menschenrechte auf das Internationale Privatrecht, 65 RabelsZ, 463-491 (2001).

Luhmann, Niklas, Die Gesellschaft der Gesellschaft, Frankfurt am Main 1998.

Ders., Die Weltgesellschaft, 57 Archiv der Rechts- und Sozialphilosophie, 1 (1971).

Ders., Das Recht der Gesellschaft, Frankfurt am Main 1993.

Ders., Die Soziologie und der Mensch, Bd. 6, 3. Aufl., Wiesbaden 2008.

Ders., Rechtssoziologie, Wiesbaden 2008.

Mabry, Linda A., Multinational Corporations and U.S. Technology Policy: Rethinking the Concept of Corporate Nationality, 87 Geo. L.J., 563-675 (1998).

Magnus, Ulrich, Why is European Tort Law so Different, 1 Journal of European Tort Law, 102-124 (2010).

Magnus, Ulrich/Mankowski, Peter, The Proposal for the Reorm of Brussels I, 110 Zeitschrift für Vergleichende Rechstwissenschaft (ZVglRWiss), 252-301 (2011).

Maier, Harold G., Extraterritorial Jurisdiction at a Crossroads: An Intersection between Public and Private International Law, 76 Am. J. Int'l L., 280-321 (1982).

Mamolea, Andrei, The Future of Corporate Aiding and Abetting Liability under the Alien Tort Statute: A Roadmap, 51 Santa Clara L. Rev., 79-153 (2011).

Mankowski, Peter, Rechtskultur: Eine rechtsvergleichend-anekdotische Annäherung an einen schwierigen und vielgesichtigen Begriff, JuristenZeitung 2009, 321-333.

Mankowski, Peter/Wurmnest, Wolfgang (Hrsg.), Festschrift für Ulrich Magnus zum 70. Geburtstag, München 2014.

Mann, F. A., Further studies in international law, Oxford [England], New York 1990.

Mann, Frederick Alexander, The Doctrine of Jurisdiction in International Law 111-I, Receuil des Cours (1964).

Mansel, Heinz-Peter, Staatlichkeit des Internationalen Privatrechts und Völkerrecht, in: Leible, Stefan/Ruffert, Matthias (Hrsg.), Völkerrecht und IPR, Jena 2006, S. 89–130.

Marcus, Richard L., Putting American Procedural Exceptionalism into a Globalized Context, 53 Am. J. Comp. L., 709–741 (2005).

Mares, Radu, Corporate Social Responsibility, Human Rights and Law: An Interactive Regulatory Perspective on the Voluntary-Mandatory Dichotomy, 1 Transnational Legal Theory, 221–285 (2010).

Markesinis, Basil/Fedtke, Jörg, Rechtsvergleichung in Theorie und Praxis, Ein Beitrag zur rechtswissenschaftlichen Methodenlehre, München 2004.

Martiny, Dieter/Waehler, Jan Peter/Wolff, Martin K. (Hrsg.), Handbuch des internationalen Zivilverfahrensrechts, Supranationale und Internationale Gerichte, Bd. I, Tübingen 1984.

Massoud, Sofia, Die Guiding Principles on Business and Human Rights – eine absehbar begrenzte Agenda, Kritische Justiz (KJ) 2013, 7–17.

Dies., "Unternehmen und Menschenrechte" - überzeugende progressive Ansätze mit begrenzter Reichweite im Kontext der Weltwirtschaftsordnung, in: Nikol, Ralph/ Bernhard, Thomas/Schniederjahn, Nina (Hrsg.), Transnationale Unternehmen und Nichtregierungsorganisationen im Völkerrecht, Baden-Baden 2013, S. S. 37-68.

Maultzsch, Felix, Streitentscheidung und Normbildung durch den Zivilprozess, Eine rechtsvergleichende Untersuchung zum deutschen, englischen und US-amerikanischen Recht, Bd. 155, Tübingen 2010.

Ders., in: 100 Jahre Rechtswissenschaft in Frankfurt, Anglo-Amerikanische Rechtshegemonie in Deutschland und Europa?, Frankfurt 2014, S. 501-517.

Maxeiner, James, Pleadings and Access to Civil Procedure: Historical and Comparative Reflections on Iqbal, a Day in Court and a Decision According to Law 114, Penn State Law Review, 1257–1290 (2010).

Maxeiner, James/Lee, Gyooho/Weber, Armin, Failures of American Justice in International Perspective, Cambridge 2011.

McBarnet, Doreen J., Corporate Social Responsibility beyond law, through law, for law: the new coporate accountability, in: McBarnet, Doreen J./Voiculescu Aurora/ Campbell, Tom (Hrsg.), The new corporate accountability, Corporate social responsibility and the law, Cambridge 2009, S. 9–58.

McBarnet, Doreen J./Voiculescu Aurora/Campbell, Tom (Hrsg.), The new corporate accountability, Corporate social responsibility and the law, Cambridge 2009.

McBeth, Adam, A Right by Any Other Name: The Evasive Engagement of International Financial Institutions with Human Rights, 40 Geo. Wash. Int'l L. Rev., 1101-1157 (2008).

McCorquodale, Robert, Waving Not Drowning: Kiobel outside the United States 107 Am. J. Int'l L., 846-852 (2013).

Meeran, Richard, Tort Litigation against Multinational Corporations for Violation of Human Rights: An Overview of the Position outside the United States, 3 City U. H.K. L. Rev., 1–43 (2011).

Meesen, Matthias, Kollisionsrecht als Bestandteil des Allgemeinen Völkerrechts- Völkerrechtliches Minimum und kollisionsrechtliches Optimum, in: Flume, Werner/ Hahn, Hugo/Kegel, Gerhard u. a. (Hrsg.), Internationales Recht und Wirtschaftsordnung: Festschrift für F.A. Mann, München 1977, S. 227–240.

Mehren, Arthur von/Trautman, Donald, Jurisdiction to Adjudicate: A Suggested Analysis, 76 Harvard Law Review, 1121–1179 (1966).

Meier, Werner, Grenzüberschreitender Durchgriff in der Unternehmensgruppe nach US-amerikanischem Recht, Jurisdiktions- und Prozessrecht, Kollissionsrecht, materielles Recht, Frankfurt am Main, New York 2000.

Meltzer, Daniel J., Customary International Law, Foreign Affairs, and Federal Common Law, 42 Va. J. Int'l L., 513-555 (2001).

Meng, Werner, Regeln über die Jurisdiktion der Staaten im amerikanischen Restatement (Third) of Foreign Relations Law, 27 Archiv des Völkerrechts, 156–194 (1989).

Mestral, Armand de, The Extraterritorial Extension of Laws: How Much Has Changed, 31 Ariz. J. Int'l & Comp. L., 43–54 (2014).

Meyer, Jeffrey A., Extraterritorial Common Law: Does the Common Law Apply Abroad, 102 Geo. L.J., 301-351 (2014).

Meyer, Peter, Wandel des Prozessverständnisses? Von einem liberalen zu einem sozialen Zivilprozess? JR 2004, 1-11.

Michaels, Ralf, Territorial Jurisdiction after Territoriality, in: Slot, Pieter J./Bulterman, M. K. (Hrsg.), Globalisation and jurisdiction, [The Hague] 2004, S. 105–131.

Ders., Welche Globalsierung für das Recht? Welches Recht für die Globalsierung?, 69 RabelsZ, 525–544 (2004).

Ders., Two Paradigms of Jurisdiction, 27 Mich. J. Int'l L., 1003–1070 (2006).

Ders., US-Gerichte als Weltgerichte - Die Avantgarde der Globalisierung, 31 DAJV Newsletter, 46–54 (2006).

Ders., The True Lex Mercatoria: Law Beyond the State, 14 Indiana Journal of Global Legal Studies, 447-469 (2007).

Ders., The Functional Method of Comparative Law, in: Reimann, Mathias/Zimmermann, Reinhard (Hrsg.), The Oxford Handbook of Comparative Law, Oxford 2008, S. 339–383.

Michalski, Roger M., Rights Come with Responsibilities: Personal Jurisdiction in the Age of Corporate Personhood, 50 San Diego L. Rev., 125-197 (2013).

Millon, David, Human Rights and Delaware Corporate Law, 25 Pac. McGeorge Global Bus. & Dev. L.J., 173-195 (2012).

Mostajelean, Bahareh, Foreign Alternatives to the Alien Tort Claims Act: The Success (or Is It Failure) or Bringing Civil Suits against Multinational Corporations that Commit Human Rights Violations, 40 Geo. Wash. Int'l L. Rev., 497-527 (2008).

Münchener Kommentar zum Bürgerlichen Gesetzbuch, hrsg. v. Säcker, Franz Jürgen / Riexecker, Roland/Oetker, Hartmut, 6. Aufl.
Bd. 5, § 705-853, München 2013
Bd. 10, IPR I, München 2015
Bd. 11, IPR II, München 2015

Münchener Kommentar zur Zivilprozessordnung mit Gerichtsverfassungsgesetz und Nebengesetzen, hrsg. v. Rauscher, Thomas/Krüger, Wolfgang, München 2013.

Muchlinski, Peter, Multinational enterprises and the law, 2nd ed, Oxford, New York 2007.

Mullenix, Linda/Redish, Martin/Vairo, Georgene, Understanding Federal Courts and Jurisdiction, 3. Aufl., New York, San Francisco 1998.

Murphy, John E., Civil Liability for the Commission of International Crimes as an Alternative to Criminal Prosecution, 12 Harv. Hum. Rts. J., 1 (1999).

Murphy, Sean D., Taking Multinational Corporate Codes of Conduct to the Next Level, 43 Colum. J. Transnat'l L., 389 (2004).

Musielak, Hans-Joachim, Zivilprozessordnung, Mit Gerichtsverfassungsgesetz ; Kommentar, 11., neubearb. Aufl, München 2014.

Nagareda, Richard A., Aggregate Litigation across the Atlantic and the Future of American Exceptionalism, 62 Vand. L. Rev., 1-57 (2009).

Nagel, Heinrich/Gottwald, Peter (Hrsg.), Internationales Zivilprozessrecht, 7., neu bearb. Aufl, Köln 2013.

Nagy, Rosemary, Postapartheid Justice: Can Cosmopolitanism and Nation-Building Be Reconciled, 40 Law & Soc'y Rev., 623-653 (2006).

Neuborne/Burt, General Jurisdiction, "Corporate Separatness", and the Rule of Law, 66 Vanderbilt Law Review En Banc, 95–109 (2013).

Neuborne, Bert, A Brief Response to My Colleagues on Bauman, 66 Vanderbilt Law Review En Banc, 185–189 (2013).

Neuborne, Burt, Preliminary Reflections on Aspects of Holocaust-Era Litigation in American Courts, 80 Wash. U. L. Q., 795-835 (2002).

Ders., A Plague on Both Their Houses: A Modest Proposal for Ending the Ecuadorean Rainforest Wars, 1 Stan. J. Complex Litig., 509–524 (2012).

Neuhaus, Paul Heinrich, Internationales Zivilprozessrecht und Internationales Privatrecht – Eine Skizze, 20 Rabels Zeitschrift fuer auslaendisches und internationales Privatrecht, 201–269 (1955).

Neuman, Gerald L., Sense and Nonsense: About Customary International Law: A Response to Professors Bradley and Goldsmith, 66 Fordham L. Rev., 371-393 (1997).

Nichols, Amanda Sue, Alien Tort Statute Accomplice Liability Cases: Should Courts apply the Plausibility Pleading Standard of Bell Atlantic v. Twombly?, 76 Fordham Law Review, 2177–2252 (2008).

Nikol, Ralph/Bernhard, Thomas/Schniederjahn, Nina (Hrsg.), Transnationale Unternehmen und Nichtregierungsorganisationen im Völkerrecht, 1. Aufl., Baden-Baden 2013.

Nixdorf, Mark, Substance over Form - Corporate Liability under the Alien Tort Statute, 78 Brook. L. Rev., 1553–1586 (2013).

Nowrot, Karsten, Normative Ordnungsstruktur und private Wirkungsmacht, Konsequenzen der Beteiligung transnationaler Unternehmen an den Rechtsetzungsprozessen im internationalen Wirtschaftssystem, Berlin 2006.

Ders., Wer Rechte hat, hat auch Pflichte! Zum Zusammenhang völkerrechtlicher Rechte und Pflichten transnationaler Unternehmen, in: Tietje, Christian (Hrsg.), Beiträge zum Europa- und Völkerrecht, Halle 2012, S. 1–28.

Nuyts, Arnaud, Study on Residual Jurisdiction - General Report, Brüssel 2005.

Nuyts, Arnaud/Hatzimihail, Nikitas (Hrsg.), Cross-border class actions, The European way, München 2014.

Nwapi, Chilenye, Jurisdiction by Necessity and the Regulation of the Transnational Corporate Actor, 30 Utrecht Journal of International and European Law, 24–42 (2014).

Nzelibe, Jide, Contesting Adjudication: The Partisan Divide over Alien Tort Statute Litigation, 33 Nw. J. Int'l L. & Bus., 475–527 (2013).

o. V., Developments in the Law - International Criminal Law, 114 Harv. L. Rev., 2025-2029 (2000).

o. V., Civil Procedure - Pleading Requirement - Eleventh Court Dismisses Alien Tort Statute Claims against Coca-Cola under Iqbal's Plausibility Pleading Standard.- Sinaltrainal v. Coca-Cola Co., No. 06-15851, 2009 WL 2431463 (11th Cir. Aug. 11, 2009), 123 Harv. L. Rev., 580-586 (2009).

o. V., International Law - Universal Jurisdiction - D.C. Circuit Upholds Charges for Facilitator of Piracy under Universal Jurisdiction - United States v. Ali, 718 F.3 d 929 (D.C. Cir. 2013), 127 Harv. L. Rev., 1244-1250 (2013).

OECD, Addressing Base Erosion and Profit Shifting, 2013.

O'Gara, Rosaleen T., Procedural Dismissal under the Alien Tort Statute, 52 Ariz. L. Rev., 797-873 (2010).

Ohe, Axel von der, Das Gesellschaftsbild des Bundesgerichtshofs, Die Rechtsprechung des BGH und die frühe Bundesrepublik, Frankfurt am Main 2010.

Oshionebo, Evaristus, The OECD Guidelines for Multinational Enterprises as Mechanisms for Sustainable Development of Natural Resources: Real Solutions or Window Dressing, 17 Lewis & Clark L. Rev., 545-591 (2013).

Palandt, Otto, Bürgerliches Gesetzbuch, Mit Nebengesetzen ; insbesondere mit Einführungsgesetz (Auszug) einschließlich Rom I-, Rom II- und Rom III-Verordnungen sowie Haager Unterhaltsprotokoll und EU-Erbrechtsverordnung, Allgemeines Gleichbehandlungsgesetz (Auszug), Wohn- und Betreuungsvertragsgesetz, BGB-Informationspflichten-Verordnung, Unterlassungsklagengesetz, Produkthaftungsgesetz, Erbbaurechtsgesetz, Wohnungseigentumsgesetz, Versorgungsausgleichsgesetz, Lebenspartnerschaftsgesetz, Gewaltschutzgesetz, 74. neubearb. Aufl, München 2015.

Pariza, Geoffrey, Genocide, Inc.: Corporate Immunity to Violations of International Law after Kiobel v. Royal Dutch Petroleum, 8 Loy. U. Chi. Int'l L. Rev., 229-254 (2010).

Parker, Karen, Jus Cogens: Compelling the Law of Human Rights, 12 Hastings Int'l & Comp. L. Rev., 411–464 (1988).

Parrish, Austen, The Effects Test: Extraterritoriality's Fifth Business, 61 Vand. L. Rev., 1455–1506 (2008).

Parrish, Austen L., Sovereignty, Not Due Process: Personal Jurisdiction over Nonresident Alien Defendants, 41 Wake Forest L. Rev., 1-61 (2006).

Ders., Reclaiming International Law from Extraterritoriality, 93 Minn. L. Rev., 815-875 (2008).

Ders., Evading Legislative Jurisdiction, 87 Notre Dame L. Rev., 1673-1709 (2011).

Ders., State Court International Human Rights Litigation: A Concerning Trend, 3 UC Irvine L. Rev., 25–43 (2013).

Paulus, Andreas, Zusammenspiel der Rechtsquellen aus Völkerrechtlicher Perspektive, in: Paulus, Andreas/Dethloff, Nina/Giegerich, Thomas u. a. (Hrsg.), Internationales, nationales und privates Recht: Hybridisierung der Rechtsordnungen?, Immunität : mit Diskussion - with English summaries of the reports, Heidelberg 2014, S. 7–46.

Paust, Jordan J., Human Rights Responsibilities of Private Corporations, 35 Vand. J. Transnat'l L., 801-827 (2002).

Ders., History, Nature, and Reach of the Alien Tort Claims Act, 16 Fla. J. Int'l L., 249–267 (2004).

Ders., Nonstate Actor Participation in International Law and the Pretense of Exclusion, 51 Va. J. Int'l L., 977-1005 (2011).

Ders., Kiobel, Extraterritoriality and the Reach of the ATS, 53 Va. J. Int'l L. Digest, 18–35 (2012).

Peddie, Collyn A., Mi Casa es Su Casa: Enterprise Theory and General Jurisdiction over Foreign Corporations after Goodyear Dunlop Tires Operations, S.A. v. Brown, 63 S. C. L. Rev., 697-729 (2012).

Perl, Margaret G., Not Just Another Mass Tort: Using Class Actions to Redress International Human Rights Violations, 88 Geo. L.J., 773-799 (2000).

Peters, Anne, Jenseits der Menschenrechte, Die Rechtsstellung des Individuums im Völkerrecht, Tübingen 2014.

Petterson, Todd David, The Timing of Minimum Contacts After Goodyear and McIntyre, 80 Geo. Wash. L. Rev., 202–242 (2011).

Pfeiffer, Thomas, Internationale Zuständigkeit und prozessuale Gerechtigkeit, Die internationale Zuständigkeit im Zivilprozess zwischen effektivem Rechtsschutz und nationaler Zuständigkeitspolitik, Bd. Bd. 26Bd. , Frankfurt am Main 1995.

Philipp I. Blumberg, The Increasing Recognition of Enterprise Principles in Determining Parent and Subisidary Corporation Liabilities, 28 Conn. L. Rev., 295-347 (1996).

Pielemeier, James R., A welcome Refinement of the Language of General Personal Jurisdiction, 16 Lewis & Clark L. Rev., 969–991 (2012).

Pieth, Mark, Braucht Deutschland ein Unternehmensstrafrecht?, Kritische Justiz (KJ) 2014, 276–282.

Pinilla, Gabriel D., Corporate Liability for Human Rights Violations on Foreign Soil: A Historical and Prospective Analysis of the Alien Tort Claims Controversy, 16 St. Thomas L. Rev., 687–719 (2003).

Posch, Wilibald, Ambulance Chasing im Dienste amerikanischer Rechtshegemonie - WIrd forum shopping durch in Österreich tätige Anwälte gesellschaftsfähig?, ZfRV 2001, 14–18 (2001).

Ders., Über die "Monopolisierung des Gerechten" in Recht und Politik, in: Kopetz, Hedwig/Marko, Joseph/Poier, Klaus (Hrsg.), Soziokultureller Wandel im Verfassungsstaat, Phänomene politischer Transformation : Festschrift für Wolfgang Mantl zum 65. Geburtstag, Wien [u.a.] 2004, S. 377–390.

Poullaos, Ivan, The Nature of the Beast: Using the Alien Tort Claims Act to Combat International Human Rights Violations, 80 Wash. U. L. Q., 327–358 (2002).

Pound, Roscoe, Theory of Judicial Decision, 36 Harv. L. Rev., 641–663 (1922).

Prantl, Heribert, Mörder, Mörder, Völkermörder, Süddeutsche Zeitung (18.02.2014).

Prenkert, Jamie Darin/Shackelford, Scott J., Business, Human Rights, and the Promise of Polycentricity, 47 Vand. J. Transnat'l L., 451-501 (2014).

Raap, Christian, Staatshaftungsansprüche im Auslandseinsatz der Bundeswehr?, NVwZ 2013, 552–555.

Raim, Edith, Justiz zwischen Diktatur und Demokratie, Wiederaufbau und Ahndung von NS-Verbrechen in Westdeutschland 1945-1949, München 2013 .

Ramsey, Michael D., International Law Limits on Investor Liability in Human Rights Litigation, 50 Harv. Int'l L.J., 271-323 (2009).

Ders., Returning the Alien Tort Statute to Obscurity, 52 Colum. J. Transnat'l L., 67-77 (2013).

Randall, Kenneth C., Federal Jurisdiction over International Law Claims: Inquiries into the Alien Tort Statute,18 N.Y.U. J. Int'l L. & Pol., 1–72 (1985).

Ders., Further Inquiries into the Alien Tort Statute and a Recommendation, 18 N.Y.U. J. Int'l L. & Pol., 473–540 (1985).

Ders., Universal Jurisdiction under International Law, 66 Tex. L. Rev., 785-842 (1987).

Ratner, Joshua, Back to the Future: Why a Return to the Approach of the Filartiga Court is Essential to Preserve the Legitamacy and Potential of the Alien Tort Claims Act, 35 Colum. J.L. & Soc. Probs., 83–132 (2001).

Ratner, Morris A., The Settlement of Nazi-Era Litigation through the Executive and Judicial Branches, 20 Berkeley J. Int'l L., 212-233 (2002).

Ratner, Steven R., International Law: "The Trials of Global Norms", 160 Foreign Policy, 65 (1998).

Ders., Corporations and Human Rights: A Theory of Legal Responsibility, 111 Yale L.J., 443 (2001).

Rauscher, Thomas, Europäisches Zivilprozess- und Kollisionsrecht, EuZPR / EuIPR : Kommentar,
Bd. 1, Brüssel I-VO, Bearbeitung 2011, München 2011
Bd. 3, Rom I-VO; Rom II-VO Bearbeitung 2011, München 2011
(zitiert: Rauscher/*Bearbeiter*)

Redish, Martin H., Due Process, Federalism, and Personal Jurisdiction: A Theoretical Evaluation, 75 Nw. U. L. Rev., 1112-1144 (1980).

Reese, Willis L. M., Discussion of mayor areas of choice of law, Bd. 111 (1964).

Rehbinder, Eckhard, Extraterritoriale Wirkung des deutschen Kartellrechts, Frankfurt am Main 1965.

Reimann, Mathias, Das Ende der Menschenrechtsklagen vor den amerikanischen Gerichten?, IPRax 2013, 455–462.

Ders., Rückzug der "Rechtsweltmacht" ?, Neo-Territorialismus im US-Supreme Court, in: Bruns, Alexander/Kern, Christoph/Münch, Joachim u. a. (Hrsg.), Festschrift für Rolf Stürner zum 70. Geburtstag, Tübingen 2013, S. 1779–1800.

Reimann, Mathias/Zimmermann, Reinhard (Hrsg.), The Oxford handbook of comparative law, Oxford 2008.

Resnik, Judith, Managerial Judges, 96 Harv. L. Rev., 374-494 (1982).

Reydams, Luc, Universal jurisdiction, International and municipal legal perspectives, Oxford, New York 2003.

Richter, Johannes, Die extraterritoriale Anwendung der antifraud-Vorschriften im US-amerikanischen Kapitalmarktrecht, Berlin 2013.

Robinson, Scott, International Obligations, State Responsibility and Judicial Review under the OECD Guidelines for Multinational Enterprises Regime, 30 Utrecht J. Int'l & Eur. L., 68 (2014).

Röhl, Klaus Friedrich, Allgemeine Rechtslehre, Ein Lehrbuch, 3. Aufl., Köln 2008.

Rosencranz, Armin/Campbell, Richard, Foreign Environmental and Human Rights Suits against U.S. Corporations in U.S. Courts, 18 Stan. Envtl. L. J., 145-211 (1999).

Roth, Brad R., Scope of Alien Tort Statute - Arbitrary Arrest and Detention as Violations of Custom, 98 Am. J. Int'l L., 798–805 (2004).

Rubins, Noah/Stephens-Chu, Gisèle, AFPS and PLO v. Alstom and Veolia (Versailles Ct. App.), Introductory Note by Noah Rubins and Gisèle Stephens-Chu 52, International Legal Materials, 1157–1184 (2013).

Ruggie, John Gerard, Business and Human Rights: The Evolving International Agenda, 101 Am. J. Int'l L., 819-841 (2007).

Ders., Global Governance and „New Governance Theory": Lessons form Business and Human Rights, 20 Global Governance, 5–17 (2014).

Rumpf, Joachim Robert, Der Fall Wollheim gegen die I.G. Farbenindustrie AG in Liquidation, Frankfurt 2010.

Ryngaert, Cedric, Jurisdiction in international law, Oxford, New York 2008.

Saam, Daniel, Kollektive Rechtsbehelfe zur Durchsetzung von Schadensersatzansprüchen im europäischen Wettbewerbs- und Verbraucherrecht, Eine systematische Untersuchung der aktuellen Vorgaben der EU-Kommission und ihrer möglichen Kompetenzgrundlagen, Baden-Baden 2011.

Sadowski, Dieter/Kühne, Kai, Codes of Conduct: Eine Quelle transnationalen Arbeitsrechts?, in: Duschek, Stephan/Gaitanides, Michael/Matiaske, Wenzel u. a. (Hrsg.), Organisationen regeln, Die Wirkmacht korporativer Akteure, Wiesbaden 2012, S. 277.

Santner, Ashley L., A Soft Law Mechanism for Corporate Responsibility: How the Updated OECD Guidelines for Multinational Enterprises Promote Business for the Future, 43 Geo. Wash. Int'l L. Rev., 375-388 (2011).

Saper, Benjamin M., The International Finance Corporation's Compliance Advisor/ Ombudsman (CAO): An Examination of Accountability and Effectiveness from a Global Administrative Law Perspective, 44 N.Y.U. J. Int'l L. & Pol., 1279-1325 (2011).

Sarfaty, Galit A., Human Rights Meets Securities Regulation, 54 Va. J. Int'l L., 97-127 (2013).

Sassen, Saskia, The State and Economic Globalization: Any Implications for International Law, 1 Chi. J. Int'l L., 109–117 (2000).

Scarborough, Philip A., Rules of Decision for Issues arising under the Alien Tort Statute, 107 Colum. L. Rev., 457–502 (2007).

Schack, Haimo, Einführung in das US-amerikanische Zivilprozessrecht, 4. Aufl., München 2011.

Schaub, Martin, Verantwortlichkeit von Unternehmen unter dem Alien Tort Statute, Eine Bestandsaufnahme nach Kiobel v. Royal Dutch Petroleum Co., 49 Archiv des Völkerrechts, 124–172 (2011).

Scheffer, David/Kaeb, Caroline, The Five Levels of CSR Compliance: The Resiliency of Corporate Liability under the Alien Tort Statute and the Case for a Counterattack Strategy in Compliance Theory, 29 Berkeley J. Int'l L., 334-398 (2011).

Scheffler, Arndt, Die Bewältigung hoheitlich begangenen Unrechts durch fremde Zivilgerichte, Berlin 1997.

Scherer, Gabriele, Das internationale Privatrecht als globales System, Saarbrücken 2008.

Schliemann, Christian, Procedural Rules for the Implementation of the OECD Guidelines for Multinational Enterprises - A Public International Law Perspective, 13 German L.J., 51-59 (2012).

Schmahl, Stefanie, Amtshaftung bei Kriegsschäden, ZaöRV (Zeitschrift für ausländisches öffentliches Recht und Völkerrecht) 2006, 699–718.

Schmalenbach, Kirsten, Multinationale Unternehmen und Menschenrechte, 39 Archiv des Völkerrechts, 57–81 (2001).

Schmehl, Christine, Parallelverfahren und Justizgewährung, Zur Verfahrenskoordination nach europäischem und deutschem Zivilprozessrecht am Beispiel taktischer "Torpedoklagen", Tübingen 2011.

Schniederjahn, Nina, Access to Effective Remedies for Individuals against Coporate-Related Human Rights Violations, in: Nikol, Ralph/Bernhard, Thomas/Schniederjahn, Nina (Hrsg.), Transnationale Unternehmen und Nichtregierungsorganisationen im Völkerrecht, Baden-Baden 2013, S. 101–115.

Schrage, Elliot J., Judging Corporate Accountability in the Global Economy, 42 Colum. J. Transnat'l L., 153-177 (2003).

Schröder, Jochen, Internationale Zuständigkeit, Entwurf eines Systems von Zuständigkeitsinteressen im zwischenstaatlichen Privatverfahrensrecht aufgrund rechtshistorischer, rechtsvergleichender und rechtspolitischer Betrachtungen, Opladen 1971.

Schuler, Gefion, Effective Governance through Decentralized Soft Implementation: The OECD Guidelines for Multinational Enterprises, 9 German L.J., 1753-1779 (2008).

Schurig, Klaus, Völkerrecht und IPR: Methodische Verschleifung oder strukturierte Interaktion?, in: Leible, Stefan/Ruffert, Matthias (Hrsg.), Völkerrecht und IPR, Jena 2006, S. 55–71.

Schutter, Olivier de, The Accountability of Multinationals for Human Rights Violations in European Law, New York 2004.

Schütz, Dieter, Der internationale ordre public, Der Ausschluss völkerrechtswidrigen fremden Rechts im internationalen Privatrecht der Bundesrepublik Deutschland, Frankfurt am Main, New York 1984.

Schütze, Rolf A., Das unrühmliche Ende der Holocaust-Gesetzgebung in Kalifornien, 102 ZVglRWiss, 574–579 (2003).

Ders., Die Allzuständigkeit amerikanischer Gerichte, Berlin 2003.

Ders., Prozessführung und -risiken im deutsch-amerikanischen Rechtsverkehr, Heidelberg 2004.

Ders., Die Notzuständigkeit im deutschen Recht, in: Bittner, Ludwig/Klicka, Thomas/ Kodek, Georg u. a. (Hrsg.), Festschrift für Walter H. Rechberger zum 60. Geburtstag, Wien, New York 2005, S. 567–577.

Ders., Die Verweigerung der Klagezustellung bei völkerrechtswidriger Usurpierung internationaler Zuständigkeit, RIW 2009, 497–500 (2009).

Scot, Joanne, Extraterritoriality and Territorial Extension in EU Law, 62 Am. J. Comp. L., 87–127 (2014).

Scott, Craig (Hrsg.), Torture as tort, Comparative perspectives on the development of transnational human rights litigation, Oxford 2001.

Scott, Craig/Wai, Robert, Transnational Governance of Corporate Conduct through the Migration of Human Rights Norms: The Potential Contribution of Transnational „Private" Litigation, in: Joerges, Christian/Sand, Inger-Joanne/Teubner, Gunther (Hrsg.), Transnational Governance and Constitutionalism, Oxford, Portland 2004, S. 303-334.

Seibert-Fohr, Anja, Deliktshaftung von Unternehmen für Völkerrechtsverstöße, ZaöRV 63 (2003), 195-204.

Seidel, Gerd, Die Palästinafrage und das Völkerrecht ‚44 AVR (Archiv des Völkerrechts), 121–158 (2006).

Selbmann, Frank, Kriegsschäden ohne Folgen?, DöV 2014, 272–282.

Shamir, Ronen, Between Self-Regulation and the Alien Tort Claims Act: On the Contested Concept of Corporate Social Responsibility, 38 Law & Soc'y Rev., 635–665 (2004).

Shepherd, Jordan D., When Sosa Meets Iqbal: Plausibility Pleading in Human Rights Litigation, 95 Minn. L. Rev., 2318–2351 (2010).

Sherry, Suzanna, Res Ipsa Loquitur, 66 Vanderbilt Law Review En Banc, 197–201 (2013).

Sieber, Ulrich, Rechtliche Ordnung in einer globalen Welt. Die Entwicklung zu einem fragmentierten System von nationalen, internationalen und privaten Normen, 41 Rechtstheorie, 151–198 (2010).

Silberman, Linda, Comparative Jurisdiction in the International Context: Will the Proposed Hague Judgements Convention be Stalled, 52 DePaul L. Rev., 319-351 (2002).

Dies., Jurisdictional Imputation in DaimlerChrysler AG v. Bauman: A Bridge Too Far, 66 Vanderbilt Law Review En Banc, 123–134 (2013).

Silberman, Linda J., Developments in Jurisdiction and Forum Non Conveniens in International Litigation: Thoughts on Reform and a Proposal for a Uniform Standard, 28 Tex. Int'l L. J., 501–530 (1993).

Dies., Judicial Jurisdiction in the Conflict of Laws Course: Adding a Comparative Dimension, 28 Vand. J. Transnat'l L., 389-407 (1995).

Dies., Goodyear and Nicastro: Observations from a Transnational and Comparative Perspective, 63 S. C. L. Rev., 591-617 (2012).

Simons, Marco, Human Rights Litigation and International Trade and Investment: Deterring Destructive Engagement and Rewarding Good Behavior, 43 Geo. J. Int'l L., 1053-1061 (2011).

Skinner, Gwynne, Nuremberg's Legacy Continues: The Nuremberg Trials' Influencing on Human Rights Litigation in U.S. Courts under the Alien Tort Statute, 71 Alb. L. Rev., 321-369 (2008).

Slaughter, Anne-Marie, Judicial Globalization, 40 Va. J. Int'l L., 1103–1124 (2000).

Dies., Global Government Networks, Global Information Agencies, and Disaggregated Democracy, 24 Mich. J. Int'l L., 1041-1076 (2002).

Ders., A New World Order, Princeton 2004.

Slawotsky, Joel, Corporate Liability in Alien Tort Litigation, 1 Va. J. Int'l L. Online, 27–42 (2011).

Sloss, David L., Kiobel and Extraterritoriality: A Rule without a Rationale, 28 Md. J. Int'l L., 241-256 (2013).

Sloss, David L./Ramsey, Michael D./Dodge, William S., International Law in the U.S. Supreme Court, Cambride 2011.

Slot, Pieter J./Bulterman, M. K. (Hrsg.), Globalisation and jurisdiction, The Hague 2004.

Späth, Patrick, Zum gegenwärtigen Stand der Doctrine of Comity im Recht der Vereinigten Staaten von Amerika, IPRax 2006, 185-189.

Spießhofer, Birgit, Die neue europäische Richtlinie über die Offenlegung nichtfinanzieller Informationen – Paradigmenwechsel oder Papiertiger?, NZG 2014, 1281-1288.

Dies., Wirtschaft und Menschenrecht - Rechtliche Aspekte der Corporate Social Responsibility, NJW 2014, 2473–2479.

Stanisz, Janine M., Expansion of Limited Liability Protection in the Corporate Form: The Aftermath of Kiobel v. Royal Dutch Petroleum Co., 5 Brook. J. Corp. Fin. & Com. L., 573-600 (2010).

Stark, Andrew, Civil Procedure – Ninth Circuit Focuses on Importance of Subsidiary Rather Than Control to Impose General Jurisdiction over Foreign Corporation-Bauman v. DaimlerChrysler Corp., 644 F.3 d (9th Cir. 2011), 45 Suffolk U. L. Rev., 575–588 (2012).

Staudinger, Kommentar zum Bürgerlichen Gesetzbuch,
§§ 823 E-I, § 824, § 825, Berlin 2009
Einführungsgesetz zum BGB, Art 43-46, Berlin 2015

(zitiert: Staudinger/*Bearbeiter*).

Stein, Allan R., Styles of Argument and Interstate Federalism in the Law of Personal Jurisdiction, 65 Tex. L. Rev., 689-766 (1986).

Ders., The Meaning of Essentially at Home in Goodyear Dunlop, 63 S. C. L. Rev., 527-551 (2011).

507

Stein, Friedrich/Jonas, Martin (Hrsg.), Kommentar zur Zivilprozessordnung, 23. Aufl., Tübingen 2014 (zitiert: Stein/Jonas/*Bearbeiter*).

Steiner, Henry J./Alston, Philip/Goodman, Ryan, International human rights in context, Law, politics, morals : text and materials, 3rd ed., Oxford, New York 2008.

Steinhardt, Ralph G., The Alien Tort Claims Act: Theoretical and historical Foundations of the Alien Tort Claims Act and its Discontens: A Reality Check, 16 St. Thomas Law Review, 585–603 (2003/2004).

Ders., Laying One Bankrupt Critique to Rest: Sosa v. Alvarez-Machain and the Future of International Human Rights Litigation in U.S. Courts, 57 Vanderbilt Law Review, 2241–2302 (2004).

Ders., The New Lex Mercatoria, in: Alston, Philip (Hrsg.), Non-State Actors and Human Rights, Oxford, New York 2005, S. 177 ff.

Ders., Kiobel and the Multiple Futures of Corporate Liability for Human Rights Violations, 28 Md. J. Int'l L., 1-28 (2013).

Ders., Kiobel and the Weakening of Precedent: A Long Walk for a Short Drink, 107 Am. J. Int'l L., 841-846 (2013).

Ders., Determining Which Human Rights Claims Touch and Concern the United States: Justice Kennedy's Filartiga, 89 Notre Dame L. Rev., 1695-1719 (2014).

Steinhardt, Ralph G./D'Amato, Anthony A., The Alien Tort Claims Act, An analytical anthology, Ardsley, N.Y 1999.

Stephan, Paul B., Privatizing International Law, 97 Va. L. Rev., 1573–1664 (2011).

Stephen, Paul B., A Becoming Modesty - U.S. Litigation in the Mirror of International Law, 52 DePaul L. Rev., 627 (2002).

Stephens, Beth, Law of Our Land: Customary International Law as Federal Law after Erie, 66 Fordham L. Rev., 393–462 (1997).

Dies., Indiviuals Enforcing International Law: The Comparative and Historical Concept, 52 DePaul L. Rev., 433-473 (2002).

Dies., Translating Filartiga: A Comparative and International Law Analysis of Domestic Remedies for International Human Rights Violations, 27 Yale J. Int'l L., 1–58 (2002).

Dies., Corporate Liability before and after Sosa v. Alvarez-Machain, 56 Rutgers L. Rev., 995–1004 (2004).

Dies./Chompsky, Judith/Green, Jennifer/Hoffman, Paul/Ratner, Stephen, International human rights litigation in U.S. courts, 2. Aufl., Leiden 2008.

Stigall, Dan E., International Law and Limitations on the Exercise of Extraterritorial Jurisdiction in U.S. Domestic Law, 35 Hastings Int'l & Comp. L. Rev., 323-383 (2012).

Stiglitz, Joseph E., Die Chancen der Globalisierung, München 2008.

Strasser, Kurt A./Blumberg, Phillip, Legal Form and Economic Substance of Enterprise Groups: Implications for Legal Policy, Accounting, Economics, and Law (2011).

Strohscheid, Elisabeth/Paasch, Armin, Die UN Leitprinzipien zur menschenrechtlichen verantwortung von Unternehmen, in: Burckhardt, Gisela (Hrsg.), Corporate Social Responsibility - Mythen und Maßnahmen, Unternehmen verantwortungsvoll führen, Regulierungslücken schließen. 2. Aufl., Wiesbaden 2013, S. 25-44.

Sturm, Fritz, Wegen Verletzung fremden Rechts sind weder Rechtsbeschwerde noch Revision zulässig, JZ 2011, 74–78.

Sturm, Susan, Equality and the Forms of Justice, 58 U. Miami L. Rev., 51-83 (2003).

Stürner, Michael, Die territorialen Grenzen der Human Rights Litigation in den USA, JZ 2014, 13–23 (2014).

Stürner, Rolf, Der Justizkonflikt zwischen USA und Europa, in: Habscheid, Walther (Hrsg.), Der Justizkonflikt mit den Vereinigten Staaten von Amerika, The Jurisdiction conflict with the United States of America, Bielefeld 1986, S. 3–63.

Ders., Privatautonomie und Wettbewerb unter der Hegemonie der angloamerikanischen Rechtskultur?, 210 AcP, 105–155 (2010).

Swanson, Steven R., Terrorism, Piracy, and the Alien Tort Statute, 40 Rutgers Law Journal, 159–218 (2008).

Sweeney, Geoffrey M., Corporate Aiding and Abetting under the Alien Tort Statute: A Proposal for Evaluating the Facial Plausibility of a Claim, 56 Loy. L. Rev., 1037-1071 (2010).

Sykes, Alan O., Corporate Liability for Extraterritorial Torts under the Alien Tort Statute and beyond: An Economic Analysis, 100 Geo. L.J., 2161–2210 (2011).

Symeonides, Symeon C., Rome II and Tort Conflicts: A Missed Opportunity, 56 Am. J. Comp. L., 173-223 (2008).

Täger, Philipp, Der Schutz von Menschenrechten im internationalen Investitionsrecht, Unter besonderer Beachtung der Rechte und Pflichten des Exportstaates, Baden-Baden 2011.

Tarin, Danielle/Macchiaroli, Christopher, Refining the due-process Contours of general jurisdiction over foreign corporations, 11 J. Int'l Bus. & L., 49–63 (2012).

Teubner, Gunther, Reflexives Recht, 68 Archiv für Rechts- und Sozialphilosophie, 13–58 (1982).

Ders., Globale Bukowina. Zur Emergenz eines transnationalen Rechtspluralismus, 15 Rechtshistorisches Journal, 255–290 (1996).

Ders., Globale Zivilverfassungen: Alternativen zur staatszentrierten Verfassungstheorie, 63 ZaöRV (Zeitschrift für ausländisches öffentliches Recht und Völkerrecht), 1–28 (2003).

Ders., Codes of Conduct multinationaler Unternehmen: Unternehmensverfassung jenseits von Corporate Governance und gesetzlicher Mitbestimmung, in: Höland, Armin/Hohmann-Dennhardt, Christine/Schmidt Marlene u. a. (Hrsg.), Arbeitnehmermitwirkung in einer sich globalisierenden Arbeitswelt, Liber amicorum Manfred Weiss, Berlin 2005, S. 109–117.

Ders., Selbst-Konstitutionalsierung transnationaler Unternehmen?, Zur verknüpfung "privater" und "staatlicher" Corporate Codes of Conduct, in: Grundmann, Stefan/ Haar Birgit/Merks, Hanno et al (Hrsg.), Festschrift fur Klaus J. Hopt zum 70. Geburtstag am 24. August 2010, Unternehmen, Markt und Verantwortung, Berlin, New York 2010, S. 1449-1470.

Ders., Self-Constitutionalizing TNCs - On the Linkage of Private and Public Corporate Codes of Conduct, 18 Ind. J. Global Legal Stud., 617–638 (2011).

Ders., Verfassungsfragmente, Gesellschaftlicher Konstitutionalismus in der Globalisierung, Berlin 2012.

Ders., Transnationale Wirtschaftsverfassung: Franz Böhm und Hugo Sinzheimer jenseits des Nationalstaates, ZaöRV 2014, 733–763 (2014).

Teubner, Gunther/Beckers, Anna, Expanding Constitutionalism, 20 Ind. J. Global Legal Stud., 523-551 (2013).

Teubner, Gunther/Joerges, Christian (Hrsg.), Rechtsverfassungsrecht, Recht-Fertigung zwischen Privatrechtsdogmatik und Gesellschaftstheorie, Baden-Baden 2003.

Theophila, Mara, Moral Monsters under the Bed: Holding Corporations Accountable for Violations of the Alien Tort Statute after Kiobel v. Royal Dutch Petroleum Co., 79 Fordham L. Rev., 2859–2908 (2010).

Thiere, Karl, Die Wahrung überindividueller Interessen im Zivilprozess, Bielefeld 1980.

Thompson, Nicholas C., Putting the Card back behind the Horse: The Future of Corporate Liability under the Alien Tort Statute after Kiobel, 9 De Paul Business & Commercial Law Journal, 239–318 (2011).

Tietje, Christian, Transnationalisierung des Wirtschaftsrechts, in: Calliess, Gralf-Peter (Hrsg.), Transnationales Recht, Stand und Perspektiven. 1. Aufl., Tübingen 2014, S. 239–276.

Tomuschat, Christian, Human Rights: between idealism and realism, 2.Auflage, Oxford 2008.

Torrance, Michael, Persuasive Authority beyond the State: A Theoretical Analysis of Transnational Corporate Social Responsibility Norms as Legal Reasons within Positive Legal Systems, 12 German L.J., 1573-1637 (2011).

Trnavci, Genc, The Meaning and Scope of the Law of Nations in the Context of the Alien Tort Claims Act and International Law, 26 U. Pa. J. Int'l Econ. L., 193-265 (2005).

Turley, Jonathan, When in Rome: Multinational Misconduct and the Presumption against Extraterritoriality, 84 Nw. U. L. Rev., 598-664 (1989).

Twitchell, Mary, Why We Keep Doing Business with Doing-Business Jurisdiction, 2001 U. Chi. Legal F., 171-215 (2001).

Vagts, Detlev/Murray, Peter, Litigating the Nazi Labor Claims: The Path Not Taken, 43 Harv. Int'l L.J., 503-531 (2002).

Vail, John, Six Questions in the Light of J. McIntyre Ltd. vs. Nicastro, 63 S.C. L. Rev., 517–526 (2012).

Van den Eeckhout, Veerle, Corporate Human Rights Violations and Private International Law, The Hinge Function and Conductivity of PIL in Implementing Human Rights in Civil Proceedings in Europe: a facilitating Role for PIL or PIL as a Complicating Factor?, (July 26, 2011). Available at SSRN: http://ssrn.com/ abstract=1895690 or http://dx.doi.org/10.2139/ssrn.1895690

Van Detta, Jeffrey A., Some Legal Considerations for E.U. Based MNEs Contemplating High-Risk Foreign Direct Investments in the Energy Sector after Kiobel v. Royal Dutch Petroleum and Chevron Corporation v. Naranjo, 9 S.C. J. Int'l L. & Bus., 161-283 (2012).

van Schaack, Beth, In Defense of Civil Redress: The Domestic Enforcement of Human Rights Norms in the Context of the Proposed Hague Judgments Convention, 42 Harv. Int'l L. J., 141-201 (2001).

Dies., Unfulfilled Promise: The Human Rights Class Action, 2003 U. Chi. Legal F., 279-353 (2003).

Dies., With All Deliberate Speed: Civil Human Rights Litigation as a Tool for Social Change, 57 Vand. L. Rev., 2305-2349 (2004).

Vega, Matt A., Balancing Judicial Cognizance and Caution: Whether Transnational Corporations are Liable for Foreign Bribery under the Alien Tort Statute, 31 Mich. J. Int'l L., 385-449 (2010).

Venetis, Penny M., The Broad Jurisprudential Significance of Sosa v. Alvarez-Machain: An Honest Assessment of the Role of Federal Judges and Why Customary International Law Can Be More Effective than Constitutional Law for Redressing Serious Abuses, 21 Temp. Pol. & Civ. Rts. L. Rev., 41–100 (2011).

Viellechner, Lars, The Constitution of Transnational Governance Agreements, in: Joerges, Christian/Falke, Josef (Hrsg.), Karl Polanyi, Globalisation and the Potential of Law in Transnational Markets, Oxford [u.a.] 2011, S. 435-465.

Vitzthum, Wolfgang von (Hrsg.), Völkerrecht, 5., neubearbeitete Aufl, Berlin, New York 2010 (zitiert: *Bearbeiter,* in).

Vogel, David, The Private Regulation of Coporate Conduct, 49 Business & Society, 68-87 (2010).

Voland, Thomas, Unternehmen und Menschenrechte - vom Soft Law zur Rechtspflicht, BB 2015, 67–75 (2015).

Vora, Nilay, Federal Common Law and Alien Tort Statute Litigation: Why Federal Common Law Can (and Should) Provide Aiding and Abetting Liability, 50 Harv. Int'l L.J., 195-230 (2009).

Vytopil, Louise, Contractual Control and Labour Related CSR Norms in the Supply Chain: Dutch Best Practices, 8 Utrecht L. Rev., 155–170 (2012).

Wagner, Gerhard, Prävention und Verhaltenssteuerung durch Privatrecht – Anmaßung oder legitime Aufgabe?, 206 Archiv fuer die civilistische Praxis, 352–476 (2006).

Wai, Robert, Transnational Liftoff and Juridicial Touchdown: The Regulatory Function of Private International Law in an Era of Globalization, 40 Colum. J. Transnat'l L., 209–275 (2002).

Ders., Transnational Private Law and Private Ordering in a Contested Global Society, 46 Harv. Int'l L.J., 471-487 (2005).

Ders., Transnational Private Litigation and Trasnational Governance, in: Lederer, Markus/Müller, Philipp S. (Hrsg.), Criticizing global governance, New York 2005, S. 243–260.

Wallach, David, The Alien Tort Statute and the Limits of Individual Accountability in International Law, 46 Stan. J. Int'l L., 121-167 (2010).

Warren, Charles, New Light on the History oft he Federal Judicary Act of 1789, 37 Harvard Law Review, 49–132 (1923).

Wasserman, Howard M., Jurisdiction, Merits, and Substantiality, 42 Tulsa Law Review, 579–604 (2006-2007).

Ders., Wasserman, Jurisdiction, Merits and Procedure: Thoughts on a Trichotomy, 102 Northwestern University Law Review, 1547–1560 (2008).

Wassermann, Rudolf, Der soziale Zivilprozeß, Zur Theorie und Praxis des Zivilprozesses im sozialen Rechtsstaat, Darmstadt 1978.

Waters, Melissa A., Normativity in the New Schools: Assessing the Legitimacy of International Legal Norms Created by Domestic Courts, 32 Yale J. Int'l L., 455-485 (2007).

Watt, Horatia Muir, Brussels I and Aggregate Litigation or the Case for Redesigning the Common Judicial Area in Order to Respond to Changing Dynamics, Functions and Structures in Contemporary Adjudication and Litigation, IPRax 2010, 111-116 (2010).

Weber, Johannes, Universal Jurisdiction and Third States in the Reform of the Brussels I Regulation, 75 RabelsZ, 620–643 (2011).

Weinberg, Louise, Federal Common Law, 83 Nw. U. L. Rev., 805-853 (1988).

Dies., What we talk about when we talk about Extraterritoriality: Kiobel and the Conflict of Laws, 99 Cornell L. Rev., 1471–1531 (2014).

Weinstein, James, The Federal Common Law Origins of Judicial Jurisdiction: Implications for Modern Doctrine, 90 Va. L. Rev., 169-300 (2004).

Weintraub, Russell J., Choice-of-Law Rules of the European Community Regulation on the Law Applicable to Non-Contractual Obligations: Simple and Predictable, Consequences-Based, or Neither, 43 Tex. Int'l L. J., 401–429 (2007).

Weller, Matthias, Neue Grenzen der internationalen Zuständigkeit im Kapitalanlageprozess: Keine wechselseitige Zurechnung der Handlungsbeiträge nach Art. 5 Nr. 3 EuGVO, WM 2013, 1681–1687 (2013).

Werle, Gerhard, Völkerstrafrecht und deutsches Völkerstrafgesetzbuch, JZ 2012, 373–380.

Weschka, Marion, Human Rights and Multinational Enterprises: How Can Multinational Enterprises Be Held Responsible For Human Rights Violations Committted Abroad, 66 ZaöRV (Zeitschrift für ausländisches öffentliches Recht und Völkerrecht) 2006, 625-661.

Whinston, Stephen, Can Lawyers and Judges Be Good Historians: A Critical Examination of the Siemens Slave-Labor Cases, 20 Berkeley J. Int'l L., 160-176 (2002).

Whytock, Christopher A., Domestic Courts and Global Governance, 84 Tul. L. Rev., 67–124 (2009).

Ders., The Evolving Forum Shopping System, 96 Cornell L. Rev., 481–535 (2010).

Whytock, Christopher A./Childress, Donald Earl III/Ramsey, Michael D., After Kiobel - International Human Rights Litigation in State Courts and under State Law, 3 UC Irvine L. Rev., 1–8 (2013).

Whytock, Christopher A./Robertson, Cassandra Burke, Forum Non Conveniens and the Enforcement of Foreign Judgments ,111 Colum. L. Rev., 1444-1522 (2011).

Wiethölter, Rudolf, Begriffs- oder Interessensjurisprudenz – falsche Fronten im IPR und Wirtschaftsverfassungsrecht, in: Zumbansen, Peer/Amstutz, Marc, Recht in Recht-Fertigungen, Ausgewählte Schriften von Rudolf Wiethölter, Berlin 2014, S. 373-422.

Wilhelmi, Theresa, Das Weltrechtsprinzip im internationalen Privat- und Strafrecht, Frankfurt am Main 2007.

Williams, Cynthia A., Corporate Social Responsibility in an Era of Economic Globalization, 35 U.C. Davis L. Rev., 705-776 (2002).

Wingert, Lutz/Günther, Klaus (Hrsg.), Die Öffentlichkeit der Vernunft und die Vernunft der Öffentlichkeit, Festschrift für Jürgen Habermas, Frankfurt am Main 2001.

Winkler, Matteo M., What Remains of the Alien Tort Statute after Kiobel, 39 N.C.J. Int'l L. & Com. Reg., 171–190 (2013).

Wolfrum, Rüdiger, The Max Planck encyclopedia of public international law, Oxford, New York 2012.

Wouters, Jan/Ryngaert, Cedric, Litigation for Overseas Corporate Human Rights Abuse in the European Union: The Challenge of Jurisdiction, 40 Geo. Wash. Int'l L. Rev., 939-977 (2009).

Wright, Charles Alan, Federal practice and procedure, 3. Aufl., Eagan, Minn 2008.

Wright, Charles Alan/Miller, Arthur R. (Hrsg.), Federal practice and procedure ; Vol. 16,A = Sections 3945 to 3960. Jurisdiction and related matters: federal rules of appellate procedure, [Eagan, Minn.] 2008.

Wuerth, Ingrid, Alien Tort Statute and Federal Common Law: A New Approach, 85 Notre Dame Law Review, 1931–1972 (2010).

Young, Ernest A., Sorting out the Debate over Customary International Law, 42 Va. J. Int'l L., 365-512 (2002) .

Ders., Universal Jurisdiction, the Alien Tort Statute, and Transnational Public Law Litigation after Kiobel (March 14, 2014), 1, 46, abrufbar auf SSRN: http://ssrn.com/abstract=2409838 (zuletzt besucht: 27.01.2015).

Zekoll, Joachim, Comparative Civil Procedure, in: Reimann, Mathias/Zimmermann, Reinhard (Hrsg.), The Oxford handbook of comparative law, Oxford 2008, S. 1227–1363.

Ders., Entgrenzung der Justiz, Diskurse des Richterrechts, Entscheiden als Social Engineering; Justizverständnisse in den Vereinigten Staaten, LOEWE-Schwerpunkt "Außergerichtliche und gerichtliche Konfliktlösung" : Arbeistpapier, Frankfurt am Main 2012.

Ders., Jurisdiction in Cyberspace, in: Handl, Günther/Zekoll, Joachim/Zumbansen, Peer (Hrsg.), Beyond territoriality, Transnational legal authority in an age of globalization, Leiden, Boston 2012, S. 341-370.

Zekoll, Joachim/Collins, Michael G./Rutherglen George, Transnational Civil Litigation 2013.

Zekoll, Joachim/Schulz, Michael, in: 100 Jahre Rechtswissenschaft in Frankfurt, Ausländische Unternehmen vor U.S.-amerikanischen Gerichten, Frankfurt 2014, S. 675-703.

Zerk, Jennifer A., Multinationals and corporate social responsibility, Limitations and opportunities in international law, Cambridge, New York 2006.

Ziegenhain, Hans-Jörg, Extraterritoriale Rechtsanwendung und die Bedeutung des Genuine Link Erfordernisses, München 1992.

Zöller, Richard, Zivilprozessordnung, Mit Gerichtsverfassungsgesetz und den Einführungsgesetzen, mit Internationalem Zivilprozessrecht, Kostenanmerkungen : Kommentar, 30. neubearbeitete Aufl., Köln 2014.

Zumbansen, Peer, Die vergangene Zukunft des Völkerrechts, Kritische Justiz (KJ) 2001, 46-52.

Ders., Globalization and the Law: Deciphering the Message of Transnational Human Rights Litigation, 5 German L.J., 1499-1520 (2004).

Ders., Transnational Legal Pluralism, 1 Transnational Legal Theory 141-189 (2011).

Ders., Defining the Space of Transnational Law: Legal Theory, Global Governance, and Legal Pluralism 21 Transnat'l L. & Contemp. Probs., 305-336 (2012).

Zweigert, Konrad/Kötz, Hein, Introduction to comparative law, 3rd rev. ed, Oxford, New York 2011.